Die Reihe
Policy Analyse

wird herausgegeben von

Prof. Dr. Nils C. Bandelow, TU Braunschweig
Prof. Dr. Britta Rehder, Ruhr-Universität Bochum
Prof. Dr. Christoph Strünck, Universität Siegen

Band 3

Daniel Kitscha

Die kognitive Dimension des Lobbyismus

Eine Framing-Analyse europäischer Technologiepolitik

Nomos

Dissertation zur Erlangung des akademischen Grades des Doktors der Philosophie (Dr. phil.), vorgelegt an der Philosophischen Fakultät der Universität Siegen, Seminar für Sozialwissenschaften unter dem Originaltitel:
„Interessenvermittlung als politischer Kommunikationsprozess. Ein Framing-Ansatz zur Analyse der Interessenpolitik im politischen System der Europäischen Union".

Die zum Ausdruck gebrachten Standpunkte sind ausschließlich die des Verfassers und sind nicht als offizielle Stellungnahme der Europäischen Kommission anzusehen.

Die Deutsche Nationalbibliothek verzeichnet diese Publikation in der Deutschen Nationalbibliografie; detaillierte bibliografische Daten sind im Internet über http://dnb.d-nb.de abrufbar.

Zugl.: Siegen, Univ., Diss., 2011

ISBN 978-3-8487-0353-1

1. Auflage 2013

In ewigem Andenken für
Peter Müller

Vorwort

Die vorliegende Untersuchung und der darin vorgeschlagene Erklärungsrahmen für Interessenvermittlungsprozesse in politischen Systemen ist das interdisziplinäre Ergebnis einer langjährigen Beschäftigung mit unterschiedlichen Teilaspekten, die auf den ersten Blick wenig gemeinsam haben. Dazu gehören neben dem Einfluss von Interessengruppen auf politische Prozesse in den USA auch der Zusammenhang zwischen der Medienberichterstattung und der gesellschaftlichen Wahrnehmung von politischen Ereignissen im europäischen Vergleich, sowie die eingehende geschichtswissenschaftliche Beschäftigung mit den gescheiterten Konzepten europäischer Zusammenarbeit in der Zwischenkriegszeit.

Dass ich das daraus resultierende Forschungsvorhaben im Rahmen einer Dissertation durchführen konnte, dafür bin ich Prof. Dr. Christoph Strünck sehr dankbar. Durch seine langjährige und verständnisvolle Unterstützung hat er auch einen erheblichen Anteil daran, dass es mir erfolgreich gelungen ist berufliche und akademische Verpflichtungen zu koordinieren. Die theoretische Reflexion der täglichen Praxis meiner beruflichen Tätigkeit in der Freizeit wäre jedoch ohne die vielfältige Unterstützung und Ermutigungen meiner Familie nicht möglich gewesen. Dafür bedanke ich mich ganz herzlich. Besonders muss ich mich bei meiner Frau Leonie für die mir gegenüber aufgebrachte Geduld bedanken, ohne die nicht nur die Niederschrift vollends undenkbar gewesen wäre. Denn sie hat mir im Laufe der Jahre in vielen Gesprächen immer wieder den Rücken gestärkt und darüber hinaus geduldig unzählige Manuskriptentwürfe gelesen und sachkundig und akribisch kritisiert. Ihr gebührt daher mein ganz besonderer Dank.

Die außeruniversitäre Durchführung einer solchen Studie erfordert allerdings auch die Unterstützung von Lehrern, Kollegen und Vorgesetzten, denen ich wegen ihres direkten oder indirekten Anteils ebenfalls zu großem Dank verpflichtet bin. In alphabetischer Reihenfolge sind dies: Prof. Dr. Frank Esser, Marcos Quiroga Fernandez, Marisa Jimenez, Pascal Jürgens, Prof. Dr. Michael Kißener, Jens Kungl, Julia Kurz, Antonia Maas, Dr. Ruprecht Niepold, Dr. Christian Plenge, Frank Rehme, Dr. Dirk Reinhardt, Petra Rob, Christa Rottluff, Prof. Dr. Gerhard Vowe, Prof. Larry Wade und Dr. Gerd Wolfram. Darüber hinaus danke ich den vielen Gesprächspartnern, die mir im Laufe der Recherche und in den Interviews immer wieder den Wert praxisrelevanter wissenschaftlicher Arbeit vor Augen geführt haben.

Brüssel, im Dezember 2012 *Daniel Kitscha*

Inhaltsverzeichnis

Abkürzungsverzeichnis

AdR	Ausschuss der Regionen
AStV	Ausschuss der Ständigen Vertreter
CAP	EU-Landwirtschaftspolitik (Common Agricultural Policy)
CEPT	European Conference of Postal and Telecommunications Administrations
DVBT-H	Digitaler Videorundfunk für Handgeräte (Digital Video Broadcasting – Handhelds)
ECO	European Communications Office
ECS	Electronic Communications Services, *im Kontext der europäischen Telekommunikationspolitik*
EDPS	Europäischer Datenschutzbeauftragter (European Data Protection Supervisor)
EG	Europäische Gemeinschaften
EK	Europäische Kommission
EGKS	Europäische Gemeinschaft für Kohle und Stahl
ERO	European Radiocommunications Office
ERT	European Roundtable of Industrialists
ETSI	European Telecommunications Standards Institute
EU	Europäische Union
EWSA	Europäischen Wirtschafts- und Sozialausschusses
GASP	Gemeinsame europäischen Außen- und Sicherheitspolitik
GD	Generaldirektion der Europäischen Kommission
GD AGRI	Generaldirektion Landwirtschaft und ländliche Entwicklung der Europäischen Kommission
GD INFSO	Generaldirektion Informationsgesellschaft und Medien der Europäischen Kommission
GMO	Gentechnisch veränderter Organismus (Genetically Modified Organism)
GSM	Global System for Mobile Communications
HDTV	Hochauflösendes Fernsehen (High Definition Television)
IKT	Informations- und Kommunikationstechnologien
ITU	International Telecommunications Union
IVS	Intelligente Verkehrssysteme, *im Kontext der europäischen Verkehrspolitik*
MEP	Mitglied des Europäischen Parlaments
NRO	Nicht-Regierungsorganisation
PIA	Datenschutzfolgeabschätzung (Privacy Impact Assessment)
RFID	Radiofrequenz-Identifikation
RSC	Funkfrequenzausschuss (Radio Spectrum Committee)

RSPG	Gruppe für Frequenzpolitik (Radio Spectrum Policy Group)
TEN	Transeuropäischen Netzwerks, *im Kontext der europäischen Verkehrspolitik*
UMTS	Universal Mobile Telecommunications System
VN	Vereinte Nationen
WTO	World Trade Organization

1. Einleitung

1.1 Einführung in die Thematik und ihre Desiderate

„There is nothing wrong with lobbies because each decision-making process needs proper information from different angles“, so Siim Kallas, der zuständige Vizepräsident der Europäischen Kommission, bei der Ankündigung einer „Europäischen Transparenzinitiative“ im Jahr 2005 (Kallas 2005: 5; EK 2006a). In der gleichen Rede schätzte Kallas, dass zu diesem Zeitpunkt rund 15.000 Lobbyisten sowie 2.600 Interessengruppen in Brüssel tätig seien, die einen geschätzten Jahresumsatz von 60 bis 90 Millionen Euro erwirtschaften. Er sagte weiter: „Lobbyists can have considerable influence on legislation, in particular on proposals of a technical nature“ (Kallas 2005: 6). Angesichts der Tatsache, dass die Europäische Kommission mit ihren rund 34.000 Mitarbeitern für eine wachsende Zahl von Aufgaben in der gesamten Europäischen Union zuständig ist, scheint die Unterstützung durch und Zusammenarbeit mit Interessengruppen eine Notwendigkeit zu sein, um komplexe Gesetzgebungsverfahren auf den Weg zu bringen.

Dass die Kommission auf Informationen aus unterschiedlichen Perspektiven angewiesen ist, zeigt sich auch daran, dass sie die „legitime und nützliche Rolle der Lobbyarbeit in einem demokratischen System ausdrücklich hervorgehoben“ hat (EK 2007a: 3). Dabei versteht die Kommission unter dem Begriff Interessenvertretung alle Tätigkeiten, mit denen auf die Politikgestaltung und den Entscheidungsprozess der europäischen Organe und Einrichtungen Einfluss genommen werden soll.

Wenn wir mit Schumpeter davon ausgehen, dass in demokratisch verfassten Gesellschaften Einzelne politische Entscheidungsbefugnisse „vermittels eines Konkurrenzkampfs um die Stimmen des Volkes erwerben“, dann müssen diese Entscheider die Anliegen und Interessen des Volkes auch kennen (Schumpeter 1950: 428). Insofern ist die Schlussfolgerung der Kommission nachvollziehbar.

Im Konkurrenzkampf um politische Entscheidungsbefugnisse ist die Vermittlung von Interessen zumal dann ein grundlegender Prozess, wenn die politischen Entscheider nur bedingt persönlich durch Wahlen legitimiert sind, wie das im System der Europäischen Union der Fall ist. So ist gerade die Europäische Kommission – deren Präsident seit dem Inkrafttreten des Vertrags von Lissabon auf Vorschlag der Staats- und Regierungschefs nach Art. 14 (1) durch das Europäische Parlament gewählt wird – bei der Ausübung ihres weitreichenden Vorschlagsrechts und in der politischen Auseinandersetzung mit den Regierungen der Mitgliedstaaten auf die Zusammenarbeit mit gesellschaftlichen Akteuren angewiesen, um sicherzustellen, dass sie deren Anliegen und Interessen kennt und berücksichtigen kann.

Die Aussagen von Kommissar Kallas deuten aber auch darauf hin, dass der Einfluss von Lobbyisten nicht unproblematisch ist. Denn während der Einfluss der Einzelnen auf politische Entscheidungen bei Wahlen – je nach Wahlrecht – meist ausgeglichen verteilt ist und auf einer verfassungsrechtlich garantierten Gleichheit vor dem Gesetz beruht, sind zur Vermittlung partikularer Interessen während der Legislaturperiode Ressourcen notwendig, die ungleich verteilt sind. Wird im Lobbyismus die „fünfte Gewalt" im Staat erkannt oder in dem Einfluss von Interessengruppen gar die Gefahr einer gesteuerten Demokratie gesehen (Müller et al. 2005; Leif und Speth 2006), dann wird oft ein Zusammenhang zwischen der ungleichen Verteilung von Ressourcen einerseits und dem Einfluss auf politische Entscheidungen andererseits vermutet.

Hinzu kommt, dass Interessenvermittlungsprozesse im Gegensatz zu Wahlen und Abstimmungen, in denen Interessen im Rahmen von politischen Personalentscheidungen vermittelt werden, nicht notwendigerweise in der Öffentlichkeit stattfinden. Insofern hat sich die Vermittlung partikularer Interessen unter dem Stichwort *Lobbyismus* zu einer wissenschaftlich und gesellschaftlich relevanten Problematik entwickelt. Im Mittelpunkt stehen dabei die Fragen, wie viel Einfluss Lobbyisten auf politische Prozesse haben und wie sie diesen in einer „Schattenpolitik" ausüben (Leif und Speth 2003; Alemann und Eckert 2006: 3; Kleinfeld et al. 2006).

Im Rahmen ihrer Transparenzinitiative versucht auch die Kommission die Zusammenarbeit mit Interessengruppen aus dem Schattendasein herauszuholen, u.a. durch die Einführung eines freiwilligen Registers für Interessenvertreter, die verbesserte Anwendung der Konsultationsstandards und die Entwicklung eines Verhaltenskodex (EK 2007a: 9). Dabei wird betont, dass Transparenz eine Voraussetzung für die Legitimität der europäischen Politik sei, damit die Kommission für ihre Arbeit zur Rechenschaft gezogen werden könne (EK 2005a: 6).

Inwiefern durch die Berücksichtigung partikularer Interessen die input-orientierte Legitimation der EU-Politik verbessert und das vermeintliche Demokratiedefizit adressiert werden kann, hängt also von der Zusammenarbeit zwischen Kommission und Interessengruppen ab (Scharpf 1999; Schäfer 2006). Im Rahmen der vorliegenden Untersuchung wird daher die Frage gestellt, wie sich diese Zusammenarbeit auf die Möglichkeiten gesellschaftlicher Akteure auswirkt, ihre legitimen partikularen Interessen direkt an die Entscheidungsträger in der Europäischen Union zu vermitteln.

Denn gerade im Hinblick auf die Einflusschancen unterschiedlicher Interessengruppen unterstreicht der Hinweis auf die „proper information from different angles", die laut Kommissar Kallas Voraussetzung für politische Entscheidungsprozesse sind, einen Aspekt, der in der Forschung zu Interessenvermittlungsprozessen bislang eher selten Beachtung gefunden hat – die subjektive Wahrnehmung von politischen Regelungsgegenständen (Kingdon 1984; Stone 1988).

Wenn wir diesen Aspekt berücksichtigen, dann müssen wir davon ausgehen, dass die subjektive Wahrnehmung der Akteure von deren Interessen abhängt. Wenn aber jeder Akteur Politikvorhaben aus einer subjektiven Perspektive heraus wahrnimmt, dann wird die ungleich verteilte Aufmerksamkeit für politische Entscheidungsgegenstände zu einer entscheidenden Ressource. Denn ein gesellschaftlicher Akteur muss ein dezidiertes Interesse an einem politischen Entscheidungsgegenstand haben wenn er über den Wahlgang hinaus während der Legislaturperiode versucht seine Interessen an die politischen Entscheider zu vermitteln und dazu bereit ist einen Teil der zuvor erwähnten 60 bis 90 Millionen Euro zu investieren.

Das aber bedeutet dass die materiellen Interessen eines Akteurs dessen subjektive Wahrnehmung von politischen Regelungsgegenständen bestimmt. Im Umkehrschluss bedeutet dies, dass auch die partikularen Interessen die in politischen Debatten geäußert werden, immer auf einer subjektiven Wahrnehmung eines Entscheidungsgegenstands beruhen, die zu kennen für den politischen Entscheider von Bedeutung ist.

Die erfolgreiche Vermittlung partikularer Interessen erfordert also nicht nur den Einsatz von Ressourcen, etwa um zu wissen, welcher Entscheidungsträger wann anzusprechen ist, und um dann Kontakt aufnehmen zu können. Hinzu kommt auch ein dezidiertes Interesse an dem jeweiligen Entscheidungsgegenstand und eine detaillierte Aufmerksamkeit für die komplexen politischen Entscheidungsprozesse in einem politischen System wie dem der Europäischen Union.

Einerseits sind also die Entscheidungsträger auf die Zusammenarbeit mit Interessenträgern und die Kenntnis der jeweiligen Perspektiven angewiesen, um Politikvorhaben erfolgreich begründen zu können. Andererseits hängen die Einflusschancen von Interessenvermittlern von der Wahrnehmung von politischen Entscheidungsgegenständen ab, die im politischen System diskutiert werden.

Der Zusammenhang zwischen gesellschaftlichen Interessen und politischen Entscheidungen manifestiert sich insofern in einer kognitiven Interdependenz zwischen Entscheidungsträgern und Interessenvermittlern, die auf der subjektiven Wahrnehmung einerseits und der Begründungsnotwendigkeit von Politikvorhaben andererseits beruht. In der vorliegenden Untersuchung müssen wir daher der Frage nachgehen, wie sich diese kognitive Interdependenz zwischen den Akteuren auf die Interessenpolitik in der Europäischen Union auswirkt.

Dabei wird gerade am Beispiel der Europäischen Union deutlich, dass Interessenvermittlung ein Kommunikationsprozess ist, in dem nicht nur gesellschaftliche Akteure ihre partikularen Interessen an die politischen Entscheider zu vermitteln suchen, sondern Entscheider auch aktiv darum bemüht sind, diese Interessen zu erfragen, um ihre Entscheidungen begründen zu können. Ausschlaggebend ist dafür die Tatsache, dass die Europäische Kommission zwar Vorhaben vorschlagen kann, für deren Durchsetzung aber auf den Rat und das Europäische Parlament angewiesen ist.

Im Zusammenhang mit der Europäischen Transparenzinitiative hat die Kommission daher betont, dass Konsultation und Beteiligung „unverzichtbare Bestandteile" der Partnerschaft für die Erneuerung Europas seien (EK 2006a: 2). Seit Ende der 1990er Jahre intensiviert die Kommission zudem ihre Bemühungen, gesellschaftliche Akteure auch formal in den politischen Prozess einzubinden. Bereits das Weißbuch „Europäisches Regieren" (2001) formuliert dazu u.a. das Ziel, effiziente und transparente Konsultationen zum „Herzstück der EU-Politikgestaltung" zu machen (2001: 20). Dabei stellt die Europäische Kommission ihre Vorhaben z.B. in formellen Konsultationsverfahren offiziell zur Diskussion, so dass gesellschaftliche Akteure die Möglichkeit haben ihre Anliegen und Stellungnahmen in den Politikgestaltungsprozess einzubringen.

In dem Maß, in dem die Kommission ihre vorgeschlagenen Politikvorhaben damit allerdings aus einer bestimmten Perspektive zur Diskussion stellt, wirkt sich die kognitive Interdependenz auch auf die Einflussmöglichkeiten gesellschaftlicher Akteure aus, die ihre partikularen Interessen im politischen System der EU vermitteln wollen. Denn auf der Basis ihres Vorschlagsrechts kann die Kommission Akteure dazu motivieren, sich mit dem Vorhaben auseinanderzusetzen, um ihre diesbezüglichen Interessen an die Behörde zurückzumelden.

Dabei wird in der Forschung darauf hingewiesen, dass die EU ein komplexes, durch eine deliberative Dynamik und eine Mehrebenenstruktur geprägtes politisches System ist, das eine Reihe von strukturellen Merkmalen aufweist, die eine „Sogwirkung auf Interessenverbände" bewirken (vgl. Benz 2003; Neyer 2003; Kohler-Koch et al. 2004: 240; Neyer 2006). Gerade die Interessenpolitik, d.h. die „Organisation, Aggregation, Artikulation und Vermittlung von Interessen", stellt daher besondere Anforderungen an gesellschaftliche Akteure, die versuchen, Einfluss auf die Politik der Europäischen Union zu nehmen (Kohler-Koch und Eising 2005a: 11; Schendelen 2006). Weil die Konsultationsverfahren grundsätzlich gleiche Zugangschancen bieten, muss die Kommission allerdings zwischen den verschiedenen Eingaben abwägen, um politische Entscheidungen zu treffen und ihre Vorhaben zu legitimieren.

Es besteht also ein Zusammenhang zwischen dem Gegenstand der politischen Debatte, der Positionierung des jeweiligen Akteurs und dessen Einflusschancen. Die erste Frage, die sich in diesem Zusammenhang stellt, ist die nach den Einflusschancen von Interessengruppen in der interdependenten Interessenpolitik der Europäischen Union. Inwiefern hängt der Einfluss von den Inhalten der Politikvorhaben bzw. von der jeweiligen Positionierung des Akteurs in Bezug auf das Vorhaben ab und welche Rolle spielt dabei das Interesse der Entscheidungsträger, ihre Vorhaben zu begründen?

Umgekehrt unterstreicht gerade die Notwendigkeit auf Seiten der Entscheidungsträger, Informationen von verschiedenen Seiten zu erhalten, dass der Austausch von Informationen über Hintergründe, Meinungen und Interessen in Bezug auf Politikvorhaben den Kern der Wechselwirkung zwischen den Akteuren darstellt.

Im Rahmen dieses diskursiven Kommunikationsprozesses versuchen gesellschaftliche Akteure durch den intentionalen Versand von Botschaften den Politikgestaltungsprozess zu beeinflussen. Entscheidend ist dabei, dass die Botschaft zur richtigen Zeit über den richtigen Kommunikationskanal versandt und von den Empfängern wie intendiert rezipiert wird (Schendelen 2005: 283ff). Dazu können Akteure die Stellungnahmen im Kontext der von der Kommission initiierten Konsultationsverfahren nutzen, aber auch aus eigener Initiative heraus informelle Gespräche auf der Basis persönlicher Kontakte oder öffentlichkeitswirksame Kampagnen zu bestimmten Themen initiieren. Gleichzeitig versuchen politische Entscheidungsträger durch die Rezeption und Berücksichtigung politischer Botschaften die Politiken auf europäischer Ebene erfolgreich zu begründen und damit durchsetzbar zu machen. Dass sie damit trotz der komplexen Rahmenbedingungen des Mehrebenensystems und der strukturellen Interdependenz erfolgreich sind, zeigt die Beobachtung, dass der legislative Ertrag der EU mit dem eines Nationalstaates vergleichbar ist, was auf die Etablierung konsens- und lösungsorientierter Verhandlungskontexte zurückgeführt wird (Neyer 2004).

In Bezug auf die Interessenpolitik in der EU stellt sich daher die Frage nach den interdependenten Handlungsorientierungen der Akteure im politischen Kommunikationsprozess Interessenvermittlung. In welchem Maß wirkt sich die wechselseitige Abhängigkeit der Akteure auf die Politikgestaltung und die Interessen der Beteiligten aus und wie werden partikulare Interessen im politischen Diskurs so berücksichtigt, dass Politikvorhaben trotz unterschiedlicher partikularer Interessen erfolgreich begründet werden können?

1.2 Untersuchungsansatz und Fragestellung

Um die Interessenpolitik in der Europäischen Union mit Blick auf den interdependenten politischen Kommunikationsprozess Interessenvermittlung untersuchen zu können, müssen wir einen Erklärungsrahmen entwickeln, mit dem wir die kognitive Dimension der Wechselwirkung zwischen den Akteuren analytisch in den Blick nehmen können (s. Teil I). Politikgestaltung kann dazu aus einer konstruktivistischen Forschungsperspektive heraus als politischer Diskurs verstanden werden, an dem sich die Akteure auf der Basis subjektiv unterschiedlicher Wahrnehmungen beteiligen. Anhand von konkreten Politikvorhaben können wir so die interdependenten Handlungsorientierungen und die wechselseitige Abhängigkeit der Akteure als maßgebliche Rahmenbedingung sowohl für die Formulierung von Politikvorhaben als auch für Bildung von Interessen in die Untersuchung mit einbeziehen.

Um das Zusammenspiel gesellschaftlicher Interessenträger und politischer Entscheidungsträger im politischen System der Europäischen Union unter diesem Gesichtspunkt zu untersuchen, nutzen wir im Folgenden einen Framing-Ansatz. Damit lässt sich der Kommunikationsprozess Interessenvermittlung sowohl aus der Perspektive der beteiligten Akteure als auch mit Blick auf die Politikvorhaben als Gegenstand der Interessenvermittlung untersuchen. Im Mittelpunkt steht dabei die Beteiligung der Akteure am politischen Diskurs, in dem Politikvorhaben kommunikativ konstruiert und partikulare Interessen vermittelt werden.

Anknüpfend an den akteurzentrierten Institutionalismus können wir davon ausgehen, dass die Akteure ihre Interessen am Gegenstand der Interaktion konkretisieren müssen (Mayntz und Scharpf 1995). Dabei teilen diejenigen Akteure, die im Rahmen von Interessenkoalitionen partikulare Interessen vermitteln, ein gemeinsames *belief system*, das als Filter für die Umweltwahrnehmung der Akteure und – bezogen auf die politischen Ziele – als Basis der Zusammenarbeit dient (Sabatier und Jenkins-Smith 1999). Im Rückgriff auf den *frame-reflective policy discourse*-Ansatz können wir die erfolgreiche Vermittlung partikularer Interessen als Durchsetzung einer partikularen *Sicht der Dinge* in Form einer akzeptierten Kognitionsvorlage in Bezug auf das Politikvorhaben beschreiben (Rein und Schön 1991).

Die Formulierung von Politikvorhaben im politischen Diskurs gleicht insofern einem Wettbewerb um die Deutungshoheit über einen gesellschaftlichen Sachverhalt, der innerhalb einer interessierten Öffentlichkeit ausgetragen wird. Das Ergebnis eines solchen Wettbewerbs manifestiert sich in Politik-Frames, durch die das politische Problem definiert, die Ursachen diagnostiziert und bewertet sowie die notwendigen Maßnahmen zur Lösung des Problems begründet werden (Entman 1993: 52).

Als interpretative Erläuterung eines Politikvorhabens für einen breiteren Adressatenkreis ist der Politik-Frame damit der gemeinsame kognitive Referenzpunkt, an dem sowohl Interessengruppen den Erfolg ihrer Bemühungen zur Vermittlung partikularer Interessen als auch politische Entscheider die erfolgreiche Durchsetzung eines Politikvorhabens festmachen. Der Referenzpunkt ist vor allem deshalb von Bedeutung, weil die Thematisierung eines Sachverhaltes im politischen Diskurs immer impliziert, dass eine Vielzahl von Akteuren zwar für die Durchsetzung eines Politikvorhabens eine Rolle spielt, diesem aber nur eine begrenzte Aufmerksamkeit entgegenbringen kann.

Aus einer konstruktivistischen Perspektive muss der Erklärungsrahmen daher einige grundlegende Fragen theoretisch beantworten – etwa wie die beteiligten Akteure unter Bedingungen der kognitiven Interdependenz bezüglich des Verhandlungsgegenstands zu ihren partikularen Interessen gelangen, anhand derer sie dann versuchen, Einfluss auf die Politik der EU zu nehmen, oder wie im Politikgestaltungsprozess der EU Politiken im Diskurs zwischen unterschiedlichen Akteuren konstruiert werden. Angewendet auf das politische System der Europäischen Union als Untersuchungsgegenstand wird deutlich, dass Politikvorhaben in der EU durch ihren rechtlichen Kontext (d.h. EU-Regelungskompetenz, bestehende gesetzliche Regelungen in der EU oder den Mitgliedstaaten, bisherige Politiken etc.) in die Begründungszusammenhänge eines Politikfeldes eingebettet sind. In diesen Zusammenhängen wird durch die argumentative Verknüpfung eines spezifischen Politikvorhabens mit einem allgemeineren, anerkannten Politikziel die Akzeptanz von Politikvorhaben auf der EU-Ebene untermauert. Zur kognitiven Interdependenz im Kommunikationsprozess Interessenvermittlung lässt sich daraus eine zentrale Hypothese formulieren:

In der Europäischen Union lassen sich Politikstrategien als *argumentative Richtschnur* identifizieren, entlang derer Politikvorhaben auf der politischen Tagesordnung begründet werden müssen. Auf diese kognitiven Rahmenbedingungen sind sowohl die Kommission als auch die Interessenträger in Verbänden, Interessenkoalitionen oder Unternehmen angewiesen, um ihre Anliegen im politischen Diskurs zu begründen.

Dem daraus resultierenden Frame-Kontext kommt eine entscheidende Bedeutung für die Strukturierung des politischen Diskurses zwischen den Interessenträgern und den Politikdesignern in der Kommission oder im Parlament zu. Sie bilden institutionelle Rahmenbedingungen für den Kommunikationsprozess Interessenvermittlung, in dem Politikvorhaben entworfen, verhandelt und durchgesetzt werden.

Angewendet auf die Akteur-Praxis des interdependenten Kommunikationsprozesses Interessenvermittlung im politischen System der EU können wir daher vermuten, dass EU-Politikstrategien die argumentativen Bedingungen für die politische Tagesordnung bestimmen, auf die sowohl die Kommission als auch die gesellschaftlichen Interessenvermittler angewiesen sind, um ihre jeweiligen Anliegen im politischen Diskurs zu thematisieren. Die akteurübergreifende Ausrichtung an den kognitiven Rahmenbedingungen des politischen Diskurses impliziert allerdings keine Direktionalität im Verhältnis zwischen Kommission und Interessengruppen, sondern ist die Grundlage für die kollaborative Formulierung von Politik-Frames, die aus der kognitiven Interdependenz der Akteure folgt.

Ausgehend von dieser Hypothese zur kognitiven Interdependenz im Kommunikationsprozess Interessenvermittlung überprüfen wir anhand der i2010-Politikstrategie beispielhaft in einem Politikfeld der EU die argumentative Kohärenz für alle darunter subsumierten Politikvorhaben empirisch daraufhin, ob sich die allgemeineren Frames in den spezifischen Begründungen für einzelne Politikvorhaben wiederfinden. Damit können wir die Frage beantworten welche Bedeutung die argumentative Verknüpfung von Politikvorhaben mit übergreifenden politischen Zielen für die Europäische Kommission hat und wer die jeweiligen Adressaten sind.

Demgegenüber müssen wir aus der Akteurperspektive empirisch überprüfen, ob die Platzierung von Politik-Frames durch die Kommission dazu führt, dass Interessengruppen ihre Botschaften auf die Politik-Frames ausrichten. Dazu ist es zweckmäßig ein spezifisches Politikvorhaben im selben Politikfeld aus der Perspektive der politischen Entscheider zu untersuchen. Es stellt sich also die Frage, ob partikulare Interessen unter Berücksichtigung des Frame-Kontextes eines Politikvorhabens argumentativ vermittelt werden. Außerdem ist fraglich, wie sich die kognitiven Rahmenbedingungen des Kommunikationsprozesses Interessenvermittlung auf die jeweiligen Interessenträger auswirken, wenn es darum geht, Positionen und Stellungnahmen bezüglich eines Politikvorhabens zu entwickeln.

Am Beispiel der EU-Radiofrequenzpolitik wird daher geprüft, ob (a) die Platzierung von Politik-Frames dazu führt, dass Interessengruppen ihre Botschaften auf die Politik-Frames ausrichten, und ob (b) sich der Politik-Frame eines Politikvorhabens auch in Stellungnahmen von Interessengruppen wiederfindet. Angesichts der institutionellen Rahmenbedingungen, unter denen die Kommission Politikvorhaben vorschlägt, ist darüber hinaus zu klären, (c) wie die Platzierung von Politik-Frames im politischen Diskurs – etwa in Konsultationsverfahren oder im Rahmen von Diskursforen – vorbereitet wird und (d) wer die relevanten Akteure sind, die bezüglich der Akzeptanz eines Politikvorhabens adressiert werden müssen.

Darüber hinaus ist es notwendig den Kommunikationsprozess Interessenvermittlung auch aus der Perspektive der Interessenvermittler zu untersuchen. Ebenfalls anhand eines spezifischen Politikvorhabens im selben Politikfeld nehmen wir dazu die Perspektive einer Interessengruppe ein. Am Beispiel der RFID-Politik der EU können wir so auch die kognitiven Handlungsorientierungen der Interessenvermittler überprüfen und dabei die Fragen beantworten, (e) welche Rolle der Frame-Kontext bei der Entwicklung von politischen Stellungnahmen spielt und (f) wie sich Politik-Frames auf die Definition von Positionen und partikularen Interessen gegenüber einem Politikvorhaben bei den gesellschaftlichen Akteure auswirken, die Ressourcen einsetzen, um diese im politischen System der EU zu vermitteln.

Durch die beispielhafte Anwendung des Framing-Ansatzes auf die Fallstudien aus einem Politikfeld der EU können wir so Interessenvermittlung als wechselseitigen politischen Kommunikationsprozess untersuchen und dabei sowohl die materiellen Ressourcen als auch die Inhalte von Politikvorhaben in die Analyse einbeziehen. Mit Hilfe eines explorativen Forschungsdesigns wird so das wechselseitige Zusammenspiel von gesellschaftlichen Interessenträgern und politischen Entscheidungsträgern im politischen System der Europäischen Union unter dem Gesichtspunkt der kognitiven Interdependenz bei der Wahrnehmung und Aushandlung von Politikvorhaben im politischen Diskurs deutlich.

Dabei zeigt sich, dass die Europäische Kommission durch ihr Initiativmonopol zwar in der Lage ist, mit Hilfe von Politik-Frames die Deutungshoheit über den politischen Prozess zu erringen. Allerdings ist sie dazu auf die komplexe interdependente Akteurkonstellation in dem jeweiligen Politikfeld angewiesen, zu dem neben unterschiedlichen Interessenträgern auch die anderen Organe und die Vertreter der Mitgliedstaaten gehören. Angesichts der Multi-Direktionalität im Verhältnis der Akteure stellt sich damit letztlich die Frage, wie sich die Notwendigkeit für die politischen Entscheider zur Berücksichtigung der „proper information from different angles“ auf die Einflusschancen gesellschaftlicher Akteure auswirkt, ihre partikularen Anliegen im interdependenten Kommunikationsprozess Interessenvermittlung des politischen Systems der Europäischen Union zu vermitteln.

2. Theoretischer Rahmen

In diesem Kapitel wird zunächst der theoretische Rahmen erläutert, aus dem in Teil I der Erklärungsrahmen für die uns in dieser Arbeit interessierende kognitive Dimension des Lobbyismus resultieren wird. Der darin entwickelte Framing-Ansatz stellt wiederum die Grundlage für die empirischen Fallstudien dar (Teil II).

Zunächst wird genauer dargelegt, inwiefern Politikgestaltung als Kommunikationsprozess zu verstehen ist (2.1). Anschließend wird herausgearbeitet, warum ein Framing-Ansatz als fruchtbar für die Analyse von Interessenvermittlungsprozessen angesehen wird. Dabei werden die zentralen Dimensionen eines solchen Ansatzes erläutert (2.2) und die wichtigsten Begrifflichkeiten für den Erklärungsrahmen definiert (2.3).

2.1 Politikgestaltung als Kommunikationsprozess

Wenn wir Politikgestaltung als Kommunikationsprozess betrachten, so stellt sich dieser als ein Kreislauf dar. Den Ausgangspunkt bildet eine gesellschaftliche Situation, für die Akteure aus unterschiedlichen Gründen einen Handlungsbedarf sehen. Dieser Handlungsbedarf muss an politische Entscheidungsträger kommuniziert werden: Es gilt, die Situation argumentativ als politisches Problem zu definieren. Um dies zu erreichen, muss der Handlungsbedarf verallgemeinert begründet werden, d.h. die Lösung des Problems muss für eine ausreichende Anzahl von Akteuren von Vorteil oder zumindest als solcher darstellbar sein. Als Reaktion auf den so vermittelten Handlungsbedarf wird dann im politischen System ein Politikvorhaben (*policy*) entwickelt und zur Diskussion gestellt. Das Ziel der politischen Debatte besteht darin, Akzeptanz für das Vorhaben zu schaffen und eine positive Entscheidung zugunsten der notwendigen Regelungen herbeizuführen. Sowohl die positive Entscheidung zur Umsetzung des Vorhabens als auch die Akzeptanz der beteiligten Akteure sind Voraussetzungen dafür, dass die vorgeschlagenen Maßnahmen in Kraft treten und sich auf die gesellschaftliche Situation – den Ausgangspunkt des Politikgestaltungsprozesses – auswirken können.

Eine erste Prämisse für den Erklärungsrahmen besteht deshalb darin, dass Politikgestaltung ein Kreislauf ist, bei dem sich die Umsetzung eines Politikvorhabens wiederum auf die gesellschaftliche Ausgangsposition auswirken kann. Durch die Umsetzung eines Politikvorhabens ändern sich daher grundsätzlich die institutionellen Rahmenbedingungen für die beteiligten Akteure, etwa weil ein Politiker den Erfolg seiner Arbeit nachweisen kann und dadurch seine Reputation verbessert.

Eine weitere Prämisse bezieht sich darauf, dass politische Entscheidungen mindestens innerhalb einer wie auch immer gearteten Teilöffentlichkeit vorbereitet werden müssen, weil das Aushandeln eines Politikvorhabens Kommunikation zwischen verschiedenen Akteuren impliziert. Dabei handelt es sich nicht notwendigerweise um eine medial vermittelte Massenöffentlichkeit, mindestens aber um eine Teilöffentlichkeit in einem politischen System. Denn der Gegenstand des Prozesses ist immer einigen Akteuren bekannt und grundsätzlich auch anderen Akteuren zugänglich. Dieser Sachverhalt begründet sich in einem demokratischen System schlichtweg darin, dass Politikdesigner über ihre Arbeitsprogramme auskunftspflichtig sind. Doch auch in einer Diktatur sind bei der letztgültigen Entscheidung gesellschaftlicher Konflikte bestimmte Akteure in den politischen Entscheidungsprozess involviert, auch wenn die Entscheidungsgewalt bei einer einzelnen Person liegt. Folglich ist immer eine – gegebenenfalls jedoch sehr kleine – Gruppe von Akteuren an politischen Entscheidungsfindungen beteiligt. Auch wenn je nach den institutionellen Bedingungen eines politischen Systems ein Großteil der Vorgänge und Verfahren öffentlich bekannt ist oder sein könnte, sind über weite Strecken nur vergleichsweise wenige Akteure direkt am politischen Diskurs beteiligt. Es gilt also festzuhalten, dass politische Entscheidungen immer in mindestens einer Teilöffentlichkeit vorbereitet werden.

Um diese abstrakten Zusammenhänge mit Hilfe eines Beispiels zu verdeutlichen, können wir den Politik-Kreislauf anhand einer hypothetischen gesellschaftlichen Situation beschreiben. Im Folgenden greifen wir dazu auf den angenommenen Fall eines dramatischen Rückgangs der Fischbestände am Niederrhein zurück. Die Entwicklung der Fischbestände wird von einer Bürgerinitiative als problematisch empfunden und daraufhin gegenüber politischen Verantwortungsträgern als eine Situation dargestellt, für die politischer Handlungsbedarf besteht. Die Initiative weist darauf hin, dass der Rückgang der Fischbestände mit einer zunehmenden Wasserverschmutzung einhergeht und nicht nur am Niederrhein zu verzeichnen ist, sondern entlang des gesamten Flusslaufs. Als Lösungsansatz werden die Einführung strengerer Grenzwerte und häufigere Kontrollen für die Einleitung von Abwässern in den Rhein vorgeschlagen und in der Folge im politischen System diskutiert. Die Befürworter einer solchen Regelung verbreiten eine entsprechende Argumentation, die besagt, dass die Situation nur dann verbessert wird, wenn die verschärften Grenzwerte eingeführt und von den Akteuren, die Abwässer einleiten, auch eingehalten werden. Wenn die implizit behauptete kausale Verbindung zwischen Wasserverschmutzung und Fischsterben zuträfe, so ließe sich mit der Maßnahme die Wasserverschmutzung reduzieren, sodass sich die Fischbestände erholen. Die gesellschaftliche Ausgangsposition (dramatischer Rückgang der Fischbestände) würde dann durch die Umsetzung des diskutierten Politikvorhabens (strengere Grenzwerte und häufigere Kontrollen) adressiert.

Der postulierte Zusammenhang zwischen Wasserverschmutzung und Fischsterben bildet die argumentative Basis für das Politikvorhaben, die Grenzwerte für die Abwassereinleitung zu verschärfen und strengere Kontrollen einzuführen. Für die betroffenen Akteure ergibt sich daraus eine Reihe von Fragen, deren Beantwortung die Akzeptanz der Maßnahmen beeinflussen kann. Die Gegner einer Grenzwertverschärfung könnten nach Beweisen für den Zusammenhang zwischen Abwassereinleitung und Fischsterben fragen. Sind solche Beweise nicht zu erbringen, wäre eine Verschärfung der Grenzwerte aus diesem Grund kaum zu rechtfertigen. Umgekehrt könnten die Unterstützer des politischen Handlungsbedarfs anzweifeln, dass strengere Grenzwerte ausreichen, um das Fischsterben zu stoppen, oder die Frage stellen, ob die Verschärfung der Grenzwerte für diesen Zweck weit genug geht. Wäre dies nicht der Fall, könnten selbst Bürger, die über den Rückgang der Fischbestände besorgt sind, zu Gegnern des Politikvorhabens werden, weil dieses nicht den gewünschten Effekt bringen würde.

An dem Beispiel wird deutlich, warum mit Blick auf die kommunikative Dimension von Politikgestaltungsprozessen auch die Definition des politischen Problems als solches in die wissenschaftliche Analyse einbezogen werden muss (Stone 1988; Hajer 2002; Fischer 2003b; Hajer 2003). Denn zwischen der Begründung eines Politikvorhabens und der Akzeptanz der relevanten Akteure besteht eine grundlegende Wechselwirkung. Akteure versuchen mit kommunikativen Mitteln Einfluss auf Politikvorhaben zu nehmen, etwa indem sie vorgeschlagene Maßnahmen oder gar die grundsätzliche Handlungsbegründung in Frage stellen. Gelingt es diesen Akteuren, die Argumentation zu unterminieren, kann das gesamte Politikvorhaben obsolet werden. Akzeptiert jedoch eine ausreichende Zahl von Akteuren ein Politikvorhaben, wird dessen Umsetzung möglich. Diese Interdependenz zwischen Begründung und Akzeptanz eines Politikvorhabens lässt sich mit Hilfe eines Framing-Ansatzes untersuchen. Im nächsten Schritt müssen wir zunächst die dazu notwendigen theoretischen Konzepte erläutern und die zentralen Begrifflichkeiten definieren. Daran anknüpfend können wir in Bezug auf die Politikgestaltung und das Handeln der Akteure den Erklärungsrahmen konkretisieren.

2.2 *Framing-Prozesse und Interessenvermittlung*

Mit einem Framing-Ansatz zur Untersuchung von Interessenvermittlungsprozessen können wir die wechselseitige Abhängigkeit der Akteure in den Blick nehmen. Denn Politiker und Lobbyisten sind aufeinander angewiesen.

Betrachtet man die zahlreichen Studien, in denen in den vergangenen Jahren verschiedene Aspekte der Interessenpolitik im politischen System der Europäischen Union untersucht worden sind, so findet sich eine Reihe von interessanten Ergebnissen, die auf die Bedeutung des Informationsaustauschs zwischen Politikern und Lobbyisten hinweisen (Kohler-Koch und Eising 2005b; Coen und Richardson 2009; Beyers et al. 2010). In verschiedenen politikfeld-spezifischen Fallstudien wird dabei die komplexe Wechselwirkung zwischen den beteiligten Akteuren hervorgehoben. Obwohl sich die Ergebnisse solcher Fallstudien nur in begrenztem Maß verallgemeinern lassen, weil die Politikfelder zum Teil sehr unterschiedlich sind (vgl. dazu Eising 2008a), scheint gerade die Wechselwirkung zwischen den Akteuren eine Gemeinsamkeit darzustellen, wenn wir den Untersuchungsgegenstand Interessenvermittlung betrachten.

Um die Wechselwirkung zwischen den Akteuren genauer zu analysieren, müssen wir auch den wechselseitigen Austausch von Informationen über Hintergründe, Meinungen und Interessen in Bezug auf ein Politikvorhaben als Kern eines jeden Politikgestaltungsprozesses in den Blick nehmen. Denn gerade die Vermittlung von Interessen erfordert immer auch die Kommunikation zwischen den Akteuren. So wird beispielsweise der Informationsbedarf des Politikers vom Lobbyisten adressiert, sei es direkt oder indirekt durch die Medien. Gleichzeitig muss aber auch der Lobbyist die Äußerungen der Politiker genau beobachten – einerseits, um zu wissen, welcher Politiker wann welche Information gebrauchen könnte, vor allem aber, um zu erfahren, welcher Politiker nicht *richtig*, d.h. im Sinne der partikularen Interessen, informiert ist und daher ein potenzieller Adressat für politische Botschaften ist. Der Informationsbedarf des Politikers ist auch ein Ergebnis der Tatsache, dass es immer mindestens zwei Perspektiven gibt, aus denen heraus ein Politikvorhaben betrachtet werden kann, nämlich die Perspektive der Befürworter und die der Gegner.

In dieser Hinsicht bieten uns die Erkenntnisse der Framing-Forschung eine Reihe von interessanten Anknüpfungspunkten, wenn es darum geht, die unterschiedlichen Perspektiven der Akteure zu identifizieren. Mit Hilfe von Frames oder auch Deutungsrahmen können wir der Tatsache Rechnung tragen, dass die Rezeption von Informationen immer auch durch den jeweiligen Kontext beeinflusst wird, in dem eine Information zur Verfügung gestellt wird. Denn aus Sicht der beteiligten Akteure gleicht der Informationsaustausch dem intentionalen Versand von Botschaften, mit denen der Politikgestaltungsprozess beeinflusst werden soll. Jeder intentionale Versand politischer Botschaften impliziert also, dass eine Information mit einem Deutungsrahmen ausgestattet wird, um die beabsichtigte Wirkung zu erzielen: Der Politiker möchte seine Wähler und andere für ihn relevante Akteure im Politikgestaltungsprozess bzw. der interessierten Öffentlichkeit überzeugen, der Lobbyist will den Politiker überzeugen. Der wechselseitige Austausch von politischen Botschaften kann somit als eine Voraussetzung für die Gestaltung und Umsetzung erfolgreicher Politiken – nicht nur auf europäischer Ebene – verstanden werden. Denn die notwendige Zustimmung für seine Vorhaben erhält der Politiker nur, wenn er seine Wähler bzw. den interessierten Teil einer Öffentlichkeit, zu der immer auch die relevanten Lobbyisten gehören, überzeugen kann.

Um die damit verbundene Wechselwirkung im Kommunikationsprozess Interessenvermittlung zu untersuchen, ist ein Framing-Ansatz gut geeignet, da mit diesem, ausgehend von einem Politikvorhaben, die Handlungsorientierungen der verschiedenen Akteure in der Interaktion untersucht werden können. Denn gerade weil die Politiker und Lobbyisten bei der Gestaltung von Politikvorhaben miteinander interagieren, müssen wir die Kommunikation/Interaktion zwischen den Akteuren genauer untersuchen. Mit einer konstruktivistischen Untersuchungsperspektive können wir dabei berücksichtigen, dass die Akteure jeweils ganz unterschiedliche Wahrnehmungen eines Sachverhaltes haben. Da sie aber trotzdem letztlich zumindest teilweise übereinstimmen, wenn ein Politikvorhaben akzeptiert wird, müssen wir auch die kognitive Dimension der politischen Auseinandersetzung berücksichtigen. Besonders im Hinblick auf die Interdependenz der Akteure bieten sich deshalb Framing-Ansätze an. Denn wir können Frames in diesem Zusammenhang als analytische Heuristik nutzen, um die kognitive Dimension der wechselseitigen Abhängigkeit zu beschreiben und zu untersuchen.

2.2.1 Framing-Effekte

Was sind also Frames? Frames werden als kognitive Deutungsrahmen verstanden, mit denen Informationen in einen bestimmten Kontext gestellt werden. So definiert Entman (2004) Framing als „selecting and highlighting some facets of events or issues, and making connections among them so as to promote a particular interpretation, evaluation and/or solution“ (Entman 2004: 5). Frames werden durch jegliche Art von Kommunikation verbreitet, z.B. indem Akteure durch die Nutzung bestimmter Argumentationen zur Schilderung eines Sachverhalts implizite Einschätzungen und Grundannahmen weitergeben. Immer wenn ein Politiker einen Sachverhalt beschreibt, transportiert er gleichzeitig auch Informationen, die direkt oder indirekt einen Kontext vermitteln, in dem der entsprechende Sachverhalt relevant ist. Entman kann zum Beispiel zeigen, dass sich solche Frames von der politischen Führung, die einen Sachverhalt einschätzt, über

Eliten und die Medien bis zur Bevölkerung weitertragen (Entman 2004: 10). Frames bilden also eine wichtige Grundlage für die gesellschaftliche Wahrnehmung von Sachverhalten, die im politischen System adressiert werden.

Die Grundlage für die Verbreitung von Frames ist die Komplexität der Verhältnisse und die Unsicherheit, unter der die meisten Akteure über Themen sprechen müssen. Gerade in modernen Industriegesellschaften gibt es nur wenige Akteure, die von sich behaupten würden, dass sie über alle relevanten Aspekte eines Sachverhalts umfassend informiert sind. Und selbst wenn Akteure dies behaupten, gibt es prinzipiell immer andere Akteure, die den vermeintlich selben Sachverhalt aus einer grundsätzlich anderen Perspektive heraus wahrnehmen und daher unterschiedliche Aspekte für relevant halten. Wir können also davon ausgehen, dass Akteure grundsätzlich unter einem mehr oder weniger bewussten Maß an Unsicherheit agieren, wenn es darum geht, die Bedeutung eines Sachverhaltes einzuschätzen. Insofern erfüllen Frames als kognitive Deutungsrahmen eine wichtige Funktion: Sie reduzieren die Unsicherheit. Denn wenn andere Akteure eine bestimmte Argumentation vertreten, so ist das bereits ein Hinweis darauf, dass die jeweilige Perspektive keine rein subjektive Wahrnehmung ist. Die Proliferation von Frames erfolgt wegen der grundsätzlichen Tendenz zur kognitiven Sparsamkeit, die dazu führt, dass Akteure Aussagen nicht unbedingt hinterfragen oder überprüfen, wenn sie aus einer als glaubwürdig eingeschätzten Quelle stammen (Entman 2004: 12). Akteure sind jedoch neben der Minimierung kognitiver Aufwände auch durch die Vermeidung kognitiver Dissonanzen und die Anpassung an wahrgenommene Rollen- oder Reputationsanforderungen motiviert, Argumentationen, die in ein bekanntes Muster passen, zu übernehmen (Festinger 1957; Rein und Schön 1991; Surel 2000; Entman 2004).

Frames werden in der Forschung auch genutzt, um das Verhalten von Akteuren in komplexen Politikgestaltungsprozessen zu erklären. Die Basis dafür bilden Studien, in denen nachgewiesen wird, dass Frames gerade bei komplexen Fragestellungen die Orientierung und die Einschätzung der Wichtigkeit bestimmter Informationen beeinflussen. So betreffen Frames sowohl die Problemwahrnehmung als auch die Präferenzbildung (Lau und Schlesinger 2005). Darüber hinaus kann gezeigt werden, dass Frames auch die Meinung zu einem Sachverhalt beeinflussen, d.h. bestimmte Vorkenntnisse werden durch einen Frame aktiviert oder nicht (Nelson, Oxley, et al. 1997). Frames wirken insbesondere dann, wenn Akteure sich in Bezug auf einen Sachverhalt orientieren wollen und noch keine ausgeprägte Meinung gefasst haben (Druckman 2001c; Haider-Markel und Joslyn 2001). Allerdings werden Framing-Effekte in massenmedial verbreiteter Kommunikation durch Ratschläge begrenzt, die einem Akteur aus einer glaubwürdigen persönlichen Quelle vorliegen (Druckman 2001b, a). Die Wirkung von Frames hängt also vom jeweiligen Rezipienten ab und wird durch Verbreitung seitens Experten oder Nutzung emotionaler Argumente beeinflusst (Nelson 2004; Lin und Silva 2005; Gross 2008; Slothuus 2008).

Aus der Perspektive des einzelnen Akteurs haben Rein und Schön einen Frame in dieser Hinsicht als „a perspective from which an amorphous, ill-defined problematic situation can be made sense of and acted upon“ definiert und damit auf die kognitive Dimension des Politikgestaltungsprozesses hingewiesen (Rein und Schön 1991: 263). Mit Hilfe von Frames als kognitiven Deutungsrahmen organisieren, interpretieren und verstehen Akteure ihre komplexe Umwelt, um daraus die individuell notwendigen Handlungsorientierungen abzuleiten (vgl. Rein und Schön 1991: 263). Entwickelt zur Analyse langwieriger politischer Kontroversen, wird mit dem Framing-Ansatz der Politikgestaltungsprozess aus einer konstruktivistischen Perspektive heraus untersucht. Akteure kommen demnach wegen unterschiedlicher Frames zu subjektiv unterschiedlichen Wahrnehmungen der Wirklichkeit (vgl. Berger und Luckmann 1966), auf denen dann die jeweiligen Interessen beruhen (vgl. Lau und Schlesinger 2005). In diesem Zusammenhang können wir im Folgenden von *Akteur-Frames* sprechen. Diese Akteur-Frames, mit denen Akteure ihre Umwelt und damit auch die Gegenstände der politischen Auseinandersetzung erst wahrnehmen, sind somit eine wichtige Grundlage für die Interessen eines Akteurs.

Frames werden aber auch genutzt, um eben diese Interessen im politischen Prozess argumentativ zu vertreten (vgl. Rein und Schön 1994: 28). Dabei wirken Frames nicht nur als rhetorisches Mittel, um bestimmte Sichtweisen zu kommunizieren. Im Zusammenhang mit der Erforschung sozialer Bewegungen und Nicht-Regierungsorganisationen ist darüber hinaus auch ihre mobilisierende Funktion hervorgehoben worden. So werden für Sachverhalte durch Frames gezielt Bedeutungen konstruiert, um kollektive Handlungen zu mobilisieren (Benford und Snow 2000). Erst wenn ein politisches Vorhaben als Problem identifiziert und dargestellt worden ist, können sich Akteure als Gegner zusammenfinden und ihre Interessen formulieren (z.B. Ablehnung etc.). Zum einen dienen solche Frames dazu, durch eine geteilte Einschätzung eines Sachverhaltes eine Handlungsnotwendigkeit zu begründen und ein Thema auf die politische Tagesordnung zu setzen. Zum anderen setzen soziale Bewegungen Frames gezielt ein, um Unterstützung zu gewinnen und damit ein Anliegen zu legitimieren sowie potenzielle Mitstreiter zu mobilisieren (Snow et al. 1986; Gerhards und Rucht 1992; Heimovics et al. 1993; Cress und Snow 2000). Ein solcher kollektiver Akteur-Frame umfasst immer eine Diagnose des Problems, eine Prognose über die Auswirkungen und eine daraus abgeleitete Handlungsmotivierung. Er zielt darauf ab, eine akzeptierte Interpretation eines Sachverhaltes zu etablieren, indem eine argumentative Verbindung zwischen verschiedenen bereits bestehenden Sichtweisen geschaffen wird und damit die Interessen potenzieller Unterstützer berücksichtigt werden (Snow et al. 1986; Benford und Snow 2000). Akteure können also durchaus unterschiedliche Perspektiven auf einen Sachverhalt haben und dennoch in der Ablehnung eines Politikvorhabens übereinstimmen. Jeder einzelne Akteur hat damit ggf. unterschiedliche subjektive Gründe für die Ablehnung.

Für die Kommunikation von politischen Ereignissen und Vorhaben sind unterschiedliche Framing-Modi identifiziert worden; diese reichen von der Einordnung einer politischen Handlung in einen bestimmten thematischen Zusammenhang über die gezielte Vorbereitung einer politischen Entscheidungsnotwendigkeit bis hin zur Manipulation von Referenzwerten in einer politischen Debatte, indem beispielsweise die Betroffenheit der Allgemeinheit hervorgehoben wird (Stone 1988; Mintz und Redd 2003). Mit Blick auf den Politikgestaltungsprozess wird dabei betont, dass jedes diskutierte Politikvorhaben immer auch einen Frame umfasst, mit dem ein gesellschaftliches Problem als relevantes politisches Problem erst konstruiert wird (vgl. Stone 1988: 183; Rein und Schön 1994: 33). Im Gegensatz zum subjektiven Akteur-Frame ist ein solcher *Politik-Frame* daher eine Begründung für ein bestimmtes Politikvorhaben, bei der es darauf ankommt, dass sie von den anderen Beteiligten im politischen Prozess akzeptiert wird. Der Politik-Frame beinhaltet die Definition des Problems, die Diagnose der Ursachen, eine Bewertung der Ursachen und die notwendigen Maßnahmen zur Lösung des Problems (Entman 1993: 52). Er wirkt als eine interpretative Erläuterung eines Politikvorhabens für einen breiteren Adressatenkreis. Mit Hilfe des Politik-Frames wird das Vorhaben erst kommunikativ konstruiert, d.h. sein raison d'être definiert. Als organisierende Idee bestimmt der Frame nicht nur den politischen Handlungsauftrag und die Kategorien der Debatte (Stone 1988: 307ff), sondern auch die unterschiedlichen Rollen der Akteure, z.B. Verursacher, Opfer etc. (Baumgartner und Jones 1993; Fischer und Forester 1993a; Rein und Laws 2003).

Betrachten wir die Interaktion zwischen den unterschiedlichen Akteuren, dann können wir festhalten, dass der Einzelne sich immer ausgehend von den eigenen Frames orientiert. Er schätzt andere Akteure ein und kann sich dadurch selbst in der politischen Debatte verorten. Daneben beinhaltet ein diskutiertes Politikvorhaben immer auch den Politik-Frame, mit dem das gesellschaftliche Problem, auf dessen Lösung das Vorhaben ausgerichtet ist, konstruiert wurde (Rein und Schön 1994: 33). Der Vergleich zwischen dem Politik-Frame und dem eigenen Akteur-Frame ermöglicht dem Akteur die Bestimmung seiner Interessen vis-à-vis des jeweiligen Politikvorhabens. Entsprechen sich die Problemdeutungen und liegt das Vorhaben nah genug an der vom Akteur bevorzugten Lösung, kommt es zur Frame-Angleichung (Snow et al. 1986; Rein und Schön 1994: 28-29). Ist dies nicht der Fall, kommt es zu einem Frame-Konflikt um das Politikvorhaben. Eine solche Politik-Dialektik wird dann zu einer Auseinandersetzung um die Deutungshoheit über ein gesellschaftliches Problem bzw. die adäquaten politischen Lösungsstrategien (Rein und Schön 1994: 80-83).

Politikgestaltung unter Bedingungen der Interaktion zwischen den Beteiligten ist insofern als politischer Diskurs beschrieben worden, durch den „problematic situations are converted to policy problems, agendas are set, decisions are made, and actions taken" (Rein und Schön 1991: 263). Diskutiert werden Politikvorhaben unter den Bedingungen des jeweiligen institutionellen Kontextes, seien es offizielle oder informelle Expertengespräche, öffentliche Äußerungen, formale Konsultationen, Medien etc. Allerdings erfordert die kommunikative Interaktion der Akteure immer auch einen gemeinsamen kognitiven Bezugsrahmen (vgl. Surel 2000). Dieser Bezugsrahmen wird bei Rein und Schön durch kulturelle Meta-Frames gebildet, die aus einem inhaltlichen Teil und einem prozeduralen Teil bestehen. Der inhaltliche Teil wird geprägt durch allgemeine Grundüberzeugungen, während der prozedurale Teil sich aus den akzeptierten Diskursregeln und dem institutionellen Kontext des Politikdiskurses zusammensetzt (vgl. Rein und Schön 1991; Sabatier und Jenkins-Smith 1999: 120-122; Lau und Schlesinger 2005). Dabei gilt: Je abstrakter der gemeinsame Deutungsrahmen ist, desto höher ist das Konsenspotenzial. Umgekehrt gilt: Je detaillierter der Deutungsrahmen ist, desto größer ist die Chance, auf widerstreitende Frames zu stoßen. Auf den Schutz der Umwelt als allgemeines Ziel können sich viele Akteure verständigen. Wenn es aber darum geht, den Schutz der Umwelt durch konkrete Maßnahmen, etwa die Verschärfung von Grenzwerten oder die Abschaltung von Kernkraftwerken, zu konkretisieren, reduziert sich das Konsenspotenzial, obwohl das allgemeine Ziel gleich bleibt. In der Diskussion um ein bestimmtes Politikvorhaben bestimmen die Frames auch das diskursive Repertoire, mit dem die politische Auseinandersetzung geführt werden kann. So argumentieren etwa die Befürworter von Kernkraftwerken mit den positiven Effekten für den CO2-Ausstoß, wenn es darum geht, der Kritik an den radioaktiven Abfällen entgegenzutreten (vgl. z.B. Bickerstaff et al. 2008).

Wir können daher festhalten, dass die Bedeutung eines Politikvorhabens erst in der Interaktion des politischen Systems definiert wird, von der sich dann wiederum die politischen Interessen der Akteure ableiten (Stone 1988; Steinberg 1998; Fischer 2003a; Wagenaar und Hajer 2003). Unter anderem in der Policy-Analyse und in der Governance-Forschung ist diesem Umstand in jüngster Zeit mit dem *argumentative turn* Rechnung getragen worden, wobei die Bedeutung des politischen Diskurses hervorgehoben wird, in dem unter den Bedingungen der Interdependenz der Akteure Interessen erst entstehen können, wenn eine Problemdefinition argumentativ durchgesetzt worden ist (Fischer und Forester 1993b; Fischer 2003a; Wagenaar und Hajer 2003). Entsprechend müssen wir auch bei der Untersuchung der Interessenvermittlungsprozesse in Bezug auf Politikvorhaben diesen kommunikativen Aspekt des Politikgestaltungsprozesses berücksichtigen.

Im Folgenden müssen wir daher analytisch unterscheiden zwischen den manifesten materiellen Interessen eines Akteur die außerhalb des politischen System stehen einerseits und den politischen Interessen desselben Akteurs die sich auf den Gegenstand des politischen Diskus beziehen und die erst innerhalb des Diskurses konkretisiert werden können.

Mit Blick auf herausgearbeitete kognitive Interdependenzen hat Fischer Politikgestaltung als Kampf um die Deutungshoheit beschrieben, der im Rahmen von politischen Diskursen ausgefochten wird (Fischer 2003b). Er hebt dabei die Bedeutung des Diskurses als Grundlage für politisches Handeln hervor und zeigt, dass sich Akteure entlang kognitiver Wahrnehmungen differenzieren lassen. Politikgestaltung erfordert demnach grundsätzlich eine kommunikative Konstruktion des Politikvorhabens, die wiederum zu einer entscheidenden Rahmenbedingung für die Positionierung der Akteure wird. Erst wenn ein Politikvorhaben begründet ist, können die Beteiligten dessen Auswirkungen einschätzen und sich eine Meinung bilden. Gleichzeitig müssen aber auch die bestehenden Vorstellungen und Interpretationen der Beteiligten bei der Konstruktion des Vorhabens berücksichtigt werden, damit dieses legitimiert werden kann (Fischer 2003b: 183ff).

Eine breite Basis für unseren Erklärungsrahmen bietet eine Reihe von Studien, in denen EU-Politikfelder mit Framing-Ansätzen untersucht worden sind (vgl. u.a. Fligstein und Mara-Drita 1996; Dudley und Richardson 1999; Nylander 2000; Rhinard 2002; Lopez-Santana 2006; Strünck 2006; Daviter 2009). Dabei ist auch darauf hingewiesen worden, dass Framing-Konzepte sich besonders eignen, um die komplexen Verhandlungsstrukturen im politischen System der EU in Bezug auf die Einflussmöglichkeiten der unterschiedlichen Akteure zu analysieren (Daviter 2007). Auch kann gezeigt werden, dass zum Beispiel in der Umweltpolitik unterschiedliche Problemdefinitionen genutzt werden, um Positionen zu legitimieren (Triandafyllidou und Fotiou 1998), oder dass die EU-Kommission in der Landwirtschaftspolitik (Common Agricultural Policy – CAP) diskursive Methoden nutzt, um Reformen durchzusetzen (Fouilleux 2004).

Anknüpfend an Studien, die die Rolle von Frames bei der Entwicklung und Durchsetzung europäischer Politiken untersucht haben, ist auch auf die kognitive Dimension der Interessenvermittlung hingewiesen worden (Nylander 2000; Rhinard 2002; Baumgartner und Mahoney 2008). Dabei wird gezeigt, dass die Kommission unter bestimmten Rahmenbedingungen in der Lage ist, mit Hilfe von Frames Zustimmung und Unterstützung für ihre Politiken zu erzeugen (Fligstein und Mara-Drita 1996; Nylander 2000, 2001). Andererseits können aber auch politische Unternehmer ihrerseits Politik-Frames an den politischen Zielen der Kommission ausrichten, Interessenkoalitionen schmieden und damit

Politikwechsel herbeiführen (Rhinard 2002; Rolandsen Agustín 2008). Auf der Basis einer Analyse zur Anpassung von Akteur-Frames an die vorherrschenden Frames im politischen Diskurs ist darüber hinaus auch die Entwicklung und Veränderung von Akteurinteressen nachvollzogen worden (Nylander 2001: 297).

Für die Analyse des diskursiven Zusammenspiels von Institutionen, Ideen und Interessen im Politikgestaltungsprozess der Europäischen Union spielen Politik-Frames somit eine wichtige Rolle, nicht nur bei der Bildung von Interessenkoalitionen, sondern auch für die EU-Kommission (Rein und Schön 1994; Rhinard 2002: 5, 218-19). In dieser Hinsicht wird deutlich, dass sich Framing-Ansätze aus verschiedenen Gründen für die Untersuchung der Interdependenz von Akteuren in Interessenvermittlungsprozessen eignen. So lassen sich etwa durch die Identifizierung von Frames in kommunizierten Policy-Botschaften Rückschlüsse auf die unterschiedlichen Vorstellungssysteme der Akteure eines Politikfeldes ziehen. Darüber hinaus ermöglichen Framing-Ansätze es, politische Botschaften konzeptionell als strategisch rezipientenorientiert zu untersuchen, d.h. für die Formulierung solcher Botschaften spielt besonders der Adressat eine wichtige Rolle. Unter Berücksichtigung von Frames kann auch die Entwicklung und Veränderung von Interessen untersucht werden. Und wenn wir identifizieren können, welcher Frame zum vorherrschenden Frame in einem politischen Diskurs wird, dann lassen sich auch Rückschlüsse auf das Einflusspotenzial der verschiedenen Akteure ziehen.

Angesichts der komplexen interdependenten Akteurkonstellationen, wie sie in der Europäischen Union vorliegen, bieten Fischers diskursive Perspektive auf den Politikgestaltungsprozess und der Untersuchungsansatz von Rein und Schön die notwendigen Instrumente, um die Vermittlung partikularer Interessen und die Entstehung von Konsens erklären zu können (Rein und Schön 1991; Fischer 2003b).

Ausgehend vom Stand der Framing-Forschung können wir somit die kognitive Dimension der Interaktion innerhalb des politischen Systems der EU in unserem Erklärungsrahmen berücksichtigen. In Bezug auf die Interessenvermittlung zeichnet sich damit ein Bild ab, in dem Akteure ihre Interessen dann erfolgreich durchsetzen können, wenn es ihnen gelingt, ihre partikulare Perspektive im politischen Diskurs zu einer akzeptierten Kognitionsvorlage in Bezug auf das Politikvorhaben zu machen. Für die Formulierung von Politikvorhaben erscheint der kommunikative Austausch der beteiligten Akteure als ein Wettbewerb um die Deutungshoheit, der sich in der Entwicklung des notwendigen Politik-Frames konkretisiert.

2.2.2 Akteure und Institutionen

Um den Zusammenhang zwischen institutionellen Rahmenbedingungen einerseits und dem Akteurhandeln andererseits zu erläutern, bieten die Konzepte des akteurzentrierten Institutionalismus (Mayntz und Scharpf 1995; Scharpf 1997) eine weiterführende Basis. Denn damit können wir die Interdependenz zwischen Institutionen und den Handlungsorientierungen von Akteuren in den Blick nehmen. Die Rahmenbedingungen eines politischen Systems lassen sich danach in unterschiedliche Institutionen differenzieren, wobei Institutionen als absichtsvoll durch Akteurhandeln gestaltete Regeln definiert sind, die ihrerseits wiederum das Handeln von Akteuren prägen. Erst die Regeln des jeweiligen institutionellen Kontextes bieten Akteuren die wechselseitige Erwartungssicherheit, die für soziales Handeln notwendig ist (Mayntz und Scharpf 1995: 46ff). Dazu gehören nicht nur Verfassungsvorschriften, Gesetze oder Geschäftsordnungen, sondern auch soziale Normen und informelle Regeln, welche die Akteure mit Blick auf ihre Reputation und die Notwendigkeit einer weiteren Kooperation einhalten müssen (vgl. Scharpf 1997). Der institutionelle Kontext eröffnet dem Akteur somit Handlungsoptionen und kann dessen Handeln stimulieren oder herausfordern (Mayntz und Scharpf 1995: 59).

Auf der Grundlage des akteurzentrierten Institutionalismus können wir auch die jeweilige Bedeutung der unterschiedlichen Akteure für Entscheidungsprozesse im politischen System der Europäischen Union analysieren. So können neben den klassischen Organen auf der europäischen Ebene – den nationalen Regierungen, der EU-Kommission, dem Europäischen Gerichtshof oder dem Europäischen Parlament – auch andere Akteure wie Interessengruppen oder Verbände berücksichtigt werden (Scharpf 1999). Akteure sind sich aber nicht nur ihrer Ressourcen bewusst, sondern auch ihrer Rolle und der an sie gestellten Erwartungen. Sie sind immer auch eingebettet in Akteurkonstellationen und damit abhängig von den Handlungen anderer Akteure.

Die jeweilige Position innerhalb einer Akteurkonstellation hat – ebenso wie der institutionelle Kontext – Einfluss auf die Handlungsorientierungen eines Akteurs. Insofern lassen sich unterschiedliche Stufen von Handlungsorientierungen unterscheiden, je nachdem, ob sie auf externen Anforderungen an einen Akteur, dessen dauerhaften Handlungsorientierungen (z.B. Überleben, Wohlergehen, Erfolg, Handlungsfreiheit, Macht etc.) oder situativen Handlungsmotiven beruhen (Mayntz und Scharpf 1995: 52ff). Das trifft in besonderem Maß auf die an Politikgestaltungsprozessen beteiligten Akteuren zu. Denn Politikvorhaben sind Reaktionen des politischen Systems auf gesellschaftliche Probleme und haben daher einen doppelt interaktiven Charakter: Einerseits entsteht das gesellschaftliche Problem meist durch die Handlungen mehrerer Akteure, bzw. mehrere Akteure sind von dessen Auswirkungen betroffen. Andererseits sind meist auch zur Lösung des Problems bzw. zur Umsetzung der Politik mehrere Akteure nötig (vgl. Mayntz und Scharpf 1995: 60). Diese unterschiedlichen Handlungsorientierungen schlagen sich auch nieder in der notwendigen Unterscheidung zwischen den manifesten materiellen Interessen eines Akteurs einerseits und dessen politischen Interessen, die erst innerhalb des Diskurses konkretisiert werden können, andererseits.

Wenn Akteure unter diesen Bedingungen im Politikgestaltungsprozess zusammenarbeiten, dann handelt es sich um eine strategische Interaktion intentionaler Akteure. Diese Akteure müssen mit jeweils unterschiedlichen Interessen und aus unterschiedlichen institutionellen Kontexten heraus miteinander kommunizieren. Die dazu notwendige Reduzierung von Unsicherheit kann durch einen funktionalen institutionellen Kontext geschaffen werden, etwa dann, wenn die Mitglieder einer Interessengruppe sich nur in der Ablehnung eines Politikvorhabens einig sind, nicht aber darüber, welche Alternative vorgeschlagen werden soll. Die strategische Interaktion würde sich dann auf eine Ablehnungskampagne beschränken müssen, in der grundsätzliche Argumente – etwa die Infragestellung der Regelungskompetenz o.ä. – verwendet werden. Wenn es um die Formulierung von Alternativvorschlägen geht, müssten die Akteure die Zusammenarbeit jeweils neu abwägen.

Der jeweilige funktionale institutionelle Kontext – in diesem Fall die Ablehnungskampagne der Interessengruppe – beeinflusst immer auch die Erwartungshaltung der Akteure untereinander und wirkt sich auf die Identifizierung von Handlungsoptionen und die Bestimmung von Präferenzen aus (Scharpf 1997: 39). Ein intentional handelnder Akteur muss also zunächst wissen, in welcher Position er sich in Bezug auf eine politische Frage befindet und wie sich seine Konkurrenten positionieren. Erst dann kann er die eigenen Handlungsmöglichkeiten erkennen und abwägen. Das heißt: Erst wenn ein Alternativvorschlag formuliert worden ist, ist der Akteur in der Lage, seine eigene Position zu bestimmen. Daraus wiederum ergeben sich dann die Präferenzen in Bezug auf die jeweilige Fragestellung.

Akteure nutzen folglich die Spielräume, die institutioneller Kontext und Akteurkonstellation bieten, um Ziele und Mittel abzuwägen. Sie müssen daher ihre dauerhaften Handlungsorientierungen anhand dieser Abwägung zu handlungsleitenden Präferenzen konkretisieren (Mayntz und Scharpf 1995: 53). Für die Zusammenarbeit der Akteure bedeutet dies, dass die Handlungsorientierungen eines Akteurs jeweils für die strategische Interaktion operationalisiert werden müssen. Das lässt die Schlussfolgerung zu, dass der Akteur in seinen Handlungsorientierungen von der interdependenten Akteurkonstellation abhängt und letztlich auch seine Interessen am Gegenstand der Interaktion konkretisieren muss (Mayntz und Scharpf 1995: 54ff). Die Handlungsorientierungen der am Politikgestaltungsprozess Beteiligten hängen daher grundsätzlich von der Interaktion mit anderen Akteuren ab.

Anknüpfend an den akteurzentrierten Institutionalismus von Mayntz und Scharpf können wir also festhalten, dass die Akteure in Politikgestaltungsprozessen aufeinander angewiesen sind, weil sie in Akteurkonstellationen und institutionelle Rahmenbedingungen eingebettet sind, die sich auf die subjektive Handlungsorientierung auswirken.[1] Im nächsten Schritt müssen wir daher die Frage beantworten, wie die Akteure unter diesen Bedingungen ihre politischen Interessen definieren und anpassen.

2.2.3 Akteure und ihre Interessen

Wenn die Handlungsorientierungen der Akteure sowohl von der Interaktion als auch von den institutionellen Rahmenbedingungen in einem politischen System abhängen, dann spielen auch die jeweiligen Politikvorhaben eine Rolle, wenn Akteure ihre Interessen definieren. Denn zum einen kennen die Beteiligten ihre Rolle im politischen System, d.h. sie wissen, ob sie als Politiker daran gemessen werden, eine Lösung für ein gesellschaftliches Problem zu finden, oder ob sie als Lobbyist dafür sorgen müssen, dass die jeweilige Lösung keine negativen Auswirkungen auf den Auftraggeber hat. Gerade wegen der unterschiedlichen Rollen, die Akteure im Rahmen von Politikgestaltungsprozessen einnehmen, haben sie andererseits auch unterschiedliche Perspektiven auf Politikvorhaben.

Insofern können wir auf den bereits erwähnten Ansatz von Rein und Schön zurückgreifen und die individuelle Perspektive des Akteurs auf ein Politikvorhaben als Akteur-Frame verstehen, nämlich als „perspective from which an amorphous, ill-defined problematic situation can be made sense of and acted upon". Die Akteure müssen ihre komplexe Umwelt organisieren, interpretieren und verstehen, um daraus die notwendigen Handlungsorientierungen ableiten zu können (Rein und Schön 1991: 263). Wenn sich die Akteure unter den Rahmenbedingungen des politischen Systems in der Akteurkonstellation orientieren, gehen sie von ihrem eigenen Frame aus. Der Akteur muss seine Interessen definieren, indem er auf der Basis der eigenen Handlungsorientierungen seine Umwelt beobachtet und analysiert, um die so gewonnenen Erkenntnisse dann auszuwerten und zu entscheiden, welche der möglichen Handlungsoptionen in seinem Interesse liegen. Für unseren Erklärungsrahmen ist daher neben der Frage, wie

1 Daran können wir ein erstes Axiom als Grundlage für den Erklärungsrahmen festmachen: Dieses Interdependenz-Axiom [A1] besagt, dass die am Politikgestal-tungsprozess beteiligten Akteure in Akteurkonstellationen und institutionelle Rahmenbedingungen eingebettet sind, die sich auf die Handlungsorientierung des einzelnen Akteurs auswirken.

Interessen in Bezug auf ein Politikvorhaben entstehen, auch relevant, wie die Akteure in der Interaktion trotz individueller Perspektiven unter Interdependenz-Bedingungen zusammenarbeiten können.

In dieser Hinsicht bietet der *Advocacy Coalition*-Ansatz von Sabatier und Jenkins-Smith (1999) eine weiterführende Grundlage. Denn aus dieser Perspektive lassen sich die Akteure nach inhaltlichen Kriterien, die sich auf das jeweilige Politikvorhaben beziehen, differenzieren. Mit Blick auf die Zusammenarbeit von Akteuren bei der Vermittlung partikularer Interessen können wir so Interessenkoalitionen (*advocacy coalitions*) identifizieren, die sich für bestimmte Politikvorhaben oder -richtungen einsetzen bzw. dafür sorgen, dass die eingeschlagene politische Richtung beibehalten wird (Sabatier und Jenkins-Smith 1999: 120ff). Die Mitglieder einer solchen Koalition teilen ein gemeinsames Vorstellungssystem (*belief system*), welches als Filter für die Umweltwahrnehmung der Akteure dient. Ein solches Vorstellungssystem besteht aus einer Konfiguration von Ansichten zu einer politischen Frage und beeinflusst die Aufnahme neuer Informationen. Informationen, die aus einer Quelle des gleichen Vorstellungssystems stammen, können leichter akzeptiert werden, während Informationen, die einer gegensätzlichen Perspektive entstammen, möglicherweise als nicht relevant abgelehnt werden (Pierce und Lovrich 1980). Bezogen auf ein politisches Ziel ist das gemeinsame Vorstellungssystem die kognitive Basis für die Zusammenarbeit unterschiedlicher Akteure in einer Interessengruppe (Converse 1964; Pierce und Lovrich 1980; Sabatier und Jenkins-Smith 1999: 120ff). Eine Interessenkoalition kann insofern als kollektiver Akteur mit einem gemeinsamen Akteur-Frame verstanden werden, dessen Mitglieder in Bezug auf ein Politikfeld Überzeugungen und Meinungen teilen und mit einem bestimmten Ziel zusammenarbeiten. Damit lässt sich auch mit Blick auf die Zusammenarbeit von Akteuren innerhalb von Interessengruppen die kognitive Dimension des Politikgestaltungsprozesses in den Erklärungsrahmen einbeziehen.

Sabatier und Jenkins-Smith differenzieren das dazu notwendige gemeinsame Vorstellungssystem einer Interessenkoalition in allgemeine und politikfeldspezifische Grundüberzeugungen sowie spezifische Detailüberzeugungen bezüglich eines konkreten Politikvorhabens (vgl. Sabatier und Jenkins-Smith 1999: 120ff). Dabei bilden geteilte, politikfeldspezifische Grundüberzeugungen die Basis der Zusammenarbeit in der Interessenkoalition. Insofern ist es unwahrscheinlich, dass Akteure nur auf der Basis einer Ablehnungskampagne über längere Zeit zusammenarbeiten. Wahrscheinlicher ist, dass Interessenkoalitionen ein gemeinsames Ziel verfolgen, das jedoch ausreichend vage formuliert ist, um unterschiedliche Detailüberzeugungen berücksichtigen zu können. Dieser Zusammenhang wirkt sich auch auf die Art und Weise aus, in der sich Interessenkoalitionen oder Verbände im Gegensatz zu einzelnen Akteuren am politischen Diskurs beteiligen. Auf die diesbezüglichen Zwänge, die von einem gemeinsamen Akteur-

Frame ausgehen, kommen wir im Zusammenhang mit der spezifischen Perspektive der Interessenträger und am Beispiel der Detailuntersuchung über die RFID-Politik zurück.[2]

Interessenkoalitionen müssen daher durch kontinuierliche Interaktion und eine ausgewogene Vorteils- und Kostenverteilung fortwährend ihre Existenz sichern und das grundsätzliche Problem des gemeinsamen Handelns adressieren (vgl. Olson 1968; Sabatier und Jenkins-Smith 1993; Schlager 1995). Hinzu kommt, dass Interessengruppen im Verlauf des Politikgestaltungsprozesses bemüht sind, durch *politisches Lernen* ihr Wissen über das Politikfeld zu steigern, um die Strategien zur Erreichung der eigenen Ziele zu verbessern (Heclo 1974; Sabatier 1988; Hall 1993). Dazu werden z.B. die eigenen Überzeugungen durch Gutachten und Analysen gegenüber Kritik gefestigt, womit auch die Mitgliederbindung gestärkt wird (Sabatier und Jenkins-Smith 1999: 145ff). Interessenkoalitionen unterscheiden sich insofern von anderen Akteurgruppen durch die kollektiven Akteur-Frames, das daraus resultierende zielgerichtete gemeinsame Handeln und die inhaltliche Abgrenzung. Akteure lassen sich analytisch zudem in Politik-Netzwerken oder Politik-Gemeinschaften gruppieren. Politik-Netzwerke sind Akteurgruppen, die im politischen Diskurs eine spezifische Sicht der Dinge favorisieren. Als Politik-Gemeinschaften hingegen werden alle Akteure bezeichnet, die an einem Politikfeld Interesse haben (Fischer 2003b: 31ff).

Erfordert ein Politikvorhaben die Zustimmung unterschiedlicher Akteure, so wird politisches Lernen über Interessenkoalitionen und Vorstellungssysteme hinweg notwendig. Dazu ist grundsätzlich ein Vermittler (*policy broker*) notwendig, der zwischen den widerstreitenden Strategien und Zielen einen Kompromiss findet. Dieser Vermittler muss nicht neutral sein, sondern kann auch ein moderates Mitglied einer der Interessenkoalitionen sein (Sabatier und Jenkins-Smith 1999: 122). Damit Interessenkoalitionen sich auf solche Verhandlungen überhaupt einlassen, müssen bestimmte Voraussetzungen erfüllt sein. So darf etwa der Status quo für keine Seite zufriedenstellend sein. Außerdem müssen Gesprächsforen existieren, in denen sich die Experten aller Beteiligten auf neutralem Boden und auf Augenhöhe begegnen können (vgl. Sabatier und Jenkins-Smith 1999: 146f). In Bezug auf beide Voraussetzungen können wir vermuten, dass ein Vermittler mit der Möglichkeit, institutionelle Kontexte zielgerichtet für das Herbeiführen von Kompromissen auszurichten, entsprechende Teilnahmeanreize für Interessenkoalitionen schaffen kann, z.B. durch das Infragestellen eines vorherrschenden Status quo.

Die Weiterentwicklung eines kollektiven Akteur-Frames im Rahmen des politischen Diskurses wirkt sich immer auch auf den einzelnen Akteur aus. Denn der

2 Vgl. dazu Kapitel 11.

Einzelne muss letztlich immer entscheiden, ob das in der Zusammenarbeit mit den anderen Akteuren verfolgte Ziel noch den eigenen Interessen entspricht oder nicht. Wir müssen aber auch berücksichtigen, dass sich das gemeinsame Vorstellungssystem der Interessenkoalition auf die Umweltwahrnehmung auswirkt, die wiederum ausschlaggebend dafür ist, dass der Akteur die eigenen Handlungsoptionen abwägen kann. Damit ergibt sich ein erster Hinweis darauf, dass die Interessen der beteiligten Akteure erst in der diskursiven Auseinandersetzung mit dem Politikvorhaben festgelegt werden können (Hajer 2003; Wagenaar und Hajer 2003: 12f). Wenn also Akteure und Interessengruppen aus ihren jeweiligen Vorstellungssystemen auf Politikvorhaben blicken und sie entsprechend bewerten, dann müssen wir auch die Frage stellen, welche Bedeutung die Formulierung eines solchen Vorhabens für die Entstehung ihrer Interessen hat.

Diese Interdependenz deutet darauf hin, dass die Interessen, die ein Akteur hinsichtlich eines Politikvorhabens hat, sowohl von dem Inhalt des Vorhabens als auch von den institutionellen Rahmenbedingungen des Diskurses und damit der Interaktion mit den anderen Akteuren abhängt. Erst aus der kommunikativen Interaktion der Akteure im Politikgestaltungsprozess werden Institutionen geschaffen, aus denen die Handlungsspielräume und damit letztlich die Interessen der Akteure resultieren. Denn aus einer konstruktivistischen Perspektive heraus hat Stone (1988) in einer grundlegenden Untersuchung Politikgestaltung als konstanten Wettbewerb um Ideen definiert, in dem es darum geht, mit Mitteln der Kommunikation die politische Realität zu schaffen, aus der heraus dann gehandelt werden kann:

> „Shared meanings motivate people to action and meld individuals striving into collective action. Ideas are at the center of all political conflict. Policy making in turn is a constant struggle over the criteria for classification, the boundaries of categories, and the definitions of ideals that guide the way people behave. (…) Each idea is an argument, or more accurately, a collection of arguments in favor of different ways of seeing the world" (Stone 1988: 7f).

Dieser Ideenwettbewerb ist somit eine wichtige Rahmenbedingung, unter der ein Akteur oder eine Interessenkoalition versuchen muss, sich zu orientieren und seine Interessen in Bezug auf Politikvorhaben zu definieren. Insofern lassen sich nicht nur Interessenkoalitionen, sondern alle Beteiligten entlang kognitiver Kriterien unterscheiden, d.h. danach, welche Perspektiven die Akteure auf das Politikvorhaben haben oder welche Begründungszusammenhänge sie verwenden.

Im Hinblick auf die Positionierung und Zusammenarbeit von Akteuren innerhalb des Politikgestaltungsprozesses können wir daher in den politischen Kommunikationsmaßnahmen Frames identifizieren, die Aufschluss über den Einfluss unterschiedlicher Akteure in einem Politikfeld geben. Somit können wir bei der Untersuchung der Interessenpolitik in der Europäischen Union die Zusammenarbeit und die kognitive Interdependenz eines breiten Akteurkreises in den Blick nehmen, zu dem neben Politikern, Beamten und Lobbyisten auch Wissenschaftler, Journalisten sowie andere Akteure gehören, die an der Formulierung und Umsetzung von Politiken beteiligt sind (vgl. Sabatier 1998).

Der Kommunikationsprozess Interessenvermittlung stellt sich insofern als eine fortdauernde, kausale Wechselwirkung zwischen den beteiligten Akteuren dar und lässt sich theoretisch als geschlossene Strukturdynamik sozialen Handelns erklären (Schimank 2000). Aufbauend auf dem *Advocacy Coalition*-Ansatz von Sabatier und Jenkins-Smith können wir daher festhalten, dass die Interessen der Akteure von ihren Akteur-Frames in Bezug auf einen bestimmten politischen Sachverhalt abhängen, weil dadurch erst die Wahrnehmung des Handlungsumfeldes und die Abwägung der Handlungsoptionen möglich ist.[3] Im nächsten Schritt müssen wir daher klären, welche Bedeutung der politische Diskurs für die Wahrnehmung von politischen Sachverhalten hat.

2.2.4 Ideen und Kommunikation im Politikdiskurs

Die Vermittlung von Interessen bezieht sich auf Politikvorhaben. Akteure, die sich daran beteiligen, müssen daher ein entsprechendes Interesse haben. Bisher haben wir festgehalten, dass die Interessen der Beteiligten von der Interaktion mit anderen Akteuren unter den institutionellen Rahmenbedingungen des politischen Systems und von der subjektiven Wahrnehmung des Politikvorhabens abhängen. Wir müssen daher im letzten Schritt klären, wie Politikvorhaben im Politikdiskurs kommuniziert werden und welche Auswirkungen dies auf die kommunikative Auseinandersetzung der Akteure im Rahmen der Interessenpolitik hat.

Eine wichtige Grundlage für den Kommunikationsbedarf in Politikgestaltungsprozessen ist laut Majone (1989) die Notwendigkeit, politische Entscheidungen zu begründen. Eine der wichtigsten Funktionen des politischen Diskurses ist daher die Definition von Entscheidungsnormen und -kriterien, die dann die Rahmenbedingungen für Begründungen politischer Entscheidungen und damit mittelbar auch für das politische Handeln bilden. Die Rationalisierung einer politischen Entscheidung bestimmt deren Legitimität und Akzeptanz. Konzepte und Ideen, die von Akteurnetzwerken und politischen Gemeinschaften getragen werden, sind demnach die Basis, auf der Politiken begründet werden müssen, um

3 Damit können wir ein zweites Axiom für den Erklärungsrahmen festhalten, denn die Interessen der Akteure hängen von den jeweiligen kognitiven Frames in Bezug auf einen bestimmten Sachverhalt ab. Diese Frames ermöglichen dem Akteur erst die Wahrnehmung des Handlungsumfeldes. Die Wahrnehmung ist wiederum eine Voraussetzung, damit der Akteur Interessen definieren und seine Handlungsoptionen abwägen kann. Daraus ergibt sich das Akteur-Frame-Axiom [A2], welches besagt, dass der Akteur-Frame die Basis für Interessen und Handlungsoptionen bildet.

akzeptabel zu sein. Zu den Rahmenbedingungen (*constraints*), unter denen Akteure wie die Europäische Kommission Politiken begründen müssen, gehören neben den institutionellen Bedingungen des politischen Systems auch die inhaltlichen Ausrichtungen wie selbst gewählte politische Ziele oder zuvor begründete Politiken, die bereits akzeptiert sind. Die Rahmenbedingungen schränken somit die Handlungsmöglichkeiten ein, weil sie nur begrenzt kontrollierbar sind. In dem Maß, in dem die Bedingungen im politischen Diskurs von anderen Akteuren bestimmt werden, bieten sie aber gleichzeitig Orientierung bezüglich der Begründbarkeit einer politischen Entscheidung (Majone 1989).

Schon die Notwendigkeit, eine politische Entscheidung begründen zu müssen, weist allerdings auf die grundlegende Interdependenz zwischen den unterschiedlichen Akteuren im Politikgestaltungsprozess hin. Aufbauend auf der Vorstellung von Politikgestaltung als konstantem Wettbewerb um Ideen (Stone 1988), bieten uns die Ansätze der deliberativen Policy-Analyse eine breite theoretische Basis, um den interdependenten Zusammenhang zwischen den Akteuren zu untersuchen (Wagenaar und Hajer 2003; Neyer 2003; 2006).

Dabei hat bereits Kingdon (1984) darauf hingewiesen, dass es im politischen Prozess darum geht, Problemperspektiven auf die Tagesordnung zu setzen, zu denen dann Lösungsvorschläge gesucht werden müssen. Dabei existieren diese beiden Elemente bereits im Vorfeld – unabhängig voneinander. Im Gegensatz zur Vorstellung vom Politiker, der sich eines drängenden gesellschaftlichen Problems annimmt, um es zu lösen, steht hier die detailliertere Beobachtung, dass nicht nur politische Agenden bestimmen, welche Probleme aufgegriffen werden und welche nicht, sondern dass hinter gesellschaftlichen Problemen immer auch Akteure stehen, die die entsprechenden Problemperspektiven in den politischen Diskurs einbringen, sobald sich eine Gelegenheit bietet. Denn sowohl Problemperspektiven als auch Lösungsvorschläge werden von so genannten *politischen Unternehmern* getragen und vermittelt. Die Gelegenheit (*policy window*), eine Problemperspektive mit einem Politikvorhaben zu verknüpfen, ergibt sich durch die Thematisierung eines gesellschaftlichen Problems oder kann durch gezielte Maßnahmen zur Interessenvermittlung geschaffen werden. Das heißt, entsprechende Gelegenheiten zur Verknüpfung von Problem und Lösung können zum Beispiel durch unvorhergesehene Ereignisse wie Naturkatastrophen oder politische Skandale, politischen Druck oder gezieltes Lobbying entstehen.

Dabei existieren grundsätzlich verschiedene Möglichkeiten, einen Sachverhalt im Politikdiskurs zu problematisieren. Über die Auswahl möglicher Alternativen für ein konkretes Problem wird in der politischen Debatte entschieden. Dabei ist der Politikgestaltungsprozess für den einzelnen Akteur prinzipiell unkontrollierbar. Es hängt also von der Interaktion der verschiedenen Akteure ab, welche Problemperspektive letztlich allgemein akzeptiert und dann auch bearbeitet wird. Die Möglichkeit, eine etablierte Problemperspektive zu verändern, wird eingeschränkt durch die begrenzte Rationalität der beteiligten Akteure, die begründet ist durch begrenzte Kapazitäten zur Verarbeitung neuer Informationen, Zeitmangel oder personelle Fluktuationen (Kingdon 1984). Auch wenn vielen Beteiligten deutlich wird, dass ein Politikvorhaben das eigentliche Problem nicht adressiert, kann die entsprechende Problemperspektive trotzdem aufrechterhalten werden, weil Akteure kognitive Dissonanzen vermeiden. Entsprechend hoch ist die Bedeutung von Kommunikation für die Konstruktion der politischen Wirklichkeit, die damit auch für die Untersuchung von Interessenvermittlungsprozessen relevant ist (Gottweis 2003).

Eine Auswirkung betrifft zum Beispiel die Akteure, die versuchen, ihre Interessen zu vermitteln. Denn Interessengruppen können zwar Themen auf der politischen Agenda platzieren, dann jedoch nicht mehr direkt kontrollieren, wie damit verfahren wird. Für Interessengruppen ist daher entscheidend, dass sie Problemperspektiven so gezielt formulieren und vermitteln, dass die im politischen Prozess diskutierten Lösungsalternativen dem eigenen Interesse dienlich sind (Kingdon 1984: 53f). Entsprechend sind bei der Untersuchung von Akteurnetzwerken Fragen nach der Deutungshoheit über die kommunikative Konstruktion politischer Problemperspektiven sowie nach den Möglichkeiten, die Gegenstände der politischen Auseinandersetzung zu definieren (*issue definitions*), in den Fokus gerückt worden (Baumgartner und Jones 1993).

Auch im Rahmen des *argumentative turn* wird angesichts der zunehmend anerkannten Netzwerk-Dimension von politischen Prozessen diese kognitive Dimension der Interdependenz der verschiedenen Akteure betont und nach den Auswirkungen von Komplexität und Unsicherheit gefragt (Fischer und Forester 1993b; Wagenaar und Hajer 2003). Für die Analyse von Politikgestaltungsprozessen ist dabei auf die grundlegende Bedeutung von Sprache und politischen Erzählungen (*narratives*) hingewiesen worden, mit deren Hilfe Akteure, Gruppen und Netzwerke anhand ihrer subjektiven Realitätskonstruktionen über institutionelle Grenzen hinweg untersucht werden können (Fischer und Forester 1993a). Denn in der diskursiven Politikanalyse werden unter dem Begriff *narratives* politische Erzählungen verstanden, die ein Politikvorhaben in einen interpretativen Kontext setzen. Fischer weist in seinem Ansatz darauf hin, dass politische Erzählungen die Grundlage darstellen, auf der politische Entscheidungen im Diskurs getroffen werden (Fischer 2003b: 167f). Mit der Erzählung wird sowohl das politische Problem definiert als auch der Rahmen festgelegt, in dem das Politikvorhaben diskutiert werden kann (Stone 1988; Roe 1994).

Wir können politische Erzählungen insofern komplementär zum Politik-Frame verstehen, als Meta-Frames, die aus bereits bekannten Tatsachen den Kontext vermitteln, in dem die Argumentation und Begründung der Politik-Frames verstanden werden kann. Angesichts der Komplexität vieler Sachverhalte, die als Gegenstand politischer Auseinandersetzungen verhandelt werden, bietet diese Kontext-Erzählung für viele der beteiligten Akteure eine notwendige Orientierung. Stone (1988) weist in diesem Zusammenhang darauf hin, dass der Inhalt der Erzählung häufig aus Symbolen besteht, mit denen Probleme gezielt definiert werden, um bestimmte Interpretationen zu ermöglichen:

> „Problems, (...) are not given out there in the world waiting for some analyst to come along and define them correctly. They are created in the minds of citizens by other citizens, leaders, organizations, and government agencies, as an essential part of political maneuvering. Symbolic, stories, metaphors, and labels are all weapons in the armamentarium (to use a metaphor)" (Stone 1988: 122).

Wenn wir in dem Erklärungsrahmen die Bedeutung der individuellen Wahrnehmung, aufgrund derer die verschiedenen Akteure des Politikgestaltungsprozesses zu unterschiedlichen Interpretationen kommen können, berücksichtigen, dann müssen wir die Definition eines politischen Problems in den Vordergrund rücken.

Nicht nur die Beziehungen der Akteure, sondern auch die Inhalte des politischen Diskurses sind daher von einer grundlegenden Interdependenz geprägt. Politikgestaltung ist insofern ein interdependenter Diskurs, der auf der Wechselwirkung zwischen den Akteuren des Kommunikationsprozesses Interessenvermittlung beruht. Insbesondere der bereits genannte Framing-Ansatz von Rein und Schön (1991), den Politikgestaltungsprozess als „*frame-reflective policy discourse*" zu untersuchen (Rein und Schön 1991), bietet uns die notwendigen Instrumente, um zu erklären, wie die Akteure unter diesen Bedingungen dennoch zu akzeptierten Entscheidungen gelangen können. Fraglich ist, wie in einer interdependenten Akteurkonstellation ein Konsens in Bezug auf ein Politikvorhaben entstehen kann. In Bezug auf unseren Untersuchungsgegenstand stellt sich also die Frage, wie es die Kommission schafft, angesichts des interdependenten Kommunikationsprozesses Interessenvermittlung erfolgreich Politikvorhaben durchzusetzen, die auf der Zustimmung unterschiedlicher Interessenträger beruhen.

Verstanden als Politikdiskurs (*policy discourse*), ist Politikgestaltung unter den Bedingungen der Interaktion ein Kommunikationsprozess, in dem gesellschaftliche Probleme zunächst als politische Probleme thematisiert werden müssen, bevor Entscheidungen gefällt und Politiken umgesetzt werden können (Rein und Schön 1991: 263). Für die Vermittlung partikularer Interessen bedeutet dies, dass Akteure ihre Interessen dann erfolgreich durchsetzen können, wenn es ihnen gelingt, ‚ihre Sicht der Dinge' zu einer akzeptierten Kognitionsvorlage in Bezug auf das Politikvorhaben zu machen.

Die Formulierung von Politikvorhaben gleicht dabei einem argumentativen Balanceakt, den Rein und Schön mit einem Designprozess vergleichen, in dem mit vorhandenen Materialien etwas Neues erschaffen wird. Denn ein Politikdesigner muss im kommunikativen Austausch mit den beteiligten Akteuren deren

Sichtweisen kennenlernen und bei der Konstruktion seines Politik-Frames berücksichtigen, damit dieser später akzeptiert werden kann (Rein und Schön 1994: 166-68). Denn durch den Politik-Frame wird ein Politikvorhaben begründet, indem das jeweilige Problem definiert, die Ursachen bewertet und die notwendigen Maßnahmen gerechtfertigt werden (Entman 1993: 52). Diskutiert werden die Politikvorhaben dabei unter den Bedingungen des jeweiligen institutionellen Kontextes, seien es offizielle oder informelle Expertengespräche, öffentliche Äußerungen in den Medien, formale Konsultationen etc.

Ein diskutiertes Politikvorhaben beinhaltet – wie bereits oben dargelegt – immer auch einen Politik-Frame, mit dem das gesellschaftliche Problem, auf dessen Lösung das Vorhaben ausgerichtet ist, konstruiert wurde (Rein und Schön 1994: 33). Stimmt die Problemdeutung des Politik-Frames mit der der relevanten Akteure überein und liegt das Vorhaben nah genug an der vom Akteur bevorzugten Lösung, ist es für die beteiligten Akteure akzeptabel und es kommt zur Frame-Angleichung (vgl. Snow et al. 1986; Rein und Schön 1994: 28f). Sind die beiden genannten Bedingungen nicht gegeben, kommt es im politischen Diskurs zu einem Frame-Konflikt um das Politikvorhaben. Eine solche „*policy dialectic*“, d.h. die Existenz von mindestens zwei gegensätzlichen Problemdeutungen, die jeweils von Akteuren im Politikdiskurs vertreten werden, mündet dann in eine Auseinandersetzung um die Deutungshoheit über ein gesellschaftliches Problem bzw. die adäquaten politischen Lösungsstrategien (Rein und Schön 1994: 80ff).

Der Politikdiskurs bildet also das kommunikative Feld, auf dem ein Wettbewerb um die Ausgestaltung des Politik-Frames ausgetragen wird. Denn nicht nur die Zusammenarbeit innerhalb von Interessenkoalitionen, sondern auch die kommunikative Interaktion der Akteure im politischen Diskurs erfordert immer einen gemeinsamen kognitiven Bezugsrahmen, etwa in Form der erwähnten politischen Erzählungen (vgl. Surel 2000). Dieser Bezugsrahmen bildet den Kontext, in dem das Politikvorhaben diskutiert wird und verstanden werden kann. Aus dem Kontext lassen sich inhaltliche Komponenten, etwa eine vorausgehende Politik, die schon akzeptiert ist, und prozedurale Komponenten, die sich auf die Diskursregeln und den institutionellen Kontext des Politikdiskurses beziehen, ableiten, die für die Beteiligten als Rahmenbedingungen wirken und somit die Handlungsoptionen determinieren (vgl. Rein und Schön 1991; Sabatier und Jenkins-Smith 1999: 120ff; Lau und Schlesinger 2005). Hinzu kommen die Debattenbeiträge und damit die jeweiligen Frames der relevanten Akteure: Sie bilden einen kognitiven Kontext, in dem das Politikvorhaben entsteht und diskutiert wird.

Alle Beteiligten sind auf diesen Kontext angewiesen, um das Vorhaben zunächst überhaupt zu verstehen, d.h. die Bedeutung des Politikvorhabens wird erst im Diskurs definiert, und zwar in der kommunikativen Interaktion der beteiligten Akteure. Grundsätzlich gibt es dabei keine neutrale Wahrheit und keinen neutralen Akteur oder Vermittler, an dem der Entstehungsprozess ausgerichtet werden könnte. Alle verfügbaren Frames, die zur Ausgestaltung des Politik-Frames herangezogen werden können, stellen Akteure als Frame-Sponsoren bereit. Da die Frames der Akteure aber den kognitiven Kontext bilden, in dem das Politikvorhaben entsteht – d.h. ein gesellschaftliches Problem mit Lösungsstrategie, das in das politische System eingebracht wird –, wandelt sich dessen Form und Bedeutung in dem Maß, in dem sich der interpretative Kontext verändert (vgl. Rein und Schön 1994: 80-83).

Um eine akzeptierbare Kognitionsvorlage in den Politikdiskurs einzubringen, kann eine Interessengruppe beispielsweise versuchen, ihren kollektiven Frame in der kommunikativen Auseinandersetzung zu einem quasi-objektiven Politik-Frame weiterzuentwickeln und damit ihren Bestand zu sichern. Denn wenn eine subjektive Perspektive im Diskurs anerkannt wird, dann erhöht sich die Bedeutung des Akteurs – er wird relevant für die Ausformulierung des Politik-Frames. Notwendig ist dafür die Übermittlung von Botschaften, die das Ziel haben, im Diskurs die Unterstützung anderer Akteure zu gewinnen und damit die eigene Sicht der Dinge zu untermauern.

Diese Botschaften sind zwar abhängig von der eigenen Perspektive des jeweiligen Akteurs, der die Unterstützung sucht, sie lassen sich aber nicht direkt mit dem Akteur-Frame gleichsetzen (vgl. Rein und Schön 1994: 32). Denn die politischen Botschaften müssen an die vorherrschenden Rahmenbedingungen anschließen und an Veränderungen des interpretativen Kontextes flexibel anpassbar sein, damit der Akteur im politischen Diskurs ein relevanter Ansprechpartner bleibt. Die Verwendung von Frames in den politischen Äußerungen eines Akteurs ist in dieser Hinsicht als taktisches Instrument im Diskurs zu sehen. Die kommunizierten Frames dienen als flexibles Bindeglied zwischen dem Frame-Kontext eines Politikvorhabens und dem eigenen Akteur-Frame (Rein und Schön 1991: 268ff).

Wenn wir Politikgestaltung anknüpfend an den Framing-Ansatz von Rein und Schön als Design-ähnlichen Prozess betrachten, dann können wir mit Blick auf die zentrale Bedeutung des Politikdiskurses festhalten, dass ein Politikdesigner seinen Entwurf eines Vorhabens in ständigem Kontakt mit den anderen Akteuren entwickeln muss, die diesen Entwurf mit ihren Frames interpretieren. Nur durch den kommunikativen Austausch mit ihnen kann der Designer sein Vorhaben in Bezug auf Wirkungen und Probleme einschätzen und mit Hilfe des Feedbacks die Akteur-Frames für die Entwicklung des Politik-Frames heranziehen (Rein und Schön 1994: 167). Der Designer agiert unter Bedingungen von Unsicherheit bezüglich des interpretativen Kontextes seines Vorhabens, weil dieser von den anderen Akteuren abhängt. Der Designer muss daher sein Vorhaben nicht nur an die beteiligten Akteure vermitteln, sondern auch deren Frames in Betracht ziehen, um die Begründungsfunktion des Politik-Frames sicherzustellen.

Mit Blick auf den Kommunikationsprozess Interessenvermittlung können wir also folgern, dass Politikvorhaben im politischen Diskurs so kommuniziert werden, dass dadurch kompatible Interessen entstehen können. Ein Politik-Frame kann daher als wichtiger Teil der institutionellen Rahmenbedingungen des politischen Systems gesehen werden, unter denen die Akteure interagieren. Betrachten wir diesen Zusammenhang aus Sicht des einzelnen Akteurs, so bietet der Politik-Frame eine argumentative Orientierung sowohl für die Wahrnehmung eines Politikvorhabens als auch für die Definition der Interessen. Für unseren Erklärungsrahmen können wir daher festhalten, dass für die kommunikative Vermittlung von Politikvorhaben unterschiedliche Frames der beteiligten Akteure berücksichtigt werden müssen.[4]

Im Hinblick auf die Fragen, warum Akteure im politischen Prozess aufeinander angewiesen sind, wie sie zu ihren Interessen gelangen und welche Bedeutung der politische Diskurs dafür hat, können wir drei grundlegende Axiome für unseren Erklärungsrahmen für den Kommunikationsprozess Interessenvermittlung im politischen System der Europäischen Union ableiten, der die kognitive Interdependenz der Akteure berücksichtigt:

- Die Handlungsorientierungen der einzelnen Akteure hängen von der Interaktion mit anderen Akteuren ab (Interdependenz-Axiom).
- Der Akteur-Frame ist die subjektive Basis für Interessen und Handlungsoptionen der Akteure (Akteur-Frame-Axiom).
- Die Vermittlung von Politikvorhaben hängt von der Berücksichtigung der Akteur-Frames ab (Politik-Frame-Axiom).

Außerdem haben wir bereits anhand des Forschungsstands gesehen, dass wegen der vielschichtigen Wechselwirkungen zwischen den unterschiedlichen Akteuren in einem Politikfeld aus der europäischen Interessenpolitik hohe Anforderungen an die Formulierung von Politikvorhaben resultieren, vor allem dann, wenn sich konkurrierende Interessengruppen gegenüberstehen. Der Überblick hat aber auch gezeigt, dass Framing-Ansätze geeignet sind, um die kognitive Dimension der Interessenvermittlung innerhalb des politischen Systems der EU zu untersuchen, wenn wir den kommunikativen Austausch der beteiligten Akteure als einen Wettbewerb um die Deutungshoheit verstehen, der sich in der Entwicklung des

4 Entsprechend lässt sich daraus für die Entstehung von Politikvorhaben ein drittes Axiom für den Erklärungsrahmen ableiten, das Politik-Frame-Axiom [A3]: Ein Politikvorhaben muss an die Akteure des Politikgestaltungsprozesses vermittelt werden, um durchsetzbar zu sein. Bei der kommunikativen Vermittlung von Politikvorhaben müssen dazu die unterschiedlichen Frames der beteiligten Akteure berücksichtigt werden.

für die Formulierung des Politikvorhabens notwendigen Politik-Frames konkretisiert.

Im nächsten Schritt können wir nun aufbauend auf den theoretischen Grundlagen einen Framing-Ansatz für unseren Erklärungsrahmen entwickeln, mit dem sich die kognitive Interdependenz der Akteure als wichtige institutionelle Rahmenbedingung betrachten lässt. Denn es wird deutlich, dass die Akteure im Kommunikationsprozess Interessenvermittlung nicht nur in Bezug auf ihre Handlungsorientierungen voneinander abhängen, sondern auch dass die Bedeutung von Politikvorhaben erst durch die kommunikative Interaktion im Politikdiskurs festgelegt wird.

2.3 *Interessenträger und Politikdesigner*

Wie wir bereits eingangs erwähnt haben, ist es notwendig, Frames sowohl aus Akteurperspektive als auch aus inhaltlicher Perspektive zu definieren um Interessenvermittlungsprozesse mit Hilfe eines Framing-Ansatzes erklären zu können. Einerseits stehen dabei das Verständnis und die Wahrnehmung des einzelnen Akteurs im Vordergrund, zum anderen der Kontext und die Begründung eines Politikvorhabens. Aufbauend auf den theoretischen Grundlagen können wir daher Akteur-Frames und Politik-Frames sowie die Rollen des Interessenträgers und die des Politikdesigners analytisch unterscheiden.

2.3.1 Akteur-Frame

Der Begriff Akteur-Frame steht im Folgenden für die subjektive Perspektive eines Akteurs, aus der heraus eine unübersichtliche und undefinierte Situation handlungsleitend interpretiert werden kann (Rein und Schön 1991: 263). Im Zusammenhang mit dem Prozess der Interessenvermittlung ist der Akteur-Frame ein subjektiver Deutungsrahmen, der die Wahrnehmung und Orientierung eines Akteurs in Bezug auf ein Politikvorhaben umfasst. Die Wahrnehmung von Politikvorhaben erfordert von jedem Akteur eine Auswahl der vorliegenden Informationen und möglichen Perspektiven als Handlungsgrundlage (Rein und Schön 1994: 29f; Nelson und Oxley 1999; Zahariadis 1999; Druckman 2001c; Bridgman und Barry 2002).

Der rational handelnde Akteur bildet sich unter dem jeweiligen institutionellen Kontext zunächst eine Meinung über das zugrunde liegende gesellschaftliche Problem und dessen Auswirkungen auf die eigenen Handlungsoptionen. Basierend auf den entsprechenden Schlussfolgerungen werden dann die vorgeschlagenen Maßnahmen des Politikvorhabens eingeschätzt. Dies geschieht ebenfalls in

Bezug auf die eigenen Handlungsoptionen. Je nachdem, wie die Auswirkungen des Problems und der Maßnahmen des Politikvorhabens eingeschätzt werden, bestimmt der auf das Politikvorhaben bezogene Akteur-Frame so die Handlungsorientierungen des Akteurs. Wir können also als Prämisse für den Erklärungsrahmen festhalten, dass Akteure ihre Akteur-Frames auf der Basis der subjektiven Wahrnehmung eines Sachverhalts entwickeln und davon ihre Handlungsorientierungen ableiten. Die Akteur-Frames resultieren also aus der subjektiven Wahrnehmung und bestimmen die Handlungsorientierungen und damit die politischen Interessen des Akteurs.

2.3.2 Interessenträger

Interessenträger in Bezug auf ein spezifisches Politikvorhaben sind nur diejenigen Akteure, die einen entsprechenden Akteur-Frame gebildet haben. Interessenträger können insofern für die Analyse der Interessenvermittlungsprozesse von der Vielzahl der am Politikgestaltungsprozess beteiligten Akteure unterschieden werden. Allerdings ist die reflektierte, auf der selbstständigen Analyse der Situation und der vorgeschlagenen Maßnahmen beruhende Bildung eines entsprechenden Akteur-Frames nicht der einzige Weg. Akteure können auch zu Interessenträgern in Bezug auf ein politisches Vorhaben werden, indem sie bestehende Akteur-Frames übernehmen und sich damit der Position eines anderen Akteurs anschließen.

Die Interessen der Akteure im Politikgestaltungsprozess basieren insofern auf mehr oder weniger selbstständig im Diskurs über ein Politikvorhaben gebildeten Akteur-Frames (Rein und Schön 1991; Fischer 2003a). Der Akteur-Frame ist somit die kognitive Basis für das Interesse, das ein Akteur in Bezug auf ein Politikvorhaben entwickeln kann. Die Interessen eines Akteurs sind daher nicht a priori festgelegt, sondern hängen von den institutionellen Rahmenbedingungen und dem subjektiven Akteur-Frame ab (vgl. Lau und Schlesinger 2005). Grundlage für die Interessen des rationalen Akteurs ist die Analyse der Handlungsoptionen, die aus der Orientierung innerhalb der Akteurkonstellation abgeleitet und unter den institutionellen Rahmenbedingungen konkretisiert werden (Mayntz und Scharpf 1995: 55). Das heißt: Akteure müssen sich mit Hilfe ihrer Akteur-Frames in der Akteurkonstellation orientieren und unter den jeweiligen institutionellen Rahmenbedingungen ihre Handlungsorientierungen zu Interessen konkretisieren. Daraus leitet sich als weitere Prämisse ab, dass die politischen Interessen eines Akteurs vom Akteur-Frame und den institutionellen Rahmenbedingungen abhängen und erst nach der Orientierung in der Akteurkonstellation konkretisiert werden können.

2.3.3 Politik-Frame

Gerade weil die Interessen der Akteure sich erst im Lauf der Interaktion konkretisieren lassen, kommt der kommunikativen Vermittlung von Politikvorhaben eine herausragende Bedeutung zu (Gottweis 2003). Betrachten wir den Politikgestaltungsprozess aus einer inhaltlichen Perspektive, dann spielen kognitive Deutungsrahmen auch eine zentrale Rolle für die Verbreitung und Diskussion von Politikvorhaben. Denn Politik-Frames sind kognitive Deutungsrahmen, mit denen Politikvorhaben im politischen Diskurs kommunikativ konstruiert werden (Stone 1988; Fischer und Forester 1993a). Ein Politik-Frame beinhaltet die Definition einer gesellschaftlichen Situation als politisches Problem, die Diagnose der Ursachen, eine Wertung der Ursachen und die notwendigen Maßnahmen zur Lösung des Problems (Entman 1993: 52; Entman 2004: 5). In allen Verlautbarungen des Politikgestaltungsprozesses – seien es informelle oder offizielle Dokumente, Stellungnahmen von beteiligten Akteuren oder die Medienberichterstattung – lassen sich folglich Politik-Frames identifizieren.

Politik-Frames sind eine wichtige institutionelle Rahmenbedingung für die Akteurkonstellation und spielen eine zentrale Rolle für den Kommunikationsprozess Interessenvermittlung. Politik-Frames bilden eine interpretativ-begründende Erläuterung eines Politikvorhabens und seines Inhalts für einen breiteren Adressatenkreis. Zu den Adressaten gehört neben den direkt an der Ausarbeitung und Verhandlung beteiligten Akteuren auch die politische Öffentlichkeit. Der Politik-Frame beeinflusst die Art und Weise, in der ein Politikvorhaben wahrgenommen und diskutiert wird. Durch den Politik-Frame wird so der *raison d'être* eines Politikvorhabens als Reaktion des politischen Systems auf eine gesellschaftliche Situation kommunikativ konstruiert.

Dabei steht der Politik-Frame jeweils in enger Beziehung zum Politikvorhaben, ist aber nicht mit diesem identisch. Und, wie bereits erwähnt, definiert der Frame als organisierende Idee nicht nur den politischen Handlungsauftrag und die Kategorien der Debatte (Stone 1988: 307ff), sondern auch die unterschiedlichen Rollen der Akteure, z.B. Verursacher, Opfer etc. (Baumgartner und Jones 1993; Fischer und Forester 1993a; Rein und Laws 2003). Der Politik-Frame ist somit Teil der Rahmenbedingungen, unter denen Interessenträger ihre Akteur-Frames auf das Politikvorhaben bilden und ihre Positionen begründen können (Majone 1989: 23; Triandafyllidou und Fotiou 1998). Mit Blick auf die Akteurkonstellation bildet der Politik-Frame eines Vorhabens eine Grundlage für die Interdependenz der Akteure, d.h. er legt zum Beispiel fest, auf welcher Seite einer politischen Kontroverse sich ein Interessenträger wiederfindet (Stone 1988: 106). Wir können daher als Prämisse festhalten, dass der Politik-Frame als kommunikative Konstruktion eines Politikvorhabens eine wichtige institutionelle Rahmenbedingung für den politischen Diskurs darstellt, die sich als Kognitionsvorlage für die Wahrnehmung des Politikvorhabens auf die Bildung von Akteur-Frames auswirkt.

2.3.4 Politikdesigner

Wegen der Bedeutung von Politik-Frames für die Meinungsbildung der Akteure ist deren Formulierung für ein Politikvorhaben von zentraler Bedeutung für den kommunikativen Politikgestaltungsprozess. Akteure, die an der Formulierung von Politik-Frames beteiligt sind, werden im Folgenden als Politikdesigner bezeichnet (Rein und Schön 1994: 86). Mit der Formulierung von Politik-Frames versucht der Designer Akzeptanz für ein Politikvorhaben zu sichern. Politik-Frames lassen sich daher gezielt zur Erlangung öffentlicher Unterstützung einsetzen (Stone 1988: 25; Mintz und Redd 2003). Durch die Problemdefinition, die mit dem Politik-Frame vermittelt wird, wird deshalb immer auch das Meinungsklima zu einer politischen Fragestellung reflektiert und gegebenenfalls beeinflusst. Der Politikdesigner ist somit immer auch Interessenträger in Bezug das jeweilige Politikvorhaben. Da er jedoch mit anderen Akteuren interagieren muss, ist er nicht in der Lage, den Politik-Frame alleine zu kontrollieren (Baumgartner und Jones 1993: 28).

Die analytische Unterscheidung zwischen Akteur-Frames und Politik-Frames sowie zwischen den Rollen des Interessenträgers und des Politikdesigners können wir an unserem hypothetischen Fallbeispiel wie folgt illustrieren:

Aus der Sicht eines besorgten Freizeitanglers ist der Rückgang der Fischbestände am Niederrhein ein drängendes Problem, das die Ausübung seines Hobbys gefährdet. Sollte das Fischsterben tatsächlich durch die Abwassereinleitung bedingt sein, wäre eine Verschärfung der Schadstoffgrenzwerte für diesen Akteur positiv, da sich die Fischbestände so erholen könnten. Aus Sicht des Anglers ist der Rückgang der Fischbestände daher ein Umweltproblem, das durch schärfere Regulierung behoben werden könnte (Akteur-Frame). Der Akteur würde insofern der Argumentation eines Politikvorhabens zustimmen, die postuliert, dass der Rückgang der Fischbestände ein Problem ist, welches durch ein nicht mehr tolerierbares Maß an Wasserverschmutzung verursacht wird und dem durch strengere Grenzwerte und härtere Kontrollen für die Einleitung von Abwässern beizukommen ist (Politik-Frame). Die zuständige Regierungsstelle würde die Rolle des Politikdesigners einnehmen und eine strengere Abwassergesetzgebung entwickeln. Die Notwendigkeit würde damit begründet, dass am Rückgang der Fischbestände ein Zunehmen der Wasserverschmutzung deutlich wird. Durch die Begründung der neuen Abwassergesetzgebung mit der Notwendigkeit, Einleitungen verseuchten Abwassers zu verhindern, die für das Fischsterben verantwortlich sind (Politik-Frame), werden die Akteure entsprechend ihrer unterschiedlichen Perspektiven auf den Sachverhalt in Opfer (Angler) und Verursacher (Industrie, Klärwerksbetreiber) geteilt. Diese Unterscheidung wirkt sich dann auf deren Akteur-Frames aus.

So bedeutet die Verschärfung der Grenzwerte für alle Rheinanlieger, die Abwässer in den Fluss einleiten, dass sie entsprechende Vorkehrungen treffen müssen, um die neuen Grenzwerte nicht zu überschreiten. Entsprechend sind vor allem Industrie und Kommunen gezwungen, die Abwasserstandards zu erhöhen und die entsprechenden Kosten entweder selbst zu tragen oder an Kunden bzw. Steuerzahler weiterzugeben. Der daraus resultierende Akteur-Frame bezieht sich auf die Rolle des potenziellen Verursachers (Akteur-Frame = Verursacher-Frame). Demgegenüber profitieren die Angler von den sich erholenden Fischbeständen, d.h. die Akteur-Frames beziehen sich auf die gewünschten Resultate des Politikvorhabens (Akteur-Frame = Nutznießer-Frame). Welchen der beiden Akteur-Frames der Politikdesigner zur Begründung des Vorhabens (Politik-Frame) in den Vordergrund stellt, hängt von einer Abwägung der politischen Erfolgschancen ab. Er müsste abschätzen, ob Umwelt und Naturschutz einen ausreichend hohen Stellenwert in der (relevanten Wahl-)Bevölkerung haben, damit Steuerzahler und Kunden bereitwillig die Zusatzkosten zahlen. Ist dies der Fall, wären die potenziellen Argumente der Verursacherseite im politischen Diskurs weniger wirksam.

Mit Hilfe der analytischen Unterscheidung von Akteur-Frame und Politik-Frame sowie zwischen den Rollen der Interessenträger und des Politikdesigners können wir den interdependenten Kommunikationsprozess Interessenvermittlung beschreiben. Wir werden dazu einen Framing-Ansatz konkretisieren, mit dem sich sowohl aus einer Akteurperspektive als auch aus einer inhaltlichen Perspektive die Interdependenz des Politikgestaltungsprozesses untersuchen lässt (s. Teil I).

3. Datenbasis und Methode

Um mit Hilfe des explorativen Forschungsdesigns die Hypothese zur kognitiven Interdependenz im Kommunikationsprozess Interessenvermittlung in der EU empirisch zu überprüfen, können wir auf die von der Kommission organisierten Konsultationsprozesse als wichtige formelle Schnittstelle zwischen EU-Kommission und Interessenträgern zurückgreifen. Als empirische Basis für die Fallstudie werden dementsprechend neben offiziellen Dokumenten der EU-Institutionen auch Dokumente aus Konsultationsverfahren zu den jeweiligen Politikvorhaben herangezogen. Der Untersuchungszeitraum umfasst die Jahre 2005-2009.

Auf der Basis öffentlich zugänglicher Policy-, Konsultations- und Positionspapiere lässt sich der Informationsaustausch zwischen Kommission und gesellschaftlichen Interessenträgern auf die Verwendung von Frames hin auswerten. Damit ist es möglich, den Zusammenhang zwischen Politik-Frames und kommunizierten Botschaften anhand formeller Konsultationsverfahren empirisch zu überprüfen. Wegen der Bedeutung der Konsultationsprozesse als formelle Schnittstelle zwischen EU-Kommission und Interessenträgern können wir die entsprechenden Texte als formale Manifestation des untersuchten Kommunikationsprozesses sehen und diesen Quellen die kommunizierten bzw. durch den Politikdesigner etablierten Frames entnehmen.

Als Fallbeispiel für die empirische Überprüfung der Akteurpraxis im politischen System der Europäischen Union dient das EU-Politikfeld zur Förderung und Regulierung von Informations- und Kommunikationstechnologien (IKT). In diesem Politikfeld hat die Europäische Kommission im Jahr 2005 eine Strategie zur Förderung von Informations- und Kommunikationstechnologien in der Europäischen Union veröffentlicht, genannt „i2010 – Eine europäische Informationsgesellschaft für Wachstum und Beschäftigung“ (EK 2005e). Im Rahmen dieser Strategie wurden zwischen 2005 und 2009 alle Maßnahmen argumentativ gebündelt, die mit Hilfe von IKT die Ziele der so genannten *Lissabon-Strategie* zur Schaffung von Wachstum und Beschäftigung unterstützen sollten. Denn fünf Jahre nach der ersten Veröffentlichung der Lissabon-Strategie war diese von den Staats- und Regierungschefs im März 2005 erneut bekräftigt worden (Europäischer Rat 2005). Die EU-Kommission nahm somit den Meta-Frame des Europäischen Rates auf und konkretisierte ihn für das IKT-Politikfeld zu einer Politikstrategie.

In einer ersten Detailstudie identifizieren wir die Frame-Hierarchie in diesem Politikfeld. Dabei lässt sich nicht nur die argumentative Verknüpfung zwischen Lissabon-Strategie und i2010-Strategie überprüfen, sondern an diesem Beispiel können wir auch Fragen zur argumentativen Kohärenz der darunter subsumierten Politikvorhaben beantworten. Dazu betrachten wir im Folgenden beispielhaft Politikvorhaben im IKT-Bereich und prüfen, inwiefern sich die Begründungszusammenhänge der Vorhaben auf den übergeordneten i2010-Meta-Frame beziehen. Formuliert in der i2010-Strategie, besagt dieser Meta-Frame, dass moderne Informations- und Kommunikationstechnologien „eine starke Triebkraft für Wachstum und Beschäftigung" sind (EK 2005e: 3). Um Europa wettbewerbsfähig zu machen, sei es daher notwendig, die Nutzung von IKT voranzutreiben und mit einem integrierten Gesamtkonzept auf die Verwirklichung einer europäischen Informationsgesellschaft hinzuarbeiten.

In einer zweiten Detailstudie verdeutlichen wir dann anhand eines konkreten Fallbeispiels aus dem IKT-Politikfeld, der Radiofrequenzpolitik der Europäischen Union[5], aus der Perspektive der Politikdesigner wie es der EU-Kommission gelungen ist, durch die Formulierung eines neuen Politik-Frames mit dem Begriff der *Digitalen Dividende* einen Paradigmenwechsel in der europäischen Regulierung von Radiofrequenzen einzuleiten. Dabei interessiert uns in erster Linie, inwiefern die von der Umstellung des terrestrischen Fernsehens von Analog- auf Digitaltechnik betroffenen Interessenträger sich selbst der damit einhergehenden Argumentation bedient haben. Denn die EU-Kommission bezeichnet die infolge der höheren Übertragungseffizienz der Digitaltechnik frei werdenden Funkfrequenzen als Frequenzzugewinn und somit als „Digitale Dividende". Diese sei „eine einzigartige Gelegenheit zur Deckung des rasch wachsenden Frequenzbedarfs drahtloser Kommunikationsdienste", deren Vorteile „nur dann umfassend genutzt werden, wenn das Hauptaugenmerk unvoreingenommen auf die Ermittlung der wertvollsten Arten der Frequenznutzung gelegt wird" und durch ein „koordiniertes Vorgehen auf EU-Ebene (...) eine sowohl aus sozialer als auch aus volkswirtschaftlicher Sicht optimale Nutzung der Dividende" sichergestellt werde (EK 2007c: 3).

In der abschließenden Detailstudie untersuchen wir aus Sicht eines Interessenträgers den Kommunikationsprozess Interessenvermittlung in einem weiteren Teilbereich des IKT-Politikfeldes, der EU-Politik zum Thema Radiofrequenz-Identifizierung (RFID).[6] In diesem hat die EU-Kommission zwischen 2006 und 2009 mit verschiedenen Aktivitäten ebenfalls einen Politik-Frame etabliert, der sich auf die Positionierung der Interessenträger ausgewirkt hat. Zum einen wurde in einer Mitteilung betont, die RFID-Technologie sei „deshalb von großer Be-

5 Vgl. zu den Inhalten dieses Politikfeldes das Informationsportal der EU-Kommission unter: http://ec.europa.eu/information_society/policy/ecomm/radio_spectrum/index_en.htm, 22.04.2011.

6 RFID steht für Radiofrequenz-Identifikation, vgl. dazu: http://ec.europa.eu/infor mation_ society/policy/rfid/index_en.htm, 20.07.2011.

deutung, weil sie das Potenzial besitzt, sich zu einem wichtigen neuen Wachstums- und Beschäftigungsmotor zu entwickeln und dadurch einen großen Beitrag zur Verwirklichung der Lissabonner Strategie zu leisten, sofern es gelingt, die bestehenden Innovationshemmnisse zu überwinden" (EK 2007b: 3).
Zum anderen wurden in einer Empfehlung „Orientierungshilfen für die Gestaltung und den Betrieb von RFID-Anwendungen in einer rechtmäßigen und gesellschaftlich wie politisch annehmbaren Weise und unter Wahrung der Privatsphäre und Gewährleistung des Schutzes personenbezogener Daten" veröffentlicht (EK 2009g). In dieser Teiluntersuchung interessiert uns vor allem, inwiefern sich die Position der Interessenträger durch die Hervorhebung des Datenschutzaspekts der RFID-Technologie verändert hat. Komplementär zu den ersten beiden Teilen der Fallstudie gehen wir dabei der Frage nach, wie der kollaborative Framing-Prozess, der den politischen Diskurs in der EU kennzeichnet, von den Interessenträgern als Handlungskontext wahrgenommen wird.

Von dem öffentlich-schriftlichen Teil der anhand der Konsultationsprozesse deutlich wird müssen wir allerdings den individuell-kognitiven Teil des Kommunikationsprozesses unterscheiden, auf den sich der Erklärungsrahmen ebenfalls bezieht. Dazu gehören vor allem die individuellen Abwägungsprozesse, die die Akteure im Hinblick auf die Positionierung bezüglich eines Politikvorhabens absolvieren müssen. Wegen der entscheidenden Bedeutung der Relation zwischen der subjektiven Wahrnehmung eines Politikvorhabens durch die Akteure einerseits und dem beobachtbaren kommunikativen Handeln im politischen Diskurs andererseits wurde zusätzlich zur Dokumentenanalyse eine teilnehmende Langzeitbeobachtung durchgeführt. Denn um die aus dem Erklärungsrahmen resultierenden Arbeitshypothesen zu den Handlungsorientierungen der Akteure (s. Teil I) zu überprüfen wurden im Rahmen einer teilnehmenden Beobachtung auf Seiten der Politikdesigner sowie auf Seiten der wirtschaftlichen Interessenträger Experteninterviews durchgeführten und qualitativ ausgewertet.

Im Rahmen der teilnehmenden Beobachtung war es möglich sowohl auf Seiten der Wirtschaft[7] wie auch auf Seiten der Europäischen Kommission[8] beide Akteurperspektiven des Kommunikationsprozess Interessenvermittlung kennenzulernen. Ergänzend zu den eigenen Beobachtungen wurden die Handlungsori-

7 Der Autor war von April 2006 bis September 2010 in verschiedenen Funktionen bei einem Unternehmen tätig, das zu diesem Zeitpunkt eines der größten Programme zum Einsatz von RFID in Europa betrieb, und hat sich in diesem Zusammenhang mit der politischen Interessenvertretung auf nationaler und europäischer Ebene zum Thema RFID befasst.

8 Der Autor war im Rahmen eines Forschungsaufenthaltes von März bis Juli 2007 in der Abteilung für Radiofrequenzpolitik der Europäischen Kommission, Generaldirektion Informationsgesellschaft und Medien in Brüssel tätig.

entierungen der Akteure in vertraulichen Experteninterviews überprüft[9]. Dazu wurden anhand der in Teil I entwickelten Arbeitshypothesen die Handlungsorientierungen der Akteure in problemzentrierten Leitfadeninterviews mit offenen Fragestellungen erhoben. Denn gerade für die Untersuchung ist die Relation zwischen der subjektiven Wahrnehmung der Akteure im politischen Diskurs und dem beobachtbaren kommunikativen Handeln von entscheidender Bedeutung, sodass „die Kombination von Befragungs- und Beobachtungsmethoden" nötig ist (Schöne 2005: 194).

Dank der teilnehmenden Beobachtung konnte dazu nicht nur der vertrauliche Zugang zu Gesprächspartnern in der Europäischen Kommission genutzt werden, die persönlich in die beschriebenen Prozesse involviert waren bzw. sind. Darüber hinaus konnte auch durch die langjährige Tätigkeit für einen RFID-Interessenträger auch ein gradueller Wandel in der Wahrnehmung der Politikvorhaben und der darauf bezogen politischen Interesses beobachtet und durch die Experteninterviews bestätigt werden.

Durch die Einbindung der Fallstudie in die hypothesengeleitete Überprüfung des entwickelten Erklärungsrahmens kann außerdem die beschränkte Formalisierbarkeit der teilnehmenden Beobachtung als Methode adressiert werden (Schöne 2005: 196). In Bezug auf die Handlungsorientierungen wurde deshalb in den problemzentrierten Leitfadeninterviews die individuelle Sicht auf die Begründungszusammenhänge im untersuchten Politikfeld und damit indirekt der Zusammenhang zwischen Akteur-Frame und Politik-Frame erhoben. Durch die Untersuchung der beiden Teilbereiche des Politikfelds konnten außerdem mit den Stichproben die Handlungsorientierungen beider wichtigen Akteurgruppen, Politikdesigner und Interessenträger, komplementär erhoben werden.[10]

Die methodische Herangehensweise kombiniert somit die Auswertung öffentlich-schriftlicher Dokumente mit den individuell-kognitiven Aspekten des Kommunikationsprozesses Interessenvermittlung, die über Befragungen und insbesondere im Rahmen teilnehmender Beobachtung erhoben wurden. Die Auswertung der erhobenen Daten erfolgte dann jeweils in zwei Schritten. Im Rahmen der Dokumentenanalyse wurde zunächst aus der Gesamtheit der einschlägigen Policy-Dokumente zur i2010-Strategie der Meta-Frame der Politikstrategie extrahiert. Für den zweiten Schritt wurden dann eine exemplarische Auswahl aus den 144 Politikvorhaben die die Kommission 2009 als Hauptergebnisse der i2010-Strategie 2005–2009 in ihrem Bericht über die digitale Wettbewerbsfähig-

9 Siehe dazu unten die Übersicht über die im Rahmen der Feldforschung und der teilnehmenden Beobachtung geführten Interviews und Hintergrundgespräche.

10 Auf die Möglichkeiten, die eine qualitative Inhaltsanalyse durch die Verbindung von theoretischen Verallgemeinerungen und empirischen Einzelbefunden für die Untersuchung von Handlungsorientierungen bietet, hat Vowe hingewiesen, vgl. Vowe 1993: 106f.

keit Europas nennt, auf ihre argumentative Kohärenz mit dem Meta-Frame der i2010-Initiative hin überprüft (EK 2009b).

Für die beiden Detailuntersuchungen mit denen im selben Politikfeld die Akteurperspektive untersucht wird, wurden ebenfalls zunächst auf der Basis der Gesamtheit der einschlägigen Policy-Dokumente zu den jeweiligen Politikvorhaben (Radiofrequenzpolitik bzw. RFID) die vorherrschenden Politik-Frames identifiziert. Im zweiten Schritte wurden dann die Gesamtheit der Konsultationsbeiträge (Radiofrequenzpolitik) bzw. die Beiträge der untersuchten Industrieinteressenvertreter zu den beiden Konsultationsverfahren (RFID) darauf hin ausgewertet, ob und in welcher Hinsicht sich die jeweilige Argumentation der partikularen Interessen auf die Politik-Frames bezieht.

Die Auswertung der Dokumente für die Fallstudien wird ergänzt durch die Auswertung der Daten, die im Rahmen der teilnehmenden Beobachtung erhobenen wurden. Diese wurden zunächst für Entwicklung des theoretischen Erklärungsrahmens herangezogen, aus dem dann mit Hilfe der einschlägigen Forschung die Arbeitshypothesen abgeleitet wurden. Im zweiten Schritt wurden dann die Arbeitshypothesen auf die Fallbeispiele (i2010, Radiofrequenzpolitik, RFID) angewendet und als Leitfragen für die Experteninterviews herangezogen. Durch die hypothesengeleitete Überprüfung des Erklärungsrahmens zunächst anhand von Forschungsergebnissen zur Interessenpolitik in der Europäischen Union und anschließend durch die Experteninterviews im Rahmen der Fallstudien in einem Politikfeld kann so die begrenzte Verallgemeinerbarkeit von politikfeldspezifischen Detailuntersuchungen relativiert werden.

Insofern stellt die Kombination der Datenerhebungsmethoden sicher, dass die Möglichkeiten der Fallstudien im Sinne einer *narrative policy analysis* ausgeschöpft werden, denn:

> „A case study approach (...) forces the analyst to see how others define a specific policy problem, identify and assess its alternatives, and then decide among them. There is nothing quite as salutary as putting yourself in a position of recommending what a policy maker or analyst should have done with respect to a problem, but did not do, when that someone is still around to argue your recommendation“ (Roe 1994: 159).

I Ein Framing-Ansatz

Aufbauend auf den genannten theoretischen Grundlinien können wir jetzt einen Framing-Ansatz zur Untersuchung von Interessenvermittlungsprozessen konkretisieren, mit dem sich die Interdependenz der Akteure und die kommunikative Dimension der Zusammenarbeit untersuchen lassen. Dazu werden wir im Folgenden zunächst (1) den grundsätzlichen Zusammenhang zwischen Politik-Frames und partikularen Interessen und die (2) wichtigsten Aspekte der Interdependenz zwischen den unterschiedlichen Akteuren im politischen System der Europäischen Union betrachten. Danach können wir in den Politikkreislauf jeweils aus Sicht (3) des Politikdesigners und (4) des Interessenträgers sowie (5) die Logik des interdependenten Kommunikationsprozesses Interessenvermittlung beschreiben.

Auf dieser Basis können wir dann in Teil II anhand der Fallstudie die Auswirkungen der kognitiven Interdependenz der Akteure auf die Interessenpolitik in der Europäischen Union beispielhaft empirisch überprüfen.

4. Politik-Frames und partikulare Interessen

Bevor wir den Framing-Ansatz auf unseren Untersuchungsgegenstand anwenden, müssen wir zunächst einige grundsätzliche Aspekte der kognitiven Dimension von Interessenvermittlungsprozessen festhalten. Denn Politikvorhaben werden durch Politik-Frames kommunikativ erst konstruiert. Der politische Diskurs muss dazu allerdings keineswegs im Rahmen einer öffentlichen Auseinandersetzung stattfinden. Auch hinter verschlossenen Türen müssen Politikdesigner ihre Vorhaben begründen, um Zustimmung zu erhalten. Die entsprechenden Diskurse finden daher sowohl innerhalb als auch außerhalb der Öffentlichkeit statt (Fischer 2003b: 183; Naurin 2007). Administrationen können durch Frames nicht nur Problemdefinitionen, sondern auch Lösungsansätze transportieren (Edelman 1964; Fouilleux 2004). Für die Europäische Union ist in dieser Hinsicht die Bedeutung von konsensorientierten Verhandlungszusammenhängen hervorgehoben worden, die dazu führen, dass die Erfolgsaussichten eines Akteurs von dessen Möglichkeit zur Beeinflussung des politischen Diskurses abhängen (Neyer 2004; Daviter 2007).

4.1 Politik-Frames als Gegenstand des Politikdiskurses

Ein Politik-Frame funktioniert als kognitive Deutungsvorlage, mit der ein Vorhaben verstanden werden kann, und trägt folglich zur Meinungsbildung bei (Druckman 2001b; Haider-Markel und Joslyn 2001; Nelson 2004). Der Politik-Frame definiert insofern eine gesellschaftliche Situation im politischen System als Problem, um dort bearbeitet werden zu können. Er beantwortet wichtige Fragen nach der Notwendigkeit einer Handlung und begründet, warum vorgeschlagene Maßnahmen notwendig sind (vgl. Entman 1993: 52; Entman 2004: 5). Der Frame bestimmt auch das argumentative Repertoire, mit dem das Vorhaben in der Interaktion der Akteure diskutiert werden kann (Steinberg 1998; Rein und Laws 2003). Er ist damit für alle Akteure eine wichtige Grundlage zur Wahrnehmung des Vorhabens und zur Orientierung in der Debatte. Er kann als gemeinsamer kognitiver Nenner der am politischen Diskurs partizipierenden Akteure verstanden werden (Hall 1993), d.h. als intersubjektive Konstruktion der politischen Wirklichkeit. Innerhalb dieser politischen Wirklichkeit läuft der Politikgestaltungsprozess im Rahmen einer interdependenten Akteurkonstellation ab, die durch die kommunikative Interaktion der Akteure erst entsteht (vgl. Stone 1988: 195f; Steinberg 1998; Fischer 2003b: 41ff). Der Politik-Frame spielt daher eine zentrale Rolle für die kommunikative Auseinandersetzung mit einem Politikvorhaben. Er bietet allen Akteuren Hinweise auf die Wahrnehmung des Politikvorhabens und die Akzeptanz von politischen Argumenten. Dieses Wissen können die Akteure nutzen, um die eigenen Interessen mit Hilfe geeigneter Botschaften zu vermitteln.

Denn ob ein Politikvorhaben erfolgreich begründet ist, hängt davon ab, ob die Akteure des politischen Systems es akzeptieren. Politische Entscheidungen müssen grundsätzlich durch Begründungen rationalisiert werden. Dabei müssen die Begründungen nicht der eigentlichen Handlungsmotivation des Akteurs entsprechen, sondern lediglich eine Grundlage für die Durchsetzung des Politikvorhabens schaffen (Majone 1989: 31). Insofern speist sich die Legitimität einer politischen Handlung daraus, dass sie nach den anerkannten Regeln einer Gesellschaft, aus der Gültigkeit eben dieser Regeln sowie aus der Zustimmung der Beherrschten begründbar ist (Beetham 1991: 96ff).

Will der Designer sein Vorhaben legitimieren, muss er sicherstellen, dass andere Akteure den Politik-Frame auch wahrnehmen können. Um Dissonanzen zu vermeiden, muss der Politikdesigner kognitive Anknüpfungspunkte für diese Akteure schaffen (Surel 2000: 507). Die Gesamtheit der Akteur-Frames aller Diskursteilnehmer bildet deswegen den kognitiven Kontext eines Politikvorhabens in einem politischen System (Rein und Schön 1991). Als Reservoir möglicher Interpretationen wirkt sich der kognitive Kontext auf die Möglichkeiten des Designers aus, ein Vorhaben durch einen Politik-Frame zu begründen. Dabei sind eine nachvollziehbare Argumentation und die Vorwegnahme von Kritikpunkten für eine erfolgreiche Vermittlung ausschlaggebend (Kingdon 1984: 209ff; Druckman und Chong 2007).

Alle Politikdesigner agieren daher unter Bedingungen von Unsicherheit, wenn sie Politikvorhaben begründen. Erst wenn ein Politikvorhaben mit Hilfe eines Politik-Frames zur Diskussion gestellt wird, offenbart sich dessen kognitiver Kontext (vgl. Hajer 2003). Will ein Politikdesigner ein Vorhaben rationalisieren, um damit seine Handlungsfähigkeit zu begründen, muss er daher schon bei der Formulierung des funktionalen Politik-Frames von diesem kognitiven Kontext ausgehen. Die zu diesem Zeitpunkt nur unvollständig erkennbare Gesamtheit der verfügbaren Frames bildet so den Interpretationsrahmen, der dem Politikdesigner zur Begründung seines Politikvorhabens zur Verfügung steht (Stone 1988: 122; Rein und Schön 1994: 169f; Jacoby 2000; Haider-Markel und Joslyn 2001).

Die jeweiligen Akteur-Frames spielen aber schon eine Rolle, sobald der Politikdesigner sich über ein Thema informiert oder darauf aufmerksam gemacht wird. Denn jeder Akteur, der dem Politikdesigner Informationen über ein gesellschaftliches Problem vermittelt, transportiert dabei mittelbar oder unmittelbar auch seinen Akteur-Frame (Stone 1988: 256). Wir müssen daher davon ausgehen, dass es im Kommunikationsprozess Interessenvermittlung prinzipiell keine neutralen Fakten gibt, sondern nur Informationen, die aus einer subjektiven Perspektive vermittelt werden. Der Politikdesigner kann daher nur durch die bewusste und frühzeitige Berücksichtigung solcher gesponserten Frames die Unsicherheit in Bezug auf den Interpretationskontext reduzieren (Lau und Schlesinger 2005: 107). Trotzdem muss er fortwährend den – aus den unterschiedlichen Akteur-Frames bestehenden – kognitiven Kontext beobachten. Denn je nachdem, in welchem Maß sich dieser Horizont möglicher Interpretationen verändert, haben diese Veränderungen auch Auswirkungen auf die Begründungsfunktionalität des Politik-Frames (Rein und Schön 1994: 80ff).

Dabei ist die Verbreitung spezifischen Detailwissens in Bezug auf ein Politikvorhaben nicht nur wegen der Komplexität der Sachverhalte, sondern auch durch die große Anzahl verschiedener Themen, die im politischen System zu jedem Zeitpunkt auf der Agenda stehen, strukturell begrenzt. Gerade die Arbeitsteilung, die personellen Fluktuationen und vor allem die kognitive Sparsamkeit, mit der Akteure den Aufwand des Wissenserwerbs minimieren, unterstreichen die Bedeutung der Politik-Frames und die begrenzte Rationalität des Politikgestaltungsprozesses (Kingdon 1984: 82; Entman 2004: 11ff). Wir können also festhalten: Je zahlreicher und je komplexer die Themen sind, die in einem politischen System bearbeitet werden, desto höher ist die Bedeutung von Politik-Frames als kognitive Orientierungsmarken für die beteiligten Akteure.

Deshalb sind vor allem Experten, die bereits zu einem frühen Zeitpunkt über einen detaillierten Akteur-Frame zu einem bestimmten gesellschaftlichen Thema verfügen, für den Politikdesigner wichtige Ansprechpartner. Experten können ihre Akteur-Frames bereits anhand von potenziellen Politikvorhaben ausbilden. Die Expertise solcher Akteure ist besonders dann wichtig, wenn der Designer die Relevanz seines Vorhabens absichern will (Majone 1989; Druckman 2001; Fischer 2003: 45f). Denn weil Experten daran interessiert sind ihre fachliche Reputation zu bewahren, kann der Designer durch deren frühzeitige Einbindung auch die Rezeption des Politik-Frames erleichtern und so die interpretative Unsicherheit reduzieren (Cicourel 1987; Druckman 2001b; Haider-Markel und Joslyn 2001; Druckman und Nelson 2003). Insofern müssen wir festhalten, dass die Mehrheit der Akteure bei der Wahrnehmung von Politikvorhaben auf Politik-Frames angewiesen ist, und nur wenige Akteure verfügen als Experten über die notwendigen Informationen für eine unabhängige Wahrnehmung des Sachverhaltes. Der Politik-Frame wird dadurch zu einer Richtschnur für die Gewichtung von Informationen, die insbesondere bei komplexen Sachverhalten auch und gerade von gut informierten Akteuren zur Orientierung genutzt wird (Nelson, Oxley, et al. 1997; Entman 2004).

Daran zeigt sich eine grundlegende Wechselwirkung zwischen der Vermittlung von Politikvorhaben durch Politik-Frames einerseits und der Rezeption dieser Politik-Frames durch die beteiligten Akteure andererseits. Je frühzeitiger und nachhaltiger ein Politik-Frame kognitive Anknüpfungspunkte für wichtige Interessenträger bietet, desto besser sind die Chancen, dass er zur Begründung des Politikvorhabens ausreichend ist (vgl. Stone 1988: 195f). Ob ein Politik-Frame erfolgreich rezipiert wird, hängt wiederum von der Wechselwirkung mit den relevanten Akteur-Frames ab, weshalb die Berücksichtigung von Akteur-Frames für die Begründung und Durchsetzung von Politikvorhaben erforderlich ist.

Um die kommunikative Konstruktion von Politikvorhaben als Gegenstand des Politikdiskurses untersuchen zu können, müssen wir daher immer auch den politisch-institutionellen Kontext oder auch Frame-Kontext in den Blick nehmen, der alle Informationen umfasst, die den Akteuren die intersubjektive Wahrnehmung eines Politikfeldes ermöglicht (vgl. dazu Fischer 2003b: 81ff).

Während grundsätzlich jeder Akteur – wie auch Experten und Interessenträger – Politikvorhaben vorschlagen und Politik-Frames in den Diskurs einbringen kann, entscheidet der Status des vorschlagenden Akteurs mit darüber, welche Bedeutung einem Vorschlag beigemessen wird. Die unterschiedlichen Rollen hängen eng zusammen mit den rechtlichen Rahmenbedingungen innerhalb eines Politikfeldes, in dem ein Vorhaben vorgeschlagen wird; dazu gehören zum Beispiel die Regelungskompetenzen, die einschlägigen gesetzlichen Regelungen oder die Instrumente und Mittel, mit denen Entscheidungen vorbereitet, getroffen und umgesetzt werden können.

Wenn ein neues Politikvorhaben an akzeptierte Begründungszusammenhänge von bisherigen Politiken anknüpfen kann bzw. diese wiederverwenden kann, dann können auch die Anknüpfungspunkte für die Akteur-Frames wiederverwendet werden. Insofern können wir die bestehenden Regelungen in einem Politikfeld auch als institutionalisierte Zustimmung der Diskursteilnehmer verstehen. Ein Politikvorhaben lässt sich also leichter begründen und durchsetzen, wenn es durch den Politik-Frame in einen durch ein vorheriges Vorhaben bekannten interpretativen Zusammenhang eingepasst wird, der durch bereits durchgesetzte Politik institutionalisiert ist und dadurch anerkannt ist (vgl. Stone 1988; Baumgartner und Jones 1993: 31ff; Hall 1993).

Die daraus resultierende Frame-Hierarchie eines Politikfeldes[11] besteht aus argumentativ ineinander verschachtelten Politik-Frames (Nylander 2001: 294f). Durch die argumentative Verknüpfung der Frames in einem Politikfeld wird eine Verbindung zwischen einem spezifischen Politikvorhaben und einem allgemeineren Politikziel geschaffen. Die Frame-Hierarchie beeinflusst auch die Vorstellungssysteme der am Politikfeld beteiligten Akteure. Sie ist daher auch ein Grund für die Pfadabhängigkeit in Politikgestaltungsprozessen, durch die neue

11 In der Policy-Forschung werden für diesen Zusammenhang verschiedene Begrifflichkeiten wie policy domain oder policy venue verwendet; vgl. Hall 1993; Stone 1988; Baumgartner und Jones 1993.

Konzepte und Ideen vergleichsweise selten Eingang in den Diskurs finden (vgl. Majone 1989: 162ff; Hall 1993; Fischer 2003b: 81ff).

Innerhalb einer Frame-Hierarchie können wir den Zusammenhang zwischen den Politik-Frames als Begründung des Politikvorhabens auf verschiedenen Ebenen des Politikfeldes verstehen, angefangen bei einer allgemeinen Ebene („Umweltpolitik") über eine Reihe von detaillierten Ebenen („Gewässerschutz", „Tierschutz" etc.) bis hin zu konkreten gesetzlichen Bestimmungen. Durch die argumentative Verknüpfung einzelner Politikvorhaben mit den übergeordneten politischen Zielen innerhalb eines Politikfeldes wird das dort vorhandene Repertoire an Begründungszusammenhängen verwendet und dadurch die bestehende Akzeptanz zugunsten des neuen Vorschlags genutzt (Steinberg 1998). Die Legitimität des Politikfeldes geht so kommunikativ auf das Politikvorhaben über (Beetham 1991). Die erfolgreiche Begründung von Politikvorhaben erfordert auch die Einbettung in die Frame-Hierarchie des jeweiligen Politikfeldes.

Zwar wird der politische Gestaltungsprozess erst mit der Veröffentlichung eines Politik-Frames durch einen mit einer Gesetzgebungsinitiative ausgestatteten Politikdesigner wird in Gang gesetzt. Der Gesamtprozess der Interessenvermittlung beginnt aber schon weit vor der offiziellen Festlegung eines Politik-Frames. Interessenvermittlung bezieht sich also auch auf die „Ursuppe" an politischen Ideen, Lösungen und Konzepten, die den Politikgestaltungsprozess speist (Kingdon 1984: 209). Die Verbreitung von Politik-Frames wird daher zwar von Politikdesignern initiiert, der Politik-Frame kann aber im Vorfeld von einem Interessenträger zur Verfügung gestellt worden sein. Dies kann sowohl direkt, etwa durch den Vorschlag eines Experten, wie auch indirekt erfolgen, wenn der Akteur-Frame eines bestimmten Diskursteilnehmers zur Basis für den Politik-Frame wird.

Die kommunikative Verbreitung von Politik-Frames im politischen Diskurs erfolgt dabei mit Hilfe unterschiedlicher Akteure, die sich danach unterscheiden lassen, ob sie Interessenträger sind oder als Überbringer politischer Botschaften oder Meldungen in mehr oder weniger neutraler Weise ihrer Berichtspflicht nachkommen (vgl. Nelson, Clawson, et al. 1997). Zum Beispiel berichten Medien oder Beratungsunternehmen zwar mit einem eigenen Interesse über Politikvorhaben, dieses Interesse bezieht sich meist aber nur mittelbar auf dessen Inhalt; sie sind folglich nicht selbst Interessenträger. Zum anderen transportieren auch Interessenträger mit einem eigenen Interesse an dem Politikvorhaben dessen Politik-Frame – entweder als Unterstützung, weil der Politik-Frame dem Akteur-Frame entspricht, oder als Gegenargument, weil dies gerade nicht der Fall ist. Genutzt werden dazu grundsätzlich alle Kanäle der politischen Kommunikation, u.a. offizielle Stellungnahmen und Dokumente, PR- und Medienkampagnen, thematische Konferenzen sowie persönliche oder informelle Gespräche.

So ist es beispielsweise für den Politikdesigner vorteilhaft, wichtige Akteure oder Multiplikatoren frühzeitig mit einem Politik-Frame vertraut zu machen, um deren Meinungsbildung zu initiieren bzw. den Politik-Frame auf sein Akzeptanzpotenzial hin zu testen (Haider-Markel und Joslyn 2001). Dadurch hat der Designer die Möglichkeit, anhand der Akteur-Frames die Realisierungschancen seiner Handlungen zu prüfen und diese Frames als Diskursressourcen zur Durchsetzung seiner Argumentation heranzuziehen (Schön 1991: 268; Fischer 2003b: 81). Die eigene Argumentation kann so schrittweise etabliert und an verschiedenen Adressaten und Zielgruppen ausgerichtet werden. Indem bestehende Argumentationen integriert oder gezielt Begriffe geprägt werden, lässt sich beispielsweise ein vorteilhafter Deutungszusammenhang etablieren, der die eigene Argumentation stützt (vgl. Stone 1988: 117ff; Baumgartner und Jones 1993: 25f; Miller 2000; Mintz und Redd 2003; Entman 2004: 10ff).

Die Formulierung und Verbreitung von Politik-Frames ist daher gekennzeichnet durch eine kognitive Interdependenz der Akteure im Kommunikationsprozess Interessenvermittlung. Die Akteure lassen sich nach ihrem Einfluss auf die institutionellen Rahmenbedingungen des Informationsaustauschs unterscheiden (vgl. Majone 1989: 75ff). Neben Veröffentlichungen spielen insbesondere Veranstaltungen, auf denen Politikvorhaben diskutiert werden, eine Rolle. Denn in solchen Foren werden nicht nur die Politikvorhaben, sondern auch die Begründungszusammenhänge reflektiert. Für alle Akteure des Kommunikationsprozess Interessenvermittlung ist die Teilnahme am Diskurs von Bedeutung, weil damit der jeweils favorisierte Frame als Teil des kognitiven Kontextes eines Politikvorhabens abgesichert werden muss.

Insofern kann beispielsweise in einer Diskussionsveranstaltung eine aus dem Publikum gestellte kritische Frage, aus der die eigene Position hervorgeht, für den Interessenträger wichtiger sein als die Antwort des Politikdesigners auf dem Podium, die den Status quo der Debatte widerspiegelt. Denn zum einen wird dem übrigen Publikum durch die Frage signalisiert, dass es neben den auf dem Podium vertretenen Deutungsrahmen noch weitere gibt. Zum anderen wird der Politikdesigner in der Öffentlichkeit daran erinnert, dass es Interessenträger gibt, die noch keine ausreichenden Anknüpfungspunkte im Politik-Frame gefunden haben und deren Zustimmung noch nicht sichergestellt ist.

Ein Politikdesigner kann daher versuchen durch die strategische Etablierung von Gesprächsforen, in denen Politikvorhaben zur Diskussion gestellt werden inhaltlich Einfluss zu nehmen. In Bezug auf die Rahmenbedingungen für den Politikdiskurs sind vor allem formelle und informelle „Teilnahmebedingungen“ und die Verfügungsgewalt über Tagesordnungen mit unterschiedlicher Verbindlichkeit (politische Zielsetzungen, Medien, Konferenzen) relevant.[12] Innerhalb der so etablierten Gesprächsforen ist dann der Politik-Frame Gegenstand des Kommunikationsprozesses, in welchem die Akteure ihre Interessen konkretisieren und vertreten müssen. Indem das jeweilige Politikvorhaben durch den Politik-Frame im gemeinsamen kognitiven Rahmen des Politikfeldes etabliert wird, strukturiert es den Politikdiskurs, in dem die Interessenvermittlung stattfinden muss (Stone 1988: 180; Innes und Boother 2003). Die Bedeutung des Politikvorhabens wird fortwährend in der diskursiven Interaktion der Akteure konstruiert, die sich durch ihre Teilnahme in der Akteurkonstellation positionieren (Steinberg 1998; Benford und Snow 2000; Fischer 2003a: 223f).

Wir können daher festhalten dass der Politik-Frame allen Akteuren Hinweise auf die Akzeptanz politischer Argumente bietet und die Mehrheit der Akteure auch für die Wahrnehmung von Politikvorhaben auf die Begründungszusammenhänge angewiesen ist, die durch Frames vermittelt werden. Für den Politikdesigner bilden innerhalb eines Politikfelds die Gesamtheit der Akteur-Frames und die Frame-Hierarchie den Kontext, in dem ein Politikvorhaben begründet werden muss. Für beide Seiten wird der Politik-Frame damit zum Gegenstand der Interaktion im politischen Diskurs. Im Hinblick auf ihre Einflussmöglichkeiten lassen sich die Akteure des Kommunikationsprozesses Interessenvermittlung unterscheiden nach (1) dem Maß an Deutungshoheit, das ihre Rolle im politischen Diskurs mitbringt, und (2) ihrem Einfluss auf die institutionellen Rahmenbedingungen des Informationsaustausches – insbesondere auf die Themensetzung. Es stellt sich daher die Frage welche Bedeutung der Politik-Frame für die Ausbildung der Interessen der beteiligten Akteure hat.

4.2 Vom Akteur zum Interessenträger

Damit ein Akteur zum Interessenträger werden kann, muss er ein bestimmtes Politikvorhaben wahrnehmen und einen entsprechenden Akteur-Frame ausbilden. Die Akteure des Kommunikationsprozesses Interessenvermittlung lassen sich somit grundsätzlich danach unterscheiden, zu welchem Zeitpunkt sie ihre Akteur-Frames in Bezug auf das Politikvorhaben ausgebildet haben. Mit Blick auf die Bedeutung der Politik-Frames für den politischen Diskurs können wir dessen Teilnehmer daher in direkt oder indirekt motivierte Interessenträger unterteilen. Dabei hat der direkt motivierte Interessenträger seinen Akteur-Frame in Bezug auf die gesellschaftliche Situation, die dem Politikvorhaben zugrunde liegt, bereits ausgebildet, bevor der Politikdesigner das Vorhaben mit Hilfe des Politik-

12 Vgl. dazu in Teil II die Detailuntersuchungen zur Radiofrequenzpolitik und zur RFID-Politik der EU (Kapitel 10 und 11).

Frames konstruiert. Demgegenüber nimmt ein indirekt motivierter Interessenträger erst das fertig konstruierte Politikvorhaben mit der entsprechenden Begründung durch den Politik-Frame wahr. Die Diskursteilnehmer lassen sich also nach dem Maß der Vertrautheit mit dem spezifischen Gegenstand des Politikvorhabens differenzieren. Entweder verfügen sie als Experten bereits über Akteur-Frames zu dem bearbeiteten Sachverhalt oder sie entwickeln ihre Akteur-Frames erst im Rahmen der politischen Debatte unter dem Eindruck eines bestehenden Politik-Frames.

Die Bedeutung des Politik-Frames für die Interessenbildung der Akteure lässt sich am Beispiel der Experten im Politikgestaltungsprozess erläutern. Bisher haben wir festgehalten, dass Experten für den Politikdesigner bei der Formulierung und Verbreitung von Politik-Frames eine wichtige Rolle spielen. Denn ein Experte ist in der Lage, Politikvorhaben selbstständig zu verstehen, und kann auch ohne Rückgriff auf den Politik-Frame seine Interessen in Bezug auf das Politikvorhaben definieren. Im weiteren Verlauf des Kommunikationsprozesses Interessenvermittlung, wenn der Politik-Frame als Grundlage für den politischen Diskurs etabliert wird, wird dieser aber gerade auch für den Experten relevant. Denn der Politik-Frame spiegelt immer auch die politischen Machtverhältnisse in der Öffentlichkeit wider (Entman 1993).

Gerade Experten, die sich mit dem Gegenstand des Vorhabens und den bisherigen politisch-institutionellen Rahmenbedingungen auskennen, müssen sich daher auf den Politik-Frame einstellen, wenn sie ihren Expertenstatus sichern wollen. So gibt etwa die Rezeption des Politik-Frames Hinweise darauf, wie andere Akteure einen Sachverhalt wahrnehmen bzw. verstehen. Für den Experten sind diese Informationen relevant, wenn es darum geht, das detaillierte Expertenwissen in den Diskurs einzubringen. Denn gerade weil Expertenwissen in Bezug auf Politikvorhaben nicht weit verbreitet ist, bildet der überwiegende Teil der Akteure sein Urteil anhand des Politik-Frames.

Der Experte muss daher seine Debattenbeiträge anpassen, um seine Chance, als relevanter Ratgeber gehört zu werden, zu erhöhen. Für ihn ist es deshalb von Vorteil, zumindest in Bezug auf die kommunizierten Botschaften den eigenen Akteur-Frame im Sinne einer Kompatibilität mit dem Politik-Frame weiterzuentwickeln, um so den eigenen Standpunkt in den politischen Diskurs einzupassen oder sich bewusst als Mahner zu positionieren. Neben dem persönlichen Ehrgeiz dieser Akteure spricht daher auch ihr Bedürfnis nach Erhaltung der Experten-Reputation für eine sorgsame Beobachtung und Berücksichtigung etablierter Politik-Frames. Sogar für Experten als direkt motivierte Interessenträger entsteht somit die Notwendigkeit eines Abgleichs zwischen dem eigenen Akteur-Frame und dem etablierten Politik-Frame zu einem Sachverhalt.

Demgegenüber sind Akteure, die erst im Lauf des Verfahrens von Politikvorhaben erfahren, bereits bei der Ausbildung ihres Akteur-Frames in stärkerem

Maß auf den Politik-Frame angewiesen. Welche Auswirkungen das auf die Handlungsmöglichkeiten der Interessenträger hat, werden wir im Folgenden näher betrachten. Zunächst gilt es jedoch festzuhalten, dass jeder Akteur subjektiven Rahmenbedingungen unterliegt, unter denen er ein Politikvorhaben und den Politik-Frame zur Kenntnis nimmt. Das bedeutet, dass ein Akteur a priori weiß, welche Rolle er allgemein im Politikgestaltungsprozess spielt, sodass er eine spezifische Perspektive auf das Politikvorhaben entwickelt. So unterscheidet sich die Herangehensweise eines politischen Entscheidungsträgers von der eines Lobbyisten oder eines Unternehmensvertreters, wenn es darum geht, die eigenen Handlungsoptionen in Bezug auf ein Politikvorhaben abzuwägen.

Hinzu kommt jedoch immer der Politik-Frame, der als diskursiver Rahmen wirkt, den der Akteur berücksichtigen muss, um sich in Bezug auf das Vorhaben zu positionieren und einen entsprechenden Akteur-Frame auszubilden. Ein Unternehmensvertreter wird sich also kaum als politischer Entscheider sehen; ob er sich jedoch zu den Nutznießern oder Betroffenen eines Politikvorhabens zählt und dieses deshalb befürwortet oder ablehnt, hängt davon ab, wie ein Politikvorhaben im Diskurs konstruiert wird. Durch die Bewertung verschiedener Entscheidungsalternativen beeinflussen Politik-Frames gerade in Bezug auf komplexe Sachverhalte die Meinungsbildung von Experten ebenso wie die anderer Adressaten. Ist der Politik-Frame noch nicht offiziell, d.h. durch eine klare Stellungnahme des Politikdesigners festgelegt, dann ist die Glaubwürdigkeit der Quelle, aus der die Information stammt, eine wichtige Voraussetzung für die Meinungsbildungsfunktion. Welche Quellen als glaubwürdig eingeschätzt werden, hängt dann wiederum von dem Vorstellungssystem des jeweiligen Akteurs ab (Stone 1988: 195ff; Hodgkinson et al. 1999; Nelson und Oxley 1999; Druckman 2001b; Nelson 2004; Slothuus 2008).

Denn der Akteur-Frame als grundsätzlich subjektive Perspektive ist ein kognitiver Deutungsrahmen, mit dem der Akteur seine Umwelt wahrnimmt, organisiert und interpretiert, um daraus die notwendigen Handlungsorientierungen in Bezug auf das Politikvorhaben abzuleiten. Das heißt, dass jeder Akteur sich aus dieser subjektiven Perspektive innerhalb der institutionellen Rahmenbedingungen und der Akteurkonstellation orientieren muss, um eine unübersichtliche und undefinierte Situation handlungsleitend interpretieren zu können (Rein und Schön 1991: 263). Die Bildung eines Akteur-Frames resultiert also aus der Wahrnehmung des Politikvorhabens unter den jeweils subjektiv wahrgenommenen politisch-institutionellen Bedingungen.

Dabei werden bestimmte Aspekte der Wahrnehmung ausgewählt, Informationen gewichtet und Prioritäten bestimmt (Nelson und Kinder 1996; Nelson und Oxley 1999; Entman 2004: 26ff). Nur indem sich der Akteur so in Bezug auf die politische Fragestellung orientiert, kann er die Relevanz des politischen Vorhabens einschätzen. Erst dann ist es möglich, auch die Auswirkungen der vorgeschlagenen Maßnahmen auf die eigenen Handlungsoptionen abzuschätzen. Abhängig von dem Ergebnis dieser subjektiv-rationalen Auseinandersetzung mit dem Sachverhalt bestimmt der Akteur-Frame dann die Handlungsorientierungen des Akteurs in Bezug auf das Politikvorhaben. Der Akteur wird zum Interessenträger. Wegen unterschiedlicher Akteur-Frames kommen Interessenträger dabei zu individuellen Wahrnehmungen der gesellschaftlichen Wirklichkeit (vgl. Berger und Luckmann 1966), die dann die Basis für ihre Interessen gegenüber einem Politikvorhaben bilden (vgl. Lau und Schlesinger 2005). Der Frame gleicht damit einer subjektiven Rahmenbedingung für den Akteur und wird zur Grundlage für dessen Interessenbildung (Pierce und Lovrich 1980; Rein und Schön 1994: 29).

In unserem hypothetischen Fallbeispiel bedeutet dies, dass ein Unternehmer, der mit seinem Betrieb am Rhein angesiedelt ist und seine Abwässer legal in den Fluss einleitet, erst in der Diskussion um den Rückgang der Fischbestände eine mögliche Gefahr für den Status quo, auf dem sein Geschäft beruht, erkennt. Wenn sich abzeichnet, dass die geltenden Wasserschutzgesetze in Frage gestellt werden, steigt die Relevanz des politischen Problems für den Akteur, weil dadurch auch die rechtliche Basis für seine Abwassereinleitung in Frage gestellt wird. Geht aus der Analyse des Unternehmens hervor, dass sich eine Verschärfung der Wasserschutzgesetze direkt negativ auf seine Möglichkeit auswirken kann, Abwässer durch Flusseinleitung zu entsorgen, so entwickelt der Akteur einen entsprechenden Akteur-Frame und verortet sich innerhalb der politischen Debatte. Der Unternehmer nimmt das politische Vorhaben dann nicht als Schutz der Fischbestände, sondern als neue bürokratische Hürde für sein Geschäft wahr (Einleitungs-Frame). Er hätte folglich ein Interesse daran sicherzustellen, dass sich die Verschärfung der Wasserschutzgesetze so wenig wie möglich auf seine Einleitungsgenehmigung auswirkt.

Hat ein Diskursteilnehmer in Bezug auf ein Politikvorhaben einen Akteur-Frame ausgebildet, dann ist er zum Interessenträger geworden und muss nun seine Interessen durch dessen Ausrichtung auf das Politikvorhaben konkretisieren. Der Akteur-Frame bildet damit eine Basis für die Handlungsorientierungen des Interessenträgers. Da Politikvorhaben Gegenstand der Interaktion unterschiedlicher Akteure innerhalb des politischen Systems sind, müssen sie sich nicht nur inhaltlich orientieren, sondern für die eigenen Handlungsorientierungen auch die Akteurkonstellation in Betracht ziehen (Pierce und Lovrich 1980; vgl. Majone 1989: 75ff). Ausgehend von dem eigenen Frame kann sich der Akteur auch in der Debatte um das Politikvorhaben verorten und andere Akteure in Bezug auf ihre jeweilige Erwartungshaltung bezüglich des Vorhabens einschätzen. Für den Interessenträger ist es dabei nicht nur wichtig, aus welcher Perspektive er selbst die politische Fragestellung betrachtet, sondern auch, aus welcher Perspektive andere Akteure dies tun. Erst dann können die eigenen Handlungsorientierungen in Bezug auf das Politikvorhaben zu Interessen konkretisiert und die Handlungsoptionen zur Vermittlung dieser Interessen erwogen werden.

Diese Verortung innerhalb der Debatte ist eine Voraussetzung dafür, dass die Handlungsorientierungen des Akteurs überhaupt zu Interessen konkretisiert werden können (vgl. Fischer 2003a). Diese Interessen resultieren aus der doppelten Orientierung des Akteurs: in Bezug auf das Politikvorhaben und innerhalb der Akteurkonstellation. Die Interessen eines Akteurs im Kommunikationsprozess Interessenvermittlung sind daher grundsätzlich abhängig von dem auf das Politikvorhaben bezogenen Akteur-Frame und der Interaktion innerhalb der Akteurkonstellation. Der Akteur-Frame bildet die Grundlage, auf der die Relevanz eines Politikvorhabens eingeschätzt und die Handlungsorientierungen definiert werden. Die Interaktion mit anderen Akteuren bildet dann den Rahmen, in dem aus den Handlungsorientierungen Interessen werden, für deren Vermittlung in der politischen Debatte Handlungsoptionen bestimmt werden müssen (vgl. Hajer 2003: 97f).

Angewendet auf unser Fallbeispiel bedeutet dies: Der Unternehmer kann von seinem subjektiven Akteur-Frame ausgehend einschätzen, wer eine Verschärfung der Wasserschutzgesetze fordert, warum und welche Forderungen genau erhoben werden. Erst auf der Basis einer solchen Einschätzung kann er dann seine Interessen konkretisieren, indem er sich für einen bestimmten Grenzwert einsetzt oder die Anwendung eines spezifischen Messverfahrens propagiert. Erst wenn die Interessen konkretisiert sind, kann er also entscheiden, welche Maßnahmen zu ergreifen sind, um seine Interessen zu wahren. Wir können daher festhalten, dass Akteure sich mit Hilfe ihrer Akteur-Frames in der Akteurkonstellation orientieren müssen, um dann unter den jeweiligen institutionellen Rahmenbedingungen ihre Handlungsorientierungen zu Interessen zu konkretisieren. Die Interessen eines Interessenträgers hängen also vom Akteur-Frame und den politisch-institutionellen Rahmenbedingungen ab.

Dabei führen alle Kommunikationsmittel, die eingesetzt werden, um Interessen zu vertreten, notwendigerweise zu einer Positionierung des Akteurs innerhalb der Debatte um das Politikvorhaben. Für den einzelnen Interessenträger bildet der Politik-Frame einen Fixpunkt, anhand dessen die übrigen Akteure verortet werden können. Er bietet dem Akteur somit neben der eigenen Position gegenüber dem Politikvorhaben eine zweite Koordinate, anhand derer er sich innerhalb der Akteurkonstellation orientieren kann (vgl. Fischer 2003a; Hajer 2003). Die Positionierung der beteiligten Akteure ist eine notwendige Voraussetzung für die Orientierung. Entsprechende Gelegenheiten, zum Beispiel öffentliche Veranstaltungen oder Konsultationen, haben daher einen inhärenten Wert für alle Akteure, unabhängig von ihrem spezifischen Interesse.[13] Jede Kommunikation – oder auch Nicht-Kommunikation – führt zu einer Positionierung innerhalb der Akteurkonstellation des politischen Diskurses.

Gerade etablierte Frame-Hierarchien in einem Politikfeld bieten die Möglichkeit, von der Akzeptanz des Frames auch im Hinblick auf die eigene Interessenvermittlung zu profitieren. So kann die gezielte Verwendung bestimmter Deutungsrahmen von Interessenträgern auch dazu genutzt werden, um in bestimmten Positionen eine Übereinstimmung zu signalisieren, um dann Interessen unter Umständen gemeinsam zu vertreten. In dieser Hinsicht sind Politik-Frames auch für die Zusammenarbeit von Akteuren in Interessengruppen und -koalitionen relevant, und zwar sowohl nach innen als auch bei der Vermittlung von Interessen (vgl. Snow et al. 1986; Heimovics et al. 1993; Cress und Snow 2000). Denn diese erfordert ein Mindestmaß an abgestimmter Wahrnehmung des Politikvorhabens. Für die Zusammenarbeit bei der Vertretung von Interessen ist sogar ein Mindestmaß an gemeinsamer Sicht der Dinge notwendig, das durch die kognitive Integration der unterschiedlichen Akteur-Frames mit Blick auf den Politik-Frame erreicht wird (Snow et al. 1986; Gerhards und Rucht 1992; Benford und Snow 2000).

Der Politik-Frame dient als Basis für ein gemeinsames Verständnis für oder gegen ein bestimmtes Vorhaben und als Grundlage für das gemeinsame Handeln (Fiol 1994; Fischer 2003b: 101ff). Es ist dabei nicht notwendig, dass die kooperierenden Akteure grundsätzlich gleicher Meinung sind, sondern es genügt, dass sie in Bezug auf einen spezifischen Aspekt des Vorhabens übereinstimmen. Das resultierende Vorstellungssystem kann als Schnittmenge der Akteur-Frames in Bezug auf das Politikvorhaben verstanden werden. Es ermöglicht eine gemeinsame Wahrnehmung und Interpretation des Politikvorhabens oder eines Teils desselben (Converse 1964; Sabatier und Jenkins-Smith 1999: 120ff). Die Integration der verschiedenen Akteur-Frames zu einem kollektiven Akteur-Frame in Bezug auf ein Politikvorhaben bildet insofern die kognitive Grundlage für die Zusammenarbeit von Akteuren in Interessengruppen und Interessenkoalitionen (vgl. Sabatier und Jenkins-Smith 1999: 145ff).

Für die Zusammenarbeit von Interessenträgern ist somit ein kollektiver Akteur-Frame in Bezug auf ein Politikvorhaben notwendig ist, der wiederum ein Mindestmaß an ggf. taktischer Übereinstimmung bei der Wahrnehmung des Vorhabens erfordert. Für den einzelnen Akteur macht dies nur so lange und insofern Sinn, als dessen subjektiver Akteur-Frame in der Vorstellungswelt der Interessengruppe repräsentiert ist. Innerhalb der Interessengruppe ist die gemeinsame Vorstellungswelt dann die Basis für die kollektive Umweltwahrnehmung der Ak-

13 Vgl. dazu in Kapitel 11 die Teilnahme der RFID-Industrie am datenschutzorientierten Politikdiskurs auf der EU-Ebene (insbesondere Kapitel 11.3).

teure, die die Einschätzung und Aufnahme neuer Informationen begrenzt (Pierce und Lovrich 1980).

In ähnlicher Weise bilden Politik-Frames auch den kognitiven Rahmen für Diskurs-Koalitionen die Grundannahmen und Perspektiven auf ein Politikvorhaben verbreiten, Begrifflichkeiten prägen und verbreiten, und so einen Teil der institutionellen Rahmenbedingungen des Diskurses bestimmen (Hajer 2003, 104). Die Mitgliedschaft in solchen Netzwerken erstreckt sich über unterschiedliche Akteurgruppen hinaus und muss nicht formalisiert sein, sondern ergibt sich aus dem gemeinsam akzeptierten *belief system*, auf dessen Grundlage die Realität eines Politikvorhabens konstruiert wird (vgl. Converse 1964). Die Akteure in solchen Politik-Netzwerken bestimmen innerhalb eines Politikfeldes die Grenzen des politischen Diskurses. dadurch, dass sie darüber entscheiden, welche Argumente als glaubhaft gelten und welche nicht. Sie entscheiden dabei mit über die Legitimität von Politikvorhaben und tragen dazu bei, die Akteurkonstellation zu strukturieren (Hajer 2003: 97; Yanow 2003). Einflussreichen Netzwerken kann es in dieser Hinsicht auch gelingen, die Deutungshoheit über ein Politikfeld zu erlangen und damit den Zugang zum politischen Diskurs für alternative Interpretationen in Bezug auf ein bestimmtes Politikvorhaben zu begrenzen (Baumgartner und Jones 1993: 7f). Als Zugangskriterien der Debatte sind Politik-Frames somit auch eine wichtige kognitive Basis für Experten- bzw. Politik-Netzwerke, die als zentrale Akteure im Politikdiskurs gesehen werden können (Heclo 1978; Fischer 2003b: 97ff).

Akteur-Netzwerke und auch Interessenkonstellationen lassen sich also entlang kognitiver Argumente von anderen Akteuren abgrenzen. Politik-Netzwerke und Diskurs-Koalitionen sind insofern von der größeren Gruppe von Akteuren, die als Politik-Gemeinschaft den jeweiligen Diskurs in einem Politikfeld tragen, zu unterscheiden (Fischer 2003b: 31ff). Wir können daher festhalten, dass Politik-Frames in ihrer Eigenschaft als intersubjektive Festlegung der politischen Wirklichkeit in Bezug auf einen bestimmten Sachverhalt auch eine kognitive Basis für die Zusammenarbeit und die Identifikation von Akteuren als Experten- bzw. Policy-Netzwerke bilden. Dementsprechend verstehen wir politische Debatten als Frame-Konflikte, die sich auf einen Konflikt zwischen unterschiedlichen Akteur-Frames in Bezug auf die zu bearbeitende politische Fragestellung zurückführen lassen. Akteure nehmen das Vorhaben aus unterschiedlichen Perspektiven wahr und kommen daher zu unterschiedlichen Interpretationen. Entsprechend können gegensätzliche Interessen entstehen (Rein und Schön 1994). Da diese politischen Interessen nicht festgelegt sind, sondern sich auf den Politik-Frame beziehen, verändert dessen Anpassung potenziell auch die Position der Akteure; jede Veränderung eines Politikvorhabens wirkt sich auch auf die politischen Interessen der Akteure aus.

Akteure können ihre politischen Interessen dann durchsetzen, wenn der Politik-Frame mit dem jeweiligen Akteur-Frame kompatibel ist. Dem Akteur geht es also darum, den eigenen Frame zur Grundlage oder zum Bestandteil des Politik-Frames weiterzuentwickeln. Notwendig ist dafür eine gezielte Kommunikation mit Hilfe von Botschaften, die auf Unterstützung der eigenen Sichtweise durch andere Akteure ausgerichtet sind (vgl. dazu Stone 1988: 108ff). Jede der Botschaften, die zur Vermittlung der partikularen Interessen versendet werden, muss daher gezielt den kognitiven Kontext des Politikvorhabens einbeziehen, um die Akzeptanz der anderen Akteure zu gewinnen. Gleichzeitig muss die Frame-Hierarchie des Politikfeldes berücksichtigt werden, damit die eigene Sichtweise als Basis für einen Politik-Frame positioniert werden kann. Das Ziel besteht darin eine ausreichende Anzahl von Akteuren zu Unterstützern bzw. Sponsoren eines potenziellen und den politischen Interessen des Akteurs entsprechenden Politik-Frames zu machen. Ein solcher potenzieller Politik-Frame wird dann an einen Politikdesigner vermittelt, um zur Begründung für ein bestimmtes Politikvorhaben weiterentwickelt zu werden. Interessenvermittlung kann damit als kommunikative Verbreitung akzeptierbarer Kognitionsvorlagen in Bezug auf das Politikvorhaben verstanden werden. Akteur-Frame und Politik-Frame sind dabei parallele Kognitionsvorlagen für eine bestimmte gesellschaftliche Situation, die im politischen System bearbeitet werden soll.

Besonders wenn die Definition des Politik-Frames bereits erfolgt ist oder außerhalb des direkten Einflussbereichs des Interessenträgers liegt, ist auch die Anpassung des Akteur-Frames eine gangbare Handlungsoption – nicht zuletzt auch, weil dadurch die Erwartungssicherheit in Bezug auf die institutionellen Rahmenbedingungen nicht beeinträchtigt wird. Folglich können wir festhalten: Je besser Akteur- und Politik-Frame übereinstimmen, desto umfassender nimmt der Akteur seine politischen Interessen bei der Ausgestaltung des Politikvorhabens als berücksichtigt wahr und desto besser kann das durch den entsprechenden Politik-Frame vermittelte Politikvorhaben von den jeweiligen Akteuren akzeptiert werden (vgl. Pellow 1999). Das Politikvorhaben liegt dann gleichsam im politischen Eigeninteresse des Akteurs.

Die Kongruenz zwischen den Politik- und Akteur-Frames ist auch eine wichtige Basis für die Folgebereitschaft der Akteure. Vermittelt durch die Teilnahme an der politischen Debatte und den notwendigen Abstimmungsverfahren im politischen System wirkt sich der Zusammenhang auch auf das Erfolgspotenzial des eigentlichen Politikvorhabens aus. Denn die Berücksichtigung von Akteur-Frames bei der Formulierung von Politik-Frames erhöht nicht nur die Wahrscheinlichkeit, dass ein Politikvorhaben von den jeweiligen Akteuren akzeptiert wird. Sondern in dem Maß, in dem die Frames kompatibel sind, liegt die Umsetzung der Maßnahmen dann auch im politischen Eigeninteresse der Akteure (vgl. Pellow 1999; Entman 2004: 13ff). Damit wird die zentrale Bedeutung der Politik-Frames auch für die Entstehung von partikularen politischen Interessen im Politikdiskurs deutlich. Denn Akteure hängen von den jeweils subjektiven Akteur-Frames ab, die wiederum die Wahrnehmung des Handlungsumfeldes erst ermöglichen und damit eine Voraussetzung für die Abwägung von Handlungsoptionen sind.

5. Interessenvermittlung in der EU als frame-basierter Kommunikationsprozess

Mit Hilfe des Framing-Ansatz können wir die Interdependenz zwischen Interessenträgern und Politikdesignern sowohl auf die Wahrnehmung von Politikvorhaben als auch auf die notwendige Überzeugung anderer Akteure zurückführen. Um die daraus resultierende Anatomie des Kommunikationsprozesses Interessenvermittlung anhand des Politikgestaltungskreislaufs aus der Perspektive der Akteure beschreiben zu können, müssen wir allerdings zunächst den Informationsaustausch für sich betrachten, da dieser den Ausgangspunkt der Interdependenz darstellt.

5.1 Informationsaustausch als Voraussetzung für Politikgestaltung auf der EU-Ebene

Interessengruppen und politische Entscheidungsträger sind wegen der grundlegenden Wechselwirkung zwischen Politik- und Akteur-Frame bei der Formulierung von Politiken strukturell aufeinander angewiesen. Grundsätzlich erfolgt der notwendige Informationsaustausch mit den Mitteln der politischen Kommunikation. Die Akteure sind dabei motiviert, miteinander zu kommunizieren, um Unsicherheiten zu reduzieren und die Erwartungssicherheit zu erhöhen. Gerade für die Interessenträger in der EU besteht eine der größten Herausforderungen darin, mit der Entwicklung der jeweiligen Politikvorhaben Schritt zu halten, um ihr Interessen möglichst zu vermitteln bevor die Kommission einen Rechtsakt vorschlägt. Weil politische Entscheidungen in der EU direkte oder indirekte Auswirkungen auf die Handlungsmöglichkeiten eines Interessenträgers auf der nationalen Ebene haben können, müssen diese sich innerhalb der Akteurkonstellation auf der EU-Ebene orientieren. Insofern sind auch die politischen Prioritäten der Kommission Teil der politischen Handlungsgelegenheiten von Interessengruppen (Schendelen 2002: 231f).

Zudem entstammen die Akteure aus den Mitgliedstaaten unterschiedlichen institutionellen Kontexten. Zu diesen gehören neben der jeweiligen Branche bzw. Politikfeld z.B. die Ausstattung mit Ressourcen, die Organisationsform oder die Struktur der Mitgliedschaft, d.h. die klassischen Variablen der Organisationsfähigkeit für die Interessengruppen (vgl. dazu aus Sicht der Akteure: Schendelen 2005). Alle Akteure stehen somit grundsätzlich und fortwährend vor der Herausforderung, ihre Handlungsoptionen in der Interaktion der Akteurkonstellation

Interessenvermittlung bestimmen zu müssen. Die Verringerung der Unsicherheit ist die wichtigste Motivation für die Kommunikation im Politikgestaltungsprozess und alle Akteure im Politikgestaltungsprozess müssen sich grundsätzlich an der Interaktion mit anderen orientieren.

In Bezug auf das politische System der EU stellt sich daher die Frage, welcher Zusammenhang zwischen den unterschiedlichen Akteuren besteht, kurz: Wer braucht wen und wozu? Dabei hat Neyer (2004) mit Blick auf das Funktionsprinzip des politischen Systems der EU die grundsätzliche Bedeutung der Kommunikation zwischen den Akteuren hervorgehoben. Neyer zufolge lässt sich die Relevanz dieser Kommunikationsprozesse auf die spezifischen deliberativen Qualitäten des politischen Systems zurückführen, denn „the EU is a political system that increasingly utilizes participation, publicity and legal procedures to transform strategic bargaining into deliberative problem-solving“ (Neyer 2004: 35). Wir können deshalb zwei grundsätzliche Aspekte der Interaktion unterscheiden: die konstitutionellen Rahmenbedingungen in der Mehrebenenstruktur und den Informationsbedarf der Akteure.

5.1.1 Die konstitutionellen Rahmenbedingungen für die Interaktion

Grundsätzlich arbeiten bei der Politikgestaltung in der Europäischen Union die Mitgliedstaaten zusammen, um Vorhaben, die von der Europäischen Kommission vorgeschlagen werden, gemeinsam umzusetzen. Insofern müssen immer Akteure auf verschiedenen Ebenen des durch die Mehrebenenstruktur geprägten politischen Systems interagieren (Benz 2000, 2003).

Am Beispiel der Gleichstellungspolitik sind in dieser Hinsicht die kognitiven Aspekte von Europäisierungsprozessen hervorgehoben worden (Liebert 2003). Denn bei der Umsetzung europäischer Politikvorhaben in den Mitgliedstaaten zeigt sich, dass die auf europäischer Ebene formulierten Ideen und Begründungszusammenhänge zumindest dann auch über die Ebenen hinweg wirken, wenn der Gegenstand in den jeweiligen Mitgliedstaaten ebenfalls relevant ist. In der Formulierung von Politik-Frames auf der Ebene der EU kann insofern ein Faktor für die Europäisierung bestimmter Politikfelder gesehen werden, wenn dadurch ein gemeinsames Verständnis über einen politischen Sachverhalt entsteht. Dabei werden Framing-Prozesse als „crucial missing link in a sufficient account for Europeanisation that aims at explaining how institutions shape cognitive frames as much as political interaction in the domestic policy arena“ gesehen (Liebert 2003: 36f).

Insofern als grenzüberschreitende Kommunikation und Zusammenarbeit, die letztlich immer von Akteuren getragen wird, zum Kern der europäischen Integration gehören, scheint die kognitiv-orientierende Wirkung von Politik-Frames eine nachvollziehbare Triebfeder für Europäisierungsprozesse zu sein. Das trifft insbesondere dort zu, wo sich durch den politischen Dialog auf EU-Ebene transnationale Politik-Netzwerke entwickeln, deren Akteure Ideen und Konzepte dann auch auf der nationalen Ebene nutzen können. Denn wenn gesellschaftliche Probleme auf EU-Ebene plausibel formuliert und adressiert werden, dann lassen sich die dazu notwendigen Argumentationsmuster auch in den Mitgliedstaaten von interessierten Akteuren nutzen.

Besonders die Mehrebenenverflechtung des politischen Systems der EU, d.h. die unterschiedlichen Formen der Zusammenarbeit zwischen regionalen, nationalen und europäischen politischen Ebenen und Akteuren, unterstreicht die Interaktionsnotwendigkeit der beteiligten Akteure (Benz 2003). Dabei sind zwei Bedingungen entscheidend: Zum einen müssen Akteure wegen der differenzierten Entscheidungsprozesse die unterschiedlichen Verhandlungsarenen flexibel nutzen können, zum anderen begründet die hohe Anzahl an Veto-Spielern einen „Zwang zur Einigung bzw. zur Berücksichtigung externer Vetodrohungen“ (Benz 2003: 345). In dem Maß, in dem verschiedene Instanzen an der Entscheidungsfindung beteiligt sind, findet sich der EU-Politikdesigner also in einem Geflecht von Akteuren wieder, die alle aus subjektiven Gründen die Verabschiedung eines Vorhabens verhindern können.

Die Tatsache, dass in der EU auch sog. Softlaw-Ansätze bei denen die jeweiligen Maßnahmen für die Mitgliedstaaten oder die Wirtschaft nicht bindend sind, dazu gehören zum Beispiel Empfehlungen der EU-Kommission, Wirkung zeigen, bekräftigt die Vermutung, dass es über die vertraglich vereinbarten Rahmenbedingungen der Zusammenarbeit hinaus auch eine kognitive Dimension von Europäisierungsprozessen gibt (Cini 2001; Falkner 2005; Lopez-Santana 2006; Kollman 2007). So ist etwa im Bereich der Umweltpolitik nachgewiesen worden, dass den Akteuren gerade bei komplexen Regulierungsgegenständen der Austausch zur Orientierung gegenüber dem Gegenstand dient, denn mögliche politische Konflikte lassen sich so bereits frühzeitig adressieren (Tanasescu 2009: 149).

Der Kern der konstitutionellen Interaktionsnotwendigkeit im politischen System der EU resultiert aus dem Initiativmonopol der Kommission und dem damit verbundenen Begründungszwangs für politische Aktivitäten auf der EU-Ebene. Die Mehrebenenstruktur der EU bzw. die nationale Souveränität der Mitgliedstaaten, sorgt dafür, dass für europäische Politikvorhaben immer der Mehrwert gegenüber nationalen Regelungen nachgewiesen werden muss. Die Politikdesigner auf EU-Ebene müssen daher nicht nur sicherstellen, dass Politikvorhaben auch wie intendiert wirken, sondern sie müssen gemäß dem Subsidiaritätsprinzip grundsätzlich immer zunächst darlegen, warum überhaupt europäischer Handlungsbedarf besteht.

Gerade weil die Europäische Kommission mit dem Initiativmonopol als designierter Politikdesigner in der EU starken Einfluss auf die politische Agenda und die Entstehung von Politikvorhaben hat, muss sie sich auch durch Ergebnisse legitimieren. Insofern ist die Bedeutung der „Output-Legitimierung" für das europäische politische System hervorgehoben worden, die auf institutionellen Normen und Anreizmechanismen basiert die einerseits den Missbrauch öffentlicher Macht verhindern und andererseits effektive Problemlösungen erleichtern sollen (Scharpf 1999). Gerade wegen der grundlegenden Abhängigkeit der Politikdesigner in der Europäischen Kommission von der Akzeptanz der Politik-Frames in den Mitgliedstaaten, müssen bei der Definition des öffentlichen Interesses auf der EU-Ebene nach Möglichkeit alle Interessen berücksichtigt sowie Kosten und Nutzen von Politikvorhaben nach überzeugenden Normen distributiver Gerechtigkeit aufgeteilt werden (Scharpf 1999: 20ff).

Wenn die Kommission ihr jährliches Arbeitsprogramm[14] vorlegt und sich damit zur Umsetzung bestimmter Politikvorhaben verpflichtet, wird auch die Meinungsbildung im Ministerrat der EU und im Europäischen Parlament für den Kontext des politischen Diskurses wichtig. Denn beide Gesetzgeber spielen wichtige Rollen als Politikdesigner, wenn es darum geht das EU-Politikvorhaben umgesetzt werden. Da sich die Kommission in diesem Zusammenhang auf die „politischen Leitlinien für die nächste Kommission" von Kommissionspräsident Barroso beruft, die dieser vor der Wahl zum Kommissionspräsident vorgelegt hat[15], kommt dem Europäischen Rat der Staats- und Regierungschefs und dem Europäischen Parlament außerdem die Rolle der ultimativen Vetospieler zu, die grundsätzlich Politikvorhaben verhindern können.

Einerseits sind also umgesetzte Politikvorhaben ein notwendiger Handlungsnachweis für den designierten Politikdesigner EU-Kommission, andererseits bildet der politische Kontext, in dem die Kommission agiert, Rahmenbedingungen, die sich inhaltlich auf die Auswahl der Handlungsfelder auswirken (Nugent 2001: 186ff; Hayes-Renshaw und Wallace 2006: 186ff). Auch mit ihrem Initiativmonopol kann die Kommission also nicht einfach aus Nützlichkeitserwägungen frei entscheiden, welche Politikvorhaben zu verfolgen sind, sondern muss sich grundsätzlich über den politischen Wert ihre Handlungen mit den anderen Organen verständigen. Sie ist als „Hüterin der Verträge" also darauf angewiesen, in der administrativen Praxis eine gemeinsame Interpretation des jeweils gültigen Vertrages zu entwickeln, die dann die konstitutionelle Basis für die Interaktion der Akteure bildet. Demnach müssen auch die klassischen Organe auf der euro-

14 Vgl. die Arbeitsprogramme der Europäischen Kommission aus den letzten Jahren in: http://ec.europa.eu/atwork/programmes/index_de.htm, 13.03.2011.

15 Siehe: http://ec.europa.eu/commission_2010-2014/president/pdf/press_20090903_de.pdf, 13.03.2011.

päischen Ebene – die Kommission, der Rat und das Parlament – grundsätzlich als potenzielle Interessenträger gesehen werden, die im Rahmen der jeweils diskutierten Dossiers und Vorhaben auch eigene konstitutionelle Interessen verfolgen, zum Beispiel, wenn es darum geht, nach dem Inkrafttreten eines neuen Vertrages die administrative Praxis zu etablieren.

Aus den konstitutionellen Kooperationserfordernissen ergibt sich aber gerade für die EU-Kommission auch die Notwendigkeit frühzeitig zu konsultieren, um sicherzustellen, dass wichtige Interessen berücksichtigt werden. Zu den ausschlaggebenden Rahmenbedingungen gehört dabei das komplizierte Mitentscheidungsverfahren. Müssen sich beispielsweise Rat und Parlament in einem Vermittlungsverfahren auf einen Kompromiss einigen, bedeutet dies bei substantiellen Änderungen an einem Vorhaben immer, dass hohe Zustimmungshürden überwunden werden müssen. Denn ist ein Vorhaben erst einmal auf den Weg gebracht, d.h. dem Rat und dem Parlament vorgelegt, dann hat sich die Kommission inhaltlich auf einen Vorschlag festgelegt, der die Grundlage für die Beratungen bildet. Die Frage, ob ein Vorhaben zustimmungsfähig ist oder nicht, hängt demnach nicht ausschließlich vom Politikdesigner Kommission und dessen Frame ab. Vielmehr müssen also – neben der Interaktion zwischen Interessenträger und Politikdesigner – auch die Institutionen miteinander kooperieren, um in den komplexen Entscheidungsverfahren zu Ergebnissen zu gelangen.

Die Kommission hat also immer auch Mitspieler, wenn sie ein Politikvorhaben durchsetzen und damit den politischen Wert realisieren will. Die konstitutionellen Verhältnisse in der EU begründen also die potenziellen Vetospieler, die ein Politik-Vorhaben zu Fall bringen können, wenn es den eigenen Interessen nicht förderlich erscheint. Die Orientierung auf die Interessen dieser Vetospieler, seien es die Staats- und Regierungschefs im Europäischen Rat, die Regierungen der Mitgliedstaaten im Rat oder das Parlament selbst, ist daher eine wichtige konstitutionelle Grundlage für Interaktion. Sie wirkt sich auch auf die Politikdesigner in der Europäischen Kommission aus, etwa in der Bedeutung eines „Kompetenzkonkurrenz"-Frames, auf den wir im Rahmen der Fallstudie zurückkommen.

Insofern ist hervorgehoben worden, dass die Akteure in und außerhalb der EU-Organe, aber auch die Vertreter der Regierungen keineswegs passiv agieren, sondern immer als Teil von Politik-Netzwerken mit Hilfe von Allianzen an der Politikgestaltung aktiv beteiligt sind (Eising 2008b). Wir können daher neben der prozeduralen auch eine inhaltliche Dimension der konstitutionellen Interaktionsnotwendigkeit der Akteure identifizieren, die sich am Gegenstand des Verfahrens festmachen lässt. Der wachsenden Diversifizierung der Aufgaben, die in Kommission und Rat übernommen werden, steht dabei eine stärker werdende Kooperation auf der informellen Ebene gegenüber, d.h. zwischen den jeweiligen Akteuren selbst (Christiansen 2001).

Die Mitarbeiter der Kommission, des Parlaments oder der Ständigen Vertretungen bzw. Ministerien der Mitgliedstaaten bilden insofern aufgrund ihrer Tätigkeit thematische Politik-Netzwerke, obwohl die Organe unterschiedliche Positionen vertreten, die inhaltlich motiviert sind und in der Kompetenzverteilung für bestimmte Sachverhalte begründet liegen. In dem Maß, in dem dieselben Personen im Rahmen eines Politikfeldes zu verschiedenen Gelegenheiten – etwa Ratsarbeitsgruppen, Ausschusssitzungen im Parlament, Expertengruppen der Kommission etc. – zusammenkommen, gewinnen die kognitiven Voraussetzungen der inter-institutionellen Verhandlungen an Bedeutung. Denn weil die Komplexität der Gesetzgebungsmaterie steigt, wird für den jeweiligen Akteur die Kenntnis der spezifischen Politik-Kontexte wichtiger und damit steigt Bedeutung von Erfahrung und Ressourcen des einzelnen Politikdesigners. Die Zugehörigkeit zur Wissensgemeinschaft eines Politik-Netzwerks ist daher ebenso wichtig wie die institutionelle Identität, d.h. der Akteur ist zum Beispiel sowohl Umweltpolitiker als auch Rats- oder Kommissionsbeamter (Christiansen 2001).

Ein gemeinsames Verständnis eines Sachverhaltes ist also letztlich auch in Bezug auf die konstitutionellen Rahmenbedingungen für die Interaktion der Akteure im politischen System der EU von hoher Bedeutung. In dieser Hinsicht können wir auch die Konsultationsaktivitäten der Kommission aus einem konstitutionellen Blickwinkel als Basis für die Interaktion der Akteure betrachten. Neben dem Informationsbedarf der Politikdesigner geht es dabei immer auch darum, die Legitimation von Politikvorhaben zu erhöhen, indem die Unterstützung einer Mehrheit von Interessenträgern nachgewiesen wird, um so die Zustimmung der anderen Organe zu erlangen. Denn gerade hinsichtlich der politischen Verhandlungen in Rat und Parlament, die notwendig sind, bevor ein Politikvorhaben umgesetzt werden kann, ist der Nachweis einer breiten Zustimmung für ein Vorhaben unentbehrlich. Dabei wird diese Interaktion in Konsultationsverfahren auch innerhalb der Kommission als Lernprozess beschrieben, bei dem es darauf ankommt, dass die Akteure ihre jeweiligen Positionen gezielt in die Interaktion mit anderen Akteuren einbringen können, denn

> „Accepting that there is now no privileged viewpoint in the sense that none can claim to have an unquestionable understanding of problems, objectives and means, it seems immediately apparent that reform [der Konsultationsverfahren, d.K] must seek to increase opportunities for collective learning“ (Lebessis und Paterson 2000: 24; Tanasescu 2009: 40f).

5.1.2 Der Informationsbedarf als Grund für die Interaktionsnotwendigkeit

Angesicht der konstitutionellen Interaktionserfordernissen in der EU, müssen wir nun den Blick auf den Informationsbedarf der Akteure und damit letztlich den Gegenstand eines Politikvorhabens als weiteren Grund für die Interaktionsnotwendigkeit richten. Denn die Politikdesigner in der Kommission benötigen Gesprächspartner, um ein Politikvorhaben zum Erfolg zu führen. Dabei sorgt zum Beispiel die Ressourcenknappheit – angesichts ihres breiten Aufgabenspektrums ist die Kommission mit ihren rund 34.000 Beamten[16] dünn besetzt – dafür, dass die Kommission angewiesen ist auf externe Beratung. Darüber hinaus ist der Dialog mit anderen Akteuren notwendig, um die Qualität der Politikvorschläge als Legitimationsressource abzusichern. Die begrenzten personellen Ressourcen der Kommission sowie die Notwendigkeit, die eigene Tätigkeit fortwährend zu rechtfertigen, machen den Austausch mit Akteuren notwendig, um zu „zustimmbaren" Politikvorhaben zu gelangen (Tanasescu 2009: 56f).

Im Austausch mit anderen Akteuren geht es der Kommission um Expertenwissen und Legitimität (Bouwen 2009: 21). Der Politikdesigner EU-Kommission hat somit auch abseits der höchstlegalen Anforderung im Vertrag von Amsterdam, „Unbeschadet ihres Initiativrechts (…) vor der Unterbreitung von Vorschlägen für Rechtsvorschriften (…) umfassende Anhörungen durchführen und in jedem geeigneten Fall Konsultationsunterlagen veröffentlichen" zu müssen, ein funktionales Interesse am Austausch mit anderen Akteuren (Europäische Gemeinschaft 1997: 107)[17]. Die Bedeutung der Interaktion mit Akteuren außerhalb der Organe wird sowohl durch die vertragliche Grundlage für die Konsultationsprozesse als auch durch die praktische Notwendigkeit deutlich. Dass die Konsultationsmechanismen dabei auch intern ernst genommen werden, zeigt sich unter anderem daran, dass die Rechtsabteilung der Kommission die Formalisierung der Regeln mit dem Argument verhindert hat, dadurch könne ein Klagerecht entstehen und die Kommission würde die Freiheit ihres Initiativmonopols verlieren (Bouwen 2007: 269f).

Hinsichtlich der Prozesse der Interessenvermittlung stellt sich allerdings die Frage, inwieweit die Kommission überhaupt ihr Initiativmonopol frei nutzen kann, um Politikvorhaben vorzuschlagen. Denn betrachtet man das politische System der EU aus dieser Perspektive, so ist auf die grundlegende Bedeutung der Interessenvertretung als konstitutiver Bestandteil des politischen Systems der EU hingewiesen worden (Platzer 2004). Angesichts der konstitutionellen Rahmenbedingungen muss die Kommission Politikvorhaben durch die regelmäßige Einbeziehung und gezielte Unterstützung von Interessengruppen absichern, und

16 Vgl. die aktuellen Zahlen unter: http://ec.europa.eu/civil_service/about/figures/index_de.htm, 13.03.2011.

17 Vgl. Protokoll über die Anwendung der Grundsätze der Subsidiarität und der Verhältnismäßigkeit, Wortlaut des Vertrags von Amsterdam zur Änderung des Vertrags über die Europäische Union, der Verträge zur Gründung der Europäischen Gemeinschaften sowie einiger damit zusammenhängender Rechtsakte vom 2. Oktober 1997; vgl. http://eur-lex.europa.eu/LexUriServ/LexUriServ.do?uri=CELEX:11997D/PRO/07:DE:NOT, 13.03.2011.

zwar nicht nur gegenüber Interessenträgern von außen, sondern auch für den inter-institutionellen Prozess der Politikgestaltung. Die Notwendigkeit zur Interaktion liegt schon darin begründet, dass Interessenträger eben auch das Einflusspotenzial von Rat und Europäischem Parlament nutzen können, um ihre Anliegen im Verlauf des Verfahrens zu vertreten.

Insofern können wir Interessengruppen als zusätzliche Vetospieler erkennen, die mit ihren jeweiligen Handlungsmöglichkeiten etwa über die Medien dafür Sorge tragen können, dass ein Politikvorhaben ggf. nicht umgesetzt wird. Die Organe der EU sind deshalb eine Arena für die Interaktion von Interessenträgern, die sich jeweils um ein bestimmtes Politikvorhaben gruppieren und versuchen, ihren Einfluss geltend zu machen. Die Interaktion zwischen den unterschiedlichen Akteuren ist geprägt durch den Kontext, d.h. den Interessen der Akteure, die bei der Gestaltung von Politikvorhaben in der EU berücksichtigt werden müssen. Die Grundlage dafür bildet ein rational-sachlich geprägtes Verhandlungssystem, das ausgerichtet ist an dem konsensorientierten Politiksystem der EU, das „mit der organisierten Vertretung partikularer Interessen sehr verträglich ist. Es übt geradezu eine Sogwirkung auf Interessenverbände aus, leistet Geburtshilfe, unterstützt sie und fördert ihre Arbeit“ (Kohler-Koch et al. 2004: 240).

Hinsichtlich der Interaktion der Akteure ist die EU als pluralistisches, kompetitives Multi-Ebenen-System von Politik-Netzwerken beschrieben worden, die sich auf der europäischen Bühne auseinandersetzen (Falkner 2000). Aus Gründen der rationalen Interessenverfolgung sind immer mehr Gruppen und Akteure auf die europäische Ebene gelockt worden (Wessels 1997). Eine grundlegende Voraussetzung für die dortige Tätigkeit ist aber ein Mehr-Ebenen-Ansatz. Wegen der Überlappung der EU mit den nationalen und regionalen Ebenen ist die Projektion von Durchsetzungsmacht auf mehr als nur eine Ebene notwendig. Entsprechend wird attestiert, dass sich die Interessenvermittlungslandschaft in der EU nicht linear mit dem Bedeutungsgewinn der EU entwickelte, sondern dass wichtige Interessenverbände diesen bereits antizipiert haben (Wessels 1997).

Dem Mehrebenencharakter der EU ist es auch geschuldet, dass sich ein Neben- und Miteinander von nationalen und europäischen Verbänden entwickelt hat, wobei nationale Verbände die Möglichkeiten der europäischen Dachverbände nutzen (Information, Frühwarnung, Türöffnerfunktion), dadurch aber auch zusätzliche Abstimmungs- und Kompromisskosten haben (Eichener 2000). Daraus resultiert letztlich eine doppelte Abhängigkeit der Verbände sowohl von der Mitgliederlogik als auch von der Einflusslogik, die sich auf die verschiedenen Handlungsebenen beziehen und sich überlagern (vgl. Streeck und Schmitter 1999). Insofern begünstigt die Einflusslogik des EU-Systems Verbände mit bestimmten Charakteristika. Dazu gehören ein hoher Internationalisierungsgrad und die Abhängigkeit der eigenen Interessen von staatlicher Regulierung ebenso wie Erfahrungen mit korporatistischen Systemen oder die notwendigen Ressourcen zur kontinuierlichen Begleitung der langwierigen Entscheidungsprozesse, insbesondere in Bezug auf Europäisches Parlament und Rat der Europäischen Union (Eising 2005).

Die Verbände wiederum sehen vermehrten Bedarf für Doppelstrategien auf nationaler und europäischer Ebene. Dazu gehören Koalitionsbildung, Einsatz von Public-Affairs-Beratern, die aktive Einbindung in die Prozesse mit der Gefahr der politischen Einvernahme und die Anpassung an den Politikstil der Kommission, z.B. im Hinblick auf Protestaktionen (Kohler-Koch et al. 2004). In der Zusammenarbeit unterschiedlich geprägter Verbände entstehen so nicht nur durch Interessendifferenzen Reibungsverluste, sondern auch durch unterschiedliche Handlungsroutinen und Verbandscharakteristika. Eine unter nationalen Bedingungen ausgebildete Lobbykultur lässt sich also nicht ohne weiteres auf den Umgang mit europäischen Instanzen übertragen. Für die Arbeit der Interessengruppen besteht daher die Notwendigkeit, mit Spezialisten vor Ort zu kooperieren (Kohler-Koch et al. 2004: 237f). Die Rahmenbedingungen für die Interaktion im politischen System der Europäischen Union strahlen insofern auch auf die Akteure aus, die den Politikdesignern als Interaktionspartner gegenüberstehen.

Weil Politikdesigner auf der EU-Ebene für die Formulierung von Politikvorhaben auf Informationen aus der Praxis angewiesen sind, müssen sie auch mit partikularen Interessengruppen interagieren. Dass die kommunikative Interaktion der Akteure im politischen System der EU darauf ausgerichtet ist, ein gemeinsames Verständnis über einen Regelungsgegenstand zu schaffen, um ein Vorhaben erfolgreich begründen zu können, ist daher ein erster Hinweis darauf, wie die Politikdesigner in der Interaktion mit anderen Akteuren politische Mehrheiten organisieren müssen.

5.2 Die Verbreitung und Anpassung von Frames als Gegenstand der Interaktion

Neben dem notwendigen Informationsaustausch fördert auch die Politikgestaltung die Interdependenz der Akteure auf der EU-Ebene. Denn in dem Maße in dem durch Politik-Frames kommunikativ konstruierte Politikvorhaben den Gegenstand der Interaktion all dieser Akteure bilden, müssen wir auch berücksichtigen, dass der Zeitpunkt und die Umstände der Wahrnehmung des Politikvorhabens von entscheidender Bedeutung für die Definition und Vermittlung partikularer Interessen sind. Dadurch gewinnen auch zwei grundsätzliche Handlungsorientierungen der Akteure an Bedeutung: die gezielte kommunikative Verbreitung von Frames als Kognitionsvorlage und die flexible Anpassung der eigenen

Frames. Beides erfordert den intentionalen Austausch politischer Botschaften. Dieser dient dem Politikdesigner dazu, Interessen bei der Ausgestaltung und Durchsetzung von Politikvorhaben berücksichtigen zu können. Für den Interessenträger ist der intentionale Austausch politischer Botschaften notwendig, um die eigenen Sichtweisen in den Politikgestaltungsprozess einzubringen und berücksichtigt zu finden.

In Bezug auf den Prozess der Interessenvermittlung können wir darin den Kern der kommunikativen Interaktion zwischen den beteiligten Akteuren erkennen. Die Verbreitung und Anpassung von Frames ist eine grundsätzliche und komplementäre Handlungsorientierung für den Kommunikationsprozess Interessenvermittlung, weil die Akteure Politikvorhaben auf der Basis von Frames wahrnehmen und einschätzen.

Wenn wir die inhaltliche Dimension eines konkreten Politikvorhabens berücksichtigen, dann bildet der Politik-Frame als Konkretisierung eines gemeinsamen Verständnisses des Politikvorhabens die Grundlage, auf der sich die Akteure positionieren müssen. Für die Politikdesigner in der EU-Kommission ist die Formulierung von Politik-Frames unter Berücksichtigung der Akteur-Frames eine Notwendigkeit, denn es gilt diese so auszubalancieren, dass die Akzeptanz des Vorhabens gesichert wird. Dabei entsteht durch die Festlegung und Verbreitung eines Politik-Frames immer auch eine Pfadabhängigkeit für den Politikgestaltungsprozess, denn die Kommission positioniert sich dadurch inhaltlich im Diskurs um das jeweilige Thema. Gleichzeitig orientieren sich aber auch die Interessenträger daran, wodurch die Landschaft der relevanten Akteure strukturiert wird und Gegner wie Befürworter erkennbar werden.

Vor diesem Hintergrund nimmt die Kommission auf der Basis ihrers Vorschlagsrechts eine zentrale Rolle im politischen System der EU ein, denn sie ist eine Art *Realitätsnotar* für europäische Politikvorhaben. Nur wenn ein Thema auf die politische Tagesordnung gesetzt wird, kann es in der Debatte behandelt werden und damit den Akteuren als Orientierung dienen. Der Realitätsnotar EU-Kommission ist daher ein absichtsvoll handelnder Akteur mit eigenen Interessen, die in einem transnationalen Netzwerk von EU-Organen, Mitgliedstaaten, Interessenkoalitionen, Verbänden, Think-Tanks und anderen Interessenträgern definiert werden (Cram 1994; Nylander 2000: 70ff). Die besondere Rolle der Kommission beruht daher auf ihrer Möglichkeit, Politik-Frames zu etablieren und zu diesem Zweck Informationen selektiv zu verwenden bzw. zu sammeln oder zu generieren.

Dieser Zusammenhang ist am Beispiel der Strommarktregulierung nachgewiesen worden, wo die Kommission ihre Kontakte zu Interessengruppen genutzt hat, um Ideen zu erhalten bzw. Konzepte zu testen (Nylander 2000). Dabei wurden die Reaktionen der Akteure auf die Vorschläge der Kommission ausgewertet und als Informationen zur Ausgestaltung des Politik-Frames genutzt. So konnte z.B. durch gezielte Zugeständnisse bzw. Modifikationen am Frame die Unterstützung bestimmter Interessengruppen mobilisiert werden (Nylander 2000: 178f).

Für die Interaktion der Politikdesigner mit Interessengruppen sind drei grundsätzliche Austauschressourcen identifiziert worden, die an bestimmten Punkten des Politikkreislaufs eine Rolle spielen. Zu diesen zählen (1) spezielles Expertenwissen über den Gegenstand eines Vorhabens, (2) Informationen über das europäische Gemeinschaftsinteresse sowie (3) Informationen über nationale Interessen in Bezug auf das Vorhaben (Bouwen 2002a: 9). Wenn in der Anfangsphase der Politik-Frame formuliert wird, ist die Kommission eher an Expertenwissen interessiert. Im weiteren Verlauf, wenn das Vorhaben auf EU-Ebene und im Parlament begründet werden muss, sind Informationen zum europäischen Interesse wichtig, während in den Ratsverhandlungen auch die Berücksichtigung nationaler Interessen notwendig wird. Für den Interessenträger sind diese Anforderungen relevant, weil die entsprechenden Frames zur Übermittlung der eigenen Botschaften herangezogen werden müssen. Umgekehrt muss auch der Designer seine Begründungszusammenhänge an den Kreislauf anpassen.

Wir haben bereits die thematischen Akteurnetzwerke innerhalb der verschiedenen Organe erwähnt. Durch die Zusammenarbeit zwischen Designern und Interessenträgern sind diese ebenfalls Mitglieder solcher Politiknetzwerke. Alle Akteure eines solchen Netzwerks propagieren gemeinsam einen oder mehrere Politik-Frames innerhalb eines Politikfeldes. Für die Zusammensetzung solcher Akteurnetzwerke ist nicht nur die fachliche Expertise und Reputation von Bedeutung, sondern auch die Möglichkeit zur Mobilisierung breiter Anhängerschaften und zur öffentlichen Artikulation politischer Positionen (Beyers und Kerremans 2005). Der Realitätsnotar Kommission ist insofern nur sehr bedingt als einheitlicher Akteur zu sehen, obwohl Entscheidungen immer im Namen der gesamten Kommission, d.h. des ganzen Kollegiums der 27 Kommissarinnen und Kommissare, getroffen werden. Vielmehr sind auch die Beamten der unterschiedlichen Generaldirektionen als Politikdesigner in die unterschiedlichen Netzwerke eingebunden die ein Interesse daran haben bestimmte Politik-Frames zu verbreiten.

Bei der Zusammenarbeit von Politikdesignern mit Interessenträgern geht es deshalb nicht nur um den neutralen Austausch von Fachwissen, sondern um die Möglichkeit, flexible Unterstützung für Politiken zu organisieren. Besonders die Beamten der Kommission lassen sich daher kaum in prinzipienorientierte Debatten zwingen, sondern sind bemüht, Äquidistanz zu den relevanten Interessengruppen zu bewahren (Beyers und Kerremans 2005: 148). Dabei wird häufig die Rolle des neutralen Vermittlers eingenommen, die jedoch nur insofern zutrifft, als man den Blick auf die spezifischen Detailebenen eines Vorhabens beschränkt. Davon abgesehen hat auch die Kommission ein institutionelles Interesse an der Umsetzung eines Vorhabens, insbesondere dann, wenn sie durch die Ankündigung einer Initiative oder gar die Veröffentlichung eines Vorschlages bereits politisches Kapital investiert hat. Innerhalb solcher Netzwerke werden jedoch sehr wohl auch prinzipienorientierte Debatten geführt. Gerade aus Sicht des Politikdesigners können daher Gegner und Unterstützer einer bestimmten politischen Linie unterschieden werden. Beide bilden die verschiedenen *Seiten* einer Debatte, die sich als unterschiedliche Positionen beschreiben lassen, welche auch unterhalb eines anerkannten Politik-Frames existieren können (Baumgartner et al. 2009: 7).

Die Designer in der Kommission agieren in dieser Hinsicht als Vermittler, wobei der Vermittlungsbedarf maßgeblich von der Bedeutung der unterschiedlichen Interessenträger sowie der Bewertung der Argumentationen durch den Politikdesigner selbst abhängt. Die Politikdesigner in der Kommission müssen also letztlich auf der Basis des selbst kalkulierten politischen Werts eines Vorhabens darüber entscheiden, welchem Interessenträger welche Bedeutung beigemessen wird. Insofern lässt sich das selbst gewählte Rollenverständnis des Vermittlers auch als Hinweis auf einen selbstreferentiellen Zusammenhang verstehen, in welchem der Designer sich die Notwendigkeit zur Vermittlung selbst schaffen kann, indem er gegensätzliche Interessenträger als Teilnehmer der Debatte berücksichtigt, etwa um einen Politik-Frame gegen etablierte Interessenträger durchzusetzen. Auch in dieser Hinsicht sind Designer und Interessenträger in der EU aufeinander angewiesen. Durch die daraus resultierende, fortgesetzte Interaktion der Akteure entwickelt sich im Lauf der Zeit eine gemeinsame Weltsicht auf eine bestimmte Politik bzw. darüber hinaus in Bezug auf ein Politikfeld (Sabatier und Jenkins-Smith 1999). So sind wiederholt Koalitionen von Kommissionsbeamten, Interessengruppen und Wissenschaftlern identifiziert worden, die bestimmte Politikfelder auf EU-Ebene vorangetrieben haben (Richardson 1996; Coen 1997). In jedem Fall haben also die Politikdesigner in der EU-Kommission ein Interesse daran, Politik-Frames zu verbreiten.

5.2.1 Frames als Basis für die kommunikative Interaktion der Akteure

Ist der Politik-Frame einmal verbreitet, dann stellt sich die Frage, ob und wie sich die Interessenträger in der Europäischen Union daran anpassen. Denn der Kommission gegenüber steht der Akteur, der den Politik-Frame wahrnimmt und sich dazu positionieren muss: Ist das Thema relevant? Gibt es ein spezifisches Interesse, das durch die Umsetzung des Politikvorhabens beeinflusst werden könnte? Lohnt es sich, Ressourcen aufzuwenden, um die Entwicklung zu beobachten und/oder Einfluss zu nehmen? Diese Fragen muss der Akteur beantworten, bevor er zum Interessenträger wird. In dieser grundsätzlichen Orientierungsnotwendigkeit liegt deshalb auch die Motivation begründet, an einem Ideenaustausch mit dem Designer teilzunehmen. Damit verbunden ist die Chance die eigenen Ansichten zu einem sehr frühen Zeitpunkt an den Designer zu vermitteln und so die Berücksichtigung im Politik-Frame wahrscheinlicher zu machen. Besonders für ambitionierte Interessenträger dürfte dabei auch die Aussicht, an der Konzipierung eines europäischen Politikvorhabens beteiligt zu sein, als Motivation für die Teilnahme am Ideenaustausch wirken. Wir können also vermuten, dass in diesem Zusammenhang eine Grundlage für die mögliche Anpassung des jeweiligen Akteur-Frames an den Politik-Frame zu sehen ist. Denn die konzeptionelle Teilhabe an der Begründung eines Politikvorhabens ist ja nur dann von Wert für den Akteur, wenn das Politikvorhaben auch umgesetzt oder dessen vermeintlich negative Auswirkungen verhindert werden.

Von der Anpassung der jeweiligen Akteur-Frames an den Politik-Frame müssen wir aber zunächst diejenigen Kommunikationsmaßnahmen unterscheiden, mit denen Interessenträger ihre partikularen Interessen zu vermitteln suchen. Denn wie der Interessenträger seine Kommunikation für die Interaktion ausrichten muss, hängt, wie erwähnt, von der Handlungsmotivation der Politikdesigner ab. Diese sind Teil der institutionellen Rahmenbedingungen, die für den Interessenträger maßgeblich sind. Es kommt also immer auch darauf an, warum und in welchem Zusammenhang die Kommission ein Politikvorhaben vorschlägt. Zum Beispiel: Je mehr öffentliche Aufmerksamkeit einem Thema entgegengebracht wird, desto größer ist der Rechtfertigungsdruck, unter dem die Kommission sich befindet. Folglich ist es wichtig, die jeweils partikulare Position in den größeren Zusammenhang der jeweiligen Debatte zu stellen. Der Interessenträger kann zum Beispiel die eigenen Anliegen im Sinne des Gemeinwohls darstellen. Dann ist es möglich, der Kommission Argumentationshilfen zuteilwerden zu lassen, mit der diese ihre eigene Position begründen kann.

Der jeweils relevante Kontext hängt allerdings vom Thema ab. So können beispielsweise technische Debatten, die in der Öffentlichkeit weniger Aufmerksamkeit erreichen, von Seiten der Interessenträger eher unter dem Gesichtspunkt der „Machbarkeit" als unter dem Gesichtspunkt des „Gemeinwohls" bestritten werden. Der Akteur kann dem Designer auf der EU-Ebene mit konkreten Umsetzungshilfen behilflich sein, die zur Rechtfertigung einer bestimmten Position genutzt werden können (Mahoney 2008: 108). Wenn ein Akteur sich auf das Gemeinwohl beruft, dann kann die Kommission demgegenüber eher die Relevanz eines Vorhabens unterstreichen. Darüber hinaus ist gezeigt worden, dass die Verwendung übergreifender Begründungszusammenhänge für die Vermittlung partikularer Interessen auch von dem Typus der Interessenträger abhängen. So verwenden Bürgergruppen und Interessenträger, die ein Politikvorhaben befördern wollen, mit größerer Wahrscheinlichkeit einen so genannten Gemeinwohl-Frame. Wirtschaftsinteressenträger und Akteure, die ein Vorhaben verhindern wollen, argumentieren hingegen häufiger mit Machbarkeits-Frames, d.h. sie stellen die wirtschaftlichen Rahmenbedingung und Fakten in den Vordergrund (Mahoney 2008: 109).

Wir können diese übergreifenden Begründungszusammenhänge aus der Sicht des einzelnen Akteurs im Folgenden als Meta-Frames bezeichnen, weil sie sich bezüglich des konkreten Inhalts eines Politikvorhabens bzw. eines Interesses auf eine übergeordnete Argumentationsebene beziehen. So implizieren zum Beispiel Aussagen, die mit dem Gemeinwohl argumentieren, immer eine mehr oder weniger normative Sicht auf die jeweilige Gesellschaft. Demgegenüber erfordern funktionale Argumentationen mit einem Machbarkeits-Frame eine prozedurale Sicht auf die Politikgestaltung bzw. eine z.B. ökonomische Perspektive auf die Auswirkungen von Politik. Meta-Frames bilden also eine kognitive Klammer, mit der ein Politikvorhaben mit anderen Zusammenhängen und Zielen verbunden wird.

Mit Blick auf die Politikvorhaben in der EU handelt es sich bei den Meta-Frames in einem Politikfeld um die kognitive Grammatik des politischen Diskurses, mit der auch die Grenzen einer Debatte gekennzeichnet sind. Insofern können Meta-Frames auch die Grenzen europäischer Politikfelder markieren. Gerade die in der EU existierenden Meta-Frames wirken dabei als „common intellectual good“ und bilden einen limitierenden Kontext für neue Politik-Frames (Kohler-Koch 1997: 65). Bei der Etablierung eines Politikfelds auf europäischer Ebene werden durch die Definition des Meta-Frames die institutionellen Rahmenbedingungen legitimiert und der Handlungsrahmen für mögliche Politiken bestimmt. Gegebenenfalls in Konkurrenz zu Maßnahmen auf der Ebene der Mitgliedstaaten wird so eine spezifische Interpretation der Realität eines Sachverhaltes bereitgestellt.

Die Meta-Frames eines Politikfelds beinhalten somit immer auch eine grundlegende Weltinterpretation, die den Kontext für die übrigen Inhalte bietet. Das können zum Beispiel im Bereich der Biotechnologie- und Landwirtschaftspolitik konkretisierte Ausprägungen wie etwa der Wert natürlicher Landschaften oder Organismen sein. Es finden sich aber auch allgemeinere Themen, etwa die Auswirkungen der Globalisierung und die dadurch notwendige europäische Integration sowie vor allem der Binnenmarkt-Frame zur Sicherung der Wettbewerbsfähigkeit der europäischen Wirtschaft (Fligstein und Mara-Drita 1996).

Solche übergreifenden Begründungszusammenhänge ermöglichen es dem Politikdesigner bspw. Globalisierungsauswirkungen faktisch anzuerkennen und daher als nachvollziehbare Rahmenbedingungen für bestimmte Vorhaben zu thematisieren; zum anderen können die gleichen Argumente aber auch taktisch zur Begründung von Vorhaben herangezogen werden, die aus anderen Überlegungen motiviert sind. Gerade Diskurse über Globalisierung und europäische Integration bieten ein Repertoire an Begründungszusammenhängen, das von beteiligten Akteuren fortwährend mit Konzepten und Ideen angereichert wird und für die Formulierung von Politik-Frames oder zur Konstruktion von Meta-Frames herangezogen werden kann (Hay und Rosamond 2002). Einem spezifischen Meta-Frame der die Frame-Hierarchie eines Politikfeldes strukturiert sind dann Politik-Frames argumentativ untergeordnet.

Etablierte EU-Meta-Frames bieten Interessenträger ein gewisses Maß an Erwartungssicherheit. Sie bilden einen stabilen Kontext für die Vermittlung partikularer Interessen, weil sie Hinweise auf den argumentativen Zugang zu den Politikdesignern liefern. Denn innerhalb eines europäischen Politikfelds bieten die Meta-Frames immer die Definition der institutionellen Rahmenbedingungen und den Handlungsrahmen für mögliche Politiken. Dadurch dass die Kommission politisches Kapital in bestehende (Meta-)Frames investiert hat, begründet sich auch die Pfadabhängigkeit des Politikgestaltungsprozesses in der EU. Diese macht es für Interessenträger einfacher sich auf bestehende Regelungen zu berufen und auf deren Modifikation abzuzielen, als diese abschaffen zu wollen. Denn europäische Interessenträger versuche häufiger, Vorhaben im Zug des langwierigen Gesetzgebungsverfahrens in ihrem Sinn zu verändern, während US-amerikanische Akteure mehr Gelegenheit, entweder ein Vorhaben zu platzieren oder ein bereits platziertes Vorhaben zu verhindern (Mahoney 2008: 78). Im Vergleich sind in Europa verhältnismäßig viele Interessengruppen teilweise erfolgreich, während in den USA wenige Interessengruppen umfassendere Erfolge haben. Die unterschiedlichen Kompromiss- und Wettbewerbslogiken des jeweiligen politischen Systems wirken sich also auf den Erfolg von Interessenträgern aus.

Die Pfadabhängigkeit einmal etablierter Politik-Frames ist auch ein Grund dafür, dass die Kommission der wichtigste Ansprechpartner für die meisten Interessenträger ist, auch wenn das Europäische Parlament wegen seiner wachsenden Machtfülle an Bedeutung gewonnen hat, denn durch den Frame wird nicht nur die Richtung der Politik, sondern auch der Rahmen für Ideen, Akteure und Organe festgelegt (Rhinard 2002: 218). Für die Interessenträger in der EU sind die Politik-Frames Anhaltspunkte für den diskursiven Rahmen der Zusammenarbeit mit den Politikdesignern und spielen eine zentrale Rolle für die Orientierung im politischen Diskurs. Denn ob eine Interessenkoalition Erfolg hat, hängt nicht nur vom Eigeninteresse des jeweiligen Akteurs ab, sondern auch davon, ob sie auf Seiten der Designer als relevanter Akteur wahrgenommen wird. Das heißt, wir können den politischen Diskurs auf der europäischen Ebene aus der kognitiven Perspektive des Framing-Ansatzes analytisch in Bezug auf seine Begründungszusammenhänge und seine Teilnehmer differenzieren. Grundsätzlich kommt es für Interessenträger auch in der EU darauf an, die richtige Strategie zum richtigen Zeitpunkt zu nutzen, um die Möglichkeiten des Kontexts realisieren zu können (Dür 2008: 116). Ein Beispiel für den Zusammenhang von Inhalt,

Position und Kontext ist die bevorzugte Nutzung von Gemeinwohl-Frames bei Themen mit hoher Aufmerksamkeit, z.B. durch Bürgergruppen oder Interessenträger, die einen alternativen Politik-Frame etablieren wollen (Mahoney 2008: 207).

Abgesehen davon, dass Interessenträger ihre Kommunikationsmaßnahmen auf den Frame-Kontext der politischen Debatten ausrichten, wirkt sich die unterschiedliche Art und Weise in der Themen diskutiert werden, auch auf die Akteur-Frames der Interessenträger aus. Denn die Akteure müssen entweder in Abstimmung mit anderen ihre Positionen weiterentwickeln oder direkt mit dem Designer über Details verhandeln können. Vor allem wenn ein Politikvorhaben zweckgerichtet vorbereitet ist, um die bestehenden Frames der Akteure zu adressieren, kann der damit verbundene Politik-Frame sich dynamisierend auf die Debatte auswirken. Dabei können nicht nur einzelne Akteure, sondern auch die kollektiven Akteur-Frames eines Verbandes oder einer Interessenkoalition unter Druck geraten, sodass der Nutzen der Zusammenarbeit innerhalb der Gruppe unterminiert wird. Wenn also der neue Frame es für ein Mitglied der Koalition ratsamer erscheinen lässt, die Zusammenarbeit aufzukündigen, weil allein ggf. bessere Erfolgschancen existieren, dann schwindet auch dessen Interesse, den kollektiven Frame weiterzuentwickeln und damit der Anreiz zur Zusammenarbeit in einer Interessenkoalition.

Dieser Zusammenhang lässt sich mit Blick auf die europäische Steuerpolitik mit dem Wandel der Interessen der europäischen Finanzminister illustrieren, wo Politik-Frames für die Entwicklung eines Politikfelds eine wichtige Rolle spielen. Radaelli (1999) hat gezeigt, dass die Etablierung des neuen Politik-Frames der „schädlichen Steuerkonkurrenz“ (*harmful tax competition*) dazu geführt hat, dass die damit verbundenen Argumente, wie etwa der Zusammenhang zwischen Steuerkonkurrenz und Arbeitslosigkeit, anerkannt wurden. Im Rahmen des bereitgestellten Forums, in dem die Finanzminister darüber diskutiert haben, hat sich dann ein gemeinsames Handlungsinteresse der Mitgliedstaaten herausgebildet. Durch den Frame der „schädlichen Steuerkonkurrenz“ ist es gelungen, die kollektiven Akteur-Frames der Mitgliedstaaten dahingehend zu verändern, dass eine europäische Zusammenarbeit im Bereich der Unternehmenssteuern möglich wurde. Durch die Formulierung eines Verhaltenskodex für die Erhebung von Unternehmenssteuern wurde die „schädliche Steuerkonkurrenz“ als Politik-Frame im steuerpolitischen Diskurs verankert. Der Kodex versorgte die Akteure des Diskurses mit einer gemeinsamen Terminologie, mit der das theoretische Phänomen der Steuerkonkurrenz auf europäischer Ebene adressiert werden konnte. Auf Basis der so konkretisierten Intersubjektivität entstand eine Diskursgemeinschaft von Steuerexperten, die sich zumindest über die Kategorien von guter und schlechter Steuerpolitik einig waren (Radaelli 2003: 523). Erreicht wurde so ein gemeinsames Verständnis der europäischen Steuerproblematik.

Für die Etablierung des neuen Frames konnte der übergreifende Diskurskontext außerhalb Europas und die politische Dynamik in den Mitgliedstaaten in Betracht gezogen werden. Mit Hilfe eines spezifischen Diskussionsforums ist es den Politikdesignern in der Kommission gelungen, dass bisher fest gefügte Interessenkoalitionen das Thema europäische Steuerpolitik neu bewertet haben (Radaelli 1999: 165; Radaelli 2003). Gelungen ist dies mit Hilfe eines Frames, der das übergreifende Interesse aller Mitgliedstaaten an Steuereinnahmen in eine Beziehung setzt zu der steuer- und wirtschaftspolitischen Zusammenarbeit der Staaten innerhalb der EU, insbesondere der Freizügigkeit des Kapitalverkehrs (Radaelli 2003: 669). Damit wurden die schwindenden Steuereinnahmen mit der Gefahr der Steuerkonkurrenz in einem Szenario argumentativ verbunden, in dem Steuern schließlich nur noch auf Arbeitskosten erhoben werden könnten, weil alle Unternehmen ihre Aktivitäten in Steueroasen verlagern. Durch die Aussicht, dass dadurch die Wohlfahrtsstaaten unfinanzierbar und das Problem der Arbeitslosigkeit noch verstärkt würde, konnte die Kommission die Mitgliedstaaten auffordern gemeinsame Maßstäbe für „schädliche Steuerkonkurrenz" in Europa auszuarbeiten, obwohl für die Ursache-Wirkungs-These keine wissenschaftlichen Belege angeführt werden konnten. Damit wurden die Regierungen direkt an der Definition des politischen Problems beteiligt, das sie dann später lösen sollten. Durch die Formulierung des Politik-Frames konnte die Überzeugungskraft der entsprechenden Argumentation genutzt werden, um einen politischen Prozess einzuleiten, der den Mitgliedstaaten mit der Sicherung der Steuereinnahmen einen Wert versprach und an dessen erfolgreichem Abschluss sie daher ein Interesse haben mussten (Radaelli 2003: 671f).

In diesem Zusammenhang wird der Politik-Frame auch als sinngebende Erzählung (*policy narrative*) beschrieben, die Begründung, Kontext und erstrebenswerte Ziele eines Politikvorhabens erläutert (Banerjee 1998; Radaelli 1999). Aus Sicht der Akteure bilden diese Erzählungen das gemeinsame Verständnis des Sachverhaltes. Sie können – nach der erfolgreichen Etablierung der entsprechenden Frames – mehr oder weniger übereinstimmend von den beteiligten Akteuren wiedergegeben werden, wobei diese den Handlungsstrang der Erzählung jeweils aus ihren subjektiven Akteur-Frames heraus wahrnehmen und bewerten. Entsprechend muss die Erzählung den Gegenstand auch nicht notwendigerweise präzise wiedergeben. In jedem Fall ist es durch die Etablierung einer Expertengruppe von Mitarbeitern der Finanzminister gelungen, in einem Peer-Review-Verfahren eine Reihe von Steuerregelungen als „harmful", d.h. schädigend, zu deklarieren (Radaelli 2003: 523ff).

Die europäische Steuerpolitik ist also ein Beispiel dafür, dass Akteure und Interessenkoalitionen angesichts eines neuen Frames eine Neubewertung ihrer Positionen vornehmen und in einem Politikvorhaben eine Verbesserung der eigenen Position gegenüber dem Status quo erkennen können. Ein Politikvorhaben liegt dann unter Umständen im Interesse der Akteure und könnte von ihr unterstützt werden (Sabatier und Jenkins-Smith 1999).

Insofern lassen sich nicht nur die Positionen einzelner Mitgliedstaaten, sondern auch Interessenkoalitionen durch neue Politik-Frames aufweichen, wenn diese noch nicht lange genug etabliert sind (Radaelli 1999: 676). Je länger Akteure innerhalb einer Interessenkoalition zusammenarbeiten und Zeit und Ressourcen aufbringen, um den kollektiven Akteur-Frame abzusichern, desto höher ist die Wahrscheinlichkeit, dass dieser auch angesichts eines neuen integrativen Politik-Frames bestehen bleibt. Nur weil die Kommission eine neue Herangehensweise an eine Problematik vorschlägt, verändern etablierte Verbände nicht zwangsläufig ihre Position. Dennoch können wir für die Interaktion von Interessengruppen mit Politikdesignern drei grundsätzliche Interaktionsmodi unterscheiden, für die jeweils die Anpassung von Frames eine Rolle spielt: verhandeln, argumentieren und einwilligen (Elster 1998; Beyers 2008).

Im (1) *Verhandlungsmodus* geht es den Akteuren um den Austausch diskursiver Ressourcen, um ein bestimmtes Ziel zu erreichen; dazu gehören Positionen und Verbindlichkeiten ebenso wie relevante Informationen. Die Konsultationsverfahren der EU-Kommission wie auch die Debatten im Europäischen Parlament sind Beispiele für diesen Modus. Über den Erfolg entscheiden vielfach die Ressourcen, die die jeweilige Seite ins Feld führen kann. Der Verhandlungsmodus überwiegt meist dann, wenn Akteure einen Status quo erhalten wollen bzw. die Sicherung eines partikularen Interesses verfolgen. Charakteristisch ist, dass zur Etablierung einer Verhandlungsposition auch argumentative Begründungen oder taktische Einwilligungen gehören können. Der Verhandlungserfolg hängt allerdings von der Kontrolle wichtiger Verhandlungsressourcen ab, wozu auch die Anpassung der Botschaften an den Politik-Frame zu rechnen ist (Beyers 2008: 92).

Dem gegenüber steht (2) der *Argumentationsmodus* als Kern des Interessenvermittlungsprozesses. Denn hierbei versucht der Akteur, gewünschte Änderungen herbeizuführen, indem das Verständnis und die Präferenzen gegenüber dem Debattengegenstand verändert werden, d.h. eine bestimmte Begründung des Vorhabens nicht mehr haltbar ist. Der Erfolg hängt dann letztlich davon ab, dass andere Akteure ihre Position verändern (müssen). Für den Akteur geht es darum, mit Hilfe von Argumenten und Ideen die Wahrnehmung des Debattengegenstands zu verändern. Hierfür sind besonders frühzeitige bzw. informelle Kontakte zwischen Interessenträgern und EU-Kommission bzw. Abgeordneten im Parlament charakteristisch. Der Argumentationsmodus ist dann sinnvoll, wenn entweder bestehende Paradigmen verändert werden müssen oder langfristige Veränderungen des Status quo angestrebt werden. Zwar gehören der Austausch von Ressourcen und der Einsatz von Unterstützungs- bzw. Ablehnungshandlungen auch zu einer politischen Argumentationsstrategie, aber die Veränderung des

Kontextes, in dem ein Politikvorhaben diskutiert wird, entscheidet letztlich über den Erfolg (Beyers 2008: 92). Ziel ist die Einflussnahme auf die Meinungsbildung und die Bildung der Akteur-Frames und damit die Beeinflussung der Ausgestaltung des Politik-Frames.

Während sowohl in Verhandlungen als auch bei der Argumentation der Debattengegenstand, d.h. der Politik-Frame, im Zentrum der Interaktion steht, ist (3) der *Einwilligungsmodus* eher einseitig, weil er dem Akteur nur die Teilnahme an einem Abstimmungsprozess ermöglicht. Dazu muss allerdings entweder eine Veto-Position erreicht sein oder die Möglichkeit bestehen, allgemein verbindliche Entscheidungsvorlagen zur Abstimmung zu stellen. Das heißt, ein Akteur muss zunächst in der Lage sein, sich so zu positionieren, dass seine Zustimmung für das Gelingen unabdingbar ist. Diese Möglichkeit entsteht in der EU vor allem dann, wenn es gelingt, eine ausreichende Zahl entweder von Regierungen oder Abgeordneten im Europäischen Parlament auf die eigene Position zu verpflichten. Auch dazu sind jedoch Überzeugungsanstrengungen notwendig, denn auch ein Widerstand im Rat oder Parlament muss begründet werden, und zwar am besten im Sinne allgemein anerkannter Werte oder Ziele.

Der Politikdesigner kann die Entscheidungsnotwendigkeit ebenso einplanen wie die dazugehörigen Begründungszusammenhänge, etwa um die Akzeptanz eines Politikvorhabens durch die Zustimmung zu einer konkreten Entscheidungsvorlage zu belegen. Für den Interessenträger bedeutet ein Abstimmungsverhalten immer auch eine Positionierung in einer Debatte. Denn in der fortlaufenden Interaktion mit dem Designer ist die Frage, worüber abgestimmt wird, ebenso entscheidend wie die Begründung des jeweiligen Abstimmungsverhaltens. Wir können also vermuten, dass die meisten Interessenträger jede Gelegenheit nutzen, selbst im Einwilligungsmodus zu kommunizieren und ihre Sicht der Dinge bzw. ihre Verhaltensbegründungen preiszugeben, wo es nützlich erscheint. Denn die Designer haben immer auch politisches Kapital in eine bestimmte Abstimmungsvorlage investiert. Für die Veränderung der zugrunde liegenden Politik-Frames müssen entsprechend hohe Hürden überwunden werden, weil sonst der politische Wert in Gefahr gerät (Beyers 2008: 94f). Entsprechend wichtig ist daher die gründliche Vorbereitung von Entscheidungsverfahren durch Konsultationen und Abstimmungsrunden, mit denen sichergestellt werden muss, dass der Gegenstand des Verfahrens wechselseitig verstanden wird. In dem Maß, in dem die Interessenträger in der Europäischen Union sich an den Politik-Frame anpassen, müssen sich also auch die Politikdesigner an die Interessenträger anpassen. Angesichts der Bedeutung, die Politik-Frames als Begründungszusammenhänge für die Politikgestaltung auf der EU-Ebenen zu kommt, stellt sich die Frage, wie Politik-Frames im politischen System der Europäischen Union etabliert werden.

5.2.2 Institutionalisierung und Verankerung von Frames im Diskurs

Wie wir bisher gesehen haben, werden Ideen durch Akteure in Diskurse eingebracht und durch die Verbreitung und Verwendung institutionalisiert, indem sie in Dokumenten berücksichtigt werden. Insofern können wir die typischen Dokumente, die im politischen System der Europäischen Union verwendet werden, in Bezug auf ihre Relevanz für den politischen Diskurs unterscheiden. Die Europäischen Verträge sind die Quelle für die grundsätzlichen Meta-Frames, mit denen Politikvorhaben auf der EU-Ebene begründet werden müssen, um z.B. dem Subsidiaritätsprinzip zu genügen. Rechtsdokumente (Richtlinien, Entscheidungen, Regulierungen etc.) haben eine hohe Relevanz, weil sie rechtlich verbindlich sind. Die enthaltenen Politik-Frames sind gleichsam gesetzlich sanktioniert. Für den Diskurs sind auch die Frames in der Präambel und den Erwägungsgründen von Bedeutung, da hier der Kontext des Rechtsaktes festgeschrieben wird. Demgegenüber haben Konsultationsdokumente der EU-Kommission (Weiß- und Grünbücher, Online-Konsultationen etc.) eine mittelbare Relevanz, weil sich daraus die Richtung ableiten lässt, in die sich der Diskurs entwickelt.

Die Bedeutung eines Dokuments für den Framing-Prozess hängt von der Autorität ab, die dem jeweiligen Autor im Politikfeld zugebilligt wird, d.h. dass sich zum Beispiel die Kommission in ihrer Rolle als Realitätsnotar auch mit Konsultationsdokumenten im Diskurs positioniert. Die verwendeten Frames sind daher zumindest vorläufig politisch sanktioniert. Ähnliches gilt auch für die Frames in Mitteilungen, sonstigen politischen Papieren und öffentlichen Verlautbarungen von Mitgliedern der EU-Kommission. Allerdings besitzen sie für den Diskurs um konkrete Politikvorhaben eine mittelbare bis hohe Relevanz, die abhängig ist von den Einflussmöglichkeiten der Kommission und dem Zeitpunkt der Einbringung in den Politikkreislauf. In jedem Fall positioniert sich die Kommission im Diskurs und investiert damit politisches Kapital, das durch die erfolgreiche Umsetzung relevanter Politikvorhaben wieder verdient werden muss.

Stellungnahmen und Berichte des Europäischen Parlaments haben eine mittlere bis hohe Relevanz für den Diskurs, die abhängig ist von der Zustimmung der Abgeordneten, den Einflussmöglichkeiten des Parlaments auf den Sachverhalt und dem Zeitpunkt der Einbringung in den Politikkreislauf. Insbesondere Stellungnahmen im Gesetzgebungsverfahren sind wichtig, da sie sich direkt auf die Formulierung von Politikvorhaben auswirken. Aufgrund der Rolle des Ministerrates als Gesetzgeber kommt auch dessen Schlussfolgerungen eine hohe Bedeutung zu, weil sie zum Beispiel Politikvorhaben, die im Rahmen einer Mitteilung der Kommission vorgeschlagen werden, bestätigen können. In dieser Hinsicht erhalten die Schlussfolgerungen des Europäischen Rats eine besonders hohe Bedeutung für den Politikgestaltungsprozess in der Europäischen Union, weil sie

– wenn auch meist wenig detaillierte – Arbeitsaufträge für den Politikdesigner EU-Kommission enthalten. Die in den Stellungnahmen und Schlussfolgerungen verwendeten Frames sind daher immer politisch sanktioniert.

In den offiziellen Dokumenten oder im Rahmen von Verlautbarungen durch EU-Kommissare oder die Ratspräsidentschaft manifestieren sich also mehr oder weniger detailliert die inhaltlichen Grenzen politischer Diskurse auf europäischer Ebene. Durch die Verwendung von Frames in diesen Dokumenten oder Stellungnahmen werden die Argumentationszusammenhänge in einem Politikfeld institutionalisiert. Für den Grad der Verankerung eines Frames im politischen Diskurs eines Politikfeldes hat Rhinard (2002) drei Stufen vorgeschlagen. Demnach erfolgt zunächst (1) die *Habitualisierung*, d.h. der Frame wird genutzt, um eine Akteurkoalition zu bilden, institutionelle Rahmenbedingungen zu begründen und Konzepte zu etablieren. Im weiteren Verlauf wird der Frame durch die Akteure im Politikfeld etabliert, indem er auf verschiedene Weise an den Gegenstand des Politikvorhabens angelegt wird. Daraus resultiert (2) die *Vergegenständlichung* (Objectification), d.h. der Frame ist zu einer anhaltenden Perspektive im Politikfeld geworden, die von einem Akteurnetzwerk getragen wird. Eine solche Perspektive wird dann auch für Akteure maßgeblich, die neu in das Politikfeld kommen und dessen Gegenstand interpretieren müssen. Durch neue Aspekte, die im Kontext des Frames eingebracht werden, kommt es schließlich (3) zur *Sedimentierung* des Frames, d.h. durch neue Gesichtspunkte wird der grundlegende Frame im Diskurs leicht abgewandelt bzw. präzisiert und somit immer fester im Politikfeld verankert (Rhinard 2002: 49f).

Ein Beispiel für die Möglichkeiten der Politikdesigner in der Kommission, politische Vorhaben durch die Etablierung von Frames auch dann noch umzusetzen, wenn zunächst im Rat keine Mehrheit gefunden worden ist, zeigt sich in Bezug auf EU-Armutsbekämpfungsprogramme (Bauer 2002). Durch die Anpassung des Frames an die etablierte Arbeitsmarktpolitik war es gelungen, wesentliche Teile der geplanten Programme weiter zu finanzieren – obwohl sich selbst der Weg über den Europäischen Gerichtshof als blockiert erwiesen hatte. Dass im gleichen Zeitraum eine entsprechende Vertragsklausel mit dem Begriff „social exclusion" in den Amsterdamer Vertrag eingefügt wurde, die fortan die rechtliche Basis für die geplanten Armutsbekämpfungsprogramme darstellte, weist darauf hin, dass die Etablierung eines Politik-Frames auch über die Debatte um ein bestimmtes Vorhaben oder Programm hinaus wirken kann (Bauer 2002: 394f). Akteure wie die EU-Kommission haben in dieser Hinsicht die Möglichkeit, mit einem mittel- und langfristig Horizont zu agieren, indem sie entweder sehr frühzeitig Konzepte und Begriffe etablieren oder die passende Gelegenheit zur Durchsetzung von Vorhaben abwarten.

Insofern ist die Sozialpolitik ein Beispiel dafür, dass sich auf der Basis von Politik-Frames thematische Regimes mittel- und langfristig institutionalisieren lassen. Denn dort ist es der Kommission gelungen, einen institutionellen Rahmen zu errichten, in dem sozial- und arbeitsmarktpolitische Vorhaben diskutiert und verabschiedet werden konnten, ohne den eigentlich zuständigen Ministerrat involvieren zu müssen (Wendon 1998). In dem politischen Diskurs wurde etwa die Sozialpolitik als Produktionsfaktor interpretiert, der für die Entwicklung der europäischen Wirtschaft und des Binnenmarkts von Bedeutung ist. Damit war eine entsprechende argumentative Basis gelegt, um im Rahmen der bestehenden Verträge den Aufbau eines Handlungsfelds (*institutional venue*) als Basis für die Zusammenarbeit der unterschiedlichen Akteure voranzutreiben und dabei eine Blockadehaltung im Rat zu umgehen. Die EU-Sozialpolitik ist somit ein Beispiel für ein institutionalisiertes Regime, namentlich der so genannte *Social Dialogue*, mit dem der Einfluss der Mitgliedstaaten zurückgedrängt worden ist. Die mangelnde Kompetenz der Kommission auf dem Feld der Sozialpolitik und die daraus resultierende Dominanz des Rates in diesem Politikfeld haben die Politikdesigner in der Kommission zum Anlass genommen, argumentativ einen alternativen institutionellen Rahmen zu entwickeln, in dem die etablierten Interessenträger (Gewerkschaften und Wirtschaftsverbände) mehr, die Regierungen weniger Einfluss haben. Gleichzeitig positionierte sich die Kommission im Sinne der Absicherung der eigenen Kompetenz vorteilhaft als Mittler zwischen Gewerkschaften und Arbeitgebern und erhielt so indirekten Einfluss auf die Sozialpolitik (Wendon 1998).

Das Beispiel zeigt, dass sich durch die Formulierung von Frames die Rahmenbedingungen für die Politikdesigner in der EU verändern lassen und das Frames auch dann noch nachwirken, wenn ihre eigentlichen Befürworter das Politikfeld bereits verlassen haben bzw. wenn die Grundlagen bereits durch neue Informationen oder Änderungen des Kontextes in Frage gestellt worden sind (Rhinard 2002: 49). Die inhaltliche Pfadabhängigkeit, die durch Meta-Frames in EU-Politikfeldern entsteht, liegt demnach in der Wechselwirkung zwischen der kognitiven Dimension des Frames als erklärender Perspektive auf einen Sachverhalt einerseits und der zeitlichen Dynamik, mit der Akteure mit ihm in Berührung kommen, andererseits begründet. Denn je nachdem, wann ein Akteur zum ersten Mal aus seiner Interessenlage heraus oder als neuer Mitarbeiter eines etablierten Akteurs mit einem Politikfeld in Berührung kommt, wird er mit einem bestimmten Kontext aus Frames konfrontiert. Weil etablierte Akteure sich daran ebenso orientieren wie neue, sorgt die kognitive Pfadabhängigkeit mit dafür, dass bestehende Politik-Frames vor Wandel geschützt sind. Denn der Frame ist die kognitive Deutungsvorlage für ein europäisches Politikfeld und wirkt als solche als Grundlage für die Meinungsbildung aller weiteren Akteure.

Angesicht dieser Bedingungen ist auf der transnationalen Ebene der EU ein Handlungsfeld für einen neuen Akteurtypus entstanden, den wir im Folgenden als *politischen Unternehmer*, bezeichnen und der maßgeblich an der Bewahrung etablierter oder der Etablierung neuer Frames beteiligt ist (vgl. dazuMarcussen 1998). Diese Akteure werden in der einschlägigen Forschung auch als ‚norm entrepreneur' (Checkel 1997, 1998; Finnemore und Sikkink 1998), ‚political entrepreneur' (Goldstein und Keohane 1993: 13), ‚teacher' (Finnemore 1999: 112) oder ‚ideas advocate' (Ikenberry 1993) bezeichnet.

In Bezug auf die EU ist auf die grundlegende Bedeutung des politischen Unternehmertums für den Politikgestaltungsprozess hingewiesen worden, wenn es darum geht, Lösungen und Probleme zusammenzubringen (Kingdon 1984; Zahariadis 2008). Das zeigt sich zum Beispiel an der der europäischen Stahlpolitik, in der – angefangen bei den Gründervätern der Europäischen Gemeinschaft für Kohle und Stahl (EGKS), Jean Monet und Robert Schuman – immer wieder das Zusammenspiel von Kommissaren mit einer Koalition der europäischen Stahlinteressen den Politik-Frame zunächst gestützt und dann verändert hat (Dudley und Richardson 1999). Dabei wird deutlich, dass die Kommission sowohl als Bewahrer als auch als Veränderer zentraler Politik-Frames agiert hat, mit denen die Maßnahmen der Stahlpolitik begründet wurden, und dass dabei nicht immer alle Teile der Kommission, die so genannten Generaldirektionen (GD), die gleichen Frames verwendet haben (Dudley und Richardson 1999: 242).

So können politische Unternehmer in der EU zum Beispiel unter Anknüpfung an bzw. Bezugnahme auf Ereignisse außerhalb des Politikfelds neue Frames etablieren. Dadurch wird dann geteiltes Wissen in Frage gestellt und somit zunächst Unsicherheit für die beteiligten Akteure erzeugt. Die resultierende kognitive Dissonanz zwischen den bestehenden Überzeugungen und den neuen Informationen bietet dann die Chance, einen neuen Frame zu etablieren, der die Dissonanz überbrückt (Marcussen 1998). Dazu muss der Unternehmer – sei es ein Politikdesigner in der Kommission oder der direkt motivierte Interessenträger – jedoch sowohl die bisher etablierten Frames als auch die Interpretation der neuen Ereignisse berücksichtigen.

Am Beispiel von Gleichberechtigungsnormen in der europäischen Entwicklungshilfepolitik ist gezeigt worden, dass die Etablierung eines neuen Frames als anerkannte Akzeptanzvorlage eine kognitive Vor- und Nachbereitung erfordert (Elgstrom 2000). Denn die neue Norm „Gleichberechtigung" wurde zunächst in einem Expertenkreis aus den Mitgliedstaaten entworfen um die Durchsetzung in den Umsetzungsverhandlungen sicherzustellen. Die entsprechende Schlussfolgerung des Rats wirkte dabei als argumentative Stütze für die Interessenträger, die sich im weiteren Verlauf des Politikgestaltungsprozesses auf der Ebene der Mitgliedstaaten auf ein derart hochrangiges Dokument als Referenz beziehen konnten.

Das politische Unternehmertum stärkt insofern auch die Organisationsfähigkeit von diffusen Interessen, was am Beispiel der Umweltverbände in der EU gezeigt worden ist (vgl. Hey und Brendel 1994). Für erfolgreiche politische Unternehmungen sind eine Reihe von Voraussetzung identifiziert worden (vgl. King und Roberts 1992: 168). Dazu gehören (1) kreativ-intellektuelle Aufgaben wie die Erfindung und Verbreitung neuer Ideen, die Adaption von Ideen und Modellen aus anderen Politikfeldern, die Umdeutung von Problemen, sowie die Zuspitzung politischer Alternativen und die Entwicklung von Lösungsvorschlägen. Daneben sind (2) strategisch-mobilisierende Aufgaben wie z.B. die Formulierung von Strategien im Kontext des politischen Diskurses, Maßnahmen zur Verbreitung von Frames durch den Aufbau und die Pflege von Kontakten mit relevanten Akteuren und Medien sowie die Organisation von Interessenkoalitionen und Unterstützergruppen, zu leisten. Zu den notwendigen (3) operativen Aktivitäten gehört die Organisation von Demonstrationsprojekten ebenso wie die Mitarbeit an der Umsetzung oder Bewertung von Politikvorhaben (Roberts und King 1991: 148, 168; King und Roberts 1992).

In der EU können Politikunternehmer sowohl als Interessenträger als auch als Politikdesigner in Erscheinung treten. Um den politischen Prozess zu beeinflussen, muss der Akteur Debatten organisieren, Koalitionen bilden, Konzepte aufbauen und rechtfertigen sowie politische Forderungen an den übergreifenden Ideenkontext anpassen. Dabei genügt es jedoch nicht, Frames nur zu formulieren. Vielmehr müssen im politischen System der EU auch passende Akteurkonstellationen aus Kommission, Parlamentariern und einflussreichen Interessenträgern organisiert werden, um die Deutungshoheit über ein Thema zu erringen. Sie können somit auch Akteur-Frames integrieren, um damit politisches Handeln zu motivieren (Gerhards und Rucht 1992).

Ein erfolgreicher Interessenträger muss daher immer auch als politischer Unternehmer agieren (Kingdon 1984). Sein Erfolg hängt sehr viel stärker von dessen Umwelt ab als von dessen Handlungsstrategien. Ausschlaggebend sind (1) die Bereitschaft der Kommission oder der Abgeordneten zur Berücksichtigung der Interessen, (2) die Frage, inwieweit die Position des Akteurs der Meinung einer größeren Gruppe entspricht, die nicht einfach umgangen werden kann, und (3) die Rahmenbedingungen des politischen Systems in Bezug auf die langfristige Verbreitung von Ideen (Mahoney 2008: 204-6). Dabei entspricht der Mechanismus, mit dem Frames verbreitet werden, dem des sozialen Lernens, d.h. entweder imitieren Akteure die Handlungen anderer oder sie werden durch entsprechende Rahmenbedingungen dazu gebracht, ihre Handlungsoptionen anders wahrzunehmen (Marcussen 1998). Politische Unternehmer sind in der Lage, durch die geschickte Formulierung von Problemdefinitionen z.B. auf der europäischen Ebene Vorhaben anzustoßen, die auf der nationalen Ebene nicht erfolgreich platziert werden konnten – oder umgekehrt.

Mit dem Framing-Ansatz können wir im nächsten Schritt anhand des Politikgestaltungskreislaufs die Anatomie des Kommunikationsprozesses Interessenvermittlung beschreiben. Dabei unterscheiden wir analytisch die Perspektive des Politikdesigners von der des Interessenträgers, damit wir sowohl übergreifende Einflussfaktoren als auch Akteurgruppen-spezifische Aspekte in den Blick nehmen können.

Insofern sowohl auf Seiten der Politikdesigner als auch auf Seiten der Interessenträger politische Unternehmer tätig sind, um partikulare Interessen in politischen Diskurs zu vermittelt, können wir uns für die Beschreibung der jeweiligen Handlungsorientierung an einem schematischen Politikgestaltungskreislauf orientieren, in dem sich 3 Phasen unterscheiden lassen:

A: Eine gesellschaftliche Situation wird zunächst von einem direkt motivierten Interessenträger als relevant argumentiert, um diese im Diskurs als politisches Problem auf der EU-Ebene zu definieren.

B: Für das politische Problem wird dann vom Politikdesigner unter den Rahmenbedingungen des politischen Systems der EU, insbesondere den bestehenden Meta-Frames, ein Politikvorhaben vorgeschlagen, welches mit dem Ziel in die politische Debatte eingebracht wird, Akzeptanz für das Politikvorhaben zu schaffen.

C: Diese Akzeptanz ist dann die Voraussetzung dafür, dass eine positive politische Entscheidung zugunsten eines europäischen Politikvorhabens getroffen wird und dessen Umsetzung sich wiederum auf die gesellschaftliche Situation auswirken kann.

6. Die kommunikative Interaktion aus Sicht des Politikdesigners

Im ersten Abschnitt haben wir bereits festgehalten, dass Politikdesigner maßgeblich an der zentralen Aufgabe der Formulierung von Politikvorhaben beteiligt sind (Rein und Schön 1994: 86). Anhand der grundsätzlichen Rahmenbedingungen für die Interaktion der Akteure im politischen System der EU haben wir gesehen, dass Meta-Frames die kognitive Basis für die Verbreitung und Anpassung von Politik-Frames auf der EU-Ebene darstellen, die dann den Kern der Interaktion zwischen den unterschiedlichen Akteuren bilden. Im nächsten Schritt können wir nun überprüfen, wie sich dieser Zusammenhang auf die Handlungsorientierung der Politikdesigner auswirkt. Dabei interessiert uns vor allem, ob sich weitere Beispiele dafür finden lassen, dass EU-Politikdesigner Sachverhalte gezielt so darstellen, dass damit die Akzeptanzchancen von Politikvorhaben verbessert werden und inwieweit sie damit Erfolg haben. Zunächst gilt es dafür aber zu klären, ob sich durch Frames tatsächlich die Rahmenbedingungen für die Politikdesigner verändern. Danach interessiert uns, ob und wie Politik-Frames auf der europäischen Ebene zur Diskussion gestellt werden und welchen Einfluss sie auf die Bildung von Akteur-Frames haben. Im letzten Schritt gilt es dann zu prüfen, inwiefern die Designer im politischen System der EU von der Akzeptanz der Politik-Frames abhängen.

6.1 Rahmenbedingungen für die Politikdesigner in der EU

Wir haben bereits gesehen, dass die Akteure im politischen System der EU aufeinander angewiesen sind, um Politikvorhaben zu verabschieden und erfolgreich umzusetzen. Das herausragenste Beispiel für die langfristige Wirkung von Politik-Frames als grundlegende Rahmenbedingung für die Politikdesignern in der EU ist der Binnenmarkt als Kernprojekt der europäischen Zusammenarbeit (Fligstein und Mara-Drita 1996). Denn die Kommission hat während des politischen Stillstands der 80er Jahre und unter den damals vorhandenen politischen Bedingungen mit dem Binnenmarktprogramm eine Initiative gestartet, mit der es gelungen ist, die unterschiedlichen nationalen Interessen und das gemeinsame Interesse an einer wirtschaftlichen Entwicklung zu bündeln. Als politischer Unternehmer hat die damalige EU-Kommission mit der *Vollendung des Binnenmarkts* einen flexiblen Meta-Frame geschaffen, der es ermöglicht hat, eine Reihe von Gesetzgebungsvorhaben, die teilweise schon vorher vorgeschlagen waren, mit einem neuen Ziel zu verbinden und umzusetzen. Der Binnenmarkt-Frame wirkte dabei als Projektionsfläche für unterschiedliche nationale Interessen, aber auch als Basis für eine Elitenbewegung, die aus eigenen wirtschaftlichen Interessen heraus in den Hauptstädten der Mitgliedstaaten für die Vorhaben der Kommission warb. Unter der Federführung des damaligen Kommissionspräsidenten Jacques Delors ist es gelungen, mit der Binnenmarkt-Gesetzgebung die Interessen wichtiger Mitgliedstaaten und Interessenträger aus der Wirtschaft auszugleichen, sodass deren Umsetzung im jeweiligen Interesse lag. Dass zeigt, dass die Vollendung des Binnenmarktes – als eines der wichtigsten Aufgabenfelder der EU – von der Akzeptanz des übergreifenden Meta-Frames durch andere Akteure abhängt. Der Binnenmarkt-Frame ist insofern zu einer wichtige argumentativen Rahmenbedingung für die Politikdesigner in der EU geworden (Fligstein 1996; Fligstein und Mara-Drita 1996; Fligstein 2001).

An der Unterstützung großer europäischer Unternehmen für das Binnenmarktvorhaben wird auch die argumentative Wechselwirkung zwischen Designern auf EU-Ebene und Interessenträgern aus der Wirtschaft deutlich. Denn die Unternehmen konnten mit der möglichen Auslagerung von Arbeitsplätzen an die nationalen Regierungen herantreten, die in Bezug auf Arbeitsplätze und Steuereinnahmen in ihrem eigenen Verantwortungsbereich betroffen gewesen wären. Auf der anderen Seite konnte sich die Kommission mit dem Vorschlag der Einrichtung eines Binnenmarktes als Sachwalter der europäischen Industrie profilieren und ihre Kompetenz gegenüber den Mitgliedstaaten ausweiten (Fligstein 1996). Und auf EU-Ebene stärkten die Interessenträger aus der Wirtschaft der Kommission den Rücken, indem sie die Regierungen aufforderten, dem Vorschlag zuzustimmen. In diesem Zusammenhang ist beispielsweise nachgewiesen worden, dass die im European Roundtable of Industrialists (ERT) zusammengeschlossenen Unternehmen die Entstehung der wirtschaftspolitischen Normen und Konzepte der EU, insbesondere die Binnenmarktidee, mitgestaltet haben (Van Apeldoorn 2000). Gerade bei der Weiterentwicklung der eigenen Handlungsrahmen durch neue Meta-Frames – wie dem Binnenmarkt – profitiert die Kommission von der Zusammenarbeit mit Interessenträgern.

Als Ziele der Europäischen Union im europäischen Primärrecht kodifiziert, bilden EU-Meta-Frames wie der Binnenmarkt-Frame die Begründungszusammenhänge, die Politikdesigner in den unterschiedlichen Politikfeldern zu Frame-Hierarchien verknüpfen müssen und auf die sie in ihren Argumentationen Bezug nehmen. Dass die entsprechenden Politik-Frames für die Politikdesigner in der EU letztlich auch für die Umsetzung von Politiken von entscheidender Bedeutung sind, hängt mit der Notwendigkeit zusammen, die Akteure auf der Ebene der Mitgliedstaaten zur Implementierung von Politiken motivieren zu müssen. Wie im Fall des Binnenmarktprogrammes kann z.B. die Kommission idealerweise den politischen Diskurs auf EU-Ebene nutzen, um die nationalen Politikdesigner dazu zu motivieren, aus eigenen Interessen zur Umsetzung europäischer Politikvorhaben beizutragen (Coburn 2006: 374).

Die Bedeutung von Politik-Frames als Rahmenbedingungen für die Politikdesigner wird auch dadurch unterstrichen, dass sich Beispiele für das Scheitern europäischer Politikvorhaben finden, die auf eine unzureichend integrierte rame-Hierarchie zurückgeführt werden können. Denn gerade in Bezug auf den Wert, den ein Politikvorhaben für den Designer hat, müssen wir die Bedeutung der Frame-Hierarchie eines Politikfelds für die Verknüpfung politischer Zielvorstellungen der EU mit konkreten Vorhaben betonen.

So ist beispielsweise bei der europäischen Transportpolitik der Brückenschlag nicht immer eindeutig gelungen, mit dem Ergebnis, dass die notwendigen Investitionen einer Reihe von widersprüchlichen Zielen genügen mussten und transeuropäische Transportinfrastrukturen gerade in bereits entwickelten Regionen unterstützt wurden (Peters 2003). Hier hat die Frage, nach welchem übergreifenden Kriterium – Wirtschaftswachstum, Wettbewerbsfähigkeit, Umweltschutz oder Kohäsion – über Investitionen in die Transportinfrastruktur entschieden werden sollte, zu unterschiedlichen Politik-Frames und damit zu einer unzureichend kohärenten Frame-Hierarchie geführt. Dabei wurden die überlappenden oder sich widersprechenden Politik-Frames jeweils von unterschiedlichen Diskurskoalitionen getragen, die sich auf entsprechende Finanzierungsinstrumente stützten. Beispielsweise vertrat die GD Regionalpolitik regionale Entwicklungsinteressen, während die GD Transport und Energie die Interessen der europäischen Wirtschaft für einen reibungslosen Warenaustausch im europäischen Binnenmarkt in den Vordergrund rückte (Peters 2003: 322).

Mit Blick auf die Frame-Hierarchie korrespondierten zwar beide Anliegen mit politischen Zielen der EU, sie müssen aber in Bezug auf Infrastrukturentscheidungen konkretisiert werden. Die jeweils unterschiedlichen Schwerpunktsetzungen der GD schlagen sich dann in unterschiedlichen Politik-Frames nieder, die als Begründungszusammenhänge für die jeweiligen Programme herangezogen werden. Das Beispiel Transportpolitik weist mit der Notwendigkeit zur wechselseitigen Integration von Kohäsions- und Wirtschaftsinteressen auf die Bedeutung der Frame-Hierarchie hin, wenn es darum geht, das Akzeptanzpotenzial für Politikvorhaben zu verbessern (Peters 2003). Gelingt dies nicht, wird auch der politische Wert der Umsetzung eines Politikvorhabens nicht erreicht.

Auch am Beispiel der Außen- und Sicherheitspolitik ist gezeigt worden, dass sich eine inkohärente Frame-Hierarchie negativ auf die Erfolgschancen eines Politikvorhabens auswirken kann (Malmvig 2006). Denn dem so genannten *Barcelona-Prozess*, der EU-Mittelmeerpolitik, liegen unterschiedliche Sicherheitskonzeptionen zugrunde: Einerseits werden in den Mittelmeerstaaten unterentwickelte und reformbedürftige Gefahrenquellen für die EU gesehen, anderseits werden dieselben Staaten als gleichberechtigte Partner für eine gemeinsame

Sicherheits- und Entwicklungspolitik betrachtet. Die inkohärente Frame-Hierarchie für die Mittelmeerpolitik befördert die Unsicherheit der beteiligten Akteure – Staaten, NROs etc. – in Bezug auf die Absichten und Motive, welche die EU mit dem Barcelona-Prozess verbindet. Sie haben mit dazu beigetragen, dass der Erfolg der Politik immer wieder in Frage gestellt worden ist (Malmvig 2006). Wir können außerdem vermuten, dass gerade diese konfligierenden Sicherheitskonzeptionen mit dazu beigetragen haben, dass die EU Anfang 2011 nur zögerlich auf die Erfolge der Demokratiebewegungen gegen die autokratischen Regime in der Region reagieren konnte.

Wir können also festhalten, dass eine kohärente Frame-Hierarchie sich gerade dann positiv auf die Rahmenbedingungen für die Politikdesigner in der EU auswirkt, wenn wichtige Interessenträger wie große Unternehmen oder einflussreiche NROs, die auch für die nationalen Regierungen relevant sind, die Ideen und Vorhaben der Kommission unterstützen. Damit wird nicht nur die Umsetzungschance für das jeweilige Politikvorhaben verbessert, sondern auch die Daseinsberechtigung der Politikdesigner in den jeweils zuständigen Generaldirektionen untermauert (Cowles 2003: 107ff). Insofern müssen wir berücksichtigen, dass alle Politikdesigner im politischen System der EU von den bestehenden Meta-Frames als Rahmenbedingung abhängen, die sie jedoch nicht allein kontrollieren können.

6.2 Politischer Handlungsbedarf und die Formulierung von Politikvorhaben

Aus der Perspektive des Politikdesigners kann das gesamte Politikvorhaben erst in der Interaktion mit den Akteuren durch den Politik-Frame kommunikativ konstruiert werden und so Gestalt annehmen (Rein und Schön 1991). Die Akteur-Frames sind insofern das Rohmaterial, aus dem der Politikdesigner Politikvorhaben konstruiert. Dazu gehören vor allem die Frames jener Interessenträger, die in Phase A des Politikkreislaufs ihre partikulare Problemdefinition erfolgreich im politischen Diskurs auf der EU-Ebene thematisierte haben.

Das heißt aber auch, dass a priori mit spezifischem Fachwissen ausgestattete Akteure ein Politikvorhaben beeinflussen können, noch bevor dieses formuliert wurde (Yanow 2003: 233). Denn diese machen den Politikdesigner immer aus dem jeweiligen Akteur-Frame auf eine relevante gesellschaftliche Situation aufmerksam (Kingdon 1984: 95ff; Stone 1988: 256; Rein und Schön 1994: 29). Gerade wenn Politiker in Phase A aufgefordert werden, wegen einer gesellschaftlichen Situation tätig zu werden, beinhalten die dazu bereitgestellten Informationen notwendigerweise einen Deutungsrahmen, mit dem die Situation als politisch handlungsrelevant definiert wird. Die Beobachtung der Umwelt ist daher eine wichtige Aufgabe, die darauf ausgerichtet ist, eine begrenzte Handlungsgelegenheit für sich oder andere zu identifizieren:

> „When policy-makers see that others around them are focusing attention on an aspect of the issue that they had previously ignored, they are more likely to do so themselves. The key insight here is that in a social network, in which every individual's action is largely dependent on how he/she expects those around him/her to behave (rather than only on their own preferences), collective actions are principally determined by the communications networks among the whole, more than by the preferences of any single actor" (Baumgartner und Mahoney 2008: 443).

In der EU wie auch in den meisten anderen politischen Systemen stammen die Designer aus einer Gruppe spezialisierter politischer Funktionsträger, deren Aufgabe in der Formulierung von Politikvorhaben besteht. Die Sammlung des notwendigen Detailwissens über einen gesellschaftlichen Sachverhalt muss daher mit den Vorgaben des politischen Kalenders in Einklang gebracht werden, der wiederum von der politischen Agenda abhängt, auf der Interessenträger ihre Themen platzieren wollen. Die Übernahme eines gesponserten Frames etwa von einem Experten stellt für den Designer somit das Mindestmaß an Information dar, nicht zuletzt weil damit auch die Perspektive der von einer Regelung betroffenen Akteure einbezogen wird (Edelman 1964; Fischer 2003b: 43).

Der Politikdesigner nimmt die gesellschaftliche Situation mit Hilfe von Akteur-Frames wahr und bildet einen eigenen Deutungsrahmen, den wir als *Design-Frame* bezeichnen können. Der Politikdesigner in der Kommission entwickelt also einen funktionalen Design-Frame, mit dem die gesellschaftliche Situation so gedeutet wird, dass sie auf der EU-Ebene vorteilhaft bearbeitet werden kann und muss. Auf dieser Einschätzung basieren dann die Definition des politischen Problems und die Entwicklung des Politikvorhabens. Zu den relevanten institutionellen Rahmenbedingungen, unter denen die Einschätzungen vorgenommen werden müssen, die für den Design-Frame notwendig sind, gehören sowohl die Position und die Aufgabenstellung des Akteurs innerhalb des politischen Systems als auch inhaltliche Aspekte wie die Frame-Hierarchie des Politikfelds oder das politisch-gesellschaftliche Meinungsklima zu einer Frage (vgl. Qualls und Puto 1989; Rein und Schön 1994: 33). So können zum Beispiel die öffentlichen Reaktionen auf eine Naturkatastrophe die Akteure in der zuständigen GD der Kommisison in die Lage bringen, politisch handeln zu müssen, um der eigenen Position und Aufgabenstellung gerecht zu werden. Andererseits können gerade in den Mitgliedstaaten auch Wahlkampfsituationen oder bestehende politische Leitlinien einen Einfluss auf die Wahrnehmung eines gesellschaftlichen Sachverhalts haben, etwa in der Art, dass notwendige Handlungen unterbleiben.

Dabei kann die Kommission schon bei der ersten Verortung eines politischen Problems einen Einfluss darauf ausüben, welche Akteure relevant sind, wenn ein Thema im etablierten Frame-Kontext eines europäischen Politikfeldes aufgegriffen wird oder wenn dazu neue Frames eingebracht werden. Die Wahl der

Rechtsbasis, d.h. die Ableitung der Regulierungskompetenz aus den europäischen Verträgen, ist bereits eine erste Festlegung. Die Interaktion mit anderen Akteuren ist insofern auch notwendig, um die eigene Rolle zu bestätigen.

6.2.1 Die Entwicklung von Politikvorhaben im Diskurs

Für den Politikdesigner ist ein politisches Problem grundsätzlich nur dann von Interesse, wenn durch seine Lösung ein politischer Mehrwert entstehen kann, der sich allerdings nur innerhalb des politischen Systems ermisst. Ob und inwieweit sich ein Politikvorhaben tatsächlich auf die gesellschaftliche Situation auswirkt, zu dessen Zweck es initiiert wurde, hängt neben der inhaltlichen Ausgestaltung und der Umsetzung von vielen Faktoren ab. Für den Designer kann ein Politikvorhaben jedoch schon als erfolgreich betrachtet werden, wenn es in Phase C zur Umsetzung kommt und damit im jeweiligen Politikfeld der subsystemimmanente politische Mehrwert in Form eines Handlungsnachweises erbracht ist. Der Wert eines Politikvorhabens im selbstreferentiellen Politikgestaltungsprozess entsteht für den Designer also dadurch, dass sich durch dessen erfolgreiche Durchsetzung die institutionellen Rahmenbedingungen für die zukünftigen Handlungen verändern.

Entsprechend werden durch Frames nicht nur die Meinungen zu einem Sachverhalt beeinflusst, sie wirken sich auch auf die Bedeutungseinschätzung unterschiedlicher Ziele aus (Nelson 2004). Das heißt, der Politikdesigner in der EU-Kommission ist durch die Formulierung eines umfassenden Politik-Frames in der Lage, Ziele und Maßnahmen innerhalb eines Politikfelds zueinander in Beziehung zu setzen und eine intentionale Priorisierung möglicher Handlungen argumentativ zu vertreten. Insofern können wir politische Probleme unterschiedlichen Typs unterscheiden (vgl. Hoppe 2002):

Typus des Problems	**Charakteristika des Diskurses**
Strukturierte Probleme	Viel und stark gesichertes Wissen, breiter Konsens
Moderat strukturierte Probleme in Bezug auf Ziel oder Weg (z.B. Fallstudie Radiofrequenzpolitik)	Entweder: Das Ziel ist Konsens, aber Mittel und Wege sind umstritten Oder: Wissen, Mittel und Wege sind klar, aber das Ziel ist umstritten
Unstrukturierte Probleme (z.B. Fallstudie RFID)	Unzureichendes Wissen, unklare Mittel, kein Konsens

Da die Probleme durch Akteure kommunikativ konstruiert werden, lassen sich auch die Herangehensweisen des Politikdesigners typologisch unterscheiden. In Bezug auf die Kommission ist dabei vor allem der (1) bürokratische Typus des Politikdesigners relevant, der einer funktionalen Rationalität folgt und in seinem Handeln auf die Bestätigung des eigenen Ziels bzw. des eigenen Handlungsauftrags (*Vollendung des Binnenmarktes*) abstellt. Er zerlegt dazu globale Probleme in handhabbare, d.h. im Rahmen der rechtlichen Möglichkeiten adressierbare Teile und wählt nur solche Probleme aus, für die eine Lösung existiert. Bei selbstständigen Politikunternehmern sind hingegen (2) der Typus des Enklavisten, dessen Motivation auf dem Bemühen aufbaut, die eigene Weltsicht durch Selbstversicherung und -bestätigung abzusichern, bzw. (3) der Typus des Individualisten, der sich durch flexiblen Pragmatismus auszeichnet, relevant (vgl. Hoppe 2002).

Die anfänglichen Politik-Frames, die ein politisches Problem auf EU-Ebene thematisieren, sind daher meist stabil, wenn auch flexibel. Das liegt daran, dass sie von den Politikdesignern typischerweise entworfen werden, um breite politische oder ideologische Positionen zu berücksichtigen bzw. im Diskurs anzulegen (vgl. die Situation in den USA: Baumgartner et al. 2007; Baumgartner et al. 2009). Interessenträger müssen daher eine langfristige Strategie verfolgen, um alternative Deutungszusammenhänge zu etablieren, und sind auf ein günstiges Zeitfenster angewiesen, das Handlungsmöglichkeiten eröffnet, etwa eine Regierungskonferenz oder externe Ereignisse. Auch die bestehenden Politik-Frames und die Sichtbarkeit eines politischen Vorhabens wirken sich auf die Handlungsstrategien von Interessenträgern und die Interaktion mit dem Designer aus (Beyers 2008: 87). Dabei unterscheiden sich Politikvorhaben nach dem Maß der Aufmerksamkeit, das ihnen im politischen Diskurs zuteilwird, d.h. je höher das Thema auf der politischen Agenda steht, desto mehr Akteure sind zumindest mittelbar involviert.

Entsprechend lassen sich Themen auch hinsichtlich der Diskurswirkungen kategorisieren (Knill und Lenschow 1998; Smith 2000; Beyers 2008: 88f). Es gibt (1) *partikulare* Themen, die nur wenige Akteure mobilisieren, meist technischer Natur sind und deren Auswirkungen nicht über den Kreis der involvierten Akteure hinausgehen. Hier wird also innerhalb eines Politik-Frames an den Details gearbeitet. Eine weitere Kategorie sind (2) *umstrittene* Themen, die sich dadurch auszeichnen, dass mehr Akteure involviert sind, die sich meist auf die Regulierung eines bestimmten Politikfeldes beziehen und bei denen es unterschiedliche Meinungen über die Ausgestaltung gibt, d.h. hier bezieht sich die Debatte auf den Politik-Frame. Dem gegenüber stehen (3) *verbindende* Themen, die sich durch Koalitionen unterschiedlicher Akteure auszeichnen und in denen es um die grundsätzliche Ausgestaltung und Begründung einer Politik geht, d.h. um die Frame-Hierarchie in einem Politikfeld (Beyers 2008).

6.2.2 Die Akzeptanz von Politik-Frames als Basis für die EU-Politikdesigner

Wegen der notwendigen Output-Legitimierung müssen die Politikdesigner auf EU-Ebene nicht nur sicherstellen, dass Politikvorhaben auch wie intendiert wirken, sondern sie müssen gemäß dem Subsidiaritätsprinzip grundsätzlich immer zunächst darlegen, warum überhaupt europäischer Handlungsbedarf besteht. Die in den europäischen Verträgen etablierten EU-Meta-Frames können wir in dieser Hinsicht als argumentative Kontexte verstehen, innerhalb derer der Mehrwert jedes einzelnen Vorhabens allerdings neu begründet werden muss. Die Abhängigkeit der Politikdesigner in der EU von der Akzeptanz der Politik-Frames liegt insofern schon in der Mehrebenenstruktur der EU bzw. die nationale Souveränität der Mitgliedstaaten begründet. Sie sorgt dafür, dass für europäische Politikvorhaben immer der Mehrwert gegenüber nationalen Regelungen nachgewiesen werden muss.

Die Politikdesigner in der EU hängen daher grundsätzlich von den Interessen der Mitgliedstaaten ab und verfolgen im Sinne der Kompetenzkonkurrenz zwischen den Ebenen auch eigene Interessen. Wenn wir in dieser Hinsicht die Politikdesigner in der Kommission oder im Europäischen Parlament betrachten, so spielt gerade die Selbstreferentialität des europäischen Politikgestaltungsprozesses eine große Rolle bei dem Werben für die jeweiligen Politik-Frames. Denn insbesondere die EU-Kommission ist in weiten Teilen in der Lage, den politischen Wert ihrer Politikvorhaben selbst zu definieren oder aus dem Mandat des Europäischen Rates – konkret zu einem Thema oder festgeschrieben in den Verträgen – herzuleiten. Die Designer in der Kommission können sich insofern grundsätzlich als Auftragnehmer positionieren, der Anforderungen erfüllt – zumindest so lange, wie die Regierungen der Mitgliedstaaten nicht mehrheitlich widersprechen und kein populäres Mandat in die Rechtfertigungswagschale geworfen werden kann.

Der Einfluss, den die Kommission auf die Politik der EU hat, dient in dieser Hinsicht auch einem Selbstweck. Denn durch die Ausweitung der Kompetenzen der EU wird die eigene institutionelle Daseinsberechtigung untermauert (Wendon 1998). Als supranationale Organe agieren die Designer in der EU jedoch grundsätzlich innerhalb eines Handlungsrahmens, der durch die Präferenzen der Mitgliedstaaten abgesteckt ist und sich in den europäischen Verträgen manifestiert. Innerhalb dieser Grenzen kann der *acquis communautaire* nur mit Zustimmung der Regierungen der Mitgliedstaaten weiterentwickelt werden. Um den Handlungsrahmen auszufüllen, können Politikunternehmer in der EU also entweder Differenzen zwischen den Staaten ausnutzen oder diese von ihren Vorhaben überzeugen, wobei eine rein taktische Durchsetzung gegen den Willen der Mitgliedstaaten nicht möglich ist, sondern gerade deswegen graduelle Lernprozesse genutzt werden müssen, wie wir sie z.B. in der Steuerpolitik bereits gesehen haben.

Insofern spielen der Informationsvorsprung und die Möglichkeit, Vorhaben argumentativ zu entwerfen, bevor die Regierungen der Mitgliedstaaten ihre Präferenzen bestimmen, eine große Rolle. Dabei können die Designer auf EU-Ebene allerdings auch ein transnationales Umfeld von Akteuren nutzen, um auf Umwegen auf die Präferenzbildung der Regierungen Einfluss zu nehmen (Pollack 1997a). So können z.B. große Unternehmen in ihrem jeweiligen Heimatland Druck auf die Regierung ausüben, einem europäischen Vorhaben zuzustimmen. Zwar bedeutet das Akteurumfeld immer auch eine Rahmenbedingung, die einschränkend wirken kann, dennoch zeigt schon der grundsätzliche Handlungsrahmen der EU-Organe, dass die Interaktion mit Interessenträgern im institutionellen Eigeninteresse der Politikdesigner liegt. Denn Themen können entweder „von oben", d.h. durch die politische Führung der EU, gesetzt werden oder *von unten*, d.h. in Expertengremien und auf der Arbeitsebene, entwickelt werden, um dann auf die politische Tagesordnung zu gelangen (Princen und Rhinard 2006; Princen 2007). Wird ein Thema von oben, also im Rat der Europäischen Union, gesetzt, bietet es für die Designer in der Kommission die Chance, ihre Vorhaben entsprechend zu argumentieren und der politischen Führung zur Umsetzung anzubieten. Die GDs sind daher bemüht, Themen aus ihrem Verantwortungsbereich auf der Agenda, die von den Staats- und Regierungschefs definiert wird, unterzubringen. Die Eröffnung der Diskussion durch die Staats- und Regierungschefs ist insofern ein Handlungsfenster für die Designer, das mit Hilfe adäquater Frames genutzt werden kann, um beispielsweise ein Mandat für bereits vorbereitete Vorhaben zu erhalten (Princen und Rhinard 2006).

Umgekehrt muss ein Designer in der Kommission, der ein Vorhaben entwickelt, sich auch institutionelle Anknüpfungspunkte suchen, etwa eine Rechtsbasis oder eine politische Strategieverlautbarung, bevor er einschätzen kann, für welche Akteure Anknüpfungspunkte in den Politik-Frame eingebaut werden müssen. Daraus ergeben sich dann inhaltliche Vorgaben für den Frame, die sich aus der jeweiligen politischen Logik ableiten lassen. So muss in der EU z.B. entweder der Binnenmarkt bemüht werden, weil nur in dieser Hinsicht eine Rechtsbasis besteht, oder die Interessen einiger Mitgliedstaaten werden genutzt, um über den Rat ein spezifisches Mandat zu erwirken. Dabei kann auch die Regierung, die den Ratsvorsitz innehat, Themen auf die Tagesordnung setzen. In jedem Fall ist die strategische Ausweitung eines Themas auf zusätzliche Akteure eine Grundvoraussetzung für den Designer, um Unterstützung für ein Vorhaben zu erlangen (Princen und Rhinard 2006: 1127ff). Grundsätzlich sind die Politikdesigner in der EU-Kommission dabei also auf die Zustimmung der anderen Organe auf EU-Ebene angewiesen. Mit Blick auf die Formulierung adäquater Politik-Frames ist deshalb das dortige Meinungsklima relevant.

Um den Politik-Frame von vornherein möglichst akzeptabel konstruieren zu können, ist der Politikdesigner also bemüht, die Perspektiven der relevanten Akteure auf den Sachverhalt zu erfahren. Dies geschieht bereits mittelbar durch die notwendigen Recherchen zum Sachverhalt, da Informationen immer aus einer bestimmten Vorstellungswelt heraus kommuniziert werden. Wir haben bereits gesehen, dass der Designer nicht nur für das eigene Verständnis des Sachverhalts, sondern auch, um den Politik-Frame zweckgerichtet formulieren zu können, auf diese Akteur-Frames angewiesen ist (vgl. Rein und Schön 1994: 172ff). Denn anders als bei der bloßen Wahrnehmung des Sachverhaltes muss bei der Formulierung eines funktionalen Politik-Frames der gesamte kognitive Kontext des Vorhabens berücksichtigt werden, nicht nur die Experten-Frames. Um die entsprechenden Frames im politischen Diskurs identifizieren zu können, ist daher ein kommunikativer Stimulus notwendig, der die Akteure dazu bringt, ihre jeweilige Perspektive auf das Vorhaben und damit mittelbar auch ihren Akteur-Frame zu definieren und zu kommunizieren.

Deshalb muss der EU-Designer in Phase B des Politikkreislaufs mit anderen Akteuren in Kontakt treten oder sie zumindest beobachten, um so den kognitiven Kontext des Politikvorhabens einschätzen zu können. Erst wenn der Designer in der Lage ist, den kognitiven Kontext seines Vorhabens abzuschätzen, kann er auch sein Vorhaben in Bezug auf Wirkungen und Probleme einschätzen. Der kommunikative Austausch mit den Akteuren dient dem Designer deshalb grundsätzlich dazu, die Erfolgschancen seiner Argumentation und damit letztlich auch die seines Politikvorhabens im Zusammenhang des kognitiven Kontexts der relevanten Akteure einzuschätzen (vgl. Steinberg 1998).

Eine besondere Bedeutung kommt dabei Akteuren zu, die im weiteren Verlauf des Verfahrens über das Vorhaben mitentscheiden oder als Meinungsführer durch die Verbreitung des Politik-Frames eine wichtige Rolle bei der Entstehung von Akzeptanz spielen könnten (vgl. Kingdon 1984). Die Rückmeldungen dieser Akteure haben für den Designer eine doppelte Funktion. Als wichtige institutionelle Rahmenbedingung für die Formulierung des Politik-Frames ermöglichen sie ihm die Definition seiner Handlungsoptionen. Nur wenn der Politikdesigner abschätzen kann, wie ein politisches Problem wahrgenommen wird, kann er zweckgerichtete Politik-Frames formulieren. Zum anderen geben gerade negative oder kritische Rückmeldungen wichtige Hinweise für die inhaltliche Ausgestaltung des Politik-Frames (Rein und Schön 1994: 167). Daher muss der Designer – vor allem im Anfangsstadium, aber nicht nur dann – bemüht sein, möglichst alle Perspektiven auf das Politikvorhaben kennenzulernen. Denn jede Perspektive, die von einem Akteur geäußert wird, weist auf einen Akteur-Frame hin, für den gegebenenfalls Anknüpfungspunkte bei der Begründung des Vorhabens benötigt werden, damit der Akteur das Vorhaben unterstützen kann (Majone 1989: 40f).

Durch die Diskussion über die platzierten Frames wird immer ein kognitiver Stimulus erreicht, durch den sich die jeweils relevante Akteurkonstellation identifizieren lässt. Wenn also Politikdesigner in der EU Frames thematisieren, dann müssen sich auch andere Akteure damit beschäftigen, seien es andere Regierungen, die Abgeordneten der anderen Fraktionen oder die anderen Organe im Fall einer Mitteilung der Kommission. Wir können daher folgern: Politikdesigner benötigen einen kommunikativen Stimulus, um den kognitiven Kontext der relevanten Akteur-Frames überhaupt erkennen und dann die Akzeptanz eines Politikvorhabens mit Hilfe eines zweckgerichteten Politik-Frames sichern zu können.

6.2.2.1 Einbindung von Interessenträgern

In dieser Hinsicht ist die Einbindung von Expertengruppen die zu spezifischen Themen – ad-hoc für bestimmte Aufgaben oder „standing" als Beratungsgremium –einberufen werden, gerade für die Kommission ein wichtiges Mittel, Vorhaben abzusichern und den Ressourcenmangel auszugleichen. Zwar haben diese Gruppen meist keine formalen Einflussmöglichkeiten auf den Prozess und repräsentieren öffentliche oder partikulare Interessen. Dennoch bieten sie den Designern in der Kommission eine Möglichkeit, Lobbygruppen zu integrieren und die Debatte zu de-politisieren, indem z.B. Verhandlungen auf ein technisches Niveau verlegt werden. Durch die Einbeziehung bestimmter Interessenträger kann darüber hinaus auch das Meinungsklima einer Debatte beeinflusst werden. Genutzt werden dafür sowohl die finanzielle Unterstützung unterrepräsentierter Gruppen als auch die institutionalisierte Einbindung in Expertenkomitees und die damit einhergehende Aufwertung (Mahoney 2004; Dür 2008: 124). Das Ziel besteht häufig darin, die faktische Legitimität der Vorschläge der Kommission zu steigern, indem relevante Akteure und Experten gezielt in die Definition von *Problemen* und die Ausarbeitung von *Lösungen* einbezogen werden.

Die Expertengruppen sind auch deswegen eine gute Investition für die Politikdesigner in der Kommission, weil damit ein Monitoring der Interessengruppen möglich ist. Die vorausschauende Einbindung von Interessenträgern ist insbesondere dann möglich, wenn die Schnittmenge zwischen dem Kreis der maßgeblichen, weil entscheidungsmächtigen Akteure und dem Kreis der Experten für das Politikvorhaben klein ist. Denn fachfremde Entscheidungsträger, d.h. Akteure ohne bereits ausgebildeten Akteur-Frame, können sich letztlich entweder dem Urteil von Experten anschließen oder angesichts des Politik-Frames eine eigene Meinung bilden. Durch eine frühzeitige Maximierung der Anknüpfungspunkte eines Politik-Frames kann der Designer die Chance erhöhen, dass der formulierte Politik-Frame sich im Lauf des politischen Diskurses auf das Meinungsklima auswirkt. Je mehr Akteure aus ihrer individuellen Perspektive heraus einen

Frame nachvollziehen können, desto positiver ist die Grundstimmung bezüglich des Politikvorhabens und desto aufwändiger ist es beispielsweise für Gegner, einen alternativen Frame zu etablieren (Pierce und Lovrich 1980; Bridgman und Barry 2002).

In dieser Hinsicht spielen auch die vielfältigen Arbeits- und Expertengruppen in denen die Kommission Politikvorhaben in Vorabdiskussionen mit Experten aus den Regierungen der Mitgliedstaaten bespricht eine wichtige Rolle. Denn obgleich zu diesem frühen Zeitpunkt nur Mitglieder eines Politik-Netzwerks eingebunden werden, ist es wahrscheinlich, dass gerade diese nationalen Experten an der späteren Festlegung der Position des jeweiligen Mitgliedstaats beteiligt sind (Larsson 2003). Weil diese Akteure nicht nur als Experten agieren, sondern ihre Rolle auch aus dem nationalen Interesse oder dem gemeinsamen EU-Interesse heraus wahrnehmen, werden sie durch die frühzeitige Einbindung in die Diskussion auf europäischer Ebene zu Framevermittlern auf der nationalen Ebene (Trondal und Veggeland 2003).

Damit der Politikdesigner Interessenträger vorausschauend einbinden kann, muss er sein Vorhaben aber mittels Politik-Frames zur Diskussion stellen. Aus den Reaktionen der beteiligten Akteure kann er ermessen, inwieweit der Politik-Frame verstanden bzw. akzeptiert wird. Durch die Beobachtung der Reaktionen wird der Designer in die Lage versetzt, den Politik-Frame je nach Bedarf anpassen zu können, etwa wenn sich herausstellt, dass eine einflussreiche Akteurgruppe ihre Interessen nicht berücksichtigt findet.

Mit dem Bemühen der Designer, die grundlegende Unsicherheit bezüglich des kognitiven Kontextes eines Politikvorhabens zu reduzieren, geht also auch die potenzielle Flexibilisierung des Politik-Frames und damit des durch ihn konstruierten Politikvorhabens einher. Den Politik-Frame und damit auch die spezifischen Ziele und Maßnahmen des Politikvorhabens im Vagen zu belassen, birgt daher besonders zu Beginn der Debatte den Vorteil, dass sich das Potenzial zur Nutzung von Informationen und Begründungen und zur Einbindung von Akteuren maximieren lässt (Kingdon 1984: 82f; Stone 1988: 126). Der Politikdesigner muss demnach aber genauso bereit sein, das eigentliche Politikvorhaben zu verändern, um das Ziel der – im Sinn des politischen Mehrwerts erfolgreichen – Durch- und Umsetzung zu erreichen (Edelman 1964: 138ff; Rein und Schön 1994: 88; Zahariadis 1999).

Wenn die maßgeblichen Protagonisten Teil einer solchen Expertengruppe sind, dann lässt sich auch das Meinungsklima des Politikfeldes evaluieren. Das ist für die zuständigen Beamten in der Kommission eine große Hilfe, weil so entweder ein Konsens erreicht oder Konfliktlinien deutlich gemacht werden können (Schendelen 2002: 65ff). Bei der Besetzung von Expertengruppen muss auf eine mehr oder weniger ausgewogene Zusammensetzung geachtet werden, weil sonst die politische Verwendbarkeit etwaiger Ergebnisse unterminiert würde. Allerdings hängt die Teilnahme an den Entscheidungsprozessen in Brüssel maßgeblich von der Beherrschung des dortigen Interessenvermittlungsprozesses ab, während die eingeführten Konsultationsmechanismen eher funktionalen Anforderungen der Kommission geschuldet sind (Saurugger 2008: 184).

Indem der Designer das Vorhaben mit Hilfe eines Politik-Frames zur Diskussion stellt, wird aber auch der Austausch der Akteure strukturiert und für den deliberativen Politikprozess nutzbar gemacht. Dabei wirkt sich die Teilnahme an Expertengruppen auch auf die Folgebereitschaft von Interessenträgern aus, denn um sich zu orientieren, haben prinzipiell alle Akteure ein Interesse, an solchen Diskursforen teilzunehmen, insbesondere wenn bereits konkurrierende Interessenträger dies tun. Eine Expertengruppe kann so auch als „Diskurs-Club" gesehen werden, dessen Mitgliedschaft für den jeweiligen Interessenträger notwendig ist, um die Reputation gegenüber dem Designer zu steigern. Durch die selektive Zulassung von Akteuren kann so ein Konkurrenzdruck entstehen, der die Folgebereitschaft der Teilnehmer weiter erhöht. Der schon erwähnte gezielte Aufbau des institutionellen Handlungsrahmens für die Sozialpolitik (Wendon 1998) ist ein Beispiel für die Bedeutung, die Expertengruppen und Diskussionsforen für die Designer haben.

Dass die Kommission in solchen Dialogen Politik-Frames testet zeigt sich auch daran, dass immer dort Foren eingerichtet werden, wo die Anzahl von Interessenträgern hoch ist weil regulative Politiken gestaltet werden, die vorwiegend private – im Gegensatz zu mitgliedstaatlichen – Belange betreffen. Interessant ist aber auch, dass sich die meisten Foren in distributiven Politikfeldern finden, was ein Hinweis auf deren inhärenten Nutzen für die Designer in der Kommission ist, wenn es darum geht, Ressourcen zu verteilen (Broscheid und Coen 2007). Denn durch den deliberativen Austausch mit diesen Akteuren kann der Designer auch die Folgebereitschaft steigern, zum Beispiel, wenn die Umsetzungsmaßnahmen zu einer europäischen Softlaw-Regulierung im Verbund mit den betroffenen Akteuren erarbeitet werden und somit die Durchsetzbarkeit unterstützt wird (Tanasescu 2009: 36).

Das Beispiel einer Richtlinie zur Regulierung der Anforderungen an die umweltgerechte Gestaltung von Haushaltskühlgeräten zeigt, dass die Kommission dazu zunächst gezielt einzelne Aspekte mit den jeweils relevanten Akteuren besprochen hat, bevor ein erster Entwurf einer breiten Gruppe von Akteuren präsentiert wurde (Tanasescu 2009). Das Vorgehen weist darauf hin, dass hier der Politik-Frame zunächst in Teilen auf Plausibilität und Durchsetzbarkeit geprüft wurde, um dann die Reaktion des Akteur-Kontexts im Rahmen eines Workshops zu erheben. Dass dabei eine kommunikative Interaktion stattgefunden hat, wird durch die Ansicht der Akteure untermauert, dass ihre Positionen im schlussendlichen Kommissionsentwurf Berücksichtigung gefunden haben (Tanasescu 2009: 158ff).

Der Realitätsnotar Kommission bezieht andere Akteure daher nicht nur aus Mangel an Ressourcen ein, sondern um Politik-Frames im politischen Diskurs der jeweils unterschiedlichen transnationalen Netzwerke zu platzieren, zu denen neben den EU-Organen die Regierungen der Mitgliedstaaten, Interessengruppen und Verbände ebenso gehören wie Medien, Think Tanks und politische Unternehmer, die im Rahmen von NROs tätig sind (Cram 1994; Nylander 2000: 70ff). Nur so lässt sich eine ausreichend intersubjektive Realität konstruieren, die die Grundlage für die notwendige Zustimmung bietet.

Insofern ist bereits die rechtzeitige Ankündigung eines Politikvorhabens ein wichtiger Schritt in Phase B des Politikkreislaufs (vgl. Tanasescu 2009: 38). Dabei muss „rechtzeitig" nicht bedeuten, dass die Kommission nicht bereits einen Politik-Frame festgelegt und durch Expertengespräche abgesichert haben kann, bevor ein Vorhaben zur Diskussion gestellt wird. In jedem Fall ist die jeweilige Akteurkonstellation das Forum, in dem sich entscheidet, ob ein Politik-Frame durch die Diskussion etabliert werden kann. Die erfolgreiche Platzierung eines Politik-Frames ist daher immer verbunden mit dem Wandel bestehender Frames innerhalb der Akteurkonstellation.

Wenn wir den Wandel politischer Debatten über längere Zeiträume hinweg betrachten, dann wird deutlich, dass die Anpassung bzw. Durchsetzung von Frames prinzipiell auf zwei Wegen erfolgen kann: Entweder (1) treten neue Akteure in den Diskurs eines Politikfeldes ein und beeinflussen diesen im Sinne eines neuen Frames, oder (2) neue Frames setzen sich auf der Basis von Lernprozessen etwa als Reaktion auf externe Ereignisse oder die Veränderung der institutionellen Rahmenbedingungen durch (Steensland 2008). Neue Debattenteilnehmer bringen dabei innovative Bewertungsmaßstäbe und Erwägungen ein, die eine Weiterentwicklung des bestehenden Frames erfordern. Vorherrschende Frames resultieren daher immer aus einer Konkurrenz unterschiedlicher Frames, die innerhalb einer mehr oder weniger stabilen Gruppe von Akteuren vorgehalten werden. Insofern hängt die Deutungshoheit über und damit der politische Einfluss auf ein Thema notwendigerweise von der Zusammensetzung der relevanten Politik-Gemeinschaft ab (Schattschneider 1960; Baumgartner und Jones 1993: 25).

6.2.2.2 Öffentliche Konsultationsverfahren

Neben den Expertengruppen sind daher vor allem die öffentlichen Konsultationsverfahren für die Politikdesigner in der EU von großer Bedeutung, denn auch dadurch können relevante Akteurkonstellationen identifiziert werden. Zusätzlich bieten die Konsultationsverfahren aber auch die Möglichkeiten inhaltlich, auf die *Seiten* der politischen Debatte einzuwirken. Denn wenn wir die Konsultationsprozesse aus der Framing-Perspektive betrachten, so wird deutlich, dass die Umsetzung des Verfahrens einen Einfluss darauf ausübt, in welchem Ausmaß sich die Diskursteilnehmer an dem Politik-Frame orientieren müssen. Dabei können insbesondere zwei Formate unterschieden werden: die Anforderung schriftlicher Positionspapiere und die Nutzung von Online-Fragebögen. Letztere bieten dem Politikdesigner den Vorteil, dass sich durch die Fragestellungen auch die Politik-Frames besser akzentuieren lassen, als es bei traditionellen Grünbüchern möglich ist. Je gezielter die einzelnen Fragestellungen eines Konsultationsverfahrens formuliert sind, desto größer ist die Chance, dass sich der damit transportierte Politik-Frame auch in den Antworten der Teilnehmer widerspiegelt.

So zeigt das Beispiel eines Grünbuchs zur Gleichberechtigung und Nicht-Diskriminierung, dass, obwohl explizit ein integriertes Politik-Konzept zur Bekämpfung von Diskriminierung aus unterschiedlichen Gründen zur Diskussion gestellt wurde, einige Interessengruppen die Besonderheit der geschlechtsbezogenen Diskriminierung von Frauen thematisiert haben wollten (Rolandsen Agustín 2008: 512ff). Zum anderen wirkten sich auch die organisatorischen Rahmenbedingungen des Konsultationsverfahrens auf die Teilnehmer aus. Denn die Teilnahme erforderte – trotz grundsätzlicher Offenheit für alle Interessierten – ein hohes Maß an Organisationsfähigkeit. Diese ist für etablierte Gruppen leichter zu erbringen als für einzelne Interessenträger, zumal wenn diese bisher nicht in den politischen Diskurs involviert waren. Darüber hinaus schränkte der Beantwortungszeitraum während der Sommerpause der EU-Organe die Möglichkeiten der Gruppen auf EU-Ebene ein, mit ihren nationalen Mitgliedsverbänden die Positionierung abzustimmen. Berücksichtigt man ferner, dass alle beteiligten Anti-Diskriminierungs-Interessengruppen von der Kommission finanziell unterstützt wurden, so erscheint die Anpassung der politischen Botschaft an den Politik-Frame durch die institutionellen Rahmenbedingungen des Konsultationsverfahrens zumindest nicht behindert worden zu sein (Rolandsen Agustín 2008: 514f).

Die Ergebnisse solcher Konsultationsverfahren können daher den Charakter bestellter Bestätigungen eines bereits vordefinierten Vorgehens annehmen, wenn die jeweiligen Akteur-Frames sachgerecht antizipiert und mit entsprechenden Anknüpfungspunkten berücksichtigt werden. Das heißt, die Designer in der Kommission haben mit Hilfe von Konsultationsverfahren die Möglichkeit, gezielt Unterstützung für ihre Vorhaben zu generieren und die Beiträge bzw. vor allem die Ergebnisse in der weiteren Debatte, z.B. mit den anderen Organen, als zusätzliche Begründungszusammenhänge zu nutzen. In jedem Fall bieten die eingehenden Beiträge dem Designer aber einen Überblick über die Akteurkonstellation die sich für das jeweilige Politikvorhaben interessiert. Denn auch welche Akteure betroffen und welche Positionen für die Konstruktion des Vorhabens relevant sind, wird durch die Konsultation zumindest mittelbar mitbestimmt. Je nachdem wie sich die Kommission auf der Basis der Ergebnisse selbst zwischen den unterschiedlichen Positionen innerhalb der Akteurkonstellation positioniert, können auch Gegner und Befürworter eines Vorhabens identifiziert werden.

In dieser Hinsicht kann die Kommission die Akteurkonstellationen auch festigen, etwa indem sie z.B. bestimmte Wissenschaftler auf Veranstaltungen einlädt oder Expertengruppen etabliert. Die Designer können die Zusammensetzung des jeweiligen Akteur-Netzwerks allerdings nicht vollständig kontrollieren. Denn der politische Diskurs ist letztlich ausschlaggebend dafür, welche Akteur-Frames bei Medien und anderen Akteuren Anklang finden und somit für den Designer relevant werden. Bei der Platzierung eines Politik-Frames besteht das Ziel der Politikdesigner aber in jedem Fall darin, eine gesellschaftliche Kognitionsvorlage für einen Sachverhalt zu etablieren, um damit auf den Akteurkontext einzuwirken.

Das Maß des notwendigen Adaptionspotenzials eines Politik-Frames hängt dabei grundsätzlich von den Entscheidungsverfahren des politischen Systems ab. Wir können jedoch annehmen, dass der Politikdesigner auch bei Mehrheitsentscheidungen eine möglichst breite Unterstützung anstrebt. Denn geschickt formulierte Anknüpfungspunkte für einen partikularen Akteur-Frame müssen sich nicht unbedingt auf den politischen Kern des Vorhabens auswirken und noch weniger auf den politischen Wert für den Designer. So ist es zum Beispiel denkbar, dass in Bezug auf das Gesamtvorhaben relativ nachrangige Detailregelungen für bestimmte Akteure von überproportionaler Bedeutung sind. Entsprechend ist ihre Unterstützung des Vorhabens auch bereits mit geringen Kosten für den Designer zu haben, während Interessenträger ggf. signifikante Ressourcen aufwenden müssen um in der politischen Öffentlichkeit wirksam gegen ein Vorhaben zu opponieren. Außerdem besteht die Möglichkeit zu demonstrieren, dass eine Regelung von einer großen Gruppe von Interessenträgern befürwortet wird, was den politischen Wert für den Designer noch steigern kann. Denn zum Beispiel Medien-Frames wirken insbesondere dann auf die Meinungsbildung, wenn die Beschreibung eines Sachverhalts in Verbindung mit einem Kontext und einem begründeten Lösungsvorschlag zusätzlich durch Hinweise ergänzt wird, dass die vermittelte Perspektive von einer Mehrheit akzeptiert wird (Aday 2006). Neben der funktionellen Erhebung von Akteur-Frames, um die Akzeptierbarkeit der Deutungsrahmen zu steigern, können die Konsultationsprozesse in der EU auch die Wirksamkeit des Politik-Frames für die Bildung von Akteur-Frames verbessern, wenn sich dabei ein Konsens innerhalb des Politik-Netzwerkes abzeichnet.

Für den Politikdesigner in der EU ist daher die strategische Etablierung von Kommunikationsforen im politischen Diskurs wichtig, um Akteur-Frames für die Durchsetzung eines Politikvorschlags heranziehen zu können. Die Nutzung von politischen Kommunikationswegen zur Verbreitung von Deutungsrahmen steht zwar grundsätzlich jedem Akteur offen, allerdings kommt dem Politikdesigner als Sender und Empfänger von politischen Botschaften eine zentrale Rolle zu (Entman 2004: 10). Gegenstand des wechselseitigen Informationsaustauschs sind sowohl faktische Hintergrundinformationen zum Politikvorhaben als auch Stimmungs- und Meinungsbilder, die Aufschluss über Interessen und mögliche Positionierungen eines Akteurs geben können. Beides ist für den Designer wichtig, um das Akzeptanzpotenzial des Politik-Frames einschätzen und maximieren zu können. Daran zeigt sich, wie zentral der wechselseitige Informationsaustausch zwischen den Akteuren des Politikgestaltungsprozesses ist, den wir bereits postuliert haben.

Für den Politikdesigner ist die Übereinstimmung zwischen Akteur-Frame und Politik-Frame somit ein Indikator dafür, dass die maßgeblichen Akteure ihre Interessen bei der Ausgestaltung des Politikvorhabens als berücksichtigt wahrnehmen können. Die Unterstützung des Politikvorhabens basiert dann auf dem jeweiligen Akteur-Frame und liegt im eigenen politischen Interesse des Akteurs. Umgekehrt können Interessenträger daher ihre Interessen aber auch dann durchsetzen, wenn es ihnen in Phase A des Politikkreislauf gelingt, eine gesellschaftliche Situation so an den Designer zu vermitteln, dass dessen Definition des politischen Problems und die Begründung des Politikvorhabens dem jeweiligen Akteur-Frame möglichst weitreichend entsprechen. Politikdesigner können die eigene Argumentation und die erfolgreiche Umsetzung eines Politikvorhabens absichern, indem sowohl das Vorhaben als auch der Politik-Frame in der Diskussion flexibel gestaltet und gezielt an relevante Akteur-Frames und das Meinungsklima anpasst werden.

6.2.2.3 Information und Diskussion

Wegen der Notwendigkeit, die eigene Argumentation des politischen Problems und die erfolgreiche Umsetzung eines Politikvorhabens abzusichern, müssen die Politikdesigner in der EU aus zwei Gründen mit anderen Akteuren interagieren: (1) muss ein Vorhaben immer durch das langwierige Gesetzgebungsverfahren manövriert werden, woran vor allem die Kommission als vorschlagende Instanz ein Interesse hat; und (2) muss der Mehrwert europäischer Regelungen immer gegenüber einer nationalen Regelung nachgewiesen werden, woran sowohl die Kommission als auch die Abgeordneten des Europäischen Parlaments interessiert sind.

Die Bedeutung externer Informationen und Einschätzungen für die Politikdesigner in der EU lässt sich auch am Ergebnis einer Umfrage unter rund 100 Beamten der Kommission ablesen. Ihr zufolge halten über 70% der Befragten die Informationen, die sie im Austausch, zum Beispiel mit Lobbyisten, erhalten, für nützlich weil die Positionierung von Interessenträgern eine der wichtigsten Information ist (Koeppl 2000). Dabei müssen wir davon ausgehen, dass nicht nur faktische Informationen, die bisher noch nicht bekannt waren, wichtig sind, sondern auch das nicht Gesagte. Denn letztlich lässt sich nur damit die Akteurkonstellation zu einer Fragestellung identifizieren und auf dieser Basis lassen sich die Durchsetzungschancen und damit der politische Wert eines Vorhabens bestimmen. Für den Designer hängt die Nützlichkeit der Interaktion mit Interessengruppen davon ab, wie hoch das Maß an Unsicherheit in Bezug auf die politischen Konsequenzen einer Aktivität ist. Ausschlaggebend ist also der inhaltliche oder politische Erfolg (Dür 2008: 112f).

Auch die unterschiedlichen Positionen der EU-Organe im Politikkreislauf wirken sich auf den Informationsbedarf und damit den Zugang von Interessenträgern aus (Bouwen 2002b). So ist die Kommission eher an der Perspektive großer Firmen interessiert als an der europäischer oder gar nationaler Verbände. Im Parlament sind demgegenüber europäische Verbände die gefragtesten Gesprächspartner, gefolgt von nationalen Verbänden und zuletzt Unternehmen. Im Rat haben die nationalen Verbände die größten Zugangschancen, gefolgt von den europäischen Verbänden und auch hier zuletzt den Unternehmen (Bouwen 2002b). Die jeweiligen Meta-Frames der Organe in Bezug auf die Rolle im politischen System der EU wirken sich also auch auf die Zusammenarbeit mit Interessengruppen aus. Der Zugang der Interessenträger zu den Designern hängt jedoch auch von den diskursiven Ressourcen ab, die der Akteur im Zusammenspiel von Angebot und Nachfrage einbringen kann. Eine wichtige Austauschressource sind etwa Beiträge zur Sicherung des politischen Überlebens, z.B. Wiederwahl und Hilfe bei der Erreichung bestimmter Ziele.

Gerade die Kommission ist jedoch nicht in erster Line an der Berücksichtigung partikularer Interessen interessiert, sondern an der Durchsetzung des Vorhabens. Wegen der möglichen persönlichen Loyalitäten gilt dies weniger bei Parlamentariern. Berufene Designer wie die Mitglieder der Kommission sind im Gegensatz zu den Mitgliedern des Parlaments weniger an einer Wiederwahlunterstützung als an Detailinformationen und Legitimierung interessiert (Mahoney und Baumgartner 2008: 162f). Dabei muss aber die Unterscheidung zwischen den Beamten in den Generaldirektionen und den politischen Mitarbeitern der Kommissare in den Kabinetten berücksichtigt werden (Wonka 2008). In den Kabinetten wirken eher politische Meta-Frames, die darauf ausgerichtet sind, nach innen das Portfolio des jeweiligen Kommissars gegen die Kollegen und nach außen die Kompetenz der Europäischen Kommission gegenüber den Mitgliedstaaten und den anderen Organen zu verteidigen. Daneben sind die Generaldirektionen ebenfalls darauf bedacht, ihr Portfolio an thematischen Regimes sowohl gegen die anderen GDs als auch gegen die Politikdesigner auf anderen Ebenen (Mitgliedstaaten, VN, WTO etc.) zu verteidigen.

Insofern handelt es sich bei der EU-Kommission nicht um einen a priori einheitlichen Politikdesigner. Vielmehr muss die Kommission bei jedem Politikvorhaben erst zu einem Politikdesigner werden und dazu die unterschiedlichen Perspektiven und Sichtweisen auf eine Thematik intern zu einem Politik-Frame integrieren. Durch die kommunikative Konstruktion eines Vorhabens werden dabei immer auch die Zuständigkeit und die Interessen der unterschiedlichen Organisationsteile (GDs) beeinflusst. Die Beobachtung des Framing im Verlauf der Politikentwicklung ermöglicht somit auch Einblicke in die internen Abstimmungsprozesse der Kommission. Die Politikdesigner in der Kommission müssen daher bei Themen aktiv werden, die im Verantwortungsbereich eines Kommissars liegen, oder wenn ein entsprechender Politik-Frame nicht nur vom EU-Politikdesigner, sondern auch über Medien oder andere Stakeholder verbreitet wird.

Wenn schon Netzwerke von Akteuren existieren, die Sachverhalte thematisieren, dann kann die Kommission unter Zugzwang geraten, um ihren Kompetenzansprüchen gerecht zu werden. Allerdings haben politische Unternehmer in der Kommission immer auch die Möglichkeit, durch die Einbeziehung „neuer" Akteure bzw. die Thematisierung neuer Fragestellungen auf EU-Ebene ihre Kompetenzen auszuweiten, Zuständigkeiten zu erweitern oder umzugestalten (Rhinard 2002: 219). Gerade für die Designer in der Kommission, aber auch für die Mitglieder des Parlaments, die an einer Ausweitung der Befugnisse ihres Organs interessiert sind, muss die Frame-Mobilisierung im Vorfeld der Umsetzung eines Vorhabens als Grundlage für die Schaffung des notwendigen Politiknetzwerks gesehen werden, dessen Mitglieder ein Interesse am Erfolg des Vorhabens haben. In dieser Hinsicht haben wir bereits gesehen, dass die Kommission Politik-Frames nicht nur auf die EU-Ebene übernimmt, sondern auch Veränderungen durch die Platzierung neuer Ideen und Konzepte und die Einbeziehung neuer Akteure in bestehende Diskurse anstoßen kann.

Dabei zeigt ein Beispiel aus der Biotechnologiepolitik (GMO), dass die technologiekritischen Aktivitäten der GD Umwelt die Änderung des ursprünglichen Wissenschafts-Frames zum Umwelt-Frame durch die Einbeziehung kritischer Experten und die selektive Nutzung wissenschaftlicher Erkenntnisse erreicht haben (Rhinard 2002: 118f). Dabei war der erste Biotechnologie-Frame zunächst in den bestehenden Kontext eingepasst worden, wurde doch die Biotechnologie vor dem Hintergrund der Wirtschaftskrise in den 1980er Jahren und der mangelnden Wettbewerbsfähigkeit als eine saubere, grüne und elegante Technologie präsentiert, die bei entsprechender Förderung der Forschung zu einem Motor für Wachstum und Beschäftigung werden könnte. Durch den Vorschlag, die Entwicklung der Technologie durch Forschung, einen unterstützenden Regulierungsrahmen und einen gemeinsamen Markt zu fördern, wurde der „Wissenschafts-Frame“ zunächst erfolgreich an den übergreifenden „Binnenmarkt-Frame“ angeknüpft (Rhinard 2002: 72).

Nach der Etablierung des Politik-Frames hat dann aber die gezielte Entwicklung eines konkurrierenden Umwelt-Frames innerhalb der Kommission zu einer Machtverschiebung geführt, indem Umweltschutz und die Integrität natürlicher Organismen als zentrale Ziele definiert wurden. Entsprechend wurde dafür ein restriktiverer Regulierungsrahmen befürwortet, obwohl die ursprünglichen Politikansätze der Kommission darauf abzielten, die Biotechnologie als europäischen Wirtschaftszweig zu fördern, und folgerichtig nicht die Gefahren, sondern die Chancen der Biotechnologie betonten (Rhinard 2002: 58ff).

Vorangetrieben wurde der Wandel durch die Konkurrenz von Akteuren aus verschiedenen Generaldirektionen (GD) der Kommission. Dabei nutzte vor allem die GD Umwelt einen allgemeinen Trend zu mehr Umweltbewusstsein und etablierte mit Hilfe einer Interessenkoalition einen Umwelt-Frame, um eine restriktive Biotechnologie-Gesetzgebung begründen und durchsetzen zu können (Rhinard 2002: 90ff). Anstatt wie in dem ursprünglichen Wirtschaftsförderungs-Frame die Chancen zu betonen, thematisierte der Umwelt-Frame die potenziellen Risiken von Biotechnologie.

Im Ringen um die Deutungshoheit über das Thema innerhalb der Kommission bezog die GD Umwelt gezielt Forscher und NROs in den Diskurs ein, die der Technologie kritisch gegenüberstanden. Auch Kontakte zu den Medien und zu Parlamentariern wurden genutzt, um ein entsprechendes Meinungsklima zu schaffen und so die ursprüngliche Politikgemeinschaft erfolgreich zu verändern. Dabei hat die Kommission der Implementierungsnotwendigkeit unter anderem dadurch Rechnung getragen, dass sie nationale Beamte in den Ratsarbeitsgruppen in die Entwicklung und Diskussion des Politik-Frames einbezogen hat, um so die unterschiedlichen Interessen oder die Meinungsbildung in den Mitgliedstaaten zu nutzen. Auch dabei konnte auf das umweltbewusstere Meinungsklima ab Mitte der 80er Jahre zurückgegriffen werden, um die Unterstützung der EU-Umweltminister zu gewinnen (Rhinard 2002: 84f).

Daran wird deutlich, dass Politik-Frames auch innerhalb der Kommission eine Voraussetzung für die Formulierung von Politikvorhaben sind. Die Beamten in der Kommission sind aber nicht die einzigen Politikdesigner im politischen System der EU, die aus eigenem Interesse Politik-Frames in den Diskurs einbringen. Denn auch im Europäischen Parlament sind einzelne Abgeordnete als politische Unternehmer tätig und können als Politikdesigner agieren. Auch diese Designer sind in Rahmenbedingungen eingebunden, die die Sicherung des persönlichen Politikerdaseins zu einer wichtigen Handlungsmotivation werden lassen.

So weist Ringe (2005) nach, dass Mitglieder des Europäischen Parlaments (MEP) die Diskussion um die „Richtlinie des Europäischen Parlaments und des Rates auf dem Gebiet des Gesellschaftsrechts über Übernahmeangebote“ gezielt und aus eigenem Interesse in eine Richtung gelenkt haben, die zur Ablehnung der Richtlinie geführt hat. Dazu wurden im parlamentarischen Diskurs Frames verwendet, die in der jeweiligen politischen Zielgruppe bzw. Wählerschaft auf Zustimmung stießen und dem parlamentarischen Akteur damit einen EP-inhärenten Erfolg garantierten.

Zunächst war es der konservativen Berichterstatterin aus Frankreich darum gegangen, den Binnenmarkt auch im Bereich grenzüberschreitender Unternehmensübernahmen zu vollenden, d.h. das Vorhaben wurde mit dem Binnenmarkt-Frame in den Diskurs eingebracht. In der nächsten Legislaturperiode warnte ein anderer konservativer Berichterstatter aus Deutschland vor einer Benachteiligung bestimmter Firmen. Damit wurde das „Level-Playing-Field“ für Unternehmensübernahmen thematisiert, indem die Auswirkungen des einheitlichen europäischen Rahmens mit den unterschiedlichen Voraussetzungen für Unternehmen in den Mitgliedstaaten kontrastiert wurden. Darüber hinaus gelang es einem sozialistischen Schattenberichterstatter, die Frage nach den Arbeitnehmerrechten bei Übernahmen als wichtigen Diskussionspunkt im Parlament zu platzieren, und das, obwohl die Kommission beim Entwurf der Richtlinie ausdrücklich aus diesem Grund versucht hatte, sozialistische MEPs in die Vorbereitung einzubeziehen und der MEP selber konzedierte, dass Arbeitnehmerrechte durch das Vorhaben nicht berührt waren. Dadurch wurde der ursprüngliche Binnenmarkt-Frame in ein *Level-Playing-Field-* und einen *Workers Rights*-Frame geändert. Entsprechend wandelten sich auch die inhaltlichen Schwerpunkte in der Debatte im Parlament und das Abstimmungsverhalten von einer anfänglichen Zustimmung zu einer Ablehnung (Ringe 2005: 738).

In dieser Hinsicht werden Frames – oder „focal points“ in Ringes Terminologie – auch innerhalb des Europäischen Parlaments dazu genutzt, die ideologischen und politischen Präferenzen der Akteure und die Politikvorhaben zu verbinden. Als Interessenvertreter eines bestimmten Wahlkreises bzw. einer bestimmten politischen Gruppierung passen die Politikdesigner im Parlament die Politik-Frames an die Erfordernisse der jeweiligen Akteur-Frames an, um damit ihre Rolle abzusichern.

Wenn wir den Gesetzgebungsprozess in der EU berücksichtigen, dann wird deutlich dass auch nach der Definition des Politik-Frames durch die Kommission innerhalb des Parlaments die MEPs noch einmal die Möglichkeit hatten, einen eigenen Politik-Frame zu entwerfen, der die spezifischen Rahmenbedingungen des parlamentarischen Bedeutungs- und Rechtfertigungswettbewerbs berücksichtigt. Gleichzeitig ist das Framing-Potenzial des einzelnen Akteurs durch ideologische (konservativ, liberal, sozialistisch) und organisatorische Rahmenbedingungen (Berichterstatter) eingeschränkt (Ringe 2005: 733). Die einzelnen Politikdesigner bringen also ebenfalls Meta-Frames in die Debatte ein, wodurch der politische Wert eines Vorhabens EP-intern noch einmal definiert und durch die

Positionierung der MEPs verteilt wird. Sowohl für den Designer in der Kommission als auch für seinen Kollegen im Parlament gilt also, dass der politische Wert eines Vorhabens in der Akteurkonstellation und im jeweiligen Handlungskontext definiert und durch Politik-Frames transportiert wird, indem andere Akteure eingebunden werden.

Gerade in der EU können allerdings auch die Mitgliedstaaten selber als politische Unternehmer agieren und Themen setzen. Die rotierende Präsidentschaft mit ihrer Agenda-Setting-Funktion bietet dazu auch nach dem Inkrafttreten des Lissabonner Vertrages und der Einrichtung eines permanenten Ratspräsidenten eine gute Möglichkeit. Wenn eine Regierung also einen Handlungsbedarf, der aus den nationalen politischen Debatten stammt, in Brüssel thematisieren will, dann kann sie versuchen, entsprechende Frames in der Debatte zu etablieren. Ein Beispiel dafür ist die Durchsetzung eines *Konfliktpräventions*-Frames im außen- und sicherheitspolitischen Politikfeld durch Schweden im Rahmen des Ratsvorsitzes im Jahr 2000. Mit Hilfe gezielter Koalitionsbildung und bilateraler Gespräche weit vor der offiziellen Debatte im Rat war es der schwedischen Regierung gelungen, Konfliktprävention als Ziel der gemeinsamen Außen- und Sicherheitspolitik (GASP) zu positionieren (Björkdahl 2008). Es zeigt sich, dass Akteure innerhalb des politischen Systems der EU entweder über eine entsprechende institutionelle Rolle (Ratsvorsitz für die Regierungen, Vorschlagsrecht für die Kommission) oder über die Medienöffentlichkeit Themen setzen und Frames verbreiten können. D.h. indem Politikdesigner die Möglichkeit nutzen, Frames zur Diskussion zu stellen, können sie eigene Perspektiven vorteilhaft in den Politikgestaltungsprozess der EU einbringen.

6.3 Politik-Frames als Akzeptanzvorlagen zur Durchsetzung von Politikvorhaben

In Phase C des Politikkreislaufs in der es darum geht die notwendige Akzeptanz zu erreichen um eine positive politische Entscheidung zugunsten des Politikvorhabens herbeizuführen, ist die Informationsvermittlung für die Politikdesigner von besonderer Bedeutung. Denn wir haben bereits festgehalten, dass Akteur- und Politik-Frame als parallele Kognitionsvorlagen in Bezug auf ein Politikvorhaben verstanden werden können. Entsprechend spielt der Politik-Frame auch eine entscheidende Rolle für die Bildung von Akteur-Frames, sofern diese noch nicht vorhanden sind (Majone 1989: 84ff). Außer den Akteuren mit spezifischem Fachwissen nehmen alle anderen Akteure ein Politikvorhaben erst vermittelt durch den Politik-Frame wahr und bilden sich auf Basis der so gewichteten Informationen eine Meinung (vgl. Nelson und Oxley 1999; Druckman 2001c).

Darüber hinaus wirkt sich die dem Frame inhärente Definition des politischen Problems auch direkt auf die Akteurkonstellation aus, indem sich beispielsweise Betroffene und Nutznießer dadurch erst identifizieren lassen (Stone 1988: 183). Die Wirksamkeit eines Politik-Frames zur Begründung eines Politikvorhabens hängt aber davon ab, inwiefern der Frame Anknüpfungspunkte für die Frames der relevanten Akteure bietet. Denn Politik-Frames sind letztlich nur dann zweckgerichtet, wenn die durch sie vermittelte Perspektive auf ein gesellschaftliches Problem in einem Maß akzeptiert wird, dass sie eine ausreichende Zustimmung zum vorgeschlagenen Politikvorhaben ermöglicht.

Der Designer hat also die Möglichkeit, die relevanten Akteure des jeweiligen Politikfeldes durch adäquate Anknüpfungspunkte als Fürsprecher bzw. Mehrheitsbeschaffer in den Politikgestaltungsprozess mit einzubeziehen (Majone 1989: 40f; Rein und Schön 1991: 268; vgl. Hall 1993). Mit Hilfe gezielter Kommunikationsmaßnahmen kann der Designer versuchen, den Politik-Frame so im Diskurs zu etablieren, dass er zur inhaltlichen Richtschnur der politischen Debatte wird und damit das Meinungsklima prägt (vgl. Hajer 2003). Der so etablierte Deutungsrahmen wirkt dann auf die Debattenteilnehmer als eine Art *conventional wisdom* und strukturiert die Debatte (Pierce und Lovrich 1980; Druckman 2001a, b; Slothuus 2008).

Indem der Politik-Frame von vielen Akteuren angenommen oder zumindest wiedergegeben wird, kann sich dessen Wirkung auf den politischen Diskurs verstärken, bis die durch den Politik-Frame vermittelte Interpretation bzw. Deutung des Sachverhaltes im Extremfall zum Allgemeingut wird. Besonders die Berichterstattung in den Medien fungiert als Verstärker dieses Effekts. Von allen Teilnehmern an der Debatte wird dann erwartet, dass sie sich der *allgemein bekannten Tatsachen* bewusst sind und diese bei ihren eigenen Debattenbeiträgen auch berücksichtigen. Vernachlässigt oder bezweifelt ein Akteur die allgemeine Deutung, läuft er Gefahr, sich außerhalb der durch den Politik-Frame begründeten Vorstellungssysteme zu bewegen und von den anderen Teilnehmern nicht mehr verstanden zu werden. Der etablierte Deutungsrahmen wird damit zu einer Art intellektuellen Zugangsbeschränkung für den Diskurs über ein Politikvorhaben (Majone 1989: 84; Steinberg 1998; Bridgman und Barry 2002).

Wenn in einer politischen Debatte die durch den Politik-Frame vermittelte Interpretation bzw. Deutung des Sachverhalts zum Allgemeingut geworden ist, dann gibt es dadurch eine etablierte und als allgemein bekannt voraussetzbare Perspektive auf das politische Problem und die zur Lösung notwendigen Maßnahmen. Hinsichtlich der Wirkung von Politik-Frames zeigt sich, dass die durch die Diskussion eines Politikvorhabens etablierten Perspektiven auf ein politisches Problem zum Zugangskriterium für den politischen Diskurs werden.

Gerade mit Blick auf konkurrierende Politikdesigner in den Organen der EU stellt sich die Frage, inwiefern sich die Politik-Frames als kognitive Zugangskriterien für den politischen Diskurs aktiv nutzen lassen. Denn vor allem die verschiedenen Generaldirektionen der Kommission, aber auch die individuellen Politikdesigner im Europäischen Parlament müssen durch die Weiterentwicklung von Politiken auf EU-Ebene ihre Existenz sichern. Insofern wirken sich die inhaltlichen Aspekte möglicher Politikvorhaben auf die institutionellen Rahmenbedingungen der Designer aus, etwa wenn durch politische Kursänderungen ganze GD mit neuen Aufgaben betraut werden, wie im Februar 2010 die Gründung der Generaldirektion Klima gezeigt hat.[18]

So sind beispielsweise der Binnenmarkt als Meta-Frame, aber auch die thematische Ausrichtung der unterschiedlichen Generaldirektionen grundlegende Frames, die in der EU eine Rolle spielen (Baumgartner 2007: 485). Aus der Perspektive der Politikdesigner können wir die EU daher als eine Reihe von thematischen Regimes verstehen, die normativ durch die konstitutionellen Grundlagen der EU miteinander verbunden sind (Usui 2002). Dabei lassen sich als institutioneller Rahmen eines Politikfelds, in dem der politische Diskurs stattfindet, jeweils eine prozedurale und eine substantielle Dimension eines Regimes unterscheiden. Die europäischen Organe, insbesondere die Kommission, sind die Träger solcher Regimes, zu denen eine Generaldirektion mit den Akteuren der Politikgemeinschaft gehört. Das heißt, dass sich vom jeweiligen Thema ableiten lässt, wer in einem Politikfeld agieren darf und was dort gemacht werden kann.

Die Definition des Politikfelds erfolgt intersubjektiv im politischen Diskurs zwischen den beteiligten Akteuren. Wichtig ist es hier festzuhalten, dass auch der Politikdesigner den Diskurs nicht vollständig kontrollieren kann, da niemand zu steuern vermag, welche Bedeutungszuschreibungen zum Beispiel von Interessenträgern eingebracht werden. Das schließt jedoch nicht aus, dass Akteure sich willentlich auf einen Deutungszusammenhang verständigen und so den Zugang zum Diskurs reglementieren. Durch den Diskurs entsteht ein intersubjektives Verständnis der Sachverhalte im Politikfeld, welches die Basis für den institutionellen Rahmen bzw. das Regime bildet. Die Organe haben daher ein Grundinteresse daran, diese Rahmenbedingungen zu erhalten. Insofern der normative Diskurs über eine Fragestellung zu einem Ergebnis gelangt, manifestiert sich dieses in gesetzlichen Regelungen (Usui 2002). Dem geht jedoch die Formulierung des Politik-Frames voraus, der die normativen Grundlagen des Regimes berücksichtigt und durch das gemeinsame Verständnis der Akteure ein Politikvorhaben etabliert.

Wir können also unter diesem Gesichtspunkt die Beziehung zwischen Normen, Gesetzen und Frames für die EU konkretisieren. Denn die graduelle Weiterentwicklung innerhalb eines Politikfeldes ist am Beispiel der europäischen

18 Vgl. dazu die Auftragsbeschreibung der neuen GD unter: http://ec.europa.eu/dgs/clima/mission/ index_en.htm, 03.04.2011.

Umweltpolitik eindrucksvoll demonstriert worden (Usui 2002). Dort wurden Umweltnormen zunächst auf der Basis von gerichtlichen Entscheidungen etabliert, bevor sie durch die Einheitliche Europäische Akte und den Vertrag von Amsterdam zur vertraglichen Grundlage der EU wurden. Die Umweltgesetzgebung ist insofern ein Beispiel für ein thematisches Regime, das auf EU-Ebene einen Diskurs ermöglicht hat, in dem die Normen von einer Marktorientierung zu einer Umweltorientierung weiterentwickelt wurden.

Aber nicht nur durch die Weiterentwicklung von Normen, sondern auch durch die Wirkung des politischen Diskurses können die Designer in der EU Einfluss auf die institutionellen Rahmenbedingungen in einem Politikfeld nehmen. So ist anhand der Debatte über nachhaltige Mobilität im Zusammenhang mit Umweltauflagen für transeuropäische Transportnetzwerke gezeigt worden, dass Politikdesigner den Politik-Frame nutzen können, um Akteure von einer Debatte auszuschließen. Denn ein Kernthema des politischen Diskurses waren beispielsweise hochtechnische Umsetzungsstandards, die ein Maß an Expertise verlangten, das bei Umweltverbänden nicht vorhanden war. So wurde der Kreis der beteiligten Akteure mittelbar auf Kommissionsbeamte und Industrievertreter beschränkt (Triandafyllidou und Fotiou 1998).

Durch die Etablierung eines Politik-Frames auf EU-Ebene entsteht insofern immer auch eine politische Handlungsgelegenheit (*political opportunity structure*) für Interessengruppen (Princen und Kerremans 2008). Diese können ihre Handlungsstrategien an den resultierenden Möglichkeiten und Ressourcen ausrichten. Ein solcher Politik-Frame wirkt dann als Zugangskriterium insbesondere auf Akteure, die erst im Verlauf des Verfahrens mit dem Vorhaben konfrontiert werden. Denn diese erfahren aus der Perspektive des Politik-Frames davon und werden somit von Beginn an mit einem politischen Diskurs konfrontiert, dessen Grenzen durch den Politik-Frame abgesteckt sind. Vermittelt durch einen solchen kognitiven Deutungsrahmen ist das Vorhaben dann Gegenstand des politischen Diskurses, anhand dessen alle beteiligten Akteure ihre Frames ausbilden müssen, um ihre Handlungsorientierungen zu entwickeln (Stone 1988: 178). Ein solcher grundlegender Deutungsrahmen ist wegen der begrenzten Rationalität des Prozesses für die Akteure maßgeblich und wird durch die Tendenz zur Vermeidung von kognitiven Dissonanzen (Festinger 1957) auch dann weiter gefestigt, wenn andere Perspektiven rezipiert werden.

Politik-Frame und Akteur-Frame wirken insofern als parallele Kognitionsvorlagen für eine bestimmte gesellschaftliche Situation. Entsprechen sich beide Frames ganz oder in Teilen, ist das Akzeptanzpotenzial des Politikvorhabens maximiert. Denn stimmt ein Akteur sowohl mit der Wahrnehmung der gesellschaftlichen Situation als politisches Problem als auch mit der Diagnose der Ursachen und deren Bewertung überein, ist die Wahrscheinlichkeit hoch, dass er auch mit den Maßnahmen zur Lösung des Problems einverstanden ist. Die Einschätzung der Maßnahmen hängt dabei wiederum von dem subjektiven Akteur-Frame ab. Verfügt der Akteur über einen detaillierteren Deutungsrahmen, der alle Details einer Fragestellung umfasst, so sind für dessen Akzeptanz auch die konkreten Details des Politikvorhabens relevant. Basieren die Handlungsorientierungen jedoch auf einem Akteur-Frame mit einer eher allgemeinen Perspektive, ist dessen Anknüpfungsmöglichkeit an den Politik-Frame ausreichend, wenn dadurch die Nachvollziehbarkeit der jeweiligen Argumentation unterstützt wird (vgl. Druckman und Chong 2007).

Kann der Politikdesigner die Akzeptanz des Politikvorhabens durch eine ausreichende Mehrheit von relevanten Akteuren erreichen, ist es durchsetzbar. Das heißt, die Zahl der Akteure, die das Politikvorhaben aus ihren subjektiven Akteur-Frame heraus unterstützen, ist groß genug, um das notwendige Quorum für eine positive Entscheidung zu erreichen. Das Politikvorhaben, also die Definition des politischen Problems und die vorgeschlagenen Maßnahmen zur Lösung des Problems, ist damit legitimiert. Aus einer legitimierenden Entscheidung zugunsten des Vorhabens ergeht dann der Handlungsauftrag zur Umsetzung der vorgeschlagenen Politik. Politikdesigner können also einen Politik-Frame gezielt als parallelen Deutungsrahmen positionieren können, um damit im Diskurs Einfluss auf die Bildung von Akteur-Frames zu nehmen und die Akzeptanz des Politikvorhabens zu fördern. Dabei lassen sich in der EU diese Effekte sowohl in Richtung der Mitgliedstaaten als auch für ganze Politikfelder feststellen, wie wir eingangs am Beispiel der europäischen Steuerpolitik gesehen haben.

Die für die Politikdesigner in der EU wichtigste Auswirkung auf die Akteur-Frames bezieht sich auf die Mehrebenenstruktur der EU. Denn die EU-Ebene bietet zwar die Möglichkeit, einen neuen politischen Diskurs zu initiieren. Die dort diskutierten Politikvorhaben sind aber nur dann wirksam, wenn sie in den Mitgliedstaaten auch umgesetzt werden. Die Motivation der dortigen Politikdesigner und die argumentativen Spielräume der thematischen Regimes auf EU-Ebene spielen daher eine große Rolle, wie am Beispiel der Verbreitung von EU-Politik-Frames zur Strommarktregulierung auf die Ebene der Mitgliedstaaten gezeigt worden ist (Padgett 2003). Dabei wird deutlich, dass die konsensorientierten Verhandlungs- und Entscheidungsstrukturen in der EU den Regierungen viele Möglichkeiten geben, die argumentativen Spielräume der EU-Frames zu nutzen, um nationale Interessen in Politikvorhaben umzusetzen.

Auch zeigt der Vergleich zwischen der EU-Ebene und den Mitgliedstaaten, dass unter anderem die Art und Weise, in der wissenschaftliche Expertisen berücksichtigt werden, davon abhängt, welche Frames den Kontext bilden (Padgett 2003). So zeigt zum Beispiel ein Vergleich der Chemie-Regulierung auf unterschiedlichen Ebenen in der EU, dass mit dem marktorientierten „Sicherheits-Prinzip“ und dem umweltschutzorientierten „Vorsorge-Prinzip“ zwei unterschiedliche Meta-Frames identifiziert werden können, die sich auf die mehr oder weniger starke Politisierung auch technischer Sachverhalte in den jeweiligen Diskursen auswirkt. Denn, ähnlich wie bei dem erwähnten GMO-Beispiel, zielt der marktorientierte Frame darauf ab, nachgewiesene Gefahren zu adressieren, während der umweltschutzorientierte Frame darauf gerichtet ist, möglichen Gefahren vorzubeugen (Eriksson et al.).

Allerdings bieten die Diskurse in der EU auch einen Rahmen für so genannte „Feedback"-Effekte. Diese entstehen, wenn sich die Umsetzung von Politikvorhaben in den Mitgliedstaaten miteinander vergleichen lässt. Durch die entsprechenden Lerneffekte können sich die Interessen der Mitgliedstaaten verändern, d.h. es kommt zu einer Angleichung des mitgliedstaatlichen Akteur-Frames an den europäischen Politik-Frame (Padgett 2003: 243). Die Politikdesigner in der EU müssen also auch in dieser Hinsicht die Mehrebenenstruktur des politischen Systems berücksichtigen, weil diese sich auf die Wirksamkeit von Politik-Frames als Akzeptanzvorlage für die Bildung von Akteur-Frames auswirkt. Dass dazu die Einbindung weiterer Kreise von Akteuren wichtig ist, zeigt das Beispiel der Europäischen Wirtschafts- und Währungsunion (EMU) und die Einführung des Euro (Liebert 2001).

Zwar hatte die Kommission in diesem Fall auf der europäischen Ebene den dezidierten Versuch unternommen, die in dem Vorhaben gebündelten Maßnahmen umfassend und im Licht der sozialpsychologischen Befindlichkeiten der EU-Bürger zu begründen, dennoch wurde der Elitenkonsens über die EMU nicht ausreichend in den Mitgliedstaaten verbreitet. Die Akteur-Netzwerke, die sich auf EU-Ebene für die Währungsunion stark machten, waren nicht ausreichend in den Mitgliedstaaten aktiv, um dort die entsprechenden Begründungszusammenhänge im politischen Diskurs zu kommunizieren. Dabei unterstreicht die Tatsache, dass in den verschiedenen Mitgliedstaaten unterschiedliche Frames die politische Debatte dominierten, die Kontextabhängigkeit von Politik-Frames in der EU. Auch Akteure, die auf europäischer Ebene den Elitenkonsens und den damit verbundenen Begründungsframe mitgetragen haben, sahen sich in ihren Mitgliedstaaten gezwungen, den Frame an die dort vorherrschenden Akteur-Frames anzupassen, um das Vorhaben durchzusetzen (Liebert 2001).

Die Mehrebenenstruktur der EU bietet somit immer die Möglichkeit, dass Politikvorhaben auf der Ebene der Mitgliedstaaten unterschiedlich konstruiert werden und dadurch auch die Ergebnisse des Politikgestaltungsprozesses unterschiedlich ausfallen können, wie im Fall der Volksabstimmung über den Euro deutlich wird. Allerdings ist es zweckmäßig, inhaltlich zwischen Politik-Frames für spezifische, in ihrer Tragweite begrenzte Politikvorhaben und Politik-Frames für übergreifende, grundsätzliche politische Vorhaben zu unterscheiden. Denn je spezifischer und in seinen Auswirkungen begrenzter ein Vorhaben ist, desto geringer ist die Zahl autonomer Interessenträger, die davon betroffen sind. Gleichzeitig steigt die Wahrscheinlichkeit, dass der jeweilige EU-Frame einen umfassenden, konklusiven Begründungszusammenhang liefern kann, der auch von den Interessenträgern auf den anderen Ebenen akzeptiert wird.

Insofern bieten Politik-Frames in der EU vielfältige Anknüpfungsmöglichkeiten für Interessenträger, deren Teilnahme am politischen Diskurs wiederum die Rahmenbedingungen für die Politikdesigner verändert. Vor allem die Bereitstellung thematischer Ressourcen, etwa einer europäischen Politikinitiative zum Thema Umweltschutz, wirkt sich auf die Mobilisierungsmöglichkeiten von Interessengruppen aus (Kübler 2001). So ist zum Beispiel die Kommission prinzipiell in der Lage, durch die gezielte Auslobung von Ressourcen – etwa in Form von Studien oder Umsetzungs- bzw. Forschungsprogrammen – nicht nur die eigene Argumentation zu stützen. Sie kann auch mittelbar die Mobilisierungsmöglichkeiten von Interessengruppen fördern, um Politikvorhaben durchzusetzen, wie die Liberalisierung des Strommarktes deutlich macht.

Ursprünglich nicht Teil des Weißbuchs über die „Vollendung des Binnenmarktes", ist es durch die Etablierung eines *Deregulierungs*-Frames gelungen die hergebrachte Vorstellung von Stromversorgern als nationale öffentliche Dienstleister systematisch zu unterminieren (Kommission 1985; Nylander 2001). Ausgehend von der Berechnung der Kosten für die Nichtexistenz eines Binnenmarktes für Strom war es dann möglich, die Deregulierung argumentativ mit den Zielen des Binnenmarkt-Programm zu verbinden und entsprechende Harmonisierungsmaßnahmen vorzuschlagen (Nylander 2001: 296ff). Zur Untermauerung des Deregulierungs-Frames wurden die im Vergleich mit anderen Industrienationen hohen Energiepreise innerhalb des Binnenmarkts thematisiert.

Bereits die ersten Vorschläge der Kommission wirkten sich auch auf die Interessenträgerlandschaft in diesem Politikfeld aus, denn als Reaktion auf die Veröffentlichung eines Diskussionsdokuments wurde eine europäische Interessenvertretung der Stromversorger („Eurelectric") gegründet, um in Brüssel die Interessen der Industrie zu vertreten, die einer Liberalisierung der Märkte kritisch gegenüberstand. Gleichzeitig hat die Kommission aktiv versucht, die großen Energienutzer in Europa als Befürworter der Reform zu gewinnen (EK 1988). Im Verlauf des Diskurses ist es der Kommission gelungen, den Kreis der relevanten Interessenträger gezielt um die Energieverbraucher zu erweitern und deren Unterstützung für die Liberalisierungsbemühungen zu erhalten (Nylander 2001: 307).

Ein wichtiger Kern der Vorschläge betraf die Öffnung der Stromversorgungsnetzwerke für Drittanbieter. Mit diesem Mittel sollte die Monopolstellung der nationalen Versorger unterminiert werden, um mit Hilfe von Wettbewerb die Preise zu senken. Im weiteren Verlauf der Debatte zeigte sich dann, dass nicht alle der unter Eurelectric organisierten Stromversorger diesen Vorschlag ablehnten. Das heißt, der kollektive Akteur-Frame der Interessenkoalition geriet durch den Politik-Frame unter Druck, sodass nicht nur zwischen den Akteuren, sondern gleichsam innerhalb des Interessenträgers Eurelectric ein Interessenausgleich stattfinden musste (Nylander 2001: 302).

Insofern wird auch die Bedeutung des Kontextes für die argumentative Entwicklung von Politikvorhaben deutlich. Denn der europäische Stromsektor veränderte sich Mitte der 1980er bis Mitte der 1990er Jahre von einer staatlich dominierten zu einer stärker internationalisierten Branche. Innerhalb dieses Zeitfensters, so lässt sich vermuten, wurden die mit dem Deregulierungs-Frame transportierten Aussichten auf die Vorteile eines liberalisierten Strommarktes auch von den Unternehmensführungen wahrgenommen. Dabei ist die Frage nach der Richtung der Kausalität nicht so entscheidend wie die Schlussfolgerung, dass Politik-Frames in dieser Art und Weise immer auch die Rahmenbedingungen für die Akteure in deren originärer Einflusssphäre tangieren. Ausgehend von der Position der einzelnen Unternehmen auf dem Heimatmarkt, müssen diese Akteure sich angesichts des diskutierten Politik-Frames neu orientieren und kommen zu potenziell anderen politischen Interessen. Diese können etwa abhängig davon sein, wie hoch die Chance für eine internationale Expansion gesehen wird. Die aus dem Anpassungsdruck resultierenden unterschiedlichen Meinungen der Konzerne spiegelten sich dann auch in dem Konflikt zwischen den Mitgliedstaaten wider. So unterstützte das Vereinigte Königreich durchweg die Liberalisierungsbemühungen der Kommission, während Frankreich nach anfänglicher Unterstützung einen eigenen Politik-Frame in die Debatte einbrachte, den die Kommission in einem Kompromissvorschlag in den letztendlichen Vorlagen berücksichtigen musste (Nylander 2001: 303).

In Bezug auf die Bedeutung von Politik-Frames für die Akzeptanz von Politikvorhaben können wir also festhalten, dass deren Verbreitung durch die Politikdesigner in der EU-Kommission sich auf die Handlungsoptionen von Interessenträgern auswirken kann. Mit der Notwendigkeit, andere Politikdesigner innerhalb der Mehrebenenstruktur zu motivieren, und der Möglichkeit, Interessengruppen für die Unterstützung von Politikvorhaben zu mobilisieren, haben wir also zwei Hinweise darauf gefunden, dass die Politikdesigner in der EU Frames verbreiten und zur Diskussion stellen.

Unabhängig davon, ob die intendierten oder angekündigten Wirkungen dann tatsächlich eintreffen, verändert die Umsetzung der Politik den institutionellen Kontext für den Politikdesigner, was sich auf dessen zukünftige Handlungsorientierungen auswirkt (vgl. Majone 1989). Durch die gezielte Berücksichtigung von Akteur-Frames kann der Politikdesigner somit a priori den Interessen von Akteuren entsprechen, die ihn dann im Verlauf des Politikgestaltungsprozesses dabei unterstützen, den entsprechend formulierten Politik-Frame als akzeptierte Kognitionsvorlage für das Politikvorhaben zu etablieren. Daher können wir die eingangs beschriebene Interdependenz bezüglich der zweckgerichteten Verbreitung und Anpassung von Kognitionsvorlagen als eine grundlegende Handlungsorientierung von Politikdesignern festhalten, bei der die Interessen der beteiligten Akteure vorausschauend berücksichtigt werden, ggf. sogar, bevor diese entstehen.

Politikgestaltung in der EU stellt sich insofern als ein Prozess der intentionalen Verbreitung von Deutungsvorlagen zur Durchsetzung von Politikvorhaben dar, bei dem die Berücksichtigung partikularer Interessen für die Formulierung der Politik-Frames notwendig ist. Wegen der grundlegenden Interaktion zwischen den Akteuren und der daraus resultierenden Orientierungsnotwendigkeit muss daneben die flexible Anpassung von Frames als komplementäre Handlungsorientierung für die Designer gesehen werden. Die Anpassung des Politik-Frames zur Sicherung der Akzeptanz ist notwendig, auch wenn letztlich durch die Diskussion des Politikvorhabens mit den Politik-Frames wiederum neue Akteur-Frames gebildet werden (vgl. Edelman 1964: 188ff; Hall 1993). Der Designer kann also einen Politik-Frame dann erfolgreich zur Begründung eines Politikvorhabens einsetzen, wenn der Frame als Basis für die Akzeptanz des Vorhabens kognitive Anknüpfungspunkte für die relevanten Akteur-Frames enthält.

6.3.1 Inter-institutionelle Akzeptanz auf EU-Ebene

Insofern wirkt sich vor allem die komplexe Mehrebenenstruktur des politischen System als begrenzende Variablen auf die Politikdesigner in der EU aus, denn vor der Umsetzung eines Politikvorhabens als letzten Schritt im Politikkreislauf muss die Akzeptanz der Veto-Spieler gesichert werden. Der wichtigste Grund für die Rechtfertigungsnotwendigkeit ist die erwähnte „Output-Legitimierung“. Als kognitive Anknüpfungspunkte für die institutionalisierte Rechtfertigung spielen daher die Meta-Frames als übergeordneter Begründungs- und Rechtfertigungszusammenhänge eine hervorgehobene Rolle. In der EU spielen Frames daher auch als Basis für die Zusammenarbeit von Akteuren innerhalb von Organen wie dem Ministerrat eine Rolle (Nedergaard 2007).

Die Kommission steht dabei immer vor der Frage, wie angesichts des Gesetzgebungsverfahrens der Politik-Frame auch im legislativen Prozess bewahrt werden kann. Denn nachdem ein Vorhaben an den Rat übermittelt worden ist, verhandelt dieser mit dem Parlament über dessen Verabschiedung. In diesem Verhandlungsprozess hat die Kommission kaum Entscheidungskompetenzen – außer der begrenzten Möglichkeit, ein Vorhaben zurückzuziehen –, spielt aber dennoch eine wichtige Rolle. Denn sie ist als institutioneller Vermittler beteiligt und muss die eigenen Vorschläge in den Verhandlungen von Rat und Parlament betreuen (Nugent 2001: 253ff). Die Kommission muss daher sicherstellen, dass die Zustimmung der beiden Gesetzgeber erreicht wird, um ein Politikvorhaben erfolgreich durchzusetzen und den politischen Wert zu realisieren (Burns 2004).

Dabei finden die inter-institutionellen Verhandlungen zwischen den Organen immer im Rahmen eines eigenen Meta-Frames der *Kompetenzkonkurrenz* statt. Dieser ist grundsätzlich auf jeden Sachverhalt anwendbar und umfasst sowohl die Rechtfertigung eines europäischen Vorgehens gegenüber nationalen Regelungen als auch die Konkurrenz um Macht und Einfluss zwischen verschiedenen Organen auf EU-Ebene. Auch deswegen ist die Kommission bemüht, frühzeitig insbesondere mit dem Europäischen Parlament in Kontakt zu treten, um eine parallele Meinungsbildung zu ermöglichen. Ansprechpartner sind dabei die möglichen Berichterstatter für ein Dossier.

Die Basis für die Formulierung von Politik-Frames besteht immer aus den Ideen anderer Akteure. Die Verbreitung von Politik-Frames ist für den Designer daher keine Einbahnstraße, denn jeder Frame initiiert auch die Orientierung der anderen Akteure. Die Frames müssen deshalb mindestens flexibel gehalten und mit Blick auf die notwendige Akzeptanz angepasst werden. Der damit im politischen Diskurs entstehende Deutungskontext ist eine Rahmenbedingung für jeden einzelnen Akteur, der seine Botschaften platzieren will. Denn

> „regardless of how many and which dimensions one actor is focusing on, other actors on that same issue are likely to be focusing on other dimensions (e.g. the aspect that is most important for their constituency; the most effective frame for their position on the debate), although policy debate at any given point tends to focus on only a few of them. So there is a difference between the underlying multidimensionality of the substance of public policy matters and the actual degree of diversity in any given debate at any given time and place" (Baumgartner und Mahoney 2008: 440f).

Das heißt auch, dass die Designer in der Kommission oder der Abgeordnete immer mit einem Bestand an Ideen arbeiten, die bereits existieren. Um eine Lösung für ein thematisiertes Problem zu finden, kann auf ein breites Feld von Ideen und Konzepten zurückgegriffen werden, die von jeweils sehr unterschiedlichen Netzwerken von Interessengruppen und Experten getragen werden. Nylander (2001) zieht aus der erwähnten Analyse der europäischen Strommarktliberalisierung den Schluss, dass die Kommission in der Lage ist, übergeordnete Meta-Frames wie den „Binnenmarkt" als Kontext zu nutzen, um Politik-Frames zu etablieren. Mit deren Hilfe sei es gelungen, den Prozess der Interessenvermittlung zu steuern, indem sie vorwiegend solchen Interessenträgern Zugang zum politischen Diskurs ermöglichen, die sich mit Beiträgen an der Etablierung bzw. Verdichtung des Frames beteiligen.

Indem der Politik-Frame von den Diskursteilnehmern akzeptiert wird, konkretisiert und legitimiert die Kommission auch ihre Rolle innerhalb des politischen Systems der EU, und zwar auf der Basis der argumentativen Verbindung zwischen den etablierten EU-Meta-Frames und dem Politik-Frame des Politikvorhabens (Nylander 2001: 309f). Auch am Beispiel der europäischen Sicherheits- und Verteidigungspolitik ist auf den Zusammenhang zwischen bestehenden Ideen und Konzepten, externen politischen Herausforderungen und sukzessive etablierten europäischen Organen hingewiesen worden. Dabei wird gerade mit Blick auf die Etablierung eines neuen europäischen Politikfelds darauf hingewiesen, dass aus der Kombination dieser Elemente die Handlungsmöglichkeiten für eine europäische Politik resultieren (Smith 2003).

6.3.2 Implementierungsakzeptanz in den Mitgliedstaaten

Gerade wegen der Output-Legitimierung des europäischen politischen Systems ist die Akzeptanz der Politik-Frames nicht nur auf EU-Ebene wichtig, denn für die dortigen Politikdesigner ist letztlich die Umsetzung der Politikvorhaben in den Mitgliedstaaten das entscheidende Erfolgskriterium. Insofern müssen die relevanten Akteure in den Mitgliedstaaten zur Implementierung motiviert werden. Wenn also der jeweilige Politik-Frame Anknüpfungspunkte für diese Akteure bietet, wird deren Motivation zur Implementierung gestärkt. Die Umsetzung europäischer Vorgaben ist dann nicht aufgezwungen, sondern die Akteure werden im *eigenen Interesse* von deren Notwendigkeit überzeugt (Coburn 2006: 374). Insbesondere die Designer in der EU-Kommission sind also prinzipiell in der Lage, durch Berücksichtigung von Akteur-Frames das Spielfeld für Politikvorhaben selber mitzubestimmen. Allerdings ist dazu eine lange und gezielte Vorbereitung notwendig und ein Erfolg hängt vom Meinungsklima und den Interessen in 27 EU-Mitgliedstaaten ab, die sich im Lauf des Diskurses verändern können.

Im Zug der Reform der europäischen Landwirtschaftspolitik (CAP) 1992 hat die GD Landwirtschaft daraus den Schluss gezogen, das Vorhaben über drei Jahre intensiv mit Gesprächen und Konsultationen vorzubereiten, bevor es in den Rat eingebracht wurde (Fouilleux 2004). Im Ministerrat zeigte sich, wie notwendig die flexible Anpassung eines Politikvorhabens im Licht der relevanten Akteur-Frames ist. Die Akteur-Frames der einzelnen Mitgliedstaaten waren besonders relevant, weil der Rat damals als alleiniger Gesetzgeber im Rahmen der CAP über jedes Politikvorhaben entschied. In den Worten eines beteiligten Beamten der Kommission ausgedrückt, lässt sich der Zusammenhang wie folgt beschreiben:

> „The second lesson, is that the Council discusses a lot. That is why you have to change the set-up of your proposals. If not, time-old cleavages reappear. But to offer new ideas, you must first know the ground, and scan problems in-depth" (Fouilleux 2004: 244).

Besonders in Politikfeldern mit etablierten Frames ist eine Berücksichtigung der entsprechenden Konzepte und Interessen notwendig, wenn mit Hilfe neuer Frames ein politischer Wandel herbeigeführt werden soll. So haben die GD Landwirtschaft und der Umweltausschuss des Parlaments gemeinsam als Träger der neuen „organic farming"-Idee agiert und zusammen die argumentativen Verknüpfungen zwischen den bestehenden CAP-Argumenten und den neuen Inhalten hergestellt (Rhinard 2002: 48). Durch die Schaffung eines parallelen Diskurses zur Verbreitung des *organic farming*-Frames, in dem die durch das Parlament mit Reports und Konferenzen bereitgestellten Alternativ-Ideen von der Kommission in ihren Reformvorschlägen aufgegriffen worden sind, konnte schließlich die Anerkennung der beteiligten Akteure in der etablierten Politikgemeinschaft erreicht werden (Lynggaard 2007).

Auch das Beispiel des neuen „Rural World"-Frames zeigt das sich Neuerungen nicht ohne Weiteres gegen die bestehenden Interessen etablieren ließ. Stattdessen wurde der Versuch unternommen, Umwelt- und Verbraucherinteressen gezielt an die CAP-Reform heranzuführen, um Unterstützung für die entsprechenden Aspekte des neuen Frames zu erreichen (Rhinard 2002: 178ff). So initiierte Kommissar MacSharry mit dem *Rural World*-Frame die Idee der Entkopplung von Unterstützung und Produktion sowie Umweltmaßnahmen als Teil der politischen Möglichkeiten. Damit wurden erstmals die Nebenwirkungen der industrialisierten (und subventionierten) Landwirtschaft auf die Umwelt in den Blick genommen.

Die Unterstützung für die Landwirte wurde nicht nur auf Produktionsmenge und -einkommen ausgerichtet, sondern auch auf die Minderung der schädlichen Nebenwirkungen. Auch wenn diese konzeptionelle Erweiterung der CAP zunächst keine großen Änderungen der etablierten Subventionspraxis ermöglichte, bildete sie doch die Basis für die CAP-Reform des nachfolgenden EU-Landwirtschaftskommissars Fischler. Dieser rückte mit Hilfe des *Multifunktionalitäts*-Frames die Verantwortlichkeit der Landwirte für die Entwicklung des ländlichen Raums ins Zentrum des Politikfelds und etablierte eine Reihe weiterer Aspekte, angefangen beim Tierschutz über die wirtschaftliche Entwicklung bis hin zur Finanzierungsfrage im politischen Diskurs des Politikfeldes. Getragen von einer Interessenkoalition aus Kommissar, Kommissionsbeamten sowie Interessenträgern legte dieser Frame die Basis dafür, mögliche neue Politikziele innerhalb der CAP zu formulieren.

Die Zusammenarbeit zwischen den Akteuren und die Einbindung neuer Akteure und Interessen waren dabei einerseits notwendig, um die neuen Frames zu etablieren. Andererseits mussten die Frames angesichts des stark etablierten Politikfelds aber auch an die bestehenden Vorstellungen angepasst werden, damit sie nicht von den etablierten Interessenträgern rundweg abgelehnt wurden. Insofern ist die Einbeziehung *neuer* Akteure in den politischen Diskurs für den Politikdesigner auch eine Möglichkeit, die etablierten Interessen in einem Politikfeld im Sinne eines neuen Politik-Frames zu einem graduellen Wandel zu bewegen (Rhinard 2002: 178ff).

Für die Politikdesigner in der Kommission ist also gerade der Ministerrat ein Kontext, in dem nicht nur der interinstitutionelle Meta-Frame, sondern vor allem auch die Akteur-Frames der Mitgliedstaaten für die Durchsetzung eines Politik-Frames relevant sind. Damit deutet sich an, dass der Politikkreislauf des Gesetzgebungsverfahrens in der EU für den Designer eine potenzielle Hürde darstellen kann. Denn wenn der Rat sich nominell erst auf der Basis eines Vorschlags der Kommission mit einem Vorhaben befasst, ist es unter Umständen schwierig, die dortigen Ansichten und Frames bereits für den Politik-Frame zu berücksichtigen. Das ist zumal dann der Fall, wenn durch die Befassung des Ministerrates mit einem Thema erst die Aufmerksamkeit und damit die Meinungsbildung einer Regierung in Gang gesetzt werden. Umgekehrt gilt: Ist ein Politik-Frame einmal erfolgreich platziert, kann er als indirekter Durchsetzungszwang wirken, weil die nationalen Politikdesigner sich innerhalb der europäischen Politikdebatte verorten müssen. Dieser Zusammenhang wird dadurch unterstrichen, dass diese Akteure sich in der Selbstverortung auch dann auf europäische Politik-Konzeptionen beziehen, wenn die institutionellen Rahmenbedingungen im Mitgliedstaat nicht europäisiert sind (Lopez-Santana 2006: 494).

6.3.3 Externe Begründungskontexte für die Politikdesigner in der EU

Sofern europäische Politikvorhaben ein entsprechendes Aufmerksamkeitspotenzial erreichen, müssen die Politik-Frames ergänzend zur Akzeptanz in den anderen Organen der EU auch in der veröffentlichten Meinung anerkannt werden. Wir haben in diesem Zusammenhang schon darauf hingewiesen, dass die Medienberichterstattung einerseits dazu beitragen kann, die Diskursmacht von Interessenträgern zu erhöhen. Andererseits sind die Medien aber auch ein potenzieller Verbündeter für die Politikdesigner, deren spezifische Akteur-Frames ebenfalls als Teil der institutionellen Rahmenbedingungen eines Politikfelds berücksichtigt werden müssen. Die Medien spielen aber nicht nur als Verstärker von Botschaften eine wichtige Rolle für die politischen Unternehmer in den EU-Organen, sondern die veröffentlichte Meinung bildet einen externen Kontext, der sich auf die Akzeptanz der Politik-Frames auswirkt. Für die Designer in der EU ist das Meinungsklima um ein Politikvorhaben daher eine wichtige Rahmenbedingung, die die Handlungsmöglichkeiten beeinflussen und einschränken kann.

Die Einschätzung dieser Rahmenbedingung wird in der EU zusätzlich dadurch erschwert, dass die medialen Kontexte, in denen die nationalen Akteure agieren, signifikante Unterschiede dahingehend aufweisen, wie europäische Themen dargestellt werden (de Vreese 2007). Die veröffentlichte Meinung, vermittelt durch Medienberichterstattung oder die Ergebnisse von Umfragen, ist neben der Meinung der relevanten Akteure des jeweiligen Politik-Netzwerks Teil des entscheidenden Meinungsklimas zu einem Politikvorhaben. Wir können daraus den Schluss ziehen, dass Politikvorhaben zwar mit Hilfe von Frames auch zur medialen Diskussion gestellt werden, dass die Konstruktion des Frames allerdings unter Berücksichtigung des potenziellen medialen Kontextes erfolgen muss. Besonders für die politische Ebene der EU-Kommission, also vorwiegend die Kommissare und ihre Kabinette, bilden die Medien aber auch eine Handlungsmotivation. Durch die Thematisierung von Vorhaben in den Medien lässt sich ein Arbeitsnachweis erbringen, mit dem die politische Tätigkeit innerhalb des eigenen Portfolios untermauert wird.

Die Medienberichterstattung fokussiert zwar die Aufmerksamkeit der politischen Debatte auf bestimmte Aspekte, die inhaltliche Basis des Meinungsklimas zu einem Politikvorhaben wird aber auch durch externe Meta-Frames bestimmt, die die bereits existierenden Ideen widerspiegeln. Ähnlich wie die interinstitutionellen Kompetenzkonkurrenz-Frames können daher auch externe Meta-Frames im Diskurs über ein Politikvorhaben auf EU-Ebene eine Rolle spielen, so etwa, wenn in internationalen Organisationen wie den VN oder der WTO über die gleichen Sachverhalte diskutiert wird. Da solche internationalen Meta-Frames auch durch Diskursteilnehmer auf EU-Ebene getragen werden, müssen die Politikdesigner in der EU diese Meta-Frames ebenfalls berücksichtigen. Denn als Teil der Frame-Hierarchie, die einen umfassenden, normativen Rahmen für die Einordnung der Argumente zu einem Vorhaben ermöglicht, spiegeln diese übergreifenden Meta-Frames immer auch unterschiedliche Perspektiven auf den Gegenstand wider.

Dass sich das daraus resultierende Meinungsklima auf die Handlungsoptionen der Politikdesigner in der EU auswirkt, wird am Beispiel der Klimapolitik deutlich, wo trotz gleicher Informationen in der EU und den USA unterschiedliche Politikvorhaben entstehen konnten. Dabei hängen die unterschiedlichen Politiken von der unterschiedlichen Rezeption wissenschaftlicher Expertise ab (Grundmann 2007). Denn auch wissenschaftliche Argumente müssen sich letztlich als Frames im politischen Diskurs bewähren, wenn sie wirksam werden sollen. So werden zum Beispiel trotz der weit reichenden Übereinstimmung der Klimaforschung im Weltklimarat der VN, in den USA und der EU jeweils weitere Stimmen im politischen Diskurs berücksichtigt, die u.a. zu unterschiedlichen Positionen gegenüber dem Kyoto-Protokoll geführt haben (Ablehnung vs. Werbung dafür) (Grundmann 2007). Durch die argumentative Begründung eines politischen Sachverhalts werden somit immer auch Annahmen über die jeweilige Umwelt transportiert, die für das allgemeine Meinungsklima maßgeblich sind.

Wie relevant bestehende Ideen in einem Politikfeld für die Politikdesigner in der EU sind, wird auch am erwähnten Beispiel der GMO-Regulierung deutlich. Denn die europäische Landwirtschaftspolitik ist ein Beispiel für den Einfluss externer, d.h. in diesem Fall WTO-bezogener Meta-Frames auf die Politikgestaltung innerhalb der EU. Interessenträger können diese unterschiedlichen Meta-Frames nutzen, um ihre Anliegen an die Designer zu vermitteln. Als Teil der Frame-Hierarchie eines Vorhabens bilden diese einen umfassenden normativen Rahmen für die Einordnung der Argumente im politischen Diskurs, auf die auch die Designer bei der Etablierung eines Regulierungsrahmens angewiesen sind (Coleman und Gabler 2002). Weil Meta-Frames wie *Nahrungssicherheit*, *Internationaler Freihandel*, *Urheberrechtsschutz* und *Biodiversität* für den Gegenstand GMO eine Rolle spielen und sich teilweise widersprechen, haben sich unterschiedliche Perspektiven auf den Gegenstand entwickelt, die von Interessenkoalitionen getragen werden. Diese festigen sich vor allem, wenn sich dafür institutionelle Rahmenbedingungen finden. In unserem Beispiel geschieht dies, indem die WTO die Nahrungsmittelsicherheit durch Freihandel und geschützte agrarindustrielle Innovationen erreichen will, während die VN für das gleiche Ziel auf Biodiversität und den freien Austausch fortschrittlichen Saatguts setzen (Coleman und Gabler 2002).

Die Politikdesigner in der EU müssen vor dem Hintergrund der unterschiedlichen Perspektiven auf den Sachverhalt einen akzeptablen Politik-Frame definieren. Dabei verdeutlicht das GMO-Beispiel, dass sich unter dem Einfluss der WTO-Debatte auch die EU-Politik-Frames in diesem Feld gewandelt haben. Der WTO-Frame eines weltweiten agrarindustriellen Freihandels wurde auch innerhalb der EU angewendet, jedoch kombiniert mit den EU-Frames zur ländlichen Entwicklung (Potter und Tilzey 2005). Gerade am Beispiel der europäischen GMO-Regulierung wird auch deutlich, dass die Politik-Frames den jeweiligen Meinungskontext widerspiegeln, wenn etwa das so genannte Vorsorgeprinzip angewendet wird (Majone 2002). Dabei gilt die Maxime, dass auch mögliche Risiken die Notwendigkeit für Schutzmaßnahmen rechtfertigen, und zwar bis zum Beweis des Gegenteils. Im Fall der Gentechnik werden durch Frames wie diesen z.B. Risikoeinschätzungsmethoden definiert, die sich dann auch auf die Wahrnehmung von Risiken auswirken (Levidow et al. 1997). Durch die implizit transportierte Weltsicht der Frames wird so determiniert, welche Aspekte zum Risiko eines genetisch modifizierten Organismus gehören und welche ggf. durch die unsachgemäße Nutzung desselben verursacht werden. Die Risikoeinschätzung eines solchen Organismus hängt daher davon ab, wo die Grenzen zwischen Regulierungsgegenstand und Umwelt gezogen werden, eine Entscheidung, die in der EU von den nationalen Behörden im Rahmen der Implementierung des EU-Regulierungsrahmens vorgenommen werden können (Levidow et al. 1997).

Weil also sowohl die EU- als auch die WTO-bezogenen Frames den Diskursteilnehmern Anknüpfungspunkte zur Vermittlung ihrer Interessen bieten, können wir die WTO – neben dem EU-Kontext – beispielhaft als institutionalisierten Diskurskontext erkennen, in dem die Designer mit den Akteuren den Interessenausgleich in Form von Politik-Frames verhandeln müssen, um das notwendige Maß an Akzeptanz zu erreichen. Die Akzeptanz der Politik-Frames hängt daher immer davon ab, wie die Politikdesigner mit den relevanten Akteurnetzwerken zusammenarbeiten, in denen die jeweiligen Sachverhalte diskutiert werden.

6.3.4 EU-Politikdesigner als Teil von Akteur-Netzwerken

Politikdesigner in der Kommission sind Teil von Politikgemeinschaften, zu denen auch Interessenträger gehören; darauf haben wir ebenso hingewiesen wie darauf, dass Interessenkoalitionen entlang kognitiver Orientierungen bzw. gemeinsame Akteur-Frames auch über Organisationsgrenzen hinweg existieren. Der Naturschutzregulierungsrahmen NATURA 2000 ist ein Beispiel für diesen Zusammenhang, denn hier standen sich Beamte aus der GD Umwelt zusammen mit Umwelt-NROs sowie Beamte aus der GD Landwirtschaft mit Landnutzungsinteressen gegenüber (Weber und Christophersen 2002). Ein Grund für den Gegensatz zwischen beiden Koalitionen waren die unterschiedlichen Perspektiven auf Eigentums- und Nutzungsrechte von Landbesitzern, die von einer Naturschutzregelung betroffen sein können. Es handelte sich also um einen Frame-Konflikt, bei dem der Wert des Landbesitzes gegen den des Naturschutzes stand und der innerhalb eines Politikvorhabens durch entsprechende Regelungen überbrückt werden musste (Rosa und Silva 2005).

Für die Kommission bedeutet das, dass Frame-Konflikte durch die gemeinsame Konstruktion des Vorhabens in einem internen Abstimmungsverfahren bereits überbrückt werden müssen, bevor die EU-Kommission nach außen als einheitlicher Akteur auftritt und den Beschluss fasst. Die Vorbereitung von Beschlüssen und Stellungnahmen erfordert daher zum Teil langwierige interne Diskussionen, in deren Folge allerdings die jeweilige Argumentation immer weiter perfektioniert wird (Schendelen 2002). Den Kern dieses internen Abstimmungsprozesses bilden die so genannten Inter-Service-Konsultationen, in denen die unterschiedlichen GDs zu den Vorhaben der anderen Bereiche Stellung nehmen können. Bei Meinungsverschiedenheiten besteht die Möglichkeit, ein Vorhaben zu blockieren und den Streit damit auf die politische Ebene innerhalb der Kommission zu verlagern (Wonka 2008). Wenn wir in Betracht ziehen, dass die unterschiedlichen GDs jeweils in ihre Politikgemeinschaften eingebunden sind und die verhandelten Sachverhalte auch aus dieser Perspektive betrachten, dann können wir in diesem internen Abstimmungsverfahren einen Beleg dafür sehen, dass die Politikdesigner in der Kommission grundsätzlich von der Akzeptanz der Politik-Frames durch die relevanten Akteurnetzwerke abhängen.

Am Beispiel der europäischen Rüstungsmarktpolitik ist dieser Sachverhalt herausgearbeitet worden, denn in diesem Politikfeld müssen zwei unterschiedliche Perspektiven auf das gleiche Thema integriert werden, die jeweils fest in der institutionellen Struktur der EU verankert sind (Mörth 2000). Auf der Basis des Vertrags von Nizza handelte es sich dabei um die Binnenmarkt-Perspektive auf einen gemeinsamen Markt für Rüstungsgüter (Säule 1) und die intergouvernemental geprägte Perspektive der gemeinsamen europäischen Außen- und Sicherheitspolitik (GASP, Säule 3). Weil die GDs der Kommission aus verschiedenen Politikgemeinschaften stammen, herrschen dort unterschiedliche Design-Frames vor, die sich auf jeweils unterschiedliche Akteur-Netzwerke in und außerhalb der Kommission beziehen. Jede GD muss in der Auseinandersetzung mit den Interessenträgern des jeweiligen Politikfelds ihre Identität als Politikdesigner entwickeln, die dann auch für die Konstruktion eines Politik-Frames maßgeblich ist (Mörth 2000: 173).

Im Rahmen des internen Abstimmungsprozesses ist daher jede GD daran interessiert, zur Bewahrung der eigenen Identität und Bedeutung innerhalb der Gesamtorganisation die interne Rollenverteilung zu sichern und in der Außenkommunikation der Kommission unterzubringen. Denn durch die Festlegung des Politik-Frames in einem Beschluss oder einer Stellungnahme bestimmt die Kommission ihren eigenen Standpunkt im politischen Diskurs. Insofern definiert sich die Kommission als Politikdesigner immer auch in Bezug auf existierende Akteur-Frames in den jeweiligen Akteurnetzwerken, die daher von zentraler Bedeutung sind.

Das zeigt sich auch am Beispiel der Frame-Hierarchie beim Thema Rüstungsmarkt. Denn hier musste sichergestellt werden, dass die gemeinsame Konstruktion des Politikvorhabens für beide Teile der Kommission, die das Thema aus Binnenmarkt- bzw. GASP-Perspektive betrachteten, haltbar war und nicht die Glaubwürdigkeit bzw. Handlungsfähigkeit der GD unterminierte (Mörth 2000). Bei der internen Abstimmung wurden also, vermittelt durch die jeweiligen Teile der Kommission externe Akteur-Frames bei der Konstruktion des Politikvorhabens berücksichtigt und unterschiedliche Wahrnehmungen der GDs unter einen gemeinsamen Frame integriert, um gegenüber externen Stakeholdern ein kohärentes Bild der Kommission abgeben zu können. Dabei wurden jedoch die Widersprüche zwischen den Akteur-Frames nicht explizit aufgelöst, sondern mit Hilfe mehrdeutiger Formulierungen entschärft (Mörth 2000: 183ff).

Die EU-Kommission muss sich also zunächst unter Bezugnahme auf die Außenwelt für ein bestimmtes Vorhaben als Politikdesigner definieren, um sich dann durch den Politik-Frame Handlungsmöglichkeiten zu schaffen. Wie hoch dabei der interne Abstimmungsaufwand ist, hängt von der Anzahl der Organisationsteile ab, die ihren Zuständigkeitsbereich als berührt ansehen und dies auf der Basis anerkannter Kategorien begründen können. In diesem Zusammenhang ist die schon erwähnte Deregulierung des europäischen Strommarktes ein Beispiel dafür, dass die EU-Kommission mit Interessengruppen kooperiert, um im Politikgestaltungsprozess der EU Akzeptanz für Politikvorhaben zu erreichen (Nylander 2001). Daran wird deutlich, dass nicht nur die Kommission, sondern die Generaldirektionen selber als politischer Unternehmer durch die Etablierung von Politik-Frames einen diskursiven Interessenausgleich zwischen den am Politikgestaltungsprozess beteiligten Akteuren herstellen. Anhand des Frames entwickeln sich die jeweiligen Interessen weiter, sodass am Ende die Zustimmung zu einer europäischen Politik steht, selbst dann, wenn es zunächst keine Hinweise auf die Entwicklung bzw. die Notwendigkeit für eine solche gab (Nylander 2001: 292).

Die Bedeutung der jeweiligen Akteur-Netzwerke hängt für den Politikdesigner in der EU auch davon ab, dass die Interessenträger sich an den EU-Meta-Frames orientieren und diese stützen. Denn je mehr Akteure sich unter diesen Bedingungen orientieren, umso stärker werden die Meta-Frames mindestens mittelbar auch von Interessengruppen gestützt. Insofern sind nicht nur die Kommission, sondern auch die Interessenträger, die an der Entstehung der Deutungsrahmen beteiligt waren, an der Erhaltung der Meta-Frames interessiert. Allerdings müssen die Designer insbesondere bei eher technischen Themen der Verbundenheit der beteiligten Experten mit dem überkommenen Frame einen hohen Stellenwert einräumen. Denn dieser kann auf detailliert reflektierten Annahmen und Überzeugungen basieren, deren Infragestellung den jeweiligen Akteur-Frame gefährden und damit zum Widerstand der Experten gegen den Politik-Frame führen könnte. Das grundsätzliche Interesse des Experten an der Bewahrung des Frames zur Sicherung der eigenen Orientierung im Politikfeld kann daher auch eine Begrenzung der Handlungsoptionen des Politikdesigners bedeuten, wenn es darum geht, mit einem neuen Frame ein Politikfeld zu reformieren.

Dieser Aspekt ist auch in der europäischen Frequenzpolitik von Bedeutung, die wir im Rahmen der Fallstudien im Detail untersuchen werden.[19] Denn die Selbstwahrnehmung der dort beteiligten Experten der nationalen Regulierungsbehörden ist nicht nur beeinflusst durch die technische Expertise, sondern auch durch die Bewahrung ihrer unabhängigen Kompetenzen zur Frequenzregulierung sowie durch die Erfahrung einer europäischen Zusammenarbeit im Rahmen eines international institutionalisierten Diskurskontextes, der International Telecommunications Union (ITU), einer Agentur der VN. Eine grundlegende Veränderung des Regulierungskonzepts zu akzeptieren, stellt für diese Akteure daher eine größere Hürde dar, als es zum Beispiel für Experten aus der Wirtschaft der Fall ist, für die in erster Linie die Auswirkungen von Regulierungen auf das jeweilige Geschäftsmodell im Zentrum der Akteur-Frames stehen. Für die Frequenzexperten spielt darüber hinaus auch ein Kompetenzkonkurrenz-Frame eine Rolle, wie wir in der detaillierten Fallstudie sehen werden.

Wir können daher mit Hilfe des Framing-Ansatzes für die Rolle des rationalen Politikdesigners schlussfolgern, dass dieser Akteur (1) unter Bedingungen von Komplexität und Unsicherheit agiert und (2) den Gegenstand seiner Handlungen flexibel an den jeweiligen Kontext der Situation anpassen muss, indem er (3) durch beständigen Austausch mit den beteiligten Akteuren seine nächsten Schrit-

19 Vgl. dazu unten in Teil II die Detailuntersuchung zur Europäischen Radiofrequenzpolitik (Kapitel 10).

te kalkuliert. Dazu (4) reflektiert er deren Akteur-Frames und integriert sie unter den Rahmenbedingungen des Politikdiskurses zu einem Politik-Frame, der von einer ausreichend starken Sponsoren-Koalition getragen wird (vgl. Rein und Schön 1994: 172-73).

Die zweckgerichtete Verbreitung von Frames als Kognitionsvorlage ist aber keineswegs ein Privileg für den Politikdesigner, sondern kann auch von anderen Akteuren angewendet werden, um partikulare Interessen in den Politikgestaltungsprozess einzubringen. Im nächsten Abschnitt wenden wir uns daher der Perspektive der Interessenträger in der EU zu und überprüfen, wie sich Politik-Frames auf das Interaktionsverhalten von Interessengruppen auswirken.

7. Die kommunikative Interaktion aus Sicht des Interessenträgers

In den vorangegangenen Abschnitten dieses Kapitels haben wir bereits gesehen, dass Meta-Frames die gemeinsame kognitive Grundlage für den politischen Diskurs auf EU-Ebene bilden. Damit die europäischen Politikvorhaben in den jeweils relevanten Akteurnetzwerken und Politikgemeinschaften akzeptiert werden, müssen die politischen Frame-Unternehmer deren Akteur-Frames berücksichtigen. Umgekehrt müssen die Interessenträger den Politik-Frame berücksichtigen, um ihre Interessen in Bezug auf ein Politikvorhaben zu vermitteln. Mit Hilfe des Framing-Ansatz betrachtet ist der politische Diskurs auf EU-Ebene für Interessenträger ein Markt von Kommunikationsgelegenheiten der eine Herausforderung darstellt. Denn die Relevanz eines Interessenträgers innerhalb eines Politikfelds hängt direkt von den Frames ab, die die kognitiven Grenzen der Debatte markieren. Interessenträger haben daher ein inhärentes Eigeninteresse daran, dass der eigene Frame im Diskurs auf der EU-Ebene zur Sprache kommt. Vor allem am Anfang des Politikgestaltungskreislauf sind die Chance am größten, wenn es gelingt im Diskurs ein politisches Problem zu definieren das sich argumentativ auf einen EU-Meta-Frame zurückführen lässt.

Als Frame-Sponsoren treten vor allem solche Akteure auf, die ihre partikularen Anliegen aktiv in den Politikgestaltungsprozess einbringen wollen. Die Voraussetzung dafür ist, dass sie einen entsprechenden Akteur-Frame in Bezug auf ein spezifisches Politikvorhaben gebildet haben und daher gemäß unserer Definition Interessenträger geworden sind. Es stellt sich also die Frage, an welchem Punkt des Politikgestaltungskreislaufs die Interessenträger ihre grundlegenden Akteur-Frames überhaupt bilden. Aus der Sicht des Interessenträgers gleicht die Vermittlung von Interessen daher einem Wettbewerb um die erfolgreiche Etablierung von Kognitionsvorlagen für einen gesellschaftlichen Sachverhalt (vgl. Sabatier 1999: 3; Entman 2004: 47ff). Dabei müssen sich auch Interessenträger innerhalb der Akteurkonstellation orientieren. Anhand der unterschiedlichen Deutungen eines gesellschaftlichen Sachverhalts lassen sich gegensätzliche Interessen identifizieren und Gleichgesinnte für eine Zusammenarbeit finden (vgl. Stone 1988: 25; Sabatier 1999: 3; Mintz und Redd 2003; Jewell und Bero 2007). Indem diese Akteure versuchen, ihrer Sicht der Dinge Gehör zu verschaffen, verbreiten auch sie ihre Frames, und zwar ggf. parallel zu den Politik-Frames. Die Verbreitung von Deutungsrahmen, die für jeden politischen Meinungsaustausch konstitutiv ist, ist auch für die Entstehung und Vermittlung partikularer Interessen von zentraler Bedeutung und daher auch für Interessenträger eine bedeutende Handlungsorientierung.

Für die Interessenträger in der EU stellt sich der Wettbewerb um die Deutungshoheit in einem Politikfeld als Auseinandersetzung zwischen konkurrierenden Akteurnetzwerken dar, die ggf. verschiedene Politik-Frames propagieren. Die latente Gefahr dass sich europäische Politikvorhaben negativ auf die eigenen Interessen auswirken können, ist eine wichtige Grundlage für die kommerzielle Dynamik, mit der die wachsende Branche der Vor-Ort-Spezialisten in Brüssel neue Kunden gewinnt. Dabei können Akteurnetzwerke, die aus Designern und Interessenträgern bestehen, sich gegenseitig bei der Etablierung der Kognitionsvorlagen unterstützen. Die politischen Handlungsgelegenheiten für Interessenkoalitionen werden dabei von den institutionellen Rahmenbedingungen des politischen Systems der EU als Grundlage der Interessenvermittlungsprozesse bestimmt (Nylander 2000: 75; Princen und Kerremans 2008).

Für alle Interessenträger geht es darum, die eigenen Interessen durch politisches Handeln auf EU-Ebene zu fördern. Die Frame-Hierarchien der europäischen Politikfelder sind insofern kognitive Gelegenheiten für die Vermittlung partikularen Interessen, zum Beispiel in den Politikfeldern Umwelt, Verbraucher und Frauen (Pollack 1997b). Akteure können so über die Governance-Ebenen hinweg Themen setzen, die zur Grundlage für die Entwicklung von Politikvorhaben auf europäischer Ebene werden (Cowles 2003: 106). Wenn auch die Mitgliedstaaten im Rahmen des regulativen Wettbewerbs mit einem Regulierungsvorschlag die Problemwahrnehmung und die Lösungsmöglichkeit so gestalten können, dass sie der jeweiligen nationalen Regelung entsprechen, handelt es sich um eine selektiven Nutzung der vorhandenen Handlungsgelegenheiten durch die Regierungen (Héritier 1995).

Eine wichtige Voraussetzung, um die spezifische Handlungsgelegenheiten für ein partikulares Anliegen zu nutzen, ist die intime Kenntnis der politischen Hintergründe und Motivationen der Politikdesigner und die Wandlungsfähigkeit der inhaltlichen Schwerpunkte der jeweiligen Position. Wenn etwa Themen als von europäischem Ausmaß positioniert werden, wird „venue shopping" betrieben, d.h. die gezielten Anpassung der eigenen Forderungen an die politische Agenda (Princen und Kerremans 2008: 36f). Dabei steigen die Chancen je unstrukturierter ein adressiertes Problem und je weniger fortgeschritten der politische Gestaltungsprozess ist. Gut sind die Chancen auch, wenn es sich um ein Vorhaben zu einem *partikularen* Thema handelt, das nur einen sehr begrenzten Kreis von Akteuren betrifft. Umgekehrt kommt es bei *verbindenden* oder *umstrittenen* Themen, die eine Vielzahl von Akteuren interessieren, auf die Bildung einer Interessenkoalition an, vor allem wenn sich die Kommission bereits öffentlich, etwa in einem verbindlichen Dokument, positioniert hat (vgl. Beyers 2008). Dann sind Maßnahmen in der Öffentlichkeit ebenso notwendig wie die Entwicklung von Argumentationen, die auf den Politik-Frame und die dazu bereits artikulierten Interessen ausgerichtet sind.

Allerdings ist die aktive Beteiligung am politischen Diskurs, insbesondere wenn dies mit Hilfe der Medien geschieht, für den Akteur immer auch mit der Notwendigkeit verbunden, die eigene Reputation zu verteidigen. Jeder Debattenbeitrag muss daher wohlüberlegt und abgewogen sein, auch deshalb, weil der Akteur durch die Positionierung von den anderen Teilnehmern einer Seite des Diskurses zugeordnet wird. Angesichts begrenzter Ressourcen können Interessenträger nicht in beliebig vielen verbindenden bzw. umstrittenen Themen gleichzeitig involviert sein (Beyers 2008: 90f). Dabei kann beispielsweise die Bewahrung des Status quo in einem Politikfeld schon durch die gezielte Verbreitung relevanter Informationen und damit die Stützung und Verteidigung des etablierten Politik-Frames erreicht werden. Akteure, die hingegen den Status quo verändern wollen, müssen nicht nur darlegen, dass der Politik-Frame inadäquat ist, sondern auch eine Alternative anbieten, die in der Lage ist, ein anerkanntes Ziel besser zu erreichen. Die Herausforderung besteht also darin, eine konkurrierende Sicht der Dinge zu etablieren, die sich auf den Diskurs auswirkt und dem Politikdesigner die argumentative Möglichkeit bietet, den Status quo zu ändern. In Phase A gilt es, aus einer partikularen Perspektive eine gesellschaftliche Situation so darzustellen, dass sie im Diskurs als politisches Problem anerkannt wird.

7.1.1 Die Verbreitung partikularer Interessen

Um in der ersten Phase des Politikreislaufs die Verbreitung von Frames durch Interessenträger zu beschreiben, ist es zweckmäßig, Akteure danach zu unterscheiden, wann sie zu Interessenträgern werden, d.h. wann sie ihre politischen Interessen definiert haben. Die Definition der Interessen gegenüber einem Politikvorhaben oder einer gesellschaftlichen Situation basiert auf der Analyse der Handlungsoptionen. Diese leiten sich wiederum von der Orientierung innerhalb der Akteurkonstellation ab und müssen unter den institutionellen Rahmenbedingungen konkretisiert werden. Unterscheiden lassen sich Interessenträger deshalb grundsätzlich nach dem Zeitpunkt, zu dem sie ihren Akteur-Frame ausbilden. Mit dem Framing-Ansatz haben wir dazu festgehalten, dass Interessenträger, die eine gesellschaftliche Situation subjektiv wahrnehmen und darin ein politisches Problem erkennen, zu dem sie sich eine Meinung bilden, direkt motiviert sind. Demgegenüber stehen indirekt motivierte Interessenträger, die erst durch die Beobachtung des politischen Diskurses von einem politischen Problem erfahren, wenn dieses auf der politischen Agenda platziert worden ist, und sich erst daraufhin eine Meinung bilden. Der indirekt motivierte Interessenträger bildet seine Akteur-Frames also erst später, unter dem Eindruck des politischen Diskurses aus, während der direkt motivierte Interessenträger gegebenenfalls bereits frühzeitig mit dem Politikdesigner in Kontakt treten kann.

Insofern können wir mit den Aktivitäten von direkt motivierten Interessenträgern die erste Phase des Politikgestaltungskreislaufs beschreiben in der der politischen Handlungsbedarf erst kommunikativ konstruiert wird. Dabei ist die Etablierung und Verbreitung einer Kognitionsvorlage notwendig um ein subjektiv wichtiges Thema auf der politischen Agenda zu platzieren und den politischen Handlungsbedarf argumentativ an den Politikdesigner zu vermitteln. Der Akteur kann dazu auf die im Diskurs etablierten Argumentationen zurückgreifen, die den Frame-Kontext bilden und zum Beispiel aus der Frame-Hierarchie eines Politikfeldes stammen (Fischer 2003b: 81ff).

Die dazu notwendige Deutungsvorlage muss dem EU-Politikdesigner den Handlungsbedarf auf der europäischen Ebene möglichst zwingend darstellen, damit dieser tätig wird. Ausschlaggebend dafür ist in erster Linie der politische Wert einer entsprechenden Maßnahme. In dieser Hinsicht spielt zum Beispiel die Außenperspektive, d.h. die mögliche Wirkung in der Öffentlichkeit, für beide Akteurgruppen eine wichtige Rolle. So ist die Perspektive der Öffentlichkeit auch deshalb bei der Vermittlung partikularer Interessen relevant, weil der Designer das Politikvorhaben letztlich dort mit Hilfe des Politik-Frames zur Diskussion stellen muss. Auch hier wirken die Medien als Verstärker für den politischen Diskurs. Entsprechend zweckmäßig kann es sein, ein partikulares Interesse gezielt als vorteilhaft für das öffentliche Wohl darzustellen, um dem Politikdesigner eine entsprechend dienliche Deutung zu ermöglichen (vgl. Edelman 1964: 145f, 172f; Stone 1988: 182).

Zwar wird der Interessenträger durch die Platzierung seiner Anliegen auf der politischen Agenda nicht zum Politikdesigner, er muss aber dennoch eine Art vorläufigen Politik-Frame entwickeln, um seine Interessen zu vermitteln. Die dazu notwendige Kommunikation kann ein breites Spektrum an Informationen umfassen, von der ergebnisoffenen Beschreibung eines möglichen politischen Problems bis zum Vorschlag eines konkreten Politikvorhabens inkl. Definition des politischen Problems, Diagnose und Wertung der Ursachen sowie detaillierter Maßnahmenvorschläge zur Lösung des Problems (Kingdon 1984: 206f). Die notwendigen Informationen für einen solchen vorläufigen Politik-Frame lassen sich inhaltlich abgestuft vermitteln, d.h. die gleiche argumentative Deutung kann mit Hilfe unterschiedlich detaillierter Botschaften – von einer allgemeinen Handlungsaufforderung bis hin zur ausgearbeiteten Handlungsanweisung – vermittelt werden. Die gemeinsame kognitive Klammer ist dabei die Deutung des grundlegenden Ursache-Wirkungs-Zusammenhangs.

In dem Maß, in dem die Deutungsvorlage mit detaillierten Informationen bzw. Forderungen verbunden wird, kann der Interessenträger sicherstellen, dass die

Ausgestaltung des Politikvorhabens in seinem Sinn ermöglicht wird. Zum einen besteht die Möglichkeit, dass konkrete Lösungsvorschläge unverändert übernommen werden. Dies ist vor allem dann der Fall, wenn sie von vornherein zweckgerichtet entworfen worden sind, d.h. unter Berücksichtigung des kognitiven Kontexts und der institutionellen Rahmenbedingungen des politischen Systems. Ein direkt motivierter Interessenträger, der bereits früh anhand der Situation selbst seinen Akteur-Frame gebildet hat, kann sich außerdem als Experte positionieren, auf dessen Rat dann bei der Umsetzung des Vorhabens zurückgegriffen werden kann (Heimovics et al. 1993; Cress und Snow 2000).

Andererseits kann sich aber eine frühzeitig vorgeschlagene Lösungsstrategie auch dann als außerordentlich stabil erweisen, wenn sie, verbunden mit einer kohärenten Interpretation von Ursachen und Bedeutung, zur Grundlage der Informationssuche und Meinungsbildung des Politikdesigners wird. Die Vermittlung von Details gibt dem Designer dann wichtige Hinweise auf die Aspekte, die es zu berücksichtigen gilt, wenn – als Basis für die Zustimmung zu dem Politikvorhaben – die Interessen des Akteurs beachtet werden sollen. Zur Teilnahme am Politikgestaltungsprozess muss der Interessenträger entweder vorausschauend die Perspektive der Politikdesigner berücksichtigen und einen vorläufigen Politik-Frame entwerfen, oder seine politischen Interessen angesichts eines etablierten Politik-Frames definieren.

7.1.2 Die Ausrichtung an den Politik-Frames

Ist Ersteres der Fall, so wird der Interessenträger intentional zum Frame-Sponsor und kann seine Interessen bereits frühzeitig in den Politikgestaltungsprozess einbringen. Dazu muss der Interessenträger sich im politischen Diskurs orientieren und den jeweiligen „politischen Willen" des potenziellen Politikdesigners identifizieren. Denn um die eigenen Botschaften zweckmäßig, d.h. mit dem gewünschten Resultat in den Frame-Kontext einpassen zu können, ist es notwendig, die politische Motivation der Designer zu verstehen.

Kann der Interessenträger den Designer in dieser Hinsicht unterstützen, dann eröffnen sich Handlungsmöglichkeiten, vor allem wenn der Designer schon politisches Kapital in den Frame investiert hat und daher an dessen Erfolg interessiert ist (Michalowitz 2004). Die Interessenträger in der EU müssen sich also bereits bei der Etablierung des Akteur-Frames an den Prioritäten und Absichten der Politikdesigner orientieren, um ihre Erfolgschancen zu verbessern. Zwar unterliegen auch die Designer bei der Festlegung von politischen Agenden den genannten externen Bedingungen, die die Handlungsmöglichkeiten einschränken und für den Akteur nicht direkt kontrollierbar sind. Dennoch strukturieren Organe wie die Kommission – schon wegen der internen Arbeitsteilung in Generaldirektionen – notwendigerweise Debatten und den Zugang zu den Entscheidungsverfahren. Durch die Frames werden aber auch die politischen Möglichkeiten, die adressierbaren Probleme selbst und die Entwicklung von Lösungsideen beschränkt, mithin also auch die Handlungsoptionen aktiver Interessenträger.

Ein Beispiel dafür, wie die Aktivitäten der Kommission sich direkt auf die Interessenbildung auswirken können, sind die erwähnten Expertengruppen. Basierend auf der Bedeutung von Politik-Frames für die Entstehung von Akteurnetzwerken, kann die Kommission durch die entsprechende Auswahl von Akteuren bereits frühzeitig die Landschaft der Interessenträger strukturieren bzw. dafür sorgen, dass potenziell wichtige Akteure zu Interessenträgern werden. Zum weiteren Kreis eines solchen Akteurnetzwerks gehören neben den Experten, die in die Beratungen einbezogen werden, auch jene, die davon erfahren haben oder diese beobachten. Insofern wirkt hier auch die Interdependenz zwischen unterschiedlichen Interessenträgern zugunsten der Kommission, die zunächst Informationen über die Absichten bzw. den Handlungsauftrag taktisch verteilen und so Interessenträger zur Teilnahme motivieren kann.

Nicht zuletzt in einem frühen Stadium der Formulierung des Politik-Frames kann so nach pragmatischen Gesichtspunkten entschieden werden, welche Ideen, Konzepte und Informationen genutzt werden sollen und welche nicht (Nylander 2000: 58f). Dabei zeigt das Beispiel der Verbraucher-Interessenträger bzw. der verbraucherpolitischen Politikgemeinschaft in der EU, dass die Handlungsgelegenheiten, die aus dem Politikgestaltungsprozess resultieren, die Entstehung von Interessen motivieren können. Denn die Akteure können nicht nur Ansatzpunkte zur Einflussnahme auf die Verbraucherpolitik nutzen, sondern das Vorhandensein bzw. die gezielte Etablierung von Einflussnahmemöglichkeiten durch die Politikdesigner wirkte auch als Stimulus auf die Entstehung von Verbraucherinteressenträgern auf EU-Ebene (vgl. Rhinard 2002: 176ff).

Für die Interessenträger hängt die Gelegenheit, Frames rechtzeitig an mögliche Politikdesigner zu kommunizieren, also vom Zugang zu den relevanten Akteuren im politischen System und dem Wissen über deren Prioritäten ab (Majone 1989: 148f). Innerhalb der Europäischen Kommission sind sowohl die jeweiligen Fachreferenten (*Desk-Officer)* als auch deren Vorgesetzte in der bürokratischen Hierarchie (*Head of Unit, Director, Director General*) und die übergeordneten politischen Verantwortlichen (*Kommissare*) als Adressaten zu unterscheiden. Wer wann und wie anzusprechen ist, hängt maßgeblich davon ab, in welcher zeitlichen Abfolge welche Ebene sich innerhalb der vorschlagenden Organe mit einer Thematik befasst (Wonka 2008). Eine genaue die politische „Ortskenntnis“ der institutionellen Rahmenbedingungen des Politikdesigners ist daher für den Interessenträger schon aus organisatorisch-pragmatischen Gründen notwendig.

Wegen der Unübersichtlichkeit des Entscheidungsprozesses auf der EU-Ebene ist auch die Kenntnis der richtigen Ansprechpartner und der Frame-Kontexte der europäischen Politikvorhaben eine wichtige Voraussetzung für die erfolgreiche Vermittlung von Interessen, vor allem zu Beginn der Politikreislaufs, gerade aus inhaltlichen Gründen sind persönliche Kontakte von hoher Bedeutung für die Interaktion (Farnel 1994; Köppl 1995; McLaughlin und Greenwood 1995; Fischer 1997; Buholzer 1998; Joos 1998; Teuber 2001).

Denn zum einen basiert die Glaubwürdigkeit eines Interessenvermittlers immer auch auf der bisherigen Interaktionserfahrung. So wirkt die Möglichkeit, einander wiederzusehen, auf die Akteure als disziplinierender Faktor in Bezug auf die Richtigkeit der übermittelten Informationen und die Verlässlichkeit der politischen Unterstützung. Zum anderen ist es für die Akteure von besonderer Bedeutung, die Denkweisen und Überlegungen hinter offiziellen Verlautbarungen der Kommission zu kennen, um die Hintergründe eines Politik-Frames verstehen zu können. Nur dadurch kann der Interessenträger direkt motiviert passende Frames vermitteln, um den Politikgestaltungsprozess zu beeinflussen. Innerhalb der Kommission sind vor allem die Beamten in den jeweiligen Referaten wichtige Anlaufpunkte, um die Hintergrundüberlegungen zu aktuellen Politik-Frames oder die Bedarfe für neue Frames zu identifizieren (Andersen und Eliassen 1991: 180).

Die jeweilige Arbeitsteilung auf Seiten der Ansprechpartner im politischen System wirkt sich also auch auf die inhaltliche Dimension der Kommunikation aus, mit der die Interessen vermittelt werden sollen. Der Fachreferent, der persönlich mit der Formulierung des Politikvorhabens befasst ist, ist an Details zu einem Vorhaben interessiert – und damit auch an detaillierten Informationen, mit denen ein Deutungsrahmen untermauert wird. Er kann die Wirkung seines Textes bis hin zu spezifischen Formulierungen einschätzen und diesen somit argumentativ absichern.

Für Akteure auf der politisch-verantwortlichen Ebene sind demgegenüber grundsätzlich die eigentlichen Deutungsrahmen und deren Beziehung zur Frame-Hierarchie des verantworteten Politikfelds von größerem Interesse. Denn ein Politikdesigner muss in der Lage sein, ein Politikvorhaben zweckmäßig zu begründen, und nutzt dazu die Legitimation des verantworteten Politikfelds. Die Legitimation speist sich aus den Politiken, die bereits verabschiedet worden sind. Die Kohärenz zwischen Politik-Frame und Frame-Hierarchie ist daher für den Politiker von herausragender Bedeutung, während die Details eines Politikvorhabens eher aus taktischer Sicht zur Gewinnung von Unterstützung seitens einzelner Interessenträger und damit zur Durchsetzung relevant sind. Gelingt es dem Akteur, seine Interessen frühzeitig mit eingepassten Frames in den Politikgestaltungsprozess einzubringen, können diese zur Grundlage der Informationssuche und Meinungsbildung des Politikdesigners werden.

7.1.3 Der Wettbewerb um die Etablierung von Deutungsvorlagen

Wenn es Interessenträgern gelingt ihre partikularen Anliegen frühzeitig und an den Handlungskontext der Kommission angepasst zu vermitteln, dann können diese zu einer Grundlage für die Meinungsbildung der Politikdesigner in der EU werden. Insofern diese Kognitionsvorlagen dann durch die Vorschlägen der Kommission zum Teil des Politik-Frames werden, werden die vermittelten Akteur-Frames wegen der entstehenden Pfadabhängigkeit im Politikgestaltungsprozess auch für andere Interessenkoalitionen, politische Unternehmer, Verbänden oder gar Regierungen relevant (Héritier 1996: 3; Nylander 2000: 61f). Weil der Status quo in einem Politikfeld aber immer auch von anderen Akteuren gestützt wird, findet der Wettbewerb um die Etablierung von Deutungsvorlagen meist zwischen verschiedenen Interessenkoalitionen statt, die jeweils versuchen, den Politikdesigner auf ihre Seite zu ziehen. Interessenkonflikte zwischen gesellschaftlichen Akteuren, etwa zwischen Umweltverbänden und Industrieverbänden, können so im politischen Diskurs zu einem Frame-Konflikt um die Etablierung einer Kognitionsvorlage für eine politische Fragestellung werden.

Wir haben gesehen, das für den Politikdesigner in der Kommission die Herausforderung darin besteht, einen Politik-Frame so zu konstruieren, dass dieser den Frame-Konflikt reflektiert und der Status quo im Sinne der Frame-Hierarchie weiterentwickelt wird. Weil aber an der Etablierung eines solchen Politik-Frames immer alle Akteure zumindest mittelbar beteiligt sind, ist es für den Interessenträger aufwändiger, den Status quo offen zu kritisieren und einen bestehenden Politik-Frame zu ändern als auf eine graduelle Weiterentwicklung des ursprünglichen Frames zu setzen. Denn Aussagen über die zukünftigen Wirkungen von Politikvorhaben sind nicht empirisch zu beweisen, weshalb der Akteur darauf angewiesen ist, seine Argumente so in den bestehenden Frame einzupassen, dass dieser und damit auch die Meinung der relevanten Akteure sich entsprechend ändern (Beyers 2008: 97).

Insofern sind in der EU langfristige Strategien mit dem Ziel, einen neuen, aber komplementären Frame zu etablieren, erfolgversprechender als die Herausforderung, einen etablierten Frame zu verändern, der innerhalb eines Politikfelds von einem Akteurnetzwerk gestützt wird (Beyers 2008: 98). Umgekehrt sind Blockadepositionen vor allem bei umstrittenen Themen mit hohem Konfliktpotenzial immer dann möglich, wenn die konkurrierenden Akteurnetzwerke auch Politikdesigner umfassen und ein Vorhaben im Parlament behandelt wird oder spezifische Änderungsvorlagen für bestehende Politiken adressiert werden (Mahoney 2008: 79).

Dass die erfolgreiche Vermittlung von Interessen durch Berücksichtigung des institutionellen Rahmens, d.h. in diesem Fall der politischen Interessenlage der europäischen Akteure und der Einpassung in die Frame-Hierarchie des Politikfelds, gelingen kann, zeigt sich in der europäischen Transportpolitik (Peters 2003). Denn hier ist den im European Roundtable of Industrialists (ERT) zusammengeschlossenen Bau- und Transportinteressenträgern aus der Wirtschaft nachweislich gelungen, den Bau großer europäischer Infrastrukturprojekte, etwa des Ärmelkanal-Tunnels oder der Öresundbrücke, als „missing links" eines transeuropäischen Netzwerks (TEN) in die europäische Transportpolitikdebatte einzubringen. Das zeigt, dass es motivierten und aktiven Interessenträgern gelingen kann, langfristige Frames zu etablieren und damit Einfluss auf die Politikgestaltung in der EU zunehmen (Peters 2003: 238ff).

Denn in diesem Politikfeld konnten die an das übergreifenden Ziel der Etablierung einer transeuropäischen Transportinfrastruktur angepassten Interessen an Bauprojekten als *missing links* ohne Nachweis der makroökonomischen Bedeutung und zum Teil im Widerspruch mit umweltpolitischen Zielen der EU als politische Vorhaben platziert werden. Dabei konnte die Kommission mit dem Vorschlag für die europäische Kooperation ein neues Politikfeld besetzen und den starken Fokus des Gemeinschaftsbudgets auf die CAP entspannen, während die Mitgliedstaaten Infrastrukturinvestitionen auf die EU-Ebene verlagern konnten, ohne dort zusätzliche Bürokratie zu schaffen.

Beide Akteur-Frames, die Ausweitung der europäischen Zusammenarbeit auf Seiten der Kommission und die Nutzung europäischer Mittel für Infrastrukturprojekte ohne personelle Verstärkung der Kommission auf Seiten der Regierungen, wurden somit geschickt mit einem passenden *missing links*-Frame bedient (Peters 2003). Der entsprechende Politik-Frame ist daher ein Beispiel für die erfolgreiche Vermittlung von Interessen durch Berücksichtigung der Frame-Hierarchie eines Politikfelds und der konstitutionellen Rahmenbedingungen in der EU.

Interessenträger können die Handlungsgelegenheiten also auch nutzen und Strategien wählen, die langfristig Einfluss sichern (Dür 2008: 124), müssen dabei aber die kognitiven Rahmenbedingungen für die Vermittlung von Interessen berücksichtigen. Dabei lassen sich unterschiedliche Ebenen unterscheiden. Zum einen müssen Interessen an die existierenden Meta-Frames angepasst werden, d.h. Anliegen müssen auf EU-Ebene im Kontext des dortigen Politikdiskurses legitimiert werden. Aus dem Rahmen leitet sich dann ab, welche Akteure wann mit welchen argumentativen Ressourcen operieren können, um ihre Positionen zu vermitteln. Die praktische Hürde für die Teilnahme eines Akteurs am politischen Diskurs ist daher die Kenntnis der Frame-Hierarchie und der darin gebündelten politischen Motivationen der Politikdesigner, durch die der kognitive Rahmen für den Politikgestaltungsprozess determiniert ist (Nylander 2000: 51ff).

Für den Interessenträger ergibt sich daraus ein gewisser Zeitdruck, der erfordert, dass die jeweilige Position frühzeitig und auf die Frame-Hierarchie abgestimmt an den Designer vermittelt wird, damit sie dort noch Berücksichtigung finden kann, bevor die Kommission politisches Kapital in ein Vorhaben investiert und den Politik-Frame festlegt, indem sie diesen öffentlich vorstellt.

Die Direktionalität des Einflusses auf den Politikgestaltungsprozess, d.h. die Frage, ob der Politik-Frame vom Interessenträger oder vom Designer selbst definiert worden ist, hängt also von der rechtzeitigen Vermittlung und von der Anknüpfungsfähigkeit der vermittelten Anliegen an die Frame-Hierarchie ab. Wird ein Akteur-Frame frühzeitig vermittelt, kann er zu einem Teil des Design-Frames werden und die darauf basierenden Anliegen und Interessen können im weiteren Verlauf einfacher vermittelt werden. Unterstrichen wird dieser Vorteil für aktive Interessenträger dadurch, dass durchschnittlich 80% des Inhalts eines Kommissionsvorschlags im Verlauf des Politikgestaltungsprozesses intakt bleiben (Bellier 1997: 110).

Für den Interessenträger ist darüber hinaus auch die Wechselwirkung zwischen den Akteuren innerhalb einer politischen Organisation von Bedeutung. Er kann den institutionellen Zusammenhang zwischen den Hierarchieebenen nutzen, um einen Frame verstärkt zu vermitteln. Hat sich zum Beispiel die politische Führung bereits auf einen Deutungsrahmen festgelegt – etwa durch eine allgemein gehaltene Stellungnahme zu einem gesellschaftlichen Sachverhalt –, dann wirkt sich diese Festlegung auch auf die Formulierung des Politikvorhabens durch den Fachreferenten aus. Dessen politische Führung steht dann im Wort und der Referent wird daran interessiert sein, Details zu erfahren, mit denen sich ein Politikvorhaben so ausgestalten lässt, dass es dem festgelegten Politik-Frame entspricht.

Die Frame-Hierarchie eines Politikfeldes gehört damit auch zu den wichtigsten institutionellen Rahmenbedingungen, unter denen der Interessenträger Informationen gezielt an die Akteure des politischen Systems vermitteln muss. Die Begründungszusammenhänge dieses Frame-Kontextes müssen insbesondere dann berücksichtigt werden, wenn Interessen durch die Formulierung eines vorläufigen Politik-Frames vermittelt werden sollen. Die Frame-Hierarchie eines Politikfeldes ist dabei ein wichtiger Teil der kognitiven Rahmenbedingungen, unter denen Politikdesigner handeln. Je folgerichtiger ein vorgeschlagener Politik-Frame an diese Frame-Hierarchie angeknüpft werden kann, desto höher ist die Chance, dass der Frame von den relevanten Ansprechpartnern im politischen System rezipiert wird (vgl. Hall 1993).

Will also der direkt motivierte Interessenträger einen Ansprechpartner innerhalb des politischen Systems dafür gewinnen, im Sinne seiner Argumentation zu einem Politikdesigner zu werden, dann kann es in diesem frühen Stadium des Kreislaufs auch zweckmäßig sein, den Zusammenhang zwischen dem vermittelten Deutungsrahmen und der Frame-Hierarchie nur indirekt zu vermitteln, um die Eigenmotivation des zukünftigen Politikdesigners zugunsten der Etablierung des vorgeschlagenen Frames nutzen zu können (Kingdon 1984: 53f). Der Politikdesigner hat so die Möglichkeit, die partikulare Deutung selbstständig im Kontext des Politikfeldes zu interpretieren und somit als eigenen Politik-Frame zu verbreiten. Der Designer wird zum kognitiven Verbündeten des aktiven und direkt motivierten Interessenträgers.

Der Interessenträger muss demnach seine Handlungsoptionen zur Interessenvermittlung in der Akteurkonstellation abwägen und bei der Formulierung von politischen Botschaften die institutionellen Rahmenbedingungen des politischen Akteurs und die Frame-Hierarchie des Politikfeldes berücksichtigen. Um die Handlungsgelegenheiten im politischen System der EU zu nutzen, können Interessenträger die vorhandenen Frames auch zur Vermittlung von Interessen und damit im Wettbewerb um die Deutungshoheit verwenden.

7.2 Frames im Wettbewerb um die Deutungshoheit in der EU

Grundsätzlich gibt es zwei Möglichkeiten, Frames im politischen Prozess zu thematisieren. Zum einen können die Interessenträger ihre Frames direkt an die EU-Organe adressieren. Zum anderen ist es aber auch möglich, durch die allgemeine Verbreitung von Frames im politischen Diskurs, insbesondere über die Medien, die Frames indirekt in den politischen Prozess einzubringen. Bei beiden Wegen müssen verschiedene Faktoren berücksichtigt werden, die die Deutungshoheit der eingebrachten Frames sichern oder gefährden können. Im Folgenden werden wir diese beiden Möglichkeiten der Interessenträger, im Wettbewerb um die Deutungshoheit zu bestehen, untersuchen.

7.2.1 Die direkte Thematisierung von Frames im politischen System

Aus dem Framing-Ansatz können wir folgern dass für die Ausrichtung auf den Politik-Frame in erster Linie der Kontext relevant ist, der sich aus den Rahmenbedingungen der Politikdesigner und der Frame-Hierarchie des jeweiligen Politikfelds ergibt. Sobald sich ein Akteur im politischen Diskurs orientiert und seine Handlungsorientierungen zu Interessen konkretisiert hat, muss er als Interessenträger seine Handlungsoptionen zur Vermittlung dieser Interessen in der Akteurkonstellation abwägen und bei der Formulierung politischer Botschaften berücksichtigen. In dieser Hinsicht hat Baumgartner (2007) treffend bemerkt:

> „Lobbyists are framers. They spend much of their time attempting to convince others that their issue should be seen in a particular light. The typical issue on which government policymakers are actively working has many underlying dimensions, even if only a few are the object of much discussion. On the other hand, those they are attempting to convince were not typically born yesterday and they are often fully aware of the various possible

dimensions of evaluation. Struggles over issue-definition are at the heart of many policy disputes, especially as issues emerge from technocratic decision-making structures and gain greater political visibility" (Baumgartner 2007: 485).

Interessenträger finden daher entlang des Politikkreislaufs in der EU vielfältige Gelegenheiten, ihre subjektive Sicht der Dinge in den Diskurs einzubringen. In dem Bemühen, als ernst zu nehmender Gesprächspartner wahrgenommen zu werden, entsteht daraus für den einzelnen Interessenträger ein Spannungsverhältnis zwischen der Anpassung der politischen Botschaften einerseits und der Absicherung der eigenen Reputation andererseits. Dabei gilt: Je näher die partikulare Forderung im Interesse des Politikdesigners liegt, sein Vorhaben erfolgreich umzusetzen, desto höher ist die Chance für den Akteur, Einfluss auf die Details der Ausformulierung des Politikvorhabens zu nehmen. Das gilt gerade dann, wenn ein Konflikt auf die politische Ebene oder auf eine technische Ebene, z.B. in Standardisierungsgremien, verlagert wird (Michalowitz 2007). In jedem Fall muss der Interessenträger aber mit dem Designer kommunizieren.

In Rahmen der genauen politischen *Ortskenntnis* müssen daher auch die Funktionslogiken der unterschiedlichen Organe berücksichtigt werden. Dabei fallen die erwähnten Diskursressourcen ins Gewicht: die faktische Relevanz der Informationen, die politische Unterstützung bzw. Legitimierung des Vorhabens sowie die Unterstützung bei seiner Umsetzung (Eising 2007: 368). Auch die prozeduralen Interessen der Designer, wie Detailexpertisen in der frühen Designphase bzw. sektorübergreifende politische Unterstützung im weiteren Verlauf, sowie die politisch-ideologischen Positionen der MEPs müssen berücksichtigt werden. So sind etwa bei der Vermittlung von Botschaften an die Kommission deren Struktur und der Ablauf der internen Verfahren zu beachten. Auch der Zeitpunkt, zu dem ein Vorhaben im Rahmen einer Inter-Service-Konsultation intern abgestimmt wird, ist von entscheidender Bedeutung (Bouwen 2009).

Denn wir haben je bereits aus der Perspektive der Politikdesigner festgehalten, dass durch die Abstimmung eines Vorhabens innerhalb der Kommission auch dessen Politik-Frame gefestigt wird. Es ist also für den Interessenträger wichtig, seine Positionen vorher an die am besten zugängliche GD zu vermitteln, um damit einen internen Fürsprecher zu gewinnen. Wird dieser Zeitpunkt verpasst, kann eine GD den Vorschlag einer anderen GD nur noch um den Preis einer politischen Eskalation im Kollegium der Kommissare verändern, was erhebliche politische Investitionen verlangt.

Die Möglichkeit, im Austausch für die Unterstützung eines Politikvorhabens partikulare Interessen vermitteln zu können, wird auch durch die unterschiedlichen Zugangslogiken der europäischen Organe untermauert, etwa dass Verbände im Parlament eher Gehör finden als einzelne Unternehmen und dass sowohl nationale als auch europäische Positionierungen für die Parlamentarier von hoher Relevanz sind etc. (Bouwen 2005: 118ff). Für den Interessenträger hängt die

Wahl der Ansprechpartner dabei grundsätzlich vom Status eines Vorhabens im Politikkreislauf ab. Durch das Initiativrecht der Kommission sind die zuständigen GDs und im weiteren Verlauf auch die zuständigen Ausschüsse im Parlament sowie die Berichterstatter relevant.

Aus den Akteur-Frames der Ansprechpartner ergibt sich dann der Kontext, in den die jeweilige Botschaft gestellt werden muss, um vermittelbar zu sein. Dabei können die fachlich-politischen Perspektiven der Politikdesigner auch Hinweise darauf bieten, welche Argumentationsschwerpunkte vorteilhaft sind, etwa wenn der sozialistische Wirtschaftspolitiker empfänglicher ist für *Arbeitsplatz*-Argumente, während seine konservative Kollegin eher *Wirtschaftswachstums*-Argumente anerkennt. Diesbezüglich hat Mahoney (2008) darauf hingewiesen, dass die Anpassung der Argumentation an den Gesprächspartner eine grundlegende Handlungsoption von Interessenträgern ist und dass die Auswahl der Ansprechpartner deswegen langfristige Auswirkungen auf die Wahrnehmung des Themas haben kann (Mahoney 2008: 124ff).

Die Tatsache, dass Interessenträger ihre Kommunikation im Politikkreislauf auch in Bezug auf die Ansprechpartner anpassen, weist darauf hin, dass deren Aufmerksamkeitsspanne ein wichtiges Kriterium für den richtigen Zeitpunkt von Kommunikationsmaßnahmen ist. Die Frage, wer wann welches Thema bearbeitet, ist daher entscheidend, wenn partikulare Interessen erfolgreich vermittelt werden sollen. Das gleiche gilt für den richtigen Kommunikationskanal. Bezüglich des Grades an Öffentlichkeit lassen sich die Kommunikationskanäle, die von Interessenkoalitionen genutzt werden, analytisch in zwei Kategorien einteilen: Bühne und Kulisse. Dabei finden in der Kulisse alle direkten Kontakte zwischen Interessenträger und Politikdesigner statt, d.h. Komitees, Expertengruppen etc., während auf der Bühne alle vermittelten Kontakte ablaufen, z.B. Medien, Konferenzen etc. (Kollman 1998; Beyers und Kerremans 2004; Binderkrantz 2005; Naurin 2007; Beyers 2008: 87; Mahoney 2008: 3). Für die Reputation der Interessenträger ist entscheidend, dass es sich sowohl in der Kulisse als auch auf der Bühne jeweils um denselben Akteur handelt. Zumindest für den Politikdesigner, der bei beiden Gesprächsgelegenheiten zugegen ist, ist die Kohärenz der jeweiligen Aussagen daher leicht zu verifizieren.

Insofern ist der Interessenträger, der im Wettbewerb um die Deutungshoheit seine Interessen vermitteln muss, darauf angewiesen, seine Kommunikation so gut wie möglich auf die Adressaten abzustimmen:

> „Advocates recognize that different audiences respond to different dimensions of an issue, and a strategic advocate will emphasize different frames depending on the target in order to gain their support.“ (Baumgartner und Mahoney 2008: 441).

Wie sich dieser Zusammenhang in der Praxis darstellt, hat Naurin (2007) an einem Beispiel aus dem Bereich der Chemieregulierung mit Hilfe eines Vergleichs zwischen den Aussagen professioneller Interessenvermittler (Public-Affairs-

Berater) zu einem hypothetischen Politikvorhaben und den Inhalten von Lobbying-Briefen, Positionspapieren und Pressemitteilungen zu echten Politikvorhaben nachgewiesen.

Dabei bestätigt sich, dass die Argumentationen, mit denen sich Interessenträger an Politikdesigner richten, in der Tat an die jeweiligen Ansprechpartner angepasst werden. Allerdings muss die *Norm des besseren Arguments* mit dem vorrangigen Ziel in Einklang gebracht werden, als konstruktiver Interaktionspartner des Politikdesigners zu agieren. Obwohl die Kohärenz der Argumentation in jedem Fall gewahrt bleiben muss, werden je nach Gesprächspartner unterschiedliche Teilargumente in den Vordergrund gerückt (Naurin 2007: 70ff). Ziel ist die Anpassung der Kommunikation an den jeweiligen Kontext des Ansprechpartners, die vor allem der oft sehr begrenzten Aufmerksamkeit geschuldet ist.

So verfolgen EU-Beamte aus unterschiedlichen GDs verschiedene politische Ziele und sind in Hintergrundgesprächen mit Lobbyisten ggf. auch an Informationen zur Verteidigung der eigenen Position in den internen Verhandlungen interessiert. Zur Absicherung der Reputation können Interessenträger nicht mit unterschiedlichen Informationen arbeiten, allerdings werden unterschiedliche Argumente mehr oder weniger ausführlich dargelegt und so die Eigeninteressen des Politikdesigners zur gezielten Zuspitzung der Argumentation genutzt (Naurin 2007: 90ff). Die eigenen politischen Interessen müssen daher intellektuell und empirisch abgesichert und kontextualisiert eingebracht werden (Schendelen 2002: 41).

Mit Blick auf nicht EU-spezifische Meta-Frames, die von Interessenträgern zur Anpassung ihrer Botschaften an Politik-Frames genutzt werden, sind im Vergleich zwischen der EU und den USA fünf grundlegende Spielarten identifiziert worden (Mahoney 2008). Dazu gehören neben den bereits angesprochenen *Gemeinwohl*-Frame und *Machbarkeits*-Frame auch *Wissenschafts*-Frame, *Fairness*-Frame und *Wahlkreis*-Frame. Gemeinsam ist diesen Meta-Frames, dass jeweils eine bestimmte Argumentationslinie verfolgt wird. So wird zum Beispiel beim *Wissenschafts*-Frame die wissenschaftliche Rationalität ins Feld geführt, um mit der postulierten Allgemeingültigkeit des positivistischen Wissenschaftsdiskurses den *Boden der Tatsachen* für die eigene Argumentation zu nutzen. Auch mit dem *Fairness*-Frame wird letztlich auf Referenzen Bezug genommen, die Gegner und vor allem Politikdesigner nur in begrenztem Maß bezweifeln können, etwa wenn verbreitete normative Vorstellungen wie Gerechtigkeit als Grundlage für die eigene Argumentation genutzt werden (Mahoney 2008: 207f).

Einzig bei der Bezugnahme auf die spezifischen Interessen im jeweiligen Wahlkreis machen sich die Unterschiede der beiden politischen Systeme bemerkbar. Während in den USA der amerikanische Präsident für die Gesamtheit der US-Amerikaner spricht, vertreten die Abgeordneten des Kongresses klar definierte Wahlkreise. In der EU ist der Bezug auf regionale Partikularinteressen komplexer. Wenngleich die Kommission für alle EU-Bürger spricht, werden diese außerdem als Bürger der Mitgliedstaaten von ihrer nationalen Regierung und – je nach Wahlrecht – von regional gewählten Abgeordneten des Europäischen Parlaments vertreten. Ähnlich wie beim Wahlkreis-Frame in den USA können wir aber auch in der EU Mechanismen des Rückgriffs auf Gruppeninteressen erkennen, etwa wenn sich Verbraucherschützer und Industrie innerhalb eines Politikfeldes – z.B. Umweltschutz vs. Arbeitsplätze – gegenüberstehen und jeweils die Vertretung von Bürgerinteressen für sich in Anspruch nehmen.

Von besonderer Bedeutung sind damit die Begründungszusammenhänge, in die eigene politische Botschaften gestellt werden. Dabei können die Argumentationen nach der jeweiligen Bezugsgröße unterschieden werden, also ob es sich um die partikulare eigene Position des Interessenträgers, die Position einer größeren Gruppe oder ein allgemeines Prinzip handelt (Naurin 2007: 52f). Der Akteur kann aus Sicht des eigenen Frames, des gemeinsamen Frames eines Industriesektors bzw. Bevölkerungsteils oder im Sinne des Politik-Frames argumentieren, wobei politische Botschaften zur Vermittlung von Interessen meist alle drei Begründungszusammenhänge vereinen müssen. Allerdings gibt es Unterschiede in Bezug auf den Kommunikationskanal. So werden auf der Bühne der Öffentlichkeit und in den nicht-öffentlichen Hintergrundgesprächen in der Kulisse unterschiedliche Schwerpunkte gesetzt. In der Öffentlichkeit wird stärker das jeweilige Eigeninteresse herausgestellt, während es im Hintergrund zu umfassenderen und präziseren Argumentationen kommt. Durch die Betonung der eigenen Betroffenheit definiert sich der Akteur als relevanter Interessenträger.

Ist der Kontakt zum Designer etabliert, so ist das nicht mehr in erster Linie notwendig. Vielmehr geht es dann um den Austausch untereinander und darum, dass der Interessenträger durch die Anpassung an den Politik-Frame die eigene Position in einer konstruktiven Art und Weise vertreten und dadurch die Mitarbeit an der Ausgestaltung des Politikvorhabens erreichen kann (Naurin 2007: 133f). In jedem Fall ist aber ein direkter Bezug zum Politikvorhaben und eine das eigene Anliegen legitimierende Begründung notwendig (Naurin 2007: 82f).

Diese hängt nicht nur vom Inhalt, sondern auch vom Überbringer der Botschaft ab. Die Argumentationsmöglichkeiten des Interessenträgers unterscheiden sich also auch nach der Position des Akteurs gegenüber dem Politikdesigner, wobei der Überbringer durch die Bildung von Koalitionen gezielt konstruiert werden kann, um den Kreis der Betroffenen zu vergrößern. Je mehr Akteure in der Debatte die gleichen Argumente vorbringen, desto stärker ist der Politikdesigner gezwungen, den Mittelweg des Politik-Frames in diese Richtung zu bewegen (Naurin 2007: 94ff, 119). Jedoch reicht die verbale oder symbolische Unterstützung einer Positionierung von Seiten des Designers noch nicht aus, denn erst wenn die Richtung auch durch verbindliche Dokumente oder Budgets abgesichert ist, hat der Interessenträger sein Ziel erreicht (Mahoney und Baumgartner 2008: 166).

Gerade in Bezug auf die effektive und nachdrückliche Verbreitung politischer Botschaften im Wettbewerb um die Deutungshoheit sind Ad-hoc-Koalitionen von Interessenträgern ein wichtiges Merkmal der Interessenvermittlungslandschaft in der EU (Pijnenburg 1998). Orientiert an einem bestimmten Politikvorhaben, finden sich darin Akteure gleichsam auf der kognitiven Basis eines gemeinsamen Anliegens zusammen und bündeln ihre Ressourcen. Der Designer steht dann einer Koalition gegenüber, die eine abgestimmte Position vertritt und potenziell in der Lage ist, eigene Interpretationen des Sachverhalts in unterschiedliche Netzwerke zu verbreiten. Nicht zuletzt wegen der Zunahme der Konkurrenz unter den Interessenvertretern sind sowohl Ad-hoc-Koalitionen als auch Verbände als kollektive Interessenvertretung unentbehrlich für den Dialog mit den europäischen Organen (Kohler-Koch und Eising 2005a: 26f). Vor allem wegen des Bemühens, als Diskursteilnehmer relevant zu bleiben, wird die Mitgliedschaft in solchen Koalitionen für viele Interessenträger zur conditio-sine-qua-non, um die Einflussmöglichkeiten im Wettbewerb der Kognitionsvorlagen zu bewahren (Greenwood 2002).

Durch die Zusammenarbeit mit anderen Akteuren erhöht sich für den Interessenträger allerdings die Komplexität in Bezug auf die Festlegung der eigenen Position, weil diese nicht nur am Politik-Frame, sondern auch in Bezug auf den möglichen Konsens in der Gruppe abgewogen werden muss. Für die themenorientierte Zusammenarbeit von Akteuren ist am Beispiel sozialer Bewegungen auf die integrierende Funktion so genannter Diagnose- und Prognose-Frames hingewiesen worden, die sich im politischen Diskurs wiederfinden (Cress und Snow 2000).

Die Basis für die Zusammenarbeit von Akteuren in Interessenkoalitionen ist demnach die argumentative Verbindung zwischen den jeweiligen Akteur-Frames und dem Politik-Frame des Vorhabens. Durch diese Verbindung wird nachvollziehbar, warum ein Politikvorhaben für den Einzelnen relevant ist, d.h. die politischen Implikationen werden diagnostiziert und damit handlungsrelevant gemacht. Indem dann auf der Basis der Akteur-Frames ein gemeinsames Interesse formuliert wird, wissen die Angehörigen der Koalition, wofür diese steht und inwieweit ihre Ziele dem eigenen subjektiven Handlungsinteresse entsprechen. Für Interessenvermittlungsprozesse lassen sich insofern kognitive Erfolgskriterien bei der Zusammenarbeit von Interessenkoalitionen ableiten (Benford und Snow 2000).

Zum einen kann der Framing-Prozess nicht als statisch gesehen werden, sondern erfordert eine kontinuierliche Erneuerung bzw. Bestätigung, was insbesondere die Rolle von Diskussionsforen und die Bedeutung der Medien für den politischen Diskurs unterstreicht. In Bezug auf die Formulierung eines kollektiven Akteur-Frames als Grundlage einer Interessenkoalition müssen drei Prozesse ins Auge gefasst werden: (1) die diskursive Entstehung durch Neu-Zusammenstellung bekannter Fakten unter einer kohärenten Interpretation, (2) die strategische Formulierung von Frames mit bestimmten Zielen sowie (3) die mittelbare Entstehung in der argumentativen Auseinandersetzung zwischen den Akteuren (Benford und Snow 2000: 623ff).

Zum anderen spielt die Glaubwürdigkeit der Frames eine wichtige Rolle, wobei in Bezug auf die kollektiven Handlungs-Frames bei sozialen Bewegungen die Konsistenz zwischen Aussagen und Handlung, die empirische Glaubwürdigkeit der Argumentation und die Glaubwürdigkeit des vermittelnden Akteurs als ausschlaggebend identifiziert worden sind (Benford und Snow 2000: 618ff). In Bezug auf Interessenkoalitionen ist vor allem die Seriosität und Glaubwürdigkeit gegenüber dem Politikdesigner von Bedeutung, weil diese auch auf die Mitglieder ausstrahlt. Insofern bieten die kollektiven Akteur-Frames von Interessengruppen für den Designer einen Einblick in das Konsenspotenzial seiner Vorschläge, für den einzelnen Interessenträger allerdings einen zusätzlichen Kontext für die Positionierung im politischen Diskurs.

Im weiteren Verlauf des Politikkreislaufs stellt sich für den Interessenträger jedoch selbst nach einer erfolgreichen informellen Verbreitung eines vorgeschlagenen Frames an die relevanten Politikdesigner die Frage, ob diese Platzierungsmaßnahmen zur Durchsetzung der eigenen Interessen ausreichen. Wegen der grundlegenden Unsicherheit, unter der alle Akteure agieren, ist daher eine Beobachtung des weiteren Verfahrensverlaufs notwendig. Der Interessenträger kann sich erst nach einer offiziellen Stellungnahme des Designers – d.h. letztlich nach dessen Definition des Politik-Frames – sicher sein, inwieweit seine Deutungsperspektive übernommen worden ist.

7.2.2 Die Verbreitung von Frames im politischen Diskurs

In den meisten Fällen existieren jedoch konkurrierende Deutungen. Deshalb kommen auch für Interessenträger, die frühzeitig, umfassend und eng mit dem Designer in Kontakt stehen, in der zweiten Phase des Politikkreislaufs weitere Maßnahmen zur Vermittlung ihrer Interessen in Betracht.

Der Interessenträger hat zum Beispiel die Möglichkeit, seine Kognitionsvorlage im politischen Diskurs gleichzeitig bzw. vorbereitend auch an andere gesellschaftliche Akteure wie Medien oder Wissenschaftler zu verbreiten. So kann gegebenenfalls indirekt ein unterstützendes Meinungsklima geschaffen werden, das die Rezeption des gesponserten Frames auf Seiten des Politikdesigners vorbereitet bzw. unterstützt. Außerdem kann der Akteur mit den Mitteln der politischen Kommunikation auch direkt als Akteur in den politischen Diskurs eingreifen, um seine Frames zu verbreiten. Durch die Veröffentlichung entsprechender Informationen und Stellungnahmen kann so ein unterstützendes Meinungsklima geschaffen bzw. unterstützt werden, in dem der vorgeschlagene Deutungsrahmen, die mit ihm vermittelten Hintergrundinformationen und die resultierenden Maßnahmen als zu präferierende Lösung erscheinen. Das entsprechende Meinungsklima wirkt sich somit auch auf die an dem Diskurs beteiligten Akteure aus bzw. wird von diesen beeinflusst.

Kommunikationsmaßnahmen, die auf das Meinungsklima bzw. die darauf aufbauende Medienagenda gerichtet sind, können allerdings auch den Beginn eines Politikkreislaufs bilden. Die öffentlichkeitswirksame Beeinflussung des Meinungsklimas zu einer bestimmten Fragestellung – etwa durch gezielte Medienkampagnen – kann von Interessenträgern genutzt werden, um mit Hilfe von Massenmedien einen Politikdesigner auf einen Sachverhalt aufmerksam zu machen. Dabei muss der Interessenträger nicht notwendigerweise selbst zum medialen Akteur werden. Die Kommunikationsmaßnahmen könnten beispielsweise darauf abzielen, das allgemeine Verständnis für einen Sachverhalt zu erhöhen – etwa indem Informationen lanciert oder Studien beauftragt werden. Das Ziel besteht dann darin, für alle Akteure im Kommunikationsprozess Interessenvermittlung die informationelle Basis zugunsten der subjektiv gewünschten Interpretationen zu beeinflussen.

Mit dem Framing-Ansatz können wir daher auch die Prozesse des politischen Agenda-Settings als Teil des Kommunikationsprozess Interessenvermittlung berücksichtigen, und zwar erweitert um eine kognitive Dimension, wonach nicht nur Themen, sondern durch die Deutungskontexte auch Interpretationen und Maßnahmen vermittelt werden (Kingdon 1984: 134ff). Der direkt motivierte Interessenträger hat mit der gezielten Verbreitung von Kognitionsvorlagen die Möglichkeit, sowohl die übergreifenden politischen Leitlinien als auch die Details eines Politikvorhabens zu beeinflussen, bevor dieses von einem Designer mit einem Politik-Frame kommunikativ konstruiert wird. Im Idealfall schlägt der Interessenträger gleichsam selber ein Politikvorhaben vor, das dann im Lauf des kommunikativen Kreislaufs durch- und umgesetzt werden muss.

Eine weitere Handlungsmöglichkeit besteht allerdings darin, die Anknüpfungspunkte für die Platzierung von Akteur-Frames zu nutzen, um das Meinungsklima und damit indirekt auch den Politikgestaltungsprozess zu beeinflussen. Grundsätzlich kann durch unvorhergesehene Ereignisse die Möglichkeit entstehen, neue Frames für bekannte Sachverhalte zu etablieren, weil damit häufig geteiltes Wissen in Frage gestellt wird. Die resultierende kognitive Dissonanz zwischen den bestehenden Überzeugungen und den neuen Informationen kann ggf. durch einen neuen Frame überbrückt werden (Marcussen 1998).

Wenn also in Bezug auf einen gesellschaftlichen Sachverhalt oder ein Politikvorhaben noch keine gemeinsame Sicht der Dinge etabliert ist oder ein durch einen Politik-Frame vermittelter Deutungskonsens durch ein unvorhergesehenes Ereignis diskreditiert wird, haben Interessenträger die Chance eine etablierte Argumentation in Frage stellen und aus einer partikulare Sichtweisen einen alternativen Frame zu vermitteln. Denn durch externe Einflüsse kann z.B. das herrschende Vorstellungssystem erschüttert werden und der kognitiv-interpretative Kontext des Vorhabens gerät in Bewegung. Für alle beteiligten Akteure erhöht sich dadurch das Maß an Unsicherheit.

Durch den dann notwendigen Prozess der Überprüfung des Akteur-Frames kann eine neue Deutung etablieren werden, wenn es gelingt, mit dem neu vorgeschlagene Politik-Frame eine argumentative Brücke zwischen dem externen Einfluss und der vorherigen Deutung zu schlagen. Gerade unvorhergesehene Ereignisse können daher von politischen Unternehmern genutzt werden, um die Frame-Hierarchie in einem Politikfeld zu verändern. Die etablierten EU-Meta-Frames und die aus den Verträgen abgeleiteten Kompetenzen bilden dann den Kontext um z.B. auf eine Naturkatastrophe mit Maßnahmen auf EU-Ebene zu reagieren.

Interessenträger könnten so auch gezielt versuchen, einen partikularen Frame so zu platzieren, dass der etablierte Konsens nicht mehr haltbar ist und die Debatte um eine weitere Perspektive erweitert werden muss (Bridgman und Barry 2002; Lowry 2006; Wood 2006). Allerdings gehören konkurrierende Frames, also unterschiedliche Sichtweisen auf dieselbe gesellschaftliche Gegebenheit bzw. unterschiedliche Interpretationen des daraus folgenden politischen Handlungsbedarfs, zu den grundlegenden Ursachen langwieriger politischer Kontroversen und Konflikte zwischen Interessengruppen (Rein und Schön 1994). Ein Interessenträger kann allerdings durch die Verbreitung eines partikularen, aber mit umfassenden Anknüpfungspunkten für weitere Akteure versehenen Frames ein vorteilhaftes Meinungsklima erzeugen, das der Berücksichtigung der eigenen Interessen förderlich ist oder den etablierten, durch den Politik-Frame vermittelten Deutungskonsens zu einem Politikvorhaben in Frage stellt.

Auch der Rechtsweg ist eine Möglichkeit, den Deutungskonsens zu einem Politikvorhaben in Frage zu stellen und eine kognitive Dissonanz gleichsam bewusst herbeizuführen, um Einfluss auf den Politikgestaltungsprozess zu erlangen. Dieser kann als Ansatzpunkt dienen, um die eigene Position mit Hilfe eines Rechtsstreits im Rahmen des politischen Diskurses zu thematisieren (Hilson 2002). In der EU greifen Interessenträger aber nur dann zur Klage vor dem Europäischen Gerichtshof (EuGH), wenn andere Anstrengungen, die Kommission zu einem Vorschlag zu bewegen, keinen Erfolg gezeigt haben (Bouwen und McCown 2007). Darüber hinaus scheinen es stets Akteure mit dezidiertem Eigeninteresse zu sein, etwa Unternehmen und weniger Verbände, die als Kläger auftreten, um ihre Ziele zu erreichen. Wenn dies geschieht, so scheint die rechtlich verbindliche Wirksamkeit des Klageweges trotz seiner relativen Langsamkeit der Hauptanreiz zu sein (Bouwen und McCown 2007: 438).

Wenn ein Politikvorhaben noch nicht verabschiedet ist haben Interessenträger weitere Möglichkeiten, Einfluss zu nehmen. Im Vergleich zu den USA zielen europäische Akteure allerdings eher auf die Änderung oder Anpassung geplanter Vorhaben ab als auf deren Blockade. Hintergrund ist die Beobachtung, dass Politikvorhaben der Kommission häufiger umgesetzt werden als beispielsweise Eingaben an den US-Kongress (Mahoney und Baumgartner 2008: 163).

Für die Bemühungen von Interessenträgern, alternative Frames in den politischen Diskurs einzubringen, ergibt sich eine Reihe von Anforderungen. So zeigen zum Beispiel Langzeitstudien in den USA, dass die anfänglichen Frames, mit denen ein politisches Problem thematisiert wird, meist sehr stabil sind, weil sie von den Politikdesignern typischerweise entworfen werden, um breite politische oder ideologische Positionen zu berücksichtigen bzw. im Diskurs anzulegen (Baumgartner et al. 2007, 2009).

Auch für Handlungsgelegenheiten im politischen System der EU müssen Interessenträger langfristige Strategien verfolgen und zu ressourcenintensiven Auseinandersetzungen mit einer Gegenseite bereit sein, um neue Frames zu etablieren. Denn die Veränderung vorherrschender Frames (*reframing*) gefährdet immer auch Interessenkoalitionen, die mit einer etablierten Unterstützungsstruktur eines Politik-Netzwerks die vorherrschenden Frames stabilisieren. Notwendig sind ferner Investitionen in Expertise, die die Basis für die notwendige Glaubwürdigkeit darstellen, aber vor allem für einzelne Interessenträger nur bei Erfolgsaussichten sinnvoll sind. Die Glaubwürdigkeit erfordert außerdem die Beibehaltung der Kernbotschaft sowie die Etablierung persönlicher Beziehungen zu Politikdesignern und den gezielten Aufbau eines Akteurnetzwerkes.

Darüber hinaus benötigen Themen Anknüpfungspunkte auf der politischen Tagesordnung, um entweder von der politischen Führung aufgenommen oder für den Politikdesigner interessant zu werden. Um erfolgversprechend zu sein, ist also auch eine Langzeitstrategie immer auf eine begrenzte Handlungsgelegenheit angewiesen. Alternative Frames müssen dann über die Medien gespielt werden, wobei jedoch beachtet werden muss, dass Journalisten ebenfalls die bestehenden Frames beachten, weil sie ggf. Teil des etablierten Politik-Netzwerks sind (Baumgartner et al. 2007). Dabei ist es für Interessenkoalitionen aufgrund der Unterschiede im Mediensystem sehr viel leichter, in den USA nationale Aufmerksamkeit für ein Thema zu erreichen, als es auf pan-europäischer Ebene innerhalb der EU der Fall ist (Mahoney und Baumgartner 2008: 63).

Besonders politische Unternehmer sind also nicht nur in der Lage, gezielt Akteur-Frames zu integrieren, um damit politisches Handeln zu motivieren (Gerhards und Rucht 1992), sondern können potenziell auch Frames oder Ideen verbreiten, um damit Einfluss auf den politischen Diskurs zu nehmen. Entsprechend muss der Interessenträger neben den konkreten politischen und gesetzlichen Rahmenbedingungen für ein Anliegen auch den normativen und kulturellen Kontext für sein Thema berücksichtigen, wenn er Frames im politischen Diskurs verbreiten will. Damit ist auch das übergreifend-allgemeine Meinungsklima ein bedeutender Sachverhalt für den Framing-Erfolg des Interessenträgers (McCammon et al. 2007).

Die direkte Vermittlung von Interessen über *outside*-Lobbying, d.h. Außenstrategien, um gesellschaftlichen und/oder medialen Druck auf die Politikdesigner aufzubauen, spielt in der EU im Vergleich zu den USA eine eher untergeordnete Rolle. Wichtige Gründe dafür sind die nur indirekte demokratische Legitimierung der meisten Akteure und das unterentwickelte EU-Mediensystem bzw. die fehlende pan-europäische Öffentlichkeit. Mit diesen Strategien kann gleichsam von außen auf die Designer eingewirkt werden, etwa wenn die Berichterstattung über ein externes Ereignis den Kontext eines Vorhabens verändert oder eine neue Informationslage dazu führt, dass ein bestehender Politik-Frame verändert werden muss (Kingdon 1984: 131, 148; Hall 1993). Diese Gelegenheiten können von politischen Unternehmern gezielt genutzt werden, um in einer sich verändernden politischen Debatte ein Vorhaben zu positionieren (Marx Ferree 2003). Insofern wirken sich sowohl die Einbeziehung neuer Akteure als auch die Veränderung des übergreifenden politischen Diskurses bzw. des relevanten kulturellen Kontexts einer politischen Fragestellung auf die Framing-Optionen des Politikdesigners aus.

Dennoch zeigt sich auch in der EU, dass Bürgergruppen und Verbände mit kleinen bis mittleren Mitgliederzahlen eher dazu neigen, ihre Forderungen in der Öffentlichkeit zu platzieren. Dabei weist die Beobachtung, dass immer mehr Interessengruppen in wöchentlichen EU-Magazinen und Zeitungen wie der European Voice Anzeigen schalten – meist mit direktem Bezug zu einer politischen Debatte oder einer Veranstaltung (Beyers 2008: 88) –, darauf hin, dass es auf der europäischen Ebene somit einen weiteren Kontext gibt, in dem sich Politikvorhaben bewähren müssen.

Inwieweit mit solchen Kommunikationsmaßnahmen Veto-Positionen aufgebaut werden können, hängt grundsätzlich davon ab, welche Akteure sich erreichen lassen und von wem die Botschaft stammt. Für eine solche Strategie ist sowohl ein Netzwerk von Graswurzel-Institutionen förderlich als auch der Mangel an Ressourcen, der es ggf. unmöglich macht, in der Kulisse effektiv mit den Politikdesignern zu interagieren. Auch der Erfolg einer solchen Außenstrategie hängt jedoch direkt von der Bereitschaft der Medien ab, das jeweilige Thema zu transportieren.

Wenn eine bestimmte Sichtweise durch die Medien transportiert an die Politikdesigner herangetragen wird, dann kann die Wirkung verstärkt werden. Letztlich ist also auch hier entscheidend, inwieweit der jeweilige Politik-Frame für die

Adressaten relevant bzw. vorteilhaft ist; insofern sind für Journalisten die Aufmerksamkeitsregeln des Mediensystems ausschlaggebend (vgl. Schulz 1976; Staab 1990). Im Vergleich zu den USA werden in der EU allerdings häufiger kleine und weniger umstrittene Themen adressiert als gesellschaftspolitisch bedeutsame Fragestellungen (Mahoney 2008: 163), wobei Krisensituationen auch in dieser Hinsicht in vielfältiger Weise als Katalysator für den Deutungswettbewerb wirken können.

Durch die Unsicherheit, die Krisensituationen hervorrufen können, stehen besonders politische Verantwortungsträger vor der Herausforderung, pro-aktiv die Bedeutung einer Krise zu bestimmen und einen entsprechenden Frame durchzusetzen. Mit diesem werden die Verantwortlichkeiten geklärt und ggf. erste Begründungszusammenhänge in Bezug auf die Ursachen definiert, was insbesondere in Zeiten erhöhter Unsicherheit Orientierung bietet. Für den politischen Verantwortungsträger erweisen sich dabei etablierte Kontakte zu Medien und anderen Multiplikatoren als Vorteil (Boin et al. 2009). Umgekehrt kann gerade aus der medialen Aufmerksamkeit für bestimmte Themen ein Handlungsdruck für politische Verantwortungsträger entstehen, unter dem diese sich mit den in den Medien transportierten Politik-Frames auseinandersetzen müssen.

Aus der Perspektive der Interessenträger können wir also festhalten dass in der EU eher pluralistisch-netzwerkartig Muster der Interessenvermittlung zu finden sind, in denen die direkt beteiligten Akteure einem überschaubaren Personalbestand aus Experten in Brüssel entstammen. Die Interessenträger stehen bei ihren Bemühungen, insbesondere in Bezug auf politische umstrittene Themen allerdings oft in Konkurrenz zueinander, was die Einflussmöglichkeiten des einzelne Akteurs begrenzt, (Lahusen und Jauß 2001: 175; Kohler-Koch und Eising 2005a: 43f; Dür 2008: 124). Außerdem werden in den jeweiligen Kontexten ggf. neue Frames verwendet, wie wir am Beispiel der Berichterstatter im Parlament gesehen haben, wo Frames gezielt eingesetzt wurden, um im Rahmen der Diskussion ideologische oder politische Ziele zu erreichen und gleichsam das parlamentarische Meinungsklima zu beeinflussen.[20]

Jede Kommunikation muss auch inhaltlich handlungsrelevant gehalten werden, d.h. der Interessenträger muss grundsätzlich versuchen, dem Designer einen Mehrwert zu bieten. Das gilt besonders, wenn die Kommunikation vom Interessenträger ausgeht. Der Mehrwert der Kommunikation resultiert wiederum aus der Interaktionssituation selbst. So kann es zum Beispiel sinnvoll sein, die eigenen Interessen im Kontext des Gemeinwohls darzustellen, um dem Designer eine

20 So hat Ringe (2005) gezeigt, dass sich das Abstimmungsverhalten der MEP gegenüber der „*Richtlinie des Europäischen Parlaments und des Rates auf dem Gebiet des Gesellschaftsrechts über Übernahmeangebote*" entlang von Frames verändert hat, vgl. dazu oben Abschnitt 6.2.2.3 „Information und Diskussion".

bessere Möglichkeit zu bieten, diese argumentativ zu vertreten (Biedermann 2005: 32).

Besonders für die Vermittlung partikularer Interessen ist die argumentative Ausrichtung auf die etablierten Politik-Frames eine Voraussetzung dafür, dass die politischen Botschaften ihre Adressaten erreichen. Darüber hinaus sind die Politik-Frames auch der maßgebliche Orientierungspunkt, wenn es für den Akteur darum geht, die eigenen Handlungsorientierungen im Kontext des politischen Diskurses auf EU-Ebene zu Interessen zu konkretisieren. Um die eigenen Interessen so in den Diskurs einzupassen, dass die damit transportierten Informationen zweckmäßig an die Designer kommuniziert werden, ist vielfach die Unterstützung von Vor-Ort-Experten oder die Zusammenarbeit in Interessenkoalitionen notwendig. Gerade angesichts des Wettbewerbs um die Deutungshoheit muss ähnlich wie der Designer auch der Interessenträger in der EU Anknüpfungspunkte für andere Akteure berücksichtigen, um seine Erfolgschance zu erhöhen. Aus der Perspektive des Interessenträgers im politischen System der EU spielen die Politik-Frames daher eine zentrale Rolle sowohl bei der Definition und Vermittlung von Interessen als auch im Wettbewerb um die Deutungshoheit.

7.3 Die Entstehung und Vermittlung von Interessen

Angesichts der Bedeutung, die die Politik-Frames für die Orientierung der Interessenträger haben, stellt sich aber auch die grundlegende Frage, wie die Akteure zu ihren politischen Interessen kommen, die sie dann im Rahmen des Diskurses auf EU-Ebene vertreten. Hierzu müssen wir auf der konstruktivistischen Grundlagen des Framing-Ansatzes zurückkommen und uns vor Augen führen das neben den direkt motivierten Interessenträgern eine Mehrzahl von Akteuren erst durch die Beobachtung des politischen Diskurses von einem politischen Problem und dem entsprechenden Vorhaben erfährt und dann zunächst entscheiden muss, ob sie Interessenträger sind oder nicht.

Denn jeder dieser Akteure nimmt den zugrunde liegenden Sachverhalt erst dann vermittelt durch den Politik-Frame wahr. Auf dieser Basis müssen die vorgeschlagenen Maßnahmen des Politikvorhabens eingeschätzt und die Handlungsorientierungen abgeleitet werden. Ab dem Zeitpunkt, an dem ein Politik-Frame etabliert und ein Politikvorhaben damit kommunikativ im politischen Diskurs konstruiert ist, müssen die Akteure entscheiden, inwiefern dieser für sie von Belang ist. Erst nach der Orientierung innerhalb der Akteurkonstellation und in Bezug auf die Handlungsgelegenheiten können dann die subjektiven Handlungsorientierungen zu politischen Interessen konkretisiert werden. D.h. erst durch die Teilnahme am politischen Diskurs auf der EU-Ebene kann der Interessenträger seine Handlungsoptionen abwägen und zu seinen Interessen gelangen.

Die Interessen dieser Akteure entstehen demnach erst anhand des bereits intentional konstruierten Politik-Frames, der, verbreitet durch den Politikdesigner, zum Gegenstand der Kommunikation im Politikkreislauf geworden ist.

Ein indirekt motivierter Interessenträger nimmt die komplexe gesellschaftliche Situation daher von Anfang an interpretiert als politisches Problem und ausgestattet mit einem entsprechenden Lösungsvorschlag wahr. Auf dieser Basis muss der Akteur anhand der subjektiven institutionellen Rahmenbedingungen dann seine Interessen in Bezug auf das vorgeschlagene Politikvorhaben definieren (Rein und Schön 1994: 29; Hodgkinson et al. 1999; Nelson und Oxley 1999; Brewer und Gross 2005). Neben dem Politik-Frame hat der indirekt motivierte Akteur natürlich immer die Option, eigene Ressourcen einzusetzen und den gesellschaftlichen Sachverhalt selber untersuchen zu lassen. Notwendig wäre dazu die Erarbeitung einer eigenständigen Informationsbasis. Der Akteur ist dann jedoch sehr wahrscheinlich auf dieselben Experten bzw. Quellen angewiesen, die auch der Politikdesigner bei der Informationssuche vor der Formulierung des Politikvorhabens genutzt hat. Wegen der hohen Komplexität der meisten Sachverhalte kann angenommen werden, dass es jeweils nur eine sehr kleine Anzahl von Experten gibt, die wiederum grundsätzlich keine neutralen Fakten, sondern immer ihre partikulare Interpretation vermitteln. Ausgehend von den subjektiven institutionellen Rahmenbedingungen muss der Akteur die angebotenen Deutungen vergleichen um einen eigenen Akteur-Frame für das Politikvorhaben zu bilden.

7.3.1 Die Motivation der Interessenträger im politischen Diskurs

Sobald der Akteur die Auswirkungen eines Vorhabens auf die eigenen Handlungsorientierungen ausgewertet hat, wird er zum Interessenträger, denn es kommt zu einem Vergleich zwischen Akteur- und Politik-Frame. Entscheidend sind die Auswirkungen, die eine Umsetzung oder Nicht-Umsetzung der vorgeschlagenen Maßnahmen auf die eigenen Handlungsorientierungen hat. Stimmt ein Interessenträger in seiner Wahrnehmung eines Sachverhalts mit der überein, die durch den Politik-Frame vermittelt wird, so teilt er die grundlegende Deutung, und aus den konkreten Auswirkungen der Maßnahmen ergeben sich seine politischen Interessen. Stimmt ein Interessenträger nicht mit der Deutung des Politik-Frames überein, so wird der Sachverhalt anders verstanden und bereits die Grundannahmen der Maßnahmenvorschläge können in Zweifel gezogen werden. Auch hieraus ergeben sich dann die politischen Interessen des Akteurs. Für den Interessenträger ergibt sich die subjektive Einschätzung des Politikvorhabens, von der dann die Kalkulation der Interessen abhängt, aus dem Vergleich des eigenen Akteur-Frames mit dem Politik-Frame.

Die Handlungsgelegenheiten des politischen Systems in der EU sind insofern auch die Gelegenheiten zur Ausbildung von Interessen. Die Selbsterhaltung der Akteure ist daher als zentraler Grund dafür identifiziert, dass Akteure zu Interessenträgern werden (Lowery 2007). In dem Maß, in dem sich durch die Aktivitäten im politischen System der individuelle Kontext des Handelns verändert – entweder positiv oder negativ –, kann eine Beteiligung am politischen Diskurs zu einer Notwendigkeit werden, um die Orientierung aufrechtzuerhalten und Erwartungssicherheit zu schaffen. Neben den Akteuren, die durch ein Politikvorhaben betroffen sind oder sein werden, steht allerdings die große Gruppe derjenigen Akteure, die ihre Selbsterhaltung direkt durch die Aktivität des politischen Systems sichern können, etwa professionelle Interessenvertreter, Verbandsvertreter und Journalisten, aber auch Politiker und Beamte. Gerade Politiker, die neue Regelungen vorschlagen, oder Journalisten, die über ein Thema berichten, gehören aus Sicht der betroffenen Interessenträger zu jenen Akteuren, die für die Selbsterhaltung kritische Ressourcen vorhalten.

Aus dem Blickwinkel partikularer Interessen lebt jeder Akteur demnach in einer Nische, in der bestimmte Themen eine hohe Relevanz für die Selbsterhaltung haben und die in unterschiedlichem Maß durch die Aktivitäten des europäischen politischen Systems beeinflusst wird. Unter der Prämisse einer Grundaufmerksamkeit für die politischen Rahmenbedingungen kann jeder Akteur grundsätzlich dazu motiviert sein, die Handlungsgelegenheiten, die sich auf EU-Ebene bieten, dafür zu nutzen, dass die Rahmenbedingungen erhalten bleiben, verbessert werden oder ggf. überhaupt erst entstehen (Lowery 2007). Sofern die individuellen Rahmenbedingungen für den Akteur nicht zu beanstanden sind und keine Unsicherheit bezüglich des Fortbestehens herrscht, gibt es keinen Grund, sich als Interessenträger zu engagieren und die dazu notwendigen Ressourcen aufzubringen. Wenn das Fortbestehen der Rahmenbedingungen jedoch durch das Betreiben anderer Akteure gefährdet ist, dann hängt die Handlungsmotivation des Interessenträgers von der Interdependenz ab.

Weil prinzipiell jeder Akteur die Möglichkeit hat, neue Ideen und Konzepte einzubringen, wird durch jede Aktivität im politischen System die Erwartungssicherheit für den einzelnen Akteur beeinträchtigt, und zwar selbst dann, wenn die fragliche Regelung das Ziel hat, die spezifischen Rahmenbedingungen zu verbessern. Ob ein Akteur in seiner individuellen Nische von Maßnahmen des europäischen politischen Systems betroffen ist, hängt also nicht nur vom Inhalt des Politikvorhabens, sondern auch von der potenziellen Wechselwirkung innerhalb der jeweiligen Akteurkonstellation ab. Die Komplexität einer solchen Folgenabschätzung wird allerdings noch potenziert durch den typischerweise mehrjährigen Zeitraum zwischen der politischen Debatte auf EU-Ebene und der Implementierung einer Maßnahme auf der Ebene der Mitgliedstaaten. Es ist daher nicht überraschend, dass trotz des Wachstums an Interessenkoalitionen in der EU letztlich nur eine Minderheit potenziell Betroffener auch im Interessenvermittlungsprozess engagiert ist (Lowery 2007). Nur Akteure, die sich über die potenziellen Folgen bewusst sind, d.h. entweder die Auswirkung von EU-Politikvorhaben schon kennen oder über den Weg der EU versuchen, Anliegen zu erreichen, die anderswo gescheitert sind, können diese zum Anlass nehmen, Ressourcen zu investieren, um Handlungsgelegenheiten entsprechend der eigenen Interessen zu nutzen.

Das Vorhandensein von Ressourcen allein reicht daher nicht aus, um zu erklären, warum manche Akteure sich engagieren und manche nicht. Vielmehr ist die Wahrnehmung eines Politikvorhabens als handlungsrelevant ausschlaggebend. Aus diesem Grund wird im Monitoring der Entwicklung auf EU-Ebene und in der Abschätzung des dortigen Spielfelds der Akteure und ihrer Position die Basis für die erfolgreiche Vermittlung von Interessen gesehen (Schendelen 2002: 62). Denn auf der Basis des Monitorings muss der Akteur letztlich für sich selbst entscheiden, ob er pro-aktiv oder re-aktiv vorgehen will. Im Zentrum steht dabei der Prozess des so genannten „Issue Managements", mit dem eine Vielzahl von Themen beobachtet und im Hinblick auf ihre Relevanz für die eigenen Interessen bewertet werden muss (Lahusen und Jauß 2001: 91). Demnach müssen die Verlautbarungen der Politikdesigner in Kommission und Parlament grundsätzlich daraufhin untersucht werden, ob sich neue Handlungsgelegenheiten ergeben oder bestehende in Frage gestellt werden. Mit der Abwägung verbunden ist immer eine Konkretisierung des Akteur-Frames in Bezug auf die Inhalte des politischen Diskurses.

Die Beobachtung von Themen gehört dabei zu den wichtigsten Aufgaben der Experten, die vor Ort in Brüssel arbeiten. Diese werden dadurch zur primären Zielgruppe der Kommunikation der Designer in der Kommission, die durch die Veröffentlichung von Arbeitsprogrammen etc. nicht nur die Arbeitsagenda offen legen, sondern auch Politik-Frames platzieren können. Somit muss bereits die informationelle Grundlage des Interessenvermittlungsprozesses als Teil des Wettbewerbs um die Etablierung von Kognitionsvorlagen gesehen werden. Prinzipiell ist die Entscheidungsfreiheit ob ein Akteur als direkt oder indirekt motivierter Interessenträger agieren will sowohl durch die Themensetzung der Kommission als auch durch den internen Aufwand einer Meinungsbildung eingeschränkt. Denn ausgehend von den eigenen Interessen bzw. Handlungsorientierungen muss der Interessenträger den Status eines Politikvorhabens in Bezug auf Reichweite und Konfliktpotenzial ermitteln.

Dazu wird ein bestimmtes Maß an Expertise über die politische Agenda und die relevanten Akteure auf EU-Ebene benötigt. Häufig muss dafür auf die Beobachtung und Analyse der politischen Agenda durch Vor-Ort-Experten zurückgegriffen werden, für deren Akteurpraxis der Primat des frühzeitigen und rechtzeitigen Eingreifens und der der konstruktiven Mitarbeit identifiziert worden ist

(Lahusen und Jauß 2001: 94; Michalowitz 2007). Der chronologische Primat unterstreicht den diskursiven Aspekt des Framing-Prozesses. Die Festlegung und weitere Verbreitung eines Politik-Frames durch den Designer ist der entscheidende Zeitpunkt zur Vermittlung partikularer Ansichten. Demgegenüber gibt der Primat der konstruktiven Mitarbeit einen Hinweis auf die Anpassungsnotwendigkeit politischer Botschaften zur Interessenvermittlung. Dabei wird die zielgerichtete Aufbereitung und Weitergabe von Informationen als Kernpunkt der Aktivitäten gesehen, bei dem es vor allem darauf ankommt, den Handlungskontext der adressierten Entscheidungsträger zu berücksichtigen (Lahusen und Jauß 2001: 99).

7.3.2 Professionelle Interessenvermittler als Interessenkatalysator

In dem Maß, in dem die Beobachtung des politischen Diskurses für den Interessenträger die Grundlage dafür ist, seine politischen Interessen handlungsleitend zu konkretisieren, entsteht auch ein Markt für kommerzielle Beratungsdienstleistungen professioneller Interessenvermittler in Brüssel.

Diese Dienstleister, häufig mit dem Begriff Lobbyist oder Public-Affairs-Berater versehen, erfüllen eine Vermittlerfunktion zwischen den unterschiedlichen Wahrnehmungswelten der Akteure (Lahusen und Jauß 2001; Naurin 2007). Sie agieren an der Schnittstelle zwischen den individuellen Wahrnehmungen eines Politikvorhabens aus Sicht des Interessenträger und des Designers. Meist vor Ort in Brüssel tätig, bieten diese Berater Informations- und Kommunikationsdienstleistungen an und nutzen ihre Kontakte in die EU-Organe, um Interessenträger bei der Wahrnehmung ihrer Interessen zu unterstützen. Im Gegensatz zu politischen Unternehmern, die als Interessenträger auf eigene Rechnung arbeiten, zeichnet sich der professionelle Berater dadurch aus, dass er keine eigenen Interessen an der inhaltlichen Ausgestaltung eines Politikvorhabens hat, sondern als politischer Subunternehmer Interessen im Auftrag eines Dritten vertritt. Durch seine Dienstleistungen versetzt er seine Kunden in die Lage, erfolgreich mit Politikdesignern kommunizieren zu können.

Public-Affairs-Berater sehen ihre Aufgabe gegenüber Kunden aus der Wirtschaft in deren Vorbereitung für den politischen Dialog, in dem der Argumentationsmodus maßgeblich ist und in dem – im Gegensatz zur Wirtschaft – nur mit Hilfe von Argumenten überhaupt verhandelt werden kann. Im ersten Schritt muss der Kunde für den Frame-Kontext seines Partikularinteresses sensibilisiert werden, d.h. der Akteur orientiert sich sowohl an der politischen Debatte als auch an der Position der anderen Akteure. Erst dann lassen sich die Interessen des Akteurs gegenüber dem Politikvorhaben und damit sein partikulares Problem bestimmen. Der Public-Affairs-Berater hilft dem Kunden also dabei, seinen Akteur-Frame zu definieren. Die Grundlage für die Kalkulation des jeweiligen Interesses ist demnach eine Orientierung im Frame-Kontext des Politikfeldes. Die Kenntnis des spezifischen Frame-Kontextes im politischen System der EU ist die Voraussetzung für die Ausbildung des jeweiligen Partikularinteresses und das Kerngeschäft dieser Beratungsbranche (Naurin 2007: 116ff).

Angesichts der Herausforderung, die partikularen Frames individueller Interessenträger so in den Diskurs einzupassen, dass die damit transportierten Informationen und Interessen innerhalb des Politikgestaltungsprozesses der EU berücksichtigt werden, kommt gerade der kommerziellen Logik dieser Dienstleistungen eine hohe Bedeutung zu. Denn in ihrer Funktion als Informations- und Kontaktmakler agieren die professionellen Interessenvermittler als Katalysatoren für die Bildung von Interessen und damit auch für den Wettbewerb zwischen Interessenkoalitionen um die Verbreitung von Kognitionsvorlagen. Durch das wirtschaftliche Interesse, Beratungsdienstleistungen zu vermarkten, entsteht eine Dynamik, in der möglichst viele Akteure zu Interessenträgern und damit zu potenziellen Kunden aktiviert werden. In dem Maß, in dem es ein Berater vermag, einen Kunden davon zu überzeugen, dass ein Politikvorhaben Auswirkungen auf die jeweiligen Interessen haben könnte, wird dieser Akteur erst zum Interessenträger, der dann mit Hilfe des Beraters am politischen Diskurs teilnimmt.

Gerade kommerzielle politische Subunternehmer müssen somit in der Lage sein, gezielt Akteur-Frames zu integrieren und damit politisches Handeln zu motivieren. Insofern haben diese Akteure auch ein eigenes Interesse am Fortgang von Politikvorhaben, wobei eine im Sinne des Kunden problematische Weiterentwicklung eines Politikvorhabens das kommerzielle Potenzial für Beratungsleistungen noch verbessert. Denn die Aktivitäten der Politikdesigner genauso wie die Aktivierung von Interessenträgern in Bezug auf bestimmte Vorhaben sind letztlich die Grundlage für das eigene Beratungsgeschäft, in dem sich der Dienstleister gerade bei negativen Entwicklungen auf die Unabwägbarkeiten des interdependenten Politikgestaltungsprozesses berufen kann. Im Sinne der Pflege und des Ausbaus der Geschäftsbeziehungen agiert der Akteur dann allerdings als Interessenträger, d.h. als Lobbyist in eigener Sache.

Besonders zur politischen Mobilisierung von Interessenkoalitionen kommen übergreifende Frames zum Einsatz, die in der Lage sind, verschiedene Akteur-Frames angesichts der politischen Entwicklungen auf EU-Ebene strukturell und kognitiv zu integrieren (Gerhards und Rucht 1992). Ein integrativer Mobilisierungs-Frame umfasst Anknüpfungspunkte für unterschiedliche Weltsichten und ist daher für verschiedene Gruppen nachvollziehbar. Dabei gilt: Je mehr Teilaspekte und Problemgebiete abgedeckt werden, desto mehr Anknüpfungspunkte sind nötig, und je besser die Argumente des Frames miteinander verknüpft sind, desto plausibler und damit wirksamer ist der Frame für die Mobilisierung. So ist es zum Beispiel für die Zusammenstellung einer Interessenkoalition wichtig, den

Interessenträgern auch die Aktivitäten der Gegenseite sowie möglicher Verbündeter näherzubringen.

Eine wichtige Basis für den Bedarf an den entsprechenden Dienstleistungen besteht darin, die richtigen Gelegenheiten zu identifizieren. Dazu gehört die Auswahl des richtigen Ansprechpartners, des Zeitpunkts und des Zusammenhangs, in dem ein Thema in die politische Debatte eingebracht wird. Die dafür notwendige Expertise über die Vorgänge und Prioritäten innerhalb des politischen Systems der EU macht die Dienstleistungen der Vor-Ort-Experten für die meisten Interessenträger unentbehrlich.

Denn um den geeigneten Kommunikationskanal auswählen zu können, muss der Interessenträger den richtigen Ansprechpartner kennen. Die Kenntnis der Strukturen und Verantwortlichkeiten auf Seiten der Designer ist daher von großer Bedeutung (Biedermann 2005: 32). Unter diesem Gesichtspunkt ist die wachsende Bereitschaft von Unternehmen zur Finanzierung von Branchenverbänden auf EU-Ebene zu verstehen. Zum einen wird damit der Präferenz auf Seiten der Politikdesigner in der Kommission entsprochen, mit europäischen Interessenvertretern zu sprechen (Bouwen 2002b). Zum anderen werden die Kosten vor allem als Investition in Erwartungssicherheit in Bezug auf die Aktivitäten auf EU-Ebene gesehen. Eine zentrale Motivation ist daher die Notwendigkeit, ein Frühwarnsystem zu betreiben und zu verhindern, dass andere (konkurrierende) Interessen alleinige Berücksichtigung finden (Kohler-Koch und Eising 2005a: 28).

Der Interessenträger muss also anhand der Details der vorgeschlagenen Maßnahmen, die in dem jeweils subjektiven Kontext der institutionellen Rahmenbedingungen einzuschätzen sind, seine Interessen in Bezug auf das Politikvorhaben konkretisieren. Hat das Vorhaben keine Auswirkungen auf die Handlungsorientierungen des Akteurs, ist eine weitere Beschäftigung mit dem Verfahren nur in sehr geringem Maß rational. Eine Teilnahme am politischen Diskurs ist dann nur passiv unter dem Gesichtspunkt der Reduzierung von Unsicherheit angesichts möglicher signifikanter Änderungen notwendig.

Für alle anderen Interessenträger ist die Beobachtung des politischen Diskurses – unabhängig von der Übereinstimmung der Frames – wegen der Abhängigkeit der Interessenkalkulation vom Inhalt des Politikvorhabens jedoch von hoher Relevanz. Durch die Abwandlung des Politikvorhabens oder selbst weniger Detailregelungen können sich die Auswirkungen für den Interessenträger verändern. Eine Beobachtung des Verfahrens ist daher für einen großen Kreis von Interessenträgern notwendig, selbst und gerade wenn ein Akteur mit der Deutung übereinstimmt und von den vorgeschlagenen Maßnahmen profitieren würde. Die mindestens passive Teilnahme am Kommunikationsprozess Interessenvermittlung ist daher für fast alle Interessenträger obligatorisch.

7.3.3 Die Rolle der gemeinnützigen Interessenvermittler

Neben den kommerziellen Informationsmaklern können wir gemeinnützige Interessenvermittler als eine weitere Sonderform von Interessenträgern unterscheiden. Zu dieser Gruppe gehören mit Nicht-Regierungsorganisationen (NROs), Bürger-, Verbraucher- oder Umweltverbänden etc. Akteure, die eher diffuse politische Interessen im EU-Diskurs vertreten. Für diese Interessenträger ist die Vertretung ihrer Interessen zwar häufig ein Selbstzweck, aber gerade in Bezug auf die Interessenvermittlungsaktivitäten auf EU-Ebene ist der dortige Markt der Kommunikationsgelegenheiten eher eine Herausforderung. Denn diese Akteure müssen häufig mit einem begrenzten Budget sicherstellen, dass ihre Stimme gehört wird. So werden NROs zwar in internationalen Verhandlungen in vielfältiger Weise einbezogen. Allerdings geht dies meist von den Regierungsvertretern aus und geschieht auf einer ad-hoc-Basis, wenn der Input der NROs benötigt wird. Der Erfolg von NROs in solchen Verhandlungen hängt daher neben den finanziellen Ressourcen, die zur Teilnahme notwendig sind, auch von dem Kontakt zu Regierungsvertretern und der Fähigkeit ab, durch gute PR in den Medien präsent zu sein (Albin 1999).

Ein wichtiges Differenzierungsmerkmal von Interessenträgern in Bezug auf ihre Wirkung ist daher ihre Flexibilität bei der Anpassung der eigenen Frames. Da Selbsterhaltung eine Handlungsorientierung von Akteuren ist, steht der Interessenträger immer vor der Frage, wie weit er seinen Akteur-Frame verändern kann, ohne sich selbst zu gefährden. Neben der Einflusslogik, die von den Adressaten der politischen Botschaften ausgeht, spielt immer auch die Mitgliedslogik eine Rolle für die Handlungsoptionen des Akteurs (Greenwood 2002; Lowery und Brasher 2004; Beyers und Kerremans 2007). So können einzelne Akteure unter Umständen sehr viel flexibler agieren als Gruppen oder Verbände, welche die Interessen ihrer Mitglieder vertreten (Streeck und Schmitter 1999; Michalowitz 2007). Der Einfluss der Mitgliedslogik führt dazu, dass Verbände oft nur allgemeine Stellungnahmen abgeben die darauf ausgerichtet, den gemeinsamen Nenner der Mitglieder zu repräsentieren und die Rolle im Diskurs zu untermauern. Mit den Verhandlungsspielräumen, die durch vage Formulierungen erhalten bleiben, lassen sich Diskrepanzen zwischen den Mitgliedern überbrücken. Für den Designer ist insofern entweder die Verhandlungsfähigkeit eines Akteurs oder die Transmissionskraft, mit der Politik-Frames an die Mitgliedschaft weitergegeben werden, von Interesse. Allerdings kann auch die Unternehmensleitung zu einem potenziellen Aufmerksamkeitsnadelöhr für die Angleichung der Positionen werden. Durch die Frühwarnfunktion der europäischen Verbände ensteht so ein paralleler politischer Diskurs, in dem die Mitglieder, unterstützt von Vor-Ort-Experten, die relevanten Teilaspekte des Politikgestaltungsprozesses kontinuierlich beobachten.

Das Erfolgspotenzial eines Interessenträgers hängt insofern entweder von der Verhandlungsfähigkeit oder von der Transmissionskraft ab, mit der Politik-Frames an die eigenen Mitglieder weitergegeben werden können. Entweder ist der Gesprächspartner flexibel und kann sich im Rahmen des Diskurses einbringen oder er ist in der Lage, durch eine große Mitgliederzahl bzw. hohe öffentliche Aufmerksamkeit Akzeptanz zu garantieren, wenn die jeweiligen partikularen Interessen bei der Definition des Politik-Frames berücksichtigt werden. Wenn sich also Interessengruppen und NROs in Bezug auf ihr Einflusspotenzial unterscheiden, dann ist sowohl die Autonomie der Führung des Interessenträgers als auch die Anzahl und Repräsentativität der Mitglieder von Bedeutung. Neben den großen Umwelt- und Sozialverbänden gibt es auch Interessenträger, die eher Nischenanliegen vertreten und zwar im Detail flexibel sind und auch detaillierte Stellungnahmen einreichen können, deren Transmissionswert jedoch aufgrund geringer Mitgliederzahlen gering ist (Beyers 2008: 100ff).

Insofern können gerade auch NROs, die nicht nur Mitglieder, sondern über Außenstrategien auch die öffentliche Meinung mobilisieren können, zu wichtigen Interaktionspartnern für den Designer in der Kommission werden, und zwar auch dann, wenn sie aus ideologischen Gründen oft kaum in der Lage sind, ihre Akteur-Frames anzupassen. Denn durch die klare Positionierung einer NRO in den Medien werden immer die Grenzen des Diskurses markiert, und zwar unabhängig davon, wie viele Mitglieder die Organisation tatsächlich vertritt. Ausschlaggebend für die Wirkung im politischen Diskurs und damit die Relevanz für den Designer ist lediglich das Maß, in dem die jeweilige Position in den Medien, d.h. von Journalisten als Akteuren, aufgenommen und verbreitet wird.

Angesichts der unterschiedlichen Voraussetzungen für verschiedene Akteure wirft die Beantwortung der Frage, welche Akteure innerhalb des Politikdiskurses als relevant im Sinne des interdependenten Politikgestaltungsprozesses zu sehen sind, ein Schlaglicht auf den Zusammenhang zwischen der Multidimensionalität von Politik-Frames und der Zusammensetzung von Politik-Netzwerken, die einen solchen Diskurs tragen. Am Beispiel der Einführung biometrischer Identifizierungstechnologien im Rahmen der europäischen Sicherheitspolitik wird deutlich, dass die unterschiedlichen Akteure jeweils eine bestimmte Perspektive – technisch, rechtlich, sozialwissenschaftlich etc. – auf das politische Problem einbringen und aus dieser heraus Expertise beitragen, die bei der Formulierung des Politik-Frames berücksichtigt werden musste (Liberatore 2007).

Im Mittelpunkt des Frame-Konflikts standen die Definition des Konzepts Sicherheit und die daraus abgeleiteten Anforderungen an die technischen und rechtlichen Rahmenbedingungen für die Einführung. Auf der einen Seite der Debatte wird die Technologie als Fortschritt gegenüber hergebrachten Systemen gesehen, die gesellschaftliche Vorteile bringt. Dem gegenüber steht ein konkurrierender Frame, der die technische Identifizierung des Menschen anhand von biometrischen Merkmalen als unnötige Gefährdung der Privatsphäre und Beitrag zur Verwirklichung weit reichender Überwachungsszenarien konstruiert (Liberatore 2007). Aus beiden Frames lassen sich Argumente und Belege für den Sachverhalt ableiten und in den Diskurs einbringen. Die Autorität, mit der die jeweiligen Beiträge geleistet werden können, hängt von dem Verbreitungsgrad der unterliegenden Politik-Frames bzw. von deren Anknüpfungsfähigkeit an den Frame-Kontext des Diskurses ab. Je weiter der Frame verbreitet ist und je besser er in den Kontext passt, desto stärker ist die Legitimität, mit der die entsprechenden Argumente eingebracht werden können.

Für die Politikgestaltung wird dieser Zusammenhang besonders dann relevant, wenn sich zwei allgemein anerkannte Kontexte überschneiden, wie beispielsweise Sicherheit und Grundrechtsschutz in der Debatte um die Einführung von biometrischen Identifizierungsverfahren. In einem solchen Fall muss der Designer die beiden Kontexte mit Hilfe eines Frames überbrücken. Im Beispiel der Debatte um die Einführung biometrischer Identifizierungstechnologien wird dies mit einer *Balance-Metapher* versucht. So spricht die Kommission von der Notwendigkeit, eine neue Balance zwischen Sicherheit und Privatsphäre zu finden (Liberatore 2007: 122).

Im politischen System der EU hängt also das Akteurhandeln in nicht unerheblichem Maß von der Interaktion mit anderen Akteuren und der Art des Themas ab. Je nachdem, wie hoch das Thema auf der Agenda steht, und je mehr Akteure involviert sind, desto eher neigen Interessenträger z.B. dazu, Außenstrategien über die Medien oder Ansprechpartner im Europäischen Parlament anzuwenden (Beyers 2008: 95).

7.3.4 Ausrichtung auf bestehende Frames

Beabsichtigt ein Interessenträger seine Interessen aktiv zu vertreten, so muss der Akteur seine Handlungsoptionen immer innerhalb der Akteurkonstellation abwägen. Erst anhand der Positionierung der anderen Akteure kann der Interessenträger seine Handlungsoptionen konkretisieren. Dabei führt auch jede politische Äußerung in der Konstellation immer zu einer Positionierung des Akteurs. Nur durch eine Positionierung lässt sich zum Beispiel einschätzen, ob sich für eine spezifische Maßnahme oder deren Änderung noch weitere Akteure interessieren oder ob die kommunikativen Maßnahmen, die zur Vermittlung der Interessen eingesetzt werden, mit anderen Akteuren koordiniert werden können. Es gilt also zu klären, ob man mit einer Position allein steht oder ob sich Mitstreiter finden lassen, die sich gegenüber dem Politikdesigner ähnlich äußern.

Entscheidet sich ein Interessenträger dann dafür, sein Anliegen aktiv in den laufenden politischen Diskurs einzubringen, werden weitere Kommunikationsmaßnahmen notwendig. So kann der indirekt motivierte Akteur seine definierten Interessen bei der Durchsetzung des Politikvorhabens vertreten bzw. der direkte Interessenträger seine partikularen, bereits durch die grundlegende Deutung vermittelten Interessen absichern. Die wichtigste Handlungsoption für beide Gruppen ist die Anpassung der dazu benötigten Botschaften an die vorherrschenden Frames der politischen Entscheidungsträger (Stone 1988: 182f; Zahariadis 1999: 77f; Fouilleux 2004). Dabei ist eine sachliche und glaubwürdige Kommunikation genauso wichtig ist wie die Notwendigkeit, im Kontext des Politikfelds und auf der Basis eines breiten Konsenses von Interessenträgern zu argumentieren anstatt einzelne Interessen in den Vordergrund zu stellen. Als Instrumente für die Kernaufgabe Kommunikation müssen alle verfügbaren Mittel in ihrer spezifischen Wirkung berücksichtigt werden (Lahusen und Jauß 2001: 100ff). Von der öffentlichen Unterstützung eines Politikvorhabens mit Hilfe einer Pressemitteilung über eine informelle Stellungnahme, die an einen politisch verantwortlichen Kommissar gerichtet ist, bis hin zur Beauftragung von Gutachten und Studien ist der vollständige Werkzeugkasten kommunikativer Maßnahmen Teil der möglichen Handlungsoptionen von Interessenträgern in der EU. Besonders Studien und andere Informationsmaterialien zu einem bestimmten Thema bilden die Grundlage für einen wechselseitigen Lernprozess, bei dem Interessenträger und Politikdesigner ihre Frames hinterfragen und anpassen können (Lahusen und Jauß 2001: 100).

Weil der Politikdesigner Politik-Frames gezielt anpasst, um die Positionen von Interessenträgern zu berücksichtigen, können auch Interessenträger die Vermittlungschancen ihrer politischen Botschaften durch die Anpassung an bestehende Frames verbessern. Denn ein solcher, in der politischen Debatte etablierter Politik-Frame bildet ja dann den *conventional wisdom* für das Politikfeld. Dabei gilt: Je länger der Politik-Frame etabliert ist, desto mehr Akteur-Frames werden darauf bezogen gebildet und desto stärker wird er durch die Übereinstimmung maßgeblicher Akteure mit der dadurch vermittelten Sichtweise auf die gesellschaftliche Situation gestützt. Indem der Politik-Frame zur Grundlage für die intersubjektive Rationalität des Politikvorhabens wird, werden die daraus folgenden Interpretationen zur Zugangsberechtigung für die entsprechende politische Debatte. Für den Interessenträger definiert der anerkannte Frame dann das diskursive Repertoire einer Debatte (Steinberg 1998: 856ff).

Argumentationen und Debattenbeiträge, die aus einem anderen Vorstellungssystem eingebracht werden, werden von den Akteuren zur Vermeidung kognitiver Dissonanzen nicht wahrgenommen bzw. haben eine höhere Aufmerksamkeitshürde zu überwinden. Für den Interessenträger wird die Anpassung der zu vermittelnden Botschaften an den vorherrschenden Frame aus diesem Grund zu einer Notwendigkeit (Surel 2000: 507). So erleichtert dem Politikdesigner zum Beispiel die Anpassung der Botschaften an den Politik-Frame die Berücksichtigung der damit verbundenen Forderungen. Denn der Designer ist aus eigenem Interesse zur Stärkung der Akzeptanz und zur Sicherstellung der Unterstützung für das Politikvorhaben bemüht, im Verlauf des Entscheidungsverfahrens das Feedback der Akteure zu berücksichtigen. Für den Interessenträger ist es daher zweckmäßig, die Kompatibilität der kommunizierten Botschaften mit dem etablierten Politik-Frame zu berücksichtigen.

Die gezielte Anpassung politischer Botschaften an vorherrschende Frames erhöht somit nicht nur die Rezeptionschancen. Die Übereinstimmung zwischen Akteur- und Politik-Frame ist auch Basis für die Akzeptanz eines Politikvorhabens. Einerseits kann ein Interessenträger durch die Anpassung seiner Botschaften an den Politik-Frame die Akzeptanz seiner Forderungen beeinflussen, andererseits kann der Designer durch die Berücksichtigung der jeweiligen Forderungen die Akzeptanz des Politikvorhabens auf Seiten der Interessenträger fördern. Entsprechend müssen die zur Interessenvermittlung eingesetzten Botschaften unter Berücksichtigung der vorherrschenden Frames des Politikgestaltungsprozesses formuliert werden. Das Ziel besteht für den Interessenträger darin, die politische Botschaft als Begründung des Politikvorhabens zu positionieren. Durch die Integration der eigenen Forderungen in den Deutungszusammenhang des Politikvorhabens kann der Interessenträger seine partikularen Interessen in den Diskurs einbringen, und zwar so, dass sie dem Anliegen des Politikvorhabens entsprechen oder dieses sogar unterstützen.

Der Abgleich zwischen Akteur- und Politik-Frame ist somit eine zentrale Handlungsorientierung für die Interessenvermittlung. Die notwendige Anpassung der Frames wirkt sich auch auf die Handlungsoptionen bei der Vermittlung partikularer Interessen aus. Stimmen Politik- und Akteur-Frame überein, kann der Interessenträger seine Argumentation vermitteln. Ist dies nicht der Fall, dienen der Politik-Frame und die Akteur-Frames der anderen Akteure als Maßstab, an dem sich der Akteur orientiert. Knüpfen die zur Vermittlung genutzten Argumente an die Akteur-Frames anderer Interessenträger an, so besteht die Chance, dass sie auch von diesen Akteuren aufgenommen werden, weil sie auch aus deren Perspektive Sinn machen.

So lassen sich zum Beispiel gleichgesinnte Akteure in einer Interessenkoalition hinter einer bestimmten Position versammeln. Sind die Argumente gar mit dem vorherrschenden Politik-Frame kompatibel, so ist die Chance maximiert, dass die übermittelte Botschaft rezipiert wird und die partikularen Interessen bei der Umsetzung des Politikvorhabens berücksichtigt werden. Die so vermittelte Botschaft entspricht also der Begründung des Politikvorhabens durch den Politik-Frame und wird damit Teil von dessen kommunikativer Konstruktion, was die Berücksichtigung der geforderten Details sehr wahrscheinlich macht.

Die Strukturierung des Diskurses durch die Kommission bedeutet für die Interessenträger, dass die Anliegen auf EU-Ebene im Kontext des dortigen Politik-

Diskurses legitimiert werden müssen. Daraus leitet sich dann auch ab, welche Akteure wann mit welchen argumentativen Ressourcen operieren können, um ihre Positionen zu vermitteln. Insofern muss neben der Ausrichtung der Interessen auf den politischen Kontext auch die Argumentation in den vermittelten Botschaften an den Politik-Frame und den Kontext des jeweiligen Vorhabens angepasst werden.

Zu dem relevanten Kontext gehören zum einen die Erwartungshaltungen auf Seiten der Politikdesigner, etwa dass komplexe Detailinformationen an die Kommission, nicht aber an die Abgeordneten im Parlament übermittelt werden, weil dort stärker politische Argumente gefragt sind, die das begrenzte Aufmerksamkeitspotenzial und die Entscheidungskriterien der Abgeordneten berücksichtigen. Darüber hinaus müssen auch parteipolitische Meta-Frames berücksichtigt werden, zum Beispiel durch die Verwendung von Wirtschaftswachstums-Argumenten gegenüber konservativen und arbeitsplatzrelevanten Argumenten gegenüber sozialistischen Mitgliedern des Europäischen Parlaments. Auch wenn mehrere Generaldirektionen der Kommission an einem Vorhaben beteiligt sind, werden die Botschaften und Argumente entsprechend angepasst, zum Beispiel mit einer umweltpolitischen Färbung gegenüber der GD Umwelt und einer ökonomischen gegenüber den GDs Landwirtschaft oder Unternehmen und Industrie (Baumgartner und Mahoney 2008: 440).

Die zur Vermittlung der partikularen Interessen genutzten Argumente müssen also gleichsam in die vorherrschenden Frames eingekleidet werden, um die Rezeption und damit die Wirksamkeit sicherzustellen. Der Interessenträger muss seine Kommunikation an den Politik-Frame des Vorhabens, auf das Einfluss genommen werden soll, anpassen, um erfolgreich sein zu können. Wegen dieser grundlegenden Handlungsorientierung kann es für den Interessenträger sogar sinnvoll sein, die eigene Argumentation im Sinne des Politik-Frames anzupassen, auch wenn der eigentliche Akteur-Frame dem widerspricht. Es ist also unter Umständen zweckmäßig, auch in den kommunizierten Botschaften aus diskurstaktischen Gründen von dem eigenen Akteur-Frame abzuweichen (vgl. Rein und Schön 1991: 268ff; Hall 1993; Rein und Schön 1994: 33ff; Rolandsen Agustín 2008).

So können mit Hilfe politischer Botschaften Änderungen vermittelt werden, die die Auswirkungen des Politikvorhabens im Sinne des Interessenträgers beeinflussen. Durch die Vermittlung intentional im Sinne des Politik-Frames formulierter Interessen unter Berücksichtigung des Frame-Kontextes und der Frame-Hierarchie können also deren Berücksichtigungschancen maximiert werden. Denn indem die Stellungnahme in die Begründungszusammenhänge des Politikvorhabens eingepasst wird, wird das Interesse des Interessenträgers scheinbar zum Interesse der relevanten Mehrheit, das der Designer mit dem Politik-Frame zu berücksichtigen versucht. Der Interessenträger kann also die Chance, seine

Interessen berücksichtigt zu sehen, erhöhen, wenn er seine politischen Botschaften an den Politik-Frame anpasst und bei der Formulierung auch die vorherrschenden Akteur-Frames im Politikgestaltungsprozess berücksichtigt.

Die Anpassung der Argumentationen ist dabei schon deshalb nicht mit einem unlauteren Doppelspiel gleichzusetzen, weil wegen der meist sehr überschaubaren Anzahl von befassten Personen die Reputation unweigerlich gefährdet wird, wenn gegenüber unterschiedlichen Ansprechpartnern widersprüchliche Positionen vertreten würden. Dass Interessenträger ihre Argumentation auch dann auf den Politik-Frame ausrichten, wenn dieser den eigenen Interessen entgegensteht, ist am Beispiel der durch ein europaweites Verbot von Nickel-Cadmium-Batterien bedrohten Batterieindustrie gezeigt worden. Die Industrie hatte bis zum Schluss bestritten, dass Nickel-Cadmium-Batterien schädlich sind und der Anteil an den Cadmium-Emissionen ein Verbot rechtfertige. Dennoch hat sie den Politik-Frame insofern anerkannt, als sie ein eigenes Rücknahmesystem als Gegenleistung anbietet und mittelbar damit droht, dass Nickel-Cadmium-Batterien sonst im Hausmüll entsorgt würden (Naurin 2007: 94ff, 119). Das Beispiel macht deutlich, dass Interessenträger sich mit ihren politischen Interessen in jedem Fall zumindest mittelbar auf den Politik-Frame beziehen müssen, auch wenn sie der darin enthaltenen Deutung des jeweiligen Sachverhaltes widersprüchlich gegenüberstehen.

7.3.5 Kognitiver Anpassungsdruck

Die Teilnahme am politischen Diskurs und die Anpassung seiner Botschaften an den Politik-Frame erzeugen einen kognitiven Anpassungsdruck für die Interessenträger der auf die Notwendigkeit zurück geht, die Teilnahme am politischen Diskurs und vor allem die dafür aufgewendeten Ressourcen rechtfertigen zu müssen. Denn zum einen ist es notwendig, als Diskursteilnehmer relevant zu bleiben, zum anderen muss das Engagement auch Erfolge zeigen. Die Definition von Erfolg im interdependenten Kommunikationsprozess Interessenvermittlung kann allerdings immer auch selbstreferentielle Züge tragen, etwa wenn behauptet wird, dass durch die eigenen Maßnahmen eine noch unvorteilhaftere Implikation eines Politikvorhabens verhindert worden sei. Dieser Aspekt ist zweifellos auch ein wichtiger Faktor für die kommerzielle Dynamisierung, die von der einschlägigen Beratungsbranche ausgeht.

Insofern ist die Anpassung an den Politik-Frame allerdings auch eine wichtige Basis für die Akzeptanz des Politikvorhabens. Denn durch die intentionale Anpassung der politischen Botschaften gerät der Interessenträger deshalb in ein Spannungsverhältnis zwischen seinen Aussagen und seinem subjektiven Akteur-Frame. Die Kommunikation wirkt insofern nicht nur als Positionierung in Richtung der übrigen Akteure, sondern auch als kognitive Herausforderung nach innen. Indem ein Sachverhalt aus vermittlungstaktischen Gründen in einen angepassten Deutungszusammenhang gestellt wird, gerät der Akteur-Frame unter Druck, weil hier der Sachverhalt ggf. anders gedeutet wird. Dadurch ergibt sich eine mögliche Diskrepanz zwischen der politischen Positionierung eines Interessenträgers innerhalb der Akteurkonstellation und seiner eigentlichen Überzeugung. Bei der Formulierung und internen Abstimmung der politischen Botschaften auf Seiten des Interessenträgers muss diese Diskrepanz berücksichtigt werden. Es kommt zu einer kognitiven Neuorientierung, bei der auch der Akteur-Frame unter Anpassungsdruck gerät.

Wie sich die kognitive Diskrepanz zwischen politischen Statements und Akteur-Frame im Einzelnen auswirkt, hängt daher von den institutionellen Rahmenbedingungen ab, unter denen ein Interessenträger agiert. Der Aufwand und die Komplexität der Neuorientierung richtet sich danach, wie viele Personen an dem Kommunikationsprozess Interessenvermittlung beteiligt und wie die Verantwortlichkeiten verteilt sind. Je mehr Akteure den Spagat zwischen einer taktischen politischen Botschaft und der Bewahrung eigener Überzeugungen leisten müssen, desto aufwändiger ist es, die entsprechenden Positionierungen abzustimmen. Wichtig ist auch die Frage, in welchem Maß der Akteur-Frame gefestigt ist bzw. wie groß die Diskrepanz zwischen diesem und dem Politik-Frame ist.

In der Praxis eines Unternehmens, das seine Interessen gegenüber politischen Entscheidungsträgern vertritt, gilt: Je besser die zuständigen Spezialisten, etwa Public Affairs Berater, über den Frame-Kontext des Vorhabens Bescheid wissen und je stärker das Vertrauen der jeweils verantwortlichen Unternehmensführung in sie ist, desto besser ist die Ausgangslage, um dieser Komplexität zu begegnen. Muss der Spezialist für politische Kommunikation jedoch einzelne Formulierungen mit den Experten der eigenen Organisation abstimmen anstatt im Rahmen politischer Leitlinien frei entscheiden zu können, wird die notwendige Flexibilität für die gezielte Formulierung von Botschaften eingeschränkt.

Besonders für Interessengruppen, die auf der Basis eines gemeinsamen Frames zusammenarbeiten, stellt die Anpassung der politischen Botschaften eine grundlegende Herausforderung dar. Denn einerseits muss der kognitive Anpassungsdruck auf den gemeinsamen Akteur-Frame mit allen Teilnehmern vor bzw. während der Formulierung der politischen Botschaften berücksichtigt werden (Rolandsen Agustín 2008). Eine Interessengruppe ist in Bezug auf die vermittlungstaktische Anpassung der Botschaften daher weniger flexibel. Andererseits wirkt sich eine Veränderung des gemeinsamen Akteur-Frames direkt auf die Kooperationskalkulation der Mitglieder aus. Weil die Vermittlung politischer Botschaften zur Positionierung der raison d'être einer Interessengruppe ist, ist deren vermittlungstaktische Anpassung an den Frame-Kontext eine entscheidende Handlungsorientierung (Sabatier und Jenkins-Smith 1999: 122).

Grundsätzlich kann daher die Rückwirkung einer angepassten politischen Argumentation auf den Akteur-Frame des Interessenträgers als Grundlage für dessen Akzeptanz und Folgebereitschaft gesehen werden. Interessenträger, die ihre Anliegen im Kommunikationsprozess Interessenvermittlung erfolgreich zum Ausdruck bringen, verändern somit im Lauf des Verfahrens auch die eigene Position und versetzen sich damit in die Lage, ihre Interessen als berücksichtigt wahrnehmen zu können. Der Interessenträger gerät durch die Anpassung seiner politischen Botschaften an den Politik-Frame unter einen kognitiven Anpassungsdruck, durch den sowohl die kognitive Grundlage für die Akzeptanz des Vorhabens als auch die Zusammenarbeit mit anderen Akteuren in einer Interessenkoalition in Frage gestellt werden kann.

Für die Rolle des rationalen Interessenträgers können wir daher schlussfolgern, dass auch dieser Akteur (1) unter Bedingungen von Komplexität und Unsicherheit agiert und (2) seine Handlungsorientierungen an den jeweiligen Kontext der Situation anpassen muss sowie, dass sich seine daraus resultierenden Interessen verändern. Zur Durchsetzung der Interessen muss er (3) durch beständige Beobachtung und stetigen Austausch innerhalb der Akteurkonstellation seine Handlungsoptionen kalkulieren und seine Interessen mit gezielten Botschaften vermitteln. Dies erreicht er, indem er (4) die Übereinstimmung zwischen dem eigenen Akteur-Frame und dem etablierten Politik-Frame erhöht.

Durch die Verbreitung von Frames sind Interessenträger und Politikdesigner demnach in einem wechselseitigen kognitiven Abhängigkeitsverhältnis aufeinander angewiesen. Dadurch ergeben sich eine Reihe von grundsätzlichen Handlungsoptionen sowie verteilte Rollen im Prozess der Interessenvermittlung in der EU die wir im abschließenden Schritt betrachten müssen, bevor wir den Framing-Ansatz in der Fallstudie anwenden.

8. Die Interdependenz im Kommunikationsprozess Interessenvermittlung

Der Kern der Interdependenz zwischen Interessenträgern und Politikdesignern liegt in der wechselseitigen Anpassung von Politik- und Akteur-Frames, die zur Durchsetzung eines Politikvorhabens bzw. zur Vermittlung partikularer Interessen notwendig ist. Dabei unterstreicht die Wechselwirkung zwischen der Verbreitung von Frames durch Interessenträger und der zielgerichteten Anpassung der Politik-Frames durch die Politikdesigner, dass bereits die früheste Phase des Politikgestaltungsprozesses, die Definition des politischen Problems, als prägender Teil des Kommunikationsprozesses Interessenvermittlung gesehen werden muss.

8.1 Politik-Frames als diskursiver Rahmen für die Politikgestaltung in der EU

Im Rahmen der EU-politikfeldspezifischen Meta-Frames muss es politischen Unternehmern bereits frühzeitig gelingen, Frames in den Diskurs zu bringen, um damit im besten Fall die Problemdefinition und die Wahrnehmung der Handlungsnotwendigkeit auf europäischer Ebene zu beeinflussen. Denn in dem Maß, in dem das Vorhaben von einflussreichen Akteuren diskutiert wird und seinen Weg durch den Politikgestaltungsprozess nimmt, wirkt der zugrunde liegende Frame bereits auf die Meinungsbildung. So ist es zum Beispiel Interessengruppen im Zusammenhang mit der Regierungskonferenz (IGC) von 1996, die zum Amsterdamer Vertrag geführt hat, gelungen mit dem *Wettbewerbsfähigkeits*-Frame eine neue Dimension in die Debatte einzuführen und den Verlauf der Konferenz im Sinne der eigenen Ideen zu beeinflussen. Die gezielt platzierten Debattenbeiträge im Vorfeld der Konferenz hatten als kognitiver Kontext eine hohe Bedeutung für die Definition der politischen Optionen, die innerhalb der Regierungskonferenz zur Diskussion standen (Mazey und Richardson 1997).

Langlebige Meta-Frames in der EU sind immer mit einer Perspektive *Gemeinwohlinteresse* ausgestattet um den Mehrwert der europäischen Zusammenarbeit nachzuweisen (Mazey und Richardson 1997: 117). Die Meta-Frames konkretisieren in einem Politikfeld nicht nur die Machtverteilung zwischen den europäischen Organen, sondern es entsteht eben jene politische Handlungsgelegenheit (*political opportunity structure*), in der partikulare Interessen vermittelt werden können (Nylander 2000: 75). Dabei lassen sich nicht nur Koalitionen aus Designern, Interessenträgern und anderen Akteuren identifizieren, die Politikfelder in der EU vorangetrieben haben (Richardson 1996; Coen 1997; Nylander 2001; Rhinard 2002), sondern Frames spielen als Basis für die Zusammenarbeit von Akteuren auch innerhalb von Organen wie dem Ministerrat oder der Kommission eine Rolle. Dabei werden Verhandlungskoalitionen in institutionalisierten Verhandlungsmodi wie dem Ministerrat der EU durch eine funktionale Bedeutungskonstruktion gestützt (Nedergaard 2007). Dazu gehören beispielsweise Absprachen auf Gegenseitigkeit – wenn etwa Regierungen sich in unterschiedlichen Vorhaben unterstützen, obwohl sie eigentlich keine eigenen Interessen an dem jeweiligen Vorhaben haben.

Die argumentativen Anknüpfungspunkte der Meta-Frames können für die Formulierung entsprechender Politik-Frames genutzt werden. Dabei spielt die Kommission die als politischer Realitätsnotar – basierend auf dem ausschließlichen Vorschlagsrecht und der Wächterfunktion über die europäischen Verträge – mit der Entwicklung neuer und der Weiterentwicklung bestehender Politikvorhaben befasst ist, eine zentrale Rolle (Nugent 2000, 2001; Bauer 2002). Sie bietet politischen Unternehmern die Bühne, auf der Probleme adressiert werden können, und sie kann die Aktivierung von Akteur-Netzwerken nutzen, um die Begründungszusammenhänge für ein Politikvorhaben zu schaffen (Nylander 2001). In der EU finden sich eine Reihe von Beispielen, in denen die Kommission als politischer Unternehmer durch die Prägung neuer Begrifflichkeiten und die gezielte Untermauerung der Argumentation durch Dritte Problemlagen auf EU-Ebene neu definiert hat, um davon Arbeitsaufträge, Kompetenzen oder Maßnahmen abzuleiten (vgl. dazu: Bauer 2002). Dazu gehören neben den bereits erwähnten Beispielen auch die Steuerpolitik (Radaelli 1995, 1999), die Umweltpolitik (Héritier et al. 1996), aber auch die Bereiche Arbeitsmarkt- und Sozialpolitik (Cram 1993, 1997) und die Regulierung der Gentechnik (Gottweis 1999).

Die Bedeutung von Frames für den politischen Diskurs zeigt sich auch daran, dass die darin transportierten Begründungszusammenhänge innerhalb einer Institution wie dem Ministerrat oder der Kommission als Kontext wirken, in dem Handlungsorientierungen entstehen. Mithin können Diskurskoalitionen aus der öffentlichen Diskussion bis in die EU-Organe hineinreichen, d.h. Interessenvermittlungsprozesse können über *gleichgesinnte* Akteure an verschiedenen Stellen des politischen Systems erfolgen. Getragen werden diese Diskurskoalitionen von den Mitgliedern eines mehr oder weniger fest gefügten Politik-Netzwerks, die sich mittelbar oder unmittelbar gegenseitig in der Argumentation bestärken (Börzel 1997; Peterson 2004).

Am Beispiel der Verhandlungen um eine Richtlinie zum Schutz von Zeitarbeitern ist gezeigt worden, dass Diskurskoalitionen im Ministerrat sogar dann Bestand haben, wenn die nationale Interessenlage kaum berührt ist, weil es z.B. kaum Zeitarbeitsbeschäftigte gibt, und zwar dann, wenn die angeführte Argumentation mit dem nationalen Politikdiskurs kompatibel ist, weil z.B. eine Einmischung der EU in die Arbeitsmarktpolitik grundsätzlich kritisch gesehen wird, wie dies in Dänemark der Fall war (Nedergaard 2007). Wir können also festhalten, dass Diskurskoalitionen in der EU bis in die jeweiligen Organe hineinreichen und dass die Verbreitung von Frames grundsätzlich von den jeweiligen Akteuren abhängt, die als politische Unternehmer wirken. Besonders wenn diese Akteure innerhalb von Organen wie der Kommission oder dem Parlament tätig sind, muss die Bewahrung existierender Deutungszusammenhänge immer im Zusammenhang mit der Machtverteilung in einem Politikfeld gesehen werden.

Dass die Definition eines politischen Problems durch einen Politik-Frame von zentraler Bedeutung ist, können wir am Beispiel politischer Kursänderungen (policy changes) im System der EU verdeutlichen, wie wir bereits im Zusammenhang mit der der Biotechnologiepolitik (GMO) gesehen haben. Denn dort wurde der neue Umwelt-Frame von der GD Umwelt gezielt mit Hilfe einer Akteurkonstellation entwickelt, um dann innerhalb der Kommission die Deutungshoheit über das *neue* Politikfeld zu erlangen (Rhinard 2002: 78f).

Dazu wurde die Unterstützerkoalition auf die zuständige Ratsarbeitsgruppe ausgeweitet, indem dort ebenfalls entsprechende Vorschläge diskutiert wurden. Durch die Diskussion mit den Vertretern der Mitgliedstaaten wurde somit der Umwelt-Frame auch für die Umsetzung der Regulierungsrahmen installiert. Bis 1986 war es der Generaldirektion Umwelt so gelungen, eine Unterstützerkoalition für den Umwelt-Frame zu bilden, die Entscheidungsstrukturen zu verändern und den Politik-Frame mit dem breiteren Kontext zu integrieren. Entsprechend empfahl dann auch eine interne Arbeitsgruppe mit Teilnehmern aus verschiedenen GDs, gerade wegen des großen Potenzials der Technologie ein „safety-net" gegen die möglichen Gefahren einzuführen. Die ursprüngliche Idee, einen *gemeinsamen Markt* für diese Technologie zu schaffen, wurde erfolgreich um das „Vorsorgeprinzip" in Bezug auf die Verbreitung von GMO-Organismen erweitert. Auch die Vorbereitung in der Ratsarbeitsgruppe zahlte sich aus, weil die Kommissionsvorschläge in dieser Hinsicht dort noch verschärft wurden (Rhinard 2002: 87f). Dadurch gelang es der GD Umwelt, für die Biotechnologie umfassende institutionelle Rahmenbedingungen zu etablieren, die selbst durch eine Intervention zugunsten der Industrie von höchster Stelle (durch den damaligen Kommissionspräsidenten Delors) nicht mehr verhindert werden konnten.

Dass solche Politik-Frames in der EU dann zur gemeinsamen Wahrnehmungsvorlage werden, die nicht zu umgehen ist, lässt sich insbesondere an der Reaktion der Industrie zeigen. Denn nachdem die Regelungen auf Basis des Umwelt-Frames nicht mehr verhindert werden konnten, bildete die Industrie Ende der 1980er Jahre gezielt eine Koalition aus Unternehmen und verbreitete mit Hilfe des damaligen Industriekommissars Martin Bangemann einen Industrie-Frame. Ziel war es, in einer Koalition aus großen europäischen Unternehmen mit Biotechnologieinteressen und kleineren Spezialunternehmen in der Debatte über die Biotechnologie-Gesetzgebung wieder stärker den wirtschaftlichen Nutzen der Technologie zu betonen, ohne dabei allerdings den Umwelt-Frame außer Acht zu lassen. Mit Hilfe eines von der Kommission gegründeten Beratungsgremiums wurde vielmehr ein Zusammenhang hergestellt zwischen Umweltschutz und der Entwicklung einer zukunftsfähigen europäischen Biotechnologiebranche. Durch direkte Kontakte zu den Kommissaren entstand ein Zielkonflikt in der Kommission, der durch eine erneute Intervention des Kommissionspräsidenten Delors und seines Kabinettschefs Lamy zu einem Kompromiss gebracht wurde (Rhinard 2002: 101ff).

Allerdings wurde die Industrie in ihrem Bemühen, den Regulierungsrahmen auf diesem Weg zu verändern, durch ein sich schließendes Zeitfenster behindert. Denn zum einen verbesserte sich die Wirtschaftsentwicklung, sodass die Wirtschaftsförderungsargumentation politisch weniger zwingend war. Zum anderen war in der Zwischenzeit eine neue Kommission ins Amt gekommen, sodass zwar der Frame-Konflikt innerhalb der Kommission fortbestand, nicht aber das Interesse der Führung. Die Unterstützer des Umwelt-Frames konnten daher den entscheidenden Aspekt der Regulierung trotz Widerstands der Industrie vor einer Reform bewahren (Rhinard 2002: 125). Letztlich sind mit Hilfe des Umwelt-Frames also genetisch veränderte Organismen in Europa als Gefahr für die Umwelt definiert worden, woraus sich ein Handlungsfeld für die zuständige Generaldirektion Umwelt ergab und die Rahmenbedingungen für Industrie und Forschung innerhalb der EU deutlich beeinflusst wurden.

Das Beispiel macht deutlich, dass es politischen Unternehmern innerhalb der Kommission gelingen kann, durch die Einbindung von Interessenträgern auch den Meta-Frame in einem Politikfeld zu verändern. Mit Blick auf die Politikfelder können wir Meta-Frames – wie etwa den Umwelt-Frame im Bereich der Biotechnologie – als inhaltlich-konzeptionelle Rahmen für die Politikgestaltung in der EU erkennen, in denen die Notwendigkeit einer Zusammenarbeit auf europäischer Ebene konkretisiert wird (vgl. dazu auch: Daviter 2009). Wir können aber auch attestieren, dass trotz der Akzeptanz eines gemeinsamen Begründungszusammenhangs innerhalb eines Politikfelds Prozesse der Interessenvermittlung stattfinden können. Diese beziehen sich dann allerdings nicht auf die übergreifenden Begründungszusammenhänge der Meta-Frames eines Politikfelds, sondern auf nachgeordnete Inhalte, zum Beispiel einzelne Politik-Frames (Sabatier 1998). Auch spricht die zentrale Bedeutung der Politik-Frames für den Interaktionszusammenhang Interessenvermittlung in der EU nicht prinzipiell gegen deren Vielfalt in der inhaltlichen Ausgestaltung und Ausrichtung. Der Frame ist insofern ein analytisch-funktionales Attribut für politische Probleme, mit dem der Politik-Diskurs strukturiert werden kann.

Damit deutet sich an, dass die kognitiven Grundlagen des Prozesses auf die Handlungsoptionen der Akteure einwirken. Anhand eines konkreten Fallbeispiels lässt sich darüber hinaus der Status eines Politikvorhabens im Diskurs detailliert beschreiben, indem man zunächst den Typus des politischen Problems (strukturiert, moderat, unstrukturiert) bestimmt, dann die Reichweite des Politikvorhabens (partikular, umstritten, verbindend) und schließlich den Grad der Institutionalisierung in offiziellen Dokumenten (gesetzlich, politisch oder vorläufig politisch sanktioniert) in den Blick nimmt. Wenn allerdings Designer und Interessenträger mit der Anpassung von Frames übereinstimmende Handlungsoptionen haben, dann müssen wir auch die Frage beantworten, wie sich die Interdependenz der Akteure auf die Muster der Zusammenarbeit von Designern der Kommission mit Interessengruppen auswirkt.

Denn gelingt es Akteuren, ihre Frames zu einem frühen Zeitpunkt an den Designer zu vermitteln, so wirken diese direkt auf den Design-Frame ein, mit dem das Politikvorhaben konstruiert wird. Die Berücksichtigung der Interessen wäre dann schon zu Beginn des Politikkreislaufs angelegt. Der Interessenträger hat dann im Verlauf des Verfahrens noch die Möglichkeit, die Berücksichtigung der a priori vermittelten Interessen zu gewährleisten, indem er den Designer dabei unterstützt, den auf dieser Grundlage formulierten Politik-Frame als akzeptierte Kognitionsvorlage zu etablieren. Für den einzelnen Interessenträger ist dabei die Behauptung der Deutungshoheit über einen Aspekt des Politikvorhabens ein wichtiges Mittel, um dem prinzipiellen Kontrollverlust in der diskursiven Akteurkonstellation entgegenzuwirken (Kingdon 1984: 53f). Die Vermittlung partikularer Interessen hat deshalb dann die größten Erfolgschancen, wenn der Akteur Informationen so an den Politikdesigner kommunizieren kann, dass diese für die Definition des politischen Problems und damit die Etablierung eines entsprechenden Politik-Frames im politischen Diskurs verwendet werden können.

Wir haben gesehen, dass sich die Interaktion im Rahmen der Interessenvermittlung auf die unterschiedlichen Frames bezieht. Diese wiederum bilden die Grundlage für die Akteurkonstellation und werden von dieser getragen. Dabei haben wir bereits gesehen, dass die Konstellationen durchaus über die Grenzen von Organen wie der EU-Kommission hinausgehen können. Innerhalb von Politikfeldern lassen sich also Akteurkonstellationen identifizieren, die den politischen Diskurs tragen und sich dabei im Rahmen der anerkannten Politik-Frames bewegen. Die Verbreitung und Anpassung von Frames im Mehrebenensystem der EU ist ein Beispiel für diesen Zusammenhang.

So sind mit Blick auf die europäische Antidiskriminierungspolitik die spezifischen Auswirkungen von Framing-Effekten im Mehrebenensystem der EU herausgearbeitet worden (Geddes 2004). Dabei zeigt die vergleichsweise schnelle Verabschiedung der Richtlinie zur Festlegung eines allgemeinen Rahmens für die Verwirklichung der Gleichbehandlung in Beschäftigung und Beruf (Rat

2000) durch den Ministerrat der EU, dass die Anpassung eines Politik-Frames an bestehende Frames die Zustimmungschancen erhöht. So können in den Mitgliedstaaten bestehende gesetzliche Regelungen wie die zum Thema Soziale Chancengleichheit und Kampf gegen Rassismus und Fremdenfeindlichkeit als implizite Frame-Hierarchie genutzt werden. Diese bietet dem Politikdesigner gleichsam indirekt kognitive Anknüpfungspunkte, um die Vertreter der Mitgliedstaaten für das Vorhaben zu gewinnen.

Im Fall der so genannten Anti-Diskriminierungs-Richtlinie hat die Ausrichtung des Frames auf den Kampf gegen Rassismus und Fremdenfeindlichkeit die Verabschiedung beschleunigt. Dabei wurde die Anpassung des Frames durch den Skandal um den Wahlerfolg des österreichischen Rechtspopulisten Jörg Haider erleichtert. Umgekehrt hat auch die Anpassung des Politik-Frames an den Aspekt der Geschlechterdiskriminierung die Zustimmung der französischen Regierung ermöglicht. Das Beispiel zeigt aber auch, dass die nationale Sichtweise fortbestehen kann, wenn der Frame auf EU-Ebene ihr nicht widerspricht (Geddes 2004). Die Akzeptanz europäischer Politik-Frames hängt insofern auch vom institutionellen Kontext in den jeweiligen Mitgliedstaaten ab. Denn die Frames müssen in den nationalen politischen Diskurs aufgenommen werden und erhalten dort die entsprechenden Vorzeichen. EU-Politik-Frames müssen daher eher allgemein sein, um Anknüpfungspunkte zu bieten. Das wird an der Implementierung der Anti-Diskriminierungs-Richtlinie deutlich. Denn besonders die flexiblen Interpretationsmöglichkeiten der Inhalte haben dazu beitragen, dass auf EU-Ebene ein neuer Meta-Frame zur Verwirklichung der Gleichbehandlung in Beschäftigung und Beruf etabliert werden konnte.

Durch die Integration der verschiedenen nationalen Diskurse zum Thema Diskriminierung ist es also gelungen, einen Meta-Frame für ein europäisches Politikfeld zu etablieren, innerhalb dessen wiederum nationale Akteure entsprechende Regelungen umsetzen können. Interessenträger können die gebotenen Anknüpfungspunkte durch die Formulierung entsprechender Politik-Frames gezielt nutzen, um ein Vorhaben zum Thema Anti-Diskriminierung zu positionieren (Geddes 2004). EU-Richtlinien können daher als manifestierte Meta-Frames verstanden werden, die den Rahmen vorgeben, innerhalb dessen die Politikgestaltungsprozesse auf der Ebene der Mitgliedstaaten ablaufen.

Auch Untersuchungen zur Verbreitung von Normen innerhalb der EU bieten interessante Hinweise darauf, dass Frames gezielt verbreitet, aber auch angepasst werden. So lässt sich zeigen, dass gerade Textverhandlungen um Politikdokumente die Chance bieten, Akteure in die Verbreitung von Normen einzubeziehen, indem an einzelnen Formulierungen arbeitend eine gemeinsame kognitive Basis geschaffen wird. In der EU kommt die ausgeprägte Konsenskultur als weiterer Faktor hinzu (Neyer 2004). Denn am Beginn solcher Verhandlungen kann das Ziel – etwa eine Resolution des Ministerrats – bereits feststehen, während die

Inhalte noch abgestimmt werden müssen. Inwieweit Akteure innerhalb solcher Verhandlungen die vorgeschlagene Norm übernehmen, hängt davon ab, ob sie diese internalisiert haben, d.h. als den eigenen Moralvorstellungen entsprechend wahrnehmen, und ob die Anerkennung im eigenen Interesse liegt (Finnemore und Sikkink 1998; Elgstrom 2000: 459f).

Dieser Zusammenhang wirkt sich auch in Bezug auf die Ergebniswirksamkeit der angesprochenen *Softlaw*-Regulierungsansätze aus. Denn inwiefern die damit verfolgten Ziele erreicht werden, hängt von vielen Faktoren ab, die die effektive Umsetzung einer Politik unterminieren können. Aus unserer Untersuchungsperspektive unterscheiden sich Softlaw-Instrumente insofern nur durch die fehlende rechtliche Verbindlichkeit von anderen Rahmengesetzgebungen auf EU-Ebene, nicht aber in Bezug auf die intendierte Umsetzung oder gar Wirkung von Politikvorhaben. Das zeigt sich am Beispiel der europäischen Arbeitsmarktpolitik, wo Framing-Effekte identifiziert worden sind, die zeigen, dass diese Instrumente auf EU-Ebene als Rahmenwerke für die Politikgestaltung auf der Ebene der Mitgliedstaaten wirken, selbst wenn kein Durchsetzungszwang besteht (Rhinard und Dimitrova 2005; Lopez-Santana 2006).

Besonders in einem frühen Stadium der mitgliedstaatlichen Politikgestaltung wirken die EU-Meta-Frames als zusätzliche Handlungsoptionen für die nationale Politik. Die vorgeschlagenen Instrumente werden dabei nicht nur in Betracht gezogen, sondern die gleichzeitig transportierten Begründungszusammenhänge wirken auch einschränkend auf die nationale Debatte, weil dadurch Handlungsoptionen bewertet werden können. Da die nationalen Regierungen im Ministerrat der EU an den jeweiligen Verhandlungen beteiligt sind, wird deutlich, dass ein koordiniertes Vorgehen der Mitgliedstaaten zum Eigeninteresse der nationalen Politikdesigner werden kann. Die Einbindung und Anpassung der nationalen Frames spielt hier eine wichtige Rolle. Im Fall der EU-Arbeitsmarktpolitik zeigt sich das daran, dass die Framing Effekte in den Mitgliedstaaten am wenigsten sichtbar sind, in denen bereits europäische Politiken und damit auch die entsprechenden Begründungszusammenhänge des Meta-Frames umgesetzt worden sind (Lopez-Santana 2006: 495).

Gerade wegen der Mehrebenencharakteristik des politischen Systems der EU ist also die aktive Einbindung partikularer Frames und Sichtweisen eine notwendige Voraussetzung für die Politikdesigner. Mit Blick auf die EU-Kommission als Politikdesigner hat Nylander (2000) den Prozess der Interessenvermittlung im politischen System der EU anhand verschiedener Fallbeispiele in den Politikfeldern Energie, Biotechnologie und Gesundheit untersucht (Nylander 2000). Er schließt daraus, dass sich der Framing-Prozess als diskursiver Rahmen für den Politikgestaltungsprozess auch auf die Zusammenarbeit zwischen Kommission und Interessengruppen auswirkt.

Dabei kann die Kommission als zentraler Akteur gesehen werden, da sie die Politik-Frames festlegt, an denen sich die Interessenträger orientieren müssen. Nicht nur das Eigeninteresse des jeweiligen Akteurs ist dafür ausschlaggebend, sondern auch die Notwendigkeit, als relevanter Stakeholder von der Kommission wahrgenommen zu werden. So lässt sich zeigen, dass Gruppen, die ihre Interessen nicht im Kontext des Politik-Frames vermitteln, von der Kommission auch nicht konsultiert wurden: „In other words, interest groups that espouse alternative worldviews may not be allowed to enter the policy discourse" (Nylander 2000: 171). Die Kommission agiert somit nicht nur als Realitätsnotar, sondern als strategischer Politik-Unternehmer, der mit Hilfe von Frames auf EU-Ebene kollektive Handlungen animiert, die sowohl von Interessengruppen als auch von den Mitgliedstaaten die Anpassung ihrer Akteur-Frames erfordern können (Nylander 2000: 78f). Wie wir gesehen haben ist die Kommission in der Festlegung der Politik-Frames nicht „frei", sondern muss die eigenen Handlungsmandate auf Basis der Verträge berücksichtigen oder Gelegenheiten zur Ausweitung der Kompetenzen auf Basis des acquis communautaire nutzen – etwa wenn durch neue Entwicklungen die bestehenden Politiken in Frage gestellt werden können.

So ist am Beispiel der erwähnten gemeinsamen EU-Landwirtschaftspolitik (CAP) gezeigt worden, dass für den politischen Wandel in einem Politikfeld mindestens ein alternativer Diskurs notwendig ist, an dem sich mehr und mehr Akteure beteiligen (Lynggaard 2007). So hat die Kommission zum Beispiel das Aufkommen einer ökologischen Landwirtschaft in Europa zum Anlass genommen, einen neuen *organic farming*-Frame zu etablieren. Damit wurden die Vorzüge des biologischen Landbaus im Kontext der europäischen Landwirtschaftspolitik etabliert. Das Ziel der Unterstützung nachhaltiger und ökologischer Landwirtschaft konnte über einen längeren Zeitraum hinweg und mit Hilfe von Debatten schließlich in die CAP aufgenommen werden, d.h. der *organic farming*-Frame wurde in die Frame-Hierarchie des Politikfelds integriert. Dabei wurden die Ideen, die zunächst Konflikte auslösten, sukzessive durch die relevanten Akteure des Politikfelds anerkannt.

Wenn also für einen Sachverhalt – hier das Aufkommen der ökologischen Landwirtschaft – innerhalb eines Politikfelds gemeinsame, d.h. von allen Akteuren im Politikfeld akzeptierte Bedeutungen und Konzepte geschaffen werden, dann können entsprechende Vorhaben – hier die Unterstützung der ökologischen Landwirtschaft aus dem Budget der CAP – autorisiert und schließlich sanktioniert werden. Als politische Unternehmer haben die Abgeordneten des Europäischen Parlaments bei der Etablierung der ökologischen Landwirtschaft im Rahmen der CAP eine wichtige Rolle gespielt. Denn durch die Bereitstellung von Diskussionsforen, in denen die Debatte um die Einführung der neuen Ideen geführt wurden, konnten die entsprechenden Frames im politischen Diskurs etabliert und durch die Zustimmung wichtiger Akteure auch legitimiert werden (Lynggaard 2007). Insofern können wir die Abgeordneten auch als Ko-Designer bestimmter Politikvorhaben erkennen, die Interessenträgern die Möglichkeit geben, neue Frames in den politischen Diskurs einzubringen.

Grundsätzlich beeinflusst die Mobilisierung von Frames nicht nur die Ergebnisse der Politik, sondern auch die Frage, welche Akteure wie am Politikprozess beteiligt sind. Durch die anfängliche Definition der Politik-Frames im Rahmen eines Vorschlages kommt der Kommission eine wichtige Rolle zu, weil damit nicht nur die Richtung der Politik, sondern auch der Rahmen für Ideen, Akteure und Organe festgelegt wird. Einmal etabliert, können Politik-Frames auch Jahre später noch auf die Akteure und deren Interessen in einem Politikfeld wirken. Denn indem an die Politik-Frames anknüpfende bzw. sich auf diese beziehende Akteur-Frames und Positionen entstehen, kommt es zu einer kognitiven Pfadabhängigkeit.

Anhand politikfeldspezifischer Fallstudien lässt sich somit auch die zeitliche Dimension des frame-basierten Politikkreislaufs untersuchen. Dieser wirkt sich auf die Handlungsoptionen der Interessenträger aus, da die Politik-Frames durch Akteure des politischen Systems in öffentlichen Stellungnahmen etabliert werden. Bevor eine solche Festlegung durch einen Politikdesigner erfolgt, hat der Interessenträger die Möglichkeit, seine Perspektive direkt in die Formulierung des Politik-Frames zu integrieren und diesen unter Umständen sogar maßgeblich zu beeinflussen. Haben sich politische Entscheidungsträger jedoch bereits öffentlich auf eine bestimmte Sicht der Dinge festgelegt und ist diese bereits durch politisches Handeln institutionalisiert, so bleibt dem Interessenträger nur noch die Möglichkeit, die eigenen Interessen im Kontext des bestehenden Politik-Frames zu vermitteln. Es ist daher unwahrscheinlich, dass es Interessenträgern gelingt, einen etablierten Politik-Frame zu ändern, es sei denn durch langfristige, strategische Kampagnen anhand externer Ereignisse, die eine politische Debatte in ein anderes Licht rücken, oder mit konkreten Handlungen, die über den etablierten Deutungsrahmen hinausgehen (Majone 1989: 35f; Hajer 1995; Fischer 2003b: 85f; Rein und Laws 2003; Lowry 2006; Baumgartner et al. 2007). Sobald ein Politik-Frame als kognitives Allgemeingut etabliert ist können Interessen auf der Basis konträrer Argumentationen nur noch mit Hilfe von Diskurskatalysatoren vermittelt werden, etwa im Zug externer Ereignisse oder mit Hilfe langfristiger Kampagnen, die die bestehende Argumentation unterminieren. Die dadurch erreichte Erwartungssicherheit ist gleichsam die andere Seite der Pfadabhängigkeit und bildet eine Grundlage dafür, dass z. B. die Meta-Frames eines Politikfeldes als Zugangskriterium für den politischen Diskurs wirken.

Die unterschiedlichen institutionellen Kontexte, aus denen die Akteure am politischen Prozess partizipieren, weisen dabei auf die potenzielle Vielfalt von Interessenträgern und Politikdesignern hin, die sich auch an den Prozessen der

Interessenvermittlung im politischen System der Europäischen Union nachweisen lässt (Hoppe 2002). Dabei sind neben den strukturellen Aspekten auch inhaltliche Aspekte für den Erfolg eines Akteurs relevant. Vor allem Expertise und die Macht, Definitionen im Diskurs durchzusetzen sowie Zeitpläne und die Wirkung und Überzeugungskraft bestimmter Debattenbeiträge beeinflussen zu können, spielen dabei eine hervorgehobene Rolle (Kingdon 1984: 53f; Cress und Snow 2000; Fischer 2003b: 80; Healey et al. 2003). Wir können daher zur Erklärung des Kommunikationsprozesses Interessenvermittlung festhalten, das die Einflussmöglichkeiten der Akteure von dem Maß an Deutungshoheit, das ihre Rolle im politischen Diskurs mitbringt, und ihrem Einfluss auf die institutionellen Rahmenbedingungen des Informationsaustauschs – insbesondere die Themensetzung, abhängen.

8.2 Die kognitiven Handlungsorientierungen der Akteure

Entsprechend können wir nun auch die prinzipiellen Akteure in der Europäischen Union in Bezug auf ihre Rolle im Politikdiskurs unterscheiden. Dazu können wir die kognitiven Handlungsorientierungen der Akteure in einem Erklärungsrahmen zusammenfassen. Denn wir haben gesehen, dass Interessenträger ihre Akteur-Frames nutzen, um Politikvorhaben zunächst zu erkennen und zu verstehen und um anschließend ihre Interessen und Handlungsoptionen zu definieren. Der Akteur-Frame dient zur Orientierung innerhalb der Akteurkonstellation, muss aber angesichts der dynamischen Unsicherheit flexibel sein. Besonders für kooperative Interessenträger wie Verbände oder ad hoc-Interessenkoalitionen ist dies eine Herausforderung, die sich in einer langsameren Reaktionszeit niederschlägt. Entsprechend ist der Interessenträger bei seiner Teilnahme am Kommunikationsprozess darum bemüht, als relevanter Akteur wahrgenommen zu werden, um bei der Formulierung des Politikvorhabens berücksichtigt zu werden. Die möglichen Kommunikationsmaßnahmen müssen daher die etablierten Frames reflektieren und sowohl inhaltlich als auch zeitlich auf die jeweiligen Adressaten zugeschnitten sein.

Der Interessenträger muss (1) gesellschaftliche Sachverhalte verallgemeinert mit Hilfe eines vorläufigen Politik-Frames in das politische System der EU einbringen und steht (2) bei der Vermittlung seiner Interessen im Wettbewerb um die Etablierung von Kognitionsvorlagen. Grundsätzlich muss der Interessenträger (3) aus dem subjektiven Akteur-Frame heraus das Politikvorhaben einschätzen, um (4) anhand von dessen Auswirkungen auf die Handlungsorientierungen seine Interessen zu definieren und die Handlungsoptionen zur Interessenvermittlung in der Akteurkonstellation abzuwägen. Dabei gilt, dass (5) die Anpassung der politischen Botschaften die Vermittlungschancen erhöht, wobei (6) die Verbreitung von Frames sowohl der Orientierung als auch der Positionierung dient. (7) Je frühzeitiger und detaillierter ein Frame vermittelt wird, desto größer ist die Chance, dass er zur Grundlage der Informationssuche und Meinungsbildung des Politikdesigners und anderer Akteure werden kann. Umgekehrt gilt (8), dass Interessenträger im Verlauf des Verfahrens das Politikvorhaben erst vermittelt durch den Politik-Frame wahrnehmen. Die kommunizierten Botschaften zur Vermittlung von Interessen müssen daher (9) unter Berücksichtigung der vorherrschenden Frames des Politikgestaltungsprozesses formuliert werden, wobei (10) die Frame-Hierarchie des Politikfeldes von besonderer Bedeutung ist, um die Akzeptanzchance zu erhöhen. Für die (11) Vermittlung von frame-basierten Informationen an politische Akteure müssen die Botschaften auch auf deren institutionelle Rahmenbedingungen zugeschnitten werden. Neben der direkten Vermittlung von Interessen kann der Interessenträger (12) auch durch die Verbreitung von Frames ein vorteilhaftes Meinungsklima erzeugen oder (13) versuchen, den Deutungskonsens zu einem Politikvorhaben in Frage zu stellen, um partikulare Frames zu etablieren. In jedem Fall führt (14) die Anpassung der politischen Botschaften an den Politik-Frame zu kognitivem Anpassungsdruck auf den Akteur-Frame und ist daher eine zentrale Herausforderung für den Interessenträger.

Demgegenüber konstruieren Politikdesigner mit Politik-Frames Politikvorhaben, um diese durchzusetzen. Um die notwendige Akzeptanz der relevanten Akteure sicherzustellen, müssen dazu Interessen berücksichtigt werden. Zustimmung zu einem Politikvorhaben kann generiert werden, indem bei der Formulierung von Politik-Frames die Frame-Hierarchie des Politikfelds und der kognitiv-interpretative Kontext der Akteur-Frames reflektiert werden. Die grundsätzliche Legitimierung wird durch die intentionale Einbettung des Vorhabens in die anerkannte Frame-Hierarchie des Politikfeldes ermöglicht, während die notwendige Unterstützung zur Verabschiedung und Durchsetzung des Vorhabens durch die taktische Anpassung an partikulare Akteur-Frames gesichert wird. Der Politikdesigner ist daher mit seinen Kommunikationsmaßnahmen bemüht, einen Politik-Frame zur Diskussion zu stellen, um anhand der Reaktionen und Stellungnahmen die Durchsetzungsfähigkeit des Politikvorhabens abzuschätzen und die Bildung kompatibler Akteur-Frames zu initiieren.

Der Politikdesigner benötigt (1) für die Formulierung von Politikvorhaben die Interaktion mit anderen Akteuren, um (2) gesellschaftliche Situationen vermittelt durch Frame-Sponsoren wahrzunehmen und (3) unter den jeweiligen institutionellen Rahmenbedingungen einen Designer-Frame auszubilden. Der Designer definiert (4) den politischen Wert eines Politikvorhabens im politischen System der EU und kann es mit zweckgerichteten Deutungsrahmen zur Diskussion stellen, um so die Akzeptanz der relevanten Akteure zu ermöglichen und es damit letztlich durchsetzbar zu machen. Der Politikdesigner kann (5) den Politik-Frame als parallelen Deutungsrahmen positionieren, der sich auf die Bildung von Akteur-Frames auswirkt, und (6) durch Anknüpfungspunkte für Akteur-Frames die Basis für die Unterstützung durch die relevanten Akteure legen. (7) Um den kognitiven Kontext des Politikvorhabens erkennen zu können, benötigt der Politikdesigner einen kommunikativen Stimulus, um (8) mit Hilfe der Akteur-Frames einen zweckgerichteten Politik-Frame formulieren zu können. Um das Vorhaben erfolgreich umsetzen zu können, muss er (9) in der Lage sein, das Politikvorhaben flexibel zu gestalten und mit Hilfe der (10) Adaptionsfähigkeit des Politik-Frames Unterstützung zu generieren sowie das Meinungsklima positiv zu beeinflussen. Der Politikdesigner kann dazu (11) Politikvorhaben in strategischen Kommunikationsforen zur Diskussion stellen und damit auf die Entstehung von Akteur-Frames Einfluss nehmen, indem (12) Politik-Frames als Allgemeingut etabliert und zum Zugangskriterium für den politischen Diskurs werden. Dabei werden (13) durch die Verbreitung und Anpassung von Politik-Frames Interessen bei der Ausgestaltung des Politikvorhabens berücksichtigt. Die (14) flexible Anpassung von Frames ist notwendig, um ein Politikvorhaben durchsetzen zu können. (15) Die erfolgreiche Durchsetzung eines Vorhabens wirkt sich dann auf die zukünftigen Handlungsorientierungen des Politikdesigners aus.

Angesichts der interdependenten Handlungsorientierungen der Akteure können wir aufbauend auf dem Framing-Ansatz drei Arbeitshypothesen zur Logik des Kommunikationsprozesses Interessenvermittlung formulieren:

H1: Ein Politikdesigner kann Politik-Frames gezielt als parallele Deutungsrahmen positionieren, um damit im Diskurs Einfluss auf die Bildung von Akteur-Frames zu nehmen und die Akzeptanz des Politikvorhabens zu fördern. Um Politikvorhaben erfolgreich begründen zu können, muss der Politik-Frame kognitive Anknüpfungspunkte für die relevanten Akteur-Frames enthalten.

H2: Ein Interessenträger kann durch die Verbreitung eines partikularen Frames die Berücksichtigung der eigenen politischen Interessen befördern oder einen etablierten, durch den Politik-Frame vermittelten Deutungskonsens zu einem Politikvorhaben in Frage stellen, wenn der entsprechen Frame mit umfassenden Anknüpfungspunkten für weitere Akteure versehenen ist.

Durch die beispielhafte Überprüfung des Erklärungsrahmes anhand der Fallstudie zur Akteurpraxis im politischen System der EU können wir im nächsten Schritt die konkreten Auswirkungen der kognitiven Interdependenz im Kommunikationsprozess Interessenvermittlung auf die Akteure untersuchen. Dazu können wir eine weitere Hypothese formulieren:

H3: In der Europäischen Union bilden Politikstrategien, als übergreifende Meta-Frames, eine argumentative Richtschnur für die politische Tagesordnung. Auf diese akteurübergreifenden kognitiven Rahmenbedingungen sind sowohl die Politikdesigner in der Kommission als auch die Interessenträger in Verbänden, Interessenkoalitionen oder Unternehmen angewiesen, um ihrer Anliegen im politischen Diskurs zu begründen. Die wechselseitige Ausrichtung an den kognitiven Rahmenbedingungen des politischen Diskurses ist die Grundlage für die kollaborative Formulierung von Politik-Frames, die aus der kognitiven Interdependenz der Akteure folgt.

Zur empirischen Überprüfung dieser Arbeitshypothesen müssen wir im folgenden Teil II im Rahmen der Fallstudie aus dem IKT-Politikfeld der Europäischen Union zunächst anhand einer konkreten EU-Politikstrategie die Bedeutung der Frame-Hierarchie und die argumentativen Kohärenz der darunter subsumierten Politikvorhaben herausarbeiten. Darüber hinaus müssen wir die kognitiven Handlungsorientierungen im Kommunikationsprozess Interessenvermittlung aus der jeweiligen Akteurperspektive überprüfen.

II Die kognitive Dimension von Interessenvermittlung in der EU

Mit Hilfe des Framing-Ansatzes den wir in Teil I zur Untersuchung der Interdependenz der Akteure und der kommunikativen Dimension der Zusammenarbeit in Interessenvermittlungsprozessen theoretisch entwickelt haben, können wir jetzt die kognitive Dimension des Kommunikationsprozesses Interessenvermittlung im politischen System der Europäischen Union anhand einer Fallstudie untersuchen. Am Beispiel des Politikfelds zur Förderung und Regulierung von Informations- und Kommunikationstechnologien (IKT) in der Europäischen Union, können wir dabei die Grundannahmen unseres Erklärungsrahmens überprüfen.

Die empirische Fallstudie bezieht sich auf ein etabliertes EU-Politikfeld, in dem die Kommission jedoch 2005 zur Förderung von Informations- und Kommunikationstechnologien einen neuen Meta-Frame etabliert hat. Mit einer ersten Detailstudie (i2010) können wir daher zunächst die Frame-Hierarchie im IKT-Politikfeld identifizieren. In zwei weiteren Detailstudien können wir dann die interdependenten Handlungsorientierungen aus der Akteurperspektive untersuchen. Im zweiten und im dritten Teil der Fallstudie überprüfen wir daher anhand von zwei spezifischen Politikvorhaben aus dem IKT-Politikfeld (Digitale Dividende, RFID) wie sich die Interdependenz auf Politikdesigner und Interessenträger in der EU auswirken.

Aus der Hypothese zur Bedeutung von Politik-Frames für die Interessenpolitik im politischen System der Europäischen Union können wir dann eine Reihe von Forschungsfragen für die empirische Überprüfung anhand der Fallstudie ableiten um den interdependente Kommunikationsprozess Interessenvermittlung in diesem Politikfeld aus der Akteurperspektive untersuchen zu können. Am Beispiel des IKT-Politikfelds können wir somit den kollaborative Framing-Prozess im politischen System der EU sowohl aus der Perspektive der Politikdesigner als auch aus der Perspektive der Interessenträger untersuchen. Welche Rolle spielen also Politik-Frames für die Interessenpolitik im politischen System der Europäischen Union?

Zur Untersuchung der Auswirkungen der kognitiven Interdependenz der Akteure im Rahmen der Fallstudie haben wir aufbauend auf dem Framing-Ansatz, die Hypothese formulieren, dass Politikstrategien in der EU als übergreifende Meta-Frames, eine *argumentative Richtschnur* für die politische Tagesordnung darstellen, auf die sowohl die Politikdesigner in der Kommission als auch die Interessenträger in Verbänden, Interessenkoalitionen oder Unternehmen angewiesen, um ihrer Anliegen im politischen Diskurs zu begründen. Die Politik-Frames spezifischer Politikvorhaben stehen daher in einem argumentativen Zusammenhang mit den allgemeineren Meta-Frames und konkretisieren die allgemeine Rechtfertigung der Zuständigkeit der EU in einer bestimmten Fragestellung.

In den unterschiedlichen EU-Politikfeldern lassen sich daher auch spezifische Meta-Frames identifizieren. Diese entstammen dem Primärrecht der Europäischen Union oder werden per Auftrag der Staats- und Regierungschefs an die Kommission (Schlussfolgerungen des Europäischen Rates) oder Beschluss der Ministerräte als kognitive Grundlagen für die Zuständigkeit der EU in bestimmten Politikfeldern institutionalisiert. Politikstrategien wie die „Europa 2020“-Strategie[21] oder die Lissabon-Strategie aus dem Jahr 2000 (Zgajewski und Hajjar 2005; Kohler 2006; Radaelli 2007) können daher als Meta-Frames verstanden werden, auf deren Basis bestehende oder neue Politikvorhaben auf der politischen Tagesordnung begründet werden müssen. Die von der EU-Kommission vorbereiteten und von den Staats- und Regierungschefs bestätigten Strategiedokumente bilden insofern einen jeweils aktualisierten Begründungskontext für Politikvorhaben auf EU-Ebene. Die resultierenden Frame-Hierarchien sind dann Handlungsgelegenheiten für die spezialisierten Politikdesigner in der Kommission, die ihre eigenen EU-Politikfelder in die neue Begründungsargumentation einpassen müssen.

Wenn wir den Erklärungsrahmen auf die Fallstudie anwenden, dann kommt dem Frame-Kontext eine entscheidende Bedeutung für die Strukturierung des Politikdiskurses zwischen Kommission und Interessenkoalitionen zu. Wir können daher in der Framekohärenz zwischen verschiedenen Politikvorhaben innerhalb eines Politikfeldes einen Beleg für die Relevanz von Begründungszusammenhängen festmachen. Darüber hinaus können wir auch die Anpassung der Botschaften von Interessenträgern an einen etablierten Politik-Frame in einer politischen Debatte sowie im günstigsten Fall die Anpassung von Politik-Frames an die Akteur-Frames wichtiger Interessenträger als Nachweis identifizieren. Und in dem wir im gleichen Politikfeld in zwei Detailuntersuchungen die Auswirkungen der Interdependenz jeweils aus der Perspektive eines Politikdesigners und der eines Interessenträgers untersuchen, können wir auch die akteurspezifischen Handlungsorientierungen überprüfen.

Mit der i2010-Detailstudie können wir am Beispiel der i2010-Politikstrategie zunächst die Frame-Hierarchie im IKT-Politikfeld in der EU aus der Perspektive der Politikdesigner untersuchen. Dazu identifizieren wir die Frame-Hierarchie im IKT-Politikfeld im Hinblick auf die argumentative Verknüpfung mit den über-

21 Vgl. dazu: http://ec.europa.eu/europe2020/index_de.htm, 27.04.2011.

greifenden Meta-Frames der EU und inwiefern sich die Begründungszusammenhänge anderer Politikvorhaben im IKT-Bereich auf den übergeordneten i2010-Meta-Frame beziehen. Anhand dieses konkreten Beispiels können wir auch die Motivation der Politikdesigner in der Kommission überprüfen, eine solche Politikstrategie zu formulieren. Geht es dabei um die Begründung von Politikvorhaben und wer sind die Adressaten? Daneben lässt sich auch die Bedeutung der Politikstrategie für die Frame-Hierarchie anhand der argumentativen Kohärenz der darunter subsumierten Politikvorhaben prüfen. Was sind die vorherrschenden Frames und finden sich die jeweils allgemeineren Frames der Politikstrategie in den spezifischeren Politik-Frames einzelner Politikvorhaben wieder? Werden also einzelne Politikvorhaben mit dem argumentativen Kontext eines Meta-Frames verknüpft?

In der Radiofrequenzpolitik-Detailstudie untersuchen wir deshalb den Kommunikationsprozess Interessenvermittlung aus der Perspektive der Politikdesigner in der Kommission. Im Mittelpunkt steht dabei die Frage wie es der EU-Kommission im Rahmen der Radiofrequenzpolitik der Europäischen Union[22], gelungen ist, durch die Formulierung eines neuen Politik-Frames mit dem Begriff der „*Digitalen Dividende*" einen Paradigmenwechsel in der europäischen Regulierung von Radiofrequenzen einzuleiten. Aus der Akteurperspektive des Politikdesigners können wir anhand der Radiofrequenzpolitik überprüfen, ob die Platzierung von Politik-Frames durch den Politikdesigner dazu führt, dass Interessengruppen ihre Botschaften auf die Politik-Frames ausrichten. Werden partikulare Interessen unter Berücksichtigung des Frame-Kontextes eines Politikvorhabens argumentativ vermittelt, findet sich der Politik-Frame eines Politikvorhabens auch in Stellungnahmen von Interessengruppen wieder? Damit kann der Zusammenhang zwischen Politik-Frames und kommunizierten Botschaften z.B. anhand formeller Konsultationsverfahren empirisch überprüft werden. Angesichts der institutionellen Rahmenbedingungen, unter denen die Kommission Politikvorhaben vorschlägt, ist darüber hinaus zu klären, wie die Politikdesigner die Platzierung von Politik-Frames vorbereiten, etwa in Konsultationsverfahren oder im Rahmen von Diskursforen, und wer die relevanten Akteure bezüglich der Akzeptanz eines Politikvorhabens sind, die adressiert werden müssen.

Während die Radiofrequenzpolitik ein Beispiel dafür ist, wie Politik-Frames genutzt wurden um langfristig die Notwendigkeit der Regulierungskompetenz auf EU-Ebene zu begründen, ist die EU-Politik zum Thema Radiofrequenz-Identifizierung (RFID) ein IKT-Politikvorhaben für das zwischen 2006 und 2009

22 Vgl. zu den Inhalten dieses Politikfeldes das Informationsportal der EU-Kommission unter: http://ec.europa.eu/information_society/policy/ecomm/radio_spectrum/index_en.htm, 22.04.2011.

der grundlegend Politik-Frame im Dialog mit Interessenträgern entwickelt worden ist.

In der RFID-Detailstudie untersuchen wir daher den Kommunikationsprozess Interessenvermittlung aus Sicht eines Interessenträgers in der EU. Mit Blick auf die Auswirkungen, die die Etablierung des RFID-Politik-Frames im Dialog auf die Positionierung von RFID-Interessenträger aus der Industrie, interessiert uns insbesondere, inwiefern sich die Position der Interessenträger durch die Hervorhebung des Datenschutzaspekts der RFID-Technologie verändert hat. Wir können am Beispiel der RFID-Politik also die kognitiven Handlungsorientierungen aus der Perspektive der Interessenträger überprüfen: Welche Rolle spielt der Frame-Kontext bei der Entwicklung von Stellungnahmen und wie wirken sich die Politik-Frames auf die Definition von Positionen und Interessen gegenüber einem Politikvorhaben aus?

9. Fallstudie i2010

Um den Erklärungsrahmen in einem Politikfeld der Europäischen Union beispielhaft überprüfen zu können, müssen wir zunächst die entsprechende Frame-Hierarchie identifizieren. Dazu verorten wir das Politikfeld zur Förderung und Regulierung von Informations- und Kommunikationstechnologien (IKT) im Frame-Kontext des politischen Systems, mit dem die Handlungsmöglichkeiten der Politikdesigner auf EU-Ebene begründet werden. Wir haben bereits in Teil I auf die zentrale Bedeutung des Binnenmarkt-Frames hingewiesen. Darüber hinaus haben wir festgehalten, dass die unterschiedlichen Generaldirektionen der Europäischen Kommission (GD) in ihren jeweiligen Politikfeldern in unterschiedliche Politikgemeinschaften eingebunden sind. Da sie die Akzeptanz dieser Akteurnetze erlangen müssen, können sie zu unterschiedlichen Design-Frames für die Entwicklung von Politikvorhaben gelangen. Insofern liegt der Schluss nahe, dass die Generaldirektionen untereinander in einer Art Wettbewerb um die Deutungshoheit stehen, der besonders dann relevant ist, wenn sich die Staats- und Regierungschefs der Mitgliedstaaten als oberste Auftraggeber der Kommission auf eine Strategie für die EU einigen. Denn die darin enthaltenen Begründungszusammenhänge verändern die politischen Rahmenbedingungen für die Politikdesigner und wirken sich damit nicht nur auf die konstitutionellen Interessen der gesamten Kommission aus, sondern je nach Thema auch auf die Interessen der Generaldirektionen.

Insofern ist es nicht überraschend, dass die für IKT zuständige Generaldirektion Informationsgesellschaft und Medien (GD INFSO) die Bekräftigung der Lissabon-Strategie durch die Staats- und Regierungschefs im März 2005 zum Anlass genommen hat, den Meta-Frame dieser EU-Strategie für das IKT-Politikfeld zu konkretisieren. Denn der Europäische Rat hatte in seiner Frühjahrstagung die Belebung einer zeitgemäßen Strategie gefordert, weil

> „(f)ünf Jahre nach Einleitung der Lissabonner Strategie (…) dringend gehandelt werden (müsse, um) der Lissabonner Strategie unverzüglich neue Impulse zu geben und die Prioritäten auf Wachstum und Beschäftigung auszurichten. Europa muss nämlich die Grundlagen seiner Wettbewerbsfähigkeit erneuern, sein Wachstumspotenzial sowie seine Produktivität erhöhen und den sozialen Zusammenhalt stärken, indem es vor allem auf Wissen, Innovation und Aufwertung des Humankapitals setzt.“ (Europäischer Rat 2005).

Damit war für die Kommission eine politische Handlungsgelegenheit gegeben, die sich in Bezug auf die IKT-Politik auf die Forderungen des Europäischen Rates stützen konnte, mit dem übergreifenden Ziel, „wachstums- und beschäftigungsbezogene Ansatzpunkte nun umgehend neu zu beleben“ und eine Informationsgesellschaft anzustreben, „an der alle teilhaben und die sich auf den umfassenden Einsatz der Informations- und Kommunikationstechnologien in den öffentlichen Diensten, KMU und Privathaushalten stützt". Die Schwerpunkte sollten in diesem Sinne „auf Forschung und Innovation im Bereich der IKT, auf der Entwicklung der Industrien für Informationsinhalte, auf der Sicherheit von Netzen und Informationen sowie auf Konvergenz und Interoperabilität im Hinblick auf die Schaffung eines Informationsraums ohne Grenzen" liegen (Europäischer Rat 2005: 18.).

Dass die Kommission auch in diesem Fall mehr ist als der politische Auftragnehmer des Europäischen Rates, wird deutlich, wenn der Rat die „anlässlich der Halbzeitüberprüfung unterbreitete Mitteilung der Kommission" begrüßt. In dieser Mitteilung an den Europäischen Rat hatte Kommissionspräsident Barroso im Februar 2005 argumentiert, dass Wissen und Innovation ein wichtiger Motor für das Produktivitätswachstum und damit entscheidende Faktoren seien, die Europa in einer globalisierten Welt konkurrenzfähig machen (EK 2005b: 20f). In diesem Zusammenhang hatte er vorgeschlagen, den IKT-Einsatz zu fördern:

> „Mit einer neuen Initiative – i2010: European Information Society – soll die e-Europe-Agenda vorangebracht werden, die durch die Strategie von Lissabon gefördert wird. Dies erfolgt durch die Förderung einer klaren, stabilen und wettbewerbsfähigen Umgebung für elektronische Kommunikation und digitale Dienste, mehr Forschung und Innovation bei IKT und einer Informationsgesellschaft, die sich für Integration und Lebensqualität engagiert." (EK 2005b: 23).

Anknüpfend an diesen Begründungszusammenhang hat die Europäische Kommission dann im Juni 2005 mit der Mitteilung „i2010 – Eine europäische Informationsgesellschaft für Wachstum und Beschäftigung" auf die Schlussfolgerungen des Rates reagiert und eine Politikstrategie zur Förderung von Informations- und Kommunikationstechnologien (IKT) in der Europäischen Union veröffentlicht (EK 2005e). Ziel dieser Strategie für das IKT-Politikfeld war, die erneuerte Lissabon-Strategie zur Schaffung von Wachstum und Beschäftigung zu unterstützen. Entsprechend wird in diesem Dokument eine Vielzahl von Vorhaben im IKT-Politikfeld in einen argumentativen Zusammenhang mit dem Auftrag der Staats- und Regierungschefs gestellt. Dazu wird mit der i2010-Strategie ein neuer Meta-Frame für das Politikfeld formuliert. Der besagt, dass moderne Informations- und Kommunikationstechnologien (IKT) „eine starke Triebkraft für Wachstum und Beschäftigung" sind und es sei daher notwendig, die Nutzung von IKT voranzutreiben und mit einem integrierten Gesamtkonzept auf die Verwirklichung einer europäischen Informationsgesellschaft hinzuarbeiten um Europa wettbewerbsfähig zu machen (EK 2005e: 3).

Die i2010-Strategie ist also ein Beispiel dafür, dass die Kommission als politischer Unternehmer die Handlungsgelegenheit nutzt, die sich durch die Schlussfolgerungen des Europäischen Rates ergibt, um im politischen Diskurs eines Politikfeldes einen neuen Meta-Frame zu platzieren. Wir können daher am Beispiel der i2010-Politikstrategie die Bedeutung der damit etablierten Frame-Hierarchie für die Begründungszusammenhänge der nachfolgenden Politikvorhaben untersuchen. Dazu gilt es zunächst, die Motivation der Politikdesigner in der Kommission zur Formulierung einer solchen Politikstrategie zu prüfen: Was sind die Hintergründe der Begründungsnotwendigkeit? Und: Wer sind die Adressaten? Darüber hinaus werden wir die Bestandteile der Frame-Hierarchie in diesem Politikfeld identifizieren und neben der argumentativen Verknüpfung mit der erneuerten Lissabon-Strategie auch die Bedeutung der Politikstrategie für die darunter subsumierten Politikvorhaben prüfen. Inwiefern wird bei der Begründung einzelner Politikvorhaben auf den argumentativen Kontext des i2010-Meta-Frames Bezug genommen? Und: Finden sich die allgemeineren Frames der Politikstrategie in den spezifischeren Politik-Frames einzelner Politikvorhaben wieder?

9.1 Die Motivation des Politikdesigners zur Formulierung eines Meta-Frames

Angesichts der aktiven Rolle, die die Kommission bei der Beauftragung zur Entwicklung einer IKT-Politikstrategie durch den Europäischen Rat gespielt hat, stellt sich die Frage nach der Motivation der zuständigen Generaldirektion. Welche Bedeutung wurde der Strategie beigemessen? Und: Worauf kam es bei der Formulierung der i2010-Meta-Frames an? Nach Auskunft von Kommissionsbeamten, die an der Erstellung und Kommunizierung der Strategie maßgeblich beteiligt waren[23], ging es den Designern darum, die allgemeinen Ziele der Europäischen Kommission für den Verantwortungsbereich der Generaldirektion Informationsgesellschaft und Medien zu konkretisieren. Dabei sollte mit Hilfe der i2010-Strategie in erster Linie die Weiterführung der bisherigen Aktivitäten der Generaldirektion abgesichert werden, und zwar, indem die politische Aufmerksamkeit des Rates als maßgebliches Gremium in der Europäischen Union gesichert wurde. Hinzu kam das Interesse, die Maßnahmen auch im Arbeitsprogramm des neuen Kommissionspräsidenten José Manuel Barroso unterzubringen. Insofern war bereits der Vorschlag einer i2010-Initiative in der Mitteilung zur Frühjahrstagung des Europäischen Rates ein wichtiger Schritt. Denn nach einer Anerkennung durch den Rat konnten die Ziele und Maßnahmen, die im Bereich der IKT-Politik geplant oder umgesetzt wurden, auch unter dem Gesichtspunkt der neuen Kommissionsstrategie zur Stärkung von Wachstum und Beschäftigung politisch begründet werden.

23 Basis sind vertrauliche Gespräche, die im Frühjahr 2007 mit Beamten der Generaldirektion „Informationsgesellschaft und Medien“ (GD INFSO) geführt wurden; vgl. unten das Verzeichnis der Leitfadeninterviews und Hintergrundgespräche zur i2010-Strategie.

Die neuen Prioritäten der politischen Führung wirken sich also in der Kommission auf die Erwartungssicherheit der Designer aus und können deren Handlungsgelegenheiten beeinflussen. Durch die neue Rechtfertigungsgrundlage für die bisher auf europäischer Ebene durchgeführten Politiken war es möglich, das politische Kapital, das mit den übergreifenden Zielen der erneuerten Lissabon-Strategie und der Zielsetzung des Kommissionspräsidenten verbunden ist, auch für IKT-bezogene Politikvorhaben zu investieren. Die wichtigste Aufgabe einer Generaldirektion ist es dann, ihre Aktivitäten im Hinblick auf die neuen Ziele zu begründen. Insofern war die i2010-Strategie für die GD INFSO ein zentrales Dokument, mit dem die Politikdesigner ihren Verantwortungsbereich neu in den Dienst der übergreifenden EU-Politik stellen konnten.

Das interne Ziel der Akteure in der GD bestand darin, den eingeschlagenen Weg fortzusetzen und nachzuweisen, dass die IKT-Politik der Europäischen Union die übergreifenden Ziele der Lissabon-Agenda unterstützt. Zur Formulierung der Strategie mussten daher die vielschichtigen Aktivitäten der GD in einer kohärenten und für die politische Führung vermittelbaren Strategie gebündelt werden. Dabei wirkte sich die Tatsache aus, dass im Verantwortungsbereich der GD sowohl IKT-Forschungsförderungsprogramme verwaltet als auch Medien- und Telekommunikationsbereiche des Binnenmarktes reguliert werden. Um die Wirksamkeit und Akzeptanz der neuen Strategie als Richtschnur für weitere Politikvorhaben zu erreichen, war es deshalb notwendig, eine rückwirkende Verknüpfung mit bestehenden Politiken und Programmen herzustellen. Für die Formulierung der i2010-Strategie sind daher im Vorfeld sowohl innerhalb der GD als auch in der relevanten Politikgemeinschaft Konsultationen und Gespräche durchgeführt worden. Ziel war es, die verschiedenen Prioritäten der Politikdesigner in der GD so zu bündeln, dass sie sich zu einem kohärenten politischen Ziel verdichten ließen. Den Designern ging es also darum, mit der Strategie die Grundlage für im Sinne der geplanten Politikvorhaben zweckmäßige politische Handlungsgelegenheiten zu schaffen.

9.1.1 Die politische Dimension

Vor allem die Notwendigkeit, die verschiedenen Politikvorhaben zu einem kohärenten Ziel zu verknüpfen, weist auf die politischen Dimensionen der Priorisierung von Politikvorhaben innerhalb der Kommission hin. Denn bezüglich der inter-institutionellen Akzeptanz war die Bestätigung des Kommissionsvorschlags in den Schlussfolgerungen des Europäischen Rates schon ein erster wichtiger Schritt. Allerdings bieten gerade Schlussfolgerungen des Rates vielen anderen Generaldirektionen Anknüpfungspunkte, sodass auch die politischen Interessen der zuständigen Kommissarin Viviane Reding gegenüber dem Kommissionspräsidenten und den anderen Kommissaren eine Rolle spielen. Denn im Rahmen der Zusammenarbeit der EU-Kommissare im Kollegium muss jeder Kommissar sein eigenes Portfolio begründen und gegenüber den Kollegen abgrenzen. Das Strategiedokument i2010 ist daher eine wichtige Grundlage für die Positionierung der politischen Führung der GD innerhalb des Kollegiums. Denn Kommissarin Reding konnte mit Hilfe der i2010-Strategie nachweisen, welchen Beitrag die von ihr im Rahmen ihres Portfolios verantworteten Politikvorhaben leisten können, um die Wachstumsziele in Europa zu erreichen.

Insofern war die Erstellung der i2010-Strategie maßgeblich durch die Koordination zwischen der Generaldirektion als Hüterin der bisherigen Maßnahmen und der neuen EU-Kommissarin und ihres Kabinetts als politischem Interessenträger bestimmt. Auch innerhalb der GD musste ein Interessenausgleich organisiert werden zwischen der politischen Ebene in der Kommission, d.h. der Kommissarin mit ihrem Kabinett, und der administrativen Ebene der Generaldirektion. Die Kommissarin benötigte Ergebnisse und Zielvorgaben, mit denen sie ihre Aufgaben zur Erreichung der übergreifenden Kommissionsziele definieren konnte. Demgegenüber waren die Politikdesigner in der GD daran interessiert, die von ihnen vorangetriebenen Vorhaben in den Dienst der politischen Wachstumsziele zu stellen. Die Politikstrategien wirken also auch nach innen, d.h. innerhalb der GD, als konkretisierter politischer Arbeitsauftrag der politischen Führung.

Dabei ist die Definition eines erreichbaren Ziels besonders für die Kommissare als politischer Führung in einem Politikfeld relevant, um innerhalb der fünfjährigen Amtszeit ihr politisches Mandat erfüllen zu können. In dieser Hinsicht spielen Politikstrategien als Gegenstand des hochrangigen politischen Diskurses auf der Ebene der Kommissare und der Staats- und Regierungschefs eine wichtige Rolle, denn die darin enthaltenen Ziele definieren letztlich das politische Portfolio des jeweiligen Kommissars. Die Begründungszusammenhänge müssen deshalb auf die begrenzte politische Aufmerksamkeit zugeschnitten sein, die im Dialog zwischen den Kommissaren und den Regierungen der Mitgliedstaaten vor allem im Zusammenhang mit der Vorausplanung einzelnen Politikfeldern entgegengebracht wird.

Insofern ist die bereits angesprochene Unterscheidung zwischen der Generaldirektion einerseits und der politischen Führung, d.h. den Kommissaren und ihrem Kabinett, andererseits wichtig für die Etablierung und Weiterentwicklung einer Frame-Hierarchie. Denn die Kommissare müssen sicherstellen, dass sich die übergreifenden Linien der Meta-Frames der gesamten europäischen Kommission auch in dem jeweiligen Portfolio wiederfinden. Der einzelne Kommissar muss sich in dieser Hinsicht im Kollegenkreis und vor allem gegenüber dem Kommissionspräsidenten rechtfertigen. Aus diesen Rahmenbedingungen resultieren die Handlungsorientierungen der Politikdesigner in den Kabinetten. Dem gegenüber stehen die Politikdesigner in den Generaldirektionen, die sicherstellen müssen, dass die vorangetriebenen Politikvorhaben auch unter den neuen politischen Zielstellungen begründbar sind, damit sie weitergeführt werden können. Für diese Akteure ist es daher notwendig, eine Übereinstimmung zwischen den Zielen der politischen Führung und den Aktivitäten und Zielstellungen der einzelnen Politikvorhaben herzustellen.

Gerade die Tatsache, dass die Politikdesigner in der GD für sich in Anspruch nehmen, bei der Festlegung der Ziele eine längerfristige Perspektive zu verfolgen, die über die fünfjährige Amtszeit eines Kommissars hinausreicht, weist auf ein Spannungsverhältnis zwischen den Akteur-Frames innerhalb der Kommission hin. Denn in diesem Zusammenhang bringen die Politikdesigner in der GD auch die zunehmende Politisierung des Politikgestaltungsprozesses mit dem Bedeutungszuwachs des Europäischen Parlaments in Verbindung, da die Kommissare ihr politisches Portfolio gerade dort im Rahmen eines hochrangigen politischen Diskurses rechtfertigen müssen, in dem nur sehr bedingt die Möglichkeit besteht, detailliert auf einzelne geplante Vorhaben einzugehen.

Der Unterschied zwischen Verwaltung und politischer Führung wirkt sich also direkt auf die Handlungsoptionen der Politikdesigner aus. Dabei hat die Politikstrategie immer eine zweiseitige Wirkung. Zum einen geht es in der GD darum, die bisherigen Tätigkeiten zu rechtfertigen und damit die eigene Rolle gegenüber den anderen GDs zu untermauern. Zum anderen gilt es, die Handlungsmöglichkeiten der Generaldirektion und des zuständigen Kommissars in Bezug auf die Erreichung der Zielvorgaben der Kommission zu definieren. Ein Kommissionspräsident, der sich zu Beginn seiner Amtszeit mit einem Strategiedokument an die Staats- und Regierungschefs wendet, bietet mit diesen Zielvorgaben jedem Kommissar die Möglichkeit, sein eigenes Portfolio auf die Erreichung dieses Ziels auszurichten. Die Herausforderung bei der Formulierung einer solchen Strategie besteht also darin, die Zustimmung der Staats- und Regierungschefs als Basis für weitere Politikvorhaben zu nutzen.

Die Politikdesigner in den Kabinetten und in den Generaldirektionen arbeiten daher zusammen daran, eine argumentative Basis zu schaffen, auf der Politikvorhaben im Kontext der Richtungsvorgaben begründet werden können. Je früher die entsprechenden Politik-Frames in den hochrangigen politischen Diskurs eingebracht werden, desto höher ist die Chance, die politische Aufmerksamkeit für das Portfolio nutzen zu können. Das gilt sowohl für den Kommissar, der sich positionieren und seine Bedeutung im Kollegium untermauern kann, als auch für die Generaldirektion, die mit politischer Unterstützung Politikvorhaben vorschlagen und vorantreiben kann. Im Bereich der IKT-Politik hatte das i2010-Strategiepapier genau diese Funktion zu erfüllen. Inhaltlich sollten die bisherigen Maßnahmen im Kontext ihres Beitrags zum Ziel der Europäischen Union nachgewiesen und die Möglichkeiten demonstriert werden, die weitere Politikvorhaben im Bereich der IKT-Politik bieten würden, um die bereits festgelegten Ziele der Lissabon-Agenda zu erreichen. Insofern mussten bei der Erstellung des i2010-Papiers intern auch die Interessen der Verwaltung berücksichtigt werden.

9.1.2 Akzeptanz als Voraussetzung

Damit eine solche Politikstrategie auch die intendierte Wirkung für zukünftige Politikvorhaben entfalten kann, ist die vorausschauende Absicherung der Akzeptanz ein wichtiger Aspekt, der schon bei der Formulierung berücksichtigt werden muss. Gerade wegen der Bedeutung des Mehrebenensystems für die EU-Politikdesigner ist die Absicherung nach außen, d.h. in Bezug auf Interessenträger außerhalb der EU-Institutionen, wichtig. Die i2010-Strategie ist deswegen auch das Ergebnis umfassender Konsultationen verschiedener Interessenträger, die dahingehend befragt wurden, welche Prioritäten und Ziele sie in Bezug auf die künftige IKT-Politik haben. Die Konsultation stellte sicher, dass die europäischen Ziele kohärent sind mit den Zielen, die relevante Interessenträger in der Wirtschaft und in den Mitgliedstaaten verfolgen.

Insofern ist bereits die Vorbereitung einer solchen Politikstrategie ein interdependenter Prozess, bei dem sich die EU-Politikdesigner der eigenen Handlungsstrategie rückversichern. Durch die Orientierung an den Positionen und Interessen relevanter Interessenträger – im Fall der i2010-Strategie waren dies wichtige Industrieunternehmen und vor allem die relevanten IKT-Politikdesigner in den Mitgliedstaaten – werden so die Voraussetzungen, Aufmerksamkeit und Zustimmung für den etablierten Meta-Frame zu erhalten, systematisch verbessert.

Um die Akzeptanz zu untermauern, ist die i2010-Strategie mit flexiblen Zielen ausgestattet worden, die die Möglichkeit bieten, spezifische Politikvorhaben auf die Strategie zu beziehen. So lässt sich die Zustimmung zur übergeordneten Strategie nutzen, um spezifische Politikvorhaben durchzusetzen. In dieser Hinsicht kann eine Politikstrategie gerade am Beginn einer Amtszeit die Akzeptanz der Begründungszusammenhänge fördern, indem mehr oder weniger gezielt Anknüpfungspunkte für wichtige Interessenträger geschaffen werden. Dadurch ist es möglich, die Intention und die Absichten der EU-Kommission so zu veröffentlichen, dass Interessenträger sich darauf beziehen können. Aus Sicht der Politikdesigner sind diese Anknüpfungspunkte auch deshalb wichtig, weil in dem Maß, in dem sie von Interessenträgern genutzt werden, ein Potenzial an politischer Aufmerksamkeit für die Inhalte der Politikstrategie entsteht, z.B. durch Lobbymaßnahmen. Weil sich die potenzielle Unterstützung von Interessenträgern dann auf die Politikstrategie bezieht, wird diese gleichsam in der Praxis bestätigt. Das heißt, je mehr Anknüpfungspunkte eine Politikstrategie bietet, desto größer sind die potenziellen Handlungsgelegenheiten für die Politikdesigner in der Europäischen Kommission – und desto besser ist die Aussicht, dass die Politikstrategie breite Akzeptanz findet.

9.1.3 Die Etablierung eines Politikfelds

Gerade weil mit einer solchen Politikstrategie immer auch die Akzeptanz für das europäische Politikfeld neu auf die politische Agenda gesetzt wird, ist es für die Politikdesigner in der zuständigen GD wichtig, in den neuen Begründungszusammenhang Rückbezüge auf die bestehenden Politiken zu integrieren, um einen möglichst breiten Begründungskontext nutzen zu können. Die Bedeutung der Rückbezüglichkeit einer solchen Strategie für das Selbstverständnis der Politikdesigner in der GD wird auch daran deutlich, dass die Gesprächspartner in der i2010-Strategie eine kohärente Fortsetzung der bisherigen Politiken der Generaldirektion sehen.

Diese Politiken lassen sich im Bereich der IKT-Politik auf die weitgehend erfolgreiche Liberalisierung der Telekommunikationsmärkte in Europa zurückführen (Schmidt 1998: 103ff). Dabei hatte die Kommission seit Anfang der 1980er Jahre versucht, industriepolitische Kompetenzen im Bereich der Telekommunikation zu erhalten, und in diesem Zusammenhang erfolgreich das europäische Wettbewerbsrecht angewendet. Allerdings hat die Kommission die Politikvorhaben sorgfältig durch „komplementäre Maßnahmen (wie) die wiederholte Veröffentlichung und Diskussion von Grünbüchern" vorbereitet und konnte so eine „breite Unterstützung mobilisieren und diese den beteiligten Entscheidungsträgern demonstrieren" (Schmidt 1998: 176). Dazu erwiesen sich die rasanten technologischen Entwicklungen in Japan und den USA als „ein vorteilhafter Hintergrund, vor dem sich die Notwendigkeit einer industriepolitischen Kompetenzerweiterung der Europäischen Gemeinschaft in überzeugender Weise begründen ließ". Die Kommission wurde jedoch nicht nur von mächtigen Industrieinteressen gedrängt und unterstützt, sondern besaß auch eigene Motive, die positiven Seiten der europäischen Integration zu thematisieren und „in die Rolle eines aktiven Gestalters der Gemeinschaft hineinzuwachsen" (Schneider 2001: 236f).

Mit einem passenden Meta-Frame, der die Schaffung des Binnenmarktes mit der alten Idee der Europäischen Wirtschaftsgemeinschaft verband und gleichzeitig die industriepolitisch attraktive Funktion des Binnenmarktes als Heimat- und Referenzmarkt für die exportorientierte Industrie hervorhob, gelang es ihr, „eine paradoxe Allianz von Neoliberalen und Neomerkantilisten zu schmieden" (Schneider und Werle 1989: 266). Für die Telekommunikationspolitik konnte die Kommission, angesichts einer europafreundlichen Grundstimmung zur Zeit des Binnenmarktprogramms, auf eine breite Unterstützung privater und staatlicher Akteure zurückgreifen, weil es ihr gelungen war, diese durch informelles Agenda Setting zu mobilisieren und zu festigen, indem sie „eine gemeinsame Situationsdeutung“ herstellte und vor allem private Akteure auf die Möglichkeiten des europäischen Wettbewerbsrechts aufmerksam machte (Schmidt 1998: 181f; EK 2005h).

Indem der i2010-Meta-Frame sich auf den Begriff der Informationsgesellschaft bezieht, weisen die Gesprächspartner auf eine argumentative Kontinuität hin, die bis in die 1990er Jahre und damit vor die Anfänge der Generaldirektion Informationsgesellschaft und Medien zurückreicht (Berleur und Galand 2005). Die Vorläuferorganisation der GD war das 1994 – angestoßen durch den Bericht des damaligen EU-Kommissionsmitglieds Martin Bangemann – als Anlaufstelle der Kommission für Industrie, Forscherkreise und Dienstanbieter gegründete Information Society Project Office (ISPO). In dem Bericht der hochrangigen Expertengruppe um Kommissar Bangemann war zuvor der grundlegende Meta-Frame zur Informationsgesellschaft definiert worden:

> „The information society – new ways of living and working together (is a) revolutionary challenge to decision makers. Throughout the world, information and communications technologies are generating a new industrial revolution (...) based on information, itself the expression of human knowledge. Technological progress now enables us to process, store, retrieve and communicate information in whatever form it may take – oral, written or visual – unconstrained by distance, time and volume. This revolution adds huge new capacities to human intelligence and constitutes a resource which changes the way we work together and the way we live together. Europe is already participating in this revolution, but with an approach which is still too fragmentary and which could reduce expected benefits. An information society is a means to achieve so many of the Union's objectives. We have to get it right, and get it right now.“[24].

Dass der Begriff „Informationsgesellschaft“ der Versuch war, eine europäische Metapher für die weltweite Entwicklung zu finden, hat Bangemann 1997 in einem Interview bestätigt, in dem die gesellschaftlichen Aspekte diskutiert werden:

> „Ich bin davon überzeugt, daß die Metapher, die wir gewählt haben – die Informationsgesellschaft – den Werten der Europäischen Kultur am besten entspricht. (...) Was die kulturellen Unterschiede zwischen den USA und Europa angeht, gibt es natürlich jede Menge, und sie werden dafür sorgen, daß die Informationsgesellschaft bei uns etwas anders aussehen wird als jenseits des Atlantiks. Aber die kulturellen Unterschiede können nicht darüber hinweg täuschen, daß die Informationsrevolution ein globales Phänomen ist, dessen Wirkung ein Verkäufer in Nebraska ebenso erfahren wird wie ein Lehrer in Sachsen-Anhalt.“[25]

Der Hintergrund für diese Initiative, aber auch für die verschiedenen Grünbücher, mit denen die Kommission seit Ende der 1980er Jahre immer wieder ver-

24 Siehe dazu: http://channelingreality.com/Digital_Treason/Brussels_1995/Bangemann_report.pdf, 20.07.2011.

25 Vgl. http://www.heise.de/tp/artikel/1/1307/1.html, 27.04.2011.

sucht hat, das Politikfeld zu entwickeln, ist also ein externer Stimulus, den die Designer in der Kommission dazu nutzen, einen politischen Wandel einzuleiten. Dass dazu gerade im politischen System der EU Überzeugungsarbeit geleistet werden musste, zeigt die Aussage von Kommissar Bangemann, der in Bezug auf das Grünbuch „Ein Schritt in Richtung Informationsgesellschaft" zur Konvergenz der Branchen Telekommunikation, Medien und Informationstechnologie und ihren ordnungspolitischen Auswirkungen (EK 1997) anmerkt:

> „Es ist nun keineswegs so, als daß wir diese oder andere unserer Ideen unbedingt für den Stein der Weisen halten. Gerade deswegen veröffentlichen wir ja ein Grünbuch; die Reaktion der Beteiligten ist entscheidend für unser weiteres Vorgehen in den nächsten Jahren. So gesehen kann man es durchaus mit dem Grünbuch über Telekommunikation aus dem Jahre 1987 auf eine Stufe stellen, das ja letztendlich zur Liberalisierung 1998 geführt hat"[26]

Die politischen Verhandlungen um den Regulierungsrahmen Ende der 1990er Jahre trafen dann zeitlich zusammen mit dem Boom der Internettechnologie. Angesichts der rapiden wirtschaftlichen Entwicklung, vor allem in den Vereinigten Staaten, sahen die Staats- und Regierungschefs vor dem so genannten *Millenniumsgipfel* in Lissabon die Notwendigkeit, dem Boom der Internettechnologie ein europäisches Programm entgegenzustellen. Die Kommission nutzte diese Handlungsgelegenheit und schlug dem Europäischen Rat mit „*e*Europe" eine politische Initiative vor, mit der sichergestellt werden sollte, dass die Europäische Union in vollem Umfang von dem Wandel profitiert, der durch die Informationsgesellschaft herbeigeführt wird. Denn dieser Wandel sei „the most significant since the Industrial Revolution (...) and (...) will affect everyone, everywhere. Bringing communities, both rural and urban, closer together, creating wealth, sharing knowledge, they have huge potential to enrich everyone's lives" (EK 2000a: 2).

Wie erfolgreich diese Platzierung des Meta-Frames war, zeigt sich auch daran, dass in der neu etablierten EU-Kommission um Kommissionspräsident Romano Prodi mit Erkki Liikanen erstmals ein EU-Kommissar für Informationsgesellschaft und Industrie benannt wurde. Damit war es gelungen, die politischen Diskurse, die zuvor auf der Basis von Grünbüchern zu einzelnen IKT-Politikvorhaben geführt wurden, im Rahmen einer EU-Politikstrategie auf der Ebene der Staats- und Regierungschefs zu etablieren.

Parallel zur Umsetzung und Weiterentwicklung des Rechtsrahmens für die Telekommunikationsmärkte wurden in den folgenden Jahren konkretisierte IKT-Politikstrategien von der Kommission vorgeschlagen und vom Europäischen Rat verabschiedet, mit denen die Politikvorhaben im Bereich der Informations- und Kommunikationstechnologien im Sinne der politischen Strategie in Europa be-

26 Ebd.

gründet werden konnten. Zunächst wurde dazu im Juni 2000 mit eEurope2002 ein Aktionsplan, der von der Kommission und vom Rat gemeinsam vorbereitet worden war, als Teil der Lissabonner Strategie verabschiedet, die darauf abzielte, Europa bis zum Jahr 2010 zur dynamischsten und wettbewerbsfähigsten wissensgestützten Wirtschaft der Welt zu machen (EK 2002a). Ziele dieses Aktionsplans waren die Verbreitung des Zugangs zum Internet in Europa, die Öffnung aller Kommunikationsnetze für den Wettbewerb und die Förderung der Internetnutzung, vornehmlich durch Schulung und Schutz der Verbraucher. Dass zur Durchsetzung auch ein Softlaw-Ansatz genutzt wurde, unterstreicht die Notwendigkeit, im Rahmen einer solchen Strategie zweckmäßige Politik-Frames zu definieren, mit denen sich eine Vergleichbarkeit der Maßnahmen in den Mitgliedstaaten herstellen lässt, denn die

> „Anwendung des offenen Koordinierungsverfahrens und des Leistungsvergleichs (benchmarking) (...) soll sicherstellen, daß die Maßnahmen effizient durchgeführt werden, die gewünschte Wirkung haben und in allen Mitgliedstaaten einen hohen Rang genießen" (EK 2002a: 3).

Im Jahr 2002 wurde der Aktionsplan als eEurope2005 auf Wunsch der damaligen spanischen Ratspräsidentschaft fortgeschrieben. Ziel der Neuauflage des Aktionsplans war, digitale Dienste, Anwendungen und Inhalte zu fördern und gleichzeitig den Ausbau eines sicheren Internet-Breitbandzugangs zu beschleunigen. Außerdem kam zur Verminderung einer sozialen Ausgrenzung, bedingt durch die besonderen Bedürfnisse, die aus Behinderung, Alter oder Krankheit resultieren, das allgemeine Ziel hinzu, allen Menschen einen Zugang zur Verfügung zu stellen (EK 2002a). Die beiden eEurope-Aktionspläne, in denen der Reformbedarf der Europäischen Union aus dem spezifischen Blickwinkel der IKT-Politik adressiert wurde, können daher als direkte Vorläufer der i2010-Strategie gesehen werden. Dabei wurden die politischen Vorgaben vorbereitet und dann aufgenommen, um die Frame-Hierarchie im IKT-Politikfeld zu definieren und damit als Tätigkeitsfeld auf europäischer Ebene zu begründen.

Die Generaldirektion Informationsgesellschaft und Medien nutzte die Politikstrategien, um ihre Kompetenzen politisch abzusichern und die Bedeutung der europäischen Dimension in diesem Politikfeld zu unterstreichen. Genau in diesem Zusammenhang sind die Kernaussagen der i2010-Strategie zu verstehen. Denn diese schreibt die Frame-Hierarchie im Bereich der IKT-Politik fort, deren Anknüpfungspunkte dann für neue Initiativen oder die Fortschreibung bestehender Programme genutzt werden können. Dabei können die Politikdesigner in der GD von dem Aufmerksamkeitspotenzial der klaren politischen Zielsetzungen profitieren, weil dadurch die Prioritäten der Kommission im IKT-Politikfeld für Interessenträger transparent gemacht werden. Für den Politikdesigner in der Generaldirektion ist die Frame-Hierarchie daher eine wichtige Voraussetzung, um das Unterstützungspotenzial für ein Politikvorhaben zu maximieren. Insofern ist die i2010-Strategie ein Beispiel für die Aktualisierung einer Frame-Hierarchie, durch die die erneuerte Lissabon-Strategie als übergreifender EU-Meta-Frame ab 2005 für den Bereich der IKT-Politik konkretisiert wurde. Wie die zuständige Generaldirektion die Möglichkeit zur kohärenten Begründung von Politikvorhaben nutzen kann, hängt deshalb vom Inhalt der Politikstrategie ab.

9.2 Der i2010-Meta-Frame und die IKT-Frame-Hierarchie

Im nächsten Schritt können wir daher am i2010-Meta-Frame nicht nur prüfen, wie die einzelnen Begründungszusammenhänge zwischen der IKT-Politik und dem Reformbedarf hergestellt werden, sondern auch nachvollziehen, wie sich die zuständige GD durch die Hervorhebung der Bedeutung von Informations- und Kommunikationstechnologien selbst rechtfertigt. Bevor wir auf diesen selbstreferenziellen Aspekt der politischen Strategie weiter eingehen, müssen wir uns zunächst die Begründungszusammenhänge in der i2010-Strategie genauer ansehen. Denn in Bezug auf die Weiterentwicklung der Frame-Hierarchie in diesem spezifischen Politikfeld können wir einen übergeordneten i2010-Meta-Frame und drei Politik-Frames, mit denen konkrete Politikziele definiert werden, unterscheiden.

Der i2010-Meta-Frame besagt, dass moderne Informations- und Kommunikationstechnologien „eine starke Triebkraft für Wachstum und Beschäftigung" sind, wenn der technologische Wandel durch vorausschauendes politisches Handeln gemeistert wird, indem die rechtlichen Rahmenbedingungen so angepasst werden, „dass sie der neu aufkommenden digitalen Wirtschaft gewachsen sind" (EK 2005e: 3). „Als Kernpunkt der überarbeiteten Lissabonner Partnerschaft für Wachstum und Beschäftigung" müsse deswegen mit einem integrierten Gesamtkonzept für die EU-Politik im Bereich der Informationsgesellschaft und der audiovisuellen Medien „die Entstehung einer offenen und wettbewerbsfähigen digitalen Wirtschaft" vorangetrieben und „die Bedeutung der IKT als Integrationsmotor und für eine bessere Lebensqualität" hervorgehoben werden. Aus diesen Gründen schlage die Kommission mit i2010 einen „neuen strategischen Rahmen mit allgemeinen politischen Orientierungen" vor (EK 2005e: 4).

Die daran anknüpfende Definition der Umsetzungsprioritäten resultiert aus dem Bemühen, die vielschichtigen Programme und Politikvorhaben, die zwischen dem Beginn der 1990er Jahre und der Mitte der 2000er Jahre vorangetrieben wurden, zu bündeln und gleichzeitig konkrete Ziele so zu formulieren, dass sie auf der politischen Ebene für die Kommissarin nutzbar, d.h. begründbar und erfolgreich bearbeitbar sein können. Dazu musste aber ein übergreifender Zusammenhang zwischen den Wachstumszielen der Europäischen Union und der Rolle der IKT hergestellt werden. Für den i2010-Frame greift die Kommission dazu auf die Schlussfolgerung des Europäischen Rates zurück, in der „Wissen und Innovation als Motoren für nachhaltiges Wachstum" bezeichnet worden waren, und postuliert, dass „IKT-Dienste sowie digitale Kompetenzen, Medien und Inhalte (...) einen immer größeren Teil der Wirtschaft und der Gesellschaft" bestimmen (EK 2005e: 3). Diese Aussage untermauert die Kommission damit, dass dem Einsatz von IKT ein Viertel des Wachstums des EU-Bruttoinlandsprodukts und 40% des Produktivitätswachstums in der Europäischen Union zugeschrieben werde. Außerdem seien die Unterschiede in der wirtschaftlichen Leistungsfähigkeit zwischen den Industrieländern „in einem großen Teil durch das Ausmaß ihrer IKT-Investitionen, -Forschung und -Nutzung sowie ihrer Wettbewerbsfähigkeit im Bereich der Informationsgesellschaft und der Medienbranche" zu erklären (EK 2005e: 3).

Durch diesen argumentativen Zusammenhang zwischen der volkswirtschaftlichen Bedeutung von IKT und der Notwendigkeit des politischen Handelns auf EU-Ebene kommt die Kommission mit dem i2010-Frame ihrer Rolle als Realitätsnotar nach, und zwar ohne die Quellen für die quantitativen Angaben zu nennen. Denn mit dem Anspruch, auf ein integriertes Gesamtkonzept für EU-Politik im Bereich der Informationsgesellschaft und der audiovisuellen Medien hinzuarbeiten, definiert die Kommission letztlich auch die Bedeutung von IKT im politischen Diskurs in dem Maß, in dem die vorgeschlagene politische Orientierung umfassend ist.

Neben diesem allgemein-übergreifenden Argumentationszusammenhang, mit dem das Politikfeld und damit auch die Bedeutung der zuständigen Kommissarin sowie der GD für die reformierte Lissabon-Strategie festgelegt werden, bilden die konkretisierten Prioritäten die Säulen der neuen Frame-Hierarchie. Diese bestehen aus drei übergreifenden Politikzielen, die wiederum durch drei Politik-Frames begründet werden. Dazu gehören (1) die Schaffung eines einheitlichen europäischen Informationsraums, (2) die Steigerung der Innovationen und Investitionen in die IKT-Forschung sowie (3) der Aufbau einer integrativen europäischen Informationsgesellschaft. Jedes dieser drei Politikziele stellt wiederum einen Oberbegriff für verschiedene politische Maßnahmen dar und ist gleichzeitig argumentativ mit dem übergreifenden Wachstums-IKT-Zusammenhang des i2010-Meta-Frames verknüpft. In dem Maß, in dem diese Verknüpfung argumentativ vertretbar ist, entsteht so die erneuerte Frame-Hierarchie im Bereich der IKT-Politik der Europäischen Union.

9.2.1 Ein einheitlicher europäischer Informationsraum

Die verschiedenen Anknüpfungsmöglichkeiten, die die i2010-Strategie für Politikvorhaben im Bereich der Informations- und Kommunikationstechnologien bietet, werden deutlich, wenn wir uns die damit verbundenen Ziele genauer ansehen. So wird mit der „Schaffung eines einheitlichen europäischen Informationsraums, der einem offenen und wettbewerbsfähigen Binnenmarkt im Bereich der Informationsgesellschaft und der Medien förderlich ist" ein spezifischer Politik-Frame etabliert. Die Notwendigkeit wird mit der Aussage begründet, dass die Informationsgesellschaft wegen der technologischen Entwicklung an einem Wendepunkt stehe, der durch die massive Verbreitung von IKT und die verstärkte weltweite Konkurrenz durch digitale Konvergenz eine Veränderung von Wirtschaft und Gesellschaft bewirke. Aus dieser Feststellung wird der Schluss gezogen, dass Europa eine vorausschauende aktive Strategie brauche, die nicht nur eine günstige Marktentwicklung ankurbele, sondern auch den Aufbau der Wissensgesellschaft (z.B. lebenslanges Lernen, Kreativität und Innovation), den Verbraucherschutz und eine gesunde und sichere europäische Informationsgesellschaft vorantreibe. Nur so könne das wirtschaftliche Potenzial voll ausgeschöpft werden (EK 2005e: 4f). Aus den wirtschaftlichen und technologischen Entwicklungen wird also ein Auftrag zur Politikgestaltung abgeleitet, um Verbraucher und Gesundheit zu schützen und die Wissensgesellschaft aktiv zu gestalten. Der politische Auftrag im IKT-Bereich wird wiederum verknüpft mit anderen Zielen, etwa dem Verbraucher- und Gesundheitsschutz, der Wachstumspolitik der Europäischen Union etc.

Um den selbst gegebenen Auftrag zur Politikgestaltung erfüllen zu können, wird ein „europäischer Informationsraum mit erschwinglichen, sicheren und schnellen Breitbandverbindungen, reichhaltigen und vielseitigen Inhalten und digitalen Diensten" als konkretes Ziel definiert, aus dem sich Anknüpfungspunkte für eigenständige Politikvorhaben ableiten lassen (EK 2005e: 5). Zu diesen Politikvorhaben gehören die Überarbeitung des Rechtsrahmens für die elektronische Kommunikation, die Festlegung einer wirksamen Strategie für die Frequenzverwaltung, die Erarbeitung und Verwirklichung einer Strategie für eine sichere europäische Informationsgesellschaft, die Ausarbeitung und Förderung gezielter Maßnahmen zur Verbesserung der Interoperabilität, insbesondere bei der Verwaltung digitaler Rechte, sowie die Schaffung einheitlicher Rahmenbedingungen auf dem Binnenmarkt für die Dienste der Informationsgesellschaft und der Medien, etwa durch die Modernisierung des Rechtsrahmens für audiovisuelle Dienste, die Erarbeitung von Vorschlägen zur Anpassung des Gemeinschaftsrechts und die aktive Förderung einer raschen und wirksamen Durchsetzung der Rechtsvorschriften. Neben diesen eher allgemeinen Aussagen wird mit der Überarbeitung der Richtlinie „Fernsehen ohne Grenzen" auch ein konkretes Politikvorhaben angekündigt und die „Fortlaufende Unterstützung der Schaffung und Verbreitung europäischer Inhalte" vermerkt (EK 2005e: 7).

Die Argumentation des Politik-Frames fügt sich zusammen, wenn aus der Entwicklung eines einheitlichen europäischen Informationsraums auf den Aufbau eines Binnenmarktes für IKT und Medien geschlossen wird, der als Grundlage für erschwingliche, sichere und schnelle Breitbandverbindungen mit vielseitigen Inhalten und digitalen Diensten postuliert wird. Der Binnenmarkt im IKT-Bereich wird also argumentativ umbaut mit dem Ziel eines einheitlichen europäischen Informationsraums. Dieser wiederum besteht aus einzelnen Politikvorhaben, die sich auf bestehende Regulierungen oder bestehende politische Aktivitäten beziehen. Der Informationsraum-Frame ist also ein Beispiel für die Absicherung einzelner IKT-Politik-Frames durch die Anknüpfung an den übergreifenden Binnenmarkt-Meta-Frame. Dabei hängen die durch den i2010-Meta-Frame begründeten Maßnahmen allerdings überwiegend von der Umsetzung in den Mitgliedstaaten ab, wohingegen die Kommission nur dort direkte Handlungsmöglichkeiten hat, wo ein Rechtsrahmen bereits besteht.

Sowohl die relativ allgemein gehaltenen Formulierungen wie „Analyse und ggf. Erarbeitung von Vorschlägen zur Anpassung des Gemeinschaftsrechts" als auch die Breite der Vorschläge weisen darauf hin, dass eine Politikstrategie nicht gleichzusetzen ist mit der Zustimmung der Ko-Designer zu konkreten Politikvorhaben. Gerade weil alle genannten Handlungsfelder direkt verbunden sind mit Aktivitäten der Generaldirektion – namentlich die Überprüfung des Rechtsrahmens für die Telekommunikationsbranche, die Breitbandstrategie der Europäischen Union und die Radiofrequenzpolitik –, wird deutlich, dass der Mehrwert einer solchen Politikstrategie vor allem in der inter-institutionellen Erwartungssicherheit bezüglich möglicher Kommissionsvorhaben zu suchen ist. Diese wird durch die Kontextualisierung der verschiedenen Einzelpolitikvorhaben mit einem argumentativen roten Faden, dessen Rational mit den Mitgliedstaaten diskutiert wird, geschaffen.

9.2.2 Innovation und Investition

Dass die i2010-Strategie dazu genutzt wird, mit Hilfe der Politik-Frames bestehende Politiken und Aktivitäten neu zu begründen, wird auch am Beispiel des zweiten Ziels deutlich, mit dem weltweite Spitzenleistungen in der IKT-Forschung und -Entwicklung und das Aufschließen zur internationalen Konkurrenz durch die „Steigerung der Innovationen und Investitionen in die IKT-Forschung, um das Wachstum und die Entstehung von mehr und besseren Arbeitsplätzen zu fördern", erreicht werden sollen (EK 2005e: 2, 9).

In diesem Politik-Frame wird argumentiert, dass eine offene und wettbewerbsfähige digitale Wirtschaft für Wachstum und die Entstehung neuer und besserer Arbeitsplätze sorgen kann, wodurch jenes Wirtschaftswachstum entstehe, mit dem die Informations- und Kommunikationstechnologien ihrer Rolle als Wachstumsmotor gerecht werden können. Aus diesem Zusammenhang wird gefolgert, dass ein europäischer IKT-Sektor von hoher wirtschaftlicher Bedeutung und die geforderten Investitionen in Forschung und Entwicklung daher unabdingbar seien. Besonders im internationalen Vergleich werde sichtbar, dass die Konkurrenz stärker werde. Die Frage, inwiefern IKT tatsächlich zu einem Wachstumsmotor in der Europäischen Union werden können, wird also in einen Zusammenhang gestellt mit der Frage, wie konkurrenzfähig die EU ist.

Angesichts des erheblichen Investitionsrückstands im IKT-Bereich im weltweiten Vergleich wird das Ziel formuliert, Investitionen und Innovationen im IKT-Bereich in Europa zu unterstützen. Als Instrument, um dieses Ziel zu erreichen, werden strategische Forschungsanstrengungen im Bereich der EU-finanzierten Forschungsprogramme angeführt, die die Priorität Wachstum und Arbeitsplätze haben sollen. Im Rahmen der „i2010-Initiative zur Erhöhung der Investitionen in Forschung und Innovation" wird daher die Anhebung der EU-Fördermittel für die IKT-Forschung bis 2010 um 80% vorgeschlagen und die Mitgliedstaaten werden aufgefordert, dies ebenfalls zu tun. Außerdem soll die strategische IKT-Forschung zu den vorrangig geförderten Technologieschwerpunkten gezählt werden. Forschungs- und Einführungsinitiativen sollen dort ergriffen werden, wo die Hauptengpässe technische und organisatorische Lösungen erfordern, durch ergänzende Maßnahmen sollen Anreize für private Investitionen in die IKT-Forschung und -Innovation geschaffen werden. Darüber hinaus werde die Kommission in den strategischen Kohäsionsleitlinien der Gemeinschaft 2007–2013 Einzelvorschläge zur Berücksichtigung einer „Informationsgesellschaft für alle" unterbreiten sowie Strategien für den elektronischen Geschäftsverkehr ausarbeiten, um technische, organisatorische und rechtliche Einführungshindernisse besonders für KMU zu beseitigen, und Instrumente zur Förderung neuer Arbeitsweisen entwickeln, die die Innovation in den Unternehmen und die Anpassung an neue Anforderungsprofile erleichtern (EK 2005e: 10).

Damit wird ein erheblicher Teil der Forschungsausgaben im Budget der Generaldirektion gleichsam rückwirkend im Sinne der erneuerten Lissabon-Strategie gerechtfertigt und in den zukünftigen Dienst gestellt. Außerdem wird durch den Vorschlag, gezielt die Forschung zu den wichtigsten Herausforderungen im Bereich der Technologieentwicklung (Interoperabilität, Sicherheit und Zuverlässigkeit, Identitätsverwaltung, Rechteverwaltung und Benutzerfreundlichkeit) zu fördern und den Transfer von Forschungsergebnissen zu fertigen Produkten zu verbessern, nicht nur unterstrichen, dass durch die Zusammenarbeit auf europäischer Ebene Synergien geschaffen werden können, sondern auch hervorgehoben, dass dabei besondere Rücksicht auf kleine und mittlere Unternehmen genommen werden müsse. Im argumentativen Zusammenhang des Investitions-Frames sind all diese Maßnahmen wiederum eine Grundlage dafür, dass sich eine offene und wettbewerbsfähige digitale Wirtschaft in Europa entwickeln könne, die wiederum die Grundlage dafür sei, dass IKT zum Wachstumsmotor werden können.

Durch den Investitions-Frame wird also ein Zusammenhang hergestellt zwischen den Forschungsausgaben auf EU-Ebene und dem Wirtschaftswachstum durch IKT in den Mitgliedstaaten. Die Argumentation ist eine Kognitionsvorlage für die lokalen Politikdesigner, die von den europäischen Maßnahmen in erster Linie profitieren würden. Der Investitions-Frame der i2010-Strategie ist also darauf ausgerichtet, die Relevanz der bestehenden Forschungsförderungsmaßnahmen durch einen argumentativen roten Faden nachzuweisen, der es ermöglicht, einzelne Politikvorhaben auch im Kontext anderer politischer Ziele zu begründen, z.B. Schaffung von Arbeitsplätzen, Wirtschaftsförderung und Förderung von kleinen und mittleren Unternehmen.

9.2.3 Eine integrative europäische Informationsgesellschaft

Auch das dritte Ziel, das in der i2010-Strategie formuliert wird, verknüpft die Politikvorhaben im IKT-Bereich gezielt mit einem breiteren Begründungskontext. Denn für den Aufbau einer „Informationsgesellschaft, die alle Menschen einbezieht, hochwertige öffentliche Dienste bietet und zur Anhebung der Lebensqualität beiträgt", muss Wachstum und Beschäftigung in einer Weise gefördert werden, die mit einer nachhaltigen Entwicklung vereinbar ist und bessere öffentliche Dienste und die Lebensqualität in den Vordergrund stellt (EK 2005e: 11). Die Argumentation fußt auf der Feststellung, dass durch die verstärkte Nutzung von IKT auch deren Einfluss auf die Gesellschaft wachse, denn IKT kämen immer mehr Menschen zugute. Allerdings komme die Hälfte der EU-Bürger „noch nicht vollständig oder überhaupt nicht in den Genuss der Vorteile", weshalb zur Stärkung des sozialen, wirtschaftlichen und territorialen Zusammenhalts die Erleichterung des Zugangs zu IKT-Produkten und -diensten auch in zurückgebliebenen Regionen aus wirtschaftlicher, sozialer, ethischer und politischer Sicht ebenso unverzichtbar sei wie der Erwerb grundlegender digitaler Kompetenzen durch alle Bürger (EK 2005e: 11).

Mit diesem Rational kann eine breite Auswahl politischer Ziele herangezogen und in Bezug auf Informations- und Kommunikationstechnologien dekliniert werden. Ausgehend von dem keinen Widerspruch duldenden Postulat, dass die Fortschritte, die durch den Einsatz von IKT erreicht werden können, allen Bürgern zugute kommen müssen, werden die Mitgliedstaaten direkt angesprochen, wenn argumentiert wird, dies könne durch bessere öffentliche Dienstleistungen geschehen – etwa indem IKT-gestützte öffentliche Dienstleistungen transparenter, leichter zugänglich und kostengünstiger seien. Auch könne die Lebensqualität durch den Einsatz von IKT verbessert werden, z.B. durch verbesserte Gesundheitssysteme, aber auch in Bezug auf die kulturelle Vielfalt. Des Weiteren wird argumentiert, dass die effiziente Nutzung von Energie durch IKT verbessert werden könne und dass wirtschaftliche, soziale, ethische und politische Imperative eine Verbesserung der Zugänglichkeit von IKT-Dienstleistungsprodukten erfordern, damit breite Teile der Gesellschaft am technologischen Wandel und den daraus resultierenden Fortschritten teilhaben. Der Integrations-Frame definiert also die Bedeutung von IKT für die unterschiedlichsten Politikbereiche unter dem Oberbegriff des Aufbaus einer integrativen europäischen Informationsgesellschaft.

Aus dem Integrations-Frame werden konkrete Maßnahmen abgeleitet, an denen die Umsetzung der i2010-Strategie gemessen werden kann. Zu diesen Maßnahmen gehören der Ausbau von Breitbandnetzen, die Unterstützung der IKT-Kompetenz als Schlüsselkompetenz für Bürger und Schüler, eine europäische Initiative für die digitale Integration, Vorreiterinitiativen für die alternde Gesellschaft, IKT-basierte Gesundheitsvorsorge, digitale Bibliotheken und sogar intelligentere und sauberere PKWs. Konkret wird angekündigt, strategische Leitlinien für die elektronische Zugänglichkeit und die Breitbandversorgung, einen Aktionsplan für elektronische Behördendienste sowie strategische Orientierungen für IKT-gestützte öffentliche Dienste herauszugeben bzw. vorzuschlagen. Außerdem sollen Demonstrationsvorhaben zur operativen Erprobung technischer, rechtlicher und organisatorischer Lösungen für die Einführung elektronischer öffentlicher Dienste eingeleitet werden (EK 2005e: 11ff). Auch mit dem Integrations-Frame werden also Politikvorhaben aus verschiedenen Bereichen mit dem übergreifenden Ziel des i2010-Meta-Frames verknüpft, eine integrative europäische Informationsgesellschaft schaffen zu wollen.

Zusammenfassend können wir anhand der Begründungen der Frame-Hierarchie erkennen, dass der i2010-Meta-Frame nicht nur die Aufgabe erfüllt, eine Begründung für bestimmte Politikvorhaben zu liefern, sondern dass dadurch auch der Versuch gemacht wird, die Zuständigkeit für Informations- und Kommunikationstechnologien im Rahmen der Europäischen Union auf eine möglichst breite Basis zu stellen. In der gesamten i2010-Strategie findet sich kein Vorhaben, das nicht auch aus einem anderen Grund als dem der Förderung von Informations- und Kommunikationstechnologien begründbar wäre. Insofern wird in dem Maß, in dem innerhalb der Strategie Begründungszusammenhänge von anderen Politikbereichen verwendet werden, um dann die Bedeutung von Informations- und Kommunikationstechnologien zur Erreichung dieser Ziele zu begründen, gleichzeitig auch die Relevanz der IKT-Politik als eigenständiges Politikfeld untermauert. Weil damit die Bedeutung der zuständigen Kommissarin innerhalb des Kollegiums und die Bedeutung der Generaldirektion Informationsgesellschaft- und Medien im Wettbewerb mit den anderen Generaldirektionen aufgewertet werden, dient die i2010-Strategie letztlich auch der Selbsterhaltung der Politikdesigner.

9.2.4 Inter-institutionelle Akzeptanz

Die mittel- und langfristige Wirkung einer Politikstrategie hängt in der EU immer auch von der Akzeptanz der Ko-Politikdesigner in Parlament und Rat ab. Während wir am Beispiel der i2010-Strategie bereits gesehen haben, dass die Kommission grundlegend anerkannte Politikziele, die nur schwer oder gar nicht ablehnbar sind, nutzt, um IKT-bezogene Politikvorhaben argumentativ daran anzulehnen, ist vor allem die Reaktion des Ministerrates auf die inhaltliche Schwerpunktsetzung der Kommission interessant. Denn die Kommission konnte sich ja in der i2010-Mitteilung auf den Auftrag des Europäischen Rates berufen, der „den Aufbau einer vollständig integrativen Informationsgesellschaft, die auf der breiten Nutzung der Informations- und Kommunikationstechnologien (IKT) in öffentlichen Diensten, in kleinen und mittleren Unternehmen und in Privathaushalten beruht, zur zentralen Aufgabe“ erklärt hatte (EK 2005e: 3).

Insofern hat die Kommission mit der Vorlage der Strategie ihr Initiativmonopol genutzt, um die Richtung der zukünftigen IKT-Politik vorzuschlagen, muss diese aber nun wiederum vom Ministerrat bestätigen lassen. In dieser Hinsicht können wir die Reaktion des Rates auf die Vorlage der Kommission auch im Zusammenhang mit der Festlegung der Rahmenbedingungen für den politischen Diskurs sehen. Die Kommission kann mit ihren Mitteilungen Vorschläge machen, welche Aspekte in ein Politikfeld gehören. Sie kann diese Debatte aber nicht allein kontrollieren, denn grundsätzlich haben die anderen Institutionen die Möglichkeit, zusätzliche Aspekte in die Debatte einzuführen und damit den Rahmen für den Politikdiskurs mitzubestimmen. Gerade im IKT-Politikfeld ist entscheidend, inwiefern die Kommission die Mitgliedstaaten der EU dazu bewegen kann, sich den Zielen anzuschließen und damit deren Umsetzung zu ermöglichen.

Entsprechend war die Mitteilung der Kommission nach ihrer Veröffentlichung im Juni 2005 Gegenstand der inter-institutionellen politischen Debatte auf EU-Ebene. So verabschiedete der Rat der Europäischen Union zunächst im November die „Schlussfolgerungen des Rates zur i2010-Strategie“ (Rat 2005). Im Februar und März 2006 äußerten sich dann mit dem Europäischen Parlament[27], dem Ausschuss der Regionen (AdR) und dem Europäischen Wirtschafts- und Sozialausschuss (EWSA) auch die anderen Adressaten der Kommissionsmitteilung zur i2010-Strategie, bevor der Europäische Rat sich mit kurzen Schlussfolgerungen im Frühjahr und Dezember 2006 wieder in die Debatte einschaltete (Europäischer Rat 2006a, b). Auch die Tatsache, dass die finnische EU-Ratspräsidentschaft zusammen mit der Kommission im September 2006 unter dem Titel

27 Vgl. dazu: http://www.europarl.europa.eu/sides/getDoc.do?pubRef=-//EP//NONSGML+TA+P6-TA-2006-0079+0+DOC+PDF+V0//DE, 20.07.2011.

„i2010 – Towards a Ubiquitous European Information Society“ in Espoo, Finnland, eine hochrangige Expertenkonferenz organisierte, zeigt, dass es der Kommission gelungen war, mit der Politikstrategie die Aufmerksamkeit der politischen Entscheidungsträger in der EU für IKT-Themen zu erringen bzw. zu bewahren.

9.2.5 Der Rat der Europäischen Union als Ko-Designer

Für die Politikdesigner in der Kommission waren aber vor allem die Orientierungsaussprache und die Schlussfolgerungen des Rates zur i2010-Strategie aus dem November 2005 als Legitimationsgrundlage von Bedeutung (Rat 2005). Denn im Gegensatz zu den Aktionsplänen eEurope2002, der von Rat und Kommission gemeinsam entworfen worden war, und eEurope2005, der auf Wunsch der spanischen Ratspräsidentschaft verfasst wurde, hatte Kommissionspräsident Barroso die i2010-Initiative im Rahmen seiner politischen Zielsetzung den Staats- und Regierungschefs vorgeschlagen. Insofern stand die Reaktion zu den inhaltlichen Schwerpunkten, welche die Kommission mit dem i2010-Meta-Frame begründet hatte, aus.

Betrachtet man das Dokument, dann wird deutlich, dass der Rat sowohl die inhaltlichen Aussagen und Begründungen der Kommission validiert als auch konkrete Vorschläge für die Ausgestaltung macht. Daneben werden aber auch die prozentualen Aspekte hervorgehoben, die die Position der Mitgliedstaaten bei der Umsetzung der Strategie unterstreichen. Insofern begrüßt der Rat die Mitteilung der Kommission zu einer europäischen Informationsgesellschaft für Wachstum und Beschäftigung und stellt von sich aus auch die von der Kommission gemachte argumentative Verbindung zwischen i2010 und den Zielen der Lissabon-Agenda her. Denn es wird betont, dass „eine gezieltere, wirksamere und stärker integrierte IKT-Politik auf europäischer wie auch auf nationaler Ebene erforderlich ist, damit die Lissabonner Ziele des Wirtschaftswachstums und der Produktivität erreicht werden“ (Rat 2005: 4).

Die Bestätigung des i2010-Meta-Frames wird aber direkt mit der Betonung der Kompetenzkonkurrenz verbunden, wenn der Rat hervorhebt, dass eine bessere IKT-Politik sowohl auf europäischer wie auch auf nationaler Ebene notwendig sei, um die Lissabon-Ziele zu erreichen. Es wird zwar hervorgehoben, dass die Umsetzung der i2010-Strategie in der gemeinsamen Verantwortung der Mitgliedstaaten, der europäischen Organe und der interessierten Kreise liege, betont wird jedoch, wie wichtig es in diesem Zusammenhang sei, „dass die Mitgliedstaaten über die erforderliche Flexibilität verfügen, um einzelstaatlichen Besonderheiten Rechnung zu tragen“ (Rat 2005: 5). Der Rat übernimmt also den von der Europäischen Kommission vorgeschlagenen Meta-Frame, um das Kompetenzgefüge in der EU zu bestätigen. Außerdem betont der Rat, dass ein offener, wettbewerbsfähiger und innovativer Markt für elektronische Kommunikationsdienste sowie ein starker und wettbewerbsfähiger europäischer IKT-Sektor zentrale Faktoren für eine verbesserte IKT-Nutzung seien. Daneben wird die zentrale Bedeutung der Koordinierung der Politikansätze für die effiziente und flexible Nutzung des Frequenzspektrums betont, allerdings mit dem Zusatz „unter entsprechenden Voraussetzungen". Dies weist auf die Besonderheiten des Kompetenzgefüges hin, die wir im zweiten Teil der Fallstudie näher betrachten werden.

Dass der Rat die Umsetzung des Rechtsrahmens für elektronische Kommunikation höher bewertet als die i2010-Strategie an sich, wird auch deutlich, wenn er die Vorhaben der Kommission gutheißt und dort an erster Stelle die Überarbeitung des Regulierungsrahmens hervorhebt. In Bezug auf die Durchführung der i2010-Initiative werden entsprechend nicht etwa bestimmte Politikziele in den Vordergrund gehoben, sondern es wird zunächst begrüßt, dass die Kommission eine hochrangige Expertengruppe aus mitgliedstaatlichen Repräsentanten einrichten will, die mit dazu beitragen sollen, die i2010-Strategie effektiv umzusetzen. Des Weiteren wird begrüßt, dass die Kommission jährlich dem Parlament und dem Rat über den Fortschritt Bericht erstatten will und dass im Rahmen eines Zwischenberichts in 2008 darüber Auskunft gegeben werden soll, inwiefern die i2010-Strategie dazu beiträgt, die Lissabon-Ziele zu erreichen.

Die gleiche Schwerpunktsetzung wird deutlich, wenn der Rat die Kommission einlädt, die vollständige Umsetzung des Regulierungsrahmens sicherzustellen, und erst danach auf die Ziele der i2010-Strategie eingeht. Diesbezüglich erhält die Kommission durch die Schlussfolgerungen des Rates allerdings auch zum Teil konkrete Arbeitsaufträge, die sich eng an den vorgeschlagenen Aktivitäten orientieren. So wird die Kommission ersucht, neben der uneingeschränkten Umsetzung des Rechtsrahmens von 2002 auch die Auswirkungen digitaler Konvergenz auf die Schaffung, Verbreitung und Verteilung europäischer Themen zu untersuchen und gegebenenfalls Vorschläge zu unterbreiten, wie der Markt für reichhaltige und vielfältige digitale Inhalte, die stärkere Nutzung des Breitbands „und die Entwicklung der Netze der Nächsten Generation (NGN)" gefördert werden können (Rat 2005: 6).

Darüber hinaus bestätigt der Rat das Bemühen, die Investitionen in IKT-Forschung und -Entwicklung und in die weitere Nutzung von IKT im öffentlichen und privaten Sektor zu unterstützen, und nennt dazu die bestehenden Finanzierungsmöglichkeiten als Basis. So wird die Kommission ersucht, Anreize für Investitionen in IKT-Forschung und -Entwicklung und die breitere Nutzung von IKT im öffentlichen und privaten Sektor „insbesondere durch bestehende und künftige EU-Rahmenprogramme für Forschung und Entwicklung sowie Wettbewerbs- und Innovationsprogramme" zu schaffen. Dabei soll sie auch die Beteiligung kleiner und mittlerer Unternehmen (KMU) fördern und dafür sorgen, dass die Ergebnisse dieser Programme auf breiter Basis bekannt gemacht werden (Rat 2005: 6).

Auch das Ziel, eine effektive Strategie für eine sichere europäische Informationsgesellschaft zu entwickeln, wird mit dem Hinweis darauf unterstützt, dass zur Umsetzung dieser Strategie wichtige Rollen von Lieferanten, Geschäftsnutzern, Bürgern und Regierungen übernommen werden müssen. So wird die Kommission aufgefordert,

> „Anfang 2006 eine wirksame Strategie für die Entwicklung eines auf zuverlässigen Netzen basierenden sicheren Europäischen Informationsraumes mit Unterstützung der Europäischen Agentur für Netz- und Informationssicherheit einzuleiten, mit der das Vertrauen gestärkt wird, die Identifizierungs- und Authentifizierungsproblematik angegangen und die wichtige Rolle anerkannt wird, die Anbietern, kommerziellen Nutzern, Bürgern und staatlichen Stellen zukommen soll, und zu der ein Umsetzungszeitplan gehört" (Rat 2005: 6f).

Der Rat geht auch auf die Arbeitsaufforderungen an den öffentlichen Dienst ein und ersucht die Kommission, die effiziente Nutzung von IKT in öffentlichen Diensten durch den Austausch von Erfahrungen und die Entwicklung gemeinsamer Konzepte „zu zentralen Fragen wie etwa Interoperabilität und wirksamer Einsatz offener Standards" voranzutreiben. Die Kommission solle in diesem Zusammenhang in ihrer Mitteilung über elektronische Behördendienste auch die Ministererklärung zu elektronischen Behördendiensten berücksichtigen. Außerdem wird die Kommission aufgefordert, für das Jahr 2008 eine europäische Initiative für digitale Integration zu erstellen, in der „Fragen betreffend die Barrierefreiheit, die Chancengleichheit, die digitale Kompetenz und regionale Unterschiede behandelt werden". Maßnahmen zur Förderung der allgemeinen und beruflichen Bildung, „damit in Europa die Kompetenzen vorhanden sind, die für Forschung und Innovation im Bereich IKT und Nutzung der IKT erforderlich sind", werden ebenso gefordert wie solche zur Förderung von Interoperabilität und offene Standards im Europäischen Informationsraum, die dafür sorgen, „dass die europäische Standardisierungspolitik den Bedürfnissen des IKT-Sektors gerecht wird" (Rat 2005: 7). Der Rat nutzt also die argumentative Grundlage, die von der Kommission zur Verfügung gestellt wurde, um die einzelnen Vorhaben seinerseits mit IKT-politischen Prioritäten anzureichern und als Arbeitsaufträge an die Kommission zurückzugeben.

Darüber hinaus haben Schlussfolgerungen des Rates auch dann eine wichtige Funktion, wenn sie sich an die Mitgliedstaaten selber richten. Dass auch hier die Kompetenz der Mitgliedstaaten hervorgehoben wird, zeigt sich daran, dass diese im ersten Punkt eingeladen werden, Prioritäten für die Informationsgesellschaft in ihren nationalen Reformprogrammen zu identifizieren, die dazu beitragen können, die Beiträge von IKT zu der Lissabon-Agenda zu erreichen und die notwendigen Programme zu etablieren. Auch werden die Mitgliedstaaten aufgefordert, die Umsetzung des Rechtsrahmens für elektronische Kommunikation voranzutreiben sowie die Entwicklung und den Aufbau moderner Kommunikationsinfrastrukturen und effektiver Nutzung von IKT im öffentlichen Dienst und in Unternehmen zu fördern (Rat 2005: 7f). Dazu sollen durch die schnelle Umsetzung nationaler Strategien die Breitbandversorgung und der Multiplattformzugang ausgeweitet und Anreize für die Einführung geschaffen werden, wozu „gegebenenfalls EU-Strukturfonds im Einklang mit den Kommissionsleitlinien genutzt werden“ können. Auch soll in den Mitgliedstaaten die effektive Nutzung von IKT bei öffentlichen Diensten und Unternehmen gefördert werden, „indem die für ihren Einsatz erforderlichen Kompetenzen ausgebaut und Interoperabilität und offene Standards sowie wirksame öffentliche Online-Dienste durch organisatorischen Wandel gefördert werden“. Außerdem solle „bis 2010 eine voll und ganz integrative Informationsgesellschaft aufgebaut“ werden, indem „durch einzelstaatliche Politikinstrumente bestehendes digitales Gefälle beseitigt und neues digitales Gefälle verhindert wird“ (Rat 2005: 7f).

Dass im Zusammenhang mit der Regulierung der elektronischen Kommunikation die Radiofrequenzpolitik eine besondere Rolle spielt, wird daran deutlich, dass auch hier die Mitgliedstaaten nur „soweit angebracht durch die Koordinierung der Politikkonzepte (...) und zwar im Einklang mit der Gemeinschaftszuständigkeit und unbeschadet der Ziele von allgemeinem Interesse“ ersucht werden sicherzustellen, dass durch eine effizientere und flexiblere Nutzung des Frequenzspektrums Innovation, Wettbewerbsfähigkeit, Interoperabilität und Konvergenz sowie ein dynamischer Binnenmarkt für innovative drahtlose Ausrüstung und Dienste gefördert werden (Rat 2005: 7).

Der Rat richtet sich zuletzt noch an alle interessierten Kreise und ruft diese dazu auf, sich am konstruktiven Dialog mit den Mitgliedstaaten und der Kommission zu beteiligen „und in diesem Zusammenhang auch an Veranstaltungen auf hoher Ebene teilzunehmen, damit die Maßnahmen herausgestellt werden, die zur Verwirklichung einer weltweit wettbewerbsfähigen, innovativen und integrativen Informationsgesellschaft erforderlich sind“. Außerdem werden alle Interessenträger aufgerufen, „neue Geschäftsmodelle, innovative technische Lösungen und wirksame Selbstregulierung zu konzipieren“, um so den Wettbewerb und das Vertrauen der Verbraucher in IKT-Produkte und -Dienstleistungen zu stärken und eine sichere globale Internet-Umgebung weiter voranzubringen sowie durch innovative und interoperable IKT-Anwendungen, Standardisierung, organisatorischen Wandel und bessere Kompetenzen „die Einbeziehung von IKT in Geschäftsabläufe zu intensivieren, damit die IKT ihren ganzen Nutzen entfalten kann“ (Rat 2005: 8).

Betrachtet man diese Ratsschlussfolgerungen als Beitrag zur Etablierung des i2010-Meta-Frames im politischen Diskurs auf EU-Ebene, dann wird deutlich, dass gerade die Begründung einer EU-Kompetenz als zentrales Element der Frame-Hierarchie vom Rat nicht a priori als gegeben angenommen, sondern stattdessen die Bedeutung der Zusammenarbeit bzw. der einzelnen Mitgliedstaaten bei der Umsetzung der Ziele in den Vordergrund gestellt wird. Dass der Rat sich jedoch auf bestimmte inhaltliche Aspekte bezieht und diese in seinem Dokument mit detaillierten Ergänzungen hervorhebt, zeigt, dass die Politikdesigner sich im Rahmen der i2010-Strategie auch zur Begründung detaillierterer Politikvorhaben auf die Ratsschlussfolgerungen beziehen können, wenn diese Politikvorhaben im Rahmen der Umsetzung der i2010-Strategie wiederum den Mitgliedstaaten vorzulegen sind.

Dass politische Strategiedokumente wie die i2010-Strategie auch als Stimulus für Aktivitäten auf EU-Ebene wirken können, zeigt sich am Beispiel der Ministerkonferenz „IKT für eine integrative Gesellschaft“ im Rahmen der österreichischen Präsidentschaft des Europäischen Rates in Riga[28], anlässlich derer eine Ministererklärung[29] einstimmig verabschiedet wurde, in der sich die Minister auf Prioritäten für die integrative Anwendung von IKT in Europa einigten. Das Dokument macht deutlich, dass es der Kommission immer auch darum geht, mit Strategiedokumenten einen Auftrag des Ministerrats zu erhalten. Denn ebenso wie die erwähnte finnische Konferenz ist eine Ministerkonferenz für die Designer in der Kommission immer eine Kommunikationsgelegenheit, bei der Politik-Frames im politischen Diskurs verankert werden können – wie in diesem Fall durch die Fachminister der Mitgliedstaaten in Bezug auf die integrativen Aspekte von Informations- und Kommunikationstechnologien. Allein durch die Befassung der Minister mit dem Thema der i2010-Strategie werden diese Inhalte aufgewertet und auf politischer Ebene innerhalb der Europäischen Union validiert. Eine wichtige Wirkung einer solchen Ministererklärung besteht darin, die detaillierten politischen Ziele, die von der Kommission in ihrem Strategiedokument vorgeschlagen wurden, zu legitimieren. Obwohl eine Ministererklärung in ihrer Bedeutung einem Beschluss des Ministerrats nicht gleichkommt, ist sie dennoch ein klares Votum der Mitgliedstaaten der Europäischen Union, auf das zuweilen auch der Rat zurückgreift, wie im Fall der Erklärung zu den elektronischen Behördendiensten deutlich geworden ist.

Entsprechend stellt sich der Aufbau des Dokuments dar. In ihm bestätigen die Minister zunächst die Fakten, die in der i2010-Strategie als Kern des Begründungszusammenhangs genannt worden sind. So wird z.B. ohne Quellennachweis die Angabe wiederholt, die nachweist, wie groß der Beitrag von IKT zum Wirtschaftswachstum in der Europäischen Union ist. Auch wird in dem Dokument darauf hingewiesen, dass IKT dazu beitragen, das alltägliche Leben und die soziale Teilhabe von Europäern zu verbessern, und damit auch zu neuen, flexiblen

28 Siehe dazu: http://ec.europa.eu/information_society/events/ict_riga_2006/index_en.htm, 25.04.2011.

29 Siehe dazu: http://ec.europa.eu/information_society/events/ict_riga_2006/doc/riga_decl_de.pdf, 25.04.2011.

Arbeitsplätzen führen können. Indem die Minister im ersten Abschnitt bestätigen, dass IKT ein wichtiges Instrument sind, um die Ziele der Lissabon-Strategie zu erfüllen, geben sie sich ein eigenes Arbeitsprogramm. Dadurch schlüpft der Ministerrat gleichsam in die Rolle des Ko-Designers für den Integrations-Frame der i2010-Strategie. In diesem Zusammenhang werden die Ziele und Maßnahmen, die von der Kommission für den Aufbau einer integrativen Informationsgesellschaft genannt wurden, der Reihe nach abgehandelt. Ein wichtiger Bestandteil des Arbeitsplans der Minister sind Aussagen, die erkennen lassen, in welcher Richtung die Regierungen bereit sein werden, sich konkret zu engagieren. So verpflichten sich die Minister beispielsweise darauf, bis 2008 insbesondere durch Systeme der formellen und informellen Bildung Aktionen zur Förderung des digitalen Alphabetismus und der digitalen Fertigkeiten durchzuführen; dabei werde man auf bestehenden Initiativen aufbauen und die Aktionen auf die Bedürfnisse von Gruppen zuschneiden, die vor allem wegen ihrer gesellschaftlichen Lage oder ihrer Möglichkeiten und besonderen Bedürfnisse durch Ausgrenzung bedroht sind.

Eine weitere Funktion einer solchen Ministervalidierung der Politikstrategie ist die Konkretisierung der Arbeitsaufträge an die Kommission. So laden die Minister die Europäische Kommission ein, verschiedene Aktivitäten fortzuführen, etwa die schnelle Veröffentlichung einer Mitteilung zum Thema IKT-Alterung, sowie in der anstehenden Überarbeitung des Rechtsrahmens für die elektronische Kommunikation die Bedürfnisse von Nutzern mit Behinderungen besonders zu berücksichtigen. Die Erklärung verdeutlicht, dass die Validierung von Strategien durch den Ministerrat dazu führt, aus dem vorgeschlagenen Politik-Frame ein gemeinsames Rational zwischen der Europäischen Kommission und dem Ministerrat zu etablieren, an das sich Politikvorhaben anknüpfen lassen. Somit können Politikvorhaben nicht nur an die Strategie der Kommission gebunden werden, sondern sind ggf. durch die programmatischen Aussagen des Ministerrats legitimiert bzw. als politisch gewünscht zu betrachten.

Durch diese Erklärung, vor allem aber durch die Schlussfolgerungen des Rates zur i2010-Strategie im November 2005 hat der Ministerrat die Ziele und damit die neue Frame-Hierarchie für das IKT-Politikfeld anerkannt und validiert. Innerhalb dieser Frame-Hierarchie findet dann der politische Diskurs über die IKT-Politik auf EU-Ebene statt. Die Tatsache, dass der Rat seine Schlussfolgerungen vor den Stellungnahmen der anderen Adressaten veröffentlicht, unterstreicht seine hervorgehobene Stellung bei der Festlegung von EU-Politikstrategien, die in diesem Fall aus dem Arbeitsauftrag des Europäischen Rates abgeleitet ist. Insofern ist es an dieser Stelle auch nicht notwendig, die Stellungnahmen des Europäischen Parlaments[30], des Ausschusses der Regionen (AdR) oder des Europäischen Wirtschafts- und Sozialausschusses (EWSA) aus dem Februar und März 2006 näher zu untersuchen. Denn schon die Schlussfolgerungen des Europäischen Rates und dessen weitere Beschäftigung mit dem Thema zeigen, dass der übergreifende Meta-Frame übernommen wurde und der Rat sich die Argumentation der Kommission zu eigen machte, eine Tatsache, die von den Politikdesignern in der Kommission auch im inter-institutionellen Diskurs genutzt werden kann.

So wird beispielsweise in den Schlussfolgerungen des Europäischen Rates im Frühjahr 2006 die Bedeutung von IKT zur Erreichung der Lissabon-Strategie explizit anerkannt, weil

> „es von entscheidender Bedeutung für die Partnerschaft für Beschäftigung und Wachstum ist, dass Informations- und Kommunikationstechnologien in Wirtschaftsverbänden und Verwaltungsorganisationen in der gesamten Europäischen Union produktiver eingesetzt werden. Eine gezielte, wirksame und integrierte Politik bei der Informations- und Kommunikationstechnologie (IKT) auf europäischer wie auch auf nationaler Ebene ist erforderlich, damit die Strategieziele Wirtschaftswachstum und Produktivität erreicht werden" (Europäischer Rat 2006a: 64.).

Außerdem werden die Kommission und die Mitgliedstaaten aufgefordert, „die neue i2010-Strategie energisch durchzuführen". Dass in diesem Zusammenhang allerdings auch die Bedeutung, die die Senkung der Roaminggebühren für den Wettbewerb hat, hervorgehoben wird (Europäischer Rat 2006a: 64), zeigt bereits, dass auch innerhalb einer akzeptierten Frame-Hierarchie auf der Ebene der einzelnen Politik-Frames immer noch politischer Diskussionsbedarf verbleibt.

Die Beobachtung, dass nach der Etablierung einer Frame-Hierarchie die einzelnen Politikvorhaben in den Vordergrund der Debatte rücken, bestätigt sich auch anhand der Argumentation, mit der der Europäische Rat in seinen Schlussfolgerungen vom Dezember 2006 die Bedeutung von IKT in Bezug auf Innovation und Wettbewerbsfähigkeit betont. Denn neben der entscheidenden Rolle, die IKT für Innovation und Wettbewerbsfähigkeit haben, werden eine Reihe von „*unmittelbaren Prioritäten*" hervorgehoben, zu denen „die Entwicklung von Modellen für die Frequenzzuweisung, die alle Zielvorgaben erfüllen, der schnelle Ausbau fortschrittlicher Mobilfunkdienste und soweit möglich ein koordiniertes Konzept für die Nutzung der Frequenzkapazität, die durch die Umstellung auf Digitaltechnik hinzugewonnen wird", gerechnet werden (Europäischer Rat 2006b: 30).

Im nächsten Schritt prüfen wir an einigen Beispielen, in welcher Art und Weise die Politikdesigner in der Kommission bei der Begründung von IKT-

30 Vgl. dazu: http://www.europarl.europa.eu/sides/getDoc.do?pubRef=-//EP//NONSGML+TA+P6-TA-2006-0079+0+DOC+PDF+V0//DE, 25.04.2011.

Politikvorhaben von dem neuen Meta-Frame Gebrauch machen. Wir können uns dabei allerdings auf eine exemplarische Auswahl aus den 144 im Rahmen der i2010-Initiative getroffenen Maßnahmen beschränken, die die Kommission 2009 als großen Erfolg der letzten vier Jahre aufgelistet hat (EK 2009b: 5).

9.3 Der i2010-Meta-Frame und die Begründung von IKT-Politikvorhaben

Ein Beispiel dafür, dass die Politikdesigner in der Kommission bei der Begründung von Politikvorhaben auf den i2010-Meta-Frame und damit die aktualisierte Frame-Hierarchie für die europäische IKT-Politik zurückgreifen, findet sich in zwei Mitteilungen zur Entwicklung der Breitbandkommunikationsnetzwerke (EK 2006g, 2009e). Dabei konkretisiert die Kommission die entsprechenden Anknüpfungspunkte aus der i2010-Strategie und entspricht den konkretisierten Arbeitsaufträgen des Ministerrates.

Mit der Mitteilung zur Überwindung der Breitbandkluft kündigen die Politikdesigner der Kommission an, die aus den Arbeitsaufträgen resultierenden Kompetenzen auf EU-Ebene dazu zu nutzen, die so genannte „Breitbandkluft", d.h. den unzureichenden Netzausbau für schnelle Internetverbindung, zu beobachten, die Breitbandentwicklung in den neuen Mitgliedstaaten zu überwachen und eine Analyse im Rahmen des jährlichen Forschungsberichts der Initiative zu präsentieren. Außerdem werden „alle Regierungen und Behörden in der Europäischen Union aufgefordert", die verfügbaren Instrumente und Technologien aktiver einzusetzen, ihre nationalen Breitbandstrategien mit klaren Zielen für die Anbindung von Schulen, Behörden und Gesundheitseinrichtungen zu aktualisieren und „den Beteiligten zusätzliche Leitsätze an die Hand (zu) geben", um Finanzierungsquellen zu erschließen (EK 2006g: 11f).

Die Kommission greift also im politischen Diskurs den Kompetenzkonkurrenz-Frame des Rates auf, konkretisiert die Anforderungen an die Mitgliedstaaten und positioniert sich als Kontrollinstanz. Dabei wird zugleich ein Politik-Frame weiterentwickelt, indem der Zugang zu Breitbandnetzen als Voraussetzung für die Erreichung der Wachstums- und Beschäftigungsziele bestätigt wird und damit die Prämissen der i2010-Strategie mit einer detaillierten Mitteilung untermauert werden. Das zugrunde gelegte Rational dieses Breitband-Frames geht davon aus, dass die Ausweitung von Angebot und Nachfrage bei Informations- und Kommunikationstechnologien ein wichtiger Faktor zur Erreichung der Wachstums- und Beschäftigungsziele ist. In dieser Hinsicht eröffne der Hochgeschwindigkeits-Internetzugang über Breitbandverbindungen enorme Möglichkeiten und sei „ein greifbarer Beleg für die Perspektiven, welche die ‚Informationsgesellschaft' bietet". Insofern seien Breitbandverbindungen „dermaßen vorteilhaft, dass ihre Nichtverfügbarkeit ein dringend zu lösendes Problem" darstelle (EK 2006g: 3).

In der Mitteilung wird ein direkter Zusammenhang mit der Politikstrategie hergestellt, indem die Sensibilisierung der Regierungen und Institutionen auf allen Ebenen im Hinblick auf die Bedeutung des Mangels an Breitbandzugängen in der Europäischen Union als Schritt zur Verwirklichung der Prioritäten der i2010-Strategie gesehen wird. Entsprechend werden in der Mitteilung Strategien aufgezeigt, wie das Breitbandangebot innerhalb der Europäischen Union und auf lokaler Ebene verbessert werden kann. Dabei wird auch die im Kontext der i2010-Strategie postulierte Bedeutung von Breitbandverbindungen für wirtschaftliches Wachstum näher erläutert. Es wird z.B. darauf hingewiesen, dass Breitbandanwendungen das Wirtschaftswachstum stimulieren, indem neue Dienste geschaffen sowie neue Investitions- und Arbeitsmöglichkeiten erschlossen werden. Außerdem werde durch Breitbandanwendungen „die Produktivität zahlreicher etablierter Prozesse gesteigert, was sich positiv auf Löhne und Kapitalrendite auswirkt" (EK 2006g: 4f).

Daran anknüpfend wird die Bedeutung von Breitbandverbindungen mit verschiedenen Beispielen detaillierter beschrieben. Aus diesem Argumentationszusammenhang heraus wird im Hinblick auf die nachhaltige Entwicklung abgelegener und ländlicher Gebiete die Bedeutung von Breitbanddiensten als wesentliche Hilfe für Kommunen thematisiert. Kommunen können mit Hilfe von Breitbanddiensten für Unternehmensansiedlungen werben, Telearbeitsplätze bereitstellen, die Gesundheitsvorsorge und die Bildungsangebote verbessern sowie behördliche Dienstleistungen vereinfachen. Der Breitband-Frame wird also mit konkreten Anwendungen wie Telemedizin, elektronische Gesundheits- und Behördendienste sowie mit Bildungs- und Entwicklungszusammenhängen im ländlichen Raum weiter illustriert, was seine Anknüpfungspunkte für Akteure im politischen Diskurs weiter steigert. So könnte beispielsweise ein Anbieter von internetbasierten Gesundheitsversorgungsleistungen, motiviert durch die Mitteilung, zum Interessenträger werden und zusammen mit Ärzteverbänden eine Interessenkoalition bilden, um sich zugunsten des staatlich geförderten Breitbandausbaus in die Debatte einbringen.

Die längerfristigen Handlungsorientierungen der Politikdesigner in der Kommission werden deutlich, wenn die Kommission in der Mitteilung auf das Vorgängerprogramm eEurope 2005 zurückgreift, indem sie darauf hinweist, dass sie bereits mehrfach die Problematik der regionalen Kluft zwischen unterversorgten und gut versorgten Gebieten thematisiert habe (EK 2006g: 8). Außerdem wird das Ziel der besseren Versorgung mit Breitbanddienstleistungen mit anderen Politikvorhaben verknüpft, die parallel von der Kommission vorangetrieben werden, z.B. die Umsetzung des Rechtsrahmens für elektronische Kommunikation. Die Kommission kommt dann zu der Schlussfolgerung, dass die „umfassende

Verbreitung von Breitbandzugängen (…) eine Grundvoraussetzung für die Entwicklung einer modernen Wirtschaft und einer der wesentlichen Aspekte der Lissabonner Agenda“ sei (EK 2006g: 11). Die Europäische Union müsse daher ihre Anstrengungen verstärken, um die Nutzung von Breitbanddiensten und ihren Ausbau zu fördern, und dies insbesondere in weniger entwickelten Regionen. Um dies zu gewährleisten, kündigt die Kommission an, die nationalen Breitbandstrategien im Rahmen ihrer „hochrangigen Sachverständigengruppe i2010“ zu diskutieren und zu begleiten (EK 2006g: 12).

Angesichts der begrenzten Handlungsoption, verbindliche Politikvorhaben vorzuschlagen, die aus der i2010-Strategie ableitbar sind, nutzt die Kommission die Mitteilung, um eine Rolle für die Politikdesigner und den Mehrwert koordinierter Maßnahmen auf EU-Ebene zu beschreiben. Somit wird in der Mitteilung nicht nur mit Hilfe des Breitband-Frames der übergreifende Argumentationszusammenhang i2010 durch ein Politikvorhaben im Bereich der Breitbandentwicklung detaillierter erläutert, sondern das Thema auch mit der Umsetzung der i2010-Strategie verbunden. Im politischen Diskurs wird damit letztlich der Zusammenhang zwischen dem postulierten Breitbandziel und dem geforderten Wachstums- und Beschäftigungsziel verankert.

Diese Verankerung des Breitband-Frames wird an einer drei Jahre später von der Kommission vorgelegten Mitteilung über den besseren Zugang zu modernen Informations- und Kommunikationstechnologien in ländlichen Gebieten deutlich (EK 2009e). Denn in dieser Mitteilung wird die effiziente Nutzung von Informations- und Kommunikationstechnologien durch schnellere Breitbandinternetzugänge bereits allgemein als Schlüssel zur Produktivitätssteigerung und Innovationsförderung in Europa gesehen und ein direkter Zusammenhang zwischen der Versorgung ländlicher Gebiete mit hochwertigen Internetzugängen und der Entwicklung attraktiver Lebensräume im ländlichen Bereich hergestellt:

> „Ein hochwertiger Internet-Zugang kann dazu beitragen, das Potenzial ländlicher Gebiete zu erschließen und sie als Lebensraum attraktiver machen. IKT hilft angesiedelten Unternehmen, ihre Dienste wirksamer und effizienter anzubieten und befriedigt ihren Bedarf nach schnellem Zugang zu Informationen aller Art. Sie bietet bessere Möglichkeiten für Unternehmensgründungen, vereinfacht das Angebot lebenswichtiger Dienstleistungen und verbessert die Lebensqualität“ (EK 2009e: 2).

In der Mitteilung kommt die Kommission einer Aufforderung des Rates für Landwirtschaft und Fischerei nach, die Frage des besseren Zugangs ländlicher Gebiete zu modernen Informations- und Kommunikationstechnologien und insbesondere zu einem schnellen Internetzugang zu prüfen. Unter der Überschrift „Politischer Hintergrund“ wird der Stand des politischen Diskurses festgehalten und betont, dass für die Schaffung einer wissens- und innovationsbasierten Gesellschaft die „Rolle der ländlichen Entwicklung bei der Einführung von IKT in ländlichen Gebieten“ anerkannt und im Jahr 2005 „zur Modernisierung und Anwendung der politischen Instrumente der EU der strategische Rahmen ‚i2010‘

festgelegt" wurde, um die Entwicklung der Informationsgesellschaft bis 2010 zu fördern. In diesem Zusammenhang wird auch auf die Verpflichtung, „bis 2010 für mindestens 90% der EU-Bürger und Unternehmen den Zugang zu Breitband-Infrastrukturen zu sichern", aus der bereits erwähnten Ministererklärung zur digitalen Integration aus Riga Bezug genommen (EK 2009e: 2f). Dass damit nicht nur die Ko-Designer im Rat berücksichtigt werden, sondern auch andere Designer innerhalb der Kommission, wird an der Tatsache deutlich, dass explizit „eine von der GD Landwirtschaft und ländliche Entwicklung (GD AGRI) in Auftrag gegebene Studie" als Hintergrundpapier für die „gemeinsame Mitteilung" erwähnt wird.

Im weiteren Verlauf der Mitteilung stellt die Kommission unter Bezugnahme auf ihre Mitteilung von 2006 die Möglichkeiten, die im ländlichen Raum durch Breitwanddienste erreichbar wären, detailliert dar. So werden die potenziellen Auswirkungen von IKT-Projekten im ländlichen Raum beschrieben und die Förderungsmöglichkeiten für Infrastrukturprojekte erläutert. In ihren Schlussfolgerungen bekräftigt die Kommission, „das für 2010 angestrebte Ziel ‚Breitbandzugang für alle'" weise aber darauf hin, „dass 30% der Landbevölkerung der EU derzeit keinen Breitband-Zugang hat" (EK 2009e: 12). Daran anknüpfend stellt die Kommission die Notwendigkeit für ein „striktes strategisches Konzept" für die IKT-Entwicklung in ländlichen Gebieten fest und fordert „Komplementarität und Synergien zwischen gemeinschaftlichen, nationalen und regionalen Finanzierungsregelungen und Politiken, die alle zur ländlichen Entwicklung beitragen". Außerdem wird eine Reihe von Forderungen und konkreten Handlungsempfehlungen an Mitgliedstaaten formuliert, um die IKT-Entwicklung in ländlichen Gebieten zu fördern (EK 2009e: 12f).

Die Mitteilung von 2009 zum besseren Zugang zur modernen IKT in ländlichen Gebieten ist ein Beispiel dafür, dass die Anknüpfungspunkte der i2010-Strategie in Bezug auf die Entwicklung ländlicher Gebiete sowohl von der zuständigen Ratsformation als auch von der GD AGRI aufgenommen wurden und zu weiteren Aktivitäten in diesem Politikbereich führten. Die Politikdesigner in der Kommission haben also durch die i2010-Strategie die Politikfelder IKT und Landwirtschaft argumentativ miteinander verknüpft und damit einerseits das Ziel erreicht, die i2010-Strategie für andere Politikbereiche relevant zu machen. Andererseits wird durch den Breitband-Frame aber auch das Rational der i2010-Strategie mit Hilfe des politischen Interesses an einer positiven wirtschaftlichen Entwicklung des ländlichen Raums als Ziel der Lissabon-Strategie untermauert.

9.3.1 Mobiles Fernsehen als Beleg für Wachstumsprognosen

Ein weiteres Beispiel dafür, dass mit Politikvorhaben die Annahmen des i2010-Meta-Frames rückwirkend untermauert und gleichzeitig die strategischen Ziele als Begründung herangezogen werden können, ist die Mitteilung zur „Stärkung des Binnenmarkts für das Mobilfernsehen" (EK 2007f). In dieser Mitteilung plädiert die Kommission dafür, einen EU-Binnenmarkt für Mobilfunkanwendungen zu schaffen und sich dazu u.a. auf einen technischen Standard zur Übertragung mobiler Fernsehanwendungen zu verständigen. Dazu wird das Argument der digitalen Konvergenz, das in der i2010-Strategie als eine der Ursachen für den Bedeutungszuwachs von IKT genannt wird, herangezogen, um die Bedeutung des Mobilfernsehens für die Zukunft zu unterstreichen. Damit werden die persönliche Mobilkommunikation und die Versorgung mit audiovisuellen Inhalten zusammengefügt und unter dem Stichwort „digitale Konvergenz" zu einem Wachstumsmarkt erklärt. Das mobile Fernsehen führe einen der dynamischsten europäischen Märkte mit dem für audiovisuelle Inhalte zusammen und „wird dadurch zum Vorreiter für hochwertige, innovative Dienste". Deren Marktvolumen wird bis 2011 auf 7 bis 20 Milliarden Euro geschätzt, es handele sich „um ein Musterbeispiel für die digitale Konvergenz, einen Begriff, der im Mittelpunkt der i2010-Strategie der Kommission für die Informationsgesellschaft steht" (EK 2007f: 2).

Daneben werden am Beispiel der mobilen Fernsehanwendungen auch der Wettbewerb mit anderen Regionen in der Welt und die Größenvorteile des EU-Binnenmarkts für die Entwicklung neuer Technologien hervorgehoben. Die Kommission begründet ihr Vorhaben damit, dass Europa angesichts der Entwicklung in den USA und Asien in Gefahr gerate, seinen Wettbewerbsvorsprung aus dem Mobilfunk einzubüßen und „eine großartige Wachstums- und Innovationschance zu vergeben, wenn es nicht gelingt, europaweit ausreichende Impulse zu geben und ein angemessenes Maß an Koordinierung zu erreichen" (EK 2007f: 3). Damit wird der Erfolg auf dem Mobilfunkmarkt, der in Bezug auf die GSM-Technologie maßgeblich durch Gesetzgebung gefördert worden war, verknüpft mit dem Zukunftsfeld des mobilen Fernsehens, um daraus einen konkreten Handlungsauftrag für europäische Politikvorhaben abzuleiten. Auf dieser Basis schlägt die Kommission in ihrer Mitteilung konkrete Schritte vor, wie bestimmte Technologien und Standards für die Einführung von Mobilfunkfernsehen unterstützt werden können und warum die Einigung auf einen bestimmten Standard (DVBT-H) als notwendig erachtet wird. Neben der Aufforderung an die Mitgliedstaaten, die dazu notwendigen Funkfrequenzen zur Verfügung zu stellen, wird auch ein Arbeitsplan vorgeschlagen, in dem sowohl an die Mitgliedstaaten als auch an die beteiligten Unternehmen der Branche appelliert wird, die Einführung von Mobilfernsehen voranzutreiben.

Insgesamt wird in der Mitteilung mit den Voraussagen zum Markterfolg des mobilen Fernsehens die Bedeutung der digitalen Konvergenz für Wachstum und Entwicklung in Europa untermauert, denn das Mobilfernsehen sei eine „neue, vielversprechende Konvergenzplattform", die zur „Steigerung der Wettbewerbsfähigkeit und des Wohlstands in Europa" beitrage (EK 2007f: 9). Auf diese Weise wird mit der digitalen Konvergenz eine Grundannahme des i2010-Frames mit einem konkreten Anwendungsbeispiel illustriert. Dass die Einführung und Verbreitung terrestrischer Mobilfernsehdienste in der EU sich nach heutigem Stand nicht wie vorausgesagt entwickelt hat, unterstreicht wiederum die Interdependenz der Akteure im Politikgestaltungsprozess der EU, denn die Kommission hatte schon 2007 festgestellt, dass dies nur gelingen könne, „wenn alle Beteiligten daran mitwirken und aktiv zusammenarbeiten" (EK 2007f: 9).

9.3.2 Der Meta-Frame als ergänzter Begründungszusammenhang

Ein weiteres Beispiel dafür, wie die Politikdesigner unterschiedliche Begründungszusammenhänge nutzen, um Politikvorhaben voranzutreiben, findet sich in einer Mitteilung vom Juni 2006, mit der die Kommission eine Konsultation zur Überprüfung des EU-Rechtsrahmens für elektronische Kommunikationsnetze und -dienste einleitete (EK 2006e). In diesem Dokument wird unter Bezugnahme auf den etablierten Rechtsrahmen für elektronische Kommunikation zwar der gleiche Zusammenhang zwischen der Schaffung eines europäischen Informationsraums und den übergreifenden Wachstums- und Beschäftigungszielen der EU hergestellt wie im i2010-Frame, allerdings bezieht sich die Kommission dabei zunächst nicht explizit auf die i2010-Strategie. Sie stellt die Überprüfung des Rechtsrahmens für elektronische Kommunikation vielmehr in einen direkten Kontext mit der erneuerten Lissabon-Strategie. So sei die Schaffung eines europäischen Informationsraums innerhalb eines offenen und wettbewerbsorientierten Binnenmarktes „eine der wichtigsten Herausforderungen, vor denen Europa im Rahmen der breiter gefassten Strategie für Wachstum und Beschäftigung steht", und die elektronische Kommunikation, die auf EU-Ebene durch einen 2003 in Kraft getretenen Rechtsrahmen geregelt wird, sei „für die gesamte Volkswirtschaft von grundlegender Bedeutung" (EK 2006e: 3).

In diesem Zusammenhang werden die wirtschaftliche Entwicklung des IKT-Markts und dessen makroökonomische Auswirkungen auf die Steigerung der Produktivität und der Wettbewerbsfähigkeit der europäischen Volkswirtschaften in einen Zusammenhang mit der Etablierung des Rechtsrahmens gestellt. Die volkswirtschaftliche Bedeutung des IKT-Sektors wird zudem mit einer Schätzung des Gesamtumsatzes auf 614 Milliarden Euro in 2005 auch quantifiziert

(EK 2006e: 4). Die Überprüfung des Rechtsrahmens wird also argumentativ mit dem i2010-Meta-Frame verknüpft, um sie mit den Zielen der EU zu begründen.

Ein direkter Bezug zur i2010-Strategie findet sich dann hinsichtlich der Nutzung von Funkfrequenzen bzw. deren europaweiter Regulierung. Dort wird ein Zusammenhang hergestellt zwischen einer Modernisierung der Funkfrequenzverwaltung in der EU, den dadurch betroffenen Wirtschaftsbereichen und den Zielen der i2010-Strategie. Auch in dieser Hinsicht bringt das Konsultationsdokument konkrete Aussagen zur volkswirtschaftlichen Bedeutung in den Diskurs ein, etwa wenn geschätzt wird, dass sich das Marktvolumen der elektronischen Kommunikationsdienste, die auf die Nutzung von Funkfrequenzen angewiesen sind, auf über 200 Milliarden Euro jährlich beläuft. Die Modernisierung der Funkfrequenzverwaltung sei deshalb eine Voraussetzung für die bestmögliche Ausnutzung des sozialen und wirtschaftlichen Potenzials, das sich aus der Nutzung von Funkfrequenzen ergebe, und damit auch für die Erfüllung der Ziele der i2010-Strategie. Denn durch die schnelle technologische Entwicklung und Konvergenz habe die Bedeutung der Frequenzen als Ressource sogar noch zugenommen, allerdings habe „die Frequenzverwaltung in der EU (...) damit (...) nicht Schritt gehalten“ (EK 2006e: 8).

Die Politikdesigner stellen also einen argumentativen Zusammenhang zwischen der Modernisierung der Funkfrequenzverwaltung und den Zielen der i2010-Strategie her, zu denen sich die EU bekannt hat. Die detaillierten Angaben zum Marktvolumen und zur Bedeutung der elektronischen Kommunikationsdienste, die von Funkfrequenzen abhängen, untermauern dieses Argument im politischen Diskurs. Der Meta-Frame wird also als Begründungszusammenhang für die Modernisierung der Funkfrequenzen herangezogen. So kommt die Kommission mit Blick auf die Debatte, die mit dem Konsultationsdokument initiiert wird, zu dem vorläufigen Schluss, dass sich das Frequenzmanagement erheblich verbessern lasse, und äußert die Ansicht, „dass effektiveres Frequenzmanagement die Möglichkeiten in diesem Bereich hinsichtlich innovativer, vielfältiger und erschwinglicher Dienstleistungen für europäische Bürger ausschöpfen und die Wettbewerbsfähigkeit der europäischen IuK Industrie [sic] stärken könnte“ (EK 2006e: 6).

Ähnlich wird bei dem Vorschlag, den Aspekt der Sicherheit im neuen Rechtsrahmen für elektronische Kommunikation stärker zu berücksichtigen, argumentiert. Auch hier stellt das Diskussionspapier einen Zusammenhang her zwischen Sicherheit als einer der vier Hauptherausforderungen bei der Schaffung eines europäischen Informationsraums, wie er in der i2010-Strategie vorgesehen ist, und der Notwendigkeit, angesichts der technologischen Entwicklung entsprechende Vorkehrungen auch im Regulierungsrahmen für elektronische Kommunikationsdienste in der EU zu berücksichtigen.

Das Konsultationsdokument ist insofern ein interessantes Beispiel für zwei unterschiedliche Aspekte, die die Verwendung und Bedeutung von Meta-Frames für Politikdesigner beschreiben. Zum einen stellt der Regulierungsrahmen ein etabliertes Politikvorhaben dar, das älter als die Strategie ist und auf dessen Basis auch die volkswirtschaftliche Relevanz der IKT-Politik nachgewiesen werden kann. Auf der anderen Seite wird die i2010-Strategie und speziell die Tatsache, dass damit in der EU Ziele für die Entwicklung des IKT-Bereichs festgelegt worden sind, als zusätzliche Begründungsmöglichkeit für die Vorschläge genutzt, mit denen der bestehende Rechtsrahmen erweitert werden soll. Das heißt, einerseits bietet die i2010-Strategie zusätzliche Möglichkeiten, die Modernisierung des Rechtsrahmens und die dazu vorgeschlagenen Schritte in einen Kontext zu setzen, der den Zielen der gesamten EU entspricht. Auf der anderen Seite bietet jedoch der etablierte Rechtsrahmen eine Grundlage für Politikvorhaben innerhalb der EU, mit der ergänzend zur i2010-Strategie der Mehrwert europäischer Regulierungen begründet werden kann.

9.3.3 Der Meta-Frame als notwendige Referenz für IPv6 und Roaming

Angesichts der politischen Bedeutung, die den Begründungszusammenhängen einer Politikstrategie vor allem im Hinblick auf die Kompetenzkonkurrenz zwischen den Organen der EU zukommt, ist es nachvollziehbar, dass zumindest die Nennung der Kernbegriffe auch dann notwendig ist, wenn für bestimmte Politikvorhaben eine ausreichende Legitimationsgrundlage besteht. Der Rückgriff auf den Meta-Frame hat dann einen eher deklaratorischen Charakter.

Ein Beispiel dafür ist die Mitteilung der Europäischen Kommission über einen Aktionsplan für die Einführung des neuen Internetprotokolls IPv6 in Europa (EK 2008b). Zur Begründung dieses Aktionsplans, mit dem eine neue Basistechnologie für das Internet in Europa gefördert werden soll, wird interessanterweise nicht direkt auf die i2010-Strategie zurückgegriffen, obwohl die Versorgung Europas mit Internetanschlüssen eine grundlegende Säule dieser Strategie ist und dazu natürlich auch eine zukunftsorientierte Technologielandschaft gehört. Stattdessen werden sehr pragmatische Gründe dafür aufgeführt, dass eine rechtzeitige Einführung des IPv6 unumgänglich sei, „da der Vorrat an IPAdressen der derzeitigen Version 4 zur Neige geht“ und IPv6 mit „seinem immensen Adressraum die Grundlage für Innovationen im Bereich der IP-gestützten Dienste und Anwendungen“ sei (EK 2008b: 2).

Gerade weil die Begründung für das Vorhaben auf den technischen Grundlagen für die Breitbanderwartung des i2010-Frames basiert, kann der Kontext mit einem sehr kurzen Abschnitt adressiert werden. Unter der Überschrift „Beitrag zur Lissabon-Strategie“ wird daher lediglich bestätigt, dass dieser „Aktionsplan

(...) Teil der Lissabon-Strategie und der i2010-Initiative zu deren Umsetzung" ist. Damit wird auch an die Verbindung zwischen i2010-Initiative und Lissabon-Strategie erinnert (EK 2008b: 3). In Bezug auf die Umsetzung der Strategie soll der Aktionsplan dazu beitragen, die Leistungsfähigkeit der EU in der Internetwirtschaft zu erhöhen sowie den Stand der Vorbereitung auf die zukünftigen Herausforderungen im Hinblick auf die Frühjahrstagung 2009 des Europäischen Rates zu evaluieren. Entsprechend wird im weiteren Verlauf des Aktionsplans kein Bezug mehr auf die Strategie genommen, abgesehen davon, dass die Kommission i2010 als politischen Handlungsrahmen für die IKT-Politik dadurch bestätigt, indem sie ankündigt, über dessen Umsetzung regelmäßig an die hochrangige Sachverständigengruppe i2010 Bericht zu erstatten.

Da es sich bei der IPv6-Einführung in Europa um ein relativ technisches Thema handelt, mit dem sich die Kommission bereits 2002 in einer Mitteilung auseinandergesetzt hat (EK 2002c), ist der Aktionsplan ein Beispiel dafür, dass die Argumentationszusammenhänge aus der Strategie nur dann von Politikdesignern verwendet bzw. wiederholt werden müssen, wenn dies für die grundlegende Legitimation eines Vorhabens oder einer Reform politisch geboten erscheint, um die Akzeptanzgrundlage zu verbessern. Vor allem, wenn ein Vorhaben auch für sich genommen die politische Aufmerksamkeit der Entscheidungsträger erreicht, sind die Begründungszusammenhänge der Politikstrategie nur komplementäre Optionen für den Designer.

Ein Beispiel dafür ist die Roaming-Verordnung, die von der Kommission ein Jahr nach der Veröffentlichung der i2010-Strategie vorgeschlagen wurde (EK 2006c). Ihre Begründung bezog sich nicht direkt auf die i2010-Strategie, obwohl gerade die grenzüberschreitende Nutzung von Mobiltelefonen die Möglichkeit böte, die europäische Dimension einer Informationsgesellschaft hervorzuheben. Darüber hinaus ist der Vorschlag einer Verordnung eines der wenigen bindenden Regulierungsinstrumente, die im Rahmen der i2010-Strategie zur Verfügung stehen. Die Roaming-Verordnung wurde 2009 als Hauptergebnis der i2010-Maßnahmen gewürdigt, da sie dafür gesorgt hätte, dass Verbraucher für Gespräche und Textnachrichten Preise zahlen, die „um 34,5% niedriger sind als 2004 (einschließlich der 70%-igen Senkung der Roamingpreise seit 2005)", und damit „der Schaffung eines europäischen Binnenmarktes für die Verbraucher und Unternehmen" gedient hätte (EK 2009b: 4f).

Zur ursprünglichen Begründung der Verordnung konnte die Kommission sich neben einer seit 2002 andauernden politischen Debatte auf die Stellungnahme der Gruppe Europäischer Regulierungsstellen (ERG) für Telekommunikation von 2005 sowie auf eine Entschließung des Europäischen Parlaments vom 01.12.2005 und die Schlussfolgerungen der Frühjahrstagung des Europäischen Rates in 2006 stützen (EK 2006c: 2ff). Besonders die Bezugnahme auf die Schlussfolgerungen des Europäischen Rates vom Frühjahr 2006 ist interessant, da der dortige Hinweis auf die Bedeutung, die die Senkung der Roaminggebühren für den Wettbewerb habe, nicht nur auf den weiteren politischen Diskussionsbedarf hindeutete, sondern für die Politikdesigner in der Kommission auch als alternative Begründungsmöglichkeit, die aus dem politischen System selbst stammte, verwendet werden konnte.

Denn gerade in Bezug auf die Vorgaben, die der Europäische Rat der Kommission macht, wenn es um die Umsetzung von Politikstrategien geht, lässt sich die politische Aufmerksamkeit nutzen, etwa um – wie im Fall der Roaming-Verordnung – die grenzüberschreitende Nutzung von Mobiltelefonen in Europa einheitlich zu regeln, teilweise exzessive Preisaufschläge für die Kunden zu beseitigen und dazu sogar direkt in die Preisgestaltung von Marktakteuren einzugreifen (Sutherland 2008, 2010). Aus der Beobachtung, dass die Roaming-Regulierung 2009 als wichtiger Teil der i2010-Maßnahmen erwähnt wird, in der ursprünglichen Begründung der Verordnung aber kein Rückschluss auf die Begründungszusammenhänge der i2010-Strategie zu finden ist, können wir schließen, dass es sich für die federführende GD bei den Strategiedokumenten um komplementäre Begründungszusammenhänge handelt, die nur dann notwendig sind, wenn es keine andere Möglichkeit gibt, Politikvorhaben zu begründen. Umgekehrt können wir festhalten: Wenn der Gesetzgeber, in diesem Fall der Europäische Rat und das Parlament, sich zu einem bestimmten Politikvorhaben geäußert haben, dann besteht keine Notwendigkeit für die Kommission, auf die selbst generierten Begründungszusammenhänge zurückzugreifen, sondern die Legitimation kann aus der Beschäftigung der anderen Organe mit dem Thema gezogen werden. Die Roaming-Regulierung ist insofern ein Beispiel dafür, dass Politikstrategien wie i2010 für die Autoren selbst zwar einen möglichen Begründungszusammenhang darstellen, aber komplementär zu denen genutzt werden, die aus dem politischen System selbst stammen.

9.3.4 Die Verwendung des Meta-Frames in angrenzenden Politikfeldern

Gerade für Designer aus anderen Politikfeldern können Politikstrategien ebenso als komplementäre Begründungszusammenhänge verwendet werden. Ist dies der Fall, dann wird immer auch der Meta-Frame mit einer weiteren Dimension konkretisiert, wie ein Bespiel aus dem Bereich der Gesundheitspolitik zeigt. Denn auch in den Empfehlungen der Europäischen Kommission zur grenzübergreifenden Interoperabilität elektronischer Patientendatensysteme wird der i2010-Meta-Frame für ein detaillierteres Politikvorhaben genutzt (EK 2008c). In den Erwägungsgründen der Empfehlung steht der Verweis auf die strategische i2010-Initiative an vorderster Stelle. Dabei wird ein Zusammenhang hergestellt zwischen der Bedeutung, die die Bereitstellung besserer öffentlicher Dienste für die Verwirklichung der Lissabon-Strategie hat, und der Interoperabilität elektronischer Gesundheitssysteme. Im Kern wird die mangelnde Interoperabilität elektronischer Patientendatensysteme als eines der Haupthindernisse dafür identifiziert, dass „(b)estehende und künftige Herausforderungen für die europäischen Gesundheitssysteme (...) zumindest teilweise durch den Einsatz bewährter IKT-gestützter Lösungen (elektronische Gesundheitsdienste) gemeistert werden" können. Der Grund dafür wird in der Marktfragmentierung bei elektronischen Gesundheitsdiensten gesehen, die durch mangelnde technische und semantische Interoperabilität noch verschärft werde und aufgrund derer Gesundheitsinformations- und -kommunikationssysteme nicht grenzüberschreitend angewendet werden könnten (EK 2008c: 37).

Damit wird ein Zusammenhang hergestellt zwischen dem globalen Ziel, IKT auch zur Bereitstellung besserer öffentlicher Dienste herzustellen, und dem spezifischen Anliegen, die Interoperabilität elektronischer Patientendatensysteme zu verbessern. Dazu werden die Meta-Frames zur IKT-Einführung und zum Binnenmarkt bemüht, um in Bezug auf die grenzüberschreitende Interoperabilität ein Politikvorhaben, in diesem Fall eine Empfehlung der Europäischen Kommission an die Mitgliedstaaten, zu begründen. Denn die Kommission hatte bereits 2004 in einer Mitteilung auf das Potenzial elektronischer Gesundheitsdienste hingewiesen und ein gemeinsames Vorgehen der Gemeinschaft und der Mitgliedstaaten vorgeschlagen (EK 2004a). Basis dafür ist die Einschätzung, dass elektronische Patientendatensysteme das Potenzial haben, die Qualität und Sicherheit der Gesundheitsinformationen gegenüber den herkömmlichen Formen der Patientenakte zu steigern. Solche elektronischen Patientendatensysteme wären damit ein grundlegender Bestandteil künftiger elektronischer Gesundheitssysteme. Die Tatsache, dass die in den Mitgliedstaaten eingesetzten Gesundheitsinformationssysteme häufig inkompatibel sind, wird als Hindernis für das Entstehen kostenwirksamer und innovativer IKT-Lösungen im Gesundheitswesen gesehen. Insofern wird eine fehlgeleitete Einführung von IKT im Gesundheitswesen mit dem Argument kritisiert, dass IKT im Gesundheitswesen einen Mehrwert schaffen können, dazu aber eine europäische Interoperabilität notwendig sei.

Für die Begründung der europäischen Zusammenarbeit wird auf die Ergebnisse einer hochrangigen Expertenkonferenz verwiesen, in denen 2007 bekräftigt worden war, wie wichtig es sei, „gemeinsame Initiativen der Mitgliedstaaten durch den Ausbau vielfältiger Aktivitäten zugunsten der Interoperabilität elektronischer Patientendatensysteme in Angriff zu nehmen". Außerdem kann sich die Kommission auf eine Aufforderung des Europäischen Parlaments berufen,

> „die Mitgliedstaaten zu einer aktiven Unterstützung der Einführung von elektronischen Gesundheitsdiensten und telemedizinischen Diensten zu ermuntern und dazu insbesondere die Entwicklung interoperabler Systeme für den Austausch von Patientendaten zwischen

> Gesundheitsdienstleistern in unterschiedlichen Mitgliedstaaten voranzutreiben" (EK 2008c: 37f).

Auch in Bezug auf den IKT-Einsatz im Gesundheitswesen ist also festzuhalten, dass die Begründungszusammenhänge aus der i2010-Strategie, konkretisiert für einen spezifischen Untersektor, Verwendung finden und dazu auf die Debattenbeiträge anderer Diskursteilnehmer als zusätzliche Bestätigung der Argumentation zurückgegriffen werden kann. Es handelt sich also um eine Ausweitung des i2010-Frames auf ein anderes Politikfeld, die durch die gesundheitspolitischen Anknüpfungspunkte in der Strategie vorbereitet ist, wo ja festgestellt worden war, dass „IKT dazu beitragen, die öffentlichen Gesundheits- und Fürsorgesysteme effizienter und wirksamer zu gestalten" (EK 2005e: 11).

9.3.5 Klimaschutz als neuer Begründungskontext für IKT

Ein interessantes Beispiel dafür, wie sich verschiedene Meta-Frames auf den Kontext, in dem sich europäische Politikdesigner bewegen, auswirken, bietet die Mitteilung der Europäischen Kommission vom März 2009 über die Mobilisierung der Informations- und Kommunikationstechnologien für die Erleichterung des Übergangs zu einer energieeffizienten, kohlenstoffarmen Wirtschaft (EK 2009d). In dieser Mitteilung wird der Beitrag von IKT nicht mehr in erster Linie für das Wirtschaftswachstum, sondern für die CO_2-Reduktionsziele, die in der Zwischenzeit durch den Europäischen Rat bestätigt worden waren, hervorgehoben (EK 2009e: 2).

Die mögliche Rolle von IKT wird detailliert in Bezug darauf beschrieben, wie sowohl durch ihren Einsatz, aber auch in der IKT-Branche selber klimawirksame CO_2-Einsparungsziele erreicht werden können und welche Maßnahmen dafür notwendig sind. In Bezug auf unsere Untersuchungsperspektive ist interessant, dass die grundsätzliche Bedeutung von IKT in dieser Mitteilung als bekannt vorausgesetzt wird:

> „Die Informations- und Kommunikationstechnologien (IKT) haben bekanntermaßen das Zeug, große Energieeinsparungen zu ermöglichen und in allen Bereichen der Gesellschaft, Regierung und Wirtschaft schnell tiefgreifende Veränderungen herbeizuführen. Benötigt wird dafür nun ein Politikrahmen, der die IKT in passender Weise in die Bemühungen zur Bewältigung der heutigen Krisen einbezieht. Europa hat die Gelegenheit, bei der Schaffung solcher Rahmenbedingungen eine Führungsrolle zu übernehmen, und die Herausforderung besteht darin, diese Chance auch zu ergreifen" (EK 2009e: 2).

Mit dieser Aussage kann sich die Kommission auf eine Reihe vorhergehender Mitteilungen und Untersuchungen beziehen, in denen der Zusammenhang zwischen IKT und Energieeffizienz nachgewiesen worden ist. Vor allem wird der i2010-Meta-Frame gleichsam im Kontext der politischen Klimaschutzdiskussion umgewidmet. Da die Mitteilung am Ende des Geltungsbereichs der i2010-

Strategie entstanden ist, ist es nicht überraschend, dass nicht mehr explizit auf den i2010-Handlungsrahmen Bezug genommen wird. Denn zum einen war im Jahr 2009 bereits die Überprüfung und Bilanzierung der i2010-Strategie im Gange. Und zum anderen hatte seit der Formulierung der Strategie für den Unterbereich IKT und Energieeffizienz eine Reihe von Entwicklungen stattgefunden, die mittlerweile einen ausreichenden Begründungskontext boten.

Die Begründung der Annahmen und Voraussagen aus der i2010-Strategie durch nachfolgende Politikvorhaben und Aktivitäten wird auch an der Darstellung der Branche deutlich. Denn die Kommission hebt zunächst die volkswirtschaftliche Bedeutung der gesamten IKT-Branche hervor, indem sie feststellt, dass IKT die Innovationsfähigkeit aller Wirtschaftszweige erhöhen und für mehr als 40% des gesamten Produktivitätszuwachses verantwortlich zeichnen, um dann zu folgern, dass als Ergebnis des Erfolgs von IKT „die Verwendung von IKT-Produkten und -Diensten bereits etwa 7,8 Prozent des Stromverbrauchs in der EU“ ausmache; dieser „dürfte bis 2020 auf 10,5% zunehmen“ (EK 2009e: 6). Weil damit der klimapolitische Handlungsbedarf im IKT-Sektor begründet wird, der ein „bislang nicht ausgeschöpftes Potenzial für systemische Verbesserungen und die weitere Senkung des Energieverbrauchs in den eigenen Prozessen“ habe, wird die Frame-Hierarchie gleichsam um einen neuen Klimaschutz-Frame erweitert (EK 2009e: 6).

Das Beispiel zeigt, dass das in der i2010-Strategie bereits genannte Potenzial der IKT für den Bereich Klimaschutz vier Jahre nach ihrer Veröffentlichung zu einem eigenständigen Politikvorhaben geworden ist, das sich auf das in der Zwischenzeit definierte CO_2-Einsparungsziel der EU berufen kann. Damit werden zum einen die Voraussagen der i2010-Strategie in Bezug auf den Beitrag von IKT als allgemein anerkannt positioniert. Zum anderen werden im Rahmen der Klimaschutzdebatte neue Handlungsgelegenheiten für die IKT-Politikdesigner in der Kommission erschlossen.

9.3.6 Der Meta-Frame als etablierter Orientierungsrahmen

Ein Beispiel dafür, wie Meta-Frames aus einem Politikfeld zu einer Rahmenbedingung für Politikdesigner in einem anderen Politikfeld werden können, findet sich in einem verkehrspolitischen Vorhaben. Denn der Ende 2008 von der Kommission vorgelegte Vorschlag für eine Richtlinie zur „Festlegung eines Rahmens für die Einführung intelligenter Verkehrssysteme im Straßenverkehr und für deren Schnittstellen zu anderen Verkehrsträgern“ zeigt exemplarisch, wie ein Zusammenhang zwischen dem Einsatz von IKT und der Erreichung der europäischen Ziele im Rahmen der Lissabon-Strategie in anderen Politikfeldern hergestellt und zur Begründung von Politikvorhaben herangezogen worden ist (EK 2008d).

Dabei findet sich bereits in den Begriffsbestimmungen des Richtlinienvorschlags der Begründungszusammenhang des i2010-Meta-Frames, indem der Begriff Intelligente Verkehrssysteme (IVS) als „Systeme, bei denen zur Unterstützung des Straßenverkehrs (einschließlich Infrastrukturen, Fahrzeugen und Nutzern) und für die Schnittstellen zu anderen Verkehrsträgern Informations- und Kommunikationstechnologien eingesetzt werden", definiert wird (EK 2008d: 16). Der Gegenstand der Richtlinie ist die Festlegung eines Rahmens für die „koordinierte Einführung und Nutzung intelligenter Verkehrssysteme in der Gemeinschaft" und der zu diesem Zweck erforderlichen Spezifikationen (EK 2008d: 16). Mit dem Politikvorhaben wird die Weiterentwicklung und Regulierung des europäischen Straßenverkehrs mit Hilfe des Einsatzes von IKT als verkehrspolitische Perspektive adressiert.

In den Erwägungsgründen der Richtlinie wird der Beitrag von IKT zur Verbesserung der Straßenverkehrssysteme in Europa als gegeben vorausgesetzt und festgehalten, dass die Anwendung von IKT im Straßenverkehr und an seinen Schnittstellen zu anderen Verkehrsträgern einen wesentlichen „Beitrag zur Verbesserung der Umweltleistung, der – u.a. energetischen – Effizienz, der Straßenverkehrssicherheit sowie der Mobilität von Personen und Gütern leisten und gleichzeitig das Funktionieren des Binnenmarktes sicherstellen und Wettbewerbsfähigkeit und Beschäftigung steigern" werde (EK 2008d: 13). Damit wird der Wertbeitrag von IKT in einen direkten Zusammenhang gestellt mit verkehrs-, umwelt- und wirtschaftspolitischen Zielen der EU. Somit wird in dem Bemühen, die Notwendigkeit eines Politikvorhabens zur Einführung Intelligenter Verkehrssysteme zu begründen, mittelbar auch die Bedeutung von IKT für den Verkehrsbereich im politischen Diskurs bestätigt.

Dass der Meta-Frame für die Verkehrspolitikdesigner zu einem Orientierungsrahmen geworden ist, zeigt sich daran, dass als Kontext für den Richtlinienvorschlag direkt auf Projekte Bezug genommen wird, die im Rahmen von i2010 durchgeführt wurden. Insbesondere wird dabei auf die Initiative „Intelligentes Fahrzeug" verwiesen, die den Einsatz von IKT zur Reduzierung der Verkehrsunfälle, zur Vermeidung von Staus und Verkehrsstillständen und zur Verbesserung der Kraftstoff- und CO2-Emissionen zum Ziel hat. Gemäß des spezifischen Design-Frames der Verkehrspolitikdesigner wird das betreffende Projekt als „(e)ines der wichtigsten im Rahmen von i2010 durchgeführten Projekte" gewertet (EK 2008d: 3). Wir können also nicht nur die direkte argumentative Verknüpfung von Politik-Frames identifizieren, sondern auch feststellen, dass Politikdesigner in ihrem jeweiligen Sektor die eigenen Argumentationszusammenhänge nutzen, um andere Politikvorhaben zur Begründung heranzuziehen. Insofern können die Verkehrspolitikdesigner innerhalb der Kommission bestimmte i2010-

Projekte hervorheben, weil sie im Zusammenhang mit dem Richtlinienvorschlag zu Intelligenten Verkehrssystemen tatsächlich eine besondere Relevanz haben.

Der IVS-Richtlinienvorschlag ist insofern ein Beispiel dafür, dass sich Begründungszusammenhänge auch von einem Politikfeld in das andere übertragen lassen und dort zur Begründung von Politikvorhaben herangezogen werden können. Dabei eröffnet die Tatsache, dass die entsprechenden Begründungszusammenhänge gleichsam aus einem anderen Politikfeld importiert wurden, den Akteuren die Möglichkeit, diese als von außen gegebene Rahmenbedingungen zu verwenden, die im politischen Diskurs des Politikfelds nicht weiter nachgewiesen werden müssen.

9.3.7 Der i2010-Meta-Frame in der RFID und der Radiofrequenzpolitik

Bevor wir uns in den nächsten beiden Teilen der Fallstudie dem Kommunikationsprozess Interessenvermittlung aus der Akteurperspektive der Politikdesigner und Interessenträger nähern und dabei den Blick über die Begründungszusammenhänge hinaus auf die mit den jeweiligen Begründungen verbundenen Interessen werfen, müssen wir die Radiofrequenz- und die RFID-Politik der Kommission in der Frame-Hierarchie des IKT-Politikfeldes verorten.

In den vorausgegangenen Abschnitten haben wir festgehalten, dass die i2010-Strategie einen umfassenden Begründungrahmen für die IKT-Politik der Europäischen Union aufspannt. Durch die Frame-Hierarchie wird die Begründung dafür vorgehalten, dass Politikvorhaben auf europäischer Ebene im Bereich der IKT sinnvoll sind, weil sie zu den übergreifenden Zielen der EU beitragen. Mit einer Detailansicht auf zwei konkrete IKT-Politiken beziehen wir nun die Perspektiven der verschiedenen Interessenträger ein. Wir werden dabei sehen, dass der i2010-Meta-Frame in dieser Hinsicht eine Rolle spielt. Allerdings befinden wir uns dabei auf einer – mit Blick auf das Mehrebenensystem der EU – untergeordneten Argumentationsebene, auf der es im Diskurs zwischen Politikdesigner und Interessenträgern nicht (nur) um die Frage geht, ob eine koordinierte Zusammenarbeit auf EU-Ebene sinnvoll oder gerechtfertigt ist oder nicht. Im Kontext der übergeordneten Begründungen für das Politikfeld sind vielmehr in erster Linie Fragen danach, wie die entsprechenden Ziele mit konkreten Politikvorhaben erreicht werden, relevant. Gegenstand des politischen Diskurses zwischen Interessenträgern und Politikdesigner sind somit die Auswirkungen der Lösungen für die politischen Probleme, die mit dem Meta-Frame definiert worden sind. Bevor wir im nächsten Schritt dazu zwei Politikvorhaben aus dem Bereich der Radiofrequenz- und der RFID-Politik untersuchen, skizzieren wir für diese abschließend noch die argumentative Verknüpfung mit dem i2010-Begründungsrahmen.

Bei der RFID-Politik der Europäischen Kommission handelt es sich um ein Politikvorhaben, für das die Kommission auf einen spezifischen Begründungskontext zurückgreift. Denn in ihrer Mitteilung von 2007 zur Funkfrequenzkennzeichnung (RFID) in Europa bezieht sich die Kommission direkt auf die Schlussfolgerung des europäischen Rates vom Dezember 2006, in der dieser die Kommission aufforderte, sich den Herausforderungen im Zusammenhang mit dem Internet der nächsten Generation auf dem Frühjahrsgipfel 2008 zu stellen (EK 2007b: 3).

Obgleich der Rat in seiner Schlussfolgerung weder explizit von RFID spricht noch die Kommission direkt auffordert, tätig zu werden[31], stellt die Kommission so zumindest indirekt einen inter-institutionellen Arbeitsauftrag als Basis ihrer Tätigkeit im Zusammenhang mit der RFID-Technologie dar. Daneben weist die Kommission aber auch auf das Innovations- und Wachstumspotenzial der Technologie hin und nutzt damit implizit den i2010-Meta-Frame:

> „Für die Politik ist die Funkfrequenzkennzeichnung deshalb von großer Bedeutung, weil sie das Potential besitzt, sich zu einem wichtigen neuen Wachstums- und Beschäftigungsmotor zu entwickeln und dadurch einen großen Beitrag zur Verwirklichung der Lissabonner Strategie zu leisten, sofern es gelingt, die bestehenden Innovationshemmnisse zu überwinden“ (EK 2007b: 3).

Auch wird der Unterschied zwischen der Marktentwicklung bei RFID-Systemen in der EU und weltweit als Wachstumslücke beschrieben, die letztlich den Beitrag der Informationsgesellschaft zu Wachstum und Beschäftigung reduzieren kann. Wir können die RFID-Politik also grundsätzlich als Teilbereich der IKT-Politik erkennen, wobei die erfolgreiche Einführung der Technologie einen Beitrag für die Erreichung der Lissabonziele leisten kann. Diese Verknüpfung bestätigt sich 2009, als die Kommission in einer Empfehlung zur Umsetzung der Grundsätze der Wahrung der Privatsphäre und des Datenschutzes in RFID-gestützten Anwendungen in den Erwägungsgründen erneut implizit den i2010-Meta-Frame aufgreift, um die wirtschaftliche Bedeutung zu unterstreichen, und dazu auch Anwendungsfelder konkretisiert. Ein Beispiel aus der Empfehlung:

> „Die RFID-Technik hat das Potenzial, zu einer wichtigen neuen Triebkraft für Wachstum und Beschäftigung zu werden und einen großen Beitrag zur Verwirklichung der Lissabon-

31 Ziffer 30 der Schlussfolgerungen des Vorsitzes von der Tagung des Europäischen Rates vom 14./15. Dezember 2006 lautet: „Informations- und Kommunikationstechnologien sind für Innovation und Wettbewerbsfähigkeit von entscheidender Bedeutung; zu den unmittelbaren Prioritäten gehören die Entwicklung von Modellen für die Frequenzzuweisung, die alle Zielvorgaben erfüllen, der schnelle Ausbau fortschrittlicher Mobilfunkdienste und soweit möglich ein koordiniertes Konzept für die Nutzung der Frequenzkapazität, die durch die Umstellung auf Digitaltechnik hinzugewonnen wird. Der Europäische Rat wird auf seiner Frühjahrstagung 2008 im Rahmen der Lissabonner Strategie die Möglichkeiten der nächsten Generation des Internet und von Netzen überprüfen.“ Europäischer Rat (2006a).

> ner Strategie zu leisten. Sie verspricht große wirtschaftliche Vorteile, denn sie kann neue Geschäftschancen eröffnen, zu Kostensenkungen und Effizienzsteigerungen führen, insbesondere in Bezug auf die Bekämpfung von Produktnachahmungen, die Bewirtschaftung von Elektronikabfällen und gefährlichen Stoffen und das Recycling von Altprodukten" (EK 2009g: 47)

Bevor die Kommission in ihren Erwägungsgründen auf das Thema Datenschutz zu sprechen kommt, wird also in drei Punkten die wirtschaftliche Bedeutung der Technologie beschrieben und mit den Zielen der Lissabon-Strategie verknüpft. Wir können daher festhalten, dass die i2010-Strategie auch für die RFID-Politik einen übergeordneten Begründungszusammenhang darstellt. Dass bereits 2007 im Zusammenhang mit dem Wachstumspotenzial von Innovationshemmnissen gesprochen und zwei Jahre später eine Empfehlung zu Datenschutzaspekten veröffentlicht wurde, weist darauf hin, dass es in diesem politischen Diskurs neben dem i2010-Frame noch weitere Perspektiven auf die RFID-Technologie gibt.

In Bezug auf die Radiofrequenzpolitik spielen die Ziele der i2010-Strategie ebenfalls die Rolle eines Begründungskontextes, durch den allerdings die bestehenden Erfolge untermauert werden, während aus der Strategie selbst weitere Maßnahmen abgeleitet werden können. Die Radiofrequenzpolitik der Kommission ist ein hervorragendes Beispiel dafür, wie Politikvorhaben die Frame-Hierarchie nutzen können, um den eigenen Beitrag zur Erreichung der gemeinsamen Ziele herauszustreichen. Dabei müssen wir hervorheben, dass die Radiofrequenzpolitik bereits vor der Veröffentlichung der i2010-Strategie existierte und als Teil des Rechtsrahmens für elektronische Kommunikation sowohl eine eigene Legitimation hatte als auch im Rahmen der Überprüfung des Rechtsrahmens direkt mit der i2010-Strategie verbunden ist.

Wir haben auch bereits gesehen, dass die Festlegung einer wirksamen Strategie für die Frequenzverwaltung eines der Ziele der i2010-Strategie ist und dass sowohl der Europäische Rat als auch der Ministerrat die diesbezüglichen Arbeitsaufträge an die Kommission nicht nur bestätigt, sondern mit spezifischen Vorgaben konkretisiert haben. So hat der Europäische Rat die Kommission aufgefordert, als „unmittelbare Prioritäten" bei der Umsetzung der i2010-Strategie Modelle für die Frequenzzuweisung zum schnellen Ausbau fortschrittlicher Mobilfunkdienste und Konzepte für die Nutzung der Frequenzkapazität, die durch die Umstellung auf Digitaltechnik hinzugewonnen wird, zu entwickeln (Europäischer Rat 2006b: 30.). Der Ministerrat hingegen weist auf die Besonderheiten des Kompetenzgefüges in diesem Politikfeld hin, wenn nur „soweit angebracht" durch eine effizientere und flexiblere Nutzung des Frequenzspektrums Innovation, Wettbewerbsfähigkeit, Interoperabilität und Konvergenz sowie ein dynamischer Binnenmarkt für innovative drahtlose Ausrüstung und Dienste gefördert werden soll (Rat 2005: 7).

Auch die Politikdesigner in diesem Politikfeld haben den Zusammenhang zwischen der Radiofrequenzpolitik und der politischen IKT-Strategie der gesamten Kommission aktiv genutzt. So zeigt sich etwa an der Mitteilung über eine „Zukunftsgerichtete Frequenzpolitik in der Europäischen Union – Zweiter Jahresbericht“, dass die Kommission schon im November 2005 das frequenzpolitische Ziel der i2010-Strategie untermauert (EK 2005h). Denn in ihrem Jahresbericht stellt sie gezielt die bisher erreichten Ergebnisse der Frequenzpolitik im Kontext des i2010-Meta-Frames dar. Eine wirkungsvolle und kohärente Nutzung der Frequenzen könne der Europäischen Union bei der Erreichung der Ziele von Lissabon helfen, „weil sie Wachstum, Wettbewerbsfähigkeit und Beschäftigung unterstützt“. Die derzeitige Ineffizienz bei der Verteilung und Nutzung des Spektrums hingegen führe zu unnötigen Kosten, zu ungenutzten Chancen für Unternehmen und zu einer geringeren Einführung innovativer Dienste – zum Nachteil der Verbraucher. Auf der Basis einer Studie stellt die Kommission außerdem im Zusammenhang mit der i2010-Initiative fest, „dass eine wissensgestützte und mobile Informationsgesellschaft deutliche Verbesserungen bei der Frequenzverwaltung erfordert“. Die Aufhebung von Zugangsbeschränkungen zu Frequenzen für neu aufkommende Funktechnologien könne ihre rechtzeitige Einführung fördern, bessere Bedingungen für dauerhaften und ausgewogenen wirtschaftlichen Fortschritt und Beschäftigung schaffen und die Lebensqualität der Bürger verbessern (EK 2005h: 3f).

Insofern wird unter der Überschrift „Beitrag der Frequenzpolitik zu den Zielen von Lissabon“ *in* dieser Mitteilung nicht nur die argumentative Verbindung zwischen der Radiofrequenzpolitik und den übergreifenden Zielen der EU hergestellt, sondern auch die konkreten Ziele werden in diesem neuen Kontext begründet. Dazu wird in dem Bericht „die Strategie der Kommission für eine kohärente Frequenzpolitik der EU als Teil der i2010-Initiative“ erläutert, die die Entwicklung der digitalen Wirtschaft ankurbeln soll. Besonders wichtig sei dabei

> „vor allem eine allmähliche, aber systematische Liberalisierung der Frequenznutzung. Auch wenn auf diesem Gebiet nationale Interessen berücksichtigt werden müssen, so liefern gemeinsame Maßnahmen auf EU-Ebene doch einen entscheidenden Beitrag zur Einheitlichkeit und dem letztlichen Erfolg dieser Aufgabe“ (EK 2005h: 3).

Dass die Frequenzpolitik auf EU-Ebene dazu einen großen Beitrag leisten kann, wird beispielhaft illustriert mit der harmonisierten Bereitstellung von Frequenzen für die GSM-Mobilfunktechnologie in den 1980er Jahren sowie mit den Einnahmen, die die Mitgliedstaaten im Zug der Vergabe von Lizenzen für die UMTS-Mobilfunktechnologie der dritten Generation erzielt haben. Die Politikdesigner nutzen also die Handlungsgelegenheiten des i2010-Meta-Frames, um im Rahmen der bereits etablierten Frequenzpolitik den politischen Schluss zu ziehen, dass die Radiofrequenzpolitik Beiträge zur Erreichung der i2010-Ziele leisten kann und dass in dieser Hinsicht weitere Schritte notwendig sind, um zusätzliche Beiträge leisten zu können. Im nächsten Kapitel werden wir sehen, warum die Politikdesigner gerade wegen der politischen Aufmerksamkeit des Rates die zusätzlichen Begründungszusammenhänge des i2010-Meta-Frames genutzt haben.

9.4 Zwischenfazit

Wir können zusammenfassend festhalten, dass die Politikdesigner in der Kommission nicht nur bei der Begründung von IKT-Politikvorhaben, sondern auch in anderen Politikfeldern vom i2010-Meta-Frame Gebrauch machen. Dabei wird mit Hilfe des Meta-Frames der argumentative Zusammenhang zwischen einem Politikziel und dem Wachstums- und Beschäftigungsziel der EU hergestellt, um Politikvorhaben voranzutreiben.

Wegen der Kompetenzkonkurrenz ist dazu die deklaratorische Nennung der Kernbegriffe auch dann notwendig, wenn eine politische Legitimationsgrundlage besteht. Sofern ein Vorhaben allerdings die politische Aufmerksamkeit der Entscheidungsträger erreicht hat, ist der Meta-Frame nur eine komplementäre Begründungsoption für den Designer, die dann nicht verwendet wird, wenn der Gesetzgeber sich zu einem bestimmten Politikvorhaben bereits mit inhaltlichen Vorgaben geäußert hat.

Durch den Rückgriff auf den Meta-Frame wird auch die Bedeutung von IKT untermauert. Dazu lassen sich mit den Anknüpfungspunkten der Strategie politische Interessen aus anderen Politikfeldern nutzen, um den Meta-Frame zu konkretisieren und dessen Annahmen und den Mehrwert europäischer Regulierungen rückwirkend zu untermauern bzw. zu begründen.

Gerade wenn Politikdesigner aus anderen Politikfeldern diese komplementären Begründungszusammenhänge verwenden, wird der Meta-Frame mit einer weiteren Dimension angereichert. Dabei kann der Meta-Frame als Rahmenbedingungen eines Politikfelds wirken, die nicht nachgewiesen werden muss. Durch die Ausweitung des i2010-Frames auf ein anderes Politikfeld werden dabei immer auch potenzielle neue Handlungsgelegenheiten für die IKT-Politikdesigner erschlossen.

Die intensive Verwendung des i2010-Meta-Frames zeigt aber auch, das Interessenträger die frühzeitige Ihre Interessen entsprechend an die Designer kommunizieren auch von den etablierten Begründungszusammenhängen profitieren können.

10. Fallstudie Radiofrequenzpolitik

Im ersten Teil der Fallstudie haben wir gesehen, dass die Politikdesigner in der Kommission Meta-Frames nutzen, um Politikvorhaben argumentativ mit den übergreifenden politischen Zielen der EU zu verbinden. Aus der Akteurperspektive des Politikdesigners stellt sich also die Frage, wie im Rahmen des so strukturierten politischen Diskurses Politik-Frames genutzt werden können, um in Bezug auf konkrete Politikvorhaben Handlungskompetenz auf der EU-Ebene zu begründen.

Wir können diesen Aspekt und seine Auswirkungen auf die Interessenträger am Beispiel der Radiofrequenzpolitik der EU untersuchen. Als Teil der IKT-Politik ist diese seit 2005 in die i2010-Frame-Hierarchie integriert worden; allerdings ist es der Kommission bereits seit Ende der 1990er Jahre in zunehmendem Maß gelungen, durch die gezielte Entwicklung von Politik-Frames einen Paradigmenwechsel in der europäischen Regulierung von Radiofrequenzen voranzutreiben und eine europäische Regulierungskompetenz im Bereich der Radiofrequenzen zu etablieren. Am Beispiel des angesprochenen Politik-Frames zur „Digitalen Dividende“ (im folgenden Dividende-Frame) können wir verdeutlichen, wie es der Kommission gelungen ist, den politischen Diskurs in der Frequenzpolitik so zu beeinflussen, dass sowohl die Ko-Designer als auch Interessenträger sich in ihren Positionierungen auf den Frame-Kontext der Radiofrequenzpolitik beziehen (EK 2007c).

Anknüpfend an die in der ersten Detailuntersuchung beschriebenen spezifischen Rahmenbedingungen für die Politikdesigner in diesem Politikfeld bilden vertrauliche Interviews mit aktuellen und ehemaligen Mitarbeitern der Kommission, die innerhalb der Generaldirektion Informationsgesellschaft und Medien sowie ihrer Vorgängerin, der Generaldirektion XIII, mit Fragen der EU-Frequenzpolitik befasst waren und sind, sowie die Ergebnisse der eigenen teilnehmenden Beobachtung die Basis für diese Detailstudie.[32] Im nächsten Schritt skizzieren wir anhand der einschlägigen Dokumente zunächst die Etablierung der Frame-Hierarchie, mit der die EU-Radiofrequenzpolitik etabliert wurde. Aus diesem Kontext lässt sich dann die Formulierung und Platzierung des Dividende-Frames in der spezifischen Akteurkonstellation des Politikfeldes untersuchen, bevor wir anhand der Beiträge von Interessenträgern zu einem Konsultationsverfahren im Jahr 2009 empirisch überprüfen, ob die partikularen Interessen unter

32 Vgl. dazu unten das Verzeichnis der Hintergrundgespräche zur Geschichte der Radiofrequenzpolitik der EU.

Berücksichtigung des Frame-Kontextes und in Bezug auf den Dividende-Frame vermittelt werden.

10.1 Die politischen Rahmenbedingungen für die Politikdesigner

Die Radiofrequenzpolitik der EU ist ein Beispiel dafür, wie Politik-Frames genutzt werden können, um langfristig die Notwendigkeit der Regulierungskompetenz auf EU-Ebene zu begründen und durch die Einbindung relevanter Interessenträger neue Politikvorhaben voranzutreiben. Denn in diesem Politikfeld ist es der Kommission gelungen, mit der Etablierung einer Radiofrequenzpolitik auf Basis des Binnenmarkt-Frames die traditionelle Frequenzregulierung in den Mitgliedstaaten zu reformieren und damit den Status eines informellen Frequenzregulierers für die Europäische Union zu erlangen – und das, obwohl man in Brüssel über kein „eigenes" Frequenzspektrum verfügt.

10.1.1 Radiofrequenzen als politisches Problem

Um diese Entwicklung nachvollziehen zu können, müssen wir zunächst kurz den Regulierungsgegenstand erläutern. Die Bedeutung des Politikfelds lässt sich an der wachsenden Relevanz drahtloser Technologien ermessen, denn der „wireless revolution" wird zunehmender Einfluss auf viele Bereiche der Wirtschaft und der Gesellschaft als Ganzes beigemessen (Economist 2007).[33] Die Kombination von Mikroprozessoren mit der Fähigkeit der drahtlosen Übertragung von Daten verspricht, die Leistungssteigerung in der Computertechnologie und die daraus resultierenden Innovationspotenziale mit einer neuen Dimension der Konnektivität zu verknüpfen. Die dafür notwendige natürliche Ressource sind elektromagnetische Wellen, die auch als Radiowellen, Funkfrequenz oder Radiofrequenz bezeichnet werden, sowie deren Nutzung.

Um eine solche Nutzung störungsfrei zu gewährleisten, werden Funkfrequenzen bereits seit den ersten Schritten dieser Technologie gegen Ende des 19. Jahrhunderts reguliert. Der Grund dafür liegt in den einzigartigen Eigenschaften dieser natürlichen Ressource. Denn das Funkfrequenzspektrum, d.h. die Gesamtheit der elektromagnetischen Wellenlängen, die sich zur drahtlosen Übertragung von Daten nutzen lassen, kann zwar nicht verbraucht werden, die unterschiedlichen Technologien können sich aber gegenseitig stören. Zur Vermeidung solcher Störungen war es von Beginn an notwendig, Radiofrequenzen zu regulieren.

33 Vgl. dazu u.a. den Sonderbericht über „A world of connections", The Economist, 26.04.2007, unter: http://www.economist.com/node/9032088, 01.05.2011.

Wegen der relativ hohen Störanfälligkeit der frühen Technologien und Geräte hat sich dafür ein grundlegendes Prinzip der Funkfrequenzregulierung etabliert, das darauf abzielt, Störungen zu verhindern, indem das Funkfrequenzspektrum aufgeteilt wird und so die Benutzung bestimmter Technologien gewährleistet werden kann. Der Kern des Regulierungsgegenstands ist die Vermeidung von Störungen, die im Bereich der Frequenzregulierung als Interferenzen bezeichnet werden. Der traditionelle Regulierungsansatz für Radiofrequenzen basiert also auf der Verwaltung von Störungen in Bezug auf bestimmte Technologien. Ausgehend von der bestehenden Nutzung bestimmter Radiofrequenzen wird dabei jeweils definiert, welche technischen Parameter eingehalten werden müssen, damit die bestehenden Dienste nicht gestört werden und sich das angrenzende Radiofrequenzspektrum durch andere Technologien nutzen lässt. Die Vergabe von Frequenznutzungsrechten an neue Technologien erfolgt daher immer ausgehend von den Anforderungen der etablierten Nutzer.

Insofern werden wir sehen, dass der Ansatz der EU-Kommission, Frequenzen technologieneutral zu regulieren, das Potenzial eines grundlegenden Frame-Konflikts zwischen unterschiedlichen Regulierungsansätzen besitzt. Ein Grund dafür ist die Tatsache, dass grenzüberschreitende Fragen der Frequenznutzung zwar bereits früh durch weltweite Bemühungen zu internationaler Koordinierung geprägt waren, die Frequenzregulierung innerhalb der EU aber immer noch zu wesentlichen Teilen in der Kompetenz der Nationalstaaten liegt und daher unter 27 verschiedenen Regulierungsregimen durchgeführt wird. Erst seit der Rat und das Europäische Parlament 2002 mit der Frequenzentscheidung „einen Rechtsrahmen für die Frequenzpolitik in der europäischen Gemeinschaft" etabliert haben, besitzt die Kommission die Möglichkeit, den Binnenmarkt für Geräte mit drahtlosen Funktionalitäten durch einheitliche regulatorische Maßnahmen im Rahmen einer Radiofrequenzpolitik zu untermauern (EP und Rat 2002b).

Diese Tatsache ist umso erwähnenswerter, als die erste erfolgreiche Beschäftigung mit Radiofrequenzen für den Binnenmarkt innerhalb der damaligen Europäischen Gemeinschaft bereits mehr als 20 Jahre zurückliegt. Denn bereits 1987 wurden durch die so genannte GSM-Richtlinie Frequenzen für die Einführung des „europaweiten, öffentlichen, zellularen, digitalen, terrestrischen Mobilfunkdienstes in der Gemeinschaft" reserviert (Rat der EG 1987). Seit dieser ersten europäischen Rechtssetzung zum Thema Radiofrequenzen ist die Mobiltelefonie zu einem allgegenwärtigen Erfolg der Nutzung von IKT geworden und die Kommission hat auf EU-Ebene ein breites, wenn auch spezialisiertes Handlungsfeld etabliert.[34] Um die Bedeutung der Politik-Frames im Rahmen der Radiofrequenzpolitik zu untersuchen, ist es daher zunächst notwendig, dass wir uns kurz mit den Hintergründen des Politikfelds befassen.

10.1.2 Die Entwicklung eines europäischen Politikfelds

Die Geschichte der Radiofrequenzpolitik auf EU-Ebene zeigt, dass die erfolgreiche Umsetzung eines Politikvorhabens wie der harmonisierten Einführung von Mobilfunkdiensten am Beispiel von GSM nicht notwendigerweise zur Verbesserung der Rahmenbedingungen für den Politikdesigner führen muss. Dies ist vor allem dann nicht der Fall, wenn – wie wir am Beispiel der Radiofrequenzpolitik sehen werden – die Kompetenzkonkurrenz zwischen der Europäischen Kommission und den Mitgliedstaaten auch außerhalb des politischen Systems der EU ausgetragen werden kann. Insofern müssen wir feststellen, dass die Mitgliedstaaten ihren nationalen Kompetenzen zur Regulierung von Radiofrequenzen gerade wegen des Bedeutungszuwachses drahtloser Technologien nach wie vor ein hohes Interesse beimessen. Das zeigt sich nicht zuletzt auch an der erwähnten Einschätzung des Rates, dass Maßnahmen in diesem Bereich „unmittelbare Prioritäten" seien und dass eine effizientere und flexiblere Nutzung des Frequenzspektrums nur „soweit angebracht" gefördert werden solle (Rat 2005: 7; Europäischer Rat 2006b: 30). Nichtsdestotrotz zeigt sich an der Entwicklung der Radiofrequenzpolitik in der EU, dass es auch aus Sicht der Mitgliedstaaten einen Nutzen gibt, wenn Radiofrequenzen im Rahmen des politischen Systems reguliert werden. Dieser liegt in der Möglichkeit, Frequenznutzern für den gesamten europäischen Binnenmarkt Rechtssicherheit zu geben und damit Größenvorteile für die Entwicklung und den Vertrieb von Systemen und Geräten zu ermöglichen.

Dem Bestreben, die nationalen Kompetenzen in der Frequenzregulierung zu bewahren, steht also die Notwendigkeit gegenüber, Nutzern und Herstellern durch Rechtssicherheit die Vorteile des Europäischen Binnenmarktes zuteilwerden zu lassen. In der Entwicklung des Politikfeldes können wir insofern drei Phasen unterscheiden: Zunächst wurden in einem industriepolitischen „Top-down"-Ansatz Frequenzen für bestimmte Technologien europaweit harmonisiert, danach wurde im Rahmen der intergouvernementalen Zusammenarbeit versucht, die Nutzungsbedingungen zu verbessern, bevor Ende der 1990er Jahre der politische Diskurs eingeleitet wurde, der sukzessive zur Etablierung der EU-Radiofrequenzpolitik führte.

34 Vgl. für einen Überblick über die Themen der EU-Radiofrequenzpolitik die Webseite der Europäischen Kommission: http://ec.europa.eu/information_society/policy/ecomm/radio_spectrum/ index_en.htm, 01.05.2011.

Ein Beispiel für den industriepolitischen „Top-down“-Ansatz zur Harmonisierung von Radiofrequenzen ist die erwähnte GSM-Richtlinie (Rat der EG 1987). Denn obwohl die GSM-Technologien in den frühen 1980er Jahren in Europa entwickelt wurden und sich zunehmender politischer Aufmerksamkeit erfreuten, ging das 1985 entwickelte Weißbuch zur Vollendung des EU-Binnenmarkts nicht auf den Aspekt der Radiofrequenzregulierung ein (Kommission 1985). Demgegenüber realisierten Politiker in Frankreich, Deutschland, den Niederlanden und Skandinavien frühzeitig den Bedarf für eine europäische Zusammenarbeit bei diesem Thema. Denn die Entwicklung verschiedener technologischer Ansätze für den Mobilfunk, die nicht kompatibel sein würden, wurde wegen der signifikanten Einschränkung der grenzüberschreitenden Nutzbarkeit und dem daraus resultierenden Nachteil, dass die nationalen Märkte zu klein wären, um der Technologie zum Durchbruch zu verhelfen, kritisch gesehen.

Die grenzüberschreitende Dimension der neuen Mobilfunktechnologie begründete bereits in den frühen Entwicklungsstadien die ökonomische Notwendigkeit für eine europäische Zusammenarbeit, wollte man die Chancen für eine positive Marktentwicklung nicht gefährden. Bereits 1982 wandten sich die Mitgliedstaaten deshalb an ihre intergouvernementale Kooperationsplattform zur grenzüberschreitenden Regulierung von Radiofrequenzen, die European Conference of Postal and Telecommunications Administrations (CEPT)[35], um dort einen paneuropäischen Ansatz für landgestützte mobile Kommunikationssysteme entwickeln zu lassen. Innerhalb der CEPT wurde daraufhin eine Arbeitsgruppe mit dem Namen „Groupe-Spéciale-Mobile“ gegründet, von dem später die bekannte Abkürzung GSM für den Mobilfunkstandard abgeleitet wurde.[36]

Um die Vorteile einer europaweiten Verwendbarkeit der neuen Mobilfunktechnologie sicherzustellen, wandten sich Deutschland und Frankreich an die Europäische Kommission mit dem Anliegen, im Rahmen der europäischen Gesetzgebung die dafür notwendigen Frequenzen in der ganzen Europäischen Gemeinschaft bereitzustellen. Auf der Grundlage einer Übereinkunft zwischen Bundeskanzler Helmut Kohl und dem französischen Präsidenten Francois Mitterrand begann die Kommission, nachdem sie das paneuropäische Technologieprojekt innerhalb der CEPT schon 1984 öffentlich befürwortet hatte, mit der Entwicklung eines europäischen Politikvorhabens zur Harmonisierung des notwendigen Frequenzzugangs, das zur GSM-Richtlinie von 1987 führte.

35 Vgl. dazu: http://www.cept.org/cept/about-cept, 01.05.2011.

36 Die Arbeitsgruppe „Groupe-Spéciale-Mobile“ wurde 1989 in ein technisches Komitee des „European Telecommunications Standards Institute“ (ETSI) (http://www.etsi.eu/) um-organisiert und die ersten kommerziellen GSM-Netzwerke wurden 1992 in Europa in Betrieb genommen. Heute werden die Standardisierungsarbeiten im Mobilfunkbereich vom „3rd Generation Partnership Project“ (3GPP) weitergeführt; vgl. http://www.3gpp.org/About-3GPP, 20.07.2011.

Obwohl diese Episode bereits mehr als 20 Jahre zurückliegt, ist sie für unseren Zusammenhang in zweierlei Hinsicht bedeutsam. Zum einen zeigt sie, dass die Beschäftigung mit der Frequenzregulierung ursprünglich von den Mitgliedstaaten initiiert wurde, da diese sich von der verbindlichen Bereitstellung paneuropäischer Frequenzen durch die europäische Rechtssetzung verbesserte Marktchancen für neue Technologien versprachen. Zum anderen markiert das spezifische Instrument der GSM-Richtlinie den Beginn einer ersten, industriepolitischen Phase der Radiofrequenzpolitik in der EU. Diese war geprägt von der Vorstellung, mit Hilfe der europäischen Gesetzgebungskompetenzen Harmonisierungsmaßnahmen für erfolgversprechende Technologien bereitzustellen, um damit die Entwicklung des Binnenmarktes für mobile Kommunikationstechnologien voranzutreiben. Dieser industriepolitische Ansatz der Frequenzregulierung basierte jedoch auf der Notwendigkeit, zukunftsträchtige Technologien zu identifizieren und vorausschauend die notwendigen Frequenzressourcen bereitzustellen, damit sich die Technologien im Markt durchsetzen können.

Die erfolgreiche Entwicklung der GSM-Technologie in Europa, vor allem im Vergleich zu den USA, hatte gezeigt, dass dieser Ansatz durchaus von Erfolg geprägt sein kann. Er birgt aber auch das Risiko, Frequenzen für Technologien bereitzustellen, die sich nicht wie erwartet entwickeln und eine anderweitige Verwendung der Frequenzen verhindern. Ein Beispiel für diesen grundsätzlichen Nachteil des industriepolitischen Top-down-Ansatzes ist eine ähnliche Richtlinie, mit der im Jahr 1990 Frequenzen für die „Einführung des weiterentwickelten Funkrufsystems ERMES (European Radio Messaging System)“ europaweit reserviert wurden (Rat der EG 1990). Dem geplanten Funkrufsystem war kein kommerzieller Erfolg beschieden, u.a. weil der Mehrwert durch die bekannten SMS-Funktionen der Mobilfunkgeräte obsolet geworden war. Entsprechend wurde die Richtlinie 15 Jahre später wieder zurückgezogen, um die Frequenzen neu verteilen zu können (EP und Rat 2005).

Bereits Anfang der 1990er Jahre wurde dieser Ansatz der Frequenzregulierung allerdings auch aus Gründen der Kompetenzkonkurrenz problematisch. Denn die Mitgliedstaaten waren in zunehmendem Maß besorgt, dass die Kommission mit Hilfe des legislativen Instruments der Richtlinie die Kompetenz für die Frequenzregulierung an sich ziehen würde. Vor allem der Ministerrat war deshalb immer weniger daran interessiert, neue Vorschläge der Kommission zur Harmonisierung von Frequenzen zu diskutieren. Obwohl die Kommission noch 15 weitere Richtlinien zur Harmonisierung des Frequenz-Binnenmarktes geplant hatte, wurde dieser Ansatz deshalb schon 1991 als politisch nicht fortführbar beendet.

Weil die Mitgliedstaaten sich allerdings über den Wert der europäischen Zusammenarbeit auf diesem Feld durchaus bewusst waren, entwickelte sich die zweite, intergouvernementale Phase der Zusammenarbeit, in der versucht wurde, die Nutzungsbedingungen zu verbessern. Entsprechend legten die Mitgliedstaaten in zunehmendem Maß Wert darauf, dass innerhalb der CEPT europäische Frequenzentscheidungen vorbereitet und getroffen werden konnten. Die Aufforderung der Europäischen Kommission, die Frequenzregulierung im Binnenmarkt besser zu koordinieren, wurde daher nicht mit der Verstärkung der Kompetenzen innerhalb der EG, sondern mit einer verstärkten Institutionalisierung der CEPT außerhalb des politischen Systems der Europäischen Gemeinschaft beantwortet. So wurde 1991 in Kopenhagen das European Radiocommunications Office (ERO)[37] gegründet, um die Tätigkeiten des CEPT stärker zu koordinieren und Studien für die Europäische Kommission durchzuführen.

Anstatt die Institutionen innerhalb der Europäischen Gemeinschaft zu nutzen, um die technische Expertise anzusiedeln und eine gemeinsame Frequenzpolitik zu erarbeiten, entschieden sich die Mitgliedstaaten also dazu, die europäische Frequenzpolitik außerhalb der EG zu koordinieren. Vor allem wurde unter dem Dach der CEPT und damit auf dem Weg der intergouvernementalen Kooperation die technische Expertise in einer wachsenden Zahl von Expertenarbeitsgruppen gebündelt. Obwohl die Mitgliedstaaten den Wert der europäischen Kooperation in der CEPT betonten und mit dem ERO eine Institution schufen, die dazu beitragen sollte, die Arbeit zu organisieren, waren sie nicht bereit, dieser neuen Organisation auch Entscheidungskompetenzen zu überlassen. Dadurch wurde das Vorrecht der nationalen Entscheidung in der intergouvernementalen Zusammenarbeit nach wie vor vollständig bewahrt, und die Koordination einer europäischen Frequenzpolitik war weiterhin auf den guten Willen der mitgliedstaatlichen Frequenzadministrationen angewiesen.

Die Kommission unterstützte den Institutionalisierungsprozess der CEPT von Beginn an, etwa indem ihre Repräsentanten an den Besprechungen der CEPT teilnahmen oder indem sie das ERO mit der Durchführung von Studien beauftragte. Dennoch verschob sich die Aufmerksamkeit der Europäischen Kommission als Politikdesigner auf einen anderen Bereich. Denn mit der Etablierung des Binnenmarktprojektes rückte auch der Binnenmarkt für Geräte, die Radiofrequenzen nutzen, in zunehmendem Maß als Handlungsgelegenheit in den Fokus. Zunächst mit Blick auf Satellitenanwendungen, die für den gesamten europäischen Binnenmarkt relevant waren, arbeitete die Kommission deswegen seit Mitte der 90er Jahre an einem Regulierungsansatz aus der Geräteperspektive (Schmidt 1998: 119ff, 152ff). Aus dieser Aktivität folgte 1999 die Annahme der R&TTE-Richtlinie über einen europäischen „Rechtsrahmen für die Vermarktung im freien Verkehr und die Inbetriebnahme in der Gemeinschaft von Funkanlagen und Telekommunikationsendeinrichtungen" (EP und Rat 1999a).

37 Seit 2001 „European Communications Office" (ECO); vgl. http://www.cept.org/eco, 20.07.2011.

Mit dieser Richtlinie etablierte die Kommission einen einheitlichen Regulierungsrahmen für die Vermarktung von Telekommunikationsgeräten. Die Radiofrequenzpolitik wurde also über den Umweg der Marktregulierung für Geräte weitergeführt. Damit wurde der Zugang zum Binnenmarkt für drahtlose Technologien harmonisiert, gleichzeitig wurden jedoch die nationalen Kompetenzen zur Frequenzregulierung ausdrücklich bewahrt. Im Ergebnis ist es beispielsweise möglich, dass ein und dasselbe Gerät in einem Mitgliedstaat zwar legal auf den Markt gebracht, jedoch nicht in Betrieb genommen werden darf, etwa weil die notwendigen Frequenzen nicht zur Nutzung zugelassen sind. Die EU-Frequenzpolitik hatte sich also über den Umweg einer Geräteregulierung graduell weiterentwickelt, ohne dass dadurch die Handlungsmöglichkeiten für die Kommission in Bezug auf die Frequenzregulierung erweitert worden waren.

Die Entwicklung des Politikfeldes bis Ende der 1990er Jahre zeigt, dass die spezifischen Rahmenbedingungen für die Radiofrequenzregulierung in der Europäischen Union für die Politikdesigner in der Kommission einen erhöhten Begründungsbedarf bedeuten. Die Europäische Kommission nutzte daher die politische Aufmerksamkeit aus den Debatten um die Verabschiedung der R&TTE-Richtlinie, um im Dezember 1998 ein Grünbuch vorzulegen, mit dem erneut die Möglichkeiten für einen Gemeinschaftsansatz zur Frequenzregulierung getestet werden sollten (EK 1998).

Mit dem Grünbuch „on Radio Spectrum Policy in the context of European Community policies such as telecommunications, broadcasting, transport, and R&D" beginnt die dritte und bis heute andauernde Phase, in der mit einer kohärenten Radiofrequenzpolitik die bisherigen europäischen Maßnahmen zur Frequenzregulierung in einem gemeinsamen Konzept gebündelt werden. Das Grünbuch muss insofern als ein politisches Dokument gesehen werden, das in erster Linie zeigen sollte, dass die Kommission weiterhin konzeptionell im Bereich der Frequenzpolitik aktiv war. Mit dem Papier sollten im Rahmen der Diskussionen über die Verabschiedung der R&TTE-Richtlinie und im Zusammenhang mit der Entscheidung von Rat und Parlament zur koordinierten Einführung eines Drahtlos- und Mobilkommunikationssystems (UMTS) der dritten Generation konzeptionelle und institutionelle Fragen in Bezug auf die Frequenzpolitik wieder auf die europäische Agenda gesetzt werden (EP und Rat 1999b).

In der Rückschau können wir erkennen, dass mit dem Grünbuch ein politischer Diskurs eingeleitet wurde, durch den die Frequenzregulierung mit Hilfe von Politik-Frames im Kontext der europäischen Gemeinschaftspolitik als eigenständiges Politikfeld etabliert wurde. Als konzeptioneller Startpunkt für die dritte Phase der EU-Frequenzpolitik beschäftigt sich die Kommission in dem Dokument dezidiert mit der Beziehung zwischen einer kohärenten europäischen Frequenzpolitik und der Möglichkeit, dadurch wirtschaftliches Wachstum, Wettbewerbsfähigkeit und Innovationen in Europa zu fördern. In dem Grünbuch wird eine Reihe von Konzepten entwickelt und mit Hilfe der Konsultation zur Diskussion gestellt. Bevor wir im nächsten Abschnitt auf die einzelnen Politik-Frames, die mit dem Grünbuch angelegt worden sind, näher eingehen, müssen wir zunächst die Weiterentwicklung des institutionellen Rahmens für die Verabschiedung der Frequenzentscheidung bis 2002 in den Blick nehmen.

10.1.3 Der Handlungsrahmen für die europäische Radiofrequenzpolitik

Während das Grünbuch den Start einer Debatte markierte, deren Ergebnisse deutlich machten, dass ein fragmentierter Ansatz der Frequenzregulierung in Europa vor allem für die Entwicklungen im Mobilfunkbereich als nicht mehr zukunftsfähig erachtet wurde, waren die Mitgliedstaaten nach wie vor nicht von der Notwendigkeit einer Gemeinschaftspolitik für den Frequenzbereich überzeugt. Ein wichtiger Impuls dafür, dass die Kommission unter diesen Bedingungen Mitte 2000 trotzdem ein europäisches Rahmenwerk für die Frequenzregulierung vorschlagen konnte, war die politische Aufmerksamkeit, die in den Mitgliedstaaten im Zusammenhang mit den so genannten *UMTS-Auktionen* für Frequenzfragen genutzt werden konnte.

In den Mitgliedstaaten fanden die ersten Auktionen statt, mit denen die Lizenzen für die Nutzung des Frequenzspektrums durch UMTS an die Betreiber veräußert wurden und mit denen die Finanzminister der Mitgliedstaaten erhebliche Beträge erlösen konnten (van Damme 2002). Gleichzeitig wurde am Beispiel von UMTS deutlich, dass die bestehenden Mechanismen auf europäischer Ebene, die dritte Generation der Mobilfunksysteme (UMTS) in Europa zu harmonisieren, wegen des notwendigen Gesetzgebungsverfahrens einen hohen Aufwand bedeuteten, denn das Verfahren zur Verabschiedung der UMTS-Entscheidung hatte mehr als zehn Monate gedauert (EP und Rat 1999b). Im Rahmen der Überprüfung des Rechtsrahmens für elektronische Kommunikation legte die Kommission daher Mitte 2000 eine Entscheidungsvorlage vor, in der sie u.a. mit dem Argument des wirtschaftlichen Werts der Frequenznutzung für einen Rechtsrahmen für die Funkfrequenzpolitik in der Europäischen Union plädierte.

Die Frequenzentscheidung (EP und Rat 2002b), die seit 2002 ein Eckpfeiler der EU-Frequenzpolitik ist, wurde dann im Zusammenhang mit dem Regulierungsrahmen für elektronische Kommunikation zwischen Rat und Parlament verhandelt. Der Kommission boten diese Verhandlungen und die politische Aufmerksamkeit aus den UMTS-Debatten eine willkommene Handlungsgelegenheit, weil die politische Relevanz einer harmonisierten Frequenzpolitik einem größeren Kreis von Entscheidungsträgern bekannt war. Außerdem verhandelten für die Mitgliedstaaten nicht die Experten aus den Regulierungsbehörden, sondern die Experten für den Rechtsrahmen, die nicht über die politischen Details der Vorgeschichte der europäischen Frequenzregulierung informiert waren. Durch diese Arbeitsteilung auf Seiten der Mitgliedstaaten entstand die Möglichkeit, die Frequenzentscheidung im Rahmen der politischen Diskurse in der Ratsarbeitsgruppe zu verabschieden und dabei den Kompetenzkonkurrenz-Frame zu adressieren. Denn mit der Konstruktion der Frequenzentscheidung wurde den spezifischen Rahmenbedingungen des Politikfeldes Rechnung getragen, indem aus Sicht der Experten für den Rechtsrahmen durch das Komitologieverfahren sichergestellt wurde, dass die Mitgliedstaaten weiterhin im Rahmen des Funkfrequenzausschusses (RSC) über die Frequenzentscheidungen der Kommission wachen konnten (vgl. zur Rolle des Komitologieverfahrens in der EU u.a.: Egeberg et al. 2003; Trondal 2005; Smismans 2008). Aus der Perspektive der Frequenz-Experten wiederum war gewährleistet, dass die Kommission weiter auf die technische Expertise angewiesen blieb, die innerhalb der CEPT von den Mitgliedstaaten organisiert wird, um technische Harmonisierungsmaßnahmen vorzuschlagen. Durch die institutionelle Einbindung der Mitgliedstaaten als Ko-Designer war es damit in den Verhandlungen gelungen, trotz des anfänglichen Widerstands einen Rechtsrahmen für die Funkfrequenzpolitik in der Europäischen Gemeinschaft zu etablieren.

Durch die Verabschiedung der Frequenzentscheidung durch Rat und Parlament wurde mit dem Funkfrequenzausschuss (RSC), dessen Vorsitz die Kommission führt und der sich aus Vertretern der Mitgliedstaaten zusammensetzt, auf der Basis des Komitologieverfahrens ein rechtlicher Rahmen geschaffen, in dem die Mitgliedstaaten „die Kommission bei der Durchführung der speziellen Bestimmungen der Frequenzentscheidung" unterstützen (EK 2004b: 6). Denn im RSC muss die Kommission für jede frequenzpolitische Maßnahme die Zustimmung der Mitgliedstaaten einholen. Jede technische Harmonisierungsmaßnahme im Bereich der Frequenzpolitik erfordert daher den Nachweis des Mehrwerts einer europäischen Regelung gegenüber den nationalen Regelungen, der dann durch eine Mehrheit der Mitgliedstaaten anerkannt werden muss. Die Delegierten der Mitgliedstaaten sind insofern unter den gleichen Abstimmungsregeln wie im Ministerrat als Ko-Designer an allen Harmonisierungsvorhaben direkt beteiligt. Hinzu kommt, dass die Kommission zur Vorbereitung von Harmonisierungsmaßnahmen auf die Experten der Mitgliedstaaten angewiesen ist. Die Kommission muss der CEPT Arbeitsaufträge erteilen (Mandate), deren Ergebnisse die Grundlage bilden für Beschlussvorlagen im Funkfrequenzausschuss. Insbesondere die technische Expertise für Studien und Fragen in Bezug auf die Frequenzregulierung liegt daher weiterhin nicht auf europäischer Ebene, sondern in der Verantwortung der mitgliedstaatlichen Regulierungsbehörden, deren Experten in den Arbeitsgruppen der CEPT auf intergouvernementaler Basis zusammenarbeiten.

Darüber hinaus wurde im Anschluss an die Frequenzentscheidung durch Beschluss der Kommission eine „Gruppe für Frequenzpolitik“ (RSPG) eingerichtet, in der hochrangige Regierungssachverständige jedes Mitgliedstaates die Kommission „in frequenzpolitischen Fragen, bei der Koordinierung der politischen Ansätze und gegebenenfalls hinsichtlich harmonisierter Bedingungen für die Verfügbarkeit und effiziente Nutzung von Frequenzen, die für die Errichtung und die Funktion des Binnenmarkts notwendig sind“, unterstützen und beraten (EK 2002b). Die RSPG ist ein eigenständiges beratendes Gremium, in dem ein Vertreter der Mitgliedstaaten den Vorsitz führt und an dem die Kommission mit einem eigenen Mitglied beteiligt ist sowie das Sekretariat stellt. Wie der RSC tagt die RSPG nicht öffentlich, allerdings können sich interessierte Parteien über öffentliche Konsultationen an den Beratungen beteiligen. Weil die RSPG die Kommission „in Fragen von größerer politischer Tragweite berät und unterstützt“, sind immer auch Fragen nach der Angemessenheit europäischer Regelungen Gegenstand der Beratungen, sodass insofern auch die schon erwähnten Vorbehalte des Rates institutionalisiert worden sind (EK 2004b: 6). Gleichzeitig bieten sowohl der RSC als auch die RSPG der Kommission die Möglichkeit, mit den Mitgliedstaaten in einen fortgesetzten Dialog zur Weiterentwicklung der Radiofrequenzpolitik einzutreten. Durch den Vorsitz im RSC und durch die Teilnahme sowie die Sekretariatsfunktion in der RSPG können die Designer somit zentrale Foren für den politischen Diskurs organisieren. In dem Maß, in dem die einzelnen Delegierten der Mitgliedstaaten über längere Zeiträume hinweg an dem institutionalisierten Diskurs zur Radiofrequenzpolitik beteiligt sind, erhöht sich das Potenzial, gemeinsame Lernprozesse anstoßen und damit neue Politik-Frames etablieren zu können.

Der Rechtsrahmen bietet der Kommission somit die Möglichkeit, eine kohärente europäische Frequenzpolitik aufzubauen und damit den Binnenmarkt für drahtlose Technologien weiterzuentwickeln. Dass die Kommission durchaus Handlungsmöglichkeiten besitzt, wird bestätigt, wenn schon im ersten Jahresbericht 2004 festgestellt wird, dass durch die Frequenzentscheidung ein politischer und rechtlicher Rahmen in der Gemeinschaft eingeführt worden sei,

> „um die politischen Konzepte zu koordinieren und gegebenenfalls die Bedingungen für die Verfügbarkeit und effiziente Nutzung der Funkfrequenzen zu vereinheitlichen, die zum Aufbau und reibungslosen Funktionieren des Binnenmarktes in verschiedenen Bereichen der Gemeinschaftspolitik erforderlich sind“ (EK 2004b: 3).

Inhaltlich bietet also die gesamte Binnenmarkt-Gesetzgebung potenzielle Anknüpfungspunkte für die Politikdesigner. Zum europarechtlichen Kontext für die Vorhaben im Rahmen der Frequenzpolitik gehören außerdem die einschlägigen Regelungen für die Gerätehersteller (R&TTE-Richtlinie), der EU-Regulierungsrahmen für elektronische Kommunikation sowie die Regelungen zur Elektromagnetischen Verträglichkeit (EMV-Richtlinie) und zum Gesundheitsschutz, insbesondere in Bezug auf elektromagnetische Strahlung.

Allerdings deutet gerade der Verweis, dass die Radiofrequenzpolitik zum Aufbau und reibungslosen Funktionieren des Binnenmarktes in verschiedenen Bereichen der Gemeinschaftspolitik erforderlich sei, darauf hin, dass die Kompetenz der Europäischen Kommission, in diesem Politikfeld Vorschläge machen zu können, mit der Frequenzentscheidung noch nicht endgültig geklärt ist. Denn die Notwendigkeit frequenzpolitischer Maßnahmen für das Funktionieren des Binnenmarkts kann von den Mitgliedstaaten nach wie vor bezweifelt werden. Auch nach 2002 ist die Kommission daher in besonderem Maß darauf angewiesen, ihre Maßnahmen in Zusammenarbeit mit den Experten auf nationaler Ebene argumentativ vorzubereiten.

Die Konsensabhängigkeit und Kooperationsnotwendigkeit wird unterstrichen durch die Tatsache, dass die Kommission in den Folgejahren die Frequenzpolitik mit kleinteiligen technischen Harmonisierungsmaßnahmen vorantreibt, deren Mehrwert jeweils vorher von den Experten der Mitgliedstaaten nachgewiesen werden muss, deren nationale Regelungen dadurch meist einer Anpassung bedürfen. Der Mehrwert der Rechtssicherheit kann auf europäischer Ebene nur dann entstehen, wenn die Akteure der nationalen Verwaltungen in der Europäischen Kommission und in der CEPT miteinander kooperieren. In dieser Hinsicht bilanziert die Kommission bereits 2004, dass die zukünftigen Erfolge im Bereich der Frequenzpolitik von der aktiven Kooperation der relevanten Akteure abhängen. Dazu gehöre insbesondere, dass die CEPT weiterhin die Implementierung gemeinschaftlicher Harmonisierungsmaßnahmen unterstütze, indem sie die technischen Arbeiten für die Kommission und die Mitgliedstaaten ausführe. Darüber hinaus müsse der Mechanismus für die Vorbereitung von Kommissionsentscheidungen ausreichend flexibel und responsiv gestaltet werden, um mit den sich schnell entwickelnden Technologien und Bedürfnissen im Bereich der drahtlosen Kommunikation mithalten zu können. Darüber hinaus mahnt die Kommission an: „Der politische Wille zur Verbesserung der Koordinierung der Frequenzpolitik zwischen den einzelnen Mitgliedstaaten über die RSPG muss stark genug sein, um zu durchführbaren Empfehlungen in diesen Fragen zu gelangen“ (EK 2004b: 9).

Es wird deutlich, dass die Kommission darauf angewiesen ist, dass die anderen Akteure des Politikfeldes an der Umsetzung einer europäischen Frequenzpolitik mitarbeiten. Angewendet auf unseren Erklärungsrahmen bedeutet dies, dass die Frame-Hierarchie nicht nur dazu notwendig ist, die Verantwortlichkeit der Kommission im Bereich der Radiofrequenzen zu begründen, sondern auch dazu dient, die einzelnen Maßnahmen im Rahmen der Radiofrequenzpolitik voranzutreiben. Um die inhaltlichen Rahmenbedingungen für die Politikdesigner in der Radiofrequenzpolitik zu erkennen, müssen wir daher die Politik-Frames näher betrachten, mit denen die Politik seit 2002 vorangetrieben wurde. Den Ausgangspunkt dazu bildet das Grünbuch von 1998 als Ursprung der Frame-Hierarchie im Politikfeld der Radiofrequenzpolitik.

10.2 Die Entstehung einer Regulierungskompetenz durch neue Politik-Frames

Die Radiofrequenzpolitik ist ein Beispiel dafür, dass auf EU-Ebene eine Regulierungskompetenz dadurch entstehen kann, dass ein Regulierungsgegenstand unter neuen Gesichtspunkten zur Diskussion gestellt wird. In der EU bieten die etablierten Gemeinschaftspolitiken dazu eine Reihe von Anknüpfungspunkten. Denn in dem Maß, in dem die drahtlose Revolution in immer mehr Sektoren an Bedeutung gewinnt, wird der Zugang zu Frequenzen auch in immer mehr Politikbereichen der EU relevant.

10.2.1 Das Grünbuch als Auftakt des politischen Diskurses

Insofern hat die Kommission mit ihrem Grünbuch von 1998 den politischen Diskurs um eine europäische Radiofrequenzpolitik eröffnet und diese damit zugleich im Kontext der Gemeinschaftspolitik definiert. Schon der Titel zeigt, dass damit nicht nur die Telekommunikations- und Rundfunkpolitik gemeint war, sondern u.a. auch die Transport- und Forschungspolitik. Mit dem Grünbuch werden konzeptionelle Fragen zur Frequenzpolitik gestellt und damit ein inhaltlicher Dialog darüber eingeleitet, wie eine europäische Frequenzpolitik den Mehrwert der europäischen Gemeinschaftspolitik steigern kann.

Insofern hat das Grünbuch die konzeptionellen Grundlagen für das gegenwärtige Politikfeld gelegt, denn zunächst wird darin die wirtschaftliche Bedeutung von Radiofrequenzen hervorgehoben, die „the backbone for a wide range of industrial activities in sectors including telecommunications, broadcasting, transport, R&D and services of general interest“ seien. Die Europäische Gemeinschaft habe wegen der „considerable economic importance both in terms of market values and employment“ ein substantielles Interesse daran, eine konsistente Radiofrequenzpolitik zu entwickeln, weil „many of these areas are covered by Community policies“ (EK 1998: 1).

Die Verknüpfung mit bestehenden Binnenmarkt-Politikfeldern und die Tatsache, dass es sich um ein Konsultationsdokument handelt, zeigt, dass es der Kommission unter den gegebenen Rahmenbedingungen darum ging, mögliche Interessenträger einzubeziehen bzw. zu motivieren. In dieser Hinsicht wollte die Kommission mit diesem politischen Instrument die Initiative im Bereich der Frequenzpolitik zurückgewinnen, indem in der interessierten Öffentlichkeit über die wirtschaftliche und politische Bedeutung von Radiofrequenzen diskutiert wurde. Entsprechend wurde postuliert, dass der politische Handlungsbedarf vor allem aus der technologischen Entwicklung und der Tatsache resultiere, dass dadurch Frequenzen zu einem knappen Gut geworden seien. Deshalb müsse die wirtschaftliche Bedeutung auch bei der Regulierung von Radiofrequenzen berücksichtigt werden, denn

> „radio spectrum is an essential and increasingly scarce resource. In economic terms, the value of radio spectrum is determined by the value of the services which can be provided over it. However, the value of radio spectrum is not a predominant factor commonly taken into account in spectrum management today" (EK 1998: 1).

Insofern sei es von zentraler Bedeutung, dass der Frequenzbedarf für spezifische Politiken der europäischen Gemeinschaft im Bereich der Telekommunikation, des Rundfunks, des Transports und der Forschung berücksichtigt werde. Wichtig sei aber auch, dass der Zugang zu Radiofrequenzen unter den Gesichtspunkten horizontaler EU-Politiken, etwa dem Binnenmarkt, der Wettbewerbspolitik oder der internationalen Handelsdimension, betrachtet werde, wenn in der Gemeinschaft „decisions are made and priorities established in respect of usage and users of radio spectrum" (EK 1998: 1). Die Kommission verband folglich bereits etablierte Kompetenzen auf europäischer Ebene mit der Frage, inwiefern die Frequenzpolitik auch hier zu berücksichtigen wäre, und definierte auf diese Weise die gemeinsamen Interessen an einer Radiofrequenzpolitik aus europäischer Perspektive. Zu diesen Gemeinschaftsinteressen zählte sie unter anderem die Entwicklung neuer Dienstleistungen, die Ermöglichung eines wettbewerbsfähigen Binnenmarktes für drahtlose Geräte und Dienstleistungen, ein allgemeines Wirtschaftswachstum sowie die Garantie öffentlicher Anliegen in Bereichen wie Kultur und Sicherheit.

Angesichts dieser gemeinsamen europäischen Interessen müssten *„certain key issues"* berücksichtigt werden, wenn innerhalb einer europäischen Radiofrequenzpolitik Frequenzen zur Verfügung gestellt würden. Zu den Aspekten, die aus Sicht der Kommission essentiell sind, gehören die Notwendigkeit, Frequenzen für paneuropäische Radiosysteme und Geräte zur Verfügung zu stellen, sowie ein Ausgleich zwischen kommerziellen und öffentlichen Interessen. Auch müsse der wirtschaftliche Wert von Radiofrequenzen als eines knappen Gutes ebenso berücksichtigt werden wie die Rechtssicherheit, die für die Gestaltung der Gemeinschaftspolitik unabdingbar sei. Ferner sei es notwendig, die Zurverfügungstellung und Nutzung von Radiofrequenzen zu garantieren, eine effiziente Nutzung von Radiofrequenzen zu sichern, den Wettbewerb und technologische Innovationen zu fördern sowie die Grundlage für Größenvorteile (Economies of Scale) zu legen. Diese aus dem europäischen Regulierungskontext abgeleiteten Prioritäten für eine europäische Frequenzpolitik werden mit technologischen Entwicklungsfaktoren untermauert. In diesem Zusammenhang werden die Konvergenz verschiedener auf Radiofrequenzen basierender Dienstleistungen, die Globalisierung von Dienstleistungen und Marktteilnehmern, die Konkurrenz zwischen kommerziellen und nichtkommerziellen Nutzungen von Radiofrequenzen sowie der Einfluss, den Entscheidungen über die Frequenznutzung auf die Entwicklung der Marktakteure haben, als die wichtigsten Entwicklungsfaktoren genannt. Auf dieser Grundlage stellt die Kommission fest:

> „Major technological, market, and regulatory developments have an impact on the way radio spectrum policy is made in the European Community and at the international level. Furthermore, the availability of radio spectrum has become a key issue for the implementation of Community policies on telecommunications, broadcasting, transport, and R&D. Considering that radio spectrum is a bottleneck facility, it is appropriate to discuss radio spectrum policy issues with all interested parties in the light of these changes so as to ensure that the best possible use is made of the radio spectrum resource" (EK 1998: 23).

Um diese Aspekte zu diskutieren, bittet die Kommission Interessenträger in Bezug auf verschiedene Themenbereiche um Eingaben. Dazu gehören die strategische Planung der Radiofrequenznutzung, die Harmonisierung der Frequenzzuweisungen, Fragen der Lizenzierung von Radiofrequenzen, die Standards für Geräte und Services sowie die Frage, ob die aktuellen Bedingungen für die Radiofrequenzkoordinierung in der Gemeinschaft adäquat sind, um die politischen Ziele zu erreichen (EK 1998).

Indem die Kommission also technologische Entwicklungsfaktoren mit den von ihr definierten Prioritäten einer Radiofrequenzpolitik verknüpft, verdeutlicht sie bereits am Beginn des Diskurses einen möglichen Reformbedarf für die Frequenzregulierung in Europa und legt zugleich die Eckpunkte einer konsistenten Gemeinschaftspolitik in der Radiofrequenzregulierung fest. Obwohl die Vorteile und Prioritäten noch in umfangreichen Aufzählungen präsentiert werden, lassen sich die Kohärenz der Zugangsbedingungen für gleichartige Dienstleistungen und ein kohärenter und abgewogener Regulierungsansatz für alle Sektoren, die Frequenzen nutzen, als inhaltliche Kernpunkte ausmachen. Mit dem Grünbuch wird also der dezidierte Versuch unternommen, das Thema Radiofrequenzen in den Kontext bestehender Gemeinschaftspolitiken zu setzen und auf dieser Basis eine EU-Beschäftigung mit Radiofrequenzen argumentativ vorzubereiten.

10.2.2 Der Aufbau der Frame-Hierarchie

Das Grünbuch macht deutlich, dass der Nachweis des Mehrwertes einer europäischen Radiofrequenzpolitik gegenüber der etablierten Praxis der Zusammenarbeit der Regulierungsbehörden auf intergouvernementaler Basis in der CEPT für die Politikdesigner in der Kommission anfänglich nur durch die Verknüpfung mit der bestehenden Politik möglich war. Aus der Perspektive des Framing-Ansatzes waren die Politikdesigner in den Folgejahren darauf angewiesen, auf dieser Basis eine Frame-Hierarchie für das Politikfeld zu entwickeln, mit der an möglichst konkreten Beispielen der Mehrwert nachgewiesen werden konnte. Entsprechend lassen sich in den Papieren, die die Kommission seit dem Grünbuch von 1998 verfasste, Politik-Frames identifizieren, mit denen eine Regulierungskompetenz auf EU-Ebene begründbar ist. Vor allem seit 2002 konnte dazu im Rahmen verschiedener Harmonisierungsmaßnahmen auch auf konkrete Ergebnisse der europäischen Radiofrequenzpolitik Bezug genommen werden, wie unter anderem in den Jahresberichten über die Frequenzpolitik deutlich wird (EK 2004b, 2005h). Wir können also die Mitteilungen und Entscheidungen der EU-Kommission im Bereich der Frequenzpolitik auf die Frame-Hierarchie hin untersuchen. Dabei können wir in diesem Politikfeld grundsätzlich drei Arten von Politik-Frames nach ihrer Funktion für die Politikdesigner unterscheiden: Legitimation, Reform und Politikvorhaben.

Angesichts der Rahmenbedingungen müssen die Politikdesigner einzelne Politikvorhaben jeweils mit einem Begründungszusammenhang ausstatten. Am Beispiel des Dividende-Frames werden wir diese Art von Politik-Frame im nächsten Kapitel im Detail untersuchen. Daneben finden sich in den Dokumenten Argumentationszusammenhänge, die sich auf den Reformbedarf beziehen, der aus Sicht der Kommission im Bereich der Frequenzverwaltung existiert. In dieser Hinsicht hat die Kommission seit 1998 eine Reihe von Reform-Frames in die Debatte eingeführt, die sich immer auch in den Begründungszusammenhängen der unterschiedlichen Politikvorhaben wiederfinden. Diese Reform-Frames stellen insofern einen komplementären Teil der Frame-Hierarchie dar, der sich in erster Linie auf den politischen Diskurs zwischen den europäischen Frequenzregulierern bezieht. Dazu gehört u.a. ein Harmonisierungs-Frame, mit dem die Vorteile eines harmonisierten Zugangs zu Frequenzen im Binnenmarkt als Mehrwert der europäischen Politik definiert worden sind.

Ein Beispiel für die Nutzung des Harmonisierungs-Frames zur Begründung eines Politikvorhabens ist die Harmonisierung der Frequenznutzung für Geräte mit geringer Sendereichweite, die auf dieser Basis überall im Binnenmarkt verwendet werden können (EK 2006h). Ein weiteres Beispiel ist die Einführung von Marktmechanismen für Frequenznutzungsrechte, die es den Nutzern ermöglichen, ihre Rechte an Dritte weiterzuveräußern. Mit dem Markt-Frame wird in erster Linie die Effizienz der Frequenznutzung adressiert, indem Nutzern ökonomische Anreize zur Verfügung gestellt werden, Frequenzen effizient zu verwenden oder weiterzugeben (EK 2005g; Xavier und Ypsilanti 2006). Dass sich diese Reform-Frames direkt auf die bestehenden Regulierungsprinzipien in den Mitgliedstaaten beziehen, wird am Flexibilitäts-Frame deutlich, mit dem die Kommission die starren, technologiebezogenen Nutzungsbedingungen für die Frequenz adressiert und argumentiert, eine flexiblere Regelung versetze Frequenznutzer in die Lage, geschäftliche Entscheidungen rechtzeitig und marktorientiert zu treffen (EK 2007g).

Für unseren Erklärungszusammenhang sind an dieser Stelle jedoch die Legitimations-Frames, mit denen die Kommission ihre politischen Handlungsgelegenheiten argumentativ absichert und vorbereitet, von Interesse. Denn durch die Verknüpfung frequenzpolitischer Anliegen mit Politiken, die auf europäischer Ebene bereits institutionalisiert sind, kann deren Legitimität genutzt werden. Der Aufbau einer entsprechenden Frame-Hierarchie ist daher für die Politikdesigner in der Frequenzpolitik eine wichtige Grundlage, um Politikvorhaben und Reformvorschläge begründen zu können. Der Kern der Frame-Hierarchie in der Frequenzpolitik ist insofern in der Betonung der wirtschaftlichen Bedeutung der Frequenznutzung zu sehen. Denn indem Frequenzen als essentielle Ressource für wirtschaftliche Aktivitäten betrachtet werden, ist es möglich, im Rahmen des Binnenmarkt-Frame eine effiziente Regulierung von Funkfrequenzen als wesentliche Voraussetzung für die Erreichung übergeordneter wirtschaftspolitischer Ziele zu begründen. Aus dem gleichen Zusammenhang lassen sich auch Anforderungen an die Frequenzverwaltung ableiten. Dadurch entsteht auf europäischer Ebene ein Diskurs über die Radiofrequenzpolitik, bei dem es darum geht, den Zugang zu Radiofrequenzen als Produktionsfaktor für die Entstehung einer Informationsgesellschaft möglichst effizient und effektiv zu regulieren. Die wichtigste argumentative Grundlage dafür ist allerdings die Definition der wirtschaftlichen Bedeutung von Radiofrequenzen.

10.2.3 Frequenzen als knappe Ressource

Wir haben bereits gesehen, dass die Kommission die gesamtwirtschaftliche Bedeutung von Radiofrequenzen schon 1998 in ihrem Grünbuch dargelegt hat, indem sie diese als Rückgrat für viele Wirtschaftssektoren und insbesondere als unverzichtbar für die mobile und Satellitenkommunikation, den Rundfunk sowie den Transport- und Forschungssektor bezeichnet hat (EK 1998). Zwei Jahre später, 2000, bezeichnet die Kommission Mobiltelefone als konkrete Anwendung, die einen wichtigen Beitrag für das Wachstum in der EU leisten und dafür auf Radiofrequenzen angewiesen sind. Im Kontext der europäischen Prioritäten für die Weltfunkkonferenz der ITU[38] wird auf die Förderung des künftigen Wachstums des europäischen Mobilfunk- und Multimediamarktes hingewiesen. Damit stellt die Kommission erstmals die Bedeutung von Radiofrequenzen für den einzelnen Bürger in den Vordergrund, denn „Funkgestützte Anwendungen wie Zel-

38 Die Internationale Fernmeldeunion (ITU) ist eine UN-Organisation.

lulartelefone leisten mittlerweile den größten Beitrag zum Wirtschaftswachstum in Europa und spielen gleichzeitig eine Rolle bei der Integration der Bürger und Märkte der Europäischen Union“. Außerdem wird die wirtschaftliche Bedeutung satellitengestützter Navigationssysteme hervorgehoben, denen bis zum Jahr 2025 ein Umsatz von 135 Mrd. Euro und die Schaffung von 146.000 Arbeitsplätzen innerhalb Europas prognostiziert wird (EK 2000b).

Ab 2004 erweitert die Kommission ihre Argumentation um einen weiteren Aspekt, indem sie hervorhebt, dass Radiofrequenzen eine essentielle Infrastruktur für viele innovative drahtlose Anwendungen sind. Die Gemeinschaft müsse sich daher der politischen Herausforderung stellen, eine wirksame Frequenznutzung zu gewährleisten, „die allen europäischen Bürgern zum Vorteil gereicht“ und mit der sowohl die Unternehmen bei der Erhöhung der Produktivität durch technologische Innovation unterstützt als auch die Wettbewerbsfähigkeit der Funkgeräteindustrie und der zugehörigen Dienste gefördert werden könne (EK 2004b: 14). Nach der Etablierung der Radiofrequenzentscheidung verknüpft die Kommission diesen Aspekt mit dem Hinweis auf die Vorteile für den Binnenmarkt, indem sie den Aspekt des Produktivitätswachstums durch Innovation mit der Notwendigkeit kombiniert, einen einfachen Zugang zu Radiofrequenzen zu ermöglichen und gleiche Bedingungen für alle Hersteller zur Verfügung zu stellen. Denn die Verfügbarkeit und Erschwinglichkeit funkgestützter Dienste in der Europäischen Union könne durch die Harmonisierung der Bedingungen für die Nutzung dieser Dienste einschließlich der Vereinheitlichung der Frequenznutzung unterstützt werden, „damit die Vorteile des Binnenmarktes zum Tragen kommen“ (EK 2004b: 5).

Ab 2005 wird das ökonomische Argument quantifiziert, indem die Kommission darlegt, dass die direkte wirtschaftliche Bedeutung von Radiofrequenzen 1–2% des Bruttoinlandsprodukts der gesamten EU betrage und sich dieser Wert noch deutlich steigern ließe, wenn es gelänge, einen integrierten Binnenmarkt für innovative drahtlose Produkte herzustellen. Dafür, so argumentiert sie weiter, sei es von großer Bedeutung, einen gemeinsamen Ansatz zur Regulierung von Radiofrequenzen zu etablieren (EK 2005g). In dieser Hinsicht wird auch die Bedeutung von Radiofrequenzen bzw. der davon abhängigen Industrien für den Binnenmarkt beziffert, denn das „Marktvolumen der elektronischen Kommunikationsdienste, die auf der Nutzung von Funkfrequenzen beruhen“, wird auf „über 250 Milliarden Euro, was ungefähr 2,2% des jährlichen europäischen BIP entspricht“, geschätzt (EK 2007c: 5).

Dennoch können wir die Konstruktion der wirtschaftlichen Bedeutung bereits ab 2005 als abgeschlossen betrachten, da die EU-Kommission in ihrem Aktivitätsbericht Radiofrequenzen als Schlüsselressource für viele essenzielle Dienstleistungen der Gesellschaft bezeichnet. Dabei subsumiert sie unter Dienstleistungen den Kommunikationsbereich bei Rundfunk, Transport und Navigation sowie andere Technologien. Zudem berücksichtigt die Kommission zusätzlich die Bedeutung von Radiofrequenzen für öffentliche Dienstleistungen, etwa Sicherheit, Verteidigung und Forschung (EK 2005h). Dass der Wirtschafts-Frame nicht nur zur grundsätzlichen Begründung der EU-Kompetenz im Bereich der Radiofrequenzen herangezogen wird, sondern auch Anknüpfungspunkte für Reform-Frames bietet, zeigt sich, wenn die Kommission auf den Aspekt der Innovationsförderung zurückkommt, um eine Flexibilisierung der Frequenzregulierung vorzuschlagen, die es Nutzern einfacher machen soll, neue innovative Technologien einzusetzen. Denn die zuverlässige Bereitstellung verfügbarer Funkfrequenzen und die Gewährleistung ihrer effizienten Nutzung seien wichtige Mittel für die Anregung des Wettbewerbs, die Förderung von Innovation und Wachstum und letztlich für die Schaffung von Arbeitsplätzen (EK 2007g).

Der Wirtschafts-Frame, mit dem die ökonomische Bedeutung von Radiofrequenzen im Binnenmarkt definiert wird, ist eine zentrale Grundlage für die Begründung der EU-Kompetenz in diesem Politikfeld und damit auch ein Kernpunkt der Frame-Hierarchie. Er beantwortet die Frage, „warum" sich die Kommission mit dem Thema beschäftigt. Die wirtschaftliche Bedeutung allein ist allerdings nur bedingt eine hinreichende Begründung für eine EU-Kompetenz, da die Mitgliedstaaten ja auch auf freiwilliger Basis dieses Ziel gemeinsam verfolgen könnten. Insofern spielen die europarechtlichen Rahmenbedingungen für die Legitimation der Radiofrequenzpolitik eine wichtige Rolle, vor allem, wenn es darum geht, *wie* Frequenzen in Europa reguliert werden müssen.

10.2.4 Verbindliche Harmonisierung

Durch die Berücksichtigung des europarechtlichen Kontextes kann die Kommission die bestehenden Verpflichtungen der Mitgliedstaaten nutzen, um auch in der Radiofrequenzpolitik Vorhaben voranzutreiben. In dieser Hinsicht müssen die Politikdesigner also auch Politik-Frames aus anderen Politikfeldern berücksichtigen. Zur Begründung der Radiofrequenzpolitik muss die Frame-Hierarchie daher mit dem genannten europarechtlichen Kontext verknüpft werden, zu dem auch das Wettbewerbsrecht, die Binnenmarktregelung, der Verbraucher- und Gesundheitsschutz sowie das Handelsrecht gehören. In der Frame-Hierarchie der Frequenzpolitik müssen also sowohl spezifische als auch horizontale Politiken berücksichtigt werden.

Bereits im Grünbuch 1998 und in der darauf folgenden Mitteilung zu den geplanten Aktivitäten im Folgejahr stellt die EU-Kommission daher einen eindeutigen Zusammenhang her zwischen dem Wettbewerbsrecht der EU und der Tatsache, dass durch die Frequenzvergabe keine Technologien bevorzugt werden dürfen und dass klar zwischen öffentlichen und privaten Dienstleistungen unterschieden werden müsse. In Bezug auf die Binnenmarktregelungen wird anfangs besonders die Möglichkeit paneuropäischer Kommunikationsdienstleistungen in den Vordergrund gerückt, jedoch bereits frühzeitig der harmonisierte Marktzugang für Gerätehersteller als wichtiges Ziel postuliert. Auch im Sinne des Verbraucher- und Gesundheitsschutzes weist die Kommission auf die einschlägigen Regelungen im Rechtsrahmen der EU hin. Gleiches gilt für die Handelspolitik, wo sie schon 1998 die Position vertritt, dass aufgrund der Frequenzregulierung der Zugang zum EU-Binnenmarkt nicht verwehrt werden dürfe bzw. dass technologiespezifische Frequenzregulierungen ggf. auch verbotene Handelsschranken darstellen könnten (EK 1998, 1999).

Der rechtliche Kontext ist aber auch in einer anderen Hinsicht für die Frame-Hierarchie im Politikfeld wichtig. Denn eines der wirksamsten Argumente für eine Radiofrequenzpolitik auf europäischer Ebene ist die Möglichkeit, Rechtssicherheit für die Nutzer herstellen zu können. Insofern weist die Kommission bereits 1999 darauf hin, dass die Harmonisierungsmaßnahmen, die im Rahmen der CEPT von den Mitgliedstaaten zu diesem Zeitpunkt durchgeführt werden, wirksamer sein könnten, wenn bindende Maßnahmen auf EU-Ebene sie untermauerten. Ziel sei es daher, einen Regulierungsrahmen zu etablieren, innerhalb dessen die technischen Harmonisierungsmaßnahmen, die in der CEPT entwickelt werden, durch eine „appropriate implementation of such measures by the Member States" sichergestellt werden könnte (EK 1999: 20).

Damit nutzt die Kommission ihre rechtliche Möglichkeit, verbindliche Vorgaben vorzuschlagen, um den Mehrwert einer EU-Beschäftigung mit Radiofrequenzen zu benennen. Dieser Durchsetzungs-Frame wiederum hängt ab von der schon genannten Verknüpfung der frequenzpolitischen Ziele mit den europapolitischen Zielen, die die Mitgliedstaaten in Bezug auf andere Politikfelder vereinbart haben. Denn nur auf dieser Grundlage lassen sich europäische Harmonisierungsmaßnahmen im Frequenzbereich argumentativ definieren, die eine verbindliche Umsetzung erfordern. Vor allem spezifische Politikvorhaben lassen sich mit politischen Gemeinschaftszielen begründen, wie dies beispielsweise bei der Harmonisierung der Frequenznutzung für Kfz-Kurzstreckenradargeräte mit Bezug auf die Verbesserung der Verkehrssicherheit der Fall ist (EK 2005f).

Neben dem Durchsetzungs-Frame leitet die Kommission aus dem europarechtlichen Kontext auch Prinzipien für die Gestaltung einer europäischen Frequenzpolitik ab. So bezieht sie sich auf das europäische Wettbewerbs- und Handelsrecht, wenn die Notwendigkeit einer technologisch neutralen Frequenzzuweisung mit internationalen Verpflichtungen aufgrund der WTO-Regeln und den Anforderungen des Gemeinschaftsrechts begründet wird. Auf diese Weise will sie sicherstellen, dass die ausschließliche Zuweisung von Frequenzen an bestimmte Technologien „(o)hne ausreichende Begründung" vermieden wird und Systeme mit vergleichbarer Funktionalität diskriminierungsfrei genutzt werden können. Mit der Anwendung der Prinzipien der Technologie- und Dienstneutralität stellt die Kommission also sicher, dass die verbindlichen Harmonisierungsmaßnahmen, die aus Erwägungen des Gemeinschaftsinteresses notwendig sind, in den europarechtlichen Kontext eingebettet sind (EK 2004b, 2005h, g).

10.2.5 Die Untermauerung der Regulierungskompetenz im politischen Diskurs

Wir haben bereits festgehalten, dass das Politikfeld der Radiofrequenzpolitik von einer komplexen Verantwortlichkeitsarchitektur gekennzeichnet ist, in der nicht nur die Europäische Kommission, die Regierungen der Mitgliedstaaten und die Interessenträger aus der Wirtschaft eine Rolle spielen, sondern auch weitere institutionelle Kooperationsgremien. Zu nennen sind hier auf europäischer Ebene die CEPT und auf globaler Ebene die Internationale Fernmeldeunion (ITU). Die Tatsache, dass in diesen internationalen Koordinierungsgremien schon lange vor dem Grünbuch von 1998 der Zugang zu und die Nutzung von Radiofrequenzen auf europäischer Ebene koordiniert und zum Teil auch harmonisiert wurden, begründet vor allem im Diskurs unter den Frequenzexperten eine gewisse Pfadabhängigkeit. Dass die Handlungsgelegenheiten der Designer wegen dieser spezifischen Rahmenbedingungen eingeschränkt sind, zeigt sich auch in der Analyse der Antworten auf die Grünbuch-Konsultation. Dort betont die Kommission, dass es nicht darum gehe, die Verantwortlichkeiten zu verändern, sondern neue Mechanismen zu finden, um die gemeinsamen Interessen, die aus EU-Politiken resultieren und auf die zweckmäßige Einbeziehung und Unterstützung der Industrie im Bereich der drahtlosen Technologien abzielen, besser zu koordinieren (EK 1999).

Da die Kommission auch nach dem Inkrafttreten der Frequenzentscheidung über keine eigene technische Expertise verfügt, sind die gleichen CEPT-Experten, die mit den Arbeitsaufträgen der Kommission befasst waren, auch weiterhin am Aufbau des intergouvernementalen CEPT/ITU-Regulierungsrahmens beteiligt. Weil die Politikdesigner in dieser Hinsicht in Bezug auf die technischen Grundlagen der Politikvorhaben auch dann von den Experten der Mitgliedstaaten abhängig sind, wenn andere Interessenträger ihre Unterstützung deutlich machen, ist die Definition der jeweiligen politischen Probleme im europäischen Diskurs von entscheidender Bedeutung. Denn die Kommission kann die politische Aufmerksamkeit auf EU-Ebene nutzen, um in den Frequenzverwaltungen der Mitgliedstaaten Handlungsdruck zu erzeugen und damit die Grundlage für Politikvorhaben zu legen.

Insofern haben wir bereits im ersten Teil der Fallstudie gesehen, dass die Radiofrequenzpolitik nicht nur Teil der i2010-Strategie ist, sondern dass die Handlungsgelegenheiten des i2010-Meta-Frames auch genutzt werden, um klarzustellen, dass weitere Schritte notwendig sind, um die Ziele des Rates zu erreichen. Gerade weil die institutionellen Rahmenbedingungen der Kommission nicht die Verantwortlichkeit geben, Frequenzen auf europäischer Ebene zu regulieren, ist es notwendig, die politische Aufmerksamkeit des Rates zu nutzen, um Politikvorhaben voranzutreiben. Die Politik-Frames des Politikfelds sind daher immer auch in Bezug auf den politischen Diskurs zu betrachten, der zwischen Kommission, Mitgliedstaaten und Industrie geführt wird, damit einzelne Maßnahmen auf europäischer Ebene umgesetzt werden können. Es ist daher nicht überraschend, dass die Politikdesigner die Radiofrequenzpolitik als wichtiges Mittel zur Erreichung der i2010-Ziele positionieren und damit gleichzeitig als Politikvorhaben politisch aufwerten.

So finden sich bereits 2003 in den einschlägigen Papieren der Kommission konkrete Referenzen zu eEurope, der Vorgängerinitiative von i2010, und zwar insofern, als deren Ziel, eine Informationsgesellschaft in Europa zu etablieren und eine wissensbasierte Ökonomie mit Hilfe von IKT zu entwickeln, auch Auswirkungen auf die Rahmenbedingungen für die Radiofrequenzpolitik hat. Denn in der Bewertung der Ergebnisse der Weltfunkkonferenz von 2003 wurde die weltweite Vereinheitlichung der Frequenzbänder für lokale Funknetze (RLAN), die moderne Breitband-Funkzugangsnetze und damit schnelle Fortschritte in der Entwicklung der WiFi-Technik ermöglichen, als entscheidender Beitrag zur Erfüllung der eEurope-Ziele für den Breitbandausbau hervorgehoben (EK 2003b).

Nachdem 2005 die i2010-Initiative formuliert worden war, setzte die Kommission die Ergebnisse der Radiofrequenzpolitik noch direkter in Verbindung mit den entsprechenden Zielen. So wies sie beispielsweise im Jahresbericht 2005 darauf hin, dass der Aufbau einer wissensbasierten und mobilen Informationsgesellschaft entscheidende Verbesserungen im Bereich des Frequenzmanagements erfordere und dazu unter anderem die Hindernisse für innovative Technologien in Bezug auf den Zugang zu Frequenzen reduziert werden müssten. Die Kommission führt in diesem Zusammenhang auch das Beispiel der GSM-Regulierung an, um zu unterstreichen, dass ein gemeinsamer Ansatz im Bereich der Frequenzpolitik die Entwicklung einer Informationsgesellschaft deutlich fördern kann, und hebt hervor, dass das Frequenzmanagement für andere technologische Trends, etwa Digitalfernsehen, drahtlose Internetanschlüsse und die wachsende Bedeutung des Lufttransports, eine kritische Bedeutung hat (EK 2005h).

Zwei Jahre später stellt die Kommission in ihrer Mitteilung zur Bedeutung eines flexiblen Frequenzmanagementansatzes in der EU abermals einen direkten Zusammenhang her zwischen dem Ziel, die Wettbewerbsfähigkeit und Innovationskraft Europas zu stärken, sowie der Notwendigkeit, Radiofrequenzen frühzeitig zur Verfügung zu stellen, deren effiziente Nutzung zu sichern und die Innovationskraft zu stärken. Denn das freigesetzte Potenzial der Frequenznutzung wirke als Investitionsanreiz und führe zur Steigerung der Produktivität, „wodurch der Beitrag, den die Informations- und Kommunikationstechnologien zur Verwirklichung der erneuerten Lissabonner Strategie der EU für Wachstum und Beschäftigung leisten können, umso effektiver wird“ (EK 2007g). Damit wird nicht nur die Frequenzpolitik im Allgemeinen, sondern auch die Notwendigkeit eines flexiblen Regulierungsansatzes in einen direkten Zusammenhang gestellt mit den i2010-Zielen und sogar der übergeordneten Lissabon-Strategie. Außerdem wird der Wettbewerb auf dem Breitbandmarkt als Ziel des Regulierungsrahmens für elektronische Kommunikation und der i2010-Strategie herangezogen, um das Prinzip der technologieneutralen Frequenzregulierungen zu begründen, denn drahtlose Technologien werden als wichtiges Instrument zur Erreichung der Breitbandabdeckungsziele der EU gesehen. Auch im Hinblick auf die Überwindung der so genannten digitalen Kluft wird darauf hingewiesen, dass die regionalen Gegebenheiten möglicherweise unterschiedliche Technologien erforderlich machen und dass daher die Frequenzregulierung flexibel gestaltet werden müsse, um den Marktakteuren eine bestmögliche Frequenznutzung zu ermöglichen (EK 2007g).

Es zeigt sich also, dass die übergreifenden Begründungsmöglichkeiten der i2010-Meta-Frames in erster Linie dazu genutzt werden, um die Reform hin zu einer flexibleren Frequenzregulierung zu untermauern. Dass diese Frame-Verknüpfung notwendig ist, bestätigt sich durch die Aussagen des Ministerrats, der ja darauf hingewiesen hatte, dass eine effizientere und flexiblere Nutzung des Frequenzspektrums nur „soweit angebracht“ durch die Kommission vorangetrieben werden soll (Rat 2005: 7). Den Rückbezug auf die Politikstrategie bei grundsätzlich-inhaltlichen Aussagen zur Frequenzregulierung können wir daher als Teil des hochrangigen Dialogs zwischen den Mitgliedstaaten und der Kommission betrachten, in dem die Ausrichtung der Radiofrequenzpolitik in der EU verhandelt wird. Mit ihren Mitteilungen an die anderen EU-Organe führt die Kommission diesen Dialog und nutzt dabei die politische Aufmerksamkeit, die Politik-Strategien wie i2010 zuteil wird, um Handlungsdruck zu erzeugen. Umgekehrt können die nationalen Regulierer als Hüter des etablierten Ansatzes des Frequenzmanagements die jeweiligen Delegationen im Rat nutzen, um der Kommission von Auftraggeberseite Vorgaben zu machen.

10.2.6 Radiofrequenzpolitik als Frame-Konflikt

Insofern können wir in der Radiofrequenzpolitik der EU einen latenten Frame-Konflikt erkennen, der durch die Regulierungskompetenz der EU-Kommission gespeist wird und sich an dem Reformprogramm fest machen lässt, das auf

EU-Ebene verfolgt wird. Stark vereinfacht können wir dabei zwei Seiten identifizieren. Auf der einen Seite stehen Akteure, die die traditionellen Frequenzregulierungsansätze befürworten, bei denen die Frequenzbänder für bestimmte Technologienutzungen aufgeteilt werden, etwa Frequenzbänder für mobile Kommunikationsdienste oder für Rundfunk. Diese Traditionalisten sind bemüht, die hergebrachte Ordnung – vor allem im Rahmen der CEPT/ITU-Regulierung – zu bewahren und die Rechte der aktuellen Nutzer zu schützen. Die Zuteilung von Frequenzen erfolgt im Rahmen der vorgefertigten Aufteilung des Frequenzspektrums nach technischen Kompatibilitätsgesichtspunkten, d.h. der neue Nutzer muss nachweisen, dass er für die bestehenden Nutzer keine Störungen verursacht. Die Vermeidung von Interferenzen ist hier das oberste Ziel der Frequenzverwaltung, und der Regulierer entscheidet, welche Technologien wo genutzt werden können.

Dem gegenüber steht die Seite der Reformer, die ebenfalls die Vermeidung von Interferenzen als Handlungsmaxime begreifen, jedoch in der möglichst effizienten Nutzung der Frequenzen das oberste Ziel der Frequenzverwaltung sehen. Dabei kann die effiziente Nutzung von Radiofrequenzen unter verschiedenen Gesichtspunkten betrachtet werden, wobei alle Mitgliedstaaten bei der Frequenzverwaltung letztlich dasselbe Ziel haben, „nämlich die optimale Nutzung dieser Ressource für das ‚allgemeine Wohl' der Gesellschaft" (EK 2005h: 5). Die Kommission hat bereits unmittelbar nach Veröffentlichung des Grünbuchs 1998 die effiziente Nutzung von Radiofrequenzen immer wieder in unterschiedlicher Art und Weise thematisiert: Denn es bestehe zwar kein Konsens über den Begriff „effizient", dennoch müssten Frequenzen so flexibel wie möglich bereitgestellt werden, um zu vermeiden, dass die Regulierung Engpässe schaffe. Dazu sei es notwendig, dass nicht nur kommerzielle Anbieter, sondern auch öffentliche Nutzer effiziente Technologien einsetzen (EK 2004b).

Der Kern des Effizienz-Frames, der von den Reformern vertreten wird, besteht in der Annahme, dass Engpässe in der Verfügbarkeit von Frequenzen auch durch eine inflexible Frequenzverwaltung geschaffen werden und dass die Innovationskraft im Bereich der drahtlosen Technologien dazu führt, dass Frequenzen immer effizienter genutzt werden können. Die effiziente Nutzung von Radiofrequenzen kann also auch einer künstlichen Verknappung gegenüberstehen, die durch die traditionelle Regulierung verursacht wird. Dies ist vor allem dann der Fall, wenn bestehende Nutzer keine Anreize oder Möglichkeiten haben, moderne Technologien einzusetzen. Aus dieser Perspektive wird sowohl von Frequenznutzern, die in ihren Frequenzbändern bereits Dienstleistungen anbieten, als auch von potenziellen Frequenznutzern verlangt, möglichst moderne Technologien einzusetzen. Die Grundfrage lautet also, welche Anreize und Möglichkeiten bestehende Frequenznutzer haben, innovative neue Technologien einzusetzen, um die daraus resultierenden Effizienzgewinne, d.h. die Teile der Radiofrequenzen, die dann nicht mehr gebraucht würden, für neue Nutzer zur Verfügung zu stellen. Mit dem Effizienz-Frame stellen die Reformer also einen argumentativen Zusammenhang her zwischen modernen Technologien und der traditionellen Art, Radiofrequenzen zu regulieren. Letzterer wird ein flexibles Regulierungskonzept von Radiofrequenzen gegenübergestellt, in dem die Nutzung von Frequenzen nicht mehr für bestimmte Technologien festgeschrieben wird (EK 2007g) und in dem Nutzer die Möglichkeit haben, nach ökonomischen Gesichtspunkten über die Verwendung von Frequenzen zu entscheiden (EK 2005g).

Während sich unter den Mitgliedstaaten sowohl eher reform- als auch eher traditionalistisch orientierte Politikdesigner und Regulierer finden, hat sich die Kommission in diesem Frame-Konflikt klar positioniert und nutzt ihre Handlungsgelegenheiten, um die Reform der europäischen Frequenzregulierung voranzutreiben. Sie geht bei ihrem Ansatz einer flexibleren Regulierung vom Phänomen der technologischen Konvergenz aus, d.h. von der Tatsache, dass in zunehmendem Maß Geräte und Dienstleistungen über verschiedene Wege zum Kunden kommen können. Wenn zum Beispiel Fernsehen über das Internet verbreitet wird, lassen sich letztlich auch solche Frequenzbänder für mobile Datenkommunikation nutzen, die für die Ausstrahlung von Fernsehprogrammen vorgesehen waren. Ausgehend von diesem Phänomen der technologischen Annäherung, das zugleich ein zentraler Ausgangspunkt für die i2010-Initiative ist, argumentiert die Kommission für einen flexibleren Regulierungsansatz für Frequenzen, der den Schutz bestehender Nutzer und den Zugang neuer Technologien zu Radiofrequenzen ermöglicht. Insofern verändert die von der Kommission vertretene flexible Regulierung von Radiofrequenzen auch deren Wahrnehmung grundlegend. Denn was traditionsgemäß Frequenzbänder für den Rundfunk und die Verbreitung von Radio- und Fernsehprogrammen waren, kann in Zukunft auch durch andere Dienste genutzt werden, etwa mobile Datenkommunikation.

Ein solcher Wandel der Wahrnehmung von Frequenzen muss natürlich von den beteiligten Akteuren im Politikfeld nachvollzogen werden. Angesichts der hohen Abhängigkeit vom Kooperationswillen der Mitgliedstaaten in diesem Politikfeld muss die Kommission einen politischen Diskurs initiieren, mit dem sie in der Lage ist, die Vorteile einer flexiblen Frequenzregulierung innerhalb der EU zu konkretisieren. Ausgehend von unserem Untersuchungsansatz wäre also zu vermuten, dass die EU-Kommission einen Politik-Frame definiert, mit dem anhand eines konkreten Beispiels der Wert einer flexiblen Regulierung diskutiert werden kann und mit dem die relevanten Interessenträger in den Diskurs eingebracht werden können. Am Beispiel der so genannten *Digitalen Dividende* werden wir im nächsten Abschnitt sehen, wie das im Einzelnen aussehen kann und welche Wirkung ein solcher Frame auf die Eingaben der relevanten Interessenträger hat.

Wir können also festhalten, dass die Kommission für das Politikfeld der Radiofrequenzpolitik seit 1998 eine Frame-Hierarchie aufgebaut hat, die notwendig ist, um unter den spezifischen Kooperationsanforderungen Politikvorhaben voranzutreiben. Mit den Frames wird der politische Diskurs sowohl auf der Ebene der EU-Organe geführt, wo die Begründung der Regelungskompetenz im Vordergrund steht, als auch mit den Frequenzverwaltungen in den Mitgliedstaaten, wo vor allem die Reform der Frequenzregulierung begründet werden muss. Insofern können wir drei Arten von Politik-Frames (Legitimation, Reform und Politikvorhaben) nach ihrer Funktion für die Politikdesigner unterscheiden.

Dabei wird deutlich, dass für die Legitimations-Frames und die Politik-Frames einzelne Begründungen aus anderen EU-Politikfeldern verwendet werden, während in den Begründungszusammenhängen für die Reform-Frames eher auf übergreifende Politikstrategien der EU zurückgegriffen wird. In Bezug auf den Regulierungsgegenstand haben wir außerdem einen Frame-Konflikt identifiziert, der sich auf die Frage zurückführen lässt, wie die effiziente und störungsfreie Nutzung von Frequenzen am besten sichergestellt werden kann.

Im nächsten Abschnitt können wir nun am Beispiel der Digitalen Dividende den Zusammenhang zwischen den Politik-Frames und den Interessen der unterschiedlichen Frequenznutzer in den Vordergrund rücken und daran überprüfen, welchen Einfluss die Politik-Frames auf den politischen Diskurs haben. Dabei gilt es zu daran zu erinnern, dass in dem Maße in dem die Kommission eine bestimmte Frequenznutzung favorisiert, auch die entsprechenden Interessenträger am Erfolg der Politikdesigner interessiert sind.

10.3 Die „Digitale Dividende“ oder die Kosten des Nichthandelns

Die Kommission ist in der Radiofrequenzpolitik darauf angewiesen, ihre Politikvorhaben möglichst umfassend zu begründen. Darüber hinaus basiert das Flexibilisierungskonzept, mit dem die Reform der Frequenzregulierung vorangetrieben wird, auf dem technologischen Fortschritt bei drahtlosen Technologien und dem Phänomen der Konvergenz. Vor diesem Hintergrund ist die „Digitale Dividende“ ein Musterbeispiel dafür, wie durch die Etablierung eines Politik-Frames Interessenträger in den politischen Diskurs eingebunden werden können, um mit den Kosten des Nichthandelns ein europäisches Politikvorhaben zu begründen. Angesichts der komplexen Rahmenbedingungen, unter denen die europäische Frequenzpolitik in Zusammenarbeit mit den Mitgliedstaaten Politik-Frames etabliert, können wir an diesem Beispiel das kognitive Zusammenspiel der Akteure näher untersuchen. Was ist also die Digitale Dividende?

10.3.1 Die Formulierung einer Handlungsgelegenheit

Die Kommission beschreibt 2007 in ihrer Mitteilung zur Ausschöpfung der Digitalen Dividende in Europa diese als „eine einzigartige Gelegenheit zur Deckung des rasch wachsenden Frequenzbedarfs drahtloser Kommunikationsdienste" (EK 2007c: 3). Der Hintergrund für diese Wortschöpfung ist die Abschaltung der analogen Rundfunktechnologie in Europa, die seit Anfang der 90er Jahre vorangetrieben wird. Durch die Umstellung der terrestrischen Fernsehübertragung von Analog- auf Digitaltechnik werden die höheren Übertragungseffizienzen der Digitaltechnik genutzt. Damit werden weniger Funkfrequenzen benötigt, um die gleiche Anzahl an Fernsehprogrammen landesweit übertragen zu können. Durch digitale Datenkomprimierungssysteme können sechs bis acht digitale Standard-Fernsehkanäle in einem Frequenzbereich übertragen werden, der zuvor von einem einzigen analogen Fernsehkanal belegt war.

Es handelt sich also um ein konkretes Beispiel für den postulierten Zusammenhang zwischen dem Einsatz moderner Übertragungstechnologien und der effizienteren Nutzung des Frequenzspektrums. Die Kommission hat diesen Zusammenhang bereits Anfang der 90er Jahre thematisiert und seitdem ein Politikvorhaben zur Digitalen Dividende entwickelt. Dabei spielen nicht die Planungen der Rundfunkanbieter und die wachsende Mobilfunknutzung eine Rolle, sondern es ist der Kommission gelungen, eine Reihe regulierungspolitischer Konzepte, allen voran die Flexibilisierung der Frequenzregulierung, mit einem konkreten Ziel zu verbinden und sukzessive in Europa durchzusetzen. Bevor wir jedoch auf die Verbreitung der Frames durch die Kommission eingehen, gilt es zunächst, den Dividende-Frame näher zu beschreiben.

Der Ausgangspunkt des Frames ist die Tatsache, dass durch die Umstellung der Übertragungstechnologie im Rundfunkbereich vormals durch den Rundfunk belegte Frequenzen potenziell frei werden. Es geht also bei der Digitalen Dividende um die Nutzung dieser Frequenzen. Dabei deutet schon der Begriff Digitale Dividende darauf hin, dass es sich bei den Frequenzen um ein wertvolles Gut handelt, gleichsam um eine Dividende für Investitionen, die getätigt werden müssen.

Diese Interpretation ist auch insofern zutreffend, als die Investition in die Technologie und der Nutzen der frei werdenden Rundfunkfrequenzen in der Tat eine wichtige Grundlage für den politischen Diskurs darstellen, weil beide ungleichmäßig verteilt sind. Die Kosten für die Umstellung der Rundfunktechnologie liegen in erster Linie bei den Rundfunkanbietern, aber auch bei den Verbrauchern bzw. Empfängern von Rundfunkangeboten, die sich neue Empfangsgeräte oder entsprechende Zusatzgeräte kaufen müssen. Der Nutzen der Technologie liegt allerdings nicht ausschließlich bei den Rundfunkanbietern, sondern potenziell auch bei anderen Nutzern des Frequenzspektrums. Denn obwohl die Rundfunkanbieter mit der neuen Technologie mehr Programme übertragen können, als es vorher der Fall war, bleibt immer noch ein großer Teil der Frequenzen ungenutzt, weil die Effizienzsteigerung eine sechs- bis achtfache Nutzung ermöglicht. Insofern spricht die Kommission davon, dass als Digitale Dividende nur die Frequenzen bezeichnet werden können, „die in einem vollständig digitalen Umfeld nach Deckung des Frequenzbedarfs der bestehenden Rundfunkdienste einschließlich gemeinwirtschaftlicher Verpflichtungen zusätzlich verfügbar sind" (EK 2007c: 3).

Neben den Rundfunkanbietern kann es also noch weitere Nutznießer der Digitalen Dividende geben. Denn die Kommission geht davon aus, dass die Digitale Dividende in Bezug auf die Frequenzkapazität die in den meisten Mitgliedstaaten für Mobilfunkanwendungen zur Verfügung stehenden Frequenzen übersteigt. Zudem liegen diese Frequenzen in einem technisch besonders attraktiven Teil des Spektrums. Dieser ermöglicht es, ein optimales Verhältnis zwischen Übertragungskapazität und Reichweite einzurichten, und erleichtert es besonders Mobilfunkanwendungen, mit weniger Infrastrukturkosten ein größeres Sendegebiet abzudecken. In Bezug auf die Nutzung der Digitalen Dividende lassen sich in der Debatte zwei grundlegende Akteur-Frames erkennen, der Rundfunk-Frame und der Mobilfunk-Frame, auf die wir zurückkommen werden.

Die politische Fragestellung in Bezug auf die Digitale Dividende ist also die nach der zukünftigen Nutzung der frei werdenden Frequenzen. Als Handlungsgelegenheit für die Politikdesigner in der Europäischen Kommission kommt die Frage hinzu, inwiefern eine Koordinierung auf europäischer Ebene für die Nutzung sinnvoll und begründbar ist bzw. einen Mehrwert darstellen kann. Wir müssen daher zunächst untersuchen, wie sich der Dividende-Frame zur Wiederverwendung ehemaliger Rundfunkfrequenzen zugunsten des Frequenzbedarfs drahtloser Kommunikationsdienste auf europäischer Ebene entwickelt hat. Dabei müssen wir auch berücksichtigen, dass Rundfunkfrequenzen eines der Kerngebiete sind, die durch internationale Koordinierungsgremien im Rahmen der ITU reguliert werden. Insofern mussten die Politikdesigner in der Kommission bei der Wiederverwendung der Frequenzen innerhalb der EU auch den ITU/CEPT-Regulierungsrahmen berücksichtigen. Interessenträger können sich also auf diesen etablierten Regulierungsrahmen berufen und die damit verbundenen Akteurnetzwerke sind deswegen für den politischen Diskurs in der EU von entscheidender Bedeutung. Darüber hinaus gibt es eine Reihe wirtschaftlicher Aspekte, die u.a. dazu führen, dass sich die digitale Technologie im Rundfunk in den verschiedenen Mitgliedstaaten der EU nicht gleichmäßig schnell durchsetzt.

10.3.2 Von der Einführung des Digitalfernsehens zum Dividende-Frame

Die Einführung des Digitalfernsehens ist als Ausgangspunkt für die Entwicklung des Dividende-Frames zu betrachten, nicht zuletzt, weil nur durch das Digitalfernsehen Frequenzen frei werden und einer neuen Nutzung zugeführt werden können. Die Europäische Kommission hat sich schon 1993 in einem Orientierungsrahmen für die Gemeinschaftspolitik zur Einführung des Digitalfernsehens geäußert (EK 1993). In diesem Zusammenhang geht die Kommission auf die Vorteile der Digitaltechnologie im Rundfunkbereich ein und nennt bereits damals die effizientere Nutzung des Frequenzspektrums als einen möglicherweise entscheidenden Vorteil, denn Berechnungen hätten ergeben, dass durch den Einsatz von Digitaltechniken bei einwandfreier Planung die Effizienz der Spektrumsausnutzung um das Dreißig- bis Vierzigfache gesteigert werden könne (EK 1993: 4).

Obwohl sich die Mitteilung detailliert mit den verschiedenen technischen Entwicklungen im digitalen Fernsehbereich beschäftigt, werden bereits hier die Auswirkungen auf die Frequenznutzung angesprochen, und es wird ein Zusammenhang hergestellt zwischen der effizienteren Nutzung und der Notwendigkeit, die Technologie einzuführen. Außerdem wird der Koordinierungsbedarf thematisiert, wenn die Vorteile der digitalen Fernsehtechnologie in Europa ausgeschöpft werden sollen. Insofern bilanziert die Kommission 1993:

> „Das Frequenzspektrum ist eine überaus wertvolle und begehrte natürliche Ressource, und wenn die neue Technologie eine drastische Effizienzsteigerung ermöglicht, wird die Beibehaltung des derzeitigen Status quo mit der Zeit inakzeptabel" (EK 1993: 13).

Daraus zieht die Kommission die Schlussfolgerung, dass die Mitgliedstaaten für die Einführung der Digitaltechnologie realisierbare Strategien zur Umstellung auf das künftige Frequenzplanungssystem entwickeln müssten. Dazu sei es notwendig, dass die Mitgliedstaaten und die Gemeinschaft die notwendigen Entscheidungen treffen und koordinieren, um die Vorteile der Technologie in der Praxis gewährleisten zu können. Neben der verbesserten Frequenznutzung werden potenzielle Vorteile in Bezug auf die Dienstqualität, die flexiblere Bereitstellung und die Implementierung globaler Informationsnetze durch die Digitaltechnologie hervorgehoben. Bereits 1993 wird die Einführung des Digitalfernsehens als Handlungsgelegenheit erkannt, die es erfordere, dass die Kommission einen Dialog mit und zwischen den Mitgliedstaaten einleite, um die künftigen Anforderungen an die Frequenzplanung für den digitalen Rundfunk und die zugehörigen Dienste festzustellen. Sie folgert, dass die Entwicklung und die Umsetzung kohärenter Strategien für die Umstellung vom derzeitigen Analogfernsehen auf das künftige Digitalsystem eine tief greifende Diskussion erfordere. Die Mitgliedstaaten müssten daher „praktische, realisierbare Strategien für die Umstellung vom derzeitigen auf das künftige Frequenzplanungssystem“ entwickeln (EK 1993: 13)

Ende der 1990er Jahre, als sich die Absichtserklärungen der Rundfunkbetreiber konkretisierten und die Zeitpläne zur Einführung bestätigt wurden, erlebte die frequenzpolitische Handlungsgelegenheit unter der Leitung von Erkki Liikanen, dem neuen Kommissar für die Informationsgesellschaft, eine Renaissance. Nach einer Reihe von Vorarbeiten wurde der Übergang vom analogen zum digitalen Rundfunk 2003 erneut in einer Mitteilung thematisiert (EK 2003c). Vor dem Hintergrund der Einführung der digitalen Technologie in einigen Mitgliedstaaten war es das Ziel der Europäischen Kommission, die Möglichkeiten, die eine bessere Frequenzausnutzung bieten würde, in Europa zu realisieren. Insofern kann die Mitteilung zum Übergang vom analogen zum digitalen Rundfunk von 2003 als Auftakt des Diskurses um die Digitale Dividende gesehen werden, denn hier findet sich zum ersten Mal eine konkrete Ausgestaltung des Dividende-Frames.

Unter dem Stichwort „Frequenzverwaltung“ thematisiert die Kommission die Freigabe von Frequenzen in einer Größenordnung von mehreren hundert Megahertz. Dabei argumentiert sie zunächst unter dem Stichwort der Verknappung von Frequenzen, dass für eine lange Übergangsphase analoge und digitale Systeme parallel ausgestrahlt werden müssten und dadurch tatsächlich eine Verknappung von Frequenzen im Rundfunkbereich eintreten könnte. Ausgehend von dieser Beobachtung positioniert die Kommission 2003 den neuen Mechanismus der Radiofrequenzentscheidung als möglichen Ausweg auf europäischer Ebene, um die Anforderungen für harmonisierte Frequenzen im Rahmen einer Gemeinschaftspolitik erfüllen zu können.

Dabei werden drei Aspekte angesprochen, die ein Tätigwerden auf europäischer Ebene sinnvoll erscheinen lassen. Es wird (1) die Frage gestellt, auf welche Weise die Neuzuweisung einer Digitalen Dividende erfolgen soll sowie welche der verschiedenen Nutzungsmöglichkeiten von neuen und verbesserten Fernseh- und Hörfunkdiensten über zusätzliche Programme oder aber andere drahtlose Dienste oder konvergente Dienste für die frei werdenden Frequenzen vorgesehen sind. Ein weiteres Tätigkeitsfeld ist (2) die grenzüberschreitende Dimension der Abschaltung analoger Sender. Denn auch die analogen Sender in einem Nachbarland können die Wiederverwendung der Frequenzen potenziell stören und machen daher eine grenzüberschreitende Koordination notwendig. Und schließlich wird (3) die Tatsache thematisiert, dass im Rahmen der ITU bereits für 2004 und 2006 regionale Funkkonferenzen geplant sind, in denen der Übergang von der analogen zur digitalen Rundfunktechnologie koordiniert werden soll. Diese Regelungen auf ITU-Ebene bergen aber aus Sicht der Kommission die Gefahr, dass es zu einer Einschränkung der technologischen Möglichkeiten für die Wiederverwendung kommt und dass die politischen Ziele der EU in diesen Verhandlungen nicht berücksichtigt werden. Die Kompetenzkonkurrenz zwischen der ITU und der Kommission klingt hier ebenso an wie eine erste Kontrastierung des Handlungsfeldes für die Politikdesigner.

Vor diesem Hintergrund wird der Dividende-Frame 2003 von der Kommission folgendermaßen detailliert: Es wird als gerechtfertigt angesehen, dass die EU politische Leitlinien für die Frequenzverwaltung und den digitalen Übergang überarbeitet, um Ziele des Binnenmarkts zu erreichen. Dabei sollten nach Möglichkeit die drei angesprochenen Aspekte berücksichtigt werden. Dazu gehören die Mechanismen für die Neuzuweisung und Neuverteilung von Frequenzen, die Organisation und der Zeitplan der Umstellung und die zukünftige Nutzung der frei werdenden Frequenzen. Dabei hebt die Kommission die Notwendigkeit hervor klarzustellen, wie die „tatsächlichen Interessenlagen" bei der Umstellung aussehen, und dabei insbesondere der Frage nachzugehen, „wer vom Umstieg wann und in welcher Form profitiert" (EK 2003c: 26f). Dahinter verbirgt sich vor allem der Interessengegensatz der Mobilfunk- und Rundfunkakteure.

Die Kommission begründet die Notwendigkeit dieses Politikvorhabens auch mit der digitalen Konvergenz, d.h. der Verschmelzung digitaler Dienste und Medien, die aus Sicht der Kommission eine flexible Verwaltung von Netzkapazitäten für Kommunikationsdienste einschließlich der Frequenzen und eine horizontale Regulierung erfordert. In diesem Zusammenhang wird attestiert, dass die derzeitigen Frequenzzuteilungskonzepte die Effizienz und Flexibilität vermissen lassen, die notwendig wäre, um mit der Entwicklung der Technologie und des Markts Schritt zu halten. Außerdem wird konstatiert, dass der fragmentierte Ansatz für Frequenzgenehmigungsbedingungen in den EU-Mitgliedstaaten unter Umständen ein Hindernis für den Binnenmarkt im Bereich der drahtlosen Kommunikation darstelle. In diesem Zusammenhang plädiert die Kommission dafür, die Nutzung von Frequenzen und die damit verbundenen Opportunitätskosten in den Blick zu nehmen (EK 2003c).

Dieser Aspekt korrespondiert mit dem regulierungspolitischen Ziel der Kommission, den Frequenzhandel in der EU zu ermöglichen. Er wird aber in diesem Zusammenhang als Grundlage für die Frequenzpolitik in der EU genannt, die hinsichtlich der Netzkapazität „das oberste Ziel der Förderung einer effizienten Nutzung des Frequenzspektrums" verfolgt, „indem Transparenz hinsichtlich der Opportunitätskosten einer alternativen Nutzung des Spektrums geschaffen wird". Betont wird zudem, dass der Rückgriff auf Marktmechanismen für die Bewertung des Frequenzspektrums „nicht gleichbedeutend mit Bezahlung" sei (EK 2003c: 29). An diesem Hinweis zeigt sich ein Frame-Konflikt zwischen der Rundfunk- und der Mobilfunkseite, denn während Letztere es gewohnt sind, für den Frequenzzugang zu bezahlen, ist diese Dimension der essentiellen Ressource für Rundfunkbetreiber neu.

10.3.3 Die Digitale Dividende als Reform-Frame

Mit diesem Auftakt der Debatte ist also der Dividende-Frame umrissen, mit dem zum einen gesagt wird, dass die Verwendung von Frequenzen mit Blick auf die Opportunitätskosten betrachtet werden müsse, und zum anderen, dass sowohl die Regulierung von Frequenzen auf der Ebene der ITU als auch die nationalen Zeitpläne zur Einführung des digitalen Rundfunks direkte Auswirkungen auf den Wert der Digitalen Dividende haben können. 2005 konkretisiert die Kommission den Politik-Frame dann in ihrer Mitteilung über die Beschleunigung des Übergangs vom analogen zum digitalen Rundfunk (EK 2005c). Denn ausgehend von der Feststellung, dass ein „erheblicher ökonomischer Vorteil" in den zusätzlichen Frequenzkapazitäten liege, die im Zug der Abschaltung des analogen terrestrischen Fernsehens frei werden, identifiziert die Kommission „eine einmalige Gelegenheit für die Wiederverwendung hochwertiger Frequenzspektren zur Bereitstellung konvergenter Dienste", die für neue grenzüberschreitende und europaweite elektronische Kommunikationsdienste genutzt werden könnten (EK 2005c: 3). Der Frame stützt sich also jetzt auf die Wahrnehmung der Digitalen Dividende als eines ökonomischen Vorteils und konkretisiert bereits Wiederverwendungsmöglichkeiten. Um diese Vorteile allerdings zu realisieren, müssen die Mitgliedstaaten aus Sicht der Kommission zwei Hauptbedingungen erfüllen. Zum einen müssen die Frequenznutzungspläne der Mitgliedstaaten hinreichend flexibel sein, um andere elektronische Kommunikationsdienste neben dem digitalen Rundfunk zu ermöglichen, zum anderen sollten die Mitgliedstaaten einen Teil des Kapazitätsgewinns für europaweite Dienste verfügbar halten.

Interessant ist dabei, dass nähere Angaben über die zukünftige Nutzung des frei werdenden Spektrums gemacht werden. Dabei wird auch die Effizienzsteigerung bei der Frequenznutzung nach Angaben der Mitgliedstaaten in ihren Übergangsplänen quantifiziert, indem gesagt wird, dass die Frequenznutzung bei digitalem terrestrischem Fernsehen drei bis sechs Mal effizienter ist als bei analogem Fernsehen. Als Beispiele für die Wiederverwendung des Frequenzspektrums werden an erster Stelle neue oder bessere Rundfunkdienste, z.B. zusätzliche Programme, programmspezifische Zusatzinformationen, bessere Bildqualität etc., genannt. Danach folgen so genannte konvergente Dienste, die eine Kombination der Funktion von Mobiltelefonie und terrestrischem Rundfunk darstellen, und an dritter Stelle neue elektronische Kommunikationsdienste, ein Begriff, mit dem innovative Frequenzanwendungen ähnlich der WLAN-Hotspots gemeint sind.

Darüber hinaus wird der Politik-Frame auch in Bezug auf die Handlungsmöglichkeiten auf europäischer Ebene weiter konkretisiert. Zum einen geht es dabei um die Koordination der Zeitpläne des Übergangs von analoger zu digitaler Technologie, weil die Vorteile der Frequenzwiederverwendung nur dann genutzt werden können, wenn der Übergangsprozess auf nationaler Ebene abgeschlossen worden ist. Zum anderen geht es um die Vertretung der EU-Interessen in den anstehenden Funkkonferenzen im Rahmen der ITU, vor allem der regionalen Funkkonferenz 2006, in der die Mitgliedstaaten dafür Sorge tragen müssen, dass die Möglichkeiten zur flexiblen Nutzung der ehemals durch das analoge Fernsehen genutzten Frequenzbänder sichergestellt werden.

Insofern wird ein gemeinsamer Abschaltungstermin für die analoge Übertragung in Verbindung gebracht mit dem ökonomischen Vorteil, den die frei werdenden Frequenzressourcen bieten, und der Notwendigkeit, dass die Neuvergabe der Frequenzen eine flexiblere Regulierung erfordert. Die Mitgliedstaaten müssen also die flexible Zuweisung sowohl im Rahmen der ITU als auch in ihren eigenen Frequenzregulierungen sicherstellen, um eine flexiblere Nutzung der Bänder zu ermöglichen. Die Kommission detailliert die EU-Dimension der Umschaltung und nennt (1) die Rechtssicherheit für die Marktakteure in Bezug auf die Nutzung der Frequenzen, (2) die Möglichkeit, grenzüberschreitende europaweite Funkdienste einführen und damit entsprechende Größenvorteile realisieren zu können, und (3) die grenzüberschreitende Dimension der Abschaltung bzw. die Probleme, die durch die Nichtabschaltung in Nachbarländern entstehen können.

Die Kommission schlägt vor, die Analogabschaltung in allen Mitgliedstaaten bis Anfang 2012 durchzuführen, und plädiert dafür, in Bezug auf die Nutzung der frei werdenden Frequenzen alle Anwendungen in Betracht zu ziehen und im Verfahren zur Zuweisung und Zuteilung einen fairen Zugang für alle potenziellen Nutzer zu gewährleisten. Außerdem befürwortet sie die Verfügbarkeit eines Teils der frei werdenden Frequenzen für die Einführung neuer europaweiter Dienste und Anwendungen (EK 2005c: 11). Dieses Politikvorhaben zur Digitalen Dividende wird im zweiten Jahresbericht mit den Lissabon-Zielen verknüpft, denn die Mitgliedstaaten hätten mit der optimalen Nutzung dieser Ressource für das Allgemeinwohl letztlich dasselbe Ziel. Unter dem Stichwort „Umsetzung einer flexiblen Frequenznutzung" wird angekündigt, dass die Frequenzkapazitätsgewinne der Digitalen Dividende genutzt werden sollen, um die Ziele der Lissabon-Agenda durch die Einführung innovativer europaweiter Nutzungen von Teilen des frei gewordenen Funkspektrums zu unterstützen (EK 2005h: 8). Damit wird ein direkter Zusammenhang hergestellt zwischen dem „Abbau künstlicher Beschränkungen, insbesondere zwischen dem Rundfunk und der Mobilkommunikation", und den Zielen der Lissabon-Strategie (EK 2005h: 3).

Zwei Jahre später, Anfang 2007, wird der Politik-Frame der Digitalen Dividende auch in Bezug auf die damit verbundenen Regulierungskonzepte noch einmal erweitert und direkt mit den Reformvorhaben zur Einführung von mehr Flexibilität in der Frequenzregulierung in Europa verknüpft. In der Mitteilung über den zügigen Zugang zu Frequenzen für drahtlose elektronische Kommunikationsdienste wird die Festschreibung bestimmter technischer Verfahren für

Frequenzen als Nachteil für die Innovationsfähigkeit Europas dargestellt (EK 2007g). Folglich wird auch die Digitale Dividende als ein Bereich genannt, in dem die starre Zuweisung von Technologien ein Problem darstellt, weil für diese Frequenzen aus historischen Gründen nur Rundfunkanwendungen zugelassen sind. Aus Sicht der Kommission ist die flexible Regulierung der Frequenzen der Digitalen Dividende eine dringende Priorität, um sicherzustellen, dass diese Ressourcen durch neue Dienste wie Mobilfernsehen, aber auch für die Ausdehnung aller möglichen Arten drahtloser elektronischer Kommunikationsdienste auf ländliche Gebiete genutzt werden können. Mit der Digitalen Dividende und dem Ziel, die frei werdenden Frequenzen möglichst optimal zu nutzen, wird also ein konkretes Beispiel für die Notwendigkeit genannt, in Europa ein neues, flexibles Frequenzregulierungsregime einzuführen.

10.3.4 Die Digitale Dividende als Wirtschaftsfaktor

Insofern geht auch der Dividende-Frame auf den grundsätzlichen Frame-Konflikt der Radiofrequenzpolitik zwischen der traditionellen, flexiblen und technologieneutralen Regulierung ein, die auf der europäischen Ebene vorangetrieben wird.[39] Vollständig eingepasst in die Frame-Hierarchie des Politikfelds wird der Dividende-Frame dann durch die Mitteilung zur „Ausschöpfung der Digitalen Dividende in Europa", mit der ein gemeinsames Konzept für die Nutzung der durch die Digitalumstellung frei werdenden Frequenzen vorgeschlagen wird (EK 2007c). In dieser Mitteilung wird nicht nur die Digitale Dividende weiter konkretisiert, sondern es wird auch eine Verknüpfung hergestellt zwischen diesem Politik-Frame und den Breitbandzielen, die in der Zwischenzeit durch i2010 und die einschlägigen Schlussfolgerungen des Rates zur europäischen Politik geworden waren.

Auf dieser Basis hat die Kommission die Digitale Dividende wie wir gesehen haben als „eine einzigartige Gelegenheit zur Deckung des rasch wachsenden Frequenzbedarfs drahtloser Kommunikationsdienste" definiert (EK 2007c: 3). Dadurch würden ausreichende Frequenzkapazitäten frei, um den Rundfunkveranstaltern eine erhebliche Weiterentwicklung und Erweiterung ihrer Dienste zu ermöglichen und gleichzeitig den Zugang zu dieser wertvollen Ressource für andere, sozial und wirtschaftlich wichtige Anwendungen zu gewährleisten, z.B. für Breitbandanwendungen zur Überwindung der digitalen Kluft. Die Digitale Dividende könne also zu einer „Win-Win-Situation" für alle Beteiligten werden und Maßnahmen auf diesem Gebiet würden auch „die i2010-Initiative voranbringen,

39 Vgl. dazu auch oben Kapitel 10.2.6 „Radiofrequenzpolitik als Frame-Konflikt".

die Teil der erneuerten Lissabonner Strategie ist, in der die Bedeutung der IKT als wichtige Triebkraft für Innovationen und Produktivitätssteigerungen zugunsten von Wachstum und Beschäftigung betont wird" (EK 2007c: 3).

Damit ist die Digitale Dividende als wichtiger Baustein im Rahmen von i2010 und der Lissabonner Strategie positioniert[40], wodurch vor allem Breitbandanwendungen als Nutzer für diese zukünftigen Frequenzen in den Vordergrund gerückt und Anknüpfungspunkte für die entsprechenden Akteur-Frames geschaffen werden. In diesem Zusammenhang ist außerdem interessant, dass mit der digitalen Kluft ein entscheidendes Alleinstellungsmerkmal für frequenznutzende Breitbandtechnologien genannt wird. Denn nach den Breitbandzielen, die sich die EU im Rahmen der i2010-Strategie gegeben hat, ist es in manchen geografischen Gegenden ökonomisch nicht durchführbar, kabelgebundene Breitbandnetze zu legen. Sehr wohl könnten aber unter Umständen drahtlose Breitbandanwendungen diese Gebiete versorgen – wenn die entsprechenden Frequenzen zur Verfügung stehen.

Ein anderer Anknüpfungspunkt betrifft die dezidierte Erwähnung der Rundfunkveranstalter und der Erweiterungsmöglichkeiten ihrer Dienste. Dieser Aspekt ist ein Hinweis auf die laufende Debatte mit den Interessenträgern und die Tatsache, dass die bisherigen Nutzer des Frequenzspektrums nicht nur eine Kompensation für die Frequenzen erwarten, sondern nach wie vor auch eigene Nutzungsinteressen geltend machen. Denn wenn die Kommission sich einerseits auf Breitbanddienste als präferierte Nutzung der Digitalen Dividende festlegt, muss sie im Gegenzug auch die Entwicklungsmöglichkeiten der Rundfunkanbieter benennen. Entsprechend hat sich zwischen 2005 und 2007 die Reihenfolge geändert, in der die Kommission mögliche Nutzer für die frei werdenden Frequenzen nennt. 2007 werden drahtlose Breitbandkommunikationsdienstleistungen an erster Stelle genannt und mit dem Ziel verknüpft, die digitale Kluft insbesondere in abgelegenen und ländlichen Gebieten zu überwinden. Außerdem werden die Produktivitätssteigerungen, die durch Breitbandanbindungen im Allgemeinen erreicht werden können, empfohlen. Erst an zweiter Stelle werden zusätzliche terrestrische Rundfunkdienste genannt und an dritter Stelle multimediale Mobilfunkdienste wie mobiles Fernsehen (EK 2007c: 5f). 2005 wurden noch neue oder bessere Rundfunkdienste an erster, „konvergente" Dienste an zweiter und neue elektronische Kommunikationsdienste an dritter Stelle genannt (EK 2005c: 7).

Interessant ist also, dass sich die potenziellen Nutzer der Frequenzen konkretisiert haben und jetzt Breitbanddienste klar mit anderen EU-Politiken, namentlich der i2010-Initiative, verbunden werden können und deshalb in der Prioritätenlis-

40 Vgl. dazu oben Kapitel 9.3.7 „Der i2010-Meta-Frame in der RFID und der Radiofrequenzpolitik".

te prominenter auftauchen, während innovative Anwendungen im Bereich der unlizenzierten Nutzung nicht mehr genannt werden. Entsprechend schlussfolgert die Kommission, dass die Digitale Dividende als das gesehen werden muss, „was sie ist, nämlich eine öffentliche Ressource mit einem außergewöhnlichen sozialen, kulturellen und wirtschaftlichen Potenzial". Ihr wirtschaftlicher Wert sei allein für die britische Volkswirtschaft für die nächsten 20 Jahre auf 7,5–15 Mrd. Euro beziffert worden, allerdings sei „nur durch Koordinierung auf EU-Ebene das Gesamtpotenzial der Digitalen Dividende zu erschließen" (EK 2007c: 6).

Verbunden mit dieser stärkeren Verknüpfung des Digitalen Dividende-Frames mit den übergreifenden Politiken der EU, wird dann auch die Rolle der EU in Bezug auf das Politikvorhaben weiter differenziert. Zum einen wird attestiert, dass die Ergebnisse der ITU-Funkkonferenzen nur relativ schmale Bänder für die zukünftige Nut zung bereitstellen und deswegen die derzeitige Situation für die Frequenzöffnung für effizientere alternative Nutzung nicht förderlich sei. Deshalb könne nur durch Koordinierung auf EU-Ebene das Gesamtpotenzial der Digitalen Dividende erschlossen werden, wovon wiederum die positiven Auswirkungen für die Wettbewerbsfähigkeit nicht nur der europäischen Informations- und Medienbranche abhingen, sondern auch die Fähigkeit, in Europa „anstehenden gesellschaftlichen und volkswirtschaftlichen Herausforderungen durch Innovation zu begegnen" (EK 2007c: 6).

Weil die ITU-Koordinierung für die zukünftigen Nutzungsmöglichkeiten inadäquat sei, müssten die Mitgliedstaaten bei der Frequenznutzungsplanung eng zusammenarbeiten und die EU-Dimension berücksichtigen, denn mit einer fragmentierten Dividende könnten die Vorteile des Binnenmarkts für innovative Produkte nicht genutzt werden. Neue Anwendungen könnten dann nur lokal oder in Nischen entstehen und daher nicht die zum Erfolg notwendigen Größenordnungen erreichen. Weil Europa es sich nicht leisten könne, „sich auf die Zuschauerrolle zu beschränken", müssten die zentralen Fragen der Digitalen Dividende strategisch angegangen werden, um besonders im Wettbewerb mit den USA und Japan die Position des europäischen Telekommunikations- und IT-Sektors zu stärken (EK 2007c). Die Kommission zieht also die Schlussfolgerung, dass die Digitale Dividende eine einmalige Gelegenheit darstellt, „dem gesamten Sektor der Drahtloskommunikation sowie der Rundfunkbranche eine neue Dynamik zu verleihen", und damit einen erheblichen Beitrag zur Verwirklichung der Lissabon-Ziele für Wettbewerbsfähigkeit und Wirtschaftswachstum leisten kann. Die Vorteile der Digitalen Dividende könnten aber nur mit der Unterstützung und aktiven Zusammenarbeit der Mitgliedstaaten und aller Beteiligten sowie mit einem gemeinsamen Konzept zur Frequenznutzung vollständig verwirklicht werden (EK 2007c: 11).

Die Ausformulierung des Dividende-Frames ist 2007 also schon so weit fortgeschritten, dass eine Einbettung in die Frame-Hierarchie im Politikfeld der IKT umfassend möglich ist. Mit dem Frame ist außerdem die Umstellung von der analogen auf die digitale Rundfunktechnologie fest im Zusammenhang der europäischen Frequenzpolitik verankert worden. Weil die erfolgreiche Umsetzung allerdings weiterhin von der Zusammenarbeit der Mitgliedstaaten abhängt, ist die umfassende Begründung des Mehrwerts einer gemeinsamen Dividende auch ein Beleg dafür, dass die Kooperation der Mitgliedstaaten in diesem Politikfeld immer wieder neu begründet werden muss.

Insofern ist auch die letzte Mitteilung der Kommission, die wir in diesem Zusammenhang betrachten, von 2009 ein aussagekräftiges Beispiel. Denn in der Mitteilung über die Ummünzung der Digitalen Dividende in sozialen Nutzen und wirtschaftliches Wachstum thematisiert die Kommission erneut die ökonomischen Vorteile der europäischen Kooperation bei der Umsetzung der Digitalen Dividende (EK 2009f). Vor dem Hintergrund, dass die Frequenzen angesichts des nahenden Abschaltdatums in Europa bald verfügbar werden, sieht die Kommission die Zeit zum Handeln auf EU-Ebene gekommen. Sie kann sich dabei auf die Schlussfolgerungen des Rates und die Entschließung des Europäischen Parlaments zur Thematik berufen. Außerdem nutzt sie den Kontext der Wirtschaftskrise und der in diesem Zusammenhang etablierten Konjunkturprogramme dazu, eine argumentative Verbindung herzustellen zwischen der Notwendigkeit, ausreichende Funkfrequenzen für die drahtlose Kommunikation zur Verfügung zu stellen, und der Notwendigkeit, der gesamten Volkswirtschaft weitere Effizienzsteigerungen und Kostensenkungen zu ermöglichen und damit eine wichtige Triebkraft für die wirtschaftliche Erholung zu bieten. An dieser Stelle lassen sich erneut die Hochgeschwindigkeitsbreitbandstrukturen bzw. das Ziel, zwischen 2010 und 2013 eine 100-prozentige Breitbandversorgung und drahtlose Breitbanddienste für ländliche Gebiete zu erreichen, als legitimatorische Anknüpfungspunkte darstellen (EK 2009f: 4). In diesem Zusammenhang wird auch auf die Innovationsmöglichkeiten im Rundfunk hingewiesen, denn auch diese Akteure könnten durch die Umstellung eine große Zahl von Frequenzen für den Ausbau ihrer Dienste nutzen.

Um den Handlungsdruck auf die Mitgliedstaaten zu erhöhen, geht die Kommission sogar so weit, den monetären Mehrwert einer angemessenen europäischen Koordinierung zur Digitalen Dividende zu quantifizieren. Auf der Basis einer Studie wird festgehalten, dass der Wert der Frequenzen, die aus der Digitalen Dividende resultieren, „je nach tatsächlichem künftigem Bedarf an Diensten wie fortgeschrittenen terrestrischen Rundfunk- und Mobilfunk-Breitbanddiensten um zusätzlich 20–50 Milliarden EUR über einen Zeitraum von 15 Jahren steigen“ würde, wenn eine angemessene europäische Koordinierung vor 2015 erfolgt (EK 2009f: 4). Damit werden also der zusätzliche Mehrwert einer Koordinierung bzw. die Opportunitätskosten des Nichthandelns auf EU-Ebene quantifiziert. Gleichzeitig wird mit der Mitteilung ein Fahrplan für die Verwirklichung eines gemeinsamen Vorgehens in Bezug auf die Digitale Dividende entwickelt. Dabei werden die bereits durchgeführten technischen Vorbereitungsarbeiten ebenso genannt wie die Studien zu den sozioökonomischen Aspekten und die umfangreichen Konsultationen. Außerdem werden die Mitgliedstaaten aufgefordert, ihre Zusagen für die effektive Abschaltung der analogen Fernsehausstrahlung bis zum Januar 2012 zu bekräftigen und die dafür notwendigen Vorbereitungen zu treffen. Darüber hinaus kündigt die Kommission an, eine technische Harmonisierungsentscheidung im Funkfrequenzausschuss voranzutreiben, die die Mitgliedstaaten zwar nicht dazu verpflichtet, einen Teil der Digitalen Dividende für andere Nutzungsarten zu öffnen, die allerdings gemeinsame technische Parameter festlegt, sollte ein Mitgliedstaat dies tun. Darüber hinaus werden die Festlegung einer Mindesteffizienz für die künftige Nutzung der Digitalen Dividende und eine Reihe zukünftiger Maßnahmen mit Blick auf die Verbesserung der Nutzung der Digitalen Dividende vorgeschlagen (EK 2009f: 8ff).

Die begrenzten Handlungsmöglichkeiten der Kommission in Bezug auf die Digitale Dividende und die dennoch erfolgte feste Etablierung der Digitalen Dividende als Politik-Frame im europäischen Diskurs werden unterstrichen durch eine Empfehlung der Kommission, die zeitgleich mit der Mitteilung veröffentlicht wurde (EK 2009a). In dieser Empfehlung fordert die Kommission die Mitgliedstaaten auf, alle notwendigen Maßnahmen zu treffen, um zu gewährleisten, dass sämtliche terrestrischen Fernsehdienste die Nutzung analoger Übertragungstechniken bis zum 1. Januar 2012 einstellen. Außerdem empfiehlt die Kommission, dass die Mitgliedstaaten keine Maßnahmen treffen, die den Bemühungen entgegenstehen, harmonisierte technische Bedingungen für die Nutzung des Teilbandes der Digitalen Dividende in der EU einzuführen. Dabei beruft sie sich sowohl auf die Forderung des Rates, eine kohärente Grundlage für die „koordinierte, nicht exklusive und unverbindliche Nutzung“ der „so genannten ‚Digitalen Dividende‘“ zu schaffen, als auch auf die Entschließung des Europäischen Parlaments zur Ausschöpfung der Digitalen Dividende in Europa, das zur Nutzung der Frequenzen eine aktive Zusammenarbeit gefordert hatte (EK 2009a).

Nachdem wir die Formulierung und Weiterentwicklung des Dividende-Frames zu einer Handlungsgelegenheit für den Politikdesigner EU-Kommission untersucht haben, können wir zunächst festhalten, dass der Begründungszusammenhang graduell an die spezifischen Rahmenbedingungen des Politikfelds angepasst worden ist. Dazu ist der Politik-Frame nicht nur von Anfang an mit unterschiedlichen politischen Anliegen verknüpft, sondern vor allem bezüglich der geplanten Nutzung der frei werdenden Frequenzen im Lauf der Debatte zunehmend konkretisiert worden.

Deutlich geworden ist auch, dass der Politik-Frame genutzt wurde, um die Kompetenzen der Kommission in Bezug auf die Frequenzplanung für die digitale Umstellung zu konkretisieren. Dabei ist hervorzuheben, dass die Designer ihre konzeptionellen Reformvorhaben argumentativ so eng mit dem Handlungsgegenstand verknüpft haben, dass beispielsweise die Flexibilisierung der Frequenzregulierung zu einer notwendigen Voraussetzung für die Realisierung der Digitalen Dividende geworden ist. In dieser Hinsicht ist die Konkretisierung der Opportunitätskosten nicht nur ein Mittel, um den Handlungsdruck auf die Mitgliedstaaten zu erhöhen und Interessenträger für das Vorhaben zu gewinnen, sondern durch die Digitale Dividende ist die Wahrnehmung von Frequenzen als essentieller wirtschaftlicher Ressource fest im Diskurs verankert worden.

Da der Frame seit 2003 weiterentwickelt worden ist und die Politikdesigner auf die Zusammenarbeit mit anderen Akteuren angewiesen sind, stellt sich die Frage, welche Schritte die Kommission unternommen hat, um den Politik-Frame zu verbreiten, und welchen Einfluss die anderen Interessenträger und Beteiligten dabei hatten. Im nächsten Schritt müssen wir daher die Rolle in Betracht ziehen, die die Mitgliedstaaten im Rahmen der RSPG bei der Entwicklung des Politik-Frames gespielt haben, bevor wir kurz auf die Reaktionen der Ko-Designer in Rat und Parlament eingehen.

10.4 Die Weiterentwicklung des Politik-Frames im Diskurs

Um einen Politik-Frame wie den der Digitalen Dividende erfolgreich etablieren zu können, muss die Europäische Kommission ihn in den politischen Diskurs einbringen und damit an die relevanten Interessenträger kommunizieren. Dazu haben die Politikdesigner in der Radiofrequenzpolitik unterschiedliche Möglichkeiten. Die erste und wichtigste besteht darin, den Frame im Rahmen der im letzten Abschnitt untersuchten Mitteilungen der Europäischen Kommission formell den Ko-Designern in den anderen Organen zur Kenntnis zuzuleiten. Dieser Weg kann beschritten werden, um die politische Aufmerksamkeit auf EU-Ebene zu nutzen, das Vorhaben voranzutreiben und durch die Reaktion politische Rückendeckung zu erlangen.

Die zweite Möglichkeit besteht darin, die vielfältigen Konsultationsinstrumente zu nutzen, um Interessenträger direkt zu Politikvorhaben zu befragen. Neben der Identifizierung der relevanten Akteur-Frames kann der Designer die Ergebnisse nutzen, um daraus ggf. indirekt politische Rückendeckung abzuleiten, etwa wenn eine überwiegende Mehrheit aller Interessenträger einen bestimmten Vorschlag unterstützt oder ablehnt. Die Kommission hat 2009 auch zur Digitalen Dividende eine Konsultation durchgeführt, die wir im nächsten Kapitel auswerten.

Angesichts der spezifischen Kooperationsanforderung im Feld der Radiofrequenzpolitik sind die Designer in Bezug auf die technischen Grundlagen von Politikvorhaben von den Experten in den Mitgliedstaaten abhängig. Insofern ist die

Verbreitung des Frames innerhalb der zentralen Diskursforen RSC und RSPG nicht nur eine Möglichkeit, sondern eine Voraussetzung dafür, den Dividende-Frame etablieren zu können. Während die Experten im RSC mit technischen Harmonisierungsmaßnahmen befasst sind, ist die RSPG für die Beratung der Kommission in strategischen Fragen der Frequenzpolitik zuständig. Die Kommission musste daher zunächst von den Mitgliedstaaten die Existenz einer Digitalen Dividende für den politischen Diskurs bestätigen lassen.

Chronologische Übersicht		
17.11.1993	Mitteilung	Digitalfernsehen. Ein Orientierungsrahmen für die Gemeinschaftspolitik
17.09.2003	Mitteilung	Übergang vom analogen zum digitalen Rundfunk
19.11.2004	RSPG-Stellungnahme	Opinion on Spectrum Implications of Switchover to Digital Broadcasting (öffentliche Konsultation: 04.02. bis 15.03.2004)
24.04.2005	Mitteilung	Beschleunigung des Übergangs vom analogen zum digitalen Rundfunk
16.11.2005	Entschließung des Europäischen Parlaments	Beschleunigung des Übergangs vom analogen zum digitalen Rundfunk
27.04.2006	Entschließung des Europäischen Parlaments	Übergang vom analogen zum digitalen Rundfunk: eine Chance für die audiovisuelle Politik in Europa und für die kulturelle Vielfalt
08.02.2007	Mitteilung	Zügiger Zugang zu Frequenzen für drahtlose elektronische Kommunikationsdienste durch mehr Flexibilität
14.02.2007	Entschließung des Europäischen Parlaments	Weg zu einer europäischen Frequenzpolitik
14.02.2007	RSPG-Stellungnahme	Opinion on the EU Spectrum Policy Implications of the Digital Dividend (öffentliche Konsultation: 30.10. bis 15.12.2006)

Chronologische Übersicht		
13.11.2007	Mitteilung	Ausschöpfung der Digitalen Dividende in Europa
13.11.2007	Entschließung des Europäischen Parlaments	Interoperabilität digitaler interaktiver Fernsehdienste
17.06.2008	Schlussfolgerungen des Rates	Ausschöpfung der Digitalen Dividende in Europa: ein gemeinsames Konzept für die Nutzung der durch die Digitalumstellung frei werdenden Frequenzen
10.07.2009-04.09.2009	Konsultation	Transforming the digital dividend opportunity into social benefits and economic growth in Europe
19.10.2009	RSPG-Stellungnahme	Opinion on the Digital Dividend (öffentliche Konsultation: 15.05. bis 30.06.2009)
28.10.2009	Mitteilung	Ummünzung der Digitalen Dividende in sozialen Nutzen und wirtschaftliches Wachstum
28.10.2009	Empfehlung	Leichtere Freisetzung der Digitalen Dividende in der Europäischen Union
06.05.2010	Beschluss	Harmonisierung der technischen Bedingungen für die Nutzung des Frequenzbands 790–862 MHz (Digitale Dividende) für elektronische Kommunikationsdienste in der Europäischen Union

10.4.1 Die Bestätigung der Digitalen Dividende durch die RSPG

In diesem Sinne hat die Kommission auch die RSPG als Beratergremium genutzt und schon 2003 in Bezug auf die Einführung der digitalen Fernsehtechnologie eine Stellungnahme angefordert (EK 2003a). In dieser Anfrage stellt die Kommission die Digitale Dividende von Beginn an in einem spezifischen Kontext zur Diskussion, der darauf ausgerichtet ist, die Vorteile des Übergangs von der digitalen zur analogen Fernsehtechnologie für die europäischen Bürger und die Wirtschaft zu maximieren. Auch die Rolle des Frequenzmanagements für den Übergang wird klar umrissen, wenn darauf hingewiesen wird, dass aufgrund der erhöhten technischen Effizienz der Digitaltechnologie Frequenzen frei werden und anderweitig genutzt werden könnten.[41] Zudem referenziert die Kommission in diesem Arbeitsauftrag an die Experten der Mitgliedstaaten die genannte eEurope-Strategie und stellt dabei insbesondere die darin enthaltenen Abschaltungsziele für die analoge TV-Übertragung als Kontext in den Vordergrund (EK 2003a).

Der Dividende-Frame wird auch insoweit in der Anfrage an die RSPG detailliert, als zum einen darauf hingewiesen wird, dass die betreffenden Radiofrequenzen ohnehin schon international harmonisiert seien, und zum anderen, dass die Möglichkeiten in Bezug auf Effizienz und Wettbewerb, die durch die Digitalisierung der TV-Technologie entstehen, bereits von den Mitgliedstaaten und der Kommission unterstützt würden. In diesem Zusammenhang fordert die Kommission eine Stellungnahme über die bevorstehenden Herausforderungen bei der Koordinierung des Übergangs an und fragt nach dem Mehrwert einer EU-weiten Koordinierung im Vorfeld der geplanten ITU-Umstellungskonferenz. Außerdem wird die Gruppe aufgefordert, zur Größe des in dem Dokument „spectrum dividend" genannten Frequenzbereichs und dessen zukünftiger Nutzung für Dienstleistungen Stellung zu nehmen. Schließlich stellt die Kommission die Frage, ob die digitale Konvergenz auch ein flexibleres Regulierungsprinzip notwendig mache. Bereits mit ihrer Anfrage an die RSPG etabliert die Kommission also den Politik-Frame der Digitalen Dividende und verbindet ihn mit weiteren Reformschritten. In dem Maß, in dem der Frame dann von den mitgliedstaatlichen Vertretern anerkannt wird, kann er als im Diskurs etabliert angesehen werden (EK 2003a).

Entsprechend ist auch erwähnenswert, dass die RSPG in ihrer Stellungnahme 2004 zunächst die Verbindung zwischen der Effizienz und Flexibilitätssteigerung durch den Übergang zur Digitaltechnologie und den Zielen der Lissabon-Agenda bestätigt (RSPG 2004). Die RSPG belegt auch, dass durch die Umstellung eine Frequenzdividende entsteht, die einen Wert darstellt. Allerdings wird betont, dass dieser Wert von den einzelnen Mitgliedstaaten genutzt werden müsse, um wirtschaftliche, soziale oder kulturelle Ziele zu erreichen. In dieser Hinsicht werden auch internationale Koordinierungsaktivitäten befürwortet, allerdings nicht im Rahmen der EU, sondern auf Basis der etablierten ITU-Prozesse. Insbesondere wird auf die anstehende regionale Planungskonferenz 2006 verwiesen, von der die Experten erwarten, dass sie für eine flexible Nutzung durch Rundfunk und elektronische Kommunikation sorgen wird. Darüber hinaus macht die RSPG aber deutlich, dass die zukünftige Nutzung der Frequenzen nicht da-

41 Darüber hinaus wird auch der internationale Koordinierungsprozess im Rahmen der ITU als Kontext genannt, zusammen mit der Frage, ob es hier notwendig ist, eine EU-Orientierung vorzubereiten.

von abhängig gemacht werden dürfe, ob flexiblere Regulierungsprinzipien eingeführt werden oder nicht. Damit wird dem Ansinnen der Kommission, für die Realisierung der Digitalen Dividende modernere Regulierungsprinzipien einzuführen, bereits anfänglich eine Absage erteilt, die sich dann auch in dem erwähnten Vorbehalt des Rates wiederfindet. Allerdings werden auch die möglichen Nutzungen für die Frequenzen beschrieben. Interessanterweise wird 2004 noch ein klarer Schwerpunkt auf zusätzliche neue Rundfunkanwendungen wie HDTV[42] gelegt, wohingegen Anwendungen aus dem Bereich der elektronischen Kommunikation nur an dritter Stelle genannt werden.

Dass die Kommission damit zwar die Digitale Dividende im Diskurs etabliert, aber noch keine EU-weite Regulierungskompetenz erreicht hat, wird auch deutlich, wenn die RSPG den Wert eines harmonisierten Vorgehens in Bezug auf die Digitale Dividende zwar bestätigt, aber unterstreicht, dass die Mitgliedstaaten über die Verwendung der Dividende selbst entscheiden müssten, um den regionalen Unterschieden Rechnung tragen zu können. Obwohl die Kommission also anfänglich keine Zustimmung dazu erhält, ein konkretes Politikvorhaben mit Bezug auf die Digitale Dividende voranzutreiben, gestehen die Mitgliedstaaten ihr doch zu, dass für die Koordination der Umstellung und die Abschätzung des Wertes der Digitalen Dividende eine Zusammenarbeit auf europäischer Ebene sinnvoll sein kann. Insgesamt wird durch die erste Stellungnahme der Gruppe für Frequenzpolitik zwar der Dividende-Frame als solcher bestätigt, zugleich wird aber auch deutlich, dass die Mitgliedstaaten darauf dringen, die Kontrolle über die frei werdenden Frequenzen zu behalten, und die Rolle der Kommission auf die eines Helfers für die Einführungsprobleme beschränkt sehen. Harmonisierungsmaßnahmen werden nur befürwortet, soweit sie unbedingt notwendig sind und damit keine Unterstützung für die Einführung einer flexibleren Regulierung verbunden ist.

Es wird also deutlich, dass die Etablierung eines Politik-Frames der Auftakt eines politischen Diskurses ist und nicht gleichgesetzt werden kann mit der Zustimmung zu einem Politikvorhaben. Vielmehr wird durch den Politik-Frame ein Diskurs etabliert, aus dem der Politikdesigner die Informationen erhält, die für den Entwurf eines erfolgreichen Politikvorhabens notwendig sind. Auf der Basis der RSPG-Stellungnahme von 2004 hat die Kommission dann 2005 die erwähnte Mitteilung zur Beschleunigung des Übergangs vom analogen zum digitalen Rundfunk veröffentlicht, um den Diskurs über die politische Ebene weiterzuführen.

42 HDTV steht als Abkürzung für High Definition Television bzw. hochauflösendes Fernsehen und ist ein Sammelbegriff für eine Reihe von Fernsehnormen, die eine verbesserte Bildqualität bieten.

In der Folge hat die Kommission sich noch zweimal an die RSPG gewandt, um das Politikvorhaben zur Digitalen Dividende gemeinsam mit den Experten der Mitgliedstaaten zu konkretisieren. Ein Zeichen dafür, dass der Dividende-Frame nun den übergreifenden Begründungszusammenhang für den Diskurs bildet, ist darin zu sehen, dass die Mitgliedstaaten sich in den Titeln ihrer Stellungnahmen auf die Digitale Dividende beziehen (RSPG 2007, 2009). Allerdings hatte die Kommission die RSPG 2006 ausdrücklich um eine Stellungnahme zu den „EU Spectrum Policy Implications of the Digital Dividend" gebeten (EK 2006f). Dabei verwiesen die Designer nicht nur auf die erste Stellungnahme der Gruppe, sondern auch auf zwei eigene Mitteilungen, die das Konzept der Digitalen Dividende konkretisiert hatten (EK 2005d, c).[43]

In der Anfrage wird aber auch der bisherige Politikdiskurs referenziert, wenn darauf hingewiesen wird, dass es nicht darum gehe, eine Vereinheitlichung des Umgangs mit der Digitalen Dividende zu erzwingen, sondern darum, einen generischen Ansatz zu entwickeln, mit dem der Wert der Digitalen Dividende für Europa optimiert werden könne. Dabei liegt der Fokus bereits klar auf einer möglichst flexiblen Regulierung der frei werdenden Frequenzen in Bezug auf die zukünftige Nutzung. Die Kommission benennt in diesem Zusammenhang erneut den Kontext für ihr Tätigwerden und begründet es mit der Transparenznotwendigkeit in Bezug auf die mitgliedstaatlichen Aktivitäten bei der Umstellung. Diese sei notwendig zur Erreichung der Lissabon-Ziele und um die positiven Auswirkungen des Binnenmarktes für die Geräterhersteller durch einen harmonisierten Umgang mit der Digitalen Dividende zu realisieren.

Darüber hinaus nutzt die Kommission die Anfrage, um die Definition der Digitalen Dividende weiter zu detaillieren, indem sie sagt, dass es unterschiedliche Ansichten darüber gäbe, wie groß der frei werdende Frequenzbereich sein werde, dass aber theoretisch 300 Megahertz möglich seien, von denen ein Großteil, wenn nicht die Mehrheit, für zukünftige Rundfunkanwendungen verwendet werden könne. In der Diskussion um die Digitale Dividende gehe es nur um die Verteilung der restlichen Frequenzen, diese müsste aber auf der Basis einer unvoreingenommenen und transparenten Prüfung erfolgen (EK 2006f). Die Kommission benennt die Bestätigung des Abschaltdatums 2012 durch den Rat als weiteren Kontextaspekt und erweitert den Politik-Frame in dieser Beziehung um den Aspekt der Zeitplanung. Denn es wird gesagt, dass es wegen der bevorstehenden Umstellung notwendig sei, zügige Entscheidungen über die Neuverteilung zu treffen und diese zu planen, und dass deshalb eine gemeinsame Untersuchung der Möglichkeiten auf europäischer Ebene sinnvoll sei. Außerdem be-

43 Bei der zweiten handelt es sich um eine Mitteilung der Kommission zu den frequenzpolitischen Prioritäten der EU für die Digitalumstellung im Hinblick auf die bevorstehende regionale ITU-Funkkonferenz 2006 (RRC-06), vgl. Europäische Kommission 2005c.

stünde zu diesem Zeitpunkt noch eine Chance für einen paneuropäischen Dienst, der in den frei werdenden Frequenzen eingeplant werden könnte (EK 2006f).

Insofern beauftragt die Kommission die RSPG also damit, das Risiko einer Nichtkoordinierung der Digitalen Dividende sowie die Vor- und Nachteile eines paneuropäischen Dienstes zu ermitteln. Zusätzlich soll die Gruppe einen Vergleich der Regulierungsansätze in den unterschiedlichen Mitgliedstaaten anstellen und die Notwendigkeit eines koordinierten, gemeinsamen Vorgehens auf internationaler Ebene betrachten. Dass die Kommission mit dieser neuen Anfrage an die RSPG einen Schritt in der Detaillierung des Politikvorhabens weitergekommen ist, wird an der Stellungnahme der RSPG deutlich, in der akzeptiert wird, dass grundsätzlich über alle Nutzungsmöglichkeiten der frei werdenden Frequenzen gesprochen werden muss. In dieser Hinsicht wird sowohl auf Rundfunkanwendungen als auch auf Anwendungen im Bereich der elektronischen Kommunikation hingewiesen. Gleichwohl stellt die RSPG aber klar, dass die bestehenden ITU-Regelungen bereits eine Basis für die flexible Umstellung in den Mitgliedstaaten darstellen und damit die internationale Koordinierung im Rahmen der ITU bereits abgeschlossen sei. In Bezug auf die flexible Nutzung der Frequenzdividende in Europa wird jedoch eine lange Liste von Nachteilen präsentiert, wenn diese auf Basis der ITU-Regulierungen zugelassen würden. Dazu gehört die Notwendigkeit einer endgültigen Abschaltung der analogen Rundfunktechnologie, wobei diesbezüglich die Flexibilität der ITU-Regulierung dazu geführt hat, dass bereits in einigen Mitgliedstaaten Planungen durchgeführt worden sind, die eine zukünftige Harmonisierung der Frequenzen erschweren (RSPG 2007).

Die Stellungnahme der RSPG macht also deutlich, dass mittlerweile eine Situation entstanden ist, in der der Wert der Digitalen Dividende inklusive der Nutzung durch elektronische Kommunikationsdienste von den Mitgliedstaaten anerkannt wird. Gleichzeitig werden aber die parallel durchgeführten Koordinierungsarbeiten auf ITU-Ebene wegen der unterschiedlichen Pläne, die in den Mitgliedstaaten auf dieser Basis erstellt worden sind, als inadäquat für die optimierte Verwendung der Digitalen Dividende eingeschätzt. Trotzdem, oder vielmehr gerade deswegen, ist die RSPG 2007 dann der Ansicht, dass in Bezug auf die Verwendung der Digitalen Dividende in der EU keine bindenden Entscheidungen nötig seien, dass allerdings die Auswirkungen einer Verwendung durch elektronische Kommunikationssysteme mit technischen Studien untersucht werden müssten (RSPG 2007: 10).

Auf diesen Punkt kommt die RSPG zwei Jahre später in ihrer Stellungnahme zurück und empfiehlt, die Kommission solle die Vor- und Nachteile des Verfahrens auswerten, die frei werdenden Frequenzen mit einem „coordinated non-mandatory EU approach" zur Verfügung zu stellen. Ziel sei es, die Unsicherheit zu minimieren, die bezüglich der Nutzungsmöglichkeiten der Digitalen Dividende in den Mitgliedstaaten bestehe, um im Bereich der elektronischen Kommunikationsdienste Wachstum, Wettbewerb und Innovation zu fördern. Die Mitgliedstaaten werden daher aufgerufen, die von der Kommission entwickelten Flexibilitätskriterien in diesen Frequenzen anzuwenden. Dabei sollen sie insbesondere auf „service and technology neutrality" achten, allerdings unter der Bedingung, dass die Mitgliedstaaten weiterhin Rundfunkanwendungen in dem Frequenzbereich betreiben können (RSPG 2009: 15ff). Nichtsdestotrotz sei die Umstellung auf die digitale Rundfunktechnologie gerade für elektronische Kommunikationsanwendungen eine „opportunity to improve the effective and efficient use of radio spectrum with excellent characteristics in terms of coverage, in-building penetration and bandwidth and suitability for a range". Soweit es die Nutzung der Digitalen Dividende erfordere, soll die Kommission die Mitgliedstaaten dabei unterstützen, die ITU-Regelung mit ihren jeweiligen EU-Nachbarstaaten nachzuverhandeln (RSPG 2009: 16f).

Innerhalb der EU war zu diesem Zeitpunkt also schon eine Übereinkunft darüber erreicht worden, welche ehemaligen Rundfunkfrequenzen unter welchen Bedingungen für elektronische Kommunikationsdienste geöffnet werden könnten. Aus diesem Grund hatte die RSPG schon in ihrer Stellungnahme 2007 den Frequenzumfang der Digitalen Dividende definiert als „the spectrum made available over and above that required to accommodate the existing analogue television services in a digital form" (RSPG 2007: 3).[44] Damit war bereits in der Definition der möglichen Frequenzbänder der Bestandsschutz für die bestehenden Rundfunkangebote bestätigt worden. Interessant ist, dass die RSPG zwar schon 2007 die Vorteile einer neuen Nutzung der Digitalen Dividende anerkennt, jedoch deutlich darauf hinweist, dass dadurch keine Einschränkung der Medienpluralität entstehen dürfe. In Bezug auf die Verteilung der Frequenzen dürften deshalb nicht nur ökonomische Aspekte eine Rolle spielen, sondern auch soziale, kulturelle und politische Faktoren müssten einbezogen werden. Damit finden Aspekte wie die Medienpluralität Eingang in die Erwägungen der Frequenzregulierer, wenn es darum geht, eine flexible Verteilung der frei werdenden Frequenzen sicherzustellen.

Somit wurden vor allem durch die öffentlichen Konsultationen[45], die die RSPG vor der Verabschiedung der drei Stellungnahmen durchführte, weitere Frames in den Diskurs eingebracht. Die RSPG ist also einerseits ein relevanter Interessenträger, der die Meinung der Mitgliedstaaten in Bezug auf europäische Politikvorhaben im Bereich der Frequenzregulierung bündelt, andererseits ist sie

44 Potenziell gehören dazu die Frequenzbereiche 174-230 MHz und 470-862 MHz.

45 Die Ergebnisse der Konsultation sind zugänglich unter: http://rspg.groups.eu.int/consultations/index_en.htm, 03.05.2011.

aber auch ein Teilnehmer am politischen Diskurs, der die Politik-Frames anderer Akteure mit referenziert.

Im Gegensatz zur ersten Stellungnahme aus dem Jahr 2004, in der die Ergebnisse der Konsultation als Annex veröffentlicht wurden, geht die RSPG 2007 und 2009 auf die Ergebnisse auch in der Erläuterung der Stellungnahme ein. Bereits 2007 weist sie darauf hin, dass es eine Reihe von Konfliktlinien in Bezug auf die Digitale Dividende gibt. Der Frame-Konflikt um die Nutzung zwischen Rundfunk- und Mobilfunk-Interessenträgern wird insofern schon in der Stellungnahme der RSPG referenziert. Umstritten ist zum einen die Größe der Digitalen Dividende. Dahinter verbirgt sich die Frage, ob über den Rundfunk und die neuen Rundfunkanwendungen hinaus überhaupt Frequenzen übrig bleiben. Zum anderen ist auch die Möglichkeit, mobile Kommunikationsdienste in den übrig bleibenden Frequenzen zu etablieren, umstritten, ebenso wie die Frage nach den Kosten und Nutzen für Neuplanungsaktivitäten bezüglich der ITU-Regulierung. Die Referenzierung der Ergebnisse der öffentlichen Konsultation in der Stellungnahme der RSPG unterstreicht zunächst die Rolle der Ko-Designer bei der Formulierung der Politikvorhaben in der Radiofrequenzpolitik. Denn auf Basis der Eingaben der Interessenträger können auch die Mitgliedstaaten ihre Positionen argumentativ untermauert an die Kommission weiterleiten. Darüber hinaus werden durch die in Artikel 5 der RSPG-Entscheidung geforderten „umfassende(n) und frühzeitige(n) Konsultationen mit Marktbeteiligten, Verbrauchern und Endbenutzern“ die Transparenz des Politikgestaltungsprozesses und die weiterreichenden Einflussmöglichkeiten der Interessenträger deutlich (EK 2002b).

Schon anhand der Stellungnahme der RSPG zeigen sich also die zwei grundlegenden Akteur-Frames in Bezug auf die Digitale Dividende. Zum einen gibt es den Rundfunk-Frame, der darauf setzt, dass durch die Digitaltechnik Rundfunk effizienter verbreitet werden kann sowie durch mehr Programme, bessere Auflösungen und weitere Services neue Rundfunkmöglichkeiten entstehen. Am Ende steht bei diesem Frame die Frage, ob nach der Umstellung überhaupt Frequenzen für andere Nutzung übrig bleiben. Dem gegenüber steht der Mobilfunk-Frame. Aus dieser Perspektive ist die Digitale Dividende eine einzigartige Erweiterungsmöglichkeit der Frequenzen für elektronische Kommunikationsdienstleistungen, hauptsächlich Mobilfunkdienste, die vor allem wegen der zunehmenden Nutzung mobiler Internetanwendungen dringend benötigt wird. Dahinter steht die Frage, ob und wie ein Regulierungsrahmen geschaffen werden kann, der es ermöglicht, dass in ehemaligen Rundfunkfrequenzen Mobilfunk stattfindet, aber gleichzeitig die notwendigen Größenvorteile zur Entwicklung der Endgeräte erreicht werden.

Vergleicht man beide Akteur-Frames, so zeigt sich, dass die Existenz der Digitalen Dividende nicht in Frage gestellt wird, denn selbst der Rundfunk-Frame geht davon aus, dass es neue Möglichkeiten aufgrund der Digitalisierung geben wird. Das grundlegende technische Phänomen der effizienteren Frequenznutzung durch digitalisierte Rundfunktechnologie wird nicht in Frage gestellt. Das deutet darauf hin, dass der Dividende-Frame und damit auch die Handlungsgelegenheiten für die Designer in der Kommission auch von den Interessenträgern aus der Rundfunk- bzw. Mobilfunkbranche akzeptiert worden sind. In Frage gestellt wird hingegen, wie die frei werdenden Frequenzen verwendet werden sollen. Dabei werden beide Positionen von Interessenträgern im politischen Diskurs vertreten und wirken sich auf die Politikgestaltung aus. Insofern lassen sich neben den Debattenbeiträgen der RSPG auch die der anderen Ko-Designer daraufhin überprüfen, ob der Dividende-Frame übernommen worden ist und ob sich auch dort Spuren des Frame-Konfliktes wiederfinden.

10.4.2 Die Stellungnahmen der Ko-Designer in Rat und Parlament

Ein Beispiel für die Rolle, die die Ko-Designer im politischen System der EU bei der Gestaltung von Politikvorhaben in Bezug auf die Bestätigung und Akzentuierung von Politik-Frames spielen, sind die Schlussfolgerungen des Rates vom 17.06.2008, in denen er auf die Mitteilung der Kommission zur Ausschöpfung der Digitalen Dividende in Europa antwortet (EK 2007c; Rat 2008). Denn in den Schlussfolgerungen des Rats finden sich unterschiedliche Frames wieder, die zum einen den Politik-Frame der Kommission validieren, zum anderen auch die beiden Akteur-Frames referenzieren.

So erkennt der Rat zunächst an, dass es eine Digitale Dividende gibt und diese daraus resultiert, dass mit der Digitaltechnologie die bestehenden Rundfunkdienstleistungen mit weniger Frequenzen verbreitet werden können. Es wird auch anerkannt, dass diese Dividende das Potenzial hat, die Ziele der Lissabon-Agenda zu unterstützen und insbesondere die digitale Kluft in Bezug auf die Anbindung mit Breitbanddiensten zu überwinden. Der Rat stellt also die Verwendung der Digitalen Dividende in einen direkten Zusammenhang mit der Überwindung der Breitbandkluft und der Versorgung bisher unterversorgter und ländlicher Gebiete mit Breitbanddiensten und unterstreicht, dass es notwendig ist, die Digitale Dividende bestmöglich zu nutzen und dabei alle Möglichkeiten in Betracht zu ziehen (Rat 2008: 3ff).

Allerdings betont der Rat das „ureigene Recht der Mitgliedstaaten, den Umfang der Frequenzkapazität aus der digitalen Dividende zu bestimmen, der im Einklang mit dem Gemeinschaftsrecht zur Erreichung von Zielen von allgemeinem Interesse unter Einbeziehung der Rundfunkdienste verwendet werden soll“ (Rat 2008: 4) Diese Ziele von allgemeinem Interesse umfassen kulturelle, soziale und medienpolitische Aspekte im Rahmen von elektronischen Kommunikationsdienstleistungen, die von den grundsätzlichen Anforderungen des europäischen

Regulierungsrahmens ausgenommen werden können. Dieses mitgliedstaatliche Vorrecht wird in den Schlussfolgerungen immer dann explizit erwähnt, wenn der Rat der Kommission Zugeständnisse in Bezug darauf macht, dass eine EU-weite Koordinierung der Verwendung der Digitalen Dividende Vorteile bringen kann. Die klare Unterstreichung der nationalen Vorrechte in der Frequenzpolitik wird auch dadurch deutlich, dass der Rat von Digitalen Dividenden im Plural spricht.

In Bezug auf die genannten Akteur-Frames ist interessant, dass der Rat diese beiden Nutzungen als gleichwertig ansieht. Denn hinsichtlich der potenziellen Nutzung der Digitalen Dividende wird betont, dass diese es ermöglicht,

> „zum einen die Rundfunkdienste auszuweiten und beispielsweise für eine bessere Bild- und Tonqualität zu sorgen und zum anderen neue Kommunikationsdienste wie beispielsweise drahtlose Breitbandkommunikation, zusätzliche terrestrische Rundfunkdienste und mobile Multimediadienste einzuführen" (Rat 2008: 4).

In dem Maß, in dem der Rat Aussagen über die zukünftige Verwendung der Digitalen Dividende macht, werden also beide Akteur-Frames referenziert. Da der Rat auch die ITU-Koordinierung als zweckmäßigen Rahmen für die Umsetzung der Digitalen Dividende anerkennt und in diesem Zusammenhang die Verwendung nur für digitalen Rundfunk geplant ist, ergibt sich aus den Schlussfolgerungen ein leichtes Übergewicht für den Rundfunk-Frame. Andererseits bedeutet es einen Fortschritt für die Kommission, dass der Rat nicht nur die Verwendung der Digitalen Dividende durch mobile Breitbandanwendungen befürwortet, sondern auch unterstreicht, dass es Vorteile bedeutet, wenn Teile der Digitalen Dividende flexibel genutzt werden. Denn betont werden

> „die Vorteile, die eine flexible Nutzung der digitalen Dividende – mit Ausnahme der Dienste von allgemeinem Interesse, einschließlich der Dienste, die der kulturellen und sprachlichen Vielfalt und dem Medienpluralismus dienen – bietet, wobei gewisse Zwänge, die erforderlich sind, um funktechnische Störungen zu vermeiden und eine effiziente Frequenznutzung zu sichern, zu berücksichtigen sind" (Rat 2008: 4).

Dass der Rat im gleichen Atemzug sowohl den Vorbehalt des *allgemeinen Interesses* als auch die Störungsgefahr hervorhebt, zeigt allerdings, dass auch die Mitglieder der RSPG ihre Botschaften an die Kommission über den politischen Weg vermitteln können. In Bezug auf den Frame-Konflikt finden sich in der Stellungnahme des Rates beide Akteur-Frames, der Rundfunk-Frame und der Mobilfunk-Frame, wieder, wodurch beide Aspekte auch im Politik-Frame der Kommission verankert werden mussten, wie sich an der Mitteilung von 2009 gezeigt hat.

Im Gegensatz zum Rat müssen im Europäischen Parlament, dem zweiten Ko-Designer in der Radiofrequenzpolitik, nicht unbedingt die Interessen der nationalen Frequenzregulierer vertreten werden. Denn wenn die jeweiligen Interessenträger mit ihren Lobbying-Maßnahmen erfolgreich sind, können dort auch die Interessen der europäischen Rundfunkanbieter bzw. der Mobilfunkindustrien eine Rolle spielen. Vergleicht man die verschiedenen Stellungnahmen, in denen sich das Europäische Parlament mit einschlägigen Aspekten beschäftigt hat, dann fällt auf, dass das Parlament frühzeitig die Bedeutung der Digitalen Dividende erkennt, sich aber auf die kulturellen Aspekte der Frequenzverwendung und damit eher auf den Rundfunk-Frame konzentriert. Gleichzeitig finden sich aber interessante Hinweise darauf, dass das Parlament durchaus die europäische Zusammenarbeit im Sinne der Vorschläge der Kommission befürwortet.

Ein Beispiel dafür, wie das Europäische Parlament als Ko-Designer den Dividende-Frame bestätigt, ist die Entschließung zur Beschleunigung des Übergangs vom analogen zum digitalen Rundfunk von 2005 (EP 2005). Denn dort geht das Parlament von der Erwägung aus, dass

> „der Übergang vom analogen zum digitalen Rundfunk auf allen Ebenen mit Vorteilen verbunden sein wird, weil er ein Angebot an neuen und besseren Rundfunkdiensten ermöglicht, einige Hundert Megahertz Frequenzen frei werden, die für verschiedene Zwecke genutzt werden könnten, und weil er den Wettbewerb und die Innovation fördert" (EP 2005: A).

Das Parlament ermuntert dann die Mitgliedstaaten, den Zeitraum für die parallele Ausstrahlung analoger und digitaler Fernsehprogramme möglichst kurz zu halten. Außerdem werden die Mitgliedstaaten aufgefordert zu gewährleisten, dass die Maßnahmen zur Sicherung und Beschleunigung der Digitalumstellung gerechtfertigt, verhältnismäßig und nicht diskriminierend sind. Die Kommission soll klar definierte politische Ziele festlegen, um eine möglichst weitgehende Verbreitung der neuen und innovativen Dienste zu gewährleisten. Insbesondere werden die Kommission und die Mitgliedstaaten aufgefordert, „ein ausreichendes Maß an Harmonisierung der Strategien und Regelungen in Bezug auf die frei werdenden Frequenzen zu gewährleisten, insbesondere um die künftige Nachfrage nach gesamteuropäischen Diensten befriedigen zu können" (EP 2005: 5.).

Das Europäische Parlament befürwortet bereits 2005 nicht nur ein europäisches Politikvorhaben zur Digitalen Dividende, sondern zusätzlich die Möglichkeit, paneuropäische Dienste einzuführen. Aber auch im Hinblick auf die Berücksichtigung von Mobilfunkdiensten in den frei werdenden Frequenzen fordert das Parlament die Kommission und die Mitgliedstaaten auf, im Rahmen der ITU-Verhandlung auf die „große Bedeutung des ‚gleichberechtigten Zugangs' zu den frei werdenden Frequenzen hinzuweisen" (EP 2005: 9.). Dabei geht es dem Parlament in erster Linie darum sicherzustellen, dass der digitale Rundfunk spätestens 2015, am besten aber bereits 2012 in allen Mitgliedstaaten störungsfrei ausgestrahlt werden kann.

In der nächsten Entschließung des Europäischen Parlaments zum Themenbereich wird der Übergang vom analogen zum digitalen Rundfunk bereits als „Chance für die audiovisuelle Politik in Europa und für die kulturelle Vielfalt" bezeichnet (EP 2006). Im Vordergrund dieser Stellungnahme steht die Wahrung des Informationspluralismus und der inhaltlichen Vielfalt. Zudem konstatiert das

Parlament, dass diese nicht „automatisch durch eine höhere Anzahl von Fernseh- und Rundfunkkanälen garantiert wird, sondern mit Hilfe einer aktiven und konstanten Politik seitens der öffentlichen Instanzen sichergestellt werden muss" (EP 2006: B). In diesem Zusammenhang ist das Parlament der Ansicht, dass

> „die Nutzung der digitalen Dividende rasch Gegenstand einer Konzertierung auf europäischer Ebene sein muss, damit die günstigsten Bedingungen für die Entwicklung neuer audiovisueller und Telekommunikationsdienste (HDTV, mobiles Fernsehen sowie ortsfeste und mobile Breitbanddienste) geschaffen werden" (EP 2006: 18.).

Während damit das Kommissionsvorhaben zur Digitalen Dividende befürwortet wird, fordert das Parlament ebenfalls nachdrücklich,

> „dass die Umverteilung der frei werdenden Frequenzen nicht allein den Gesetzen des Wettbewerbs überlassen wird und geeignete Maßnahmen vorgesehen werden, damit die frei werdenden Frequenzen in erster Linie für innovative Dienste genutzt werden, die ein qualitativ hochwertiges Angebot und vielfältige Inhalte versprechen" (EP 2006: 19.).

Welche Art der Frequenznutzung damit gemeint ist, wird deutlich, wenn man berücksichtigt, dass das Parlament in dieser Entschließung die Ansicht vertritt, dass die neuen audiovisuellen Technologien vor allem eine pluralistische Information sowie die Ausstrahlung qualitativ hochwertiger und einer ständig zunehmenden Zahl von Bürgern zugänglicher Programme ermöglichen müssen. Außerdem wird insbesondere die Bedeutung des Fernsehens in einer globalen Gesellschaft hervorgehoben als Grund dafür, dass

> „bei den technischen und gesetzgeberischen Entscheidungen in Verbindung mit dem Übergang nicht nur wirtschaftliche Gründe, sondern auch soziale, kulturelle und politische Gründe eine Rolle spielen müssen, um unter anderem die öffentlichen audiovisuellen Dienste in Europa zu schützen" (EP 2006: 3).

Dem Parlament geht es mit dieser Entschließung also ausdrücklich darum, ein Gleichgewicht zwischen einem starken, unabhängigen öffentlichen und einem dynamischen kommerziellen Rundfunksektor herzustellen und dieses duale System auch beim Einsatz digitaler Technik zu sichern. Es wird also deutlich, dass das Parlament neben dem Rundfunk-Frame auch die Notwendigkeit für konzertiertes europäisches Handeln befürwortet.

Dass das Parlament in dieser Hinsicht die Digitale Dividende-Politik der Kommission anerkennt, wird auch in der Entschließung für den Weg zu einer europäischen Frequenzpolitik deutlich (EP 2007a). Denn hier bezeichnet das Parlament explizit die Digitale Dividende als Chance für neue Technologien, wenn erwogen wird, dass

> „durch die digitale Umstellung und den Übergang von analogem zu digitalem Rundfunk Frequenzen von mehreren hundert Megahertz frei werden und sich somit Möglichkeiten zur Neuzuweisung von Frequenzen und neue Chancen für eine Expansion des Marktes bieten" (EP 2007a: I).

Auch bei der Notwendigkeit, auf europäischer Ebene tätig zu werden, um einen Teil der Frequenzdividende technisch zu harmonisieren, stimmt das Parlament mit der Kommission überein. In Bezug auf die Art und Weise, wie eine solche Frequenzverwaltung durchgeführt werden sollte, betont das Parlament, dass „die Frequenzen in einer flexiblen und transparenten Art und Weise verwaltet werden sollen". Dabei müssen die kulturelle und sprachliche Vielfalt, das Recht auf freie Meinungsäußerung und der Medienpluralismus gefördert und die technischen, sozialen und kulturellen Bedürfnisse aller Mitgliedstaaten berücksichtigt werden (EP 2007a: 9). Auch hier unterstützt das Parlament den Dividende-Frame in Bezug auf die Herstellung von Transparenz über das Vorgehen der Mitgliedstaaten; daneben werden aber auch der Rundfunk-Frame genannt sowie die unterschiedlichen Bedürfnisse der Mitgliedstaaten anerkannt.

In der Entschließung geht das Parlament allerdings auch einen Schritt auf den Mobilfunk-Frame zu. Es betont „die Bedeutung der Kommunikation für ländliche und für weniger entwickelte Regionen" und weist dabei darauf hin, dass „die Verbreitung von Breitbandtechnologien, mobiler Kommunikation in niedrigeren Frequenzbereichen und neuen, drahtlosen Technologien effiziente Lösungen bieten könnten", um ländliche Gebiete und weniger gut abgedeckte Gebiete in den Mitgliedstaaten mit Breitbanddiensten zu versorgen (EP 2007a: 15). Der Hinweis auf die niedrigen Frequenzen zeigt dabei, dass es klar für notwendig gehalten wird, einen Teil der Digitalen Dividende für Breitbanddienste zur Verfügung zu stellen. Dass gerade in dieser Hinsicht eine europäische Harmonisierung von Vorteil sein kann, erkennt das Parlament an, indem es betont, dass

> „der Zugang zu einheitlichen Frequenzbändern für die Entwicklung neuer Dienstleistungen und neuer Arten drahtloser Technologie von entscheidender Bedeutung ist, da die Industrie gemeinsame Nutzungsbedingungen anstrebt, die Flexibilität und eine wirksame Nutzung der Frequenzen gewährleisten, um zu vermeiden, dass dem Wachstum des Sektors der Informations- und Kommunikationstechnologie in der Europäischen Union große Hindernisse entgegenstehen, falls keine Frequenzen zur Befriedigung dieses neuen Bedarfs zugeteilt werden" (EP 2007a: 22.).

Insofern verknüpft das Parlament die Digitale Dividende auch mit den Breitbandzielen, wenn es den potenziellen Wert der durch die digitale Umstellung (Digitale Dividende) frei gegebenen Frequenzbereiche betont, „wodurch die flächendeckende Verfügbarkeit erschwinglicher Breitbandfrequenzen für den Mobilfunk bzw. für drahtlose Verbindungen, auch in ländlichen Gebieten, erhöht werden könnte" (EP 2007a: 34.). Damit bestätigt das Parlament in seiner Entschließung die Anbindung des Dividende-Frames an den Begründungszusammenhang zur Versorgung ländlicher Gebiete mit Breitbanddiensten, der von der Kommission kurz zuvor in der Mitteilung zur Flexibilität in Bezug auf drahtlose Breitbanddienste hergestellt worden ist (EK 2007g: 7).

Dass das Parlament sowohl den Rundfunk-Frame als auch den Mobilfunk-Frame im politischen Diskurs unterstützt, wird an der Entschließung zur Interoperabilität digitaler interaktiver Fernsehdienste deutlich (EP 2007b). Denn in dieser Entschließung erkennt das Europäische Parlament an, dass der Übergang von der Analog- zur Digitaltechnik einen großen Fortschritt darstellt und zur Verbreitung der Kulturen sowie zur Verbesserung des sozialen Zusammenhangs beitragen kann. Außerdem wird für die Rundfunkseite der Debatte bestätigt, „dass der Übergang vom Analog- zum Digitalfernsehen die Freigabe von Frequenzen und die Entwicklung neuer Technologien und innovativer Lösungen ermöglicht, die die europäische Wettbewerbsfähigkeit in diesem Sektor voranbringen“ (EP 2007b: M).

In der Entschließung weist das Parlament dann jedoch wieder darauf hin, dass die Wahrung des Informationspluralismus und der Vielfalt der Inhalte durch eine wachsame Politik sichergestellt werden muss. Erneut wird dabei die Bedeutung des Fernsehens „in einer globalen Gesellschaft“ als Begründung dafür herangezogen, dass bei technischen und gesetzgeberischen Entscheidungen nicht nur wirtschaftliche, sondern auch soziale und kulturelle Aspekte eine Rolle spielen müssen (EP 2007b: 3.). In diesem Zusammenhang unterstreicht das Parlament die Tatsache,

> „dass digitale Plattformen auch nach dem Übergang von der Analog- zur Digitaltechnologie eine wesentliche Rolle für die Erhaltung einer gemeinsamen öffentlichen Medienzone spielen, und fordert die Mitgliedstaaten auf, auch die Bereitstellung drahtloser digitaler interaktiver Fernsehdienste zu fördern und ihren Empfang seitens aller Plattformeigentümer zu gewährleisten“ (EP 2007b: 4.).

In dieser Entschließung geht das Parlament über die Unterstützung des Rundfunk-Frames hinaus, beteiligt sich aktiv an dessen Detaillierung und bringt interaktive Fernsehdienste als potenzielle zukünftige Nutzer für die Dividendefrequenzen in die Debatte.

Insgesamt wird an dem kurzen Überblick über die Beiträge des Europäischen Parlaments deutlich, dass die Designer in der Kommission in der Festlegung des Politikvorhabens zur Digitalen Dividende nicht nur auf die Mitarbeit der Mitgliedstaaten im Rahmen der RSPG angewiesen sind, sondern dass auch die Debattenbeiträge der Ko-Designer aus Parlament und Rat beeinflusst haben, wie sich der Politik-Frame für die Digitale Dividende weiterentwickelte. Zusammengefasst können wir in Bezug auf den Dividende-Frame festhalten, dass die RSPG maßgeblich an der inhaltlichen Ausgestaltung des Politikvorhabens beteiligt war und die verschiedenen Interessenträger durch die Konsultation auch auf dieser Ebene ihre partikularen Perspektiven einbringen konnten. Sowohl die RSPG als auch der Rat sind in ihren Beiträgen allerdings in erster Linie mit der Bewahrung der nationalen Kompetenzen befasst, sodass diese Ko-Designer in Bezug auf den Frame-Konflikt zwischen Mobilfunk- und Rundfunkinteressen ein gewisses Maß an Äquidistanz bewahren. Demgegenüber unterstützt das Parlament den von der Kommission vertretenen Begründungszusammenhang, mit dem die europäische Handlungsgelegenheit untermauert wird.

Für einen Ko-Designer, der genau wie die Kommission in seinen Handlungsmöglichkeiten auf die EU-Ebene beschränkt ist, ist diese Zusammenarbeit mit Blick auf die Kompetenzkonkurrenz im Feld der Radiofrequenzpolitik nachvollziehbar. Inhaltlich steht das Parlament dem Rundfunk-Frame deutlich näher als dem Mobilfunk-Frame, ohne diesen jedoch außer Acht zu lassen. Insofern werden im Parlament beide Nutzungsmöglichkeiten im Diskurs unterstützt, wenn auch die Zukunft des Rundfunks den Parlamentariern näher zu liegen scheint, als das bei den Wachstumsprognosen für Mobilfunkunternehmen der Fall ist. Da die Politikdesigner im Parlament allerdings als Einzige gewählt werden, ist diese Sympathie nachvollziehbar.

In jedem Fall haben sowohl die Rundfunk- als auch die Mobilfunkinteressenträger ihre Handlungsmöglichkeiten erfolgreich genutzt, um die entsprechenden Frames durch die Ko-Designer in den politischen Diskurs einbringen zu lassen. Insofern können wir im letzten Abschnitt die Fragen stellen, ob die Interessenträger ihre Botschaften an den Dividende-Frame anpassen, wenn sie direkt mit der Europäischen Kommission in Kontakt treten, und inwiefern die Designer von dem Interessenträger weitere Unterstützung für die Kompetenzkonkurrenz mit den Mitgliedstaaten erhalten.

10.5 Die Anpassung der Interessenträger an den Politik-Frame

Im Lauf des politischen Diskurses über die Digitale Dividende haben die Interessenträger seit 2003 eine Reihe formeller und im Rahmen von Maßnahmen zur Vermittlung partikularer Interessen zweifellos unzählige informelle Möglichkeiten gehabt, ihre Akteur-Frames in die Debatte einzubringen. Um die Anpassung der relevanten Interessenträger an den Politik-Frame zu überprüfen, ist es zweckmäßig, von einem konkreten Stimulus der Politikdesigner ausgehend deren Reaktionen zu untersuchen. Dazu bietet sich eine öffentliche Konsultation an, mit der die Kommission sich 2009 an „private citizens, (…) representatives of Member States' authorities, broadcasters, wireless and mobile operators, the programme-making and special events community, and other users or potential users of radio spectrum affected by the Digital Dividend policy actions" wandte.[46] Mit der Konsultation „Transforming the digital dividend opportunity into social benefits and economic growth in Europe" stellte die Kommission ihre

46 Die Informationen zur Konsultation sowie die 128 Rückmeldungen der angesprochenen Interessenträger sind öffentlich zugänglich unter der Adresse http://ec.europa.eu/infor mati-
on_society/policy/ecomm/radio_spectrum/topics/reorg/pubcons_digdiv_200907/index_en .htm, 05.05.2011.

Vorschläge zum weiteren Vorgehen in Bezug auf die Digitale Dividende zur Diskussion. Ziel war die Vorbereitung der Mitteilung zur Digitalen Dividende von 2009 sowie das für 2010 vorgesehene erste Programm für die Funkfrequenzpolitik (EK 2009f, c, 2010).

10.5.1 Das Konsultationsdokument als Stimulus

Auf Basis der bisherigen Debatte und vor allem der unterschiedlichen technischen Vorarbeiten, die in der Zwischenzeit im Rahmen einer Studie und durch die CEPT durchgeführt worden waren, stellt die Kommission in ihrem Konsultationsdokument verschiedene Möglichkeiten für einen gemeinsamen europäischen Fahrplan zur Digitalen Dividende vor (EK 2009c). Uns interessieren aber weniger die Rückmeldungen der einzelnen Interessenträger auf die spezifischen Vorschläge zum Vorgehen, sondern vielmehr, inwiefern die Argumentation des Politik-Frames in den Stellungnahmen der Interessenträger aufgenommen und berücksichtigt wird. Inwiefern wirkt sich der Dividende-Frame auf die Stellungnahmen der angesprochenen Interessenträger aus und wie positionieren sich die Akteure aus der Perspektive der Politikdesigner im politischen Diskurs? Anhand der Rückmeldungen auf die Konsultation können wir überprüfen, ob und wie sich die relevanten Interessenträger der von der Kommission im Politik-Frame formulierten Begründungszusammenhänge bedienen, um ihre partikularen Interessen zu vermitteln. Die Konsultation und die Antworten darauf ermöglichen uns also einen ersten Einblick in die Auswirkungen von Politik-Frames auf die Akteur-Frames der relevanten Interessenträger, die wir dann im letzten Teil der Fallstudie aus der Perspektive eines Interessenträgers genauer untersuchen. In dieser Hinsicht gibt die Kommission mit ihrem Konsultationsdokument einen dezidierten Impuls, indem sie den nach mehreren Jahren des politischen Diskurses konkretisierten Dividende-Frame zur Kommentierung stellt. Wir müssen daher zunächst den konkretisierten Politik-Frame, den die Kommission 2009 zur Einführung des Konsultationsdokuments verwendet, näher betrachten. Dieser stellt als Impuls für den direkten politischen Dialog zwischen der Kommission und den Interessenträgern eine klare Richtungsanzeige in Bezug auf die allgemeine Wahrnehmung der Digitalen Dividende dar.

Entsprechend findet sich in dem im Sommer 2009 konkretisierten Politik-Frame eine Reihe der Aspekte wieder, die wir aus dem bisherigen Diskurs bereits kennen. So definiert die Kommission die Digitale Dividende als eine einzigartige Chance, der wachsenden Nachfrage nach Radiofrequenzen begegnen zu können. Dabei werden Mobilfunkanwendungen und Rundfunkanwendungen gleichwertig als mögliche Nutzer genannt. Die Kommission hebt auch hervor, dass alle möglichen Nutzungen für die Digitale Dividende Massenmarktanwendungen für Verbraucher sind und daher eine konkrete Binnenmarktdimension für ein mögliches europäisches Politikvorhaben vorliegt. Darüber hinaus stellt die Kommission eine argumentative Verbindung zwischen der Digitalen Dividende einerseits und der akuten Wirtschaftskrise in Europa andererseits her. Denn für die Bereitstellung von Breitbandanschlüssen in ländlichen Gebieten spricht man drahtlosen Infrastrukturen für die Breitbandversorgung eine signifikante Rolle zu, wenn die im Rahmen des Stimuluspakets verabschiedeten Breitbandziele, insbesondere das Ziel einer hundertprozentigen Breitbandabdeckung zwischen 2010 und 2013, erreicht werden sollen (EK 2009c: 2).

Ebenfalls in Zusammenhang mit den Bemühungen, die Wirtschaftskrise zu überwinden, plädiert die Kommission für eine zeitnahe Verabschiedung eines gemeinsamen Fahrplans. Sie will bereits jetzt die Weichen dafür stellen, dass die frei werdenden Frequenzen nach der Abschaltung der analogen Systeme im Jahr 2012 umgehend genutzt werden können. Auf der Basis der bisherigen Studien taxiert die Kommission den Wert eines koordinierten Vorgehens innerhalb der EU und nennt in diesem Zusammenhang die bereits erwähnten 20 bis 50 Mrd. Euro an monetären Vorteilen durch koordinierte Maßnahmen. Zusätzlich stellt die Kommission einen Zusammenhang her zwischen dem von ihr propagierten flexiblen Regulierungsansatz und der zukünftigen Wettbewerbsfähigkeit Europas, insbesondere im Bereich der drahtlosen Technologie (EK 2009c: 4). Darüber hinaus präsentiert sie die Tatsache, dass die Situation in den Mitgliedstaaten bezüglich der Digitalen Dividende sehr unterschiedlich ist, als zusätzlichen Vorteil eines flexiblen zukünftigen Fahrplans, mit dem gewährleistet werden kann, dass einerseits den nationalen Eigentümlichkeiten Rechnung getragen und andererseits langfristig eine Konvergenz hergestellt wird, die wiederum Innovationen, den Binnenmarkt und die Wettbewerbsfähigkeit Europas unterstützt. Abgerundet wird der Dividende-Frame durch das Argument, dass ein gemeinsamer Fahrplan auch deswegen zum jetzigen Zeitpunkt notwendig ist, um die Unsicherheit in Bezug auf technologische Innovationen zu reduzieren und damit sicherzustellen, dass die wirtschaftlichen Vorteile der Digitalen Dividende in Bezug auf die Antikrisenmaßnahmen noch rechtzeitig zur Geltung kommen (EK 2009c: 4f). Die Kommission legt also einen umfassend argumentativ verknüpften Politik-Frame vor und fragt dann in dem Konsultationsdokument nach den einzelnen Elementen des vorgeschlagenen Fahrplans, aus denen sowohl die Mitteilung vom November 2009 als auch die weiteren Schritte der Kommission abgeleitet werden sollen. Es ist also im Weiteren zu untersuchen, inwiefern die angesprochenen Interessenträger den Politik-Frame, wie er präsentiert wird, akzeptieren und daran anknüpfend ihre Stellungnahmen in die Debatte mit der Kommission einbringen.

10.5.2 Die Reaktion der Interessenträger

Angesichts der Vielzahl unterschiedlicher Interessenträger, die mit der Konsultation angesprochen waren, können wir die Eingaben anhand der vermittelten Akteur-Frames unterscheiden. Dazu lassen sich die insgesamt 128 eingegangenen Stellungnahmen zunächst in zwei Kategorien einteilen. Zum einen sind es Stellungnahmen der europäischen Verwaltungen, die auch als Mitglieder der zentralen Diskursforen vor allem im Rahmen der Gruppe für Frequenzpolitik (RSPG) und im Funkfrequenzausschuss (RSC) an dem Politikprozess beteiligt sind. Deren Stellungnahmen werden im Folgenden deshalb nicht noch einmal gesondert analysiert. Die zweite Gruppe besteht aus Interessenträgern, die außerhalb der politischen Organe stehen und die bisher nur im Rahmen der Konsultationen, die von der RSPG durchgeführt wurden, und in den normalen Kontakten mit den Dienststellen der Kommission, den Abgeordneten im Parlament oder der Behörden der Mitgliedstaaten am politischen Diskurs beteiligt waren.

Diese Kategorie der Adressaten lässt sich anhand ihrer spezifischen Perspektive auf den Sachverhalt der Digitalen Dividende wiederum in sechs Gruppen von Interessenträgern aufteilen, von denen wir die drei wichtigsten im Folgenden näher betrachten wollen. Dazu gehören die Mobilfunkindustrie, die Rundfunkanbieter und die Hersteller von Geräten zur Nutzung drahtloser Dienste. Daneben finden sich noch Stellungnahmen von Interessenträgern, die spezifische Anliegen im Zusammenhang mit der Digitalen Dividende haben. Dazu gehören erstens die Hersteller und Nutzer drahtloser Geräte zur Medienproduktion, die aufgrund der Umverteilung der Frequenzen befürchten, die bisher genutzten Frequenzen nicht weiter nutzen zu können, zweitens die Anbieter von Kabelanschlüssen, die Störungen befürchten, wenn die gleichen Frequenzen, die in Kabelanschlüssen zum Einsatz kommen, in Zukunft auch für Mobilfunkanwendungen genutzt würden, und drittens eine Gruppe von Interessenträgern, die keiner der beiden anderen Gruppen zugeordnet werden kann und zu der Unternehmen oder Verbände gehören. Angesichts des Frame-Konflikts um die Nutzung der Digitalen Dividende beschränken wir unsere Analyse im Folgenden auf die Stellungnahmen der drei relevanten Interessenträgergruppen Mobilfunkindustrie, Rundfunkanbieter und Gerätehersteller.

10.5.3 Hersteller-Frames

Die kleine Gruppe der Technologiehersteller, die sich an der Konsultation der Kommission beteiligt hat, ist als Interessenträger deswegen interessant, weil sie ggf. von jeder Art der Frequenznutzung profitieren könnten, sofern sie für den jeweiligen IKT-Bereich Anwendungen herstellen. Betrachten wir die Eingaben dieser Interessenträger aus dem Blickwinkel des Politik-Frames, den die Kommission in ihrem Konsultationsdokument zur Diskussion gestellt hat, so fällt auf, dass besonders die Aussage, Radiofrequenzen könnten einen Beitrag zum Wirtschaftswachstum in der EU und zur Bewältigung der Wirtschaftskrise leisten, auf einhellige Zustimmung stößt. Die zehn Akteure nutzen zudem alle dieses Argument, um ihre Position einzuleiten. Darüber hinaus rücken die Hersteller überwiegend die Notwendigkeit harmonisierter Nutzungsbedingungen für frequenznutzende Technologien in den Vordergrund und unterstützen damit dezidiert den Binnenmarkt-Frame der Kommission. Zum anderen wird bestätigt, dass die Digitale Dividende notwendig ist, um die wachsende Nachfrage nach mobilen Breitbanddiensten zu befriedigen. Auch wird betont, dass gerade diese Frequenzen sich wegen ihrer physikalischen Eigenschaften besonders dafür eignen, ländliche Gebiete mit Breitbandanwendungen zu erschließen und somit die digitale Kluft zu überwinden. Darüber hinaus sehen einige der Hersteller auch eine flexible Regulierung der Frequenzen als notwendig an, um Innovation und Wettbewerb zu fördern, und ungefähr ein Drittel sieht in den Größenvorteilen, die sich aus einer harmonisierten Regulierung ergeben, einen entscheidenden Faktor für die Entwicklung des gesamten Sektors. Grundsätzlich stimmen diese Interessenträger also mit dem Begründungsrahmen der Kommission überein und unterstützen ein harmonisiertes Vorgehen.

Dies ist allerdings auch deswegen nachvollziehbar, weil der Politik-Frame der Kommission als Ergebnis der mehr als fünfjährigen Debatte über die Digitale Dividende für die Interessenträger aus der Industrie keine Überraschungen mehr enthalten dürfte. Außerdem hält die zusätzliche Nutzung von Frequenzen für die Gerätehersteller potenzielle Vorteile bereit. In diesem Zusammenhang ist nicht überraschend, dass zumindest implizit die meisten Hersteller auch auf die Nutzung mobiler Breitbandanwendungen abstellen. Insofern können wir die Gruppe der Hersteller als Interessenträger sehen, die weniger direkt vom Ausgang des Frame-Konflikts des Politikvorhabens betroffen sind und daher auch weniger detailliert auf die Anpassung an den Politik-Frame angewiesen sind.

10.5.4 Mobilfunk-Frames

Im Gegensatz zu den Herstellern haben die Mobilfunk-Interessenträger ein klares Interesse an der Frage, wozu die frei werdenden Frequenzen genutzt werden können, und sind daher eindeutig auf einer Seite des Diskurses zu verorten. Zu dieser Gruppe gehören in erster Linie die Betreiber von Mobilfunknetzen innerhalb der EU, aber durchaus auch die Hersteller von Mobilfunkanlagen. An den 28 Stellungnahmen aus dieser Gruppe fällt zunächst auf, dass über die Hälfte die Bedeutung der Digitalen Dividende recht übereinstimmend einschätzt. So ist auch ein überwiegender Teil der Interessenträger der Ansicht, dass ein gemeinsamer Fahrplan und eine EU-weite Harmonisierung notwendig sind, um die Vorteile der Digitalen Dividende realisieren zu können. Ein Unternehmen z.B. unterstreicht dazu die Binnenmarktdimension, denn „an EU-wide implementation of a roadmap is needed to achieve a critical mass in product supply and thus create maximum spectrum efficiency".[47] Ein anderes Unternehmen bestätigt den von der Kommission hergestellten Zusammenhang zwischen der Roadmap einerseits und der Planungssicherheit für Investitionen andererseits und sagt: „We agree a more holistic 5 year roadmap for spectrum at a European level will be helpful, as greater certainty will drive long-term investment in the industry".[48]

Neben den Referenzen zur Bedeutung von Harmonisierungsmaßnahmen findet sich in den Stellungnahmen aber auch ein neuer Aspekt, der Teil des Akteur-Frames einiger Interessenträger ist – obgleich es sich dabei um ein Thema für die Rundfunkseite handelt. Denn über die Hälfte der Interessenträger sieht im Zusammenhang mit der Digitalen Dividende die Notwendigkeit, zukünftig nur noch verbesserte TV-Empfangsgeräte auf dem europäischen Markt zu vertreiben, um damit die Möglichkeiten für zukünftige Mobilfunkfrequenzen zu erhöhen. Die Akteure auf der Mobilfunkseite argumentieren also dezidiert für die technologische Verbesserung von TV-Empfangsgeräten, um dadurch weiteres Frequenzspektrum für Mobilfunkanwendungen zugänglich zu machen und so die Effizienz der Frequenznutzung insgesamt zu erhöhen.[49]

Insofern ist es nicht verwunderlich, dass eine Reihe von Interessenträgern in der Tat die Kommission auffordert, weitergehende Planungen einzuleiten, um zukünftig weitere ehemalige TV-Frequenzen für Mobilfunkanwendungen nutzen zu können. Insgesamt fällt auf, dass die Mobilfunkunternehmen einen direkten Zusammenhang herstellen zwischen dem Wert mobiler Breitbandanwendungen und dem Beitrag, den die Digitale Dividende für Wachstum und Beschäftigung in Europa bzw. die Überwindung der Wirtschaftskrise leisten kann. Daneben werden die durch die Harmonisierungsmaßnahmen erreichbaren Größenvorteile als wichtiger Aspekt der Digitalen Dividende angesehen. So sagt z.B. ein Un-

47 Vgl. die Stellungnahme der Firma Ericsson, unter http://ec.europa.eu/information_society/policy/ecomm/radio_spectrum/_document_storage/consultations/2009_digitaldividend/replies/016_ericsson.pdf, 05.05.2011.

48 Vgl. die Stellungnahme der Firma Vodafone, unter http://ec.europa.eu/information_society/policy/ecomm/radio_spectrum/_document_storage/consultations/2009_digitaldividend/replies/014_vodafone.pdf, 05.05.2011.

49 Dahinter steht die Annahme, dass durch eine verbesserte Abschirmung gegen Störungen der Mindestabstand zwischen den Frequenzbändern für Rund- bzw. Mobilfunkanwendung verringert werden könnte.

ternehmen: „and we concur that the biggest benefits of using the 800MHz band for ECS will only be achieved if economies of scale are maximised“.[50]

Die Akteur-Frames der Unternehmen zeigen also deutlich, dass der Beitrag, den der Mobilfunk für die übergreifenden wirtschaftlichen Ziele leisten kann, eine grundlegende Argumentationsbasis ist und dass daran anknüpfend entsprechende Aspekte in den politischen Diskurs eingebracht werden, die zum Teil sogar über das hinausgehen, was die Kommission in ihrem Vorschlag eines Fahrplans vorgelegt hat. In dieser Hinsicht bringt es ein Unternehmen auf den Punkt, indem es seiner Überzeugung Ausdruck verleiht, dass „allocating a smaller part of the digital dividend (e.g. 790-862 MHz) to the mobile service would positively influence the economy and create an additional value of billions of Euros and thousands of new jobs in Europe“.[51] Die Mobilfunk-Interessenträger nutzen also die Begründungszusammenhänge des Politik-Frames der Kommission, um damit spezifische Forderungen bzw. Positionierungen in den politischen Diskurs einzubringen. Darüber hinaus lässt sich noch eine Reihe anderer Aspekte in einigen Stellungnahmen finden, die sich auf den Begründungszusammenhang des Politik-Frames zurückführen lassen und diesen somit unterstützen. So sieht rund die Hälfte der Stellungnahmen eine klare Notwendigkeit darin, mobile Breitbandanwendungen für die Versorgung ländlicher Gebiete zu verwenden, um die digitale Kluft überwinden zu können.

Außerdem befürworten die Unternehmen die internationale Koordinierung der Umstellung der TV-Sendeanlagen, insbesondere in Bezug auf die Nachbarstaaten der EU, als eine Aufgabe, die auf europäischer Ebene berücksichtigt werden muss. In der Tat gehen die Interessenträger noch einen Schritt darüber hinaus und bringen die internationale Dimension noch in einem anderen Zusammenhang in den politischen Diskurs ein. Denn es wird gesagt, dass von einer zeitnahen Festlegung in der EU auf die Verwendung der entsprechenden Frequenzen für mobile Breitbanddienste eine Signalwirkung ausgehen würde. Diese sei eine wichtige Grundlage dafür, dass sich die entsprechenden Technologien auch außerhalb der EU durchsetzen könnten, da hier zum Teil noch keine Festlegungen auf die Verwendung einer möglichen Digitalen Dividende getroffen worden seien. Dieses Argument ist vor allem deshalb interessant, weil es von den Mobilfunkunternehmen vorgebracht wird und nicht Teil des Akteur-Frames der Her-

50 Vgl. die Stellungnahme der Firma Telefónica Group, unter http://ec.europa.eu/ information_society/policy/ecomm/radio_spectrum/_document_storage/consultations/2009_digital dividend/replies/075_telefonica.pdf, 05.05.2011.

51 Vgl. die Stellungnahme der Firma Deutsche Telekom/T-Mobile, unter http://ec.europa .eu/information_society/policy/ecomm/radio_spectrum/_document_storage/consultations/ 2009_digitaldividend/replies/010_deutschetelekom_tmobile.pdf, 05.05.2011.

steller war, die von einer übergreifenden Verwendung der gleichen Geräte auch profitieren könnten.

Dass die Verwendung der Digitalen Dividende für Mobilfunkanwendungen aus Sicht dieser Akteure nicht mehr in Frage steht, wird an zwei weiteren Aspekten deutlich. Zum einen beziehen sich einige Stellungnahmen auf die Auswirkungen, die die Verwendung der neuen Frequenzen für mobile Breitbandanwendungen auf die Wettbewerbssituation in den entsprechenden Mitgliedstaaten haben könnte, wenn nur bestimmte Netzbetreiber die Frequenzen nutzen könnten. Dahinter steht also bei manchem Interessenträger schon die sichere Erwartung, dass eine entsprechende Nutzung zumindest in einigen Mitgliedstaaten zugelassen wird.

Zum anderen gehen einige Interessenträger in ihren Stellungnahmen so weit, nicht nur den wirtschaftlichen Beitrag mobiler Breitbandtechnologien zu konkretisieren und zum Teil mit Hilfe von Studien quantifizierte Werte vorzulegen, sondern auch die zukünftige Verwendung terrestrischer Sender für die Verbreitung neuer Fernsehanwendungen wie z.B. HDTV in Frage zu stellen. So wird argumentiert, dass es in Bezug auf die Verbesserung der TV-Empfangsgeräte keinen Grund gebe, weshalb die Fernsehindustrie sich nicht an den Bemühungen beteiligen solle, die Frequenzen effizienter zu nutzen: „As all spectrum users do, TV manufacturers should do an effort in order to allow that spectrum is used in the most efficient way".[52] Damit werden nicht nur strengere Produktstandards gefordert, um zusätzliche Frequenzen für den Mobilfunk nutzbar zu machen, sondern es wird direkt auf die Positionen der Rundfunkindustrie Bezug genommen, wenn argumentiert wird, dass besonders für die neuen Dienste und Angebote der Fernsehbetreiber das Frequenzspektrum nicht ausreiche und es daher wahrscheinlich sei, dass neue Anwendungen wie 3D-Fernsehen durch Kabel-, Satellit- oder Internetnetzwerke zum Verbraucher gebracht würden und mithin für die Zukunft des Rundfunks keine Frequenzen aus der Digitalen Dividende mehr benötigt würden.[53]

Damit geht der Akteur-Frame der Mobilfunkseite in entscheidenden Punkten über das Gleichgewicht hinaus, das die Kommission in Bezug auf die Verwendung der Digitalen Dividende im Politik-Frame berücksichtigt hat. Denn in den Stellungnahmen wird bereits die Forderung erhoben, dass über die aktuell berücksichtigten Frequenzen hinaus zukünftig noch mehr Frequenzen für mobile

52 Vgl. die Stellungnahme der Firma Bouygues Telecom, unter http://ec.europa.eu/information_society/policy/ecomm/radio_spectrum/_document_storage/consultations/2009_digitaldividend/replies/099_bouyguestelecom.pdf, 05.05.2011.

53 Vgl. zu dieser Argumentation die Stellungnahme der Firma France Telecom Orange, unter http://ec.europa.eu/information_society/policy/ecomm/radio_spectrum/_document_storage/consultations/2009_digitaldividend/replies/017_orange.pdf, 05.05.2011.

Breitbandanwendungen zur Verfügung gestellt werden müssten. Argumentiert wird damit, dass es nur eine Möglichkeit gebe, mobile Breitbanddienste anzubieten, während bereits heute verschiedene Möglichkeiten existierten, um Fernsehdienstleistungen zur Verfügung zu stellen.

10.5.5 Rundfunk-Frames

Genau wie die Mobilfunk-Interessenträger treten auch die Befürworter einer weiterführenden Rundfunknutzung im Diskurs in Erscheinung und bringen ihre Perspektiven ein. Dies sehen wir bereits anhand der Stellungnahmen der Ko-Designer in Rat und Parlament. Entsprechend lässt sich auch in dieser Hinsicht eine Gruppe von Interessenträgern aus den Stellungnahmen der Konsultation herausfiltern, die zusammen den Rundfunk-Frame repräsentieren. Bei der Betrachtung des Rundfunk-Frames müssen wir berücksichtigen, dass die als Digitale Dividende bezeichneten Frequenzen Rundfunkfrequenzen waren, die den Anbietern meist nicht als ökonomisch bezifferbare Ressource, sondern als Mittel zur Erfüllung eines – in der Bundesrepublik Deutschland verfassungsrechtlich abgesicherten – Versorgungsauftrages von staatlicher Seite zur Verfügung gestellt wurden, um Ziele von allgemeinem Interesse zu verfolgen. Insofern sind diese Interessenträger von einer herausfordernderen Ausgangsposition in den politischen Diskurs der Radiofrequenzpolitik gestartet, als es auf der Mobilfunkseite der Fall ist. Dabei basieren die kognitiven Hürden, die diese Akteure überwinden müssen, um sich auf den Diskurs einzulassen, auf dem grundlegenden Gegensatz zwischen der im Rahmen der ITU bewahrten Vorstellung, dass es *Rundfunk*frequenzen gibt, und dem Prinzip der Technologieneutralität in der EU-Radiofrequenzpolitik.

Zunächst müssen diese Akteure auf der Rundfunkseite es also akzeptieren, über die Umwidmung eines Teils der vormaligen Rundfunkfrequenzen zu sprechen. Gleichzeitig sehen sie sich mit einem Politik-Frame konfrontiert, der eine doppelte Nutzung der Digitalen Dividende vorsieht, mit der der kleinere Teil des Frequenzbandes für Mobilfunkdienste zur Verfügung gestellt werden soll. Hinzu kommt, dass diese Möglichkeit durch die Umstellung der Übertragungstechnologie im Rundfunk erst geschaffen worden ist. Das bedeutet, dass zusätzlich zur Umstellung von analogem auf digitalen Rundfunk ein Teil der zu diesem Zweck im Rahmen der ITU neu geplanten Frequenzen von Fernsehsendern geräumt werden muss, damit sich nach dem Vorschlag der Kommission der obere Teil des Frequenzbandes europaweit harmonisiert für Mobilfunkanwendungen nutzen lässt. Insofern können wir annehmen, dass sowohl der kognitive Anpassungsdruck als auch die Beharrungskräfte bei diesen Diskursteilnehmern am stärksten ausgeprägt sind.

Dass die Anpassung an den Politik-Frame trotzdem erfolgt, zeigt sich an Argumenten, die darauf abzielen, die zukünftige Nutzung der Digitalen Dividende durch Rundfunkanwendungen als lohnenswertes Ziel darzustellen. So weist z.B. eine Reihe von Interessenträgern darauf hin, dass die Digitale Dividende gebraucht wird, um in Zukunft mehr und bessere TV-Programme auszusenden. Außerdem wird angeführt, dass die Zukunft des digitalen terrestrischen Rundfunks das Angebot von HDTV-Anwendungen notwendig mache, für die bereits im Markt eine reelle Konsumentennachfrage bestehe. Diese Anwendungen würden aber zukünftig ggf. sogar mehr Frequenzen benötigen, als dies zurzeit der Fall ist. Darüber hinaus wird auf der Rundfunkseite die Zukunftsfähigkeit der terrestrischen Fernsehausstrahlungsplattform als Grund dafür angeführt, dass Teile der Digitalen Dividende auch zukünftig für terrestrischen Rundfunk zur Verfügung stehen müssen.

Der Rundfunk-Frame enthält aber noch einen zweiten Begründungskontext, der sich auf die konkreten Herausforderungen bezieht, denen sich die Rundfunkanbieter in Bezug auf die Digitale Dividende gegenübersehen. Dabei steht im Vordergrund die Frage, wie die Kosten für die Umstellung bzw. die Erreichung der Dividende verteilt werden sollen. Relevant sind hier die Kosten für die Umstellung der Übertragungs- und Empfangstechnologie, die beim Rundfunkanbieter und bei den Rezipienten mit Investitionen verbunden ist, und die Kosten für die Relokation der Sender zur Schaffung eines zusammenhängenden Frequenzbereichs für Mobilfunkanwendungen.

Zwar wird die wirtschaftliche Bedeutung der Digitalen Dividende anerkannt, nämlich entlang der Argumentation der Kommission mit Bezug auf die duale Nutzung durch Rundfunk- und Mobilfunkanwendungen. Die Rundfunkindustrie fordert aber auch, dass die Verteilung der Dividende nicht nur nach wirtschaftlichen Gesichtspunkten erfolgen darf. In dieser Hinsicht kann die Rundfunkseite gegenüber der Wachstums- und Krisenbewältigungsrhetorik der Mobilfunkseite ein vergleichbar nachhaltiges Argument in den Diskurs einbringen. Denn Rundfunk hat eine gesellschaftliche Bedeutung und als Faktor von allgemeinem Interesse auch eine eigene Rechtsbasis im EU-Regulierungsrahmen für elektronische Kommunikation. Insbesondere die Tatsache, dass Rundfunkanbieter oft landesweit alle Bürger erreichen müssen und ihr Programm aus kultureller und sozialer Sicht einen hohen Stellenwert hat, bietet diesen Interessenträgern die Möglichkeit, neben den wirtschaftlichen Erwägungen in Bezug auf die Digitale Dividende auch soziale und kulturelle Aspekte zu thematisieren. Dies geschieht nicht nur in Bezug auf die Verteilungskriterien, sondern auch mit dem Argument, dass der volkswirtschaftliche Nutzen von digitalem terrestrischem Rundfunk unterschätzt, während das Nachfragewachstum für Mobilfunkanwendungen überschätzt werde. So werden beispielsweise die von der Kommission referenzierten Marktentwicklungsangaben in Zweifel gezogen und es wird beispielsweise in einer Stellungnahme davon gesprochen, dass „(o)ther studies are warning about such a ‚mobile myth' because predictions of large benefits from allocating more spectrum to mobile are based on aggressive forecasts for growth in demand for mobile broadband. As a consequence, successful business models are still unproven".[54] Die Rundfunkseite geht also in ihrem Akteur-Frame so weit, die Annahmen, die dem wirtschaftlichen Bedeutungszusammenhang zugrunde liegen, in Zweifel zu ziehen. Daneben werden auch die Kosten für den Umbau der Fernsehausstrahlungsinfrastruktur und der notwendigen Maßnahmen, um Störungen zu vermeiden, als Aspekte angeführt, die in der volkswirtschaftlichen Betrachtung der Digitalen Dividende bisher nur unzureichend berücksichtigt worden seien.

Insbesondere die Kosten und der Aufwand, den die Rundfunkseite mit der Technologieumstellung und Frequenzfreistellung verbindet, können als Unterscheidungsmerkmal dienen, mit dem sich der Mobilfunk-Frame und der Rundfunk-Frame deutlich differenzieren lassen. Denn während für die Mobilfunkseite die zukünftigen Wachstumsmöglichkeiten durch die zusätzlichen Frequenzen verbessert werden, steht die Rundfunkseite vor der Aufgabe, zunächst Investitionen tätigen zu müssen, um die Digitale Dividende überhaupt zu ermöglichen. Insofern ist es auch nicht überraschend, dass einige Stellungnahmen von der Rundfunkseite sich bereits gegen eine zukünftige zweite Digitale Dividende aussprechen, und zwar, obwohl der technische Fortschritt in der Fernsehübertragungstechnologie, der die Möglichkeit einer zweiten Dividende eröffnen könnte (durch noch bessere Kompressionstechnologien), nicht in Abrede gestellt wird.

Dass allerdings auch der Kontext, in dem die Akteure der Rundfunkseite ihre Position definieren müssen, bereits stark durch die wachsende Bedeutung von Breitbandkommunikationsinfrastrukturen bestimmt ist, zeigt sich daran, dass die Dachorganisation der Rundfunkanbieter darauf hinweist, dass ihre Klientel zukünftig daran interessiert sein werde, Breitbandinfrastrukturen zu nutzen, um ihre Programme verbreiten zu können, denn

> „(w)e agree that wireless broadband networks will play a more important role in the future. So far, there was only a limited possibility to deliver media services over wireless broadband networks. Nevertheless, broadcasters are interested in utilising wireless broadband networks once they become capable of supporting broadcasting services".[55]

Insofern können wir in der Zusammenschau der verschiedenen Stellungnahmen auf der Rundfunkseite festhalten, dass diese Interessenträger sich nicht nur mit dem Verlust eines Teils der ehemaligen Rundfunkfrequenzen an die Mobil-

54 Vgl. die Stellungnahme von ARD und ZDF, unter http://ec.europa.eu/ information_society/policy/ecomm/radio_spectrum/_document_storage/consultations /2009_digitaldividend/replies/006_zdf_ard.pdf, 05.05.2011.

55 Vgl. die Stellungnahme der European Broadcasting Union (EBU), unter http://ec.europa.eu/information_society/policy/ecomm/radio_spectrum/_document_storage/consultations/2009_digitaldividend/replies/035_ebu.pdf, 05.05.2011

funkseite abgefunden haben, sondern auch die dafür grundlegenden technologischen Entwicklungen öffentlich anerkennen und damit ihren eigenen Akteur-Frame an den Politik-Frame angepasst haben. Denn während der Politik-Frame auf den grundsätzlichen Ausbau von Breitbandinfrastrukturen abzielt, der durch drahtlose Technologien verbessert und umfassender durchgeführt werden kann, muss die Rundfunkseite mit dem Nachteil zurechtkommen, dass erstens die terrestrische Verbreitung von Fernsehprogrammen nur ein Weg ist, mit dem Fernsehprogramme zum Rezipienten gelangen können (Kabelfernsehen und Satellitenfernsehen sind bereits existierende Alternativen), und dass außerdem gerade die Breitbandinternetinfrastrukturen zukünftig in der Lage sein werden, Fernsehprogramme zu transportieren.

Im Vergleich zwischen den drei relevanten Interessenträgern zeigt sich, dass im politischen Diskurs alle Akteur-Frames auf dem argumentativen Boden des Dividende-Frames stehen und anknüpfend an dessen Begründungszusammenhänge ihre Position kommunizieren. Im Gegensatz zu den Diskursbeiträgen der Ko-Designer wird die Regulierungskompetenz im direkten Dialog zwischen Kommission und Interessenträgern nicht angezweifelt. Vielmehr werden die Argumentationen auch dann in den Politik-Frame eingepasst, wenn man mit der Richtung des Politikvorhabens nur bedingt einverstanden ist, wie dies bei der Rundfunkseite der Fall ist.

10.6 Zwischenfazit

In dieser zweiten Detailstudie haben wir am Beispiel der Radiofrequenzpolitik den Kommunikationsprozess Interessenvermittlung aus der Perspektive der Politikdesigner in der Kommission untersucht. An dem Fallbeispiel wird deutlich, dass diese Politikdesigner den durch Meta-Frames strukturierten politischen Diskurs nutzen, um mit Politik-Frames in Bezug auf konkrete Politikvorhaben eine Regulierungskompetenz im Bereich der Radiofrequenzen auf EU-Ebene zu begründen.

Durch die Einbindung der Ko-Designer auf EU-Ebene sowie der Mitgliedstaaten und Interessenträger ist, ausgehend von dem Grünbuch Ende der 1990er Jahre, ein politischer Diskurs über den Mehrwert einer europäischen Radiofrequenzpolitik eingeleitet worden. Mit der argumentativen Verknüpfung frequenzpolitischer Anliegen mit spezifischen und horizontalen europäischen Gemeinschaftspolitiken ist damit ein eigenständiges Politikfeld – mit einem europarechtlichen Kontext verknüpft – legitimiert worden.

Um die langfristige Notwendigkeit einer Regulierungskompetenz auf EU-Ebene zu begründen, sind die Ko-Designer der Mitgliedstaaten durch institutionalisierte Diskursforen in den politischen Diskurs auf EU-Ebene eingebunden, in denen die politische Aufmerksamkeit genutzt wird, um in den nationalen Frequenzverwaltungen Handlungsdruck zu erzeugen und gemeinsame Reformprozesse anzustoßen.

Dazu ist eine Frame-Hierarchie aufgebaut worden, in der die EU-Regulierungskompetenz und die Reform der Frequenzverwaltung in den Mitgliedstaaten mit Hilfe dreier Arten von Politik-Frames (Legitimation, Reform und Politikvorhaben) begründet wird. Dabei ist die Konkretisierung der Opportunitätskosten nicht nur ein Mittel, um den Handlungsdruck auf die Mitgliedstaaten zu erhöhen und Interessenträger für das Vorhaben zu gewinnen, sondern dadurch wird auch der grundlegende Frame-Konflikt der Radiofrequenzpolitik zwischen einer traditionellen und einer flexiblen und technologieneutralen Regulierung adressiert, indem die Wahrnehmung von Frequenzen als essentielle wirtschaftliche Ressource fest im Diskurs verankert wurde.

Insofern ist der Politik-Frame zur *Digitalen Dividende* ein Beispiel für die kollaborative Formulierung eines Politikvorhabens aus Sicht des Politikdesigners, der relevante Interessenträger in den politischen Diskurs einbindet und mit den Kosten des Nichthandelns ein europäisches Politikvorhaben vorantreibt. Dazu sind verschiedene Konsultationsinstrumente ebenso notwendig wie die formelle Verbreitung des Politik-Frames an die Ko-Designer in den anderen EU-Organen und in den zentralen Diskursforen der Radiofrequenzpolitik, um dort die Existenz einer Digitalen Dividende für den politischen Diskurs bestätigen zu lassen.

Ist der Dividende-Frame einmal als konkretes Beispiel für die Notwendigkeit eines neuen flexiblen Frequenzregulierungsregimes definiert, dann wird auch die Diskursmacht des Politikdesigners deutlich. Denn sowohl die Ko-Designer als auch die relevanten Interessenträger richten ihre Diskursbeiträge auf diesen aus. Dabei sind die Mitgliedstaaten in Rat und RSPG in erster Linie an der Erhaltung der nationalen Kompetenzen interessiert und bewahren ein gewisses Maß an Äquidistanz zwischen den konkurrierenden Mobilfunk- und Rundfunkinteressen. Das Europäische Parlament hingegen steht mit Blick auf die Kompetenzkonkurrenz in der EU eher an der Seite der Kommission, argumentiert in Bezug auf die Nutzung der Digitalen Dividende aber deutlicher mit dem Rundfunk-Frame.

Gerade der Vergleich zwischen relevanten Interessenträgern bestätigt aber, dass der Dividende-Frame der argumentative Boden ist, auf dem die Begründungszusammenhänge für die jeweilige Position beruhen, wobei die Interessenträger nicht die Regulierungskompetenz der EU thematisieren, sondern sich mit ihren Argumentationen auch dann am Politik-Frame orientieren, wenn die Schlussfolgerungen der Kommission in Bezug auf das Politikvorhaben nicht geteilt werden.

Wir können also festhalten, dass es den Politikdesignern in der Kommission gelungen ist, im Rahmen des Diskurses in der Radiofrequenzpolitik Politik-

Frames zu etablieren, an denen sich sowohl die Ko-Designer als auch die Interessenträger in ihren Diskursbeiträgen und Interessen orientiert haben. In Bezug auf den Kommunikationsprozess Interessenvermittlung ist darüber hinaus festzuhalten, dass sich die Frames des jeweiligen Akteur-Netzwerks auch in den Stellungnahmen der Ko-Designer widerspiegeln. Wie eine solche Ausrichtung auf die Interessenträger zustandekommt, untersuchen wir im abschließenden Teil der Fallstudie am Beispiel der RFID-Politik.

11. Fallstudie RFID

In den ersten beiden Detailstudien haben wir den Kommunikationsprozess Interessenvermittlung zunächst in Bezug auf die kognitiven Rahmenbedingungen im IKT-Politikfeld und anschließend aus der Perspektive der Politikdesigner untersucht, die mit Hilfe von Frames eine EU-Handlungskompetenz etabliert haben. Abschließend müssen wir daher die Perspektive eines Interessenträgers einnehmen, um zu prüfen, wie sich der kollaborative Prozess der Begründung von Politikvorhaben aus der Sicht eines potenziell Betroffenen darstellt. Analytisch weiten wir damit die empirische Überprüfung des Erklärungsrahmens auf die Interessen-Dimension des Politikgestaltungsprozesses aus. Denn hinter den unterschiedlichen Begründungszusammenhängen, die der Designer berücksichtigen muss, stehen konkrete Interessen, wie wir am Beispiel der Rundfunk- und Mobilfunk-Frames im letzten Abschnitt gesehen haben.

Im Vergleich zu den bisherigen Detailstudien, bei denen sowohl der i2010-Meta-Frame als auch der Dividende-Frame auf die Handlungsmotivationen der Politikdesigner in der Kommission zurückgehen, die die Frames initialisiert haben, um eine Regulierungskompetenz zu etablieren bzw. abzusichern, ist die RFID-Politik ein Beispiel für ein Politikvorhaben, das auf die Vermittlung von Industrieinteressen zurückgeht. Entsprechend sind auch die Politik-Frames erst im Verlauf des politischen Diskurses auf europäischer Ebene entstanden, nachdem der Politikgestaltungsprozess mittelbar durch die Interessenträger initiiert worden war. Insofern ist die Entstehung eines ordnungspolitischen Rahmens für die Verwendung der Radiofrequenz-Identifikation (RFID) in der EU ein Ergebnis des diskursiven Politikgestaltungsprozesses, der von keinem der Akteure vollständig kontrolliert werden kann. Im Vergleich zur Radiofrequenzpolitik gibt es in diesem Fall auch keinen etablierten Regulierungsrahmen und bei dem Regulierungsgegenstand RFID handelt es um eine neue Technologie bzw. um eine neue Anwendungsform einer bestehenden Technologie. Aus diesen Gründen ist gerade die Wahrnehmung der potenziellen Anwendungsmöglichkeiten ein Gegenstand des Politikdiskurses und, wie wir sehen werden, des damit verbundenen Frame-Konflikts.

Aus der Perspektive der Interessenträger aus der Industrie ist also die Meinungsbildung der Politikdesigner von entscheidender Bedeutung dafür, dass sich der ordnungspolitische Rahmen nicht negativ auf die eigenen Interessen auswirkt. Weil jedoch alle Interessenträger am politischen Diskurs teilnehmen, ist der Frame-Kontext insbesondere deshalb von Bedeutung, weil die Designer diesen ebenfalls berücksichtigen müssen. Für die Positionierung der Interessenträger aus der Industrie ist daher die Hervorhebung der Datenschutzaspekte der RFID-Technologie durch die Kommission eine besondere Herausforderung, weil sie das Thema mit einem Wirtschafts-Frame eingebracht haben und der Frame-Konflikt nun im Rahmen des politischen Diskurses auf EU-Ebene ausgetragen werden muss. Dort beschäftigt sich die Kommission mit einem Datenschutz-Frame, der durch den Ko-Designer legitimiert wurde. Weil der Datenschutz-Frame im Verlauf des politischen Diskurses ein hohes Maß an Aufmerksamkeit erfährt, wird der Anpassungsdruck für die Interessenträger sukzessive erhöht, sodass sich der Frame-Kontext nicht nur auf die Entwicklung der Stellungnahmen, sondern auch auf die Definition der Positionen und Interessen gegenüber dem Politikvorhaben auswirkt. Als empirische Basis können wir dafür neben den öffentlich zugänglichen Quellen auf vertrauliche Gespräche mit leitenden Mitarbeitern aus der RFID-Industrie, die sowohl mit der Einführung der Technologie als auch mit der politischen Interessenvermittlung befasst sind[56], sowie auf Ergebnisse der teilnehmenden Beobachtung zurückgreifen.

Um die skizzierte Entwicklung nachvollziehen zu können, müssen wir im ersten Schritt die Rahmenbedingungen für die RFID-Politik klären, die zwischen 2006 und 2009 einen „ordnungspolitischen Rahmen" für den „rechtmäßigen und gesellschaftlich wie politisch annehmbaren" Einsatz der Technologie nötig machten (EK 2007b, 2009g). Im nächsten Schritt beschreiben wir anhand einschlägiger Dokumente die Entwicklung der RFID-Politik-Frames im politischen Diskurs auf EU-Ebene. Dann identifizieren wir aus diesem Kontext heraus die Auswirkungen des Frame-Kontexts auf die Interessenträger aus der RFID-Industrie anhand ihrer Beiträge zu den Konsultationsverfahren.

11.1 Die Rahmenbedingungen für die RFID-Politik in Europa

Für unseren Untersuchungszusammenhang sind in Bezug auf die Rahmenbedingungen, unter denen sich die RFID-Politik in der EU entwickelt hat, sowohl der Impuls der Industrie als auch die kontroverse Wahrnehmung der Technologie in der Öffentlichkeit relevant. Insofern ist die RFID-Politik ein Beispiel dafür, dass die initialen Politik-Frames von der Industrie in den politischen Diskurs eingebracht und dort angesichts eines Frame-Konflikts weiterentwickelt werden.

Die Abkürzung RFID steht für *Radiofrequenz-Identifikation.* Bei RFID-Systemen werden die Seriennummern von Objekten mit Hilfe von Radiowellen erfasst und die entsprechenden Informationen in Datenbanken gespeichert. Auf Grund der vielfältigen Einsatzmöglichkeiten für die Technologien ist die Indust-

56 Vgl. dazu unten das Verzeichnis der Leitfadeninterviews zur Interessenvermittlung bzgl. der EU-RFID-Politik aus der Sicht eines Anwenderunternehmens.

rie seit 2003/2004 im ersten Schritt auf die EU-Kommission als Politikdesigner zugegangen, um angesichts der im weltweiten Vergleich gut positionierten europäischen RFID-Industrie politische Unterstützung für die erfolgreiche Einführung zu erhalten, bei der insbesondere die US-Unternehmen schneller vorangeschritten.

Aus der Perspektive der Industrieakteure ging es dabei um zwei Aspekte: zum einen die stärkere Unterstützung der Technologie durch die EU-Forschungsförderung und zum anderen um die Schaffung harmonisierter Rahmenbedingungen für den Zugang zu Frequenzen, um so den Einsatz der Technologie im gesamten Binnenmarkt zu ermöglichen und von dem damit verbundenen Größenvorteil für die Geräteherstellung profitieren zu können. Die Industrie konnte in dieser Hinsicht vor allem auf die vorteilhaftere Situation in den USA hinweisen. Auf der Seite der RFID-Befürworter können wir insofern zwei Gruppen unterscheiden: zum einen die Technologieunternehmen, die an der Herstellung der Komponenten und der Entwicklung der notwendigen IT-Systeme verdienen, und zum anderen die Nutzerunternehmen, die die Technologie einsetzen wollen, um ihre Prozesse effizienter zu gestalten.

Anknüpfend an die vor allem aus Sicht der Nutzer nachteilige Situation in der EU hat die Industrie in den ersten Gesprächen mit den Politikdesignern versucht, ihre Anliegen in den Kontext der Aktivitäten der Europäischen Kommission zu stellen und darauf hinzuweisen, dass die RFID-Technologie dabei helfen kann, die europäische Wirtschaft effizienter zu machen und dadurch einen Beitrag zum Wirtschaftswachstum zu leisten. Die Verknüpfung der Technologie bzw. ihres Einsatzes mit den politischen Zielen der Kommission resultierte jedoch nicht aus einer taktisch motivierten Anpassung an die entsprechenden Meta-Frames, sondern basierte auf den Akteur-Frames der Unternehmen, die mit den vorgesehenen Einsatzszenarios daran interessiert sind, durch den Einsatz der Technologie die Effizienz ihrer Arbeitsprozesse zu erhöhen.

Der Impuls für den politischen Diskurs erfolgt also mit einem Wirtschafts-Frame, der sich zurückführen lässt auf den grundsätzlichen Vorteil, den die RFID-Technologie gegenüber früheren Technologien zur Erfassung von Objektdaten bieten kann: die vereinfachte Sammlung von Daten, ohne dass dazu eine physische Verbindung zwischen dem Objekt einerseits und der Datenverarbeitungsschnittstelle andererseits notwendig ist. Mit Hilfe der auch Transpondertechnologie genannten RFID-Systeme können so in sehr vereinfachter Weise große Mengen von Objektdaten erfasst werden, um dann etwa in Produktionssteuerungs- oder Logistikanwendungen verarbeitet zu werden. Der Kern des Innovationspotenzials der Technologie liegt darin, dass die Daten mit Hilfe von Radiowellen übertragen werden und für diese Übertragung keinerlei Hilfsmittel notwendig sind – wenn die dazu notwendigen Radiofrequenzen benutzt werden können. Daraus ergibt sich eine Vielzahl unterschiedlicher Anwendungsmöglichkeiten, die in der Forschung häufig unter dem Begriff des *Internet der Dinge* subsumiert werden (vgl. dazu z.B. die Sammelbände von: Bullinger und ten Hompel 2007; Floerkemeier et al. 2008). Gleichzeitig ist diese Art der Datenübertragung, anders als bei optischen Systemen, ohne Hilfsmittel bzw. durch das menschliche Auge nicht zu erkennen – eine Tatsache, die, wie wir später sehen werden, die Grundlage für die Wahrnehmung der Technologie als Gefahr für den Datenschutz und damit für den Frame-Konflikt ist.

Als Gesprächspartner standen der Industrie die Politikdesigner in der Generaldirektion Informationsgesellschaft und Medien (GD INFSO) gegenüber, die im Rahmen der IKT-Strategie ein Interesse daran hatten, das von der Industrie behauptete Potenzial der Technologie in Europa zu realisieren. Folglich konnte die Industrie an die Eigenmotivation der Designer anknüpfen, ihre Instrumente und Handlungsmöglichkeiten für die RFID-Technologie einzusetzen. Denn wenn die Designer das Potenzial der Technologie anerkennen, lässt sich dieses auch zur Untermauerung der eigenen Aktivitäten nutzen. Handelt es sich bei RFID um eine zukunftsweisende Technologie, die durch den Einsatz von IKT Vorteile für die europäische Wirtschaft und Gesellschaft bringen kann, worauf neben der Industrie auch die Forschung zu dem Thema hinweist, dann liegt es im Interesse der Kommission, an der Einführung und Durchsetzung der Technologie beteiligt zu sein und die ihr zur Verfügung stehenden Instrumente dafür einzusetzen. Die Akteur-Frames der Gesprächspartner stimmten also darin überein, dass die Technologie und vor allem die Weiterentwicklung der Anwendungsmöglichkeiten im Rahmen der europäischen IKT-Forschungsförderung berücksichtigt würden.[57] Der erfolgreiche Einsatz von Forschungsgeldern, die zu einem zählbaren Erfolg in Bezug auf die Wettbewerbsfähigkeit der europäischen Wirtschaft beitragen, lag im beiderseitigen Interesse.

Den Designern war allerdings auch die teilweise kontroverse Wahrnehmung der Technologie in der Öffentlichkeit bewusst, sodass der anfängliche Akteur-Frame mehr Perspektiven auf die RFID-Technologie umfasste als die, die von den Industrievertretern vermittelt wurden. Obwohl in der Kommission zu Anfang noch kein Design-Frame zum Thema RFID ausgeprägt war, lagen die potenziellen Anknüpfungspunkte bereits vor. Diese Situation bestätigte sich auch in einem der ersten Treffen, als die Industrievertreter seitens der beteiligten Beamten mit einer Reihe von Fragen zum rechtlichen und gesellschaftlichen Kontext der RFID-Technologie konfrontiert wurden, auf die die Vertreter der Industrie

57 Dazu zählten in erster Linie die Programme, die im Rahmen des 6. Forschungsrahmenprogramms (FP6) von der EU im IKT-Bereich gefördert werden konnten; vgl. für die damaligen Aktivitäten: http://cordis.europa.eu/ist/home.html, 05.05.2011, und für die IKT-Forschungsförderung im aktuellen Forschungsförderungsrahmenprogramm (FP7): http:// cordis.europa.eu/fp7/ict/home_en.html, 05.50.2011.

zunächst nur ausweichend antworten konnten, weil sie ja zur Vermittlung der technologischen Perspektiven mit der Kommission zusammengetroffen waren. Insofern umfasste der Akteur-Frame der Designer in der Kommission bereits von Beginn an Aspekte und Perspektiven, die sich auf die Auswirkungen der RFID-Technologie im Kontext der Informationsgesellschaft bezogen.

Dementsprechend ergibt sich aus den unterschiedlichen Perspektiven auf die RFID-Technologie auch eine potenzielle Handlungsgelegenheit für die Politikdesigner: die Klärung des ordnungspolitischen Rahmens für die RFID-Technologie in Europa. Denn wenn es sich um eine zukunftsweisende IKT-Technologie handelt, deren Auswirkungen auf die europäische Wirtschaft und Gesellschaft noch nicht vollständig erfasst sind, dann ergibt sich eine politische Handlungsgelegenheit gerade wegen der Kritik, dass die RFID-Technologie wegen der schnellen und unsichtbaren Datenübertragung eine Gefahr für die Privatsphäre der Bürger sei. Sofern die Befürworter in dieser Funktionalität einen entscheidenden Vorteil, die Kritiker aber den Kernpunkt der Datenschutzgefährdung ausmachen, entsteht eine gesellschaftliche Situation, die im politischen Diskurs problematisiert werden kann.

Neben der Forschungsförderung kommt mit dem Thema Datenschutz für die Kommission noch eine weitere Handlungsmotivation hinzu, weil dieser in der Grundrechtscharta der EU (Art. 8) kodifiziert ist. Da die europäische Datenschutzgesetzgebung als weltweit führend angesehen wird, wenn es um den Schutz der Privatsphäre der Bürger geht, hat der Meta-Frame Datenschutz in der Kommission eine hohe politische Priorität. Denn zum einen kann damit direkt ein Grundrecht der Bürger geschützt werden, zum anderen liegt die Zuständigkeit für den Datenschutz im Bereich IKT bei der GD INFSO, während die allgemeine Zuständigkeit für Datenschutzfragen bei der heutigen Generaldirektion Justiz liegt (EP und Rat 1995, 2002a). Für die Perspektive der Designer in der GD INFSO können wir daher auch die interne Kompetenzkonkurrenz zwischen den GDs als Motivationsfaktor annehmen. Denn als Bewahrer der Grundrechte muss die Kommission besonders im Hinblick auf neue Technologien entsprechende Bedenken ernst nehmen.

Folglich erscheint die RFID-Technologie im Jahr 2005/06 als nahezu idealer Kandidat für die Entwicklung von Politikvorhaben. Denn zum einen war die Industrie daran interessiert, politische Unterstützung für ihr Vorhaben zu generieren, und tat dies mit Hilfe von PR-Maßnahmen, die das Thema RFID bekannt machten. Zum anderen waren bereits datenschutzkritische Aspekte der Technologie in den Medien thematisiert worden. Der Gegensatz zwischen den Befürwortern, die ein wirtschaftliches Interesse an der Einführung der Technologie haben, und den Kritikern, die sich gegen ihre Einführung aussprechen, lässt sich als Bedarf für einen europäischen Ordnungsrahmen identifizieren, mit dem sich die Rahmenbedingungen für den Einsatz der Technologie in Europa klären ließen.

Um die Legitimation eines solchen Politikvorhabens zu untermauern, müssen die Politikdesigner die Ansichten der relevanten Interessenträger bei der Entwicklung des Politik-Frames berücksichtigen. Denn nur wenn klar ist, wie der Kontext der Technologie aussieht, ist es möglich, einen Politik-Frame zu entwickeln, der die Basis für den Ordnungsrahmen darstellt. Insofern hat die Kommission drei komplementäre, wenn auch aus Sicht der Befürworter teilweise widersprüchliche Wege beschritten, um den Ordnungsrahmen zu etablieren. Erstens berücksichtigte sie den von der Industrie vorgetragenen Forschungsbedarf in laufenden Forschungsprogrammen zum Thema IKT und unterstützte entsprechende Forschungsprojekte (Wolfram et al. 2008).[58] Zweitens wurden die von der Industrie angemahnten Frequenzbedarfe im Rahmen der Radiofrequenzpolitik adressiert. Denn vor 2006 mangelte es in Europa an geeigneten Frequenzen, um die RFID-Systeme, ähnlich wie in den USA und Asien, betreiben zu können. Diesem Mangel begegnete die Kommission auf Basis der Radiofrequenzentscheidung mit der Entscheidung zur „Harmonisierung der Frequenzbänder für Geräte zur Funkfrequenzkennzeichnung (RFID-Geräte)“ (EK 2006d). Und drittens startete die Kommission 2006 auf EU-Ebene einen politischen Diskurs zum Thema RFID und leitete einen Konsultationsprozess ein, mit dem der Ordnungsrahmen bis zur Veröffentlichung der Datenschutz-Empfehlung im Jahr 2009 im Dialog mit den Interessenträgern entwickelt wurde.

11.1.1 Der Frame-Konflikt um die RFID-Technologie

Gerade dieser politische Diskurs hat jedoch dazu geführt, dass dem Frame-Konflikt zwischen der Wahrnehmung der RFID-Technologie als Basis für Effizienzgewinne durch mehr Transparenz und ihrer Wahrnehmung als Gefahr für den Datenschutz durch die Proliferation unbemerkbarer Überwachungsmöglichkeiten eine weitaus größere Aufmerksamkeit zuteil wurde, als es bis zu diesem Zeitpunkt der Fall gewesen war.

So hatte es bereits in den Jahren 2003 bis 2005 sowohl in den USA als auch in Europa Kontroversen um die RFID-Technologie gegeben, die in den Medien aufgegriffen worden waren. Dabei waren in den USA die Unternehmen Procter & Gamble und Wal-Mart sowie in Europa die Metro Group und Tesco mit ihren RFID-Pilotversuchen und Einsatzplänen an die Öffentlichkeit getreten. Als Re-

58 Vgl. dazu auch die Übersicht der verschiedenen Forschungsprojekte, unter: http://www.iot-visitthefuture.eu/index.php?id=57, 05.05.2011.

aktion darauf bezogen zwei Initiativen[59] gegen diese Vorhaben Opposition. Diese Interessenträger brachten frühzeitig einen Datenschutz-Frame in die Öffentlichkeit, der wegen der erfolgreichen Verbreitung im Internet[60] in der Folge im überwiegenden Teil der Presseveröffentlichungen als kritische Stimme weitergetragen wurde und die veröffentlichte Meinung über RFID nachhaltig prägte.

Einen entscheidenden Beitrag zu dieser nachhaltigen Platzierung des Frames im politischen Diskurs leistete 2005 die Veröffentlichung des Buchs „Spychips. How major corporations and government plan to track your every move with RFID", in dem in sehr anschaulicher Weise anhand von Anwendungsbeispielen unter anderem aus dem Einzelhandel die umstrittene Gefahr für den Datenschutz dargestellt wurde (Albrecht und McIntyre 2005). Insofern ist zu vermuten, dass auch einige der Politikdesigner in der Kommission nicht durch die Interessenträger aus der Industrie, sondern durch die Berichterstattung über die von den Kritikern so genannten *Datenskandale* zum ersten Mal von der Technologie erfahren haben und dass dadurch zumindest der individuelle Akteur-Frame bereits zu Ungunsten der Befürworter geprägt war, als der Konsultationsprozess 2006 in Europa gestartet wurde.

Um den Frame-Konflikt und vor allem dessen Wahrnehmung auf Seiten der RFID-Befürworter nachvollziehen zu können, müssen wir zunächst kurz auf die spezifischen Funktionalitäten der RFID-Technologie eingehen, um den Wirtschafts- und den Datenschutz-Frame zu unterscheiden. Denn beide beziehen sich auf die drei Hauptkomponenten jeder RFID-Anwendung: (1) den unsichtbaren Datenaustausch, (2) die Kennzeichnung von Objekten mit eineindeutigen Zahlencodes und (3) die Verarbeitung und Analyse von Objektdaten in Computersystemen.

Bei RFID-Systemen handelt es sich um klassische Beispiele für den Einsatz von Informations- und Kommunikationstechnologien in der Wirtschaft zur Verarbeitung von Informationen. Alle diese Anwendungen erzeugen durch die vereinfachte und kostengünstige Erfassung von Objektdaten einen Mehrwert, der durch verarbeitende Datenbanken und Computersysteme realisiert wird. Dabei umfasst eine RFID-Systeminfrastruktur mindestens einen so genannten *Transponder* (auch *RFID-Tag* oder *RFID-Chip* genannt), ein Sende- und Empfangsgerät für Radiowellen (auch *RFID-Reader* genannt) sowie ein im Hintergrund wirkendes IT-System.

59 Dies sind in den USA die Organisation CASPIAN (Consumers Against Supermarket Privacy Invasion and Numbering) und in Deutschland der Verein FoeBuD e.V. (Verein zur Förderung des öffentlichen bewegten und unbewegten Datenverkehrs); vgl. dazu die Internetseiten http://www.foebud.org/ bzw. http://www.nocards.org/, 05.05.2011.

60 Die Skandalisierung der Pilotversuche ist im Internet ausführlich dokumentiert, vgl. dazu u.a.: http://www.boycotttesco.com; http://www.foebud.org/rfid/metro; http://www.boy cott gillette.com/spychips.html und http://www.spychips.com, 05.05.2011.

Bei dem Transponder handelt es sich um einen winzigen Computerchip, der mit einer Antenne verbunden ist, mit der Radiowellen empfangen werden können. Die Transponder werden in Objekte eingebaut oder mit Hilfe von Klebeetiketten befestigt und haben zwei Funktionen: Zum einen werden auf dem Computerchip Daten gespeichert, zum anderen kann der Transponder diese Daten mittels Radiowellen an ein Sende- und Empfangsgerät übermitteln. Zur Identifizierung von Objekten werden eineindeutige Seriennummern auf dem Transponder gespeichert. Den Seriennummern können in den Datenbanken des IT-Systems weitergehende Informationen zu dem Objekt zugeordnet werden.

Mit einem Lesegerät ist es dann möglich, durch Aussenden von Radiowellen die Seriennummern von Transpondern zu erfassen, die sich in Reichweite befinden.[61] Durch die Weiterleitung der erfassten Daten an die Datenbank kann das jeweilige Objekt eineindeutig identifiziert werden – es kommt zu einer Radiofrequenz-Identifikation (RFID). Indem solche Erfassungsereignisse in Datenbanken gesammelt und über moderne Kommunikationsinfrastrukturen verbreitet und transportiert werden können, lassen sich daraus weitergehende Informationen gewinnen, die z.B. zur Effizienzsteigerung genutzt werden können.

Einer der entscheidenden Vorteile dieser Technologie besteht darin, dass die Datensammlung mit Hilfe von Radiowellen relativ einfach und schnell durchführbar ist. Im Gegensatz zu einer manuellen oder mit Hilfe von Scannern auf Sichtkontakt basierenden Datenabfrage können so große Mengen von Objektdaten innerhalb weniger Millisekunden abgefragt und in die Datenbanken vereinnahmt werden. Somit ist es möglich, in modernen Arbeitsprozessen oder Produktionsabläufen an viel mehr Stellen als zuvor eine Identifizierung von Objekten vorzunehmen und damit mögliche Steuerungsvorteile zu erzielen. Betrachtet man die Grundlagen der Technologie, d.h. den Datenabgleich über Radiowellen und die Verwendung eindeutiger Seriennummern, so wird deutlich, dass es sich zunächst um ein sehr einfaches Prinzip handelt, das eine Reihe von Möglichkeiten bietet und mit dem die Vision eines Internet der Dinge verbunden ist, in der allen physischen Objekten ein eineindeutiges Datum zugeordnet ist.

In dieser Hinsicht lassen sich zwei spezifische Perspektiven auf die RFID-Technologie identifizieren: ein Wirtschafts-Frame und ein Datenschutz-Frame. Der Wirtschafts-Frame wird von einer großen Anzahl von Interessenträgern in verschiedenster Weise in die Debatte eingebracht. Dazu gehören sowohl For-

61 Das Lesegerät sendet zu diesem Zweck eine Anfrage, auf die der Transponder mit den darauf gespeicherten Daten antwortet und diese übermittelt. Bei sogenannten passiven RFID-Systemen, wie sie beispielsweise im Handel eingesetzt werden, benötigen die Transponder dazu keine eigene Stromversorgung, ausreichend ist die Energie, die durch die Radiowellen übertragen wird. Dadurch werden die einzelnen Transponder sehr preisgünstig und klein, sodass sie auf einer Vielzahl von Produkten eingesetzt werden können.

schungseinrichtungen, die an der Anwendung der Technologie forschen, als auch Technologieunternehmen, die entweder Transponder oder Lesegeräte oder die dazugehörigen Datenbanken herstellen, bis hin zu Anwendern, die die Technologie für spezifische Fälle verwenden wollen.

Der Wirtschafts-Frame basiert auf den Effizienzgewinnen, die durch die Verwendung der RFID-Technologie erreicht werden können. Kern des Frames ist die Tatsache, dass der drahtlose Austausch (1) eineindeutiger Daten (2) eine günstige und sichere Methode zur Identifizierung von Objekten ist, die es den Unternehmen ermöglicht zu wissen, was wann wo ist. Mit der RFID-Technologie können die notwendigen Datenabgleiche automatisiert und sehr kostengünstig durchgeführt werden. Denn was bisher den manuellen Einsatz oder zumindest den Einsatz von Strichcodescannern erforderte, kann mit dieser neuen Technologie automatisiert und ohne Sichtkontakt durchgeführt werden. Mit Hilfe der damit gesammelten Informationen lassen sich Prozesse und Arbeitsabläufe detaillierter steuern und damit ihre Effizienz steigern, wenn (3) die gesammelten Daten in den IT-Systemen verarbeitet und ausgewertet werden. Entsprechend vielfältig sind die Anwendungsfelder, in denen diese Vorteile der RFID-Technologie identifiziert werden. Dazu gehören z.B. Anwendungen in der Logistikindustrie, die Automatisierung von Fertigungsanlagen, die Erfassung von Produkten, Anwendungen zur eindeutigen Kennzeichnung und Authentifizierung von Produkten, z.B. zum Schutz von Produktfälschungen, aber auch Anwendungen im Bereich von Krankenhäusern zur Vermeidung von Fehlmedikation und vieles weitere mehr.

Dem gegenüber steht der Datenschutz-Frame, dessen Ausgangspunkt ebenfalls die Tatsache ist, dass der Datenabgleich unsichtbar und schnell durchgeführt wird. Der Datenschutz-Frame hebt allerdings hervor, dass (1) die Radiowellen, mit denen die Daten von einem RFID-Transponder eingesammelt werden, für den menschlichen Organismus nicht zu erkennen sind. Zum anderen wird (2) aus der Verwendung eineindeutiger Seriennummern für Objekte der Schluss gezogen, dass damit auch Personen identifiziert werden können. Auch der Datenschutz-Frame umfasst also zwei Kernbestandteile der RFID-Technologie; darin wird allerdings nicht das Effizienzsteigerungspotenzial betont, sondern das Potenzial, neben Objekten auch Personen mit Hilfe von RFID-Transpondern eineindeutig identifizieren zu können. Entsprechend werden RFID-Transponder auch als Spionagechips (Spychips) bezeichnet, durch die Personenprofile erstellt werden können, ohne dass der betreffende Bürger davon etwas mitbekommt, weil die Daten unerkannt erfasst werden. Damit verbunden ist die Annahme, dass die Unternehmen und Organisationen, die RFID-Systeme einsetzen, die dabei anfallenden Objekt- und Bewegungsdaten nicht nur zu den behaupteten Effizienzsteigerungszwecken verwenden, sondern auch, um (3) gezielt Personen zu überwachen und auszuspionieren. Insofern wird die Einführung der RFID-Technologie im Rahmen des Datenschutz-Frames als Gefahr für die Privatsphäre der Bürger gesehen. Insbesondere der Einsatz der RFID-Technologie im Handel, d.h. auf Produkten, die in Supermärkten gekauft werden, bildet die Grundlage für Szenarien, in denen Bürger auf der Basis ihrer Einkäufe ausspioniert werden können, zum Beispiel, indem detaillierte Kundenprofile dazu genutzt werden, Kunden mit unterschiedlichen Preisen zu diskriminieren (Albrecht und McIntyre 2005).

Vergleicht man die beiden Frames, so wird deutlich, dass der Frame-Konflikt auf einer unterschiedlichen Wahrnehmung der gleichen Kernparameter der RFID-Technologie basiert, nämlich der Verwendung eineindeutiger Daten und der Möglichkeit, unsichtbar und berührungslos Daten zu übertragen. Der Unterschied der beiden Frames besteht in der erwarteten bzw. angenommenen Verwendung der daraus resultierenden Informationen. Auch die Tatsache, dass die Informationen mit Hilfe von RFID-Systemen in Datenbanken gesammelt und ausgewertet werden, wird in beiden Frames bestätigt. Bezüglich der Motivation der Betreiber unterscheiden sich die Frames. Denn während im Wirtschafts-Frame möglichst viele wirtschaftlich und gesellschaftlich nützliche Szenarien kommuniziert werden, wird im Datenschutz-Frame davon ausgegangen, dass die theoretische Möglichkeit, Personenprofile zu erstellen, auch dazu führt, dass dieses auch ohne Einverständnis der Betroffenen passiert. Demnach stelle der Einsatz der RFID-Technologie selbst dann eine Gefahr für die Privatsphäre der Bürger dar, wenn die Unternehmen und Institutionen glaubhaft beteuern, keine Personenprofile anzulegen bzw. dies wenn überhaupt im Einklang mit dem geltenden Datenschutzrecht zu tun.[62] Insofern lässt sich der Unterschied zwischen den beiden Frames auf die Tatsache zurückführen, dass theoretisch durch die Korrelation eineindeutiger Objektdaten, die aus RFID-Anwendungen stammen, aussagekräftige Personenprofile erstellt werden können.

Aus der Perspektive der Industrie war diese theoretische Tatsache allerdings in der Praxis weder bewiesen noch widerlegbar. Denn man war weder selbst in der Lage einen Gegenbeweis vorzulegen, noch hatte die Seite der Kritiker den Beweis geführt, dass ein solches Szenario in der Praxis möglich ist. Aus der Sicht dieser Interessenträger bildet daher letztlich die Wahrscheinlichkeit, mit der die RFID-Technologie eine Gefahr für den Datenschutz darstellt, den Kern des politischen Problems, das mit dem Politikvorhaben adressiert werden muss. Diese Wahrnehmung sollte sich auf Seiten der Befürworter allerdings im Verlauf des politischen Diskurses immer wieder insofern bestätigt, als dass häufig die theoretisch mögliche Erstellung von Personenprofilen auf Basis der RFID-Technologie im Mittelpunkt der Debatte stand. Das war vor allem deshalb eine

62 Wozu das Einverständnis des Betroffenen zwingend erforderlich wäre.

kognitive Herausforderung für den Akteur-Frame, weil die ungefragte Speicherung und Verwendung personenbezogener Daten ohnehin unzulässig ist, sofern sich die Anwenderunternehmen an Recht und Gesetz halten.

In dem Maße in dem dadurch aber auch deutlich wird das sich der Frame-Konflikt zwischen Kritikern und Befürwortern auf die Intentionen der Anwender bezieht, ist es nicht überraschend dass sich der politische Diskurs um die Frage der gesellschaftlichen Akzeptanz der Technologie dreht. Diese Diskussion wird sich für die Befürworter des Einsatzes von RFID im Handel auf die Notwendigkeit einer Deaktivierung des RFID-Transponders fokussieren, es sei denn, ein Kunde erteilt seine ausdrückliche Zustimmung, dass der Transponder aktiviert verbleibt (sog. Opt-in-Prinzip).

Für die Rahmenbedingungen des politischen Diskurses um RFID können wir also den Frame-Konflikt zwischen dem Wirtschafts- und dem Datenschutz-Frame festhalten, der auf die ungelöste Kernfrage zurückgeführt werden kann, inwiefern sich durch RFID-Transponder in der Praxis unerlaubte Personenprofile erstellen lassen. In dieser Hinsicht wird der von der Industrie thematisierte Wirtschafts-Frame durch die Politikdesigner in der Kommission um weitere Aspekte ergänzt.

Aufbauend auf dem ursprünglichen Anliegen der RFID-Industrie entwickelt die Kommission den politischen Wert eines Politikvorhabens, der sich neben der Forschungsförderung und der Frequenzregulierung zugunsten einer innovativen neuen IKT-Technologie auf die gesellschaftlichen Auswirkungen des RFID-Einsatzes bezieht. Um diese Auswirkungen zu identifizieren, war ein Dialog mit den relevanten Interessenträgern notwendig, durch den der Frame-Konflikt auf die Ebene des politischen Diskurses über die RFID-Technologie innerhalb der Europäischen Union gehoben wurde. Im nächsten Schritt können wir daher untersuchen, wie sich der Politik-Frame entwickelt hat, mit dem die Notwendigkeit eines ordnungspolitischen Rahmens für den rechtmäßigen und gesellschaftlich wie politisch annehmbaren Einsatz der Technologie begründet wurde.

11.2 Die Entstehung des RFID-Frames im politischen Diskurs

Die grundsätzliche Herausforderung, der sich die Kommission angesichts der Eingaben der RFID-Industrie, ihrer eigenen Ziele zur Förderung des IKT-Einsatzes zugunsten der Wettbewerbsfähigkeit der europäischen Wirtschaft und des Frame-Konflikts über die Intentionen der Anwender gegenübersah, war, eine adäquate Balance zwischen technologischer Innovation und der Regulierung zukünftiger Einsatzmöglichkeiten zu finden (Ronzani 2009: 10). Die Politikdesigner in der Kommission mussten also zunächst einen Design-Frame definieren, der die Beschäftigung mit dem Thema RFID politisch sinnvoll erscheinen ließ.

In dieser Hinsicht sind vor allem die Aussagen zum Auftakt des Konsultationsverfahrens interessant. Denn der Startschuss für den öffentlichen politischen Diskurs über RFID in der Europäischen Union wurde 2006 am Rande der CEBIT-Messe in Hannover von der zuständigen Kommissarin Vivian Reding in einer Rede gegeben (Reding 2006a). Einige Tage zuvor hatte die Kommission allerdings in Brüssel bereits auf einer Pressekonferenz über ihre Handlungsmöglichkeiten in Bezug auf die RFID-Technologie Auskunft gegeben und dabei „Europe's Perspective on Radio Frequency IDentification" erläutert (Santucci 2006).

In diesem technischen Briefing verwendet die Kommission schwerpunktmäßig den Wirtschafts-Frame, um „*The Promise of RFID*" hervorzuheben und damit die Notwendigkeit einer europäischen Beschäftigung mit dem Thema zu untermauern. Die Kernbotschaft in diesem Zusammenhang sei die Möglichkeit, durch RFID-Technologie eine engere Verbindung zwischen IT-Systemen und der manifesten Wirklichkeit herzustellen. Auch die Komponenten und Funktionsweisen von RFID-Systemen werden beschrieben und die Vorteile für die Anwendungsfelder in der Wirtschaft genannt. Hingewiesen wird auch auf den „Rising international dialogue" zum Thema und die Tatsache, dass RFID schon 2005 in einem Gipfeltreffen zwischen der EU und den USA zur Sprache gekommen war und die OECD bereits ein Jahr zuvor eine Konferenz zum Thema RFID veranstaltet hatte (Santucci 2006: 10).

Die Rolle der Kommission wird dann entlang der bestehenden Kompetenzen definiert und es wird auf die zentralen Anliegen hingewiesen, die Forschungsförderung und Forschungsprogramme zum Thema RFID voranzutreiben und die notwendigen Frequenzen für die Einführung von RFID in Europa harmonisiert zur Verfügung zu stellen. Darüber hinaus bezieht sich die Kommission auch auf die Datenschutzdiskussion und verweist in diesem Zusammenhang auf ihre Verantwortung für die europäische Datenschutzrichtlinie und die Datenschutzrichtlinie für elektronische Kommunikation (EP und Rat 1995, 2002a). An vierter Stelle wird der Aspekt der notwendigen Interoperabilität und der Standards für die Einführung von RFID genannt. Am Beispiel des technischen Briefings wird also deutlich, dass die Kommission ihre Handlungsmöglichkeiten bereits auf vier konkrete Bereiche fokussiert hat und nur in Bezug auf den Datenschutz über den ursprünglichen Wirtschafts-Frame hinausgeht.

Dieser Eindruck wird durch die Rede über „The RFID Revolution: challenges and options for action" unterstrichen, die die zuständige Kommissarin Viviane Reding zum Start der öffentlichen Debatte auf der CEBIT in Hannover hielt, wo die Industrie 2006 die RFID-Technologie mit großem Aufwand der Öffentlichkeit vorstellte. Entspechend geht die Kommissarin auch zunächst von der Perspektive des Wirtschafts-Frames aus, wenn sie sagt, dass durch RFID eine neue Welle von Produktivitätssteigerungen zu erwarten sei. Folglich liege es im Interesse der Europäischen Kommission, mit dieser IKT-Technologie die wirtschaftliche Entwicklung in Europa voranzubringen, denn „These developments open the door to a new wave of productivity gains across a wide range of sectors. And remember that productivity is the engine of economic growth and job creation“ (Reding 2006a: 2). In dieser Hinsicht nennt Reding Interoperabilität und Standards sowie den Zugang zu den entsprechenden Radiofrequenzen als Hindernisse, die einer Einführung von RFID in Europa noch entgegenstünden. Damit bestätigt die Kommissarin mit dem Wirtschafts-Frame die Handlungsmöglichkeiten, die im Design-Frame identifiziert worden sind, und verbindet diese mit dem Ziel, die Technologie in Europa erfolgreich einzuführen.

Mit Bezug auf das gleiche Ziel weist sie aber auch auf die Datenschutz- und Sicherheitsaspekte hin und nutzt dabei geschickt die Tatsache, dass die Nutzung der Technologie 2006 noch am Anfang stand. Deswegen, so Reding, könnten diese wichtigen Themen noch rechtzeitig adressiert werden, und es müsse jetzt darum gehen, Datenschutz und Sicherheit bei der Einführung der Technologie von vornherein zu berücksichtigen. Denn „before things go too far, we must also make some decisions of principle on the security and privacy issues associated with widespread government and commercial use of RFID technology“ (Reding 2006a: 3). In diesem Kontext wird der Bogen gespannt über die Entwicklung der IT-Systeme mit Hilfe von RFID zu einem Konzept des Internet der Dinge, hinter dem die Idee stecke, zukünftig nicht nur virtuelle Daten, sondern auch Objekte im Internet verknüpft zu organisieren. „We're heading for a world in which billions of networked objects and sensors will report their location, identity, and history.“ Als Beispiele für das Potenzial der Technologie identifiziert die Kommissarin, an den Wirtschafts-Frame angelehnt und auf relevante europäische Politikvorhaben bezogen, die bessere Steuerung des Verkehrs sowie die Gewährleistung des Umweltschutzes und der Produktsicherheit (Reding 2006a: 2ff).

Basierend auf dieser Zukunftsvision konkretisiert die Kommissarin dann die Notwendigkeit für eine politische Debatte, denn durch die Entwicklung eines Internet der Dinge entstünden neue Fragen in Bezug auf die Regulierung eines solchen Internet, wenn durch RFID eine digitale Spur von Objekten entstehen könne. Denn „(t)he marriage between RFID and databases can indeed lead to micromonitoring and widespread tracking of people's daily lives“. Die Kommission teile die Bedenken bezüglich einer „future of ubiquitous surveillance, identity theft and low trust. User trust and confidence is a crucial element for the take-up of RFID“ (Reding 2006a: 4). Deshalb sei es notwendig, eine informierte Debatte über die Verwendung der RFID-Technologie zu führen, denn man berücksichtige auch die Meinung derjenigen, „who say they are concerned about the capability of RFID technology for the thorough, automatic, and widespread surveillance of our daily lives. And it is our duty to respond to these concerns“ (Reding 2006a: 4). Mit dieser Argumentation wird nicht nur das Anliegen, ein Konsultationsverfahren und eine öffentliche Debatte in Europa durchzuführen, untermauert, sondern auch die argumentative Grundlage dafür gelegt, dass der Datenschutz-Frame mit dem zukünftigen Politik-Frame verknüpft werden kann.

Kern dieses Politik-Frames ist der Zusammenhang zwischen dem Vertrauen der Bürger in die Verwendung der RFID-gestützten Daten und dem Erfolg bei der Einführung der Technologie in Europa: „The business opportunities of RFID can only be built on a basis of mutual trust“ (Reding 2006a: 5). Damit wird das Nutzervertrauen als Grundvoraussetzung für die erfolgreiche Einführung und Verwendung der Technologie postuliert und die Kommission kann sich von Beginn an als Mediator zwischen den unterschiedlichen Seiten der RFID-Debatte positionieren. Sie spricht sich dafür aus, die RFID-Technologie in Europa zu fördern und einzusetzen, und macht von Beginn an deutlich, dass aus ihrer Sicht zur Einführung und Förderung der Technologie auch die Berücksichtigung der Datenschutzanliegen der RFID-Kritiker gehört. Aus Sicht der Befürworter war diese ausdrückliche Verknüpfung bedenklich, weil die Technologie den Menschen ja gerade wegen ihres geringen Verbreitungsgrades nur aus den Medien bekannt war, wo wiederum der Datenschutz-Frame die Wahrnehmung bestimmte. Zwar betonte die Kommissarin, „not all applications raise privacy concerns“, allerdings behielt sie sich mit Blick auf den Ausgang der Debatte gesetzgeberische Maßnahmen vor, wenn sie nötig würden (Reding 2006a: 5). Schon zum Auftakt des Konsultationsverfahrens war die Einführung der RFID-Technologie mit der Aussage verbunden worden, dass die Kommission in Bezug auf Freiheit und Grundrechte keinerlei Kompromisse einzugehen bereit war. Durch diese politische Richtungssetzung war zwar noch nicht unbedingt der Inhalt der Debatte vorbestimmt, aber in jedem Fall musste die Kommission jetzt ein Interesse daran haben, die Datenschutzbedenken über RFID aufzuwerten, um dann die Rolle eines Mediators einnehmen zu können, der dafür sorgt, dass die Technologie eingeführt werden kann, ohne dass dabei die Befürchtungen in Bezug auf die Gefahr für den Datenschutz Realität werden.

Aus der Perspektive der Befürworter war diese Positionierung der Kommission besonders deshalb eine große Herausforderung, weil in diesem Zusammenhang nicht notwendigerweise eine konkrete Gefährdung nachgewiesen werden musste. Schon die Tatsache, dass es Bedenken gab und diese von den entsprechenden Interessenträgern geäußert wurden, reichte aus, um einen Aufklärungs- und Informationsbedarf zu begründen, an dem schließlich auch die RFID-einführende Industrie ein Interesse haben musste. Insofern war eine Beteiligung an den geplanten Konsultationsverfahren aus Sicht der RFID-Industrie schon deshalb notwendig, um die Debatte nicht den Kritikern zu überlassen und damit die Wahrscheinlichkeit einer Regulierung des Einsatzes der Technologie zu erhöhen. Eine Beteiligung an den im Anschluss an die CEBIT organisierten Workshops war daher genauso unerlässlich wie die Teilnahme an den formellen Konsultationsverfahren und den Konferenzen, die ab 2006 organisiert wurden. Die

Hauptherausforderung bei der Verteidigung des Wirtschafts-Frames bestand dabei darin, dass den von den Kritikern entworfenen Zukunftsszenarien nur die tatsächlichen Anwendungen und die damit verbundene kommerzielle Motivation entgegengehalten werden konnte, die wiederum häufig durch die Zukunftsszenarien selbst in Zweifel gezogen wurden.

Aus der Sicht der Akteure schienen schon die Themen des ersten Workshops zu bestätigen, dass der vorläufige Politik-Frame zugunsten der Datenschutzaspekte verschoben war. Denn obwohl die Themen Interoperabilität und Frequenzen in den anfänglichen Statements der Kommission zu den wichtigsten Voraussetzungen für die erfolgreiche Einführung der Technologie gezählt worden waren, wurde in der politischen Debatte zunächst allgemein über die Anwendungsfelder der Technologie und dann bereits über Sicherheits- und Datenschutzaspekte gesprochen, noch bevor Interoperabilität und Frequenzen überhaupt zur Sprache kamen. Auch in den Ergebnissen der Workshops, die in die Vorbereitungen zur Mitteilung von 2007 einflossen, wurden die Datenschutzbedenken dokumentiert, und als „policy issues" wurde z.B. festgehalten, dass „Retail applications of RFID are perceived to be privacy invasive and may be distrusted by consumers" (Van de Voort und Ligtvoet 2006: 15). Dass die erste Richtungsweisung der Kommission von den Workshopteilnehmern wahrgenommen wurde, wird auch daran deutlich, dass diese sich wegen des frühen Stadiums der Einführung der Technologie für einen Selbstregulierungsansatz aussprachen. Die RFID-Anwenderindustrie war also einerseits auf die Unterstützung der Kommission, vor allem im Bereich der Frequenzregulierung, angewiesen, gleichzeitig aber besorgt über die mögliche Regulierung der Datenschutzaspekte, sodass man diesbezüglich von vornherein einen Selbstregulierungsansatz befürwortete, weil man der Überzeugung war, dass die Kommission sich anderenfalls zu bindenden Maßnahmen gezwungen sehen würde. Entsprechend wurde die Teilnahme an den Konsultationsverfahren und Konferenzen im Rahmen des von der Kommission initiierten politischen Diskurses auf EU-Ebene von den Interessenträgern als notwendige Investition für die Einführung von RFID in Europa wahrgenommen.

Chronologische Übersicht		
06.03.2006	Pressekonferenz	„Europe's Perspective on Radio Frequency IDentification. Technical Press Briefing on RFID", Brüssel
09.03.2006	Rede	Kommissarin Reding eröffnet das europaweite Konsultationsverfahren mit einer Rede auf der CeBIT-Messe in Hannover

Chronologische Übersicht		
15.-17.05. 2006; 01./02.06. 2006	Workshops	Kommission veranstaltet Workshops mit Interessenträgern
03.07.-30.09.2006	Online-Konsultation	„The RFID Revolution: Your voice on the Challenges, Opportunities and Threats“
16.10.2006	Konferenz	EU RFID 2006 Conference: Heading for the Future
23.11.2006	Entscheidung	Zur Harmonisierung der Frequenzbänder für Geräte zur Funkfrequenzkennzeichnung (RFID-Geräte) im Ultrahochfrequenzband (UHF)
15.03.2007	Mitteilung	Funkfrequenzkennzeichnung (RFID) in Europa: Schritte zu einem ordnungspolitischen Rahmen
25./26.06. 2007	Konferenz	„RFID: Towards the Internet of Things“ im Rahmen der deutschen EU-Ratspräsidentschaft, Berlin
15./16.11. 2007	Konferenz	„European approach to RFID: from concept to action“, im Rahmen der portugiesischen EU-Ratspräsidentschaft, Lissabon
31.03.2008	Konferenz	„The Future of the Internet“, im Rahmen der slowenischen EU-Ratspräsidentschaft, Bled
06./07.10. 2008	Konferenz	„Internet of Things – Internet of the Future“ im Rahmen der französischen EU-Ratspräsidentschaft, Nizza
März-April 2008	Online-Konsultation	„Draft Recommendation on the implementation of privacy, data protection and information security principles in applications supported by Radio Frequency Identification (RFID): your opinion matters!“
12.05.2009	Empfehlung	Zur Umsetzung der Grundsätze der Wahrung der Privatsphäre und des Datenschutzes in RFID-gestützten Anwendungen

11.2.1 Die Bestätigung des RFID-Frames durch die Kommission

Dass die Kommission die Einführung der RFID-Technologie in Europa tatsächlich von der Akzeptanz der Bürger und damit von der Entwicklung der Datenschutzbedenken abhängig macht, wird für die Befürworter ein Jahr nach dem Start des politischen Diskurses anhand der Mitteilung über die „Schritte zu einem ordnungspolitischen Rahmen“ deutlich (EK 2007b). Denn in dieser Mitteilung entwirft die Kommission auf Basis des bisherigen Konsultationsprozesses und der in diesem Zusammenhang durchgeführten Online-Konsultation[63] die weiteren Schritte in Bezug auf die europäische RFID-Politik. Interessanterweise wird bereits in der Einleitung eine zumindest assoziative Verknüpfung von Wirtschafts- und Datenschutz-Frame vorgenommen, wenn dort die RFID-Technologie definiert wird als „eine Technik für die automatische Identifizierung und Datenerfassung mit Hilfe von Funkfrequenzen. Ihr herausragendes Merkmal ist die Möglichkeit, beliebige Gegenstände, Tiere oder sogar Personen mittels Mikrochip mit einer eindeutigen Kennung und anderen Angaben zu versehen, die dann drahtlos ausgelesen werden können“ (EK 2007b: 3). Durch die abstrakte Erwähnung von RFID-Anwendungen, die etwa in Krankenhäusern zur Patientenidentifikation eingesetzt werden, wird damit gleich zu Beginn hervorgehoben, dass sich in RFID-Systemen auch personenbezogene Daten verarbeiten lassen.

Die Bedeutung der RFID-Technologie für die Politik wird allerdings weiterhin eher mit dem Wirtschafts-Frame begründet, wenn festgestellt wird, dass „sie das Potential besitzt, sich zu einem wichtigen neuen Wachstums- und Beschäftigungsmotor zu entwickeln und dadurch einen großen Beitrag zur Verwirklichung der Lissabonner Strategie zu leisten, sofern es gelingt, die bestehenden Innovationshemmnisse zu überwinden“ (EK 2007b: 3). Eines der Innovationshemmnisse wird dann gleich mitdefiniert, denn die Voraussetzung für eine Massenanwendung sei, „dass die RFID-Technik in einen Gesetzesrahmen eingebunden ist, der den Bürgern wirksame Schutzvorkehrungen für die Wahrung der Grundrechte, den Datenschutz und den Schutz der Privatsphäre bietet“ (EK 2007b: 3).

Schon in der Einleitung der Mitteilung definiert die Kommission also die Relevanz des Regulierungsgegenstands in direkter Verbindung zu möglichen Datenschutzbedenken. Aus der Sicht der Befürworter wird dabei auch der Eindruck erweckt, als wäre die neuartige RFID-Technologie nicht in einen adäquaten Gesetzesrahmen eingebunden. Diese Darstellung wurde mit Verwunderung aufgenommen, weil man davon ausgegangen war, dass gerade die Verwendung personenbezogener Daten in der EU technologieneutral reguliert ist und RFID-Systeme in dieser Hinsicht keine neue Qualität darstellen.

In der Mitteilung wird vor diesem Hintergrund dann der Politik-Frame formuliert, indem zunächst die wirtschaftliche Bedeutung der RFID-Technologie hervorgehoben wird, bevor die notwendigen Maßnahmen zur Realisierung des Potenzials und die nächsten Schritte zur Umsetzung in Europa vorgeschlagen wer-

63 Vgl. dazu unten die Kapitel 11.5.3 „Der Fragebogen als erster Hinweis auf den RFID-Frame“ und 11.5.4 „Ein Fragebogen als Interessenschablone“.

den. Dabei positioniert sich die Kommission durch diese Definition des Regulierungsgegenstands über die Rolle des Moderators hinaus als aktiver Gestalter eines Gesetzesrahmens, den sie als notwendige Voraussetzung für die erfolgreiche Einführung definiert.

Betrachtet man die daran anknüpfenden Argumentationen aus der Perspektive der Befürworter, so fällt auf, dass die Kommission ihre Rolle ausgehend vom Wirtschafts-Frame definiert. Denn zunächst wird die soziale Bedeutung der RFID-Technologie hervorgehoben, indem Anwendungsfälle und bereits existierende Anwendungen als Beispiele für die zahlreichen Vorteile, die sich für die europäische Bevölkerung ergäben, genannt werden. In Bezug auf das industrielle Innovations- und Wachstumspotenzial wird die führende Rolle der europäischen Forschungsinstitute im Bereich der RFID-Technologie hervorgehoben. Daneben wird allerdings darauf hingewiesen, dass sich der Markt für die RFID-Technologie in Europa langsamer entwickele, als es weltweit der Fall sei.

In diesem Zusammenhang spricht die Kommission von einer Wachstumslücke, da der Markt in der EU jährlich um 45% wachse, im weltweiten Vergleich dagegen um fast 60%. Neben dem hohen Potenzial für den Beitrag zur Wachstums- und Beschäftigungsstrategie werden also Hindernisse für die Einführung in Europa identifiziert, denn „obwohl die RFID-Technik die technologische und kommerzielle Marktreife erreicht hat, wird ihre Verbreitung von mehreren Faktoren behindert“ (EK 2007b: 5). Auf Basis der Ergebnisse des Konsultationsverfahrens werden dann Maßnahmen identifiziert, um den „naturgemäß grenzüberschreitend(en)“ Einsatz der Technologie unter einheitlichen Rahmenbedingungen im Binnenmarkt sicherzustellen. Notwendig seien klare und vorhersehbare rechtliche und politische Rahmenbedingungen, „damit diese neue Technik für die Anwender auch akzeptabel ist“. Diese müssten sowohl die „ethische(n) Auswirkungen“ und die „notwendige Wahrung der Privatsphäre“ umfassen als auch die „Verwaltung der RFID-Datenbanken, die Verfügbarkeit der Funkfrequenzen sowie die Festlegung einheitlicher internationaler Normen“ (EK 2007b: 5). Außerdem müssten Bedenken in Bezug auf gesundheitliche und umweltpolitische Implikationen ausgeräumt werden.

Die Kommission umreißt also einen konkreten Arbeitsplan, indem sie Hindernisse für den Einsatz darstellt. Als Grund für ihr Tätigwerden gibt sie an, die Wachstumslücke zu schließen und sicherzustellen, dass die RFID-Technologie in Europa erfolgreich eingeführt werden könne. Aus diesem Begründungszusammenhang heraus wird die Verknüpfung des Datenschutz-Frames mit dem Wirtschafts-Frame vorgenommen. Denn als Resultat der öffentlichen Debatte zum Thema RFID werden „erste Befürchtungen laut, dass diese grundlegende und überall einsetzbare Technik eine Gefahr für die Privatsphäre darstellen könnte“ (EK 2007b: 5). In diesem Zusammenhang wird die Darstellung der Kritiker wiederholt, dass die RFID-Technologie genutzt werden könne, „um Informationen zu sammeln, die dann direkt oder indirekt einer bestimmten oder bestimmbaren natürlichen Person zugeordnet werden können und dadurch als personenbezogene Daten zu betrachten sind“ (EK 2007b: 5).

Mit dieser Feststellung bestätigt die Kommission als Realitätsnotar einen zentralen Vorwurf der RFID-Kritiker, wonach aus der Kombination von eineindeutigen Zahlencodes und der Verwendung von Datenbanksystemen eine neue Kategorie potenziell personenbeziehbarer Daten entstehe und die Technologie daher besonderen Regulierungsbedarf berge. Die Kommission macht sich damit eine Stellungnahme der Arbeitsgruppe der europäischen Datenschutzbeauftragten aus dem Jahr 2005 zu eigen, die festgestellt hatte, dass „the use of RFID technology to track individual movements which, given the massive data aggregation and computer memory and processing capacity, are if not identified, identifiable, also triggers the application of the data protection Directive“ (Article 29 Data Protection Working Party 2005: 8).

Aus Sicht der Befürworter war diese Anerkennung ein Rückschlag in dem Bemühen, dem Datenschutz-Frame mit mehr Information und Transparenz bezüglich des RFID-Einsatzes entgegenzutreten. Denn durch die grundsätzliche Kategorisierung von RFID-Daten als potenziell personenbeziehbar werden alle Nutzer der Technologie gleichermaßen verdächtigt, aufgrund der dafür vorhandenen technischen Möglichkeiten auch Personenprofile zu erstellen, selbst wenn dies ausdrücklich ausgeschlossen wird. Entscheidender war allerdings, das damit die Gefahr bestand das die rechtlichen Anforderungen für den Umgang mit personenbezogen Daten auf alle RFID-Anwendungen ausgeweitet werden könnten. Wegen der damit verbundenen Aufwands- und Kostensteigerungen wurden die Mehrwert des Technologieeinsatzes in Europa ernsthaft in Zweifel gezogen.

Gleichsam als Beleg für die Feststellung führt die Kommission die Ergebnisse des Konsultationsverfahrens an, in dem deutlich geworden sei, dass die Bürger „große Bedenken hinsichtlich des Potenzials der RFID-Technik als eine in das Privatleben eingreifende Technologie“ hegen (EK 2007b). Diese Befürchtungen werden mit einer potenziellen Verletzung der Grundwerte gleichgesetzt und mit Bedenken illustriert, dass es durch RFID zu einer zunehmenden Überwachung der Privatsphäre, besonders am Arbeitsplatz, kommen könne, die zu Diskriminierung, Ausgrenzung, Viktimisierung und möglichen Arbeitsplatzverlusten führen könnte. Auf der Basis der direkt aus der Konsultation übernommenen Argumentation des Datenschutz-Frames wird dann gefolgert, dass ein RFID-Einsatz nur dann erfolgen dürfe, wenn er gesellschaftlich und politisch akzeptiert, ethisch annehmbar und rechtlich zulässig sei. Für die weitere Entwicklung der RFID-Technologie wird daher gefolgert, dass die zahlreichen wirtschaftlichen und sozialen Vorteile nur dann realisiert werden können, wenn „wirksame Garantien für die Einhaltung des Datenschutzes, die Wahrung der Privatsphäre und die damit zusammenhängenden ethischen Aspekte gegeben sind, die im Mittelpunkt der Debatte um die öffentliche Akzeptanz der RFID-Technik stehen" (EK 2007b: 6). Für die RFID-Befürworter bestätigt die Kommission damit die ursprünglichen Befürchtungen, indem sie die öffentliche Wahrnehmung der Technologie zum Gradmesser dafür macht, ob diese erfolgreich eingeführt werden kann.

Auf dieser Grundlage werden die Vorschläge für das weitere Vorgehen konkretisiert. Dabei nutzt die Kommission die zentrale Rolle der Datenschutzaspekte in der öffentlichen Debatte zu RFID dazu, den entsprechenden Frame als festen Bestandteil des Politik-Frames für die RFID-Politik zu installieren. Dieser stimmt jedoch mit dem Wirtschafts-Frame insofern überein, als die Unterstützung des Einsatzes der Technologie mit den erwarteten Effekten für Wirtschaftswachstum und Effizienzsteigerungen begründet wird. Folgerichtig muss die Kommission auch auf entsprechende Bedenken eingehen und stellt klar, dass der Schutz personenbezogener Daten unabhängig von den für die Datenverarbeitung verwendeten Mitteln und Verfahren in der allgemeinen Datenschutzrichtlinie geregelt sei. Diese Richtlinie gelte für alle Technologien einschließlich der RFID-Technologie. Für die Weiterentwicklung der RFID-Technologie solle daher sichergestellt werden, dass bei ihrer Einführung die einschlägigen Rechtsvorschriften zum Datenschutz und zur Wahrung der Privatsphäre eingehalten werden. Um dies für eine neue Technologie wie RFID zu ermöglichen, wird angeregt, dafür ausführliche Leitlinien zu erlassen (EK 2007b: 7). Eine wichtige Voraussetzung für die Erstellung solcher Leitlinien wird darin gesehen, dass zunächst gemeinsame Anstrengungen der Branche, der Mitgliedstaaten und der Kommission unternommen werden müssten, um das Verständnis der systemischen Probleme und der entsprechenden Sicherheitsbedrohung im Zusammenhang mit einem massiven Einsatz von RFID-Techniken zu vertiefen. Das Ziel müsse sein, Datenmissbrauch und Sicherheitsrisiken von vornherein auszuschließen. Wegen der spezifischen Eigenarten der Technologie müssten die gesetzlichen Rahmenbedingungen für den Datenschutz schon bei der Konzeption und Entwicklung von RFID-Anwendungen eine Rolle spielen (EK 2007b: 7).

Aus Sicht des Designers eröffnet dieser Politik-Frame die Chance, die Anwendung von Datenschutzgesetzen aktiv zu fördern, indem die Industrie unter Handlungsdruck gestellt wird, und dabei die eigenen Handlungsmöglichkeiten einzubringen. Daher überrascht es nicht, dass eine „Reihe mit einander zusammenhängender Aufgaben in Bezug auf Sicherheit, Datenschutz, Governance, Funkfrequenzen und Normen" identifiziert wird, die gelöst werden müssen, um das Potenzial der Technologie auszuschöpfen (EK 2007b: 10). Um die in der Konsultation geäußerten Datenschutzbedenken mit Informationen zu untermauern, wird angekündigt, für die Dauer von zwei Jahren eine RFID-Sachverständigengruppe zu berufen, „in der alle interessierten Seiten ausgewogen vertreten sein sollen" und die als Plattform für den Dialog zwischen Verbraucherorganisationen, Wirtschaftsteilnehmern sowie nationalen Behörden und europäischen Stellen einschließlich der Datenschutzbehörden dabei helfen soll, „die Bedenken, die in Bezug auf die angesprochenen Fragen geäußert wurden, besser zu verstehen und koordinierte Maßnahmen treffen zu können" (EK 2007b: 10). Damit sollen die Bedenken, die eine wichtige Grundlage des Politik-Frames darstellen, im nächsten Schritt noch einmal im Dialog mit allen beteiligten Interessenträgern analysiert werden.

Hinsichtlich der Frage, wie die bestehende Datenschutzgesetzgebung in Bezug auf die RFID-Technologie zu interpretieren ist, kündigt die Kommission an, mit Hilfe von Fachleuten anwendungsbezogene Leitlinien auszuarbeiten, die den Anwendern helfen, die Datenschutz- und Sicherheitsanforderungen von vornherein in der Systemkonzeption zu berücksichtigen. Auf der Basis dieser Arbeit wird für Ende 2007 eine Empfehlung angekündigt, in der die Grundprinzipien für die Anwendung des Datenschutzrechts bei RFID-Anwendungen festgelegt werden soll. Die Empfehlung wurde schließlich 2009 veröffentlicht nach ausführlichen Debatten die wir im folgenden untersuchen werden. Darüber hinaus kündigt die Kommission an, bei der anstehenden Überarbeitung der Richtlinien für den Datenschutz in elektronischen Kommunikationsnetzen zu prüfen, ob für RFID neue Vorschriften notwendig sein könnten.

Interessanterweise schlussfolgert die Kommission allerdings auch, dass bislang kaum Erfahrungen vorlägen, wenn es darum gehe, anhand konkreter Beispiele die erwarteten Vorteile und die möglichen Risiken zu bewerten. Sie spricht sich dafür aus, „zunächst gründliche Gesamtbewertungen der RFID-Einführung anhand groß angelegter Pilotprojekte" in bestimmten Anwendungsbereichen vorzunehmen, bei denen alle technischen, organisatorischen, gesellschaftlichen und rechtlichen Fragen beachtet werden. Für die Befürworter bestätigte sich damit die Befürchtung, dass vor allem wegen der geringen Zahl bestehender RFID-Anwendungen die Gefahr bestehen würde, dass in der EU ein Ordnungsrahmen geschaffen wird, der sich stärker auf die Bedenken der Kritiker als auf die Erfahrungen der Nutzer beziehen würde. Denn in der Zusammenschau der Vorschläge entsteht der Eindruck, die Informationsbasis für die entsprechenden Politikvorhaben müsse zunächst noch geklärt werden, während bereits Leitlinien für die Einhaltung der bestehenden Datenschutzgesetze erarbeitet werden, obwohl über die konkrete Ausgestaltung von RFID-Systemen noch zu wenig Erfahrungen existieren, um diese bewerten zu können. Aus dieser Perspektive hatte das Konsultationsverfahren zwar bestätigt, dass es Bedenken gegenüber der Technologie gibt, gleichzeitig war aber noch nicht geklärt, inwiefern diese Bedenken auch konkrete Risiken darstellen, die ein Tätigwerden des Gesetzgebers erfordern würden.

Der daraus resultierende Politik-Frame der Kommission versucht eine Brücke zu schlagen zwischen der Einführung der Technologie einerseits und der Berücksichtigung der Bedenken andererseits. Angesichts des eigenen Anspruchs der Kommission, wonach klare und vorhersehbare gesetzliche Rahmenbedingungen sowie Rechtssicherheit für Anwender und Investoren eine Grundvoraussetzung für den Erfolg der Technologie darstellen, erscheinen die in der Mitteilung von 2007 angekündigten Maßnahmen in den Augen der Befürworter allerdings wenig zielführend. Denn einerseits werden die Anwender aufgefordert, Pilotprojekte zu starten und zu analysieren, andererseits wird angekündigt, dass die Leitlinien für die Einhaltung der Datenschutzvorschriften bei der Entwicklung von RFID-Anwendungen erst noch entwickelt werden müssen.

11.2.2 Die Sachverständigengruppe als institutionalisierter Frame-Konflikt

Ein gutes Beispiel dafür, dass die Kommission zur Entwicklung von Politik-Frames auf den Beitrag von Interessenträgern angewiesen ist, ist die in der RFID-Mitteilung von 2007 angekündigte Sachverständigengruppe. Denn mit der Etablierung dieser Gruppe machte die Kommission den Frame-Konflikt zwischen Befürwortern und Kritikern des RFID-Einsatzes nicht nur zum Thema des politischen Diskurses auf EU-Ebene, sondern institutionalisierte dort auch ein Diskussionsforum. Hintergrund war vor allem der Informationsbedarf zum Thema. Allerdings wurde auch der Politik-Frame in dem Einsetzungsbeschluss für die Sachverständigengruppe in gewisser Weise konkretisiert, wenn in Art. 3 klargestellt wird, dass die Kommission sich von der Gruppe zu allen Themen bezüglich der „Umsetzung einer sicheren, geschützten, datenschutz-freundlichen und wirksamen Vorgehensweise für RFID“ beraten lassen kann (EK 2007e: 25). Demzufolge hatte die Gruppe eine spezifische Aufgabe im Politikdiskurs zu erfüllen, bei der es darum geht, die „in der Mitteilung angeführten Bedenken vollständig zu verstehen und diesbezüglich Handlungsempfehlungen zu geben“ (EK 2007e: 25). Auf der Basis des vordefinierten Politik-Frames werden also Interessenträger zusammengezogen und damit beauftragt, die Kommission bei der Weiterentwicklung und Umsetzung des Politikvorhabens zu unterstützen bzw. die informativen Grundlagen für das Tätigwerden nachzuliefern.

Dass für das Vorhaben ein hohes Maß an Beratungsbedarf und Informationen notwendig ist, wird auch an den konkreten Aufgaben deutlich, die der Sachverständigengruppe in dem betreffenden Beschluss zugewiesen werden. Dazu gehörte, die Kommission in Bezug auf die Prinzipien für die Nutzung von RFID zu beraten, Leitlinien für die Funktionsweisen von RFID zu entwickeln und dabei wirtschaftliche und gesellschaftliche Aspekte zu berücksichtigen. Zu den Aufgaben zählte auch, die Kommission bei der Förderung von Aufklärungskampagnen zu unterstützen sowie objektive Informationen zu den rechtlichen Rahmenbedingungen auf EU-Ebene und auf der Ebene der Mitgliedstaaten im Hinblick auf

Datenschutz, Schutz der Privatsphäre und sonstigen Aspekten bereitzustellen, „zu denen Bedenken geäußert werden" (EK 2007e: 25). Auch die Umsetzung der Maßnahmen, die mit dem Politik-Frame begründet werden, ist also bereits in den Aufgaben angelegt, die der Sachverständigengruppe zugewiesen werden.

Anhand der Zusammensetzung der Gruppe wird deutlich, welche Interessenträger aus Sicht der Kommission für die Entwicklung des Politik-Frames relevant sind. Denn nach Art. 4 werden Vertreter aus verschiedenen Bereichen – Zivilgesellschaft, interessierte Kreise, Normungsgremien, Vertreter von Behörden – in die Gruppe eingeladen, darunter Nutzer aus verschiedenen Anwendungsbereichen, Interessenträger, die am Aufbau von RFID-Systemen beteiligt sind (z.B. Hersteller), sowie Sachverständige zu Technologie- und Rechtsfragen. Angesichts des Politik-Frames ist es nicht überraschend, dass auch „Vertreter der Endnutzer, die RFID-Systemen unterworfen sind (Bürger, Verbraucher, Patienten, Beschäftigte)", sowie Datenschutzorganisationen eingebunden werden (EK 2007e: 26).

Zieht man in Betracht, dass die Einführung dieser Technologie zum Zeitpunkt der Beschlussfassung noch nicht sehr weit fortgeschritten war, dann ist es zumindest fraglich, inwiefern Endnutzer, „die RFID-Systemen unterworfen sind", zur Arbeit der Sachverständigengruppe beitragen können. Hält man sich jedoch vor Augen, dass der Politik-Frame maßgeblich von den im Rahmen des Konsultationsverfahrens geäußerten Bedenken gegenüber der Technologie abhängt, dann wird deutlich, dass es unerlässlich ist, in den weiteren Schritten auch Bedenkenträger in die Erarbeitung von Leitlinien einzubeziehen. Am Beispiel des Beschlusses zur Einsetzung der Sachverständigengruppe wird also deutlich, dass die Kommission nach der Veröffentlichung der ersten Mitteilung zum Thema RFID mit der Etablierung der Gruppe nicht nur die Details des Politikvorhabens, sondern auch die Datenschutz-Argumentation des RFID-Frames weiter konkretisiert. Für die Designer in der Kommission hatte dieses Dialogforum den Vorteil, dass im Lauf der Auseinandersetzung zwischen den verschiedenen Parteien die Belastbarkeit der Positionen sehr deutlich wurde und damit der Frame-Kontext für das Vorhaben detailliert erkennbar war.

Daher war es gerade für die Befürworter unerlässlich, Vertreter in die Expertengruppe zu entsenden und dort in den Dialog mit anderen Interessenträgern einzutreten. Die Herausforderung bestand allerdings zu einem erheblichen Teil darin, dass einige der Sachverständigen und vor allem die Bedenkenträger nur sehr bedingt daran interessiert waren, ihre Positionen aufgrund dissonanter Informationen zu modifizieren, die von RFID-Befürwortern auf Basis ihrer Praxiserfahrung vorgebracht wurden. Bevor wir im nächsten Abschnitt genauer darauf eingehen werden, wie sich die mit dem Dialog verbundene Notwendigkeit zur Kooperation im Politikgestaltungsprozess für Anwender und Investoren darstellte, müssen wir zunächst die Reaktionen der Ko-Designer sowie die 2009 veröffentlichte Empfehlung in Bezug darauf betrachten, inwiefern sich der Frame-Konflikt darin widerspiegelt.

11.3 Die Reaktionen der Ko-Designer auf die RFID-Mitteilung

Als Politikdesigner in der Europäischen Union muss die Kommission ihre Vorhaben an die anderen Organe kommunizieren, die sich dann als Ko-Designer an der Formulierung des Politik-Frames beteiligen können. Die RFID-Politik ist in dieser Hinsicht ein Beispiel dafür, dass politische Debatten auch vom Europäischen Parlament ausgehen können. Eine Suche nach dem Stichwort RFID in den Archiven zeigt, dass die Technologie bis Ende 2009 in mehr als 50 Dokumenten erwähnt wurde. Ein Ausgangspunkt der parlamentarischen Beschäftigung ist dabei im Dezember 2003 interessanterweise eine Anfrage an die Kommission zur Verletzung der Privatsphäre beim Weltgipfel zur Informationsgesellschaft (WSIS) in Genf. Aus Sicht einiger Teilnehmer stelle die Verwendung von RFID-Transpondern in den Teilnehmerausweisen, mit denen die Wege der Delegierten innerhalb der verschiedenen Zonen des Messegeländes verfolgt werden konnten, „eine Verletzung der europäischen Datenschutzrichtlinie, der UN-Leitlinien zur Verwendung von persönlichen Daten sowie der schweizerischen Datenschutzgesetze dar“.[64]

Die Kommission betont in ihrer Antwort, dass sie zwar grundsätzlich die Nutzung neuer, innovativer Technologien wie z.B. der RFID-Funketiketten unterstütze, allerdings müssten bei der Anwendung solcher Technologien die geltenden Grundsätze für die Verarbeitung personenbezogener Daten von Unionsbürgern eingehalten werden.[65] Auch die Verwendung der RFID-Technologie in Ausweisdokumenten wird seit 2003 im Parlament häufig thematisiert. Noch vor dem Start des Konsultationsverfahrens stellt die Abgeordnete Breyer im Februar 2006 eine Anfrage zum Einsatz von RFID im Handel, die von der Kommission mit dem Verweis darauf beantwortet wird, dass die „technologisch neutral konzipierte Datenschutzrichtlinie nicht wegen des Auftretens bestimmter Technologien angepasst werden sollte“. Dies schließe jedoch nicht die Möglichkeit aus, die Anwendung der allgemeinen Datenschutzregeln auf spezifische und durch bestimmte Technologien hervorgerufene Probleme genauer festzulegen. Insofern die Datenschutzregeln Anwendung finden, „könnte das für den Kunden nicht erkennbare Anbringen von RFID-Etiketten datenschutzrechtlich unzulässig sein“.

64 Vgl. die Schriftliche Anfrage von Marco Cappato (NI) an die Kommission vom 19.12.2003 (P-4002/03).

65 Vgl. die Antwort von Herrn Liikanen im Namen der Kommission vom 28.01.2004 auf die Anfrage von Marco Cappato (NI) an die Kommission vom 19.12.2003 (P-4002/03).

Wenn die Datenverarbeitung auf der Zustimmung des Betroffenen beruhe, sollte der Widerruf solcher Zustimmung möglich sein, um das Verarbeiten personenbezogener Daten von RFID zu unterbrechen, „zum Beispiel durch eine ‚Außer-Funktion-Setzung'". Über eine bestimmte technische Methode dazu vertrete die Kommission aber keine Meinung.[66]

Interessant ist dabei, dass die Kontroverse über die Verwendung von RFID zur Warenmarkierung im Handel schon über das Europäische Parlament in den politischen Diskurs auf EU-Ebene eingebracht wurde, bevor sich die Kommission dazu äußerte. Denn in der Anfrage werden die Befürchtungen von Verbraucherschützern referenziert, die eine Gefährdung der Privatsphäre von Konsumenten sowie die Verringerung oder den Verlust der Käuferanonymität mit der Bedrohung bürgerlicher Freiheiten gleichsetzen, weil durch das versteckte Anbringen von RFID-Etiketten „die potenzielle Möglichkeit eindeutiger Identifikationsmerkmale für alle Objekte weltweit" und der massenhaften Datenzusammenführung sowie die Möglichkeit zur Personenverfolgung und zur Erstellung von Profilen bestehe.[67] Damit verbunden werden auch die Forderungen der Datenschützer bezüglich des Einsatzes von RFID aufgelistet und die Kommission wird um eine Begründung gebeten, sollte sie keine eigenen Maßnahmen planen.

Zu den Kernforderungen der Kritiker gehört, RFID-Anwendungen im Handel einer formalen Technikfolgen-Abschätzung zu unterziehen, bevor sie zugelassen werden, solche Anwendungsmöglichkeiten gesetzlich zu verbieten, die die Anonymität verringern, die EU-Datenschutzrichtlinie an die neuen Möglichkeiten des Datensammelns anzupassen sowie die spezifischen Forderungen, RFID-Etiketten für den Kunden erkennbar anzubringen und durch *„Außer-Funktion-Setzung"* den Verbraucherschutz sicherzustellen.[68]

Auch wenn die schriftliche Anfrage einer Abgeordneten nicht gleichzusetzen ist mit einer Entschließung des Parlaments, sah sich die Kommission in der Situation, dass einige der dortigen Ko-Designer offensichtlich zu den Kritikern der Technologie zählten. Dass die Abgeordneten sich auch an der Informationsbeschaffung beteiligten, zeigt sich unter anderem an einer STOA-Studie mit dem Titel „RFID and Identity Management in Everyday Life, Striking the balance between convenience, choice and control", die im Rahmen des parlamentarischen Programms zur Wissenschaft- und Technikfolgenabschätzung[69] durchgeführt wurde und in erster Linie die diskutierten Einsatzszenarien mit Blick auf

66 Vgl. dazu die Schriftliche Anfrage von Hiltrud Breyer (Verts/ALE) an die Kommission vom 26.02.2006 und die Antwort von Herrn Frattini im Namen der Kommission (E-0798/06).

67 Vgl. ebd.

68 Ebd.

69 Vgl. dazu die vielschichtigen Aktivitäten dieses offiziellen Organs des Europäischen Parlaments, unter: http://www.europarl.europa.eu/stoa/default_en.htm, 05.05.2011.

die Befürchtungen der Kritiker untersuchte (van't Hof und ETAG 2007). Für die Befürworter der RFID-Technologie war das Parlament daher ein weiterer Kontext, in dem es galt, den Befürchtungen mit glaubwürdigen Informationen über die Anwendungspraxis entgegenzutreten und so die Deutungshoheit der Kritiker zu adressieren.

Nach der Veröffentlichung der Kommissionsmitteilung befasste sich auch der Rat mit dem Thema RFID. Wie aus einer Aktennotiz des Ausschusses der Ständigen Vertreter (AStV) zu entnehmen ist, beschäftigten sich die Minister in der Vorbereitung der Konferenz der deutschen EU-Ratspräsidentschaft im Juni 2007 im Rahmen eines Gedankenaustauschs mit der Frage, wie angesichts des Stadiums der aktiven Forschung und Entwicklung zu RFID und der Zukunftsvision eines integrierten digitalen Netzes für jegliche Art von Objekten sowohl auf nationaler als auch auf europäischer Ebene „ein geeignetes Regelungsumfeld und die besten Voraussetzungen für Forschung und Entwicklung in der RFID–Technologie“ geschaffen werden könnten, um die Wettbewerbsfähigkeit in Europa zu stärken (AStV 2007: 3). Damit deutete sich bereits an, dass die Politikdesigner in den nationalen Regierungen das Thema RFID in erster Linie aus der Perspektive des Wirtschafts-Frames wahrnehmen, ohne dabei die politischen Implikationen der Datenschutzkritik außer Acht zu lassen.

Im Gegensatz dazu betont der Europäische Wirtschafts- und Sozialausschuss (EWSA) in einer Stellungnahme das Bedrohungsszenario und empfiehlt detaillierte Vorgaben für den RFID-Einsatz im Handel. Der EWSA erkennt die Bedeutung der RFID-Technologie an, die in ihrer heutigen und künftigen Anwendung über das Potenzial verfüge, eine „große Bandbreite von Geschäftsabläufen sowohl im privaten als auch im öffentlichen Sektor spürbar zu verbessern und dem Einzelnen und Unternehmen großen Nutzen zu bringen“ (EWSA 2007: 66). Angesichts der Ankündigung der Kommission, für die Aspekte der Sicherheit und des Datenschutzes eine Empfehlung zu verabschieden, geht der EWSA vordringlich auf die Themen Privatsphäre und Bürgerrechte ein. Dabei werden die Vorteile der RFID-Technologie entsprechend des Wirtschafts-Frames detailliert beschrieben, bevor mit dem Verweis auf eine aus dem Jahr 2002 stammende Patentanmeldung der Firma IBM auf die Gefahren hingewiesen wird, die in Bezug auf die Identifizierung von Personen mit Hilfe von RFID existieren.[70] Dieser Patentantrag wird in der politischen Debatte von den Kritikern häufig als Beleg da-

70 Bei der Patentanmeldung geht es um ein RFID-System zur Identifizierung und Ortung von Personen mit Hilfe von Gegenständen, die mit RFID-Etiketten versehen sind und die von diesen Personen mitgeführt werden. Dahinter steht die Idee, durch den Einsatz von RFID-Etiketten im Handel mit Hilfe dieser Etiketten auch die genaue Identität von Personen bzw. bestimmte Charakteristika bestimmen zu können und diese Informationen dann für kommerzielle Zwecke zu verwenden.

für angeführt, dass mit Hilfe von RFID-Etiketten Personenprofile erstellt werden können, und für die Intention von Unternehmen, dies auch ohne Zustimmung der Betroffenen zu tun.[71] Der EWSA konkretisiert dann, in welcher Hinsicht die Privatsphäre und die Bürgerrechte durch die RFID-Technologie einer ernsthaften Bedrohung ausgesetzt seien, und nennt eine Reihe von Charakteristiken bzw. Anwendungen, die problematisch sein können. Dazu gehören: RFID-Etiketten, die ohne das Wissen des Benutzers auf Gegenständen angebracht werden; die Zuordnung eines bestimmtes Produkts zu einem bestimmten Käufer oder Besitzer am Verkaufsort; die Nutzung der RFID-Datenbanken zur unwissentlichen oder unerkannten Erstellung von Personenprofilen, entweder mit oder ohne Verknüpfung zu anderen Identitätsdaten; sowie die unsichtbare Auslesung von RFID-Transpondern. Ausdrücklich abgelehnt wird „eine Welt, in der RFID-Lesegeräte ein umspannendes globales Netz bilden" (EWSA 2007: 66f).

Durch die Stellungnahme des EWSA wird eine Reihe von konkretisierten Datenschutzbedrohungen in die politische Debatte eingebracht und dort etabliert. Auf der Basis der beschriebenen Gefahrenpotenziale werden dann grundlegende Prinzipien vorgeschlagen, mit denen RFID-Anwendungen so eingeführt werden können, dass sie den existierenden Datenschutzgesetzen entsprechen. Aus Sicht des EWSA wäre es folglich notwendig, dass (1) die Nutzer der RFID-Technologie ihre Maßnahmen und ihre Vorgehensweise öffentlich machen, dass (2) jeder das Recht hat zu erfahren, wenn Produkte im Einzelhandel RFID-Etiketten oder Lesegeräte enthalten und wann diese ausgelesen werden, dass (3) Nutzer der RFID-Technologie darüber informieren, zu welchem Zweck RFID-Etiketten und Lesegeräte eingesetzt werden, und dabei die Sammlung von Informationen auf ein Minimum beschränkt wird sowie dass (4) die Nutzer der RFID-Technologie für die Einhaltung von Datenschutzvorschriften verantwortlich gemacht werden. Zur konkreten Umsetzung dieser Prinzipien schlägt der EWSA für das Beispiel Einzelhandel Leitlinien vor, nach denen es den Händlern verboten sein soll, Kunden zur Akzeptanz aktiver oder passiver Etiketten auf Produkten, die sie erwerben, zu zwingen. Darüber hinaus soll es den Kunden „ohne Einschränkung möglich sein, die Etiketten an jedem Gegenstand in ihrem Besitz zu entfernen oder zu deaktivieren" (EWSA 2007: 67). Die RFID-Technologie dürfe außerdem nicht eingesetzt werden, um den Aufenthaltsort von Menschen zu orten, und sie dürfe niemals so eingesetzt werden, dass sie die Anonymität aufhebe oder einschränke.

71 Darüber hinaus greift der EWSA auch noch ein weiteres verbreitetes RFID-Anwendungsbeispiel auf, bei dem sich Stammgäste eines Nachtclubs in Barcelona freiwillig RFID-Etiketten unter die Haut einpflanzen lassen, um damit Einlass zu erhalten bzw. Getränke erwerben zu können. Dabei werden dieselben RFID-Transponder verwendet, die auch zur Kennzeichnung von Haustieren genutzt werden.

Allerdings werden auch Ausnahmeregelungen als sinnvoll erachtet, vor allem dann, wenn Privatpersonen selber über die Nutzung von RFID-Etiketten entscheiden und wenn z.B. im Bereich Luftverkehr und/oder Krankenhaus Personen oder Waren sich nur vorübergehend an einem Ort aufhalten bzw. befinden. Interessant ist außerdem, dass in der Stellungnahme des EWSA gerade im Hinblick auf die Anwendung von RFID im Einzelhandel darauf hingewiesen wird, dass es Vor- und Nachteile in Bezug darauf gebe, ob RFID-Etiketten nach der Bezahlung an der Kasse aktiviert bleiben sollen oder nicht. Einerseits stelle ein solches Etikett zwar eine Bedrohung der Privatsphäre dar, andererseits könne es dem Käufer aber auch nutzen. So

> „könnte ein RFID-Lesegerät zu Hause bei der Ordnung von Weinkellern, Kühl- und Kleiderschränken sowie Bibliotheken helfen. Logischerweise sollte die Wahl daher zwar dem Einzelnen überlassen bleiben, doch müssen die Technik und die Anwendung ihm diese Wahlmöglichkeit auch bieten" (EWSA 2007: 67).

Der Europäische Wirtschafts- und Sozialausschuss konkretisiert mit seiner Stellungnahme den Politik-Frame und greift dabei vor allem die für die Befürworter im Handel entscheidende Frage nach der Außer-Funktion-Setzung bzw. Deaktivierung von RFID-Transpondern nach dem Kauf auf. Dabei befürwortet der EWSA das von der Industrie bereits angewendete Opt-out-Prinzip, nach dem sich die Kunden aktiv dafür entscheiden müssen, die Transponder zu deaktivieren oder zu entfernen. Nach dem gegenteiligen Opt-in-Prinzip müsste sich der Kunde aktiv dazu entscheiden, die Transponder funktionsfähig zu belassen bzw. nicht zu entfernen. Im weiteren Verlauf des Diskurses wird die Frage nach einer Opt-in- oder Opt-out-Regulierung für RFID zum Kern der politischen Auseinandersetzung und verdeutlicht den Frame-Konflikt in der RFID-Politik.

Der Wirtschafts-Frame basiert auf der Annahme, dass durch die Verwendung von RFID-Transpondern eine verbesserte Steuerung von Abläufen, Prozessen etc. möglich ist. Prinzipiell geht es also darum, möglichst viele Objekte mit eineindeutigen Kennzeichnungsnummern auszustatten, sodass sie in wirtschaftlichen Prozessen wiedererkannt und daran entsprechende Dienstleistungen angeschlossen werden können. In Bezug auf den RFID-Einsatz im Einzelhandel geht es in erster Linie um die Verbesserung der Logistiksysteme und der Inventarisierungsanwendungen, mit denen die Warenverfügbarkeit sichergestellt wird. Darüber hinaus werden zusätzliche Vorteile im Bereich der Rückverfolgung von Produkten, der Garantiedienstleistungen und der nachfolgenden Produktdienstleistungen erkannt und entsprechende Anwendungen in Betracht gezogen, sobald eine hinreichende Population gekennzeichneter Produkte verfügbar ist. Bevor dieser Status erreicht ist, können die Kunden also nicht selbst von den zusätzlichen Vorteilen profitieren und hätten deshalb auch keinen Anreiz, sich aktiv dafür zu entscheiden, die RFID-Transponder auch nach dem Kauf aktiviert zu belassen. Aus Sicht der Befürworter würde eine Opt-in-Regelung daher dazu führen, dass die nachgelagerten Vorteile der Technologien nicht genutzt werden könnten. Vor allem die Produkthersteller hätten dann ein entsprechend geringeres Interesse daran, Produkte überhaupt mit RFID auszustatten.

Über die grundsätzlichen Erwägungen zu Anwendungsfeldern *nach der Kasse* hinaus gibt es auch praktische Hindernisse für die Einführung eines Opt-in-Verfahrens im Einzelhandel. Dabei ist vor allem relevant, dass es keine Möglichkeit gibt, die verwendeten RFID-Transponder zu reaktivieren. Das würde bedeuten, dass ein Kunde, der sich nicht rechtzeitig entscheidet, seinen Transponder aktiviert zu belassen, die automatische Deaktivierung nicht rückgängig machen könnte. Zum anderen bedeutet die Notwendigkeit, den Kunden vor dem Kassenvorgang zu befragen bzw. ihm die Möglichkeit zu geben, seine RFID-Transponder aktiv zu belassen, eine ungewünschte Verlängerung des Kassenvorgangs. Dabei soll der Einsatz von RFID in vielerlei Hinsicht genau das Gegenteil erreichen, nämlich eine Beschleunigung bisher manueller Vorgänge. Insofern ist es aus Sicht des Handels notwendig, dass die RFID-Transponder nicht automatisch abgeschaltet werden, sondern auch nach dem Kauf aktiviert bleiben, um den Mehrwert der Technologie zu realisieren.

Dem gegenüber steht der Datenschutz-Frame, in dem die Verbreitung eindeutiger Nummern an sich als potenzielle Gefahr für die Privatsphäre gesehen wird. Insofern ist gerade die Ausstattung von Produkten im Einzelhandel mit eindeutigen Kennzeichnungsnummern, die durch Radiowellen ausgelesen werden können, eine potenzielle Gefahr, sodass ein Szenario befürwortet wird, in dem grundsätzlich alle Transponder an der Kasse ausgeschaltet werden müssen. Dabei wird häufig damit argumentiert, dass die Kunden sich über die Datenschutzrisiken der Technologie nicht bewusst seien und deshalb auch von einer freiwilligen Deaktivierung keinen Gebrauch machen würden, während Kunden, die von den propagierten Anwendungen auch zu Hause profitieren wollen, sehr wohl einen Anreiz haben, die Transponder von der Deaktivierung ausnehmen zu lassen.

Es wird also deutlich, dass hinter der Frage einer Opt-in- oder Opt-out-Regulierung grundsätzlich unterschiedliche Auffassungen in Bezug auf die Einführung der RFID-Technologie stehen. Während die Befürworter die Technologie zunächst aus wirtschaftlichen Gründen einführen wollen, um dann auf der Basis der etablierten Infrastruktur weitere Dienstleistungen anbieten zu können, möchten die Kritiker der Technologie die Einführung verhindern und setzen dazu auf die Tatsache, dass es noch kein ausgeprägtes Kundeninteresse für die Einführung gibt. Bei der Frage um Opt-in-/Opt-out geht es also auch darum, wie in dem europäischen Ordnungsrahmen für RFID das Verhältnis zwischen Kundenakzeptanz und technologischer Innovation ausbalanciert werden kann.

11.3.1 Der europäische Datenschutzbeauftragte als Ko-Designer

Neben den mit der Mitteilung direkt angesprochenen Organen der EU hat auch der Europäische Datenschutzbeauftragte (EDPS[72]) auf die Mitteilung der Kommission reagiert und in einer Stellungnahme den spezifischen Datenschutz-Frame für die RFID-Technologie im politischen Diskurs auf EU-Ebene legitimiert (Datenschutzbeauftragter 2008). Bei dem EDPS handelt es sich um eine unabhängige Behörde, deren Aufgabe der Schutz personenbezogener Daten und der Privatsphäre in den Organen und Einrichtungen der EU ist. Der EDPS kann zu diesem Zweck die Verarbeitung personenbezogener Daten durch die EU-Verwaltung überwachen, aber auch beratend tätig werden in Bezug auf politische Maßnahmen und Rechtsvorschriften, die sich auf den Schutz der Privatsphäre auswirken.

In dieser Stellungnahme positioniert sich der Datenschutzbeauftragte als Ko-Designer für den RFID-Frame, dessen Einfluss auf die Entwicklung des Politikvorhabens vor allem durch die Tatsache akzentuiert wird, dass sich damit neben der Art. 29-Gruppe der Datenschutzbeauftragten der Mitgliedstaaten auch die Datenschutzbehörden auf EU-Ebene dezidiert mit der RFID-Technologie auseinandersetzen. Aus der Perspektive der Befürworter wurde damit zum einen der Eindruck bestätigt, dass die Vorstellung das RFID eben keine Technologie wie jede andere sei, sondern dass ihr Einsatz mit Auswirkungen auf den Datenschutz einhergehe, irreversibel im politischen Diskurs verankert sei. Zum anderen war damit ein weiterer Akteur in die Debatte eingetreten, der vor allem für die Fragen des adäquaten Datenschutzes eine Autorität behaupten kann, die auch von der Kommission als Hüterin der europäischen Datenschutzgesetzgebung anerkannt werden muss und dessen Stellungnahme deshalb von allen Kritikern als Bestätigung der eigenen Position gewertet werden kann.

Entsprechend wird mit der Eingabe an die Kommission aus Sicht der Befürworter der Datenschutz-Frame innerhalb des politischen Diskurses legitimiert, ein Jahr nach dem er mit der Veröffentlichung der Mitteilung der Kommission in die RFID-Debatte eingebracht worden war. Denn während die Kommission in ihrer Mitteilung noch eine Balance zwischen dem Datenschutz-Frame und dem Wirtschafts-Frame gehalten hat, wird durch die offizielle Stellungnahme des europäischen Datenschutzbeauftragten nun der Datenschutz-Frame in der Debatte untermauert. Für die Politikdesigner entstehen damit neue Rahmenbedingungen für die Weiterentwicklung des Politik-Frames. Durch den EDPS ist ein neuer Akteur-Frame in die Debatte eingebracht worden, der bei der weiteren Entwicklung des Politik-Frames berücksichtigt werden muss. Die Tatsache, dass dieser

72 Die Abkürzung EDPS steht für European Data Protection Supervisor, vgl. zur Tätigkeit des EDPS: http://www.edps.europa.eu/EDPSWEB/edps/lang/de/EDPS, 05.05.2011.

Akteur-Frame nicht etwa von einem Interessenträger, sondern von einem Berater der EU-Organe stammt, ist direkt relevant für den breiteren Kontext des europäischen Datenschutzes sowie für die diesbezügliche Kompetenzkonkurrenz zwischen GD INFSO und GD JUST und zwischen Kommission und Parlament.

Betrachtet man die Aussagen in der Stellungnahme, so lässt sich der Weg des Datenschutz-Frames in der Debatte nachzeichnen. Denn in einem ersten Schritt wird an den bisher entwickelten Politik-Frame der Kommission angeknüpft, wenn der Datenschutzbeauftragte ausdrücklich die Mitteilung der Kommission begrüßt, und zwar vor allem im Hinblick darauf, dass sie „die entscheidenden Aspekte der Privatsphäre und des Datenschutzes“ nicht außer Acht gelassen habe. Auch die geäußerten Bedenken würden „voll und ganz“ geteilt, vor allem im Hinblick darauf, dass „RFID-Systeme möglicherweise eine Gefährdung des Rechts des Einzelnen auf Privatsphäre und Datenschutz bewirken“ (Datenschutzbeauftragter 2008: 2). Der europäische Datenschutzbeauftragte weist außerdem auf seine bereits im Jahresbericht 2005 getroffene Einschätzung hin, dass RFID für die Funkfrequenzkennzeichnung als Teil von Entwicklungen anzusehen ist, „bei denen davon auszugehen ist, dass sie erhebliche Auswirkungen auf den Datenschutz mit sich bringen werden“ (Datenschutzbeauftragter 2008: 2).

In der Stellungnahme wird die Argumentation der Kommission auch insofern übernommen, als in einer maßgeschneiderten und kohärenten Datenschutzgarantie ein positiver Beitrag für die Entwicklung und Akzeptanz der Technologie in Europa gesehen wird. Selbst die Tatsache, dass in Bezug auf die Umsetzung der Technologie noch eine erhebliche Ungewissheit besteht, wird in der Stellungnahme anerkannt, allerdings verbunden mit der Aussage, dass es „sehr wohl möglich (sei), die Hauptmerkmale dieser Entwicklungen hinsichtlich ihrer Auswirkungen auf den Datenschutz zu beschreiben“ (Datenschutzbeauftragter 2008: 2). Auch der EDPS muss also anerkennen, dass die Praxiserfahrungen und vor allem die Richtung, in die sich die unterschiedlichen Konzepte weiterentwickeln werden, noch nicht absehbar sind. Im Sinne des Datenschutz-Frames wird aber nichtsdestotrotz daraus die Gelegenheit abgeleitet, eine Bewertung der potenziell den Datenschutz und die Privatsphäre betreffenden Risiken vorzunehmen.

Zu diesem Zweck werden konkrete Beispiele möglicher Datenschutzgefahren diskutiert und dabei insbesondere solche Szenarien herausgegriffen, die die spätere Argumentation unterstützen. So wird z.B. der Einsatz von RFID-Etiketten im Einzelhandel auf Verbraucherprodukten in den Vordergrund gestellt mit dem Hinweis darauf, dass sich in diesem Bereich die geplante Ausweitung des RFID-Einsatzes offenbar immer mehr durchsetze. Insofern scheint sich auch die Öffentlichkeitsarbeit der Befürworter auf die Wahrnehmung der Handlungsnotwendigkeit auszuwirken. Allerdings wird betont, dass gerade durch den Einsatz im Einzelhandel eine Vielzahl von Einzelpersonen mit den RFID-Etiketten in Berührung käme und von den möglichen Datenschutzauswirkungen betroffen sei, weil „deren personenbezogene Daten wahrscheinlich jedes Mal verarbeitet werden, wenn sie ein Produkt erwerben, das mit einem RFID-Etikett versehen ist“. Insofern wird darauf Bezug genommen, dass mit der Identifizierung von Gegenständen mittelbar immer auch Personen identifiziert würden. „Trägt eine Person beispielsweise eine Armbanduhr mit einem RFID-Etikett, das mit einer Identifizierungsnummer versehen ist, so könnte dies auch als eindeutige Kennung für den Träger der Uhr verwendet werden, selbst wenn dessen Identität unbekannt ist“. In diesem Fall wären die gesetzlichen Regelungen zum Datenschutz anzuwenden (Datenschutzbeauftragter 2008: 3).

Ohne nähere Erläuterung geht der Europäische Datenschutzbeauftragte in seiner Stellungnahme also von vornherein davon aus, dass bei jedem Einsatz von RFID potenziell personenbezogene Daten verarbeitet werden. Aus Sicht der RFID-Industrie werden damit RFID-Anwendungen im Einzelhandel gleichgesetzt mit solchen z.B. im öffentlichen Nahverkehr, in denen tatsächlich personenbezogene Daten auf den RFID-Transpondern gespeichert werden. Der EDPS positioniert sich also in Bezug auf die eingangs erwähnte, schwierig zu lösende Frage, inwiefern eineindeutige Daten notwendigerweise einen Personenbezug darstellen bzw. wie und ob es möglich ist, auf der Basis eineindeutiger Nummern Personenprofile zu erstellen. In der Stellungnahme wird diese Fragestellung jedoch nicht diskutiert, vielmehr werden Beispiele beschrieben, in denen es zu einer Verarbeitung personenbezogener Daten kommen kann. So wird beispielsweise in Bezug auf den Einzelhandel behauptet, dass „RFID-Systeme (...) möglicherweise eine Erweiterung der Beziehung zwischen einem Artikel und seinem Eigentümer“ bewirken. Damit verbunden werden dann mögliche Szenarien, in denen aufgrund personenbezogener Merkmale eine Diskriminierung in Bezug auf Preise oder Werbung durchgeführt werden könnte (Datenschutzbeauftragter 2008: 3).

Die Argumentation wird dann aber in einen größeren Zusammenhang gestellt, mit dem letztlich ein neuer Politik-Frame in die Debatte eingebracht wird. Denn es wird der Eindruck erweckt, dass mit Hilfe der RFID-Technologie Menschen einem Prozess für sie nachteiliger automatisierter Entscheidungen unterworfen werden, und daraus wird gefolgert, dass

> „(d)urch die Katalysatorwirkung dieses RFID-Merkmals (...) die Gefahr zu(nimmt), dass die Informationsgesellschaft immer weiter auf eine Lage zusteuert, in der automatisierte Entscheidungen getroffen werden und die Technik missbraucht wird, um menschliches Verhalten zu steuern“ (Datenschutzbeauftragter 2008: 3).

Nicht nur aus der Perspektive der Befürworter wird damit aus der nicht diskutierten Annahme, dass auf Basis eineindeutiger Daten Personen identifiziert werden können, der Schluss gezogen, dass durch RFID eine negative Entwicklung in der Informationsgesellschaft gefördert wird, die aus Sicht der Datenschützer auch in anderen Bereichen bereits erkennbar ist. Entsprechend werden zusätzlich weitere

Beispiele genannt, die zeigen, dass die Verwendung personenbezogener Daten mit Hilfe von RFID nachteilige Folgen haben kann. So wird beispielsweise beschrieben, dass Chipkarten, die zu Reisezwecken verwendet werden und die zur Identifizierung auch Informationen über die jüngsten Reisen des Karteninhabers enthalten, von „skrupellosen Personen" verwendet werden könnten, um Bewegungsprofile nachzuvollziehen. Dabei wird ein Szenario skizziert, in dem solche Personen lediglich an strategischen Stellen Lesegeräte aufstellen müssten, die ihnen Informationen über die Reisebewegungen der Karteninhaber liefern. Nicht erwähnt wird, dass sich diese Art der Sammlung von Bewegungsdaten durch Mobiltelefone mit einer bereits weltweit existierenden Infrastruktur durchführen lässt. Auch die Tatsache, dass die RFID-Technologie die Weiterverfolgung von Produkten nach dem Verlassen des Verkaufsortes ermöglicht, wird als neue Qualität für die Datenschutzdebatte angesehen. Auf der Basis der so dargestellten Szenarien wird dann die Schlussfolgerung gezogen, dass RFID-Systeme nicht nur allgemeine Bestandteile eines Objekts erkennen, sondern letztendlich zur Identifizierung einer Person verwendet werden und daher datenschutzfreundlich gestaltet werden müssen (Datenschutzbeauftragter 2008: 4).

Abschließend wird der Schluss gezogen, dass der breite Einsatz der RFID-Technologie von Grund auf neuartig sei und daher „qualitative Veränderungen bewirken könnte" in Bezug auf die Art und Weise, wie in unserer Gesellschaft der Schutz der Privatsphäre und der Datenschutz umgesetzt werden. Insofern geht der durch den EDPS etablierte Datenschutz-Frame letztlich von der Prämisse aus, dass eineindeutige Daten mit personenbezogenen Daten gleichzusetzen sind und daher der Einsatz von RFID-Systemen eine neue Qualität für den Datenschutz darstellt. Auf dieser Basis wird der neue Politik-Frame in einen breiteren Kontext gestellt, der sich wiederum auf die mit dem Wirtschafts-Frame verbundenen Vorteile bezieht. RFID sei nicht „einfach irgendeine weitere technologische Entwicklung", sondern der Weg in eine neue Entwicklungsphase der Informationsgesellschaft. In diesem Internet der Dinge seien die RFID-Etiketten Kernbestandteile intelligenter Umgebungen, die wiederum „bedeutende Schritte in der Entwicklung der sogenannten ‚Überwachungsgesellschaft'" seien. Aus diesem Grund werden Rechtsetzungsmaßnahmen im RFID-Bereich als angebracht erachtet (Datenschutzbeauftragter 2008: 9) und konkrete Vorschläge gemacht, wie der Politik-Frame weiterzuentwickeln sei.

Dabei erkennt der europäische Datenschutzbeauftragte durchaus an, dass die allgemeine und spezifische Datenschutzgesetzgebung in Europa auch für die RFID-Technologie anwendbar ist, und leitet daraus entsprechende Kriterien für den Einsatz von RFID ab. So wird z.B. betont, dass sowohl die Information darüber, dass RFID-Systeme eingesetzt werden, als auch die Einwilligung in die Verarbeitung personenbezogener Daten und die Vermeidung nachteiliger Entscheidungen, die aufgrund von RFID-Systemen automatisiert getroffen würden, aus der bestehenden Datenschutzgesetzgebung resultieren. Darüber hinaus bilde die neue Qualität der RFID-Anwendungen die Grundlage dafür, dass die Datenschutzgrundsätze auch auf solche RFID-Anwendungen angewendet werden sollen, die keine personenbezogenen Daten verarbeiten. Denn auch von RFID-Anwendungen, die nicht zur Verarbeitung personenbezogener Daten genutzt werden, würden „nachweislich (...) durch die mögliche Überwachung von Personen Gefahren für den Datenschutz aus(gehen), so dass auch die gleichen Datenschutzmechanismen erforderlich sind“ (Datenschutzbeauftragter 2008: 10).

In diesem Zusammenhang wird die Etikettierung von Verbraucherprodukten als Beispiel genannt und gefolgert, „(i)nsgesamt betrachtet, können RFID-Anwendungen, bei denen keine personenbezogenen Daten verarbeitet werden, immer noch eine Gefährdung der Privatsphäre des Einzelnen darstellen, wenn mit ihnen die heimliche Überwachung und die Verwendung der betreffenden Informationen für unzulässige Zwecke ermöglicht wird“ (Datenschutzbeauftragter 2008: 10). Folgerichtig hält der EDPS es für notwendig, dass all diejenigen Maßnahmen, die zum Schutz personenbezogener Daten aufgrund des geltenden Rechts getroffen werden müssen, auch für Anwendungen vorgeschrieben werden müssen, bei denen keine personenbezogenen Daten verarbeitet werden. Da dies jedoch vom geltenden Recht nicht vorgeschrieben ist, müsse es durch gesetzliche Maßnahmen ermöglicht werden. Auch in einem zweiten Bereich geht der Datenschutzbeauftragte auf die Vorhaben der Kommission als Politikdesigner ein, wenn er sich in Bezug auf die Anwendung von RFID im Handel dafür ausspricht, dass hier im Rahmen der anstehenden Empfehlung der Europäischen Kommission in jedem Fall der Grundsatz der vorherigen Zustimmung vorgeschrieben werden müsste, denn nach Auffassung des EDPS sei „das ‚Opt-in-Prinzip‘ am Verkaufsort eine rechtliche Verpflichtung“ (Datenschutzbeauftragter 2008: 11).

Aus der Sicht der Befürworter positioniert sich der EDPS damit klar zugunsten des Opt-in-Prinzips als Grundlage für den RFID-Einsatz in Handel und spricht sich in der Kernfrage der Debatte – ob eineindeutige Kennzeichnungsnummern in RFID-Systemen als personenbezogene Daten zu sehen sind – dafür aus, die Datenschutzregulierung auszuweiten und die daraus resultierenden Anforderungen für alle RFID-Daten zur Pflicht zu machen. Während die Kommission ein Jahr zuvor die Definition des Politik-Frames in dieser Hinsicht noch offen gehalten hat, tritt der Europäische Datenschutzbeauftragte mit seiner Stellungnahme als Ko-Designer auf und fordert, dass der Politik-Frame ein grundsätzliches Opt-in-Prinzip enthalten muss. Insofern stellt sich nun die Frage, wie die Kommission im Rahmen der von ihr angekündigten Empfehlung zum Thema Datenschutz bei RFID-Anwendungen auf die Stellungnahme des EDPS eingeht und diese im Politik-Frame berücksichtigt.

11.3.2 Ein eigenverantwortlicher Ordnungsrahmen für den RFID-Einsatz in der EU

Mit der Veröffentlichung ihrer „Empfehlung zur Umsetzung der Grundsätze der Wahrung der Privatsphäre und des Datenschutzes in RFID-gestützten Anwendungen" etabliert die Kommission 2009 einen flexiblen Regulierungsrahmen für den Einsatz von RFID (EK 2009g). Dabei adressiert sie die drei wichtigsten Gegenstände des politischen Diskurses – die Unterstützung der Einführung, den Umgang mit den Datenschutzbedenken und die Forderung nach verbindlichen Regeln – mit einem ausbalancierten Politikvorhaben, das den Frame-Konflikt zwar überbrückt, ihn aber nicht löst. Mit ihrer Empfehlung entwickelt die Kommission den RFID-Frame so weiter, dass er einerseits die konkretisierten Datenschutzbedenken umfasst und den Nutzern andererseits ein gewisses Maß an – wenn nicht Rechtssicherheit, dann doch Erwartungssicherheit – vermittelt. Dabei ist die Empfehlung das Ergebnis der Austragung des Frame-Konflikts auf dem Handlungsfeld des politischen Diskurses, das die Kommission mit ihrer Mitteilung von 2007 auf EU-Ebene definiert hat. Den Rahmen bildete die Arbeit der durch die Mitteilung etablierten Sachverständigengruppe und eine im Jahr 2008 durchgeführte zweite Online-Konsultation, bei der eine Vorfassung der Empfehlung öffentlich zur Diskussion gestellt worden war. Inhaltlich bildeten neben den Beiträgen der Interessenträger im Konsultationsverfahren auch die Diskursbeiträge der Ko-Designer, allen voran der des Europäischen Datenschutzbeauftragten, die Basis für die Weiterentwicklung des RFID-Frames.

Die Konstruktion der Empfehlung ist dabei der erste Hinweis darauf, dass die Kommission mit ihren Vorhaben bemüht ist, einen übergreifenden Frame zu etablieren, denn die Adressaten sind die Mitgliedstaaten, während sich die Inhalte an alle Akteure richten, die „am Entwurf und Betrieb von RFID-Anwendungen in der Gemeinschaft" beteiligt sind (EK 2009g: 49). Damit kommt die Kommission ihrer Ankündigung nach, „eine Empfehlung zu Grundprinzipien (zu) veröffentlichen, die von den Behörden und anderen Beteiligten im Zusammenhang mit der RFID-Nutzung anzuwenden sind" (EK 2007b: 10). Die Empfehlung hat den Anspruch, den Mitgliedstaaten Orientierungshilfen zu geben für die Gestaltung und den Betrieb von RFID-Anwendungen in einer rechtmäßigen und gesellschaftlich wie politisch annehmbaren Weise und unter Wahrung der Privatsphäre und Gewährleistung des Schutzes personenbezogener Daten.

Darüber hinaus werden Maßnahmen empfohlen, mit denen sichergestellt werden kann, dass die Einführung von RFID-Anwendungen den einschlägigen Datenschutzgesetzen der EU entspricht. Dass die Mitgliedstaaten in die Pflicht genommen werden, die zur Umsetzung empfohlenen Maßnahmen durch die RFID-Nutzer sicherzustellen, wird dadurch unterstrichen, dass diese der Kommission spätestens 24 Monate nach der Veröffentlichung der Empfehlung darüber Bericht erstatten müssen. Zum anderen wird deutlich, dass die Kommission dem frühen Stadium der Technologieeinführung dadurch Rechnung trägt, dass sie beabsichtigt, innerhalb von drei Jahren nach der Veröffentlichung einen Bericht über die Umsetzung der Empfehlungen, ihre Wirksamkeit und ihre Auswirkungen auf die Wirtschaftsteilnehmer und Verbraucher vorzulegen. Damit wird auch klar, dass die Kommission sich nicht auf die Forderung des EDPS eingelassen hat, bindende Regeln zu definieren, sondern stattdessen darauf setzt, sowohl die Mitgliedstaaten als auch die Nutzer in die Pflicht zu nehmen. In dieser Hinsicht behält sich die Kommission mit der Überprüfungsankündigung allerdings weitere Schritte vor, sollte etwa eine Missachtung der Empfehlung festgestellt werden. Neben der somit festgelegten Reaktion der Politikdesigner auf den Diskurs wird in den Erwägungsgründen der Empfehlung auch der RFID-Frame aktualisiert.

Dabei fällt auf, dass die Kommission in der Datenschutz-Empfehlung nach wie vor die Handlungsnotwendigkeit ausgehend vom Wirtschafts-Frame definiert. Dazu wird die Radiofrequenztechnologie als neue Entwicklung in der Informationsgesellschaft anerkannt und darauf verwiesen, dass diese Teil des persönlichen Lebens der Menschen und daher in vielfältigen Bereichen relevant werden wird. Ebenfalls erwähnt wird das Potenzial für Wachstum und Beschäftigung sowie der Gesichtspunkt, dass RFID „einen großen Beitrag zur Verwirklichung der Lissaboner Strategie" zu leisten vermag (EK 2009g: 47).

Auffallend ist, dass in diesem Zusammenhang nicht nur Kostensenkung und Effizienzsteigerung als wirtschaftliche Vorteile genannt werden, sondern mit Verweis auf Anwendungen zur Bekämpfung von Produktnachahmungen, zur Bewirtschaftung von Elektronikabfällen und gefährlicher Stoffe und zum Recycling von Altprodukten dezidiert gesamtgesellschaftliche Vorteile angeführt werden, die nicht nur den kommerziellen Interessen eines Betreibers von RFID-Anwendungen zugute kommen. In dieser Hinsicht scheint sich das Bemühen der Industrie, in der politischen Debatte vor allem die sozioökonomischen Potenziale der Technologie zu betonen, ausgezahlt zu haben. Daneben wird aber auch der Datenschutz-Frame in den Erwägungsgründen referenziert und als Kontext für die Empfehlung die Datenschutz-Dimension bekräftigt. So wird darauf hingewiesen, dass RFID-Anwendungen eine Verarbeitung von „u.a. auch personenbezogenen Daten" ohne physischen Kontakt ermöglichen, sodass die betroffenen Personen dies ggf. nicht bemerken. Außerdem wird bestätigt: „RFID-Anwendungen sind potenziell in der Lage, Daten zu verarbeiten, die sich auf eine bestimmte oder bestimmbare natürliche Person beziehen, die dadurch direkt oder indirekt identifiziert werden kann" (EK 2009g: 47).

Neben der Möglichkeit, indirekt Personen zu identifizieren, wird dezidiert auf die Anwendungen im Handel Bezug genommen, wenn hervorgehoben wird, dass „eine bestimmte RFID-Artikelnummer mit anderweitig im System gespeicherten personenbezogenen Daten verknüpft werden" kann. Dahinter verbirgt sich die

Befürchtung, dass gerade an der Kasse eine solche Datenverknüpfung stattfindet, etwa wenn Produkte mit Hilfe von RFID vereinnahmt und mit einem elektronischen Zahlungsmittel bezahlt werden (EK 2009g: 47). Darüber hinaus bestätigt die Kommission gleichsam für die weitere Debatte, dass es technische Möglichkeiten gibt, „Personen anhand der in ihrem Besitz befindlichen Gegenstände, die eine RFID-Artikelnummer enthalten, zu überwachen" (EK 2009g: 47). Interessanterweise wird in diesem Zusammenhang nicht der Begriff „identifiziert" verwendet, sodass eine Festlegung bezüglich der Frage, ob damit auch eine bestimmte Person überwacht und damit ein Personenprofil angelegt werden kann, umgangen wird. Nichtdestotrotz scheint der Hintergrund für die Formulierung der Datenschutzdimension der Einsatz von RFID im Handel zu sein, für den in der Empfehlung auch spezifische Anforderungen definiert werden.

Mit dem Datenschutz-Frame wird auch die Handlungsnotwendigkeit begründet, indem die Tatsache, dass die Technologie potenziell allgegenwärtig und praktisch unsichtbar sei, als Grund dafür genannt wird, dass möglichst frühzeitig der Grundsatz der eingebauten Sicherheit und Privatsphäre („Privacy by Design") berücksichtigt werden müsse. Denn zahlreiche wirtschaftliche und soziale Vorteile kämen nur dann zum Tragen, „wenn es wirksame Vorkehrungen für die Einhaltung des Datenschutzes, die Wahrung der Privatsphäre und die Achtung der damit zusammenhängenden ethischen Aspekte gibt, die im Mittelpunkt der Debatte um die öffentliche Akzeptanz der RFID-Technik stehen" (EK 2009g: 47). Im Vergleich zur Mitteilung von 2007 werden also nicht mehr die Bedenken in der öffentlichen Debatte als Begründung genutzt, sondern es wird gleichsam der Verlauf des Konsultationsverfahrens als Beleg dafür gewertet, dass Datenschutzaspekte im Mittelpunkt der öffentlichen Debatte stehen und deshalb wirksame Vorkehrungen getroffen werden müssten. Dabei entsteht allerdings der Eindruck, dass die öffentliche Debatte, an der die Kommission mit ihrem Konsultationsverfahren maßgeblich beteiligt war, ein Gradmesser für die Akzeptanz der Technologie sei, die das gesamte Politikvorhaben rechtfertigen könnte. Auch die Tatsache, dass sich die RFID-Technologie nicht so schnell weiterentwickelt wie anfänglich angenommen, wird als Begründung dafür genutzt, dass insbesondere in dieser Anfangsphase weitere Anstrengungen unternommen werden müssten, um RFID-Anwendungen zu überwachen und die Rechte und Freiheiten des Einzelnen zu achten (EK 2009g: 47).

Darüber hinaus stellt die Kommission klar, dass die Rechte und Pflichten in Bezug auf den Schutz personenbezogener Daten aus den geltenden Datenschutzgesetzen der EU „uneingeschränkt für RFID-Anwendungen, in denen personenbezogene Daten verarbeitet werden", gelten. Sie unterscheidet RFID-Anwendungen danach, ob sie sich „auf die allgemeine Öffentlichkeit auswirken" (z. B. elektronische Fahrscheine im öffentlichen Verkehr) oder ob sie „den Einzelnen berühren" (z.B. biometrische Identifikationsdaten oder Gesundheitsdaten), und attestiert entsprechend schärfere Anforderungen an die Informationssicherheit und die Wahrung der Privatsphäre (EK 2009g: 49). In diesem Zusammenhang formuliert die Kommission auch einen vergleichsweise hohen Informationsanspruch, denn die „Gesellschaft als Ganzes muss sich der im Zusammenhang mit dem Einsatz von RFID-Anwendungen geltenden Rechte und Pflichten bewusst sein" (EK 2009g: 49). Dazu will die Kommission den Dialog und die Kooperation der Beteiligten fördern, denen sie außerdem die Verantwortung dafür zuweist, den Einzelnen Informationen über die Nutzung von RFID-Anwendungen zu geben.

Die Selbstverantwortung der Nutzer ist der Kern des RFID-Ordnungsrahmens, der durch die Definitionen und Gebote der Empfehlung etabliert wird und bei dem die Datenschutzaspekte im Vordergrund stehen. Durch dieses Politikvorhaben wird allerdings die Umsetzung der Datenschutzanforderungen zu einer Voraussetzung für die Einführung der Technologie in Europa gemacht. Besonders die Orientierungshilfen, die dazu dienen, Gestaltung und Betrieb von RFID-Anwendungen in einer gesellschaftlich wie politisch annehmbaren Weise zu ermöglichen, sind für die Anwender von RFID-Systemen notwendige Anforderungen, um von der Erwartungssicherheit des Ordnungsrahmens profitieren zu können. Diese inhaltlichen Anforderungen lassen sich in drei Aspekte aufteilen: Information, Prüfung und konkrete Umsetzungsvorgaben.

Angesichts der hohen Ansprüche an die gesellschaftliche Akzeptanz für die Technologie empfiehlt die Kommission (1) die Durchsetzung einer Reihe von Geboten für Information und Transparenz bzw. die Durchführung von Sensibilisierungsmaßnahmen. In Bezug auf die Informationsgebote trägt die Kommission ihrem Politik-Frame insofern Rechnung, als sie von den Betreibern von RFID-Anwendungen verlangt, dass „eine kurze, genaue und leicht verständliche Information" zur Verfügung gestellt wird und dass außerdem Einzelpersonen über die Präsenz von Lesegeräten informiert werden müssen. Dies soll erreicht werden durch ein europaweit einheitliches Zeichen, „das von den europäischen Normungsgremien mit Unterstützung der beteiligten Akteure" entwickelt werden soll und jeweils den Namen des Betreibers und eine Anlaufstelle für weitere Informationen über die Anwendung enthält (EK 2009g: 50). Dabei soll das Informationsgebot mindestens Informationen über „wahrscheinliche Risiken, die sich aus dem Einsatz von RFID-Tags in der Anwendung ergeben können, und Maßnahmen, die der Einzelne treffen kann, um diese Risiken zu mindern", umfassen (EK 2009g: 50). Die Akzeptanz der Technologie soll also dadurch erreicht werden, dass ein Bewusstsein für mögliche bzw. wahrscheinliche Risiken geschaffen wird. Darüber hinaus werden die Mitgliedstaaten aufgefordert, Sensibilisierungsmaßnahmen durchzuführen und die Einführung des Grundsatzes der eingebauten Sicherheit und Privatsphäre bei der Entwicklung von RFID-Anwendungen anzuregen.

Die Voraussetzung dafür, dass ein Betreiber über die Risiken einer bestimmten Anwendung informieren kann, ist (2) die Durchführung einer Datenschutzfolgeabschätzung (PIA[73]). Diese Prüfungen sind eine zentrale Säule des Selbstregulierungsrahmens für RFID und in der Empfehlung wird die Etablierung eines entsprechenden Verfahrens gefordert. Ziel ist es, dass die Mitgliedstaaten dafür Sorge tragen, dass Betreiber von RFID-Anwendungen zusätzlich zu ihren Verpflichtungen aus der Datenschutzgesetzgebung eine Abschätzung der Folgen des RFID-Einsatzes für den Schutz personenbezogener Daten durchführen und insbesondere klären, „ob die Anwendung zur Überwachung einer Person verwendet werden" kann – und zwar auch dann, wenn in der Anwendung eigentlich keine personenbezogenen Daten verarbeitet werden. Diese Folgenabschätzungen müssen spätestens sechs Wochen vor Einführung der Anwendung der zuständigen Behörde zur Verfügung gestellt werden, außerdem muss jeder Anwender eine verantwortliche Person oder Personengruppe benennen, die für die Durchführung der aufgrund der Datenschutzabschätzungen als notwendig erachteten technischen und organisatorischen Maßnahmen verantwortlich ist (EK 2009g: 50).

Interessant ist, dass die Kommission über die Mitgliedstaaten die Interessenträger auffordert, einen Rahmen für die Datenschutzfolgeabschätzungen aufzustellen. Denn „die Branche in Zusammenarbeit mit den jeweiligen Beteiligten aus der Zivilgesellschaft" soll diesen Rahmen aufstellen und innerhalb von 12 Monaten nach Veröffentlichung der Empfehlung der Art. 29-Gruppe der europäischen Datenschutzbeauftragten zur Prüfung vorlegen (EK 2009g: 50). Damit überträgt die Kommission den Betreibern nicht nur die Verantwortung, die Datenschutzfolgeabschätzung vor Einführung der Anwendung durchzuführen, sondern geht mit ihrem Selbstregulierungsansatz einen Schritt weiter und beauftragt die Industrie, selber die notwendigen Leitlinien zu erarbeiten.

Dieses Vorgehen trägt der Tatsache Rechnung, dass es bisher wenig konkrete Erfahrungen mit existierenden RFID-Anwendungen gibt. Zum anderen weist es auch darauf hin, dass sich in der Debatte eine Reihe zivilgesellschaftlicher Vertreter positioniert hat, die in die Entwicklung der Leitlinien einbezogen werden sollen. Insofern wird allerdings auch der Frame-Konflikt von der Regulierungs- auf die Selbstregulierungsebene zurückverlagert. Denn in jeder einzelnen Datenschutzfolgeabschätzung muss letztlich die Kernfrage beantwortet werden, inwiefern eineindeutige Daten als personenbezogenes Datum zu werten sind oder nicht. In dem Maß, in dem Kritiker und Befürworter zusammen an den notwen-

73 Die Abkürzung PIA steht für Privacy Impact Assessment.

digen Leitlinien arbeiten sollen, bietet der RFID-Frame damit einen Kontext, in dem der Frame-Konflikt im Detail ausgetragen werden kann.[74]

Der dritte Teil der Empfehlung bezieht sich dann konkret auf (3) spezifische Anforderungen an RFID-Anwendungen im Einzelhandel und geht insofern sowohl auf die Beiträge des EWSA als auch des Europäischen Datenschutzbeauftragten zurück. Zusätzlich zu der allgemein für den RFID-Einsatz geforderten Kennzeichnung von Lesegeräten wird für den Einzelhandel gefordert, Produkte zu kennzeichnen, die mit einem RFID-Transponder ausgestattet sind. Auch dazu sollen die europäischen Normungsgremien mit Unterstützung der beteiligten Akteure ein europaweit einheitliches Zeichen entwickeln, das „über die Präsenz von RFID-Tags informieren (soll), die an Produkten angebracht oder darin eingebettet sind" (EK 2009g: 50). Des Weiteren müssen Lieferanten, die RFID einsetzen, bei der Durchführung des PIA die Frage beantworten, „ob RFID-Tags, die an oder in Produkten angebracht sind, welche von Einzelhändlern, die nicht Betreiber dieser Anwendung sind, an Verbraucher verkauft werden, wahrscheinlich eine Bedrohung für die Privatsphäre oder den Schutz personenbezogener Daten darstellen" (EK 2009g: 51). Die Einzelhändler hingegen „sollten die in ihrer Anwendung genutzten RFID-Tags am Verkaufsort deaktivieren oder entfernen, es sei denn, die Verbraucher stimmen nach Aufklärung anhand der (...) genannten Informationen der weiteren Betriebsfähigkeit der RFID-Tags zu". Damit macht die Kommission das Opt-in-Prinzip zum Regelfall; allerdings können Händler auch das Opt-out-Prinzip anwenden, „wenn die Datenschutzfolgenabschätzung ergeben hat, dass die RFID-Tags, die in einer Einzelhandelsanwendung genutzt werden und nach Verlassen des Verkaufsorts betriebsfähig bleiben, wahrscheinlich keine Bedrohung für die Privatsphäre oder den Schutz personenbezogener Daten darstellen" (EK 2009g: 51). Damit konkretisiert die Kommission zum einen die Verantwortlichkeit für die Einführung von RFID-Transpondern in Produkten und macht zum anderen die Frage nach dem Opt-in/Opt-out von dem PIA und damit von der Selbstregulierung der Nutzer abhängig, wobei die Anforderungen „nur für Einzelhändler gelten, die auch Betreiber sind" (EK 2009g: 51).

Darüber hinaus definiert die Kommission den Begriff der Deaktivierung als jedes Verfahren, „durch das ohne aktive Beteiligung des Verbrauchers jede Wechselwirkung zwischen dem RFID-Tag und seiner Umgebung beendet wird".

74 Im Anschluss an die Veröffentlichung der Datenschutz-Empfehlung hat die Kommission eine informelle Expertengruppe etabliert, in deren Rahmen Vertreter der Industrie und der Zivilgesellschaft gemeinsam an der Formulierung des Rahmens für die Folgenabschätzung in Bezug auf den Datenschutz und die Wahrung der Privatsphäre bei RFID-Anwendungen gearbeitet haben. Der Rahmen wurde am 11.02.2011 von der Art. 29 Gruppe der europäischen Datenschutzbeauftragten gutgeheißen; vgl.: http://ec.europa.eu/information _society/policy/rfid/documents/pia-de.pdf, 05.05.2011.

Dabei soll die Deaktivierung oder Entfernung durch den Einzelhändler „sofort und für den Verbraucher kostenlos“ und überprüfbar erfolgen sowie die Rechtspflichten des Einzelhändlers oder Herstellers gegenüber dem Verbraucher keinesfalls verringern oder aufheben (EK 2009g: 51).

Nach einem dreijährigen Konsultationsprozess von 2006 bis 2009 auf EU-Ebene ist mit der Datenschutzempfehlung ein Ordnungsrahmen für den Einsatz von RFID etabliert worden, der zwar auf der Selbstregulierung der Nutzer beruht, aber dennoch besonders für den RFID-Einsatz im Handel detaillierte Vorgaben macht. Insofern stellt sich nun die Frage, wie sich die Entwicklung des RFID-Frames aus der Perspektive eines Interessenträgers aus dem Handel darstellt und welche Auswirkungen der Selbstregulierungsansatz der Kommission hat.

11.4 Die Entwicklung des Politik-Frames aus Sicht der Industrie

Nachdem wir im ersten Schritt die Genese des RFID-Frames auf Basis der öffentlich zugänglichen Quellen untersucht und dabei die Perspektive von Interessenträgern aus dem Kreis der RFID-Befürworter berücksichtigt haben, können wir jetzt einen Schritt weitergehen und den Blickwinkel eines spezifischen Interessenträgers einnehmen. Denn wir haben gesehen, dass die Kommission im Lauf des Konsultationsverfahrens den Datenschutz-Frame in den übergreifenden RFID-Frame integriert hat. Mit dem Ordnungsrahmen hat sie den Frame-Konflikt in die Eigenverantwortung der Nutzer übergeben, die nun ihre RFID-Anwendung auf Basis eines PIA dokumentieren und an die nationalen Datenschutzbehörden kommunizieren müssen.

Im nächsten Schritt können wir den politischen Diskurs über die RFID-Politik der Europäischen Union auf Basis der vertraulichen Gespräche sowie der Ergebnisse einer dreijährigen teilnehmenden Beobachtung als Industrievertreter aus der partikularen Perspektive eines europäischen Handelskonzerns, der zu den Nutzern der RFID-Technologie im Handel gehört, und aus der einer branchengestützten Standardisierungsorganisation, in der sowohl die technologischen als auch die Datenstandards für den Einsatz von RFID entwickelt und verwaltet werden, betrachten. Dazu untersuchen wir zunächst die Wahrnehmung des politischen Diskurses durch die Interessenträger, bevor wir anhand der Antworten auf die beiden von der Kommission 2006 und 2008 durchgeführten Online-Konsultationen den Zusammenhang zwischen den jeweiligen Interessen und den einzelnen Bestandteilen des Politikvorhabens exemplarisch darstellen. Abschließend können wir anhand der Bewertung des Ordnungsrahmens durch die Interessenträger auf den Einfluss schließen, den der etablierte RFID-Frame und vor allem dessen diskursive Formulierung auf die Positionierung gehabt haben.

11.4.1 Die Akteur-Frames der Interessenträger

Der Handelskonzern ist im Zusammenhang der politischen Debatte um RFID fest auf der Seite der Befürworter zu verorten, und zwar in der Gruppe der Nutzerunternehmen, die die Technologie zur Verbesserung ihrer Prozesse einsetzen möchten. Als selbsternannter Vorreiter beim Einsatz von RFID, der bereits seit 2003 die Technologie erprobt und sie seit Ende 2004 in ersten Prozessen operativ verwendet, ist der Händler von jeder europäischen Regulierung der Verwendung direkt betroffen, weil diese Auswirkungen haben kann auf die Rahmenbedingungen für die aktuelle und zukünftige Nutzung der Technologie in den eigenen Handelsprozessen.

Insofern lässt sich auch der Akteur-Frame der RFID-Nutzer im Einzelhandel beschreiben. Grundsätzlich stimmt der Akteur-Frame mit dem Wirtschafts-Frame überein, ist allerdings differenzierter. Die RFID-Technologie wird nicht an sich als Innovation wahrgenommen, sondern als innovatives technisches Hilfsmittel, um in den Prozessen des Handels mehr Transparenz zu erreichen. In erster Linie wird also die Verwendung von RFID mit indirekten Effizienzgewinnen in Verbindung gebracht, die dadurch entstehen, dass z.B. die Versorgungsketten im Handel besser kontrolliert werden können. In einem internen Positionspapier, mit dem die Führungskräfte über die Aktivitäten des Konzerns informiert werden, heißt es 2007 dazu, dass RFID in immer mehr Anwendungsbereichen zum Einsatz komme; man habe daher frühzeitig damit begonnen, diese innovative Technologie schrittweise entlang der gesamten Prozesskette einzusetzen. Die Vorteile lägen darin, dass Daten ohne Sichtkontakt übertragen und so ganze Paletten von Waren gleichzeitig erfasst werden können; damit würden die Abläufe beschleunigt, die Lagerbestände reduziert und die Kosten gesenkt. Durch die eineindeutige Identifizierung von Produkten durch elektronische Produktcodes (EPC) könnten in Zukunft außerdem dazugehörige Daten (Hersteller, Mindesthaltbarkeitsdaten etc.) in einer Datenbank hinterlegt werden, wodurch gegenüber dem bisher verwendeten Barcode eine Reihe von Vorteilen entstünde, etwa die genaue Rückverfolgbarkeit eines Produkts bis zum Hersteller, sodass sich eine noch bessere Qualitätssicherung durch Konsumgüterindustrie und Handel erreichen lasse. Man habe deshalb mit dem Einsatz der Technologie auf Paletten und Kartons begonnen, rechne aber erst in zehn bis fünfzehn Jahren mit einem flächendeckenden Einsatz von RFID auf Produktebene (DOC1 2007: 2)[75].

Der Handels-Frame betont die Automatisierung von Abläufen und die erwarteten Effizienzgewinne, die für die Gesprächspartner in erster Linie aus der Möglichkeit erwachsen, fehlerhafte Abläufe schneller und zeitnäher erkennen und

75 Vgl. dazu unten die Übersicht über die vertraulichen Quellen die vom Autor eingesehen werden konnten.

damit die Leistungsfähigkeit der Organisation insgesamt erhöhen zu können. Auf einen Nenner gebracht, spricht der verantwortliche Manager von dem Bestreben bzw. der Möglichkeit, mit Hilfe von RFID und den dadurch ermöglichten Automatisierungs- und Datenerfassungsvorteilen zur „richtigen Zeit die richtige Information zu haben"[76], um dann entsprechend Entscheidungen treffen zu können. Als Hilfsmittel für Automatisierungsgewinne kann RFID aus Sicht des Händlers als Treiber für die Wettbewerbsfähigkeit und letztlich das Wirtschaftswachstum in Europa gesehen werden. Weil es der Industrie dabei in erster Linie um die mit Hilfe der Technologie zu erzielenden Transparenzgewinne geht, wird die Einführung als Teil des in anderen Branchen bereits weiter fortgeschrittenen Trends zur Informationsökonomie gesehen. Gerade für den Handel ist RFID ein Schritt in diese neue Dimension der Informationsökonomie, die etwa bei der Produktionssteuerung in der Automobilindustrie bereits mit Hilfe von RFID erschlossen ist, wenn die Erfassung von Informationen über Warenbewegungen nicht mehr manuell, sondern weit günstiger durch RFID-Lesegeräte realisiert wird. Insofern ist RFID im Handel auch mit einem Modernisierungsimperativ verknüpft. Weil allerdings die Transparenzgewinne die Identifizierung von Fehlern und Unzulänglichkeiten ermöglichen, trifft die Einführung der Technologie in der Branche auch auf Widerstand, und das nicht nur wegen der etwaigen Auswirkungen der Automatisierung auf die Arbeitsplätze, sondern auch, weil durch die Erhöhung des Informationsniveaus bestehende Praktiken in Frage gestellt werden könnten.

Der Akteur-Frame der RFID-Standardisierungsorganisation umfasst ebenfalls den Handels-Frame, nicht zuletzt, weil die Organisation 2003 von Handels- und Konsumgüterunternehmen gegründet worden ist, um aus den vielversprechenden Forschungsergebnissen zu RFID eine einsetzbare Technologie zu entwickeln. Der Frame hängt aber auch von den beiden Kernaktivitäten ab; dazu gehören (1) die Entwicklung von Technologiestandards für Transponder und Lesegeräte, um die Interoperabilität in den internationalen Lieferketten und den Wettbewerb im Gerätemarkt sicherzustellen, und (2) die Definition und Verwaltung von Datenstandards, mit denen die weltweite Eineindeutigkeit der elektronischen Produktcodes gewährleistet wird. Insofern umfasst der Frame des Branchenverbands nicht nur die Akteur-Frames der Nutzerunternehmen aus unterschiedlichen Wirtschaftsbereichen (Industrie, Gesundheitssysteme, Nahverkehr, Transportwesen etc.), sondern auch die der Technologiehersteller. Darüber hinaus ist die Organisation grundsätzlich daran interessiert, weltweit mit Hilfe des EPC Transparenzgewinne zu ermöglichen und auf dieser Informationsbasis durch die Auswertung von RFID-Daten neue Anwendungen zu etablieren.

76 Leitfadeninterview vom 25.06.2010.

Sowohl der Handels- als auch der Branchenverbands-Frame sind also Konkretisierungen des allgemeinen Wirtschafts-Frames und basieren direkt auf der zusätzlichen Transparenz durch die Kombination RFID-gestützter Datenübertragung mit eineindeutigen Produktcodes und der Verarbeitung der so gewonnenen Daten in Computersystemen. Es wird also deutlich, dass der Schritt hin zur Wahrnehmung dieser Anwendungen als Überwachungsszenario über das Vertrauen bzw. Misstrauen bezüglich der Intentionen der Betreiber führt.

11.4.2 Der politische Diskurs aus Sicht der Interessenträger

Aus der Perspektive des Handelskonzerns bildet die öffentliche Debatte um RFID, die bereits 2004 sowohl in den USA als auch in Europa, hauptsächlich in Deutschland, mit einigen kritischen Medienbeiträgen aufgeflammt war, den Ausgangspunkt für den politischen Diskurs, der sich in der EU ab 2006 erst relativ spät entwickelte. Als Vorreiter der RFID-Nutzung war man sich darüber bewusst, dass die Debatte um RFID seit 2004/05 an Breite gewonnen hatte und dass Medien und Öffentlichkeit ein stetig wachsendes Interesse zeigten, wobei immer häufiger Datenschutzbedenken gegenüber der Technologie geäußert wurden. Vor allem, weil man bereits bei den ersten Pilotversuchen 2003/04 Ziel der Proteste der RFID-Gegner geworden war, wurde die Veröffentlichung der Streitschrift „*Spychips*“ 2005 mit Sorge betrachtet, weil mit der Autorin eine erklärte Gegnerin der Technologie in die Öffentlichkeit drängte, während sich in zunehmendem Maß auch politische Entscheidungsträger in Deutschland und in der Europäischen Union mit dem Thema befassten (Albrecht und McIntyre 2005). Als dann 2006 die angekündigte Verwendung von RFID in den Eintrittskarten für die Spiele der Fußball-Weltmeisterschaft den Gegnern eine Gelegenheit bot, die negative Aufmerksamkeit zu erhöhen[77], war man auf Seiten der Industrie frühzeitig für die kritische Wahrnehmung der Technologie in Teilen der Gesellschaft sensibilisiert.

Dementsprechend wurde an der Beschäftigung der Kommission mit RFID geschätzt, dass der Diskurs trotz eines starken datenschutzkritischen Moments zu Beginn noch ergebnisoffen geführt wurde. Zwar hatte die Kommission 2006 schon die Möglichkeit einer spezifischen RFID-Regulierung thematisiert, dennoch war zunächst ein Konsultationsprozess eingeleitet worden, der auch die Interessen der Industrie berücksichtigte. Dabei wurde das Entstehen des politischen Diskurses in der EU auf Seiten der Interessenträger durchaus auch als Folge des eigenen Handelns begriffen, wobei dafür zwei parallel zueinander verlaufende

77 Vgl. dazu die Aktivitäten des FoeBuD e.V. unter: http://www.foebud.org/rfid/wm-tickets-absurd und http://www.stoprfid.de/en/fwm2006.html, 05.05.2011.

Prozesse als ursächlich gesehen wurden, die in einer Art Wechselwirkung die Basis für den politischen Diskurs gelegt hatten.

Zum einen war die Industrie selber daran interessiert, eine positive Sicht auf die RFID-Technologie zu schaffen, und hatte schon in den Jahren 2003/04 gezielt das Thema in der Öffentlichkeit platziert, um die notwendige Unterstützung für die Einführung zu generieren. In dieser Phase, die von den Beteiligten in der Retrospektive als Hype bezeichnet wird, waren die Vorteile für den Kunden in den Vordergrund gerückt worden, um mit Hilfe einfach nachvollziehbarer Informationen das komplexe Thema RFID einem größeren Publikum und nicht zuletzt auch der Politik vorstellen zu können. Dabei wurden Konzepte zur Nutzung von RFID auf Ebene der einzelnen Produkte kommuniziert, die weniger mit den erwarteten Zeithorizonten korrespondierten, dafür aber eine nachhaltige Wirkung auf den Diskurs haben sollten.

Ein Beispiel dafür ist der so genannte „intelligente Kühlschrank". Unter dieser Bezeichnung wurde die Möglichkeit verstanden, dass ein Kühlschrank mit Hilfe der RFID-Transponder Informationen über die in ihm gelagerten Produkte sammeln und automatisch z.B. auf Verfallsdaten oder die Notwendigkeit, einkaufen zu gehen, reagieren kann. Dahinter steht die Vorstellung, dass RFID-Transponder auch auf Einzelprodukten eingesetzt werden und ein Lesegerät im Kühlschrank mit Hilfe von Radiowellen messen könnte, welche Produkte vorhanden sind. Ein eingebauter Computer könnte dann die Information entsprechend verarbeiten und Rezeptvorschläge machen bzw. mit einem Internetanschluss auch entsprechende Bestellungen absenden. In der Debatte sollte so die Vorstellung etabliert werden, dass die Automatisierungsvorteile der Technologie den Kunden zugute kommen. Dass dieser RFID-Einsatz-Frame erfolgreich in der Debatte etabliert wurde, zeigt sich auch daran, dass RFID-Transponder auf Einzelprodukten zu einem wichtigen Anknüpfungspunkt für den Datenschutz-Frame geworden sind (EWSA 2007: 66f; Datenschutzbeauftragter 2008: 3; EK 2009g: 47).

Um das Thema RFID einem breiteren Kreis von Interessenträgern bekannt zu machen, wurde also gezielt daran gearbeitet, die Vorteile der Technologie zu präsentieren. Für das Ziel, die Deutungshoheit über die zu erwartenden Vorteile der Technologie zu erringen, gab es für den Handelskonzern einen konkreten Anlass. Denn für die Einführung von RFID im Handel ist es aus kommerzieller Sicht von herausragender Bedeutung, dass nicht nur die Händler die Technologie einführen, sondern dass vor allem die Lieferanten die Transponder auf den Produkten bereits in der Produktionsstätte anbringen, sodass sie im Verlauf der Lieferkette gelesen werden können und so Transparenzgewinne ermöglichen. Weil damit die laufenden Kosten für den Betrieb des RFID-Systems auch auf die Schultern der Lieferanten gelegt werden und sich die Investitionen in die Infrastruktur für den Händler nur lohnen, wenn viele Lieferanten die Technologie nutzen, ging es dem Handelskonzern darum, durch eine positive Wahrnehmung der Technologie einen Handlungsdruck auf ihre eigenen Zulieferer zu schaffen.

Aus dem gleichen Grund war man zum anderen daran interessiert, das Thema mit politischer Unterstützung auszustatten. Allerdings wurde die politische Unterstützung auch als notwendig erachtet, um die Standardisierungsaktivitäten auf eine branchenweite Richtung zu konsolidieren. Ziel war es, die grundsätzliche Entwicklung der Technologie aus den frühen Forschungsstadien hin zu einer masseneinsatztauglichen Anwendung in die richtigen Bahnen zu leiten, um die Interoperabilität der Systeme langfristig sicherzustellen. Dazu waren neben einer adäquaten Forschungspolitik auch die Einigung auf die Modalitäten der Frequenznutzung und der Zugang zu den entsprechenden Frequenzen Felder, auf denen man auf die Unterstützung der Politik angewiesen war. Daher wurden in den Anfragen an die Politik nicht nur die möglichen Effizienzvorteile für die Unternehmen in den Vordergrund gerückt, sondern diese mit Wirtschaftsförderungsaspekten verbunden, um die Unterstützung politischer Entscheidungsträger zu erreichen. Die Botschaften zu RFID wurden also an den bestehenden Frame-Kontext angepasst, um die Politikdesigner für RFID zu interessieren. Mit diesen Bestrebungen einher gingen flankierende PR-Aktivitäten, um das Thema RFID in den Medien zu platzieren und den notwendigen Bekanntheitsgrad zu erreichen. Insofern hat die Industrie also selber daran gearbeitet, das Thema RFID mit Hilfe einfach nachvollziehbarer Erklärungen in die Öffentlichkeit zu bringen.

Der politische Diskurs und die veröffentlichte Meinung über RFID waren somit grundlegende Rahmenbedingungen für die erfolgreiche Einführung der Technologie im Handel. Vor allem die PR-Maßnahmen in Bezug auf die Deutungshoheit in den Medien wurden als notwendiges Gegengewicht zu den kritischen Medienberichten gesehen, die vor allem die angeblich verdeckte Einführung der Technologie und die damit verbundenen Datenschutzgefahren thematisierten, wenn man die Unterstützung der Politik gewinnen wollte. Rückblickend zieht einer der Gesprächspartner daraus den Schluss, dass die Industrie „die Geister, die wir gerufen haben, jetzt nicht mehr loswerden“.[78] Zwar habe man die Ziele, die man mit der öffentlichen Thematisierung erreichen wollte, nämlich die Schaffung einheitlicher Standards, den Zugang zu den notwendigen Frequenzen, aber auch die Entwicklung einer starken Forschungslandschaft, mittlerweile erreicht. Die Debatte um die Datenschutzthemen sei aber vor allem deswegen noch nicht abschließend gelöst, weil RFID übergeordnete Datenschutzinteressen berühre, deren Ursprung in einer grundsätzlichen Kritik an der technologischen Weiterentwicklung unserer Gesellschaft liege. Die RFID-Technologie sei im po-

78 Leitfadeninterview vom 25.06.2010.

litischen Diskurs sukzessive in einem Kontext thematisiert worden, der weit über die Bedeutung des Einsatzes der Technologie im Handel hinausgehe.

Zur Begründung werden drei Aspekte genannt. Zum einen gäbe es gegenüber der Einführung neuer Technologien immer Bedenken, und Politiker könnten sich einfacher damit profilieren, dass man Bedenken Rechnung trägt, als damit, neue Entwicklungen, die zudem noch nicht unmittelbar durch den Bürger erfahrbar sind, zu unterstützen. Zum anderen werde in der öffentlichen Debatte das eigentliche Anliegen, Prozesse transparent zu machen, sehr schnell mit dem Vorwurf konfrontiert, dass damit auch illegal Personen überwacht würden, was so nicht zutreffend sei. Demzufolge wird in der Thematisierung der Verwendung von RFID auf Einzelprodukten ein Grund dafür gesehen, dass sich um die Einführung der Technologie, gerade im Einzelhandel, eine Datenschutzdebatte entwickelt hat. Drittens biete die RFID-Technologie, gerade weil sie durch die Einführung im Handel als ein zukünftig alltägliches Phänomen, das in jedem Haushalt vorkommen könne, diskutiert würde, einen lohnenswerten Debattengegenstand, wenn es Akteuren darum gehe, bestimmte politische Ziele in Bezug auf die Verschärfung der allgemeinen Datenschutzregelungen zu verfolgen. Insofern habe RFID den Nachteil, dass die Verbraucher heute eben noch keine direkten Vorteile durch den RFID-Einsatz erfahren könnten, weil sie ein relativ leicht zu kritisierendes Phänomen darstellten, an dem sich ein datenschutzrechliches Exempel statuieren lasse.

Aus Sicht der RFID-Interessenträger ist also das Thema im politischen Diskurs in einen neuen Kontext gestellt worden, der nur bedingt mit den tatsächlichen Einsatzszenarien im Einzelhandel zu tun hat. Gleichzeitig muss aber auch attestiert werden, dass gerade die anfängliche Verwendung von RFID und die Thematisierung mit Bezug auf die Ausstattung von Einzelprodukten zumindest einen Beitrag dazu geleistet haben, dass die Aufmerksamkeit von Datenschützern schon frühzeitig auf die Entwicklung der Technologie in diesem Sektor gelenkt wurde. Denn durch die erfolgreichen Vermarktungsaktivitäten während des Hypes ist tatsächlich eine Sicht auf RFID entstanden, die die Bedeutung der Technologie für die Allgemeinheit unterstrich und damit auch die Grundlage dafür war, dass die Politikdesigner gerade wegen der datenschutzrechtlichen Fragen eine Handlungsgelegenheit sahen.

Das Zusammenspiel der Thematisierung der Technologie durch die Industrie und der gezielten Kritik der Gegner ist daher die Basis, auf der sich der Frame-Konflikt im politischen Diskurs entwickelt hat. Dabei hat die datenschutzorientierte Debatte auf Seiten der Industrie auch zu einem Lernprozess und zu einer Sensibilisierung in Bezug auf die Datenschutzrelevanz des eigenen Tuns geführt. Denn gerade im Handel ist die Kombination von medialer Kritik und der inhärenten Abhängigkeit von der Kundenakzeptanz, wenn es darum geht, neue Technologien einzuführen, ein potenter Katalysator.

11.4.3 Die Akteurkonstellation aus Sicht des Akteurs

Aus der Perspektive der Interessenträger ist der politische Diskurs ein Spiegel der (ver)öffentlichten Wahrnehmung, dessen Bedeutung dadurch erhöht wird, dass die Politikdesigner durch Regulierungen direkt Einfluss nehmen können auf die Rahmenbedingungen für die Einführung von RFID. Entsprechend nehmen die Interessenträger auch ihr Umfeld, d.h. die anderen an der politischen Debatte partizipierenden Akteure wahr, wobei die Akteurkonstellation sowohl auf der Seite der Befürworter als auch auf der Seite der Kritiker differenziert betrachtet wird.

Auf der Seite der Kritiker wird den Datenschützern die entscheidende Rolle zugesprochen, weil diese Akteure z.T. eine eigene politische Agenda verfolgen und RFID nutzen, um diese Agenda voranzutreiben, solange die Vorteile noch nicht für eine große Anzahl von Menschen erkennbar sind. Die Bedeutung der Datenschützer wird auch dadurch erhöht, dass vor allem in Deutschland die Datenschutzbeauftragten in den Unternehmen vor der Einführung neuer Technologien datenschutzrechtliche Vorabkontrollen durchführen.[79] Insofern hat der Diskurs der Datenschutzseite über die Technologie direkte Rückwirkungen auf die Einführung von RFID im Handel, nämlich immer dann, wenn der Datenschutzbeauftragte auf detaillierte, von den Kritikern ausgearbeitete Hintergrundinformationen zurückgreifen kann, die dem zuständigen Entscheider auf Seiten des Unternehmens möglicherweise nicht zur Verfügung stehen. Der Frame-Konflikt kann dann auch innerhalb des Unternehmens zu Fragen und Bedenken führen, die als Hindernis für die Einführung der Technologie wahrgenommen werden können. Die betrieblichen Datenschutzbeauftragten und die Datenschutzbehörden werden daher als entscheidende Gesprächspartner in der politischen Debatte wahrgenommen.

Zur Kritiker-Seite werden auch die dezidierten Gegner der RFID-Technologie gerechnet, die die Einführung grundsätzlich ablehnen, weil sie der Tendenz zur

79 Die Anforderung zur Durchführung von datenschutzrechtlichen Vorabkontrollen basiert auf § 4d Abs. 5 des Bundesdatenschutzgesetzes, wo es heißt: „Soweit automatisierte Verarbeitungen besondere Risiken für die Rechte und Freiheiten der Betroffenen aufweisen, unterliegen sie der Prüfung vor Beginn der Verarbeitung (Vorabkontrolle). Eine Vorabkontrolle ist insbesondere durchzuführen, wenn 1. besondere Arten personenbezogener Daten (§ 3 Abs. 9) verarbeitet werden oder; 2. die Verarbeitung personenbezogener Daten dazu bestimmt ist, die Persönlichkeit des Betroffenen zu bewerten einschließlich seiner Fähigkeiten, seiner Leistung oder seines Verhaltens, es sei denn, dass eine gesetzliche Verpflichtung oder eine Einwilligung des Betroffenen vorliegt oder die Erhebung, Verarbeitung oder Nutzung für die Begründung, Durchführung oder Beendigung eines rechtsgeschäftlichen oder rechtsgeschäftsähnlichen Schuldverhältnisses mit dem Betroffenen erforderlich ist." Für die Unternehmen sind die Vorabkontrollen deshalb von Bedeutung, weil man sich durch eine Nichtdurchführung öffentlich angreifbar macht.

Überwachung der Menschen entspreche. Im Gegensatz zur Industrie, die in der Einführung von RFID im Handel Vorteile für den Einzelnen sieht, stellt die Technologie für die Gegner einen weiteren Baustein hin zu einem totalen Überwachungsszenario dar. Auf der Basis der bisherigen Erfahrungen im direkten Kontakt mit den Protagonisten werden diese Gegner als nicht gesprächsbereit wahrgenommen, allerdings wurde die Position der Gegner von vielen Akteuren im politischen Diskurs zumindest anfänglich oft geteilt.

Während die Gegner im Meinungsspektrum die Extremposition auf Seiten der Kritiker einnehmen, vertreten die Technologiehersteller diese häufig auf der Befürworterseite. Sie seien bereit, jede mögliche Vision und jeden technisch möglichen Anwendungsfall von RFID in Erwägung zu ziehen, und seien dabei wenig in Bezug auf die Akzeptanz der Technologie sensibilisiert. Das vom EWSA zitierte Anwendungsszenario aus der Patentanmeldung der Firma IBM kann hier als Beispiel gelten. Als Hersteller würden diese Akteure von der Einführung der Technologie in jedem Fall profitieren, unabhängig von den Anwendungsszenarien. Darüber hinaus würden die Hersteller ggf. auch von aufwändigen Sicherheitsmechanismen, die aufgrund von Datenschutzregeln eingeführt werden müssten, profitieren, da sie auch mit Anwendungen zur Gewährleistung der Sicherheit und Privatsphäre Umsätze erzielen könnten. Insofern werden diese Unternehmen zwar als wichtige Partner bei der Einführung von RFID betrachtet, im politischen Diskurs allerdings stellen die Meinungsverschiedenheiten in Bezug auf die Notwendigkeit technischer Sicherheitsmaßnahmen eine Sollbruchstelle in der Interessenkoalition dar.

Zwischen den Extrempolen der Debatte wird eine Reihe moderaterer Diskursteilnehmer identifiziert, zu denen sich auch der Handelskonzern zählt, weil man nach eigenem Bekunden die Bedenken gegenüber der Technologie ernst nimmt, da ihre Einführung von ihrer Akzeptanz abhänge. In dieser Hinsicht werden auch die Verbraucherschützer als tendenziell moderate Akteure wahrgenommen, die zwar die möglichen Datenschutzgefährdungen durch RFID anerkennen und thematisieren, die aber im Verlauf des Diskurses zunehmend die Vorteile für den Verbraucher akzeptiert hätten. Insofern könne man sich mit diesen Akteuren auch auf die Bedingungen für die Einführung von RFID einigen, sofern einzelne Protagonisten nicht die Intentionen der Industrie grundsätzlich in Frage stellten oder in erster Linie datenschutzrechtliche Interessen verträten.

Im Meinungsspektrum ähnlich positioniert werden auch Gewerkschaftsvertreter wahrgenommen, die ebenfalls originäre Eigeninteressen insofern vertreten, als Automatisierungsgewinne und Effizienzsteigerungen immer Auswirkungen auf die Arbeitsplätze in den entsprechenden Unternehmen haben können. Aus diesem Grund hätten diese Interessenträger vor allem ein Interesse daran, dass ihre Positionen in der Debatte gehört würden und die Einführung der Technologie die entsprechenden Bedingungen berücksichtige (vgl. dazu z.B. International Labour Organization 2006).[80]

Aus Sicht der RFID-Nutzer gibt es darüber hinaus noch eine dritte Gruppe von Akteuren, die aus den europäischen Standardisierungsorganisationen stammen. Deren Relevanz bzw. ihr Interesse am politischen Diskurs hängt direkt zusammen mit der Möglichkeit, durch die Entwicklung von RFID-Standards dem eigenen Akteur-Frame entsprechen zu können. In dem Maß, in dem für Aspekte wie Datenschutz neue Standards benötigt werden, werden Standardisierungsorganisationen als Akteure wahrgenommen, die an der Schaffung neuer Regelungen interessiert sind.

In den Leitfadeninterviews werden die Diskursteilnehmer als Akteure wahrgenommen, die aus ihren jeweils unterschiedlichen Frames heraus die RFID-Technologie und ihre Bedeutung wahrnehmen und an der Debatte partizipieren. Demgegenüber spielt die Europäische Kommission aus Sicht der Interessenträger eine hervorgehobene Rolle, weil sie als Politikdesigner letztlich darüber entscheidet, inwiefern RFID in Europa reguliert wird und welche Auswirkungen eine entsprechende Regulierung auf die Einsatzszenarien hat. Insofern wird die Kommission aus Sicht der Industrie als Moderator wahrgenommen, der die Debatte zwischen den verschiedenen Akteuren initiiert und damit auch den Dialog zwischen den Akteuren maßgeblich fördert.

Im Gegensatz zur eigenen Perspektive, bei der der wirtschaftliche Nutzen der RFID-Technologie im Vordergrund steht, wird die Kommission allerdings als Akteur wahrgenommen, bei dem von Anfang an die gesellschaftlichen Auswirkungen der Einführung der Technologie stärker im Vordergrund des Interesses gestanden haben. Als ursächlich dafür wird zum einen die Tatsache gesehen, dass die Art. 29-Gruppe der europäischen Datenschützer bereits 2005 in ihrem Arbeitspapier auf die möglichen Datenschutzgefahren von RFID hingewiesen habe; zum anderen wird vermutet, dass die Kommission angesichts der hohen Priorisierung des Datenschutzes in der Grundrechtscharta aus politischen Gründen eine Datenschutzperspektive anlegen musste. Folglich wird die Kommission als Politikdesigner wahrgenommen, der bei der Beschäftigung mit RFID immer auch die Datenschutzaspekte mit einbezieht, während sich in den Mitgliedstaaten häufig eine stärkere Trennung der Beschäftigung findet, wenn sich z.B. die Wirtschaftsministerien eher mit den wirtschaftlichen Auswirkungen und die Datenschutzbehörden mit den Datenschutzaspekten befassen. Die Debatte um RFID auf europäischer Ebene wird in dieser Hinsicht als abstrakter und damit weiter

80 Vgl. dazu auch die Aktivitäten der International Labour Organisation, unter: http://www.ilo.org/global/about-the-ilo/press-and-media-centre/press-releases/WCMS _071470/lang--en/index.htm, 05.05.2011.

entfernt von der Praxis der RFID-Einführung wahrgenommen, als dies z.B. in Deutschland der Fall sei.

Dabei wird deutlich, dass die Interessenträger auf Seiten des Einzelhandels eine relativ komplexe Akteurkonstellation wahrnehmen, in der jeder Akteur mit seinen Debattenbeiträgen die Möglichkeit hat, das öffentliche Bild der RFID-Technologie zu beeinflussen und damit letztlich in Konkurrenz zu den eigenen Interessenvermittlungsaktivitäten zu treten. Hervorgehoben wird in diesem Zusammenhang die Wechselwirkung zwischen der Thematisierung von RFID als „neuer“ Datenschutzgefährdung in den Medien und der politischen und damit öffentlichen Priorisierung des Grundrechtsschutzes als einer direkten Konsequenz, die in unzähligen Hintergrundgesprächen mit politischen Entscheidungsträgern immer wieder durch Aussagen bestätigt worden ist. Dies zeigt, dass die Medien nicht nur den Handlungsdruck erhöhen, sondern auch die thematischen Grenzen einer Debatte mitbestimmen.[81]

11.4.4 Die Handlungsmotivation der Interessenträger

Gerade weil der politische Diskurs aus der Perspektive der Interessenträger ein Spiegel der veröffentlichten Meinung ist, können wir aus Sicht des Handelskonzerns die Frage beantworten, aus welcher Motivation sich der Interessenträger an einem politischen Diskurs beteiligt, der in zunehmendem Maß durch Themen dominiert wird, die nicht im eigentlichen Interesse des Akteurs liegen, und welche Voraussetzungen notwendig sind, um darin zum Erfolg zu kommen. Insofern ist das Beispiel RFID sehr interessant, weil das Thema zwar durch die Industrie selbst angesprochen wurde, dies aber auch als vorbeugende Maßnahme gesehen werden kann, wenn man in Betracht zieht, dass bereits vor dem Start der europäischen Debatte kritische Medienberichte und Stellungnahmen der Datenschutzbehörden über die Technologie existierten.

Demzufolge sah sich die Industrie in einer Situation, in der für die Einführung der Technologie geworben werden sollte, gezwungen, das Thema aus der eigenen Perspektive in den politischen Diskurs einzubringen. Dazu wurde mit unterschiedlichen Dialogangeboten an die politischen Entscheidungsträger versucht, möglichst anschaulich zu vermitteln, wie die Technologie zukünftig im Handel eingesetzt werden kann. Zur Untermauerung dieser Argumentation wurden Studien angefertigt, die die Entwicklung der Technologie von den Anfangsstadien bis zu den letztlich erwarteten Vorteilen nachzeichneten.[82] Ziel war es, im Dialog mit der Politik ein positives Umfeld für die Technologie zu schaffen, dabei ei-

81 Leitfadeninterview vom 06.07.2010.
82 Vgl. dazu z.B. die Webseite: http://www.discoverrfid.org/, 05.05.2011.

nerseits die eigenen Ziele in Bezug auf die Standardisierung und die notwendigen Frequenzen zu erreichen und andererseits das Thema RFID aus einer positiven wirtschaftsförderungs- und wettbewerbsorientierten Sichtweise in den politischen Diskurs einzubringen. Als eines der wichtigsten Mittel, um einen solchen Dialog zu führen, wird dabei die Zurverfügungstellung von Ansprechpartnern gesehen.

So schufen die Befürworter der Technologie in Deutschland mit der Gründung des Informationsforum RFID e.V. nach eigenem Bekunden eine „Plattform für den offenen Dialog zwischen Politik, Wirtschaft und Gesellschaft" und verfolgten damit das Ziel, RFID als „wichtige Antriebsfeder für Innovation und Wachstum" im Diskurs zu platzieren (Informationsforum RFID 2009: 5). Durch die Zusammenarbeit unterschiedlicher Unternehmen wollte man das übergreifende Interesse an der Einführung von RFID demonstrieren und einen der Politik zugewandten neutralen Ansprechpartner positionieren, durch den Informationen über RFID an die Politik vermittelt werden konnten und der gleichzeitig für Informationsanfragen von politischen Akteuren zur Verfügung stand.

Gerade weil die Vermittlung des Befürworter-Frames an die Politik Ressourcen erfordert, mit denen man den Dialog mit der Politik führen kann, wurden diese Aktivitäten gebündelt und in räumlicher Nähe zu den Politikdesignern, d.h. in Berlin und Brüssel, positioniert. Außerdem wurden für die Aktivitäten Experten beauftragt, die mit ihren Kenntnissen in Bezug auf die richtigen Ansprechpartner und das richtige Timing für die Vermittlung von Informationen dafür sorgen sollten, dass wichtige Entscheidungsträger zur richtigen Zeit mit den notwendigen Informationen über RFID versorgt wurden. Das übergeordnete Ziel bestand darin, Netzwerke von interessierten Diskursteilnehmern und Politikdesignern zu schaffen, die zusammen im politischen Diskurs ein positives Umfeld für die Technologie etablieren können. Eine der wichtigsten Aufgaben der dazu beauftragten professionellen Interessenvermittler war, als Sprecher auf politischen Veranstaltungen die Interessen der beteiligten Unternehmen zu vertreten oder selber entsprechende Dialogforen zu organisieren.[83] In diesem Zusammenhang wurde es als notwendig erachtet, den Dialogaufforderungen der Europäischen Kommission zu folgen und im Rahmen der Workshops, Konferenzen und öffentlichen Konsultationsverfahren an dem Dialog teilzunehmen. Ziel war es, durch die konstruktive Mitarbeit im politischen Diskurs zu einem vertrauensvollen Ansprechpartner des Politikdesigners zu werden und somit die Möglichkeit zu haben, die eigenen Positionen vermitteln zu können.

83 Vgl. dazu den Bericht zum 5-jährigen Bestehen des Informationsforum RFID e.V. unter: http://www.info-rfid.de/info-rfid/content/e791/e792/download793/jahresbericht_2009_ger.pdf, 05.05.2011.

Es wird also deutlich, dass der Handelskonzern den spezifischen Akteur-Frame in Bezug auf die RFID-Technologie in den Dialog einbringen musste, um im politischen Diskurs ein ausreichendes Gegengewicht zu schaffen, damit sich die dortigen Politikdesigner nicht ausschließlich auf die Datenschutzaspekte konzentrieren würden. Damit steht der Interessenträger vor der Aufgabe, eine Reihe von Politikdesignern, die noch nicht mit der Technologie in Berührung gekommen sind, über diese zu informieren und mit Hilfe des Wirtschafts-Frames ein Bewusstsein für die Bedeutung dieser Innovation zu schaffen. Selbst wenn die wichtigsten Politikdesigner bereits eine Vorstellung von der Relevanz eines Themas haben, können trotzdem noch weitere Akteure im politischen System aktiviert werden, um einen alternativen Frame in der Debatte zu vertreten.

Insofern haben sich die Befürworter nicht nur als Ansprechpartner für die wirtschaftsorientierte Perspektive auf die Technologie, sondern als konstruktive Gesprächspartner für die Politikdesigner positioniert, weil die Sicht der Kritiker in die eigenen Stellungnahmen mit einbezogen werden muss. Dafür war es notwendig, zunächst die politischen Motivationen der potenziellen Adressaten zu analysieren und auf Basis einer solchen Analyse die politischen Botschaften zugunsten von RFID anzupassen und zu vermitteln. Dabei reichte es allerdings nicht aus, nur den reinen Handelsrahmen aus der Praxis zu vermitteln, sondern es war notwendig, ein nuanciertes Bild zu vermitteln. Dem politischen Akteur musste man bereits von Beginn an signalisieren, dass es zum Thema RFID bestimmte Kritikpunkte gibt, die vorgebracht werden, wenn sich der Politiker entsprechend des Handels-Frames zu dem Thema äußert.[84]

Den Interessenträgern geht es im politischen Diskurs also darum, das Thema mit den Interessen weiterer Akteure zu verknüpfen und damit eine öffentliche Unterstützung politischer Entscheidungsträger für die Technologie zu erreichen. Dazu müssen dem jeweiligen Ansprechpartner immer entsprechende Gegenargumentationen zu den Kritikpunkten der Gegner zur Verfügung gestellt werden. Der Akteur-Frame wird also nicht nur an den mehr oder weniger ausdifferenzierten Politik-Frame angepasst, sondern in der dazu gehörigen Botschaft werden auch die Frames der Gegner antizipiert und mit entsprechenden Gegenargumenten bedacht. Ziel ist es, den Ansprechpartner in die Lage zu versetzen, im politischen Diskurs die Perspektive der Industrie aufzunehmen und in Debatten mit den Gegnern deren Argumente entkräften zu können. Insofern gehört es zum Handwerkszeug der Interessenträger, dass man bei der Vermittlung politischer Botschaften mögliche Kritikpunkte antizipiert und dem Politikdesigner spezifische Lösungen anbietet. Die vertrauensvolle Zusammenarbeit, die angestrebt wird, um die eigenen Vorstellungen zu einem Thema an den Politikdesigner zu

84 Leitfadeninterview vom 06.07.2010.

vermitteln, basiert also immer auch darauf, dass der Interessenträger dessen Verantwortlichkeit für den Diskurs und für die Ausbalancierung der verschiedenen Akteurinteressen anerkennt und gleichsam nicht nur die eigene Position vermittelt, sondern dem Designer auch in Bezug auf dessen Rolle eine Hilfestellung zugute kommen lässt.

Gerade in Bezug auf die RFID-Technologie war dieses Vorgehen für die Interessenträger aus dem Handel von hoher Relevanz, da sich bereits früh gezeigt hatte, dass die Debatten über RFID nicht notwendigerweise mit der Realität der geplanten Einsatzszenarien übereinstimmen. Insofern können wir im Lauf der Debatte auf Seiten der Befürworter eine Lernprozess festzustellen. Denn zu Beginn der Debatten war das Ziel jegliche technologiespezifische Regulierung von RFID zu verhindern und dazu auf die Anwendbarkeit der europäischen Datenschutzgesetzgebung zu verweisen. Im Laufe der Debatte wuchs aber die Überzeugung, dass die Verhinderung jeglicher Regulierung für RFID kein konstruktives Ziel mehr darstellt und dass man stattdessen strategisch eher darauf setzen sollte, die Art und Weise, wie RFID reguliert wird, selbst in die Hand zu nehmen. Aus dem Verlauf des politischen Diskurses ergab sich für die Industrie letztlich eine Situation, in der ihre Interessen mit denen des Politikdesigners insofern übereinstimmten, als beide Akteure ein Interesse hatten, die Debatte mit einer Selbstregulierung als kleinstem gemeinsamen Nenner zu beenden.

Wie sich diese Entwicklung vollzog, lässt sich an den beiden öffentlichen Konsultationsverfahren erkennen, die die europäische Kommission 2006 und 2008 durchführte. Sowohl der Handelskonzern als auch die Standardisierungsorganisationen haben sich auf diesem Weg am politischen Diskurs über RFID auf EU-Ebene beteiligt. In den jeweiligen Antworten können wir Beispiele dafür untersuchen, wie sich die Unterschiede in den Akteur-Frames der beiden Interessenträger auswirken und wie sich der Diskurs im Lauf der Zeit auf die Kernfrage *Opt-in/Opt-out* als Gegenstand der Interessenvermittlung zugespitzt hat. Dass es sich dabei um einen Lernprozess handelt der sich auch auf die Akteur-Frames der Industrieakteur ausgewirkt hat, können wir vor allem daran festmachen, dass im Rahmen der Standardisierungsorganisationen auch Industrievertreter aus den USA der Positionierung zu stimmen müssen. Denn in deren Ausgangsposition zu Beginn des politischen Diskurses in Europa wurde die Notwendigkeit bestritten zur Sicherstellung des Verbrauchervertrauens eine grundsätzlich Anwendbarkeit der europäischen Datenschutzgesetzgebung anzuerkennen.

11.5 Der Dialog mit den Politikdesignern

Sowohl der Handelskonzern als auch der Branchenverband haben sich seit Beginn des von der Europäischen Kommission im Frühjahr 2006 initiierten Konsultationsverfahrens aktiv am politischen Diskurs auf EU-Ebene beteiligt. Dazu gehörte die Teilnahme an den Auftaktworkshops ebenso wie die Mitarbeit in der Sachverständigengruppe und die Beteiligung an den beiden Online-Konsultationen. Darüber hinaus wurden im Rahmen der Interessenvermittlung Gespräche mit Kommissionsbeamten und zur Frage des Opt-in/Opt-out auch Gespräche in Brüssel und Berlin geführt. Abschließend können wir an diesem Prozess nachvollziehen, wie die Interessenträger die Konkretisierung des RFID-Frames im Dialog mit den Politikdesignern begleitet haben. In diesem Prozess arbeiteten der Handelskonzern und der Branchenverband in der Vermittlung des Wirtschafts-Frames eng zusammen; dennoch werden durch den Vergleich der Antworten auf die Konsultation die unterschiedlichen Akteur-Frames deutlich.

11.5.1 Die Ausgangsposition

Als selbsternannter Vorreiter bei der Einführung von RFID hatte der Handelskonzern seinen Akteur-Frame, mit dem er 2006 in die europäische Debatte einstieg, klar definiert. Man betrachtete die gegenwärtige Datenschutzgesetzgebung in Deutschland und Europa als ausreichend und sah daher keine Notwendigkeit für spezifische gesetzgeberische Maßnahmen für den Einsatz der RFID-Technologie. Gemeinsam mit anderen führenden Handels- und Industrieunternehmen hatte man sich auf eine branchenweite Selbstverpflichtungsrichtlinie zum verantwortlichen Umgang mit RFID auf Produktebene verständigt, die seit Anfang 2005 verbindlich war. Man berücksichtigte außerdem bei der sukzessiven Einführung von RFID alle geltenden gesetzlichen Bestimmungen, informierte die Kunden umfassend über den Einsatz und kennzeichnete alle Produkte, die mit RFID-Transpondern ausgestattet waren, sowie die RFID-Lesegeräte.

Damit hatte der Konzern die so genannten „EPCglobal Guidelines on EPC for Consumer Products“[85] konsequent umgesetzt, die vor allem der bisherigen Erfahrung mit den RFID-Gegnern und der vergleichsweise lebhaften Datenschutzdiskussion in der deutschen Medienöffentlichkeit geschuldet waren. Dazu wurde in allen Einsatzfeldern der Technologie sichergestellt, dass (1) auf den RFID-Transpondern keine persönlichen Daten von Kunden gespeichert oder erhoben werden, dass (2) der RFID-Einsatz gekennzeichnet ist im Hinblick auf alle Waren und Kartons, die einen Transponder tragen, sowie die entsprechenden Lesegeräte und dass (3) die Verbraucher umfassende Hintergrundinformationen über die Funktionsweise und den Einsatz von RFID erhalten. Darüber hinaus kann

85 Vgl. dazu: http://www.gs1.org/epcglobal/public_policy/guidelines, 05.05.2011.

(4) jeder RFID-Transponder nach dem Bezahlen vom Kunden oder auf Wunsch von einem Servicemitarbeiter deaktiviert oder entfernt werden (Opt-out-Prinzip).

Vor diesem Hintergrund waren die Erwartungen des Handelskonzerns und der übrigen Befürworter an den Konsultationsprozess klar auf die Verbesserung der Einsatzrahmenbedingungen im Binnenmarkt ausgerichtet. Die Hauptforderungen der Befürworter bezogen sich auf die Harmonisierung des Frequenzzugangs unter verbesserten Bedingungen sowie auf die Etablierung eines eigenen Frequenzbandes für RFID-Anwendungen. Darüber hinaus wurden die Entwicklung und Etablierung einheitlicher globaler Standards und die Förderung der Forschung sowie die Unterstützung von Pilotprojekten ebenso hervorgehoben wie die Tatsache, dass man der Meinung war, dass über die EU-Datenschutzrichtlinie hinaus keine Datenschutzvorschriften für RFID notwendig seien.[86]

11.5.2 Die Workshops zum Auftakt

Entsprechend positiv waren die Erwartungen des Handelskonzerns und der übrigen Befürworter an die ersten Workshops der Kommission, die im Mai und Juni 2006 in Brüssel stattfanden und an denen man sich aktiv mit mehreren Vorträgen beteiligte. Dabei wurde von Seiten der Interessenträger neben der wirtschaftlichen Bedeutung von RFID im Handel und einer Erläuterung der Funktionsprinzipien des elektronischen Produktcodes vor allem der Bedarf an harmonisierten Frequenzen betont.

Aus Sicht der Interessenträger wurde in den Workshops allerdings deutlich, dass RFID nur dann gesellschaftliche Akzeptanz erlangen kann, wenn die soziale Dimension der Anwendung berücksichtigt wird. Die Themen wurden in verschiedenen Arbeitssitzungen von Experten aus Wissenschaft, Wirtschaft und Verbraucherschutzverbänden in einer lebhaften Debatte diskutiert, die die Komplexität der Technologie und ihrer Anwendungen verdeutlichte. Dabei wurde deutlich, dass die RFID-Technologie sich gerade im Handel und im Logistikbereich, aber auch in Krankenhäusern bereits mit signifikanten Vorteilen einsetzen ließ. Auch im öffentlichen Personennahverkehr wurde die Technologie bereits erfolgreich getestet. Potenzielle Vorteile ließen sich auch im Arzneimittelbereich erreichen (Fälschungssicherheit, Schutz vor falscher Medikamentierung), hier stecke die Umsetzung aber noch in den Kinderschuhen.

Im Workshop zum Frequenzbedarf wurden neben den Regulierungsbedingungen für RFID auch die Auswirkungen von Radiowellen auf die menschliche Ge-

86 Vgl. dazu das Positionspapier des Informationsforum RFID e.V. vom September 2006, unter: http://www.info-rfid.de/info-rfid/content/e107/e128/e247/positionspapier_eu_sept_06_final_eng_ger.pdf, 05.05.2011.

sundheit thematisiert. Dabei machten die Befürworter deutlich, dass der Zugang zum Spektrum die Leistungsfähigkeit der Technologie deutlich beeinflusse und die Aktualisierung der bestehenden Regulierungen dem technologischen Fortschritt hinterherhinke. Aus Nutzersicht werde daher ein gewisses Maß an Sicherheit benötigt, um die notwendigen Investitionen zu tätigen. In Bezug auf die laufenden Regulierungsarbeiten wurde deutlich gemacht, dass auch hier eine globale Perspektive von großer Bedeutung sei. Mit einer innovativen Lösung könnte die EU auch weltweit Standards setzen.

Im Workshop zu den Themen Datenschutz, Sicherheit und Gesundheit wurde deutlich, dass die Datenschutzüberlegungen für spezifische Anwendungsfelder getätigt werden müssen. Als Herausforderungen wurden in dieser Hinsicht Fälle identifiziert, in denen eineindeutige Identifizierungsnummern mit personenbeziehbaren Daten verknüpft wurden. Aus rechtlicher Perspektive stellte sich die Frage nach einer Interpretation des bestehenden rechtlichen Rahmens im Hinblick auf die neuen Möglichkeiten durch RFID. Allerdings bestätigte die Mehrheit der Vortragenden die Meinung der Befürworter, dass die bestehenden Rechtsvorschriften hierfür bereits ausreichend seien. Mit Blick auf die Erfüllung der Rechtsvorschriften in konkreten Fällen gelang es den Befürwortern, den Selbstregulierungsansatz der Industrie zu positionieren. In diesem Zusammenhang wurde aber in der Diskussion am Beispiel der USA darauf verwiesen, dass auch in Europa Industrie und Verbraucherschützer gemeinsam solche Richtlinien erarbeiten sollten. Diese Forderung wurde auch von den beteiligten Verbraucherschützern begrüßt, die sich außerdem für die Berücksichtigung des Prinzips der eingebauten Sicherheit und Privatsphäre (*Privacy by Design*) bei der Entwicklung der Technologie aussprachen.

Aus Sicht der Interessenträger verlief der Auftakt des europäischen Diskurses recht zufriedenstellend, weil man es geschafft hatte, eine Reihe von Sprechern in der jeweiligen Sitzung der Workshops zu platzieren.[87] Somit hatte die Diskursgegengewicht-Strategie gewirkt. Allerdings wurden von den Teilnehmern auch die vielfältigen Kritikpunkte angesprochen, die von der Kommission im Rahmen der folgenden Online-Konsultation wieder aufgegriffen wurden.

11.5.3 Der Fragebogen als erster Hinweis auf den RFID-Frame

Im Sommer 2006 führte die Kommission die angekündigte öffentliche Konsultation mittels eines Fragebogens durch. Hier finden sich erste Hinweise darauf, auf

87 Vgl. dazu auch die Zusammenfassung der Ergebnisse der Workshops durch die Europäische Kommission als Hintergrundinformation für die Online-Konsultation im September 2006, siehe Van de Voort und Ligtvoet 2006.

welche Art und Weise die gesellschaftliche Akzeptanz der Technologie im politischen Diskurs eine Rolle spielen sollte. Denn in der Einführung ihres Konsultationsdokuments weist die Kommission darauf hin, dass es ihr darum gehe, einen Mittelweg zwischen der Förderung der Nutzung von RFID einerseits und der Bekämpfung der potenziell negativen Wirkungen auf die Privatsphäre und die Gesundheit andererseits zu finden (EK 2006b). Dazu stellt die Konsultation gezielt Fragen an die interessierte Öffentlichkeit, deren Mitglieder allerdings aus Sicht der Interessenträger noch kaum eigene Erfahrungen mit der Technologie gesammelt haben dürften. Denn Rückmeldungen wurden erbeten

> „from all stakeholders involved in the development and deployment of RFID technology as well as from consumer and civil liberty organisations that feel concerned by the potential societal implications of RFID use in situations where personal data processing is involved" (EK 2006b).

Der Eindruck, dass es der Kommission mit der Konsultation auch darum gehen würde, die bisher geäußerten Bedenken gleichsam zu quantifizieren, bestätigte sich durch eine konkrete Aufforderung: „But besides getting the knowledgeable opinion from the key stakeholders in the field, the European Commission is also keen to consult all interested citizens on issues that are primarily a matter of personal opinion and choice". Die Kommission bezog also gezielt Akteure von der Kritiker-Seite in den politischen Diskurs ein und legte im Onlinefragebogen sogar verpflichtende Fragen an, ohne deren Beantwortung die Beiträge nicht eingereicht werden konnten.

Hinzu kam, dass die Kommission nicht nur eine Reihe von Fragen zu den Anwendungsbereichen stellte, in denen der Einsatz von RFID gefördert oder durch Harmonisierungsmaßnahmen auf europäischer Ebene unterstützt werden sollte, sondern auch Konzepte und Vorstellungen für eine mögliche Regulierung von RFID in die Debatte einführte, so z.B. Fragen danach, wie mit RFID-Transpondern umgegangen werden soll, die in Supermärkten auf Produkten angebracht sind (EK 2006b).[88] Damit entstand der Eindruck, dass die Kommission gleichsam auf der Basis einer Meinungsumfrage unter Bedenkenträgern die Rahmenbedingungen für den Einsatz von RFID im Handel festlegen wollte und dabei implizit auf die Befürwortung einer Opt-in-Regelung abzielte. Dabei schienen gerade die Antwortmöglichkeiten des Fragebogens von dem Bestreben zu zeugen, dass die Kommission Datenschutzbedenken zu einer hypothetischen

88 Vgl. dazu z.b. die Fragen Nr. 18 „What in your opinion would be the best solution(s) to eliminate or greatly reduce the security, data protection and privacy concerns that may arise from deploying applications of RFID technology?"; und Nr. 20 "Which maximum reading distance in your opinion could be considered as acceptable for "proximity tags" (i.e. tags which may be read only at short range - less than a few inches or centimetres)? Please specify the application domain (e.g., product tagging) and provide options for maximum reading distance (1cm, 5cm, 10cm, 25cm, 50cm, etc.)?".

RFID-Anwendungen erfragte und gleichzeitig relativ unspezifische Konzepte aus den Workshopdebatten zu Regulierungsanforderungen konkretisieren wollte. Zum Beispiel werden in dem Fragebogen neben der Ablösbarkeit der RFID-Etiketten auch die automatische Deaktivierung an der Kasse oder Transponder mit sehr kurzer Lesereichweite genannt und dann die Frage gestellt: „Which maximum reading distance in your opinion could be considered as acceptable for ‚proximity tags' (i.e. tags which may be read only at short range – less than a few inches or centimeters)?"

Insgesamt ließ der Fragebogen den Schluss zu, dass zum Zeitpunkt der Erstellung die nächsten Schritte entweder noch nicht genau definiert waren oder mit Hilfe der öffentlichen Umfragen gezielt ein Meinungsbild abgefragt werden sollte, mit dem sich die Weiterentwicklung des Politik-Frames in Richtung Datenschutz begründen ließ. Der Verdacht, dass Letzteres zumindest ein Anliegen bei der Entwicklung des Fragebogens gewesen sein könnte, wurde durch die Einführung zur Sektion 4, in der die Fragen zur Sicherheit und zum Datenschutz gebündelt waren, erhärtet. Dort wurden RFID-Anwendungen wie folgt als potenziell gefährlich für den Datenschutz zur Diskussion gestellt:

> „Although a number of RFID applications are seen as not raising privacy concerns, when the data collected from RFID tags is linked to personally identifiable information, privacy issues do arise. Citizens are entitled to know what happens with data that are transferred from an RFID tag to a reader: how do we know for sure that the data reading is correct, that the data are not tampered with, that someone who is not entitled to read the data does not actually read it?".

Aus Sicht der Befürworter wurden damit zumindest implizit die Gebote der Datenschutzgesetzgebung von vornherein auf alle RFID-Anwendungen ausgeweitet, auch wenn diese nicht notwendigerweise personenbezogene Daten beinhalten. Genährt wurde dieser Verdacht durch die Tatsache, dass man die Frage „Do you feel concerned about the extent of the right of employers to undertake RFID-enabled monitoring of their workforce?"[89] zwingend beantworten musste, die Antwortmöglichkeiten aber keine Verneinung zuließen, etwa weil man nicht besorgt ist über das Recht von Unternehmen, ihre Mitarbeiter mit Hilfe von RFID zu überwachen, z.B. weil dies bereits klaren gesetzlichen Regelungen unterläge(EK 2006b).

89 Vgl. dazu Frage 22 „RFID can be used for employee tracking, typically by attaching RFID tags to name badges or security passes. Data capture from RFID tags may sometimes be integrated with personnel files (e.g., linked to employee time sheets, pay records, or health records), thus modifying the traditional balance of personal convenience, workplace safety and security, and individual privacy. In accordance with the current EU laws, employees should always be made aware that personal data is being collected and of how it is used and distributed. Do you feel concerned about the extent of the right of employers to undertake RFID-enabled monitoring of their workforce?".

Die Interessenträger sahen sich in ihren Befürchtungen im März 2007 bestätigt, als die Kommission genau diese Frage in einem Arbeitspapier, das zusammen mit der Mitteilung von 2007 erschien und die Ergebnisse der Onlineumfrage zusammenfasste, nutzte, um die Bedenken von Mitarbeitern nicht nur zu quantifizieren, sondern auch festzuhalten, dass RFID tatsächlich die Möglichkeit bietet, Mitarbeiter sogar außerhalb des Arbeitsplatzes zu überwachen:

> „A majority (74%) say they feel concerned about the right of employers to undertake RFID enabled monitoring of their workforce (question No. 22). They seem to fear that RFID potentially offers employers the opportunity to track them throughout, and even beyond, the working day (e.g., with RFID tags placed in uniforms or labels)" (EK 2007d: 18).

Diese Interpretation erschien umso erstaunlicher, als in der Frage recht ausführlich darlegt wird, dass auf Basis geltender Gesetzgebung Angestellte immer darüber aufgeklärt werden müssen, wie und zu welchem Zweck personenbezogene Daten gesammelt und vom Arbeitgeber verwendet werden.

Angesichts der Tatsache, dass die Kommission zum einen in die Debatte eingebrachte Behauptungen und Konzepte zum Gegenstand einer öffentlichen Konsultation machte und zum anderen eine bereits stark negativ beeinflusste Wahrnehmung der RFID-Technologie zur Diskussion stellte, war diese erste Online-Konsultation eine Herausforderung für die Interessenträger. Da sie den Charakter einer Meinungsumfrage besaß, mussten zum einen so viele Interessenträger wie möglich zur Teilnahme motiviert werden, zum anderen mussten die Antworten so gegeben werden, dass sich daraus keine negativen Folgen für die Positionierung im Diskurs ergaben. Gerade wegen der vielen vorgegebenen Antworten bestand die Schwierigkeit für die Interessenträger darin, dass sie die Perspektiven der Kommission mit ihren Akteur-Frames nur sehr bedingt nachvollziehen konnten. Insofern stand vor allem der Branchenverband, der die Weiterentwicklung und den Einsatz von RFID weltweit vorantreibt, vor der Herausforderung, die unterschiedlichen Akteur-Frames der Mitglieder zu Antworten zu integrieren. Wir können daher die Antworten des Verbands mit denen des Handelskonzerns vergleichen.

11.5.4 Ein Fragebogen als Interessenschablone

Konfrontiert mit dem Fragebogen der öffentlichen Konsultation[90] mussten die Interessenträger auf Seiten der Industrie sich zum ersten Mal konkret mit dem Politik-Frame der Kommission auseinandersetzen. Beim vorangegangenen Workshop waren zwar auch Kritiker der Technologie eingeladen gewesen, den-

90 Der Konsultationszeitraum reichte vom 3. Juli bis zum 30. September 2006.

noch war man weiterhin davon ausgegangen, dass die Europäische Kommission zur Einführung der Technologie ein Politikvorhaben auf den Weg bringen würde, das die Voraussetzungen für RFID in Europa deutlich verbessert. Nach der Durchsicht des Onlinefragebogens waren die Zweifel daran gewachsen und wurden dadurch genährt, dass an vielen Stellen nur begrenzte Antwortmöglichkeiten zugelassen waren (Multiple Choice-Fragen). Dies wurde in Bezug auf die Komplexität mancher Aspekte als inadäquat für einen ernsthaften politischen Dialog empfunden. Wir können die Auseinandersetzung anhand eines Vergleichs der Antworten des Handelskonzerns mit denen des Branchenverbands untersuchen (vgl. dazu im Folgenden DOC5 2006; DOC6 2006).[91]

Betrachtet man den Beitrag des Handelskonzerns, so wird deutlich, dass man dort auf die Beantwortung der Fragen verzichtet hat, wo die Antwortmöglichkeiten aus Sicht des Unternehmens nicht adäquat waren. So wurde z.B. die Frage nach dem Umgang mit RFID-Transpondern, die in Supermärkten auf Produkten angebracht werden, nicht beantwortet.[92] Zwar hatte man als eines der wenigen Unternehmen weltweit Erfahrungen mit genau dieser Anwendung und bot seinen Kunden die Möglichkeit, die Transponder zu deaktivieren, dennoch wollte man vermeiden, mit einer Antwort einer entsprechenden Regulierung zuzustimmen.

Insofern stellten gerade die verbindlichen Fragen in Bezug auf die Datenschutzaspekte den Interessenträger vor eine Herausforderung, denn mit dem Fragebogen war nicht nur die Gefahr verbunden, dass aus den Ergebnissen ein bestimmtes Meinungsklima zum Thema RFID abgeleitet werden würde. Die Interessenträger waren auch besorgt, dass durch die Beantwortung der Fragen die eigene Positionierung in der RFID-Debatte vor allem in Bezug auf die Selbstregulierung verändert werden könnte. Für den Interessenträger steht also mit der Teilnahme am politischen Diskurs notwendigerweise immer auch die eigene Position gegenüber den anderen Akteuren und natürlich dem Politikdesigner in Frage, eine Rahmenbedingung, die in diesem Fall durch die geschlossenen Fragen des Onlinefragebogens noch akzentuiert wurde.

Entsprechend stellt sich die Beantwortung eines solchen hauptsächlich in Form einer Meinungsumfrage konzipierten Online-Fragebogens auch für den Branchenverband als Herausforderung dar. Zum einen bringen die Mitglieder ein hohes Maß an technischer Expertise ein, was die Beantwortung eines Fragebo-

91 Die beiden Dokumente unterliegen vertraglichen Vertraulichkeitsbestimmungen, an die der Autor auf Grund seiner Tätigkeit im Rahmen der teilnehmenden Beobachtung gebunden ist, und können daher hier nicht im Original wiedergegeben werden.

92 Frage 19: „If you are in a supermarket, would you prefer a RFID tag related to a product to be: (you can tick more than one option) (optional) a. A removable sticker attached to the product itself?; b. Part of the product's package box?; c. Automatically de-activated at the point of sale?; d. A proximity tag with a very short reading distance of less than 5 cm?".

gens, der auf Bedenken abzielt, nicht vereinfacht. Zum anderen ist man als Branchenverband von jeglicher Rahmensetzung in Europa in einem entscheidenden Geschäftsfeld direkt betroffen, was die Bedeutung der Antwort als Stellungnahmen im Diskurs erhöht.

Dass der Interessenträger als Verband darüber hinaus noch interne Abstimmungsvoraussetzungen erfüllen muss, um zu einer gemeinsamen Stellungnahme im politischen Diskurs zu gelangen, ist ein Grund dafür, dass man sich nicht mit der Beantwortung des Onlinefragebogens an sich begnügt hat. Vielmehr wurden die dort gestellten Fragen zum Anlass genommen, zusätzliche Informationen an die Politikdesigner zu übermitteln. Dazu wurde ein Positionspapier formuliert, in dem jede der 38 Fragen sowohl mit den vorgegebenen Antwortmöglichkeiten als auch mit einer ausführlicheren Antwort adressiert wurde. Dahinter stand das Bedürfnis, der Kommission ein vollständiges Bild der eigenen Position zu vermitteln – also der Versuch, den eigenen Akteur-Frame nicht nur durch die Schablone der Antwortmöglichkeiten des Politikdesigners in den Diskurs einzubringen.

Der Vergleich der beiden Beiträge zur Konsultation zeigt auch in der Beantwortung der vorgegebenen Fragen einen leichten Unterschied. Dieser ist auf die spezifischere Sicht des Handelskonzerns auf RFID zurückzuführen, der die Technologie nur in den eigenen Prozessen einsetzt. Demgegenüber muss der Branchenverband neben Einzelhandel und Logistik auch die Interessen anderer Wirtschaftssektoren in Bezug auf RFID berücksichtigen oder wollte dies tun, um zukünftige Entwicklungsmöglichkeiten nicht implizit auszuschließen.

Obwohl der Handelskonzern Mitglied im Branchenverband ist, zeigen sich diese Unterschiede zwischen den Akteur-Frames z.B. in der Frage danach, in welchen Anwendungsbereichen die Europäische Kommission die Einführung von RFID fördern sollte[93]. Der Handelskonzern spricht sich dabei für die Bereiche Handel, Logistik und Supply Chain-Management aus, während der Branchenverband neben Supply Chain-Management und Handel auch den Gesundheitsbereich auswählt. In der ergänzenden Anmerkung zu der Frage im Positionspapier wird außerdem darauf hingewiesen, dass RFID das Leben der europäischen Bürger in allen genannten Sektoren verbessern könne. Ein weiteres Beispiel dafür, dass der Akteur-Frame des Verbandes umfassender ist als der des Handelskonzerns, ist die Frage nach dem EU-Handlungsbedarf in Bezug auf die Anwendung von RFID in Identifikations- und Nachverfolgungssystemen.[94] Hier

93 Frage 13: „Do you consider that the European Commission should stimulate the implementation of RFID technology in the following application areas (please select your top three or tick last answer): (compulsory)".

94 Frage 15: „Do you think that the European Commission should encourage the use of RFID technology for the purpose of identification and tracing in the following areas: (you can tick more than one option) (compulsory)".

sieht der Konzern lediglich im Bereich der Lebensmittelsicherheit die Notwendigkeit für ein Tätigwerden der EU, während der Branchenverband darüber hinaus auch noch Medikamente, wichtige Ersatzteile, z.B. Flugzeugersatzteile, aber auch gefährliche Produkte und Waffen sowie die elektronische Automobilidentifikation als lohnenswerte Bereiche bezeichnet. Auch dahinter verbirgt sich bei dem Verband das kommerzielle Interesse, RFID in so vielen Bereichen wie möglich zum Einsatz kommen zu lassen, während die Interessen des Handelskonzerns auf das Kerngeschäft begrenzt sind.

Für beide Interessenträger waren aber vor allem die Fragen zur Datenschutzthematik von besonderer Bedeutung, weil sie zum ersten Mal schriftlich gegenüber der Europäischen Kommission dazu Stellung nehmen mussten. Dies war z.B. in Bezug auf die offene Frage 12 möglich, die lautete: „Do you think that current European Union data protection and privacy legislation is adequate to deal with privacy and/or security concerns about RFID? If not, what do you think should be done (e.g., modification of existing law, self-regulation)?" Weder der Handelskonzern noch der Branchenverband sehen eine Notwendigkeit für neue Datenschutzgesetze für RFID und sind der Ansicht, dass die bestehenden Gesetze in jedem Fall für RFID-Anwendungen ausreichend sind. Der Handelskonzern unterstreicht in seiner Antwort, dass man RFID nur einsetze, um die Effizienz in der Lieferkette zu erhöhen, und dass die aktuelle Datenschutzgesetzgebung in der EU als adäquat angesehen werde, um den Datenschutz- und Sicherheitsbefürchtungen zu begegnen. Darüber hinaus wird betont, dass man auf zusätzliche Selbstregulierungsmaßnahmen und auf die verbindliche Umsetzung der eigenen Konzernrichtlinie setze. Der Handelskonzern stellt also gezielt die eigene Praxis als Antwort auf die Frage vor und trägt somit sehr direkt den eigenen Akteur-Frame in die Debatte.

Die Antwort des Branchenverbands auf die gleiche Frage fällt abstrakter aus, da der Verband zwar einerseits die genannten Selbstregulierungsrichtlinien für seine Mitglieder aufgestellt hat[95], zum anderen aber die Meinungen und Akteur-Frames seiner Mitglieder integrieren muss, um die Frage zu beantworten. Entsprechend wird auch hier betont, dass für alle Anwendungen, die mit der Technologie und dem Nummernsystem des Verbandes betrieben werden, die europäische Datenschutzgesetzgebung als ausreichend angesehen wird. Als Begründung werden die technischen Funktionsprinzipien und der Umgang mit den Daten genannt. Darüber hinaus wird aber noch sehr viel detaillierter auf die Datenschutzdebatte eingegangen, die zwar den Hintergrund der gestellten Frage darstellt, aber in Frage 12 nicht konkret angesprochen ist. So wird z.B. darauf hingewiesen, dass nicht automatisch der Schluss gezogen werden könne, dass potenziell

95 Vgl. dazu: http://www.gs1.org/epcglobal/public_policy/guidelines, 05.05.2011.

identifizierbare Informationen aus einem RFID-System personenbezogene Daten seien. Darüber hinaus wird argumentiert, dass auch die Sammlung personenbezogener Daten legitim sein kann, wenn entsprechend der europäischen Datenschutzgesetzgebung das Einvernehmen der Betroffenen eingeholt wird. Im Hinblick auf den verantwortungsvollen Umgang mit Daten wird auch auf die Risiken für die Reputation des jeweiligen Unternehmens hingewiesen.

Damit wird zwar der Akteur-Frame in den Diskurs eingebracht, allerdings wird zumindest in den Augen der Kritiker auch die Befürchtung untermauert, dass in der Industrie tatsächlich über die Sammlung personenbezogener Daten mit Hilfe von RFID nachgedacht wird. Besonders die zusammenfassende Aussage weist darauf hin, dass unter den Mitgliedern des Verbands nicht ausgeschlossen werden konnte, dass in RFID-Anwendungen personenbezogenen Daten verarbeitet werden, wie dies zum Beispiel in der Selbstverpflichtung des Handelskonzerns der Fall war:

> „our conclusion from this is that, although there should be no automatic assumption that potentially identifiable information would become personal data, in cases where privacy and security issues arise in relation to (our) RFID applications the existing principles and provisions of EU data privacy and protection legislation would of course apply".

Gleichwohl wird mit der Frage, inwiefern potenziell personenbeziehbare Daten grundsätzlich als personenbezogene Daten betrachtet werden können, der Kern des Frame-Konflikts adressiert.

In der gleichen Antwort findet sich noch ein weiteres Beispiel dafür, dass der kollektive Akteur-Frame der Interessenkoalition des Verbandes auf die Teilnahme in der Debatte ausgerichtet war. Denn in Bezug auf das Erstellen von Personenprofilen mit Hilfe von RFID wird neben der großen technischen Herausforderung betont, dass schon die „significant IT infrastructure that would need to be put in place and the resources that would be needed to collect, filter, store and use such data" es unwahrscheinlich machen würde, dass ein Betreiber RFID zu diesem Zweck nutze. Auch mit dieser Aussage wird der Datenschutz-Frame zumindest mittelbar gestärkt, denn aus Sicht des Politikdesigners ist von Expertenseite bestätigt worden, dass prinzipiell die Möglichkeit besteht, mit Hilfe von RFID-Systemen Personenprofile zu erstellen. Aus der Perspektive der Kritiker wird außerdem die Intention der Betreiber in den Vordergrund gerückt, wenn im Grunde nur das Eigeninteresse der Unternehmen und die notwendigen Ressourcen dagegen sprechen, dass RFID-Systeme für diesen Zweck eingesetzt werden können.

Eine solche Antwort hat die Interpretation, die die Kommission dann in ihrem Arbeitspapier vorlegt, sicher nicht geschwächt. Denn dort wird zunächst zusammengefasst, dass rund zwei Drittel aller Antworten sich dafür ausgesprochen haben, dass die Datenschutzgesetze nicht ausreichend sind und deswegen Veränderungen und gesetzliche Verschärfungen notwendig werden. Darüber hinaus fasst die Kommission zusammen, dass

> „(p)ointing out that the deployment of RFID technology might lead to more surveillance many suggest that RFID tags should be clearly and visibly marked, and ‚kill ‘ commands should be introduced. Although for many the anonymous use of RFID is sufficient. On the other hand, according to the majority self-regulation/industry guidelines are insufficient“ (EK 2007d: 11).

Ein weiteres Beispiel für die unterschiedliche Herangehensweise der beiden Interessenträger findet sich auch in den Antworten zu der Frage „What in your opinion would be the best solution(s) to eliminate or greatly reduce the security, data protection and privacy concerns that may arise from deploying applications of RFID technology?“.[96] Obwohl es sich dabei um eine optionale Frage handelt, stimmt der Handelskonzern zu, dass Lösungen entwickelt werden sollen, um RFID-Transponder zu deaktivieren, dass das Bewusstsein der Verbraucher durch Informationskampagnen erhöht werden soll und dass man zur Adressierung der Bedenken auf Selbstregulierung und Best Practices setzen könnte. Bis auf die Option, eine spezifische RFID-Regulierung per Gesetz vorzunehmen, werden alle anderen Antwortmöglichkeiten gewählt. Damit positioniert sich der Konzern sehr aufgeschlossen gegenüber potenziellen europäischen Maßnahmen, um die Akzeptanz der Technologie zu steigern. Dahinter steckt die Kalkulation, dass man dem Designer in jedem Fall konstruktiv entgegenkommen muss, um eine gesetzliche Regelung zu verhindern. Zum anderen hatte man die genannten Maßnahmen schon im Rahmen der eigenen Selbstverpflichtung umgesetzt, sodass hier keine Anpassung an den potenziellen Politik-Frame notwendig war.

Der Branchenverband antwortet auf die Frage mit der gleichen Antwortmöglichkeit, eröffnet aber dann in den zusätzlichen Anmerkungen des Positionspapiers ein zum Teil recht konfuses Bild bezüglich eines potenziell zu befürwortenden Regulierungsrahmens für die Einführung der RFID-Technologie in Europa. Damit wird a priori anerkannt, dass die Aktivitäten der Kommission zu einem Regulierungsrahmen führen, ohne dass dies zu diesem Zeitpunkt – vor der Mitteilung von 2007 – schon festgestanden hätte. In dieser Hinsicht werden dann allerdings auch konkrete Anforderungen formuliert. So wird z.B. darauf hingewiesen, dass es sich bei RFID um eine sich weiterentwickelnde Technologie handele und daher jegliche gesetzliche Rahmenbedingung zukunftsfest sein müsse und nicht die Weiterentwicklung legitimer RFID-Anwendungen behindern dürfe. Darüber hinaus wird betont, dass eine Regulierung nicht anwendungsspe-

96 Die vier möglichen Antworten auf Frage 18 lauten: „a. To enact legislation regulating RFID, b. To foster the development of technical solutions allowing to disable RFID tags, c. To rely on self regulation and best practices based on the fair information principle, d. To raise the awareness of consumers through educational campaigns.“

zifisch sein soll, allerdings würden die Sicherheits- und Datenschutzbedenken nicht für jede Anwendung in gleichem Maße gelten.

Abgesehen von der Tatsache, dass in der Anmerkung an vielen Stellen von gesetzlichen Maßnahmen (*legislative policy response*) gesprochen und damit die eigene Position in Bezug auf die Nichtregulierung der Technologie untergraben wird, wird mittelbar anerkannt, dass es neben legitimen auch illegitime Nutzungen gibt. Der Gesetzgeber müsse deshalb „strike the right balance between targeting those seeking to abuse RFID technology for illegal purposes and those legitimate businesses that deploy the technology in accordance with the rules and in a responsible manner". Zusammengefasst wird betont, dass kein Bedarf für spezifische Gesetze zur Regulierung von RFID bestünde, weil es bereits ein adäquates, technologieneutrales gesetzliches Rahmenwerk für Datenschutz in der EU gebe. Des Weiteren wird argumentiert, dass Selbstregulierung und Best Practice Sharing in einigen Fällen effektiver sein können als gesetzliche Regelungen, weil damit anwendungsspezifische Lösungen im Kontext eines grundsätzlichen, technologieneutralen Rahmens geschaffen werden könnten. Außerdem wird betont, dass es notwendig sei, eine anwendungsspezifische Risikoanalyse durchzuführen, und dass es bei den eigenen Anwendungen nicht möglich sei, darauf zu schließen, dass eineindeutige Identifizierungsnummern mit personenbezogenen Daten gleichzusetzen seien.

Wenn wir die Anmerkungen zu dieser Frage betrachten, wird deutlich, dass die Mitglieder des Verbandes sich im Sommer 2006 noch in einer tiefgreifenden Auseinandersetzung mit dem in der Debatte transportierten Datenschutz-Frame befinden, die sich auch in dem Positionspapier widerspiegelt. Der kollektive Akteur-Frame dieser Interessenkoalition ist im Rahmen der Konsultation also noch nicht zu einem kohärenten, an die Debatte angepassten Akteur-Frame geworden. Dabei ist allerdings zu berücksichtigen, dass die Positionierung des Branchenverbands auf der Abstimmung innerhalb einer Gruppe von Experten beruht, die ihrerseits die bei der Einführung von RFID weltweit führenden Unternehmen repräsentieren. Insofern wird deutlich, dass eine politische Debatte mit Kritikern, die eine diametral entgegengesetzte Sicht der Dinge haben, gerade für Experten eine große Herausforderung darstellt. Wir können festhalten, dass ein hohes Maß an Expertise die Flexibilität in Bezug auf die Anpassung des eigenen Akteur-Frames negativ beeinflusst. Je mehr und je fester ein Akteur von der eigenen Position überzeugt ist, desto schwieriger ist es für ihn, sich auf eine politische Debatte einzulassen, in der augenscheinlich vollständig konträre Meinungen und Positionen in gleichem Maß als Debattenbeiträge akzeptiert sind.

Interessant ist insofern, dass die Kommission die Beantwortung der Frage 18 rein quantitativ auswertet und dabei davon spricht, dass 70% der Befragten technische Lösungen zur Deaktivierung von RFID-Tags als besten Weg zur Reduzierung der Sicherheits- und Datenschutzbedenken sehen, während Informationskampagnen und spezifische RFID-Regulierung auf Rang 2 und 3 67% bzw. 55% erreichen (EK 2007d: 18). Beide Interessenträger haben also mit ihren Antworten im Fragebogen zumindest zu den Plätzen 1 und 2 selber beigetragen. Damit bestätigten sich auch die oben angesprochenen Befürchtungen der Interessenträger in Bezug auf die geschlossenen Fragen des Onlinefragebogens.

Es stellt sich die Frage, ob sich der Akteur-Frame im weiteren Verlauf der Debatte weiterentwickelt hat und welchen Einfluss die Mitteilung der Kommission und die Gespräche in der Sachverständigengruppe dabei hatten. Denn in der Mitteilung wurden ja die Parameter der RFID-Debatte in der EU klar umrissen und in der Sachverständigengruppe saßen die Parteien des Frame-Konflikts zum ersten Mal an einem Tisch zusammen, was vor allem die Orientierung in der Akteurkonstellation unterstützt hat.

11.5.5 Kernfrage für die Interessenträger: Opt-in oder Opt-out?

Im Nachgang der Konsultation wurde für die Interessenträger immer deutlicher, dass das Thema Datenschutz für die Kommission eine entscheidende Rolle spielen würde. Denn im Rahmen der „EU RFID 2006 Conference: Heading for the Future“[97] nach dem Abschluss der Online-Konsultation im Oktober 2006 betonte die Kommissarin, dass sie aufgrund der Vielzahl der Antworten auf den Konsultations-Fragebogen (2190) zwar noch keinen abschließenden Bericht zu den Ergebnissen vorlegen könne, dennoch habe das Ergebnis der Konsultation aber gezeigt, dass viele Bürger Datenschutzbedenken hätten. Daraus resultiere die Herausforderung, aus den Vorteilen der Technologie und den Ängsten der Bürger eine win-win-Situation zu machen (Reding 2006b). Deshalb seien Transparenz und die Wahlfreiheit, sich für oder gegen den Einsatz der Technologie zu entscheiden, wichtige Eckpunkte für die Entwicklung einer RFID-Politik in der Europäischen Union, in der die Grundregeln für den Einsatz der Technologie festlegt werden müssten. Dementsprechend gehe es darum anzuerkennen, dass neben dem „Internet der Dinge“ durch RFID auch ein „Internet der Menschen“ entstehen werde. Der Umgang mit Identitäten sei deshalb von herausragender Bedeutung. Es werde notwendig sein, „that citizens keep control of how the information concerning them is utilised and updated and how the tags can be deactivated. This will be our biggest challenge. I have heard the message from the consultation and I intend to act, both in the interests of a strong European industry AND [sic] the European model of society. But I will not act precipitously. In

97 Vgl. dazu die Präsentationen der Vortragenden unter: http://www.iot-visitthefuture.eu/fileadmin/documents/the_roadmap/Documents/161006_RFID Conference Data_Privacy_Brussels.pdf, 05.05.2011.

the Communication that I will put before the Commission for adoption at the end of this year will outline the main options for action and a roadmap for putting a solid legal framework for the ‚Internet of people' and the Internet of things", so die Kommissarin (Reding 2006b: 3f).

Damit war für die Interessenträger klar, dass die Debatte sich in erster Linie um die Frage drehen würde, wie die Bürger in die Lage versetzt werden können zu kontrollieren, wie ihre Informationen verwendet und wie RFID-Tags deaktiviert werden können. Damit stand seit Ende 2006 mit der Frage nach dem Opt-in-/Opt-out-Prinzip der Kern des Frame-Konflikts auf der europäischen Tagesordnung. Diese Wahrnehmung wurde durch die Mitteilung im März 2007 und vor allem durch die Debatten in der daraufhin installierten Sachverständigengruppe unterstrichen. Denn dort sprachen sich neben den Datenschützern auch die Verbraucherschützer für eine verbindliche Opt-in-Regelung bei RFID aus, wobei in den jeweiligen Stellungnahmen nahezu ausschließlich mit Beispielen aus dem Einsatzfeld Handel argumentiert wurde.

Die Interessenträger sahen sich also einerseits eingebunden in ein von der Kommission etabliertes Diskussionsforum, in dem der Frame-Konflikt ausgetragen werden musste. Zum anderen mussten die übrigen Debattenteilnehmer für die Folgen einer Opt-in-Regulierung für den RFID-Einsatz im Handel sensibilisiert werden. Dabei galt es zu vermeiden, dass womöglich spezifische gesetzliche Anforderungen für den Einsatz von RFID auf Produkten Teil des angekündigten soliden gesetzlichen Regulierungsrahmens würden. Für den Handelskonzern stellte diese Situation eine besondere Herausforderung an die Anpassung des Akteur-Frames dar, weil man sich als das einzige Unternehmen weltweit betrachtete, das bereits freiwillig über die gesetzlichen Anforderungen hinaus den Missbrauchsschutz bei der Verwendung von RFID konsequent durch eine Selbstverpflichtung sicherstellte. Diese ging insbesondere auch darauf ein, dass auf den verwendeten RFID-Transpondern keine personenbezogenen Informationen gespeichert werden und dies auch in Zukunft nicht beabsichtigt sei. Insofern war gerade die umgesetzte Selbstregulierung die Grundlage des Akteur-Frames, der durch die politische Debatte unter Druck geriet.

In Bezug auf die Opt-in-/Opt-out-Frage stimmten allerdings die Akteur-Frames des Handelskonzerns mit denen des Branchenverbands überein, sodass die diesbezüglichen Interessenvermittlungsaktivitäten zwischen 2007 und 2009 in enger inhaltlicher Abstimmung durchgeführt wurden. Dazu gehörten (1) die Etablierung eines Frames, mit dem die Opt-in-Regulierung im Diskurs vor allem aus der Perspektive der Politikdesigner diskreditiert werden konnte, und (2) dessen Vermittlung an die politischen Entscheidungsträger, um einen möglichst großen Druck aufzubauen.

11.5.6 Der Innovationsrisiko-Frame

Um eine Opt-in-Regulierung als unverhältnismäßig und inadäquat zur Adressierung der Herausforderungen zu kritisieren, konnten die Interessenträger an die Verwendung des Wirtschafts-Frames durch die Politikdesigner anknüpfen. So wurde in einem Positionspapier[98] argumentiert, dass eine Opt-in-Regulierung von RFID das Potenzial habe, die Innovationskraft des Handels als Treiber der Technologie mit allen gesamtwirtschaftlichen Konsequenzen zu zerstören. Dadurch würden letztlich die Wirtschafts-, Forschungs- und Technologiestandorte in Europa und vor allem in Deutschland gefährdet. Ein Ende der Innovationen in diesem Bereich widerspreche aber auch den Interessen der Verbraucher, weil Anwendungen bei Produktsicherheit und Service nicht weiterentwickelt und zur Marktreife gebracht werden könnten. Das häufig behauptete missbräuchliche Auslesen aus großen Entfernungen sei mit den im Handel verwendeten RFID-Technologien unter realistischen Bedingungen nicht möglich. Außerdem sei die Verknüpfung von Informationen aus verschiedenen Datenbanken bereits heute nicht erlaubt. Die in den Forderungen nach einer Opt-in-Regelung zugrunde gelegten Szenarien seien daher wirklichkeitsfremd (vgl. DOC4 2008).

Auch die vor allem 2007 und 2008 im Rahmen der Sachverständigengruppe geführten Diskussionen um den Inhalt der Datenschutz-Empfehlung der Kommission wurden bei der Formulierung des Innovationsrisiko-Frames berücksichtigt. Denn sowohl in einem Bericht der Bundesregierung zu den Aktivitäten, Planungen und dem möglichen gesetzgeberischen Handlungsbedarf in Bezug auf die datenschutzrechtlichen Auswirkungen der RFID-Technologie als auch in dem Entwurf der geplanten Empfehlung der Kommission würde eine gesetzliche Zwangsdeaktivierung der RFID-Transponder favorisiert, sobald diese mit dem Verbraucher in Kontakt kommen. Dabei werde nicht zwischen verschiedenen Arten von RFID-Transpondern bzw. Daten unterschieden und auch die komplexe Struktur der Lieferkette mit einer Vielzahl von Akteuren werde nicht ausreichend berücksichtigt. Das so genannte Opt-in-Modell bringe durch die Verkomplizierung des gesamten Verfahrens enorme Mehrkosten für Anwender und Hersteller mit sich und würde die weitere Einführung der Technologie mit allen Konsequenzen für Wachstum, Beschäftigung und Forschungsinvestitionen um Jahre zurückwerfen.

Eine Anwendung des Opt-in-Modells für RFID im Handel, so der Handelskonzern weiter, würde außerdem fälschlicherweise den Eindruck erwecken, dass

98 Das Dokument konnte vom Autor im Rahmen der teilnehmenden Beobachtung eingesehen werden, unterliegt aber vertraglichen Vertraulichkeitsbestimmungen, an die der Autor auf Grund seiner Tätigkeit gebunden ist, und kann daher hier nur paraphrasiert werden.

mit der Technologie personenbezogene Daten verarbeitet werden. Dies sei nicht der Fall und eine Verknüpfung personenbezogener Daten und Produktdaten, etwa im Zug der Nutzung elektronischer Zahlungsmittel, finde bereits heute nicht statt. Es bestehe daher keine Notwendigkeit, Datenschutzregelungen speziell für den Einsatz der RFID-Technologie im Handel anzupassen. Ein Missbrauch von Daten durch den Einsatz von RFID, dem mit einer Pflicht zur standardmäßigen Deaktivierung begegnet werden müsste, sei bei der derzeitigen Verbreitung und Art der Anwendungen im Einzelhandel nicht zu befürchten. Daneben würde durch eine Opt-in-Regelung der Wirtschaft so gut wie kein Spielraum gelassen, um zu anderweitigen Lösungsmodellen zu kommen. Eine Deaktivierungslösung sei bei weitem nicht die einzige und auch nicht notwendigerweise die beste Option, um dem Verbraucher die Möglichkeit zu geben, etwaigen Bedenken gegenüber der Technologie zu entsprechen. Die Bereitstellung von Deaktivierungsmöglichkeiten nach Kundenwunsch durch den Handel sei als Weg zur Stärkung des Verbrauchervertrauens zu sehen – und nicht als Maßnahme des Datenschutzes.

Auch dürfe die Frage der Verantwortlichkeit für die Deaktivierung nicht einseitig auf den Handel abgewälzt werden, sondern die Verpflichtung solle auf RFID-Anwender im Einzelhandel beschränkt und die Schritte des Wertschöpfungsprozesses müssten miteinbezogen werden. Außerdem müsse unterschieden werden, ob Transponder leicht zu entfernen oder Bestandteil eines Produkts seien.

Auf der Basis dieses umfassenden und detaillierten Kritik-Frames, für den der Interessenträger auf Sachkompetenz in Bezug auf den RFID-Einsatz im Handel zurückgreifen kann, werden die Handlungsoptionen der Politikdesigner direkt adressiert. Dazu wird argumentiert, dass das Opt-in-Modell unverhältnismäßig und unpraktikabel sei und den bisherigen Entwicklungen der Technologie nicht gerecht werde. Seine gesetzliche Einführung widerspräche den Bemühungen und Versprechungen der Bundesregierung und der Europäischen Kommission zur Unterstützung innovativer Technologien im Allgemeinen und von RFID im Besonderen. Die Festlegung auf eine verpflichtende Deaktivierung zum gegenwärtigen Zeitpunkt gefährde die Weiterentwicklung RFID-gestützter Dienstleistungen im Verbraucherinteresse. Sollten aufgrund der damit verbundenen unkalkulierbaren Risiken Investitionsentscheidungen ausbleiben, so wären davon neben dem Handel auch andere Branchen und Dienstleistungsangebote betroffen, die auf der weiteren Nutzung der RFID-Technologie entlang der Lieferkette beruhen. Dazu zähle beispielsweise die Nutzung von RFID als Mittel gegen Produktfälschung bei Arzneimitteln oder Markenartikeln, in der Vereinfachung von Umtausch- oder Rückrufaktionen oder als Basis für weitere Innovationen, etwa bei der Verbraucherinformation.

Jeder Vorstoß zur Deaktivierung von RFID-Transpondern müsse zudem berücksichtigen, ob die Transponder für die Funktionalität oder die Sicherheit des Produkts relevant sind. So wäre es beispielsweise nicht sinnvoll, Transponder in Autoschlüsseln zu deaktivieren. Auch sollten Transponder, die dem Fälschungsschutz dienen, über den Verkauf hinaus aktiviert bleiben. Schließlich müssten auch Transponder aktiviert bleiben, die über die Lebensdauer des Produkts hinweg z.B. über Inhaltsstoffe oder Bestandteile informieren, um die Nutzung dieser Informationen für die Entsorgung sicherzustellen. Insofern kämen die derzeitigen Gesetzgebungsinitiativen zu früh und griffen der Technologieentwicklung vor. Eine weitere technische Hürde wie das Opt-in-Modell würde die Entwicklung verzögern, Mehrkosten generieren und sich negativ auf die Investitionsentscheidungen von Anwendern und Herstellern auswirken. Sowohl der Handel als auch die Konsumgüterhersteller würden nur dann in die Anwendung neuer Technologien investieren, wenn das Risiko abschätzbar bleibe und ein verlässlicher Rechtsrahmen existiere. Selbstverständlich nehme man auch die Bedenken von Verbrauchern und Datenschützern ernst und unterstütze ein Opt-out-Modell auf der Basis einer Selbstverpflichtung, unter der umfassender Verbraucherschutz zu gewährleisten sei. Dazu gehörten aus der Sicht des Handelskonzerns die Kennzeichnung der entsprechenden Produkte, eine umfassende Verbraucherinformation sowie das Recht, die RFID-Transponder auf Wunsch zu entfernen bzw. zu deaktivieren.

Damit zeigt der Interessenträger mit den potenziellen Auswirkungen auf die Investitionsentscheidungen also auch die negativen Folgen des möglichen Regierungshandelns klar auf. Zusätzlich wird dem Politikdesigner aber auch politische Unterstützung für einen alternativen Lösungsweg angeboten. Der Innovationsrisiko-Frame ist insofern ein Beispiel für die angepasste Vermittlung von Akteur-Interessen in einem politischen Diskurs. Um erfolgreich zu sein, müssen solche Frames allerdings auch an die Politikdesigner kommuniziert werden.

11.5.7 Die Vermittlung

Um einen konfligierenden Frame wie den Innovationsrisiko-Frame an die Politikdesigner zu kommunizieren, ist der Interessenträger auf die Rahmenbedingungen des Kommunikationsprozesses Interessenvermittlung angewiesen. Im untersuchten Fall wurden – bis auf eine breit angelegte Medienkampagne – alle zur Verfügung stehenden Instrumente ausgeschöpft. Die Grundlage dafür ist die Abstimmung einer politischen Botschaft im Rahmen einer möglichst breiten Interessenkoalition. In dem Maß, in dem diese Botschaft von verschiedenen Seiten an den Designer herangetragen wird, erhöht sich ihr Aufmerksamkeitspotenzial. Insofern kann ein Frame in einer konzertierten Art und Weise von unterschiedlichen Akteuren zu unterschiedlichen Gelegenheiten im politischen Diskurs platziert werden. Zu den Gelegenheiten gehören Konferenzen und Arbeitsgruppensitzungen ebenso wie inoffizielle Gespräche während Kaffeepausen oder speziell anberaumte Termine mit einzelnen Ansprechpartnern. Öffentliche Auftritte haben in dieser Hinsicht immer eine wichtige Signalwirkung, durch die sich ggf. sogar die Interessenkoalition erweitern lässt. In jedem Fall wird sie dadurch gefestigt, dass sich einzelne Akteure publik, d.h. vor allem im Beisein des Politikdesigners, zu einer gemeinsamen Position bekennen. Darin liegt auch der Mehrwert der zahlreichen Fachkonferenzen, die in Brüssel jede Woche zu den unterschiedlichsten Themen stattfinden.

In Bezug auf die Opt-in-/Opt-out-Frage konnte der Handelskonzern auf die Unterstützung und die Kooperation des Branchenverbands zurückgreifen. Auch die Mitarbeiter der eigenen politischen Dialogplattform (Informationsforum RFID e.V.) waren in den Dialog mit den anderen Diskursteilnehmern ebenso eingebunden wie professionelle Interessenvermittler in den Gesprächen mit eher am Rande beteiligten Politikdesignern. Zur Vermittlung des Innovationsrisiko-Frames wurde daher (1) die Sachverständigengruppe der Kommission genutzt, in der zu den einzelnen Argumenten noch weiterführende Nachweise und Einschätzungen kommuniziert wurden. Insbesondere in Bezug auf die Datenschutz-Aspekte wurde hier ein detaillierter Dialog zwischen Befürwortern und Kritikern geführt, bei dem die Kommission als Politikdesigner zugegen war. In diesem Rahmen wurden frühzeitig die Überlegungen zu einer Opt-in-Regulierung deutlich, auf deren Basis der Innovationsrisiko-Frame formuliert wurde. Durch die Diskussionen in dieser Gruppe waren die Befürworter in einen tiefgreifenden Dialog mit der Kommission eingebunden, in dem es darum ging, den Weg für den Regulierungsrahmen für RFID in Europa zu definieren. Die Interessenträger aus Handel und Verband waren insofern direkt an der Erarbeitung des Politik-Frames beteiligt – ebenso wie die Kritiker.

Daneben wurden (2) direkte Gespräche mit wichtigen Entscheidungsträgern auf europäischer und nationaler Ebene geführt. Dabei bestand das Ziel darin, durch den direkten, hochrangigen Dialog mit den politisch Verantwortlichen die Bereitschaft zur Selbstregulierung zu unterstreichen und die negativen Auswirkungen einer Opt-in-Regulierung zu bekräftigen. Darüber hinaus sollte aber auch die interne Dynamik des politischen Systems der EU genutzt werden, um Druck auf die Kommission auszuüben. So wandte sich die Konzernführung beispielsweise im Februar 2008 mit Schreiben zeitgleich an die zuständige EU-Kommissarin Reding und den deutschen Bundeswirtschaftsminister Michael Glos und warnte vor den negativen Auswirkungen einer Opt-in-Regulierung auf das Investitionsklima (vgl. dazu DOC7; DOC8). Zudem wurden die entsprechenden Themen auch in einem persönlichen Gesprächstermin mit EU-Kommissaren und Abgeordneten des Europäischen Parlaments erörtert. Bei diesen Gesprächen ist aber immer der Rang des politischen Ansprechpartners zu berücksichtigen. Um einen Termin zur Vermittlung eines spezifischen Details bezüglich eines Politikvorhabens bei einem politisch verantwortlichen Politikdesigner zu erhalten, muss der Interessenträger ggf. den verantwortlichen Manager aus Übersee für einen kurzen Termin in Brüssel einfliegen.

Aus den Kontakten mit den Politikdesignern kann aber auch genuine politische Unterstützung für die Anliegen des Interessenträgers resultieren. In diesem Fall werden (3) die Botschaften von Seiten der Ko-Designer kommuniziert. Ein Beispiel dafür ist die Anfrage[99] des Europaabgeordneten Jorgo Chatzimarkakis an die Kommission nach dem Konsultationsverfahren zu dem Empfehlungsentwurf (Chatzimarkakis 2008). Darin spricht der Abgeordnete die Sonderrolle an, die dem Handelssektor in dem Empfehlungsentwurf zugedacht ist. Er fragt, ob die Kommission die Textfassung so ändert, „dass dieser spezielle Sektor in der endgültigen Fassung der Empfehlung keine Sonderbehandlung erfährt" (Chatzimarkakis 2008). Er begründet die Anfrage damit, dass die Kommission ansonsten den richtigen Ansatz gewählt habe, indem sie eine Regelung vorschlägt, die sich über die gesamte Bandbreite der Anwendungen erstreckt. Deshalb sei es bedauerlich, dass ausgerechnet dem Sektor, der bei „der Erarbeitung von Verhaltenskodizes zur Achtung der Privatsphäre und des Selbstbestimmungsrechts der Verbraucher beispielgebend" vorangegangen sei, eine „unnötige Aufmerksamkeit und eine unverhältnismäßige Belastung im Gesetzgebungsverfahren zuteil" werde. Darüber hinaus werde die automatische Deaktivierung im Einzelhandel befürwortet, obwohl Pilotprojekte ergeben hätten, „dass es den Verbrauchern genügen würde, Etiketten nicht standardmäßig, sondern bei Bedarf deaktivieren zu lassen" (Chatzimarkakis 2008).

Nicht zuletzt an der Antwort[100] von Kommissarin Reding wurde für die RFID-Befürworter in der Industrie deutlich, wie in diesem speziellen Fall die Sympathien der Politikdesigner verteilt sind, wenn sie daran erinnert, dass „RFID-Anwendungen im Einzelhandel in der Öffentlichkeit große Beachtung finden. Genau genommen haben gerade Pilotprojekte im Einzelhandel (Gillette, Wal-Mart, METRO-Gruppe, Carrefour, Tesco usw.) sehr zur Einleitung der gegenwärtigen Diskussion beigetragen". Wenn das Vertrauen in den Einsatz der RFID-Technologie im Allgemeinen und die Akzeptanz dieser Technologie in der Öffentlichkeit sichergestellt und ihr wirtschaftlicher Erfolg ermöglicht werden soll, dann müsse auch der Einzelhandel angemessen auf diese Bedenken reagie-

99 Vgl. dazu die Schriftliche Anfrage von Jorgo Chatzimarkakis (ALDE) an die Kommission vom 11.06.2008 (E-3245/08).

100 Vgl. die Antwort von Frau Reding im Namen der Kommission vom 18.07.2008 auf die Schriftliche Anfrage von Jorgo Chatzimarkakis (ALDE) an die Kommission vom 11.06.2008 (E-3245/08).

ren, denn „durch die Verwendung von RFID-Etiketten auf Verbrauchsartikeln (Textilien, Lebensmittel, Non-Food-Erzeugnisse usw.) werden die Verbraucher in der Tat für den tatsächlichen Einsatz dieser Technologie sensibilisiert". Die Kommission würdige aber auch „die positiven Arbeiten, die im Einzelhandel durch Erstellung von Verhaltensregeln für die Anwendung der Technologie geleistet wurden", und habe dieses Element beim Entwurf ihrer Empfehlung berücksichtigt.

Wir können also festhalten, dass die Interessenträger nach der ersten Online-Konsultation den Frame-Konflikt für sich als Auseinandersetzung um die Frage des Opt-in/Opt-out definiert haben und mit dem Innovationsrisiko-Frame gemeinsam versuchten, über verfügbare Kommunikationskanäle die Politikdesigner in der Kommission zu einem Kompromiss zu bewegen. Gerade weil man über die Sachverständigengruppe detailliert an der Ausgestaltung des Politikvorhabens beteiligt war, bietet die Konsultation in 2008 eine weitere Gelegenheit zu prüfen, ob sich die Akteur-Frames des Konzerns und des Verbands im Rahmen des politischen Diskurses weiterentwickelt haben.

11.6 Die gemeinsame Etablierung des RFID-Frames

Durch die Arbeit in der Sachverständigengruppe erreichte die Debatte unter den Interessenträgern auf beiden Seiten zwischenzeitlich ein sehr detailliertes Niveau. Vor diesem Hintergrund muss auch der Ansatz der Kommission im Jahr 2008 betrachtet werden, nicht etwa Fragen zur geplanten Empfehlung, sondern die konkreten Artikel zur öffentlichen Diskussion zu stellen (EK 2008a). Mehr als ein Jahr vor Veröffentlichung der Kommissionsempfehlung wurde also eine Vorversion im Wortlaut zugänglich gemacht und den Interessenträgern die Möglichkeit gegeben, konkrete Anregungen bzw. kritische Kommentare beizutragen. Da allerdings für die Konsultation das gleiche internetbasierte Formularverfahren ausgewählt wurde wie bei der Online-Konsultation von 2006, mussten sich die Interessenträger pro Artikel auf 20 Zeilen Kommentar beschränken. Trotz des bereits fortgeschrittenen Stadiums des Dialogs unterlagen die schriftlichen Beiträge wieder einer strikten Limitierung, wenn auch diesmal nicht durch vorgegebene Antwortmöglichkeiten. Insofern ist es nicht überraschend, dass diesmal sowohl der Handelskonzern als auch der Branchenverband versuchten, diese Beschränkung zu umgehen, indem sie zusätzliche Positionspapiere mit konkreten Änderungsvorschlägen für die Artikel an die Politikdesigner in der Kommission weiterreichten (vgl. DOC2 2008; DOC3 2008).[101]

101 Vgl. dazu unten die Übersicht über die vertraulichen Quellen. Die Dokumente unterliegen vertraglichen Vertraulichkeitsbestimmungen, an die der Autor auf Grund seiner Tä-

11.6.1 Antworten als Lernprozess

Betrachtet man die Beiträge zu der Konsultation, dann fällt bereits hier eine Weiterentwicklung der Akteur-Frames auf. Zum einen begrüßen die Interessenträger die Möglichkeit, im Rahmen der Konsultation an der Klärung des Regulierungsrahmens für RFID mitzuarbeiten. Im Lauf der Debatte hatte sich die Position von einer Ablehnung spezifischer Regulierungen für RFID zur notwendigen Klärung der Rahmenbedingungen verschoben. Zum anderen wird in den Beiträgen auch der vorgeschlagene Selbstregulierungsansatz begrüßt. Der Branchenverband begründet sogar die Formulierung spezifischer Änderungsvorschläge und ausführlicher Anmerkungen zum Empfehlungsentwurf damit, dass es im eigenen Interesse der Industrie läge, sich an der pragmatischen Umsetzung des Selbstvermittlungsansatzes konstruktiv zu beteiligen. Insofern seien die Beiträge auch ein Beispiel für das „serious commitment to support workable and effective guidance on the application of all RFID technologies in order to achieve a high degree of consumer confidence and trust as these applications develop in the future" (DOC2 2008: 1) [102]. Angesichts der politischen Ausgangsposition der US-amerikanischen Mitglieder des Verbands können wir in deren Zustimmung zu dieser Stellungnahme gegenüber der Kommission eine Weiterentwicklung des Akteur-Frames identifizieren. Denn mit dieser Aussage wird die Bedeutung des Verbrauchervertrauens für die Einführung der Technologie explizit anerkannt, was natürlich auch von dortigen Regulierern aufgegriffen werden könnte.

Betrachten wir die Beiträge aus der Perspektive der Interessenträger, die im Zug des Diskurses ihre eigenen Akteur-Frames adaptieren müssen, dann ist es nicht überraschend, dass die Hauptkritikpunkte sich auf die in dem Empfehlungsentwurf genannten Begriffsdefinitionen beziehen. Denn zum einen sind die Definitionen die Grundpfeiler des gesamten Regulierungskonstrukts. Zum anderen – und das ist entscheidend – sind Definitionen zu Begriffen wie *Deactivation* gleichsam die Nahtstelle zwischen dem jeweiligen Akteur-Frame eines RFID-Experten und dem Politik-Frame des Vorhabens. In dem Maß, in dem sich hier die Vorstellungen widersprechen, konkretisieren sich für die Anwender die Auswirkungen der Empfehlung. Darüber hinaus werden durch die konkreten Definitionen in einem Rechtsdokument der EU auch die Eckpunkte für den politischen Diskurs gesetzt. So kritisiert der Handelskonzern, dass die

tigkeit im Rahmen der teilnehmenden Beobachtung gebunden ist, und können daher hier nicht im Original wiedergegeben werden. Einen Einblick in die Position der Befürworter zu Beginn der Beratungen in der Sachverständigengruppe bietet ein Positionspapier des Informationsforum RFID e.V., unter: http://www.info-rfid.de/info-rfid/content/e107/e128/e245/joint_pp_regarding_recommendation_aug_07_final_ger.pdf, 05.05.2011.

102 Vgl. dazu unten die Übersicht über die vertraulichen Quellen.

„definitions in this Draft Recommendation are not rigorous enough and in many cases do not reflect the reality of the technology deployed today. The definitions for ‚RFID application,' ‚RFID application operator,' and ‚public place,' in particular, are much too broad: RFID applications are likely to be connected to existing IT infrastructures which could then entirely be considered as ‚RFID applications'" (DOC3 2008: 3)[103].

Dahinter verbirgt sich auf Seiten der Interessenträger die Annahme, dass die Definitionen auch dann de facto verbindlich sind, wenn es sich nur um eine Empfehlung der Kommission handelt. Daher ist es nicht überraschend, dass neben diesen grundsätzlichen Definitionen vor allem die Definition zur Deaktivierung die Kritik der Interessenträger ausgelöst hat. So merkt der Verband an:

„The definition of ‚Deactivation' is too restrictive and does not take into account the coexistence in retail and other environments of different RFID technologies utilizing different standard and/or proprietary protocols, nor future possible ways to achieve the same results pursued without removing or destroying the tag. Equally important, it ignores possible ways to achieve the intended results without rendering the tag inoperative. Furthermore, there is no justification for requiring deactivation and the cessation of ‚any' tag functionality in cases where tag functionalities are not in any way related to privacy or data protection" (DOC2 2008: 2f).

An der detaillierten Kritik zeigt sich, dass der Akteur-Frame bereits verschiedene Optionen umfasst, eine Deaktivierung zu ermöglichen. Über die Definition hinausgehend stehen bei den Beiträgen vor allem die detaillierten Vorschriften für den Einsatz von RFID in der Handelsbranche im Vordergrund der Kritik. Die verschiedenen Aspekte, die von den Interessenträgern kritisiert werden, hängen dabei direkt mit der sehr viel detaillierteren Perspektive des Interessenträgers zusammen, der RFID im eigenen Unternehmen anwendet. Denn im Vergleich hat der Politikdesigner seine Einsichten ja nur aufgrund des politischen Diskurses mit der Industrie, aber auch mit anderen Interessenträgern gewonnen. Für die Interessenträger auf Seiten der Industrie bedeutet die Positionierung gegenüber der RFID-Empfehlung auch deswegen eine Herausforderung, weil hier zum ersten Mal nicht nur eine politische Position im Diskurs vertreten werden musste. Stattdessen war es notwendig, die im Diskurs entstandenen Konzepte und Vorschriften auf die konkrete Praxis anzuwenden, um die Auswirkungen der jeweiligen Formulierung auf den RFID-Einsatz abschätzen zu können. Dazu mussten zum Beispiel technische Experten mit dem Politik-Frame konfrontiert werden, die bisher nur am Rand in den Lernprozess einbezogen waren.

Insofern ist es nicht überraschend, dass die Kritik und die Anmerkungen der beiden Interessenträger zum Teil sehr spezifische Anwendungsfälle der Technologie in den Vordergrund rückten und damit verbundene Fragen an den Politikdesigner richteten. Damit wird meist beabsichtigt, die in dem Empfehlungsentwurf enthaltenen Formulierungen zu präzisieren bzw. die dadurch möglichen

103 Ebd.

Konsequenzen hervorzuheben. So fällt in dem Positionspapier des Handelskonzerns auf, dass grundsätzlich in Frage gestellt wird, inwiefern es gerechtfertigt sei, für den Einsatz von RFID im Handel spezifische Vorschriften zu erlassen. Es wird auch eine Klärung in Bezug darauf angemahnt, warum bestimmte Vorschriften nur im Handel und nicht in anderen Einsatzfeldern von RFID gelten sollen. Diese Argumentation ist für den Interessenträger im Handel insofern eine Gratwanderung, als man in der RFID-Debatte gemeinsam mit Anwendern aus anderen Wirtschaftsbereichen Positionen vertritt. Insofern wäre es mit Blick auf die Zusammenarbeit in der Interessenkoalition nicht zielführend, eine stärkere Regulierung für andere Anwendungsbereiche zu fordern, gleichzeitig aber die Vorschriften für den eigenen Bereich zu kritisieren.

Ein ähnlicher Aspekt wird deutlich, wenn die Definition für den Begriff „RFID-Anwender" in Bezug auf die Verantwortlichkeiten der verschiedenen Nutzer derselben RFID-Anwendung kritisiert wird:

> „The term ‚RFID application operators' includes a large number of companies that directly and indirectly use RFID. It therefore raises important questions regarding the allocation of responsibility for complying with the provisions set out in this Recommendation. Defining an ‚RFID application operator' as ‚the natural or legal person who develops, implements, uses or maintains an RFID application' lacks meaningful applicability in regard to the purpose of the Recommendation and particularly does not take into account the personal use of mobile devices" (DOC3 2008: 3).

Dieser Aspekt ist für die Industrie insbesondere deswegen von großer Bedeutung, weil die meisten Anwendungsfelder von RFID genau für die Verbesserung der Zusammenarbeit zwischen Unternehmen gedacht sind und damit der Austausch von Informationen, die auf der Basis von RFID-Daten generiert werden, im Zentrum der Anwendungen steht. Zur Verfolgung von Produkten entlang der Lieferkette müssen die RFID-Daten beispielsweise jeweils dort verarbeitet werden, wo sie erfasst werden. Die Unternehmen müssen die so verarbeiteten Daten austauschen können, um von der Transparenz zu profitieren. Aus dieser Perspektive wirkt insbesondere das Gebot, die eigenen Prozesse daraufhin zu untersuchen, inwiefern durch den Einsatz von RFID Datenschutzrisiken auftreten, problematisch. Denn um die Verantwortlichkeiten zu begrenzen, sind die Unternehmen statt an einer Optimierung der informationellen Zusammenarbeit eher daran interessiert, nicht für Vorgänge in anderen Unternehmen verantwortlich gemacht werden zu können.

Ein weiterer Aspekt, an dem ein Zielkonflikt zwischen den Vorstellungen im politischen Diskurs und den konkreten Anwendungen der Technologie deutlich wird, ist die Frage, wie und in welchem Rahmen die Deaktivierung von Transpondern durchgeführt werden muss. Dabei geht es für die Industrie um den Kern der Debatte, die Ablehnung der behaupteten Gleichstellung der eineindeutigen Produktcodes mit personenbezogenen Daten im Sinne der Datenschutzgesetzgebung. Insofern plädieren die Interessenträger auch dafür, dass die automatische

Deaktivierung von Transpondern nur dann vorgeschrieben werden darf, wenn sich personenbezogene Daten auf diesen Transpondern befinden. So wird beispielsweise bestritten, dass es eine nachvollziehbare Begründung dafür gibt, die Deaktivierung oder Entfernung von Transpondern in Anwendungsfällen zu verlangen, in denen durch den RFID-Transponder keine Implikationen für den Datenschutz auftreten. Die Interessenträger versuchen also, die Selbstregulierungsmaßnahmen auf Anwendungsfälle zu beschränken, in denen RFID-Anwendungen mit personenbezogenen Daten verknüpft werden:

> „In our view, deactivation of an RFID tag is a tool required to comply with data protection rules only under certain circumstances such as where personal information is in the tag itself. In other, deactivation at request can be regarded as a measure to support consumer trust and confidence. We support the individual consumer's right to choose to request removal or deactivation for whatever reason in a manner that does not place an undue burden on the consumer" (DOC2 2008: 6).

Deshalb wird auch die Definition des Begriffs Deaktivierung als unzureichend bzw. zu restriktiv kritisiert, da in der Praxis neben der technischen Deaktivierung von RFID-Transpondern vor allem die physische Entfernung als pragmatische Umsetzung des Gebots gesehen wird (vgl. DOC2 2008: 2f). Dahinter steht auf Seiten der Industrie vor allem die Befürchtung, dass solche Deaktivierungen erhebliche Risiken für den Einsatz der Anwendung bedeuten, weil die gleichen Technologien dafür verwendet werden könnten, die Transponder aus einem kriminellen Hintergrund heraus zu deaktivieren, etwa um Diebstahl zu begehen. Daneben steht vor allem die Frage im Vordergrund, wo und wann die Deaktivierung durchgeführt werden müsste. Denn wenn dadurch der Ablauf des Kassenprozesses verlangsamt würde, wäre das ein entscheidender Nachteil.

Insofern war es für die Industrie wichtig, darauf hinzuwirken, dass nicht nur die technische Deaktivierung vorgeschrieben wird, sondern dass in jedem Fall zumindest auch die Festlegung der Entfernung von RFID-Transpondern eine zulässige Lösung wäre. Darüber hinaus musste man daran interessiert sein, dass die Verantwortlichkeiten für eine bestimmte RFID-Anwendung klarer definiert würden. Die Industrie forderte daher, dass ein Deaktivierungsangebot nur von Händler gemacht werden kann, die RFID-Anwender sind, und das Gebot zur Deaktivierung auf diejenigen Transponder beschränkt sein muss, die der Händler in seiner eigenen Anwendung verwendet (DOC2 2008: 5ff).[104] An dieser Forderung können wir wiederum Unterschiede zwischen den Akteur-Frames innerhalb der Interessenkoalition festmachen. Denn der Händler kann die Verantwortung für die Bereitstellung einer Möglichkeit zur Entfernung oder Deaktivierung der RFID-Transponder nur für die Transponder übernehmen, die auch durch seine eigenen Lesegeräte erkannt werden. Umgekehrt kann der Hersteller, der RFID-

104 Vgl. dazu die Ausführungen zu Art. 7.

Transponder in seinen Produkten verwendet, diese nicht vor der Übergabe an den Händler deaktivieren, weil damit z.B. die Funktionalität des Produktes beeinträchtigt werden könnte. Darüber hinaus wollten die Hersteller unbedingt vermeiden, ihrerseits für die Deaktivierung bzw. Entfernung von Transpondern verantwortlich gemacht zu werden, wenn der Händler kein RFID einsetzt.

Vergleicht man das Konsultationsdokument mit der Empfehlung, die ein Jahr später 2009 veröffentlicht wurde, dann wird deutlich, dass zum einen die Definition des Begriffs Deaktivierung präzisiert wurde und zum anderen die Verantwortlichkeiten klarer begrenzt wurden. Unter Deaktivierung der RFID-Transponder soll demnach

> „jedes Verfahren verstanden werden, durch das ohne aktive Beteiligung des Verbrauchers jede Wechselwirkung zwischen dem RFID-Tag und seiner Umgebung beendet wird. Die Deaktivierung oder Entfernung der RFID-Tags durch den Einzelhändler sollte sofort und für den Verbraucher kostenlos erfolgen. Die Verbraucher sollten überprüfen können, ob die Deaktivierung oder Entfernung tatsächlich erfolgt ist" (EK 2009g: 51).

Damit ist also weder festgelegt, wo die Deaktivierung erfolgen soll, noch, mit welchem Verfahren diese erreicht werden muss. Außerdem wurde der gesamte Anwendungsbereich der Empfehlung dadurch präzisiert, dass der Begriff der RFID-Anwendungsbetreiber nun als natürliche oder juristische Person definiert ist, „die allein oder gemeinsam mit anderen über Zweck und Mittel des Betriebs einer Anwendung entscheidet" (EK 2009g: 49). Darüber hinaus gelten die Deaktivierungsanforderungen „nur für Einzelhändler (...), die auch Betreiber sind" (EK 2009g: 49). In dieser Hinsicht können die geforderten Datenschutzfolgeabschätzungen (PIA), die ein entscheidender Eckpunkt des Selbstregulierungsrahmens sind, als Erfolg gesehen werden.

Denn hier hatten die Interessenträger dafür plädiert, dass die Kriterien für die Anwendung von Datenschutzmaßnahmen an die angeglichen werden, die auch im Datenschutzrecht gelten: „Therefore it is suggested to change the wording from ‚linkage cannot be excluded' to ‚there is a reasonable likelihood of linkage' in order to be in line with the data protection framework" (DOC2 2008: 3). Die Interessenträger teilten hier die Befürchtung, dass durch die Formulierung in dem Empfehlungsentwurf implizit eine neue Kategorie personenbezogener Daten etabliert werden würde, denn dort hatte es geheißen, dass Datenschutzmaßnahmen zu treffen wären, „(w)here it cannot be excluded that data processed in RFID applications can be related to an identifiable natural person by an RFID application operator or a third party" (EK 2008a).[105] Demgegenüber heißt es in der Empfehlung, dass ein PIA klären muss, „ob die Anwendung zur Überwachung einer Person verwendet werden könnte" und ob RFID-Transponder, die

105 Vgl. dazu Art. 3.3.

auf Produkten angebracht sind, „wahrscheinlich eine Bedrohung für die Privatsphäre oder den Schutz personenbezogener Daten darstellen“ (EK 2009g).

Damit war auch die Verantwortung für die Analyse der Datenschutzfolgen einer RFID-Anwendung im Rahmen der Selbstregulierung verankert. Aus der Sicht der Interessenträger war so die Beantwortung der Kernfrage, inwiefern eineindeutige Nummerncodes zu personenbezogenen Daten werden, an die Industrie zurückverwiesen worden. Für die konkrete Erarbeitung eines Rahmens für Datenschutzfolgeabschätzungen war die Industrie zum Selbstregulierer gemacht worden, der sich nun in die Lage versetzt sah, die Grundlage für die Umsetzung der Empfehlung der Kommission selber zu definieren und dann direkt den Datenschützern zur Prüfung vorzulegen. Die Industrie wird damit gleichsam zum Politikdesigner, der nun auf Basis des eigenen Akteur-Frames einen Politik-Frame etablieren muss, der wiederum die Grundlage für die Umsetzung des Selbstregulierungsrahmens für die RFID-Technologie in Europa darstellt. Es ist daher festzuhalten, dass die Industrie ihren modifizierten Akteur-Frame, nämlich die Bereitschaft zur Selbstregulierung, unter anderem mit der Konsultation sehr erfolgreich an den Politikdesigner vermittelt hat, und zwar so erfolgreich, dass die Kernfrage des RFID-Diskurses gleichsam vom Politikdesigner an die Industrie – in Abstimmung mit den europäischen Datenschützern – ausgelagert wurde.

11.6.2 Die Anpassung der Akteur-Frames

Die Möglichkeit, detaillierte Anmerkungen zu den Artikeln der geplanten Empfehlung zu machen, hatte die Interessenträger auf Seiten der Industrie vor die doppelte Herausforderung gestellt, die eigenen Akteur-Frames detailliert zu reflektieren und gleichsam die Auswirkungen der Empfehlung zu antizipieren. Denn nur auf dieser Basis konnte versucht werden, notwendige Änderungen argumentativ an die Designer zu vermitteln. Gerade durch die Auseinandersetzung mit dem Politikvorhaben mussten die jeweiligen Akteur-Frames konkretisiert werden, was in der Interessenkoalition besonders an den internen Debatten zwischen Herstellern, Händlern und Lieferanten in Bezug auf die Verantwortlichkeiten für die Datenschutzregulierung entlang der Lieferkette deutlich geworden ist.

Dass die Industrie in der Lage war, die unterschiedlichen Interessen der Koalitionsmitglieder in den Diskurs einzubringen und gegenüber dem Politikvorhaben einen kollektiven Akteur-Frame zu entwickeln, zeigt sich an den Reaktionen auf die Veröffentlichung der Datenschutzempfehlung im Jahr 2009.[106] Dabei begrüßt

106 Vgl. dazu die Stellungnahme des Informationsforum RFID e.V. unter: http://www.info-rfid.de/info-rfid/content/e107/e128/e243/bewertung__eu_empfehlung_mai_09_final_ger.pdf, 05.05.2011.

die Industrie vor allem die Rechtssicherheit bzw. die durch die Empfehlung erhöhte Klarheit in Bezug auf den europäischen Regulierungsrahmen. Das ist insoweit nachvollziehbar, weil der sich über mehr als drei Jahre hinziehende Diskurs zur Definition des Politik-Frames auf Seiten der Befürworter als eine Periode der fehlenden Erwartungssicherheit empfunden wurde. Den Akteuren war nicht klar, wie sich die künftige Datenschutzregelung auf den RFID-Einsatz in Europa auswirken würde. So begrüßt das Informationsforum RFID im Namen seiner Mitgliedsunternehmen die Empfehlung, „da sie nach den langen Beratungen die dringend gebotene Planungssicherheit für Unternehmen wiederherstellt".[107]

Zwar waren die Interessenträger über den gesamten Zeitraum detailliert über die Pläne der Kommission im Bilde und hatten im Rahmen der Expertengruppe die Möglichkeit, ihre Interessen im Diskurs direkt an den Politikdesigner weiterzugeben. Dennoch war für alle Beteiligten die endgültige Ausgestaltung des Regulierungsrahmens nicht mit Sicherheit voraussehbar. Insbesondere die Möglichkeit, dass eine Opt-in-Regelung, wie sie von den Verbraucher- und Datenschützern gefordert wurde, für alle RFID-Anwendungen eingeführt werden könnte, wurde auf Seiten der Industrie als Unsicherheitsfaktor wahrgenommen, der zwischen 2006 und 2009 negative Rückwirkungen auf die Bereitschaft, in die Technologie und deren Einsatz auf Produktebene zu investieren, hatte.

So wurde die Veröffentlichung der Empfehlung auch im Handelskonzern begrüßt, weil darin ein erhöhtes Maß an Rechtssicherheit für Handel und Industrie in Bezug auf den europäischen Regulierungsrahmen für RFID gesehen wurde. Entsprechend wurde Wert darauf gelegt, dass die Umsetzung in den Mitgliedstaaten nun effizient und praxisnah erfolgte, sodass die Unternehmen nicht zusätzlich belastet werden. In dieser Hinsicht war es für die Industriekoalition möglich, sich auf die Begrüßung der Empfehlung zu verständigen. Denn obgleich mit der Datenschutzempfehlung letztlich das ursprüngliche Ziel der Vermeidung einer spezifischen Datenschutzregulierung für RFID nicht erreicht worden war, war mit der Veröffentlichung der von der Kommission angenommenen Empfehlung zumindest die Debatte darüber zu einem vorläufigen Endpunkt gelangt.

Besonders die Flexibilität, auf Basis selbst durchgeführter Datenschutzfolgeabschätzungen und daraus resultierender Sicherungsmaßnahmen letztlich die Einführung von RFID weitgehend selbst gestalten zu können, wurde auf Seiten der Befürworter positiv bewertet. Für die Händler ist dieser Punkt von besonderer Bedeutung, da sich die Vorkehrungen, die in Bezug auf die Sicherung des Datenschutzes getroffen werden müssen, damit auf die spezifischen Anwendun-

107 Ebd. S.1.

gen im jeweiligen Unternehmen fokussieren lassen und nicht allgemeine Vorschriften Anwendung finden.

Dass diese Tatsache begrüßt wurde, verdeutlicht die Entwicklung des Akteur-Frames. Mittlerweile wurden nicht mehr nur die Bedenken gegenüber der Technologie ernst genommen, sondern man war auch bereit, sich mit der Selbstverantwortung auseinanderzusetzen. Die bestand zunächst darin, weiterhin mit den Gesprächspartnern aus der Zivilgesellschaft an einem europäischen Rahmen für die Datenschutzfolgeabschätzung zu arbeiten. Die Bedeutung dieser Anpassung des Akteur-Frames wird erkennbar, wenn wir berücksichtigen, dass damit gleichsam für die Beantwortung der Kernfrage des Frame-Konflikts mit den Kritikern und in Abhängigkeit von den Datenschützern eine Methodologie für die Selbstkontrolle erarbeitet werden musste. Außerdem entstehen Mehrkosten, auch wenn die Datenschutzfolgeabschätzungen von den Unternehmen in Eigenverantwortung durchgeführt und den zuständigen Datenschutzbehörden nur vorgelegt, nicht aber von diesen bestätigt werden müssen, besonders für diejenigen Unternehmen, deren RFID-Anwendungen von vornherein ohne Bezug zu personenbezogenen Daten konzipiert werden. Denn auch diese Unternehmen müssen die entsprechenden Folgeabschätzungen durchführen und an die Datenschutzbehörden weitergeben, obwohl zumindest aus Sicht des jeweiligen Interessenträgers a priori feststeht, dass von der jeweiligen Anwendung keine Gefahr für den Datenschutz und die Privatsphäre der beteiligten Personen ausgeht.

Die Industrie hat zwar erreicht, dass keine grundsätzlichen und allgemeinen Datenschutzvorkehrungen für alle RFID-Anwendungen getroffen werden müssen, sondern die jeweiligen Maßnahmen von Fall zu Fall für spezifische Anwendungen definiert werden können. Dennoch stellen gerade die eigenverantwortlich durchzuführenden Datenschutzfolgeabschätzungen eine zusätzliche Belastung dar, die denen einer spezifischen RFID-Regulierung recht nahe kommen. Dabei spielt die Tatsache, dass die Empfehlung der Europäischen Kommission eigentlich keine bindende Rechtsvorschrift für die RFID-Anwender ist, eine nur sehr untergeordnete Rolle. Denn die Empfehlung enthält die erwähnte Überprüfungsklausel, in der aus der Perspektive der Interessenträger gleichsam die Drohung enthalten ist, dass die Kommission sich ggf. bindende Maßnahmen vorbehält, sollte innerhalb von drei Jahren nach der Veröffentlichung der Empfehlung deutlich werden, dass sich die Branche nicht an die Umsetzung der Empfehlung hält. Insofern liegt es durch die geschickte Formulierung im Eigeninteresse der Industrie, den Vorgaben aus der Empfehlung nachzukommen, um zu verhindern, dass diese durch ein neues Politikvorhaben letztendlich doch zu bindenden Rechtsvorschriften gemacht werden.

11.6.3 Die Ergebnisse aus Sicht der Interessenträger

Anknüpfend an die Analyse der Beiträge zu den öffentlichen Konsultationen sowie Aktivitäten zur Vermittlung des Innovationsrisiko-Frames an die Politikdesigner in der Kommission können wir zum Schluss die Selbsteinschätzung der Industrie betrachten, wenn es darum geht, den politischen Prozess in Bezug auf den eigenen Akteur-Frame zu bewerten. In dieser Hinsicht attestieren die Gesprächspartner sowohl positive als auch weniger positive Ergebnisse des politischen Diskurses auf EU-Ebene. Das erste positive Ergebnis der Bemühungen ist für die Interessenträger in der Industrie, dass mit der Zuweisung der Frequenzen im UHF-Bereich und der Anerkennung, dass bei einer erfolgreichen Einführung zusätzliche Frequenzen notwendig sein könnten, eine wichtige Grundlage für die Zukunftssicherheit der Technologie gelegt worden ist, die im Handel eingeführt werden soll. Als weiteres positives Ergebnis der Thematisierung von RFID wird die Tatsache gesehen, dass mittlerweile in Bezug auf Standards ein breiter Konsens darüber existiert, welche Standards für welche Anwendungen notwendig sind und wie diese am besten eingesetzt werden können. In dieser Hinsicht habe die politische Aufmerksamkeit und die breite öffentliche Debatte über das Thema nicht zuletzt auch das Interesse von unterschiedlichen Forschungseinrichtungen geweckt, sich eingehender mit der Technologie RFID und den damit möglichen Anwendungsfeldern zu beschäftigen. Insofern sei also die Weiterentwicklung der Technologie zukunftssicherer, weil sich heute wesentlich mehr Wissenschaftler in Europa mit der Thematik beschäftigen als zu Beginn der europäischen Debatte.

Aus diesen Einschätzungen der Befürworter können wir den Schluss ziehen, dass gerade direkt motivierte Interessenträger die aktiv im politischen Diskurs partizipieren, den grundlegenden Akteur-Frame nicht verändern – wie im Fall der RFID-Industrie, die ja ursprünglich ein unterstützendes Momentum für die Technologie schaffen wollte. Vor allem die Wahrnehmung des politischen Diskurses wird von diesem grundlegenden Akteur-Frame bestimmt und wirkt sich auf die Gewichtung der jeweiligen Diskursinhalte und Politikvorhaben aus. Dementsprechend wird wegen der Datenschutzdebatte um RFID das Know-How in Bezug auf die Berücksichtigung von Datenschutzanforderungen für RFID-Anwendungen auch nicht als Vorteil wahrgenommen. Allerdings wird anerkannt, dass gerade dieses Thema unter technischen Experten nun nicht nur Erstaunen oder Unverständnis auslöst, sondern dass die Branche stärker für die Thematik sensibilisiert ist und sich dadurch auch pragmatische Handlungsmöglichkeiten ergeben. Man habe jetzt bessere Möglichkeiten, mit dem Gegenstand umzugehen, als noch zu Beginn der politischen Debatte, als die Frage nach den Datenschutzauswirkungen als sprichwörtliches Damoklesschwert über der Einführung von RFID geschwebt habe.

Insofern scheint der diskursive Politikgestaltungsprozess, den die Kommission mit den beiden Konsultationsverfahren und der Sachverständigengruppe organisiert hatte, mit dazu beigetragen zu haben, dass sich innerhalb der Industrie ein Meinungswandel vollzogen hat. Ausgehend von der Befürchtung, dass nicht nur die Bedenken in der Öffentlichkeit, sondern auch zu strikte Datenschutzregelungen für RFID-Anwendungen dazu führen könnten, dass diese ökonomisch nicht mehr sinnvoll wären und daher die Einführung durch die Datenschutzdebatte grundsätzlich gefährdet sei, sind für die Akteure nun zusätzliche Handlungsmöglichkeiten entstanden. Insofern hat die politische Debatte durchaus auch die Eigenverantwortung der Industrie in Bezug auf die Datenschutzaspekte gestärkt. Denn die Selbstverpflichtungsansätze, die bereits vorher im Handel bestanden, haben jetzt insgesamt ein stärkeres Gewicht erhalten.

Wir können daraus schlussfolgern, dass der Lernprozess zwar nicht dazu geführt hat, dass die Akteur-Frames der Protagonisten im gleichen Maß um den Datenschutz-Frame erweitert worden sind, wie das mit dem RFID-Frame im Lauf des Diskurses geschah. Denn die Akteure sind auf Nachfrage weiterhin davon überzeugt, dass die Datenschutzbefürchtungen in Bezug auf RFID im besten Fall auf unrealistischen Vorurteilen beruhen und im schlimmsten Fall gezielt gestreut werden, um eine politische Datenschutzagenda voranzutreiben. Dennoch scheint die Verknüpfung von Datenschutz- und Wirtschafts-Frame die Grundlage dafür zu sein, dass selbst *unverständliche* Datenschutzbedenken jetzt von den Befürwortern adressiert werden können.

Der Lernprozess zeigt sich vor allem daran das die Akteure des Handels die auf der europäischer Ebene validierte Selbstregulierung der Datenschutzproblematik jetzt in den Akteur-Frame internalisiert haben und dieser jetzt selbstbestimmt begegnen. Dieser Fortschritt ist den Akteuren auch deshalb bewusst, weil man für die nachhaltige Umsetzung des eigenen Selbstverpflichtungskonzept zu Beginn der Debatte noch auf die Zustimmung der Verbraucherverbände für eine Selbstverpflichtungserklärung angewiesen gewesen war, die jedoch letztlich an den Forderungen der Verbraucherschützer nach einer Opt-in-Regelung scheiterte. Durch die Kommissionsempfehlung hat man jetzt die Möglichkeit, unter transparenten Bedingungen eine Opt-out-Regelung einzuführen, indem man die eigenen Anwendungen analysiert und die Ergebnisse der zuständigen Datenschutzbehörde vorlegt. Gerade weil dadurch auch die Akzeptanz bei kritischen Kunden gestärkt werden kann, sieht man auf Seiten der Industrie einen Erfolg darin, dass eigene Selbstverpflichtungskonzepte nun auch auf politischer Seite anerkannt worden sind und letztlich damit eine striktere und bindende Datenschutzregelung, spezifisch für die RFID-Technologie, verhindert werden konnte.

Vor allem der Handelskonzern fand seine eigene Umsetzung der Selbstverpflichtung nun nahezu deckungsgleich in dem europäischen Regulierungsrahmen wieder. Denn alle Maßnahmen, die man bereits seit 2005 umgesetzt hatte – die

Kennzeichnung von Lesegeräten, die Kennzeichnung von Waren, die mit RFID ausgestattet sind, sowie die Information der Kunden –, gehören jetzt zur grundlegenden Anforderung an alle europäischen Händler. Und selbst die freiwillige Meldung des RFID-Einsatzes an die zuständigen Datenschutzbehörden, die bereits mehrere Male durchgeführt worden war, war nun zu einem Eckpfeiler des Regulierungsrahmens für RFID in Europa geworden. Dass auch die US-amerikanischen Mitglieder des Branchenverbands dieser Lösung zustimmen konnten, unterstreicht, dass die Beteiligung an dem langen politischen Diskursprozess auch dort zu einer Anpassung des Akteur-Frames geführt hat.

Auch wenn die Industrie es als Erfolg verbucht, dass die Möglichkeit einer konkreten RFID-Datenschutzregulierung bisher verhindert werden konnte, stellt sich allerdings die Frage, wie realistisch ein solches Szenario gewesen ist. Denn obwohl eine spezifische Regulierung der RFID-Technologie befürchtet worden war, entspräche dies letztlich nicht dem Konzept der europäischen Datenschutzgesetzgebung, in der grundsätzlich technologieneutral die Verwendung von Daten und nicht einzelne Technologien reguliert werden. Obwohl auch dieser Erfolg zumindest zum Teil auf dem Akteur-Frame beruht, können wir festhalten, dass es den Kritikern – bislang – nicht gelungen ist, am Beispiel der *qualitativen Veränderungen,* die der RFID-Technologie vom Europäischen Datenschutzbeauftragten zugeschrieben wurden, eine Verschärfung des Datenschutzrechts durchzusetzen. Denn vor allem die Beantwortung der Frage, ob eineindeutige RFID Daten als personenbezogenen Daten zu behandeln sind oder nicht, ist im Rahmen der Selbstregulierungsanforderungen, denen RFID-Nutzer jetzt entsprechen müssen, auf die genaue Analyse der jeweiligen Systeme verlagert worden ist.

Insofern deutet auch die Tatsache, dass in der Stärkung der Selbstregulierung und der Verhinderung eines spezifischen RFID-Gesetzes ein Erfolg gesehen wird, darauf hin, dass sich die Akteur-Frames der Befürworter im Zug der Debatte zumindest graduell verschoben haben. Denn der Akteur-Frame zu Beginn der Debatte 2005/06 umfasste die Gefahr, dass durch eine Datenschutzregulierung in Europa der Einsatz von RFID unmöglich gemacht werden könnte. Der Akteur-Frame nach der Veröffentlichung der Empfehlung umfasste hingegen die Notwendigkeit, dass die Selbstregulierungsmaßnahmen auch glaubwürdig umgesetzt werden müssen, um damit letztlich den Anforderungen, die im politischen Diskurs entstanden sind, Genüge zu tun. Die dafür erforderlichen Ressourcen werden nun von der Industrie als notwendige Voraussetzung für die Einführung anerkannt.

Somit ist der Datenschutzaspekt im Akteur-Frame des Handelskonzerns von einer grundsätzlichen Gefährdung des RFID-Einsatzes zu einer von mehreren wichtigen Variablen geworden, die für die erfolgreiche Einführung von RFID beachtet werden müssen. Gerade die massenmediale Aufarbeitung der Datenschutzdebatte hat allerdings zu negativen Nebenwirkungen für die Einführung von RFID im Handel geführt. Basierend auf dem deutschen Betriebsverfassungsgesetz, lässt sich eine Frame-Überbrückung zwischen betriebsinternen Gegnern der Einführung moderner Automatisierungstechnologien und den in der Öffentlichkeit bekannten Datenschutzbedenken gegenüber RFID beobachten. Denn in dem Maß, in dem es in Betriebsräten aus anderen Gründen Vorbehalte gegen die Einführung von RFID gibt, lässt sich im Zweifel immer auch auf die bekannten Datenschutzbedenken verweisen, um so die Entscheidung zur Einführung der Technologie zu erschweren. Durch den Rückgriff auf die öffentliche Debatte können gleichsam Argumente ins Feld geführt werden, mit denen sich die Gefahr einer zusätzlichen öffentlichen Kritik verbindet, sodass die Einführung von RFID ggf. zurückgestellt wird und andere weniger kontroverse Themen prioritär eingeführt werden.

Die Datenschutzaspekte der RFID-Debatte sind also für die Industrie auf der einen Seite handhabbar geworden, weil man die entsprechenden Anforderungen mit Hilfe von Selbstregulierungsmaßnahmen erfüllen kann; gleichwohl bleibt allerdings die öffentliche Wahrnehmung von RFID zunächst auf die Bedenken fokussiert. Dementsprechend kann sich eine massenmediale Thematisierung von RFID auch dann noch negativ auf die Einführung auswirken, wenn bereits auf Basis der Empfehlung der EU-Kommission Lösungen erarbeitet worden sind. Bezüglich des Akteur-Frames des Handelskonzerns können wir also festhalten, dass Datenschutz zwar nicht mehr als grundsätzliche Gefahr gesehen wird, dennoch aber zu einem wichtigen Aspekt bei der Einführung von RFID geworden ist, und das, obwohl die Industrie selber keinerlei Anzeichen dafür hat, dass die Kunden im konkreten Einsatz tatsächlich Datenschutzbedenken hegen. Mit Blick auf die Bedeutung des politischen Diskurses für die Weiterentwicklung des Akteur-Frames auf Seiten der Interessenträger müssen wir allerdings auch dessen Selbsterhaltungstendenzen anerkennen. Denn wenn nach dreijähriger Debatte eine Kommissionsempfehlung von den Interessenträgern als Beitrag zur Rechtssicherheit begrüßt wird, dann dürfte die Unsicherheit bezüglich des Regulierungsrahmens zumindest zum Teil den Aktivitäten der Politikdesigner in der Europäischen Kommission geschuldet sein.

11.7 Fazit

Nach den kognitiven Rahmenbedingungen im IKT-Politikfeld und der Etablierung einer EU-Handlungskompetenz durch den Politikdesigner haben wir in diesem abschließenden Teil der Fallstudie den Kommunikationsprozess Interessenvermittlung aus der Sicht eines Interessenträgers untersucht. In dem Fallbeispiel sahen sich die RFID-Interessenträger auf EU-Ebene mit einem Datenschutz-

Frame konfrontiert, der ihren Interessen teilweise widersprach, und mussten den Frame-Konflikt mit den Kritikern im Rahmen des von der Kommission strukturierten politischen Diskurses austragen.

Dabei konnte der eigene Wirtschafts-Frame durch die aktive Mitarbeit in einer Sachverständigengruppe, die Teilnahme an zwei Online-Konsultationen und über bilaterale Gespräche als diskursives Gegengewicht zu den Kritikern platziert und bewahrt werden. Dabei waren die Interessenträger in einen kollaborativen Framing-Prozess als Handlungskontext eingebunden, der vor allem durch die Hervorhebung der Datenschutzaspekte durch den Politikdesigner geprägt war. Durch die Anpassung des Akteur-Frames konnten in den vermittelten Botschaften die Handlungsoptionen der Politikdesigner direkt adressiert und mit einem alternativen Frame sowohl Kritikpunkte antizipiert als auch spezifische Lösungen angeboten werden. Mit Hilfe der angepassten Vermittlung von Akteur-Interessen gelang es den RFID-Befürwortern im Dialog mit dem Designer und den anderen Interessenträgern, einen Selbstregulierungsrahmen für den Einsatz von RFID zu etablieren. Dazu wurde die Bereitschaft zur Selbstregulierung über alle verfügbaren Kommunikationskanäle an die Politikdesigner in der Kommission kommuniziert. Dabei wurde die Mehrebenenstruktur der EU genutzt, um Akteure im politischen System zu aktivieren und die Kompromissnotwendigkeit mit Nachdruck zu unterstreichen.

Die Teilnahme an den datenschutzorientierten Debatten hat auf Seiten der RFID-Industrie zu einer Sensibilisierung in Bezug auf Datenschutzfragen geführt. Dabei ist die Verknüpfung von Datenschutz- und Wirtschafts-Frame die Grundlage dafür, dass selbst *subjektiv unverständliche* Datenschutzbedenken von den Befürwortern adäquat adressiert werden können. Allerdings zeigt sich auch, dass ein hohes Maß an Expertise die Flexibilität in Bezug auf die Anpassung des eigenen Akteur-Frames reduziert. Wir können also abschließend festhalten, dass der Frame-Kontext auf EU-Ebene die kognitiven Handlungsorientierungen im Kommunikationsprozess Interessenvermittlung mitbestimmt und vor allem direkten Einfluss darauf hat, wie Interessenträger ihre Stellungnahmen anpassen. Dabei hängen die Positionen und Interessen gegenüber einem Politikvorhaben zumindest mittelbar von den Frames ab, die vom Politikdesigner in der Auseinandersetzung um ein Politikvorhaben thematisiert werden.

III Schlussfolgerungen

In dieser Arbeit haben wir zunächst einen Framing-Ansatz zur Untersuchung von Interessenvermittlungsprozessen theoretisch entwickelt. Diesen haben wir dann in Teil I auf das politische System der Europäischen Union angewendet und so einen Erklärungsrahmen zum interdependenten Kommunikationsprozess Interessenvermittlung formuliert. In Teil II haben wir die Arbeitshypothesen des Erklärungsrahmens zum interdependenten Kommunikationsprozess Interessenvermittlung am Beispiel des IKT-Politikfeld der EU sowohl aus der Perspektive der Politikdesigner (H1) als auch aus der Perspektive Interessenträger (H2) überprüft. Abschließend können wir jetzt die daraus resultierenden Schlussfolgerungen zu den interdependenten Handlungsorientierungen der Akteure und zur Logik des Kommunikationsprozesses Interessenvermittlung im politischen System der Europäischen Union (H3) ziehen[108].

108 Vgl. zu den Arbeitshypothesen des Erklärungsrahmens Kapitel 8.2.

12. Interessenträger und Politikdesigner in der europäischen Technologiepolitik

In der vorliegenden Untersuchung sind wir der Frage nach den interdependenten Handlungsorientierungen der Akteure im politischen Kommunikationsprozess Interessenvermittlung nachgegangen. Mit Hilfe eines Framing-Ansatzes haben wir dazu untersucht, wie sich die kognitive Interdependenz der Akteure auf die Interessenpolitik in der Europäischen Union auswirkt. Auf dieser Basis können wir jetzt die Logik des Kommunikationsprozesses Interessenvermittlung im politischen System der Europäischen Union beschreiben und die kognitiven Rahmenbedingungen für die Einflusschancen gesellschaftlicher Akteure zusammenfassen. Dazu haben wir sowohl die kognitiven Handlungsorientierungen der Akteure als auch ihre subjektiven Wahrnehmungen und kommunikativen Aktivitäten in die Analyse einbezogen.

Es wird deutlich, dass die Einflusschancen von Interessenträgern neben den verfügbaren finanziellen und personellen Ressourcen in erster Linie davon abhängen, wie die jeweilige Positionierung des Akteurs in Bezug auf ein Politikvorhaben zu dem Interesse der Politikdesigner passt, das Vorhaben zu begründen. In dieser Hinsicht sind sowohl Interessenträger als auch Politikdesigner darauf angewiesen, den Gegenstand der politischen Auseinandersetzung im politischen Diskurs zu platzieren. Dabei wirken sich vor allem die subjektiven Perspektiven und die strukturell begrenzte Aufmerksamkeit für politische Entscheidungsprozesse auf die wechselseitige Abhängigkeit der Akteure aus, wenn es darum geht, partikulare Interessen so zu berücksichtigen, dass Politikvorhaben erfolgreich begründet werden können.

Weil sowohl Politikdesigner als auch Interessenträger unter Bedingungen von Komplexität und Unsicherheit agieren und ihre Handlungsorientierung flexibel an den jeweiligen Kontext der Situation anpassen müssen, sind sie auf beständigen Austausch bzw. zumindest die Beobachtung anderer Akteure angewiesen, um ihre Handlungsoptionen einschätzen zu können. Mit dem Framing-Ansatz ist es möglich, der daraus resultierenden Interdependenz Rechnung zu tragen und den Kommunikationsprozess Interessenvermittlung komplementär sowohl aus der Perspektive des Politikvorhabens als Gegenstand des politischen Diskurses (Politik-Frame) als auch aus der der Interessenträger (Akteur-Frame) zu untersuchen.

Im Erklärungsrahmen haben wir dazu Politik-Frames in den Vordergrund gestellt. Diese bilden als interpretative Erläuterung eines Politikvorhabens den gemeinsamen kognitiven Referenzpunkt des politischen Diskurses und damit den

Kern der kognitiven Interdependenz, unter der die Akteure ihre partikularen Interessen vermitteln müssen. Damit lassen sich die grundsätzlichen Handlungsorientierungen entlang des Kommunikationskreislaufs Politikgestaltung als geschlossene Strukturdynamik sozialen Handelns beschreiben, die auf einer fortdauernden kausalen Wechselwirkung zwischen den beteiligten Akteuren beruht.

Wir können so die Akteure des Kommunikationsprozesses Interessenvermittlung im Hinblick auf ihre Einflussmöglichkeiten nach dem Maß an Deutungshoheit, das ihre Rolle im politischen Diskurs mitbringt, und ihrem Einfluss auf die institutionellen Rahmenbedingungen des Informationsaustauschs – insbesondere die Themensetzung – unterscheiden. Dabei spielen vor allem fachliche Expertise und die Möglichkeit, Definitionen im Diskurs durchzusetzen, sowie die Macht, Zeitpläne der Debatte und die Überzeugungskraft bestimmter Debattenbeiträge beeinflussen zu können, eine hervorgehobene Rolle. Da Politikdesigner partikulare Interessen berücksichtigen müssen, um die notwendige Akzeptanz für Politikvorhaben sicherzustellen, konkurrieren sie mit Interessenträgern um die politische Aufmerksamkeit und damit letztlich um die Deutungshoheit.

In der EU beruht die Interaktion der Akteure auf den konstitutionellen Bedingungen des politischen Systems und seiner Mehrebenenstruktur. Diese verlangt vor allem den Politikdesignern ein hohes Maß an Zusammenarbeit zwischen den jeweiligen Organen ab, die wiederum im Rahmen der Kompetenzkonkurrenz jeweils eigene Interessen verfolgen. Dieser Zusammenhang ist am Fallbeispiel der Radiofrequenzpolitik deutlich geworden, wo die Kommission sich den Dividende-Frame zunächst von den Mitgliedstaaten im Rahmen der etablierten Diskursforen (RSC und RSPG) bestätigen lassen musste. Die Grundlage für diese Zusammenarbeit ist insofern ein gemeinsames Verständnis eines Sachverhaltes, das auf dem kognitiv-interpretativen Kontext der Akteur-Frames basiert. Um ein solches gemeinsames Verständnis zu etablieren, sind gerade die Politikdesigner darauf angewiesen, sich an anderen Organen und im Rahmen von Konsultationsverfahren an Interessenträgern zu orientieren.

Wegen des Informations- und Begründungsbedarfs sind die Organe der EU llerdings auch eine Arena für die Interaktion von Interessenträgern, die versuchen, ihre partikularen Perspektiven in den Diskurs einzubringen. In der Interaktion zwischen Interessenträgern und Politikdesignern im politischen System der Europäischen Union manifestiert sich die allseitige Orientierungsnotwendigkeit daher in einem wechselseitigen Lernprozess, in dem alle Beteiligten parallel ihre jeweilige Perspektive auf den Gegenstand ausbilden. Die konstitutionellen Bedingungen und die Mehrebenenstruktur wirken dabei als Handlungsfeld für politische Unternehmer, die die wechselseitigen Lernprozesse nutzen können, um Politik-Frames zu etablieren. So versuchten etwa die Interessenträger der RFID-Industrie in Gesprächen sowohl mit Mitgliedern des Europäischen Parlaments als auch mit der Bundesregierung, ihre Standpunkte unter Berücksichtigung der konstitutionellen Bedingungen mit Nachdruck an die Kommission zu kommunizieren.

Insofern solche Politik-Frames den Kern der Interaktion bilden, können prinzipiell auch Kommissionsbeamte und gesellschaftliche Akteure einer Interessenkoalition angehören, die aus dem spezifischen Handlungszusammenhang heraus die gemeinsame Interpretation des Sachverhaltes stützt. Die Interaktion der Akteure beruht daher auf der intentionalen Verbreitung und der notwendigen Anpassung von Frames, wobei auf EU-Ebene Meta-Frames die gemeinsame kognitive Grundlage für den politischen Diskurs bilden, an denen sich vor allem die Politikdesigner orientieren müssen, um die Akzeptanzchancen für Politik-Frames zu erhöhen. Innerhalb der so definierten kognitiven Rahmenbedingungen in einem Politikfeld platzieren die Politikdesigner in der EU mit Hilfe von Politik-Frames Kognitionsvorlagen für bestimmte Sachverhalte und begründen damit die Regelungsnotwendigkeit auf europäischer Ebene.

Am Beispiel der i2010-Politikstrategie ist außerdem deutlich geworden, dass ein solcher Meta-Frame nicht nur dazu dient, die Bedeutung eines Politikfelds im Kontext der europäischen Wachstumsziele zu untermauern, indem die Bedeutung von Informations- und Kommunikationstechnologien (IKT) zur Erreichung dieser Ziele hervorgehoben wird. Darüber hinaus wird mit einem Meta-Frame immer auch die Bedeutung des zuständigen Kommissars und der Generaldirektion im Wettbewerb mit den anderen Generaldirektionen aufgewertet. Er dient daher letztlich auch der Selbsterhaltung der Politikdesigner. Damit die europäischen Politikvorhaben in den jeweils relevanten Akteurnetzwerken und Politikgemeinschaften akzeptiert werden, müssen die politischen Frame-Unternehmer deshalb deren Akteur-Frames berücksichtigen.

Insofern ist der politische Diskurs auf EU-Ebene ein Markt für Kommunikationsgelegenheiten, der für Interessenträger eine Herausforderung darstellt, da jede Kommunikation immer auch eine Positionierung gegenüber dem Vorhaben und in Bezug auf die anderen Diskursteilnehmer bedeutet. Die Relevanz eines Interessenträgers innerhalb eines Politikfelds hängt daher direkt von den Frames ab, die die kognitiven Grenzen der jeweiligen Debatte markieren. Interessenträger haben daher ein inhärentes Eigeninteresse daran, dass der eigene Frame im Diskurs zur Sprache kommt und dass er – wenn er ausreichend Anerkennung findet – auch vom Politikdesigner zumindest als relevante Rahmenbedingung für die Akzeptanz des Politikvorhabens berücksichtigt werden muss.

Dass zur Verbreitung der eigenen Frames auch die Frames der politischen Gegner antizipiert und mit entsprechenden Gegenargumenten bedacht werden, machen die Bemühungen der RFID-Interessenträger deutlich. Diese zielten darauf ab, den Ansprechpartner in die Lage zu versetzen, im politischen Diskurs die Perspektive der Industrie aufzunehmen und in Debatten gegnerische Argumente zu entkräften. Auch die Positionierung von Stellungnahmen in den Medien kann daher die Grenzen des Diskurses markieren und sich in dem Maß auf den politischen Diskurs auswirken, in dem der jeweilige Akteur-Frame von Journalisten aufgenommen und verbreitet wird.

Mit Hilfe des Erklärungsrahmens können wir daher im nächsten Schritte die Handlungsorientierungen der beteiligten Akteure entlang des Kommunikationskreislaufs zusammenfassen.

13. Die kognitive Interdependenz der Akteure in der EU

Anhand der Arbeitshypothesen des Framing-Ansatzes ist es möglich in den Fallstudien exemplarisch zu zeigen, wie Politikdesigner Politik-Frames gezielt als parallele Deutungsrahmen positionieren um die Akzeptanz des Politikvorhabens zu fördern und dabei Einfluss auf die Bildung von Akteur-Frames nehmen (H1), während Interessenträger durch die Verbreitung von partikularen Frames eigenen politischen Interessen befördern oder einen etablierten Deutungskonsens zu einem Politikvorhaben in Frage stellen, und sich dabei am Politik-Frame orientieren müssen (H2). Wir können daher die kognitiven Handlungsorientierungen im politischen System der EU sowohl aus der Perspektive der Interessenträger als auch aus der der Politikdesigner entlang des Kommunikationskreislaufs zusammenfassen.

13.1 Interessenträger

Ein Interessenträger muss zunächst (1) im Wettbewerb um die Deutungshoheit in einem Politikfeld die für ihn relevanten gesellschaftlichen Sachverhalte verallgemeinert mit Hilfe eines vorläufigen Politik-Frames in das politische System einbringen, um sie dort als handlungsrelevant zu positionieren. Grundlegend ist dabei die Tatsache, dass kaum ein anderer Akteur dem jeweiligen Gegenstand ein vergleichbares Maß an Aufmerksamkeit entgegenbringt als derjenige, dessen partikulares Interesse damit verbunden ist. Die Thematisierung im politischen Diskurs bedeutet daher immer, dass eine wachsende Anzahl von Akteuren des politischen Systems von einem Sachverhalt erfährt, diesem aber im Vergleich zum Interessenträger nur ein Bruchteil der Aufmerksamkeit entgegenbringen kann. So hatten es die RFID-Befürworter durch die Teilnahme einer Reihe von Sprechern an den von der Kommission organisierten Auftaktworkshops zwar geschafft, im Rahmen der Diskursgegengewicht-Strategie ihren Wirtschafts-Frame zu thematisieren. Gleichzeitig konnten aber auch die RFID-Kritiker die öffentliche Bühne nutzen, um vielfältige Kritikpunkte in den politischen Diskurs einzubringen. Diese bildeten dann die Grundlage für den Frame-Konflikt, der von der Kommission zur Formulierung des RFID-Frames aufgriffen werden musste.

Aus diesem Grund muss der Akteur (2) bei der Vermittlung seiner Interessen in der Auseinandersetzung mit konkurrierenden Akteurnetzwerken eine Kognitionsvorlage etablieren, mit deren Hilfe sich andere Akteure in Bezug auf gesellschaftliche Sachverhalte im Politikgestaltungsprozess orientieren können und die dem Politikdesigner die argumentative Möglichkeit bietet, ein entsprechendes Politikvorhaben vorzuschlagen. Die Entwicklung und Festigung von Begründungsrahmen kann demnach als zentraler Gegenstand eines Wettstreits um das beste Konzept verstanden werden, der zwischen Interessenkoalitionen und den Politikdesignern in Brüssel geführt wird. Die RFID-Interessenträger haben dazu im Wirtschafts-Frame die Einführung der Technologie mit Effizienzgewinnen verknüpft, um ein argumentatives Gegengewicht zum Datenschutz-Frame zu etablieren, in dem die unsichtbare und berührungslose Datenübertragung als Gefahr gesehen wird. Die Auseinandersetzung um die Kognitionsvorlagen wird besonders daran deutlich, dass sich beide Frames direkt auf die Kernparameter der RFID-Technologie beziehen, dabei allerdings zu gegensätzlichen Schlussfolgerungen gelangen.

Grundsätzlich muss jeder Interessenträger (3) aus dem subjektiven Akteur-Frame heraus das Politikvorhaben einschätzen. Dabei geht es einerseits darum, die sich bietenden Handlungsgelegenheiten zu nutzen, um die eigenen Interessen durch politisches Handeln auf EU-Ebene zu fördern. Andererseits können sich europäische Politikvorhaben auch negativ auf die eigenen Interessen auswirken. Um dieser Unsicherheit zu begegnen, muss der Akteur die politische Motivation der Designer kennen, um deren Interesse an einem politischen Erfolg nutzen zu können. Ob ein Akteur in seiner individuellen Nische von Maßnahmen des europäischen politischen Systems betroffen ist, hängt aber nicht nur vom Inhalt des Politikvorhabens, sondern auch von der potenziellen Wechselwirkung innerhalb der jeweiligen Akteurkonstellation ab.

Die Komplexität der Folgenabschätzungen wird zusätzlich erhöht durch den typischerweise mehrjährigen Zeitraum zwischen der politischen Debatte auf EU-Ebene und der Implementierung einer Maßnahme auf der Ebene der Mitgliedstaaten. Insofern ist der Verweis auf das Vorhandensein materieller Ressourcen nicht hinreichend, um zu erklären, warum Akteure sich engagieren. Ausschlaggebend für das Engagement ist vielmehr die Wahrnehmung eines Politikvorhabens als handlungsrelevant, weshalb das Monitoring der Entwicklung auf EU-Ebene eine notwendige Voraussetzung für die erfolgreiche Vermittlung von Interessen ist. Der Interessenträger steht daher grundsätzlich vor der Wahl, entweder vorausschauend die Perspektive der Politikdesigner zu berücksichtigen und einen vorläufigen Politik-Frame zu entwerfen oder seine Interessen angesichts eines etablierten Politik-Frames zu definieren. In dieser Hinsicht sah sich die RFID-Industrie, um eine Regulierung zu verhindern, zu einer Beteiligung am politischen Diskurs gezwungen, während die RFID-Kritiker die anfängliche Unterstützung der Technologie durch die Kommission nutzten, um einen europäischen Ordnungsrahmen für den RFID-Einsatz zu fordern.

In jedem Fall muss der Akteur (4) seine Interessen und die Handlungsoptionen zur Interessenvermittlung in der interdependenten Akteurkonstellation abwägen. Denn erst nach der Orientierung im Rahmen des politischen Diskurses auf EU-Ebene, in dem der Akteur einen Sachverhalt mit einem subjektiven Akteur-Frame wahrnimmt, können die Maßnahmen eines Politikvorhabens eingeschätzt und aus den eigenen Handlungsorientierungen Interessen konkretisiert werden, die dann die Handlungsoptionen bestimmen. Für den Interessenträger hängt die Kalkulation der Interessen vom Vergleich des eigenen Akteur-Frames mit dem Politik-Frame ab. Für die Interessenvermittlung ist immer eine Kombination aus kognitiven und materiellen Ressourcen erforderlich.

Der Interessenträger kann darüber hinaus (5) durch die Anpassung der politischen Botschaften die Chancen erhöhen, seine Interessen berücksichtigt zu finden, indem er sowohl den Politik-Frame als auch die vorherrschenden Akteur-Frames im Politikgestaltungsprozess berücksichtigt. Die RFID-Befürworter haben deshalb den eigenen Wirtschafts-Frame durch die aktive Mitarbeit in einer Sachverständigengruppe, die Teilnahme an zwei Online-Konsultationen und bilaterale Gespräche als diskursives Gegengewicht zu den Kritikern platziert. Damit haben sich die Interessenträger aktiv an einem kollaborativen Framing-Prozess beteiligt, obwohl dieser vor allem durch die Hervorhebung der Datenschutzaspekte durch den Politikdesigner geprägt war.

Sollen die Interessen mit Hilfe politischer Botschaften vermittelt werden, dann dient die (6) Verbreitung von Frames nicht nur der Positionierung, sondern auch der Orientierung. Denn jeder Interessenträger, der sich in einer Debatte zu Wort meldet und sich damit im politischen Diskurs positioniert, muss immer auch die eigene Reputation verteidigen. Jeder Debattenbeitrag muss wohlüberlegt und abgewogen sein, weil der Akteur durch die Positionierung von den anderen Teilnehmern einer Seite des Diskurses zugeordnet wird. Dabei spielt der Grad an Öffentlichkeit des Kommunikationskanals insofern keine Rolle, als der Interessenträger sowohl hinter den Kulissen als auch auf der Bühne jeweils die Kohärenz seiner Aussagen gegenüber dem Politikdesigner sicherstellen muss. Die Fallstudie hat gezeigt, dass die RFID-Interessenträger eine vertrauensvolle Zusammenarbeit mit den Politikdesignern angestrebt haben, um die eigenen Vorstellungen zu vermitteln. Dabei wurde auch deren Verantwortlichkeit für den Diskurs und für die Ausbalancierung der verschiedenen Akteurinteressen anerkannt. Auf diese Weise wurde nicht nur die eigene Position vermittelt, sondern auch durch konstruktive Mitarbeit an der Selbstregulierung die Rolle des Designers unterstützt.

Wenn der Interessenträger in der Lage ist, (7) seine partikularen Anliegen frühzeitig und an den Handlungskontext der Kommission angepasst zu vermitteln, dann können diese zur Grundlage für die Informationssuche und Meinungsbildung der Politikdesigner in der EU werden. Der vermittelte Frame kann dann die Problemdefinition und die Wahrnehmung der Handlungsnotwendigkeit auf europäischer Ebene beeinflussen.

In der EU haben politische Unternehmer die Möglichkeit, Frames so anzupassen, dass die dortigen Handlungskompetenzen bestätigt werden und einflussreiche Akteure ihre Ziele besser erreichen können. Insofern sind die entsprechenden Frames möglichst früh und prominent zu platzieren, damit sie durch die Diskussionen im Zuge des Politikgestaltungsprozesses gefestigt und je nach Bedarf weiter konkretisiert werden können. Gerade auf europäischer Ebene ist es von herausragender Bedeutung, ein politisches Anliegen im Kontext der dortigen Handlungskompetenzen zu vermitteln, da die Organe ihre Kompetenzen häufig gegenüber den Mitgliedstaaten durchsetzen müssen. Die Entstehung des ordnungspolitischen Rahmens für die Verwendung von RFID in der EU ist allerdings ein Beispiel dafür, dass der diskursive Politikgestaltungsprozess von keinem der Akteure vollständig kontrolliert werden kann. Denn nachdem der Politikgestaltungsprozess mittelbar durch die RFID-Befürworter initiiert worden war und der anfänglich eingebrachte Wirtschafts-Frame auf die Vermittlung von Industrieinteressen zurückging, ist der RFID-Frame erst im Verlauf des politischen Diskurses auf europäischer Ebene entstanden, an dem sich dann auch der Europäische Datenschutzbeauftragte als Ko-Designer maßgeblich beteiligte.

Umgekehrt gilt aber auch (8), dass viele Interessenträger im Verlauf des Verfahrens das Politikvorhaben erst vermittelt durch den Politik-Frame wahrnehmen. In dieser Hinsicht agieren die professionellen Interessenvermittler in ihrer Funktion als Informations- und Kontaktmakler als Katalysatoren für die Bildung von Interessen und damit auch für den Wettbewerb zwischen Interessenkoalitionen um die Verbreitung von Kognitionsvorlagen. Diese Dienstleister, häufig als Lobbyisten oder Public-Affairs-Berater bezeichnet, erfüllen eine Vermittlerfunktion zwischen den unterschiedlichen Wahrnehmungswelten der Akteure und agieren an der Schnittstelle zwischen den individuellen Wahrnehmungen eines Politikvorhabens aus Sicht des Interessenträgers und des Designers. Auf der Basis ihrer Kenntnis des spezifischen Frame-Kontextes im politischen System der EU helfen die Berater ihren Kunden dabei, Akteur-Frames zu definieren und im Frame-Kontext des Politikfeldes Partikularinteressen zu konkretisieren. Dass dabei auch kommerzielle Vermarktungsinteressen eine Rolle spielen, manifestiert sich nicht nur in dem eingangs erwähnten Jahresumsatz der Beratungsbranche von geschätzten 60 bis 90 Millionen Euro, sondern sie wirken auch als Triebfeder für eine Dynamik, in der möglichst viele Akteure zu Interessenträgern und damit zu potenziellen Kunden aktiviert werden. In dem Maß, in dem es ein Berater vermag, einen Kunden davon zu überzeugen, dass ein Politikvorhaben Auswirkungen auf dessen Interessen haben könnte, wird dieser Akteur erst zum Interessenträger, der dann mit Hilfe des Beraters am politischen Diskurs teilnimmt.

Entscheidet sich ein Akteur dazu, seine Interessen im politischen Diskurs zu vermitteln, muss er (9) zur Formulierung der Botschaften die vorherrschenden Frames des Politikgestaltungsprozesses berücksichtigen. Eine wichtige Voraussetzung, um durch die Auswahl der richtigen Ansatzpunkte ein partikulares Anliegen erfolgreich zu platzieren, ist die Kenntnis der politischen Hintergründe und Motivationen der Politik-Designer. Dazu müssen ggf. die inhaltlichen Schwerpunkte der eigenen Position angepasst werden, etwa um die „europäische Dimension“ eines Themas hervorzuheben. Insofern hängen die Erfolgschancen auch vom Status eines Themas im politischen Diskurs ab. So bestehen gute Einflussmöglichkeiten, wenn die Kommission, etwa angestoßen durch den Hinweis eines politischen Unternehmers, gerade erst beginnt, sich mit einem Thema zu beschäftigen, und wenn dieses nur begrenzte Auswirkungen auf eine kleine Gruppe relevanter Akteure hat. Handelt es sich allerdings um einen Sachverhalt, der als strukturiertes Problem sehr umstritten ist und zu dem sich die Kommission bereits öffentlich positioniert hat, sind die Chancen geringer. Gerade bei Themen, die eine Vielzahl von Akteuren interessieren, sind Interessenträger darauf angewiesen, eine Interessenkoalition zu etablieren, um die partikularen Interessen möglichst nachdrücklich mit dem Verweis z.B. auf die branchenweite Bedeutung zu vermitteln.

Dass Interessenträger die kommunizierten Botschaften auch an den jeweiligen Politik-Frame anpassen, zeigt sich am Beispiel der RFID-Befürworter. Diese haben zwar die potenzielle Auswirkungen auf Investitionsentscheidungen hervorgehoben und damit auf die negativen Folgen des möglichen Regierungshandelns hingewiesen, sie haben aber gleichzeitig auch politische Unterstützung für einen alternativen Lösungsweg angeboten. Der Innovationsrisiko-Frame ist insofern ein Beispiel für die angepasste Vermittlung von Akteur-Interessen im politischen Diskurs, ebenso die Position der Rundfunkanbieter in Bezug auf die Digitale Dividende. Denn obwohl diese ursprünglich abgelehnt wurde, umfasst der von den Interessenträgern verbreitete Rundfunk-Frame auch entsprechende Nutzungskonzepte für die frei werdenden Frequenzen und thematisiert die Verteilungskriterien, bei denen neben wirtschaftlichen auch soziale und kulturelle Erwägungen eingefordert werden. Die Interessenträger haben sich an die vorherrschenden Frames angepasst, indem sie im Rahmen des Begründungskontextes des Dividende-Frames argumentieren.

Allerdings sind auch (10) die aus Politik-Frames bestehenden und von den Teilnehmern des politischen Diskurses getragenen Frame-Hierarchien der europäischen Politikfelder als kognitive Gelegenheiten für die Vermittlung von Interessen von besonderer Bedeutung, wenn es darum geht, die Akzeptanzchancen zu erhöhen. Interessenträger finden daher entlang des Politikkreislaufs in der EU vielfältige Gelegenheiten, ihre subjektive Sicht der Dinge in den Diskurs einzubringen. In dem Bemühen, als ernst zu nehmender Gesprächspartner wahrgenommen zu werden, entsteht daraus für den einzelnen Interessenträger ein Spannungsverhältnis zwischen der Anpassung der politischen Botschaften einerseits und der Absicherung der eigenen Reputation andererseits. Dabei gilt: Je mehr die partikulare Forderung im Interesse des Politikdesigners liegt, sein Vorhaben erfolgreich umzusetzen, desto höher ist die Chance für den Akteur, Einfluss auf die Details der Ausformulierung des Politikvorhabens zu nehmen.

Für die (11) Vermittlung von Frame-basierten Informationen an politische Akteure müssen die Botschaften auf deren institutionelle Rahmenbedingungen zugeschnitten werden. Dabei spielen vor allem die in den unterschiedlichen Generaldirektionen der Kommission verfolgten Politiken, die Kompetenzkonkurrenz zwischen den Organen und die Position des jeweiligen Ansprechpartners innerhalb der Organisation eine Rolle im Hinblick darauf, welche Aspekte eines Sachverhalts in den Vordergrund gerückt werden. Ob durch den Zugang zu den Gesprächspartnern ein Einfluss auf den Politikgestaltungsprozess erreicht wird, hängt davon ab, inwiefern es dem Interessenträger gelingt, den Designer von der Relevanz des jeweiligen Standpunkts zu überzeugen, sodass dieser sich die vermittelte Argumentation zu eigen macht.

Für den Interessenträger geht es also nicht in erster Linie darum, Informationen beizutragen, sondern Positionen zu verbreiten und damit die Grenzen des politischen Diskurses zu markieren. Dadurch lässt sich der Frame-Kontext eines Vorhabens beeinflussen, sodass der Designer die entsprechenden Aspekte bei der Formulierung des Politik-Frames aus eigenem Akzeptanzinteresse heraus in Betracht ziehen muss, etwa weil weitere Akteure in den Diskurs einbezogen und zu Interessenträgern werden, wodurch sich auch der Schwerpunkt einer Debatte verlagern kann. Insbesondere die Aktivitäten des Handelskonzerns zeigen, dass ein spezifischer RFID-Akteur-Frame in den Dialog eingebracht wurde, um im politischen Diskurs ein ausreichendes Gegengewicht zu schaffen, mit dem Ziel, dass sich die dortigen Politikdesigner nicht ausschließlich auf die Datenschutzaspekte konzentrieren. Damit stand der Interessenträger vor der Aufgabe, eine Reihe von Politikdesignern zunächst über die Technologie zu informieren. Mit Hilfe des Wirtschafts-Frames wurde versucht, ein positives Bewusstsein für die Bedeutung dieser Innovation zu schaffen, um so Fürsprecher im politischen System zu aktivieren, die den Frame gegen die RFID-Kritiker in der Debatte vertreten konnten.

Weil die etablierten Frames innerhalb eines Politikfelds von einem Akteurnetzwerk gestützt werden, benötigen Interessengruppen in der EU langfristige Strategien, um neue, aber komplementäre Frames zu etablieren. Dazu kann der Interessenträger (12) durch die Verbreitung partikularer Frames – etwa über klassische PR-Maßnahmen und Medienkampagnen – versuchen, ein vorteilhaftes Meinungsklima zu erzeugen. Gerade die mediale Aufmerksamkeit für bestimmte Themen kann einen Handlungsdruck für politische Verantwortungsträger erzeugen, unter dem sie sich mit den in den Medien transportierten Politik-Frames auseinandersetzen müssen. Vor allem die durch die Stellungnahme des Europäischen Datenschutzbeauftragten zum Thema RFID gleichsam bestätigten Gefahrenszenarios zeigten, dass die Validierung öffentlich geäußerter Meinungen durch politische Organe deren Wirkung auf die Europäische Kommission als Politikdesigner verstärken kann.

Ohne eine solche Unterstützung müssen Interessenträger im politischen System der EU allerdings langfristige Strategien verfolgen, um (13) den Deutungskonsens zu einem Politikvorhaben oder in einem Politikfeld in Frage zu stellen, und sie müssen zu ressourcenintensiven Auseinandersetzungen mit der Gegenseite bereit sein, um neue Frames zu etablieren. Denn die Veränderung vorherrschender Frames (*reframing*) gefährdet immer Interessenkoalitionen, die mit einer etablierten Unterstützungsstruktur innerhalb eines Politik-Netzwerks, zu dem auch Politikdesigner gehören, die vorherrschenden Frames stabilisieren. Notwendig sind daher Investitionen in Expertise, die die Basis für die notwendige Glaubwürdigkeit darstellen. Diese Investitionen sind aber vor allem für einzelne Interessenträger nur bei angemessenen Erfolgsaussichten sinnvoll. Die Glaubwürdigkeit erfordert außerdem die Beibehaltung der Kernbotschaft sowie die Etablierung persönlicher Beziehungen zu Politikdesignern und den gezielten Aufbau eines Akteurnetzwerkes. Umgekehrt sind Blockadepositionen vor allem bei umstrittenen Themen mit hohem Konfliktpotenzial immer dann möglich, wenn die konkurrierenden Akteurnetzwerke auch Politikdesigner umfassen und ein Vorhaben im Parlament behandelt wird oder wenn der Interessenträger eine nachvollziehbare Veto-Drohung mit spezifischen Änderungsvorlagen für bestehende Politiken verknüpfen kann. Der transnationale Markt von Kommunikationsgelegenheiten auf EU-Ebene stellt für Interessenträger und Politikdesigner eine Herausforderung dar, denn er ist ein Handlungsfeld für politische Unternehmer, die maßgeblich an der Bewahrung etablierter oder der Etablierung neuer Frames beteiligt sind.

Unabhängig davon, ob ein Interessenträger aus eigenem Antrieb auf diesem Markt tätig wird oder ob er an dem Diskurs teilnimmt, weil er seine Interessen gefährdet sieht, führt (14) die Anpassung der politischen Botschaften an den Politik-Frame in jedem Fall zu einem kognitiven Anpassungsdruck auf den Akteur-Frame und ist daher eine zentrale Herausforderung. Um politische Interessen zu vermitteln, müssen diese zumindest mittelbar auf den Politik-Frame bezogen werden, auch wenn die darin enthaltene Deutung des jeweiligen Sachverhaltes abgelehnt wird. Der daraus resultierende kognitive Anpassungsdruck, dem der Akteur ausgesetzt ist, geht auf die Notwendigkeit zurück, die Teilnahme am politischen Diskurs und vor allem die dafür aufgewendeten Ressourcen zu rechtfertigen.

Denn zum einen ist es notwendig, als Diskursteilnehmer aus Sicht des Politikdesigners relevant zu bleiben. Am Beispiel der Konsultationsbeiträge der RFID-Befürworter haben wir gesehen, dass die Bemühungen, die Handlungen des Designers zu antizipieren, immer auch die Gefahr bergen, durch die eigenen

Diskursbeiträge die Argumente der Gegenseite zu bestätigen.EU-Meta-Frames vermitteln insofern zwar ein gewisses Maß an Erwartungssicherheit, weil sie dem Interessenträger Hinweise auf den argumentativen Zugang zu den Politikdesignern liefern. Gleichzeitig werden dadurch aber auch die Grenzen des politischen Diskurses in einem Politikfeld und damit die institutionellen Rahmenbedingungen und der Handlungsrahmen für mögliche Politiken definiert. Der Erfolg von Interessenträgern hängt also nicht nur vom Eigeninteresse des jeweiligen Akteurs ab, sondern auch davon, ob er auf Seiten der Designer als relevanter Akteur wahrgenommen wird. Durch die Politik-Frames auf EU-Ebene entsteht so ein Handlungsrahmen, an den sich Interessenkoalitionen anpassen müssen, um Handlungsgelegenheiten wahrnehmen zu können, d.h. die Akteure müssen sich auf EU-Ebene im Licht der dortigen Frames positionieren.

Zum anderen ist auch ein Vermittlungserfolg notwendig, um den Aufwand für die Teilnahme am politischen Diskurs zu rechtfertigen. Dieser kann im interdependenten Kommunikationsprozess Interessenvermittlung allerdings auch selbstreferentielle Züge tragen, etwa wenn die Verantwortlichen kontrafaktisch argumentieren, dass ohne die eigenen Maßnahmen eine noch unvorteilhaftere Implikation eines Politikvorhabens eingetreten wäre. Dieser Aspekt ist zweifellos ein wichtiger Faktor für die kommerzielle Dynamisierung, die von der einschlägigen Beratungsbranche ausgeht.

Als Teil des interdependenten Lernprozesses wirkt sich die Anpassung aber auch auf die Wahrnehmung des Entscheidungsgegenstands durch den Interessenträger aus. Denn dieser nimmt die unterschiedlichen Perspektiven der anderen Diskursteilnehmer wahr und muss sie mindestens insoweit in Betracht ziehen, als sie als Teil des Politik-Frames zu einer Rahmenbedingung für den politischen Diskurs geworden sind und er sie in seinen eigenen Botschaften berücksichtigen muss. Allerdings hat das RFID-Beispiel gezeigt, dass gerade ein hohes Maß an Expertise die Flexibilität in Bezug auf die Anpassung des eigenen Akteur-Frames negativ beeinflusst. Denn je überzeugter ein Akteur von der eigenen Position ist, desto schwieriger ist es für ihn, sich auf eine politische Debatte einzulassen, in der augenscheinlich vollständig konträre Meinungen und Positionen in gleichem Maß als Debattenbeiträge akzeptiert sind. Insofern haben die RFID-Befürworter als direkt motivierte Interessenträger den grundlegenden Akteur-Frame nur graduell verändert, weil sie weiterhin davon überzeugt waren, dass die Datenschutzbefürchtungen in Bezug auf RFID im besten Fall auf unrealistischen Vorurteilen beruhen und im schlimmsten Fall gezielt gestreut werden, um eine politische Datenschutzagenda voranzutreiben. Allerdings hat die konstruktive Beteiligung an dem politischen Diskurs, in dessen Verlauf der Datenschutz- und Wirtschafts-Frame zu einem RFID-Frame verknüpft wurden, zu einem Lernprozess geführt, der es den Befürwortern ermöglichte, selbst für sie unverständliche

Datenschutzbedenken im Rahmen der Selbstregulierung zu adressieren und den eigenen Akteur-Frame entsprechend weiterzuentwickeln.

Mit Bezug auf die Handlungsorientierungen der Interessenträger in der EU können wir also abschließend schlussfolgern, dass Politik-Frames eine zentrale Rolle sowohl bei der Definition und Vermittlung von Interessen als auch im Wettbewerb um die Deutungshoheit spielen. Die Handlungsgelegenheiten, die sich auf EU-Ebene ergeben, hängen also von den Politik-Frames und den spezifischen Rahmenbedingungen der Politikdesigner ab. Für die Vermittlung partikularer Interessen ist die argumentative Ausrichtung auf die etablierten Politik-Frames eine Voraussetzung dafür, dass die politischen Botschaften ihre Adressaten erreichen. Darüber hinaus sind die Politik-Frames auch der maßgebliche Orientierungspunkt, wenn es für den Akteur darum geht, die eigenen Handlungsorientierungen im Kontext des politischen Diskurses auf EU-Ebene zu Interessen zu konkretisieren. Um die eigenen Interessen so in den Diskurs einzupassen, dass die damit transportierten Informationen zweckmäßig an die Designer kommuniziert werden, ist vielfach die Unterstützung von Vor-Ort-Experten oder die Zusammenarbeit in Interessenkoalitionen notwendig. Gerade angesichts des Wettbewerbs um die Deutungshoheit muss der Interessenträger in der EU Anknüpfungspunkte für andere Akteure berücksichtigen, um seine Erfolgschancen zu erhöhen. Einer der wichtigsten Orientierungspunkte für Interessenträger sind die Aktivitäten der Politikdesigner, die ihrerseits versuchen, ein Politikvorhaben so im Diskurs zu platzieren, dass dafür eine ausreichende Zustimmung erreicht werden kann.

13.2 Politikdesigner

Auch die Designer stehen dabei vor der Herausforderung, einen Sachverhalt einer größeren Gruppe von Akteuren des politischen Systems zur Kenntnis zu bringen, die diesem aufgrund der Vielzahl an Themen, die in einem politischen System gleichzeitig behandelt werden, nur ein begrenztes Maß an Aufmerksamkeit zuteilwerden lassen können. Der Politikdesigner, der dem Sachverhalt aus politischem Eigeninteresse ein adäquates Maß an Aufmerksamkeit zukommen lässt, steht dabei aber auch Akteuren gegenüber, die ihrerseits ein partikulares Interesse mit dem Vorhaben verbinden und diesem ebenfalls ein entsprechend hohes Maß an Aufmerksamkeit entgegenbringen. Insofern können wir mit Hilfe des Erklärungsrahmens auch die Handlungsorientierungen der Politikdesigner entlang des Kommunikationskreislaufs zusammenfassen. Der Politikdesigner ist (1) grundsätzlich auf die Interaktion mit anderen Akteuren angewiesen, um Politikvorhaben zu formulieren und mit Politik-Frames erfolgreich begründen zu können. Gerade die Designer auf EU-Ebene bestätigen durch die Behandlung eines Themas im dortigen politischen Diskurs die eigene Rolle und sind daher darauf angewiesen, mit den Akteuren in den anderen Organen und Interessenträgern zu interagieren, um die Themen auf der politischen Agenda zu stabilisieren. Die Kenntnis der jeweiligen Akteur-Frames, d.h. der „proper information from different angles", ist insofern eine Voraussetzung dafür, die Akzeptanzchancen eines Politikvorhabens abschätzen zu können.

Um (2) eine gesellschaftliche Situation als handlungsrelevant erkennen zu können, ist der Designer auf die partikulare Wahrnehmung eines Frame-Sponsors angewiesen. Besonders Interessenträger mit einem direkten Interesse am Sachverhalt sind in dieser Hinsicht für den Designer von Bedeutung. Denn diese Akteure haben nicht nur ein hohes Maß an zumindest partikularer Expertise, sondern sind im weiteren Verlauf auch mit höherer Wahrscheinlichkeit dazu motiviert, ihre Position im politischen Diskurs zu vertreten. So muss etwa die Kommission, lange bevor ein Politikvorhaben vorgeschlagen wird, die Durchsetzungsmöglichkeiten abschätzen und dazu sowohl die politischen Rahmenbedingungen berücksichtigen als auch die Entwicklung der Akteurkonstellation antizipieren. Ausgehend von der Zuständigkeit für ein bestimmtes Politikfeld können die Designer durch die Beobachtung der Umwelt begrenzte Handlungsgelegenheiten für sich oder andere identifizieren. Für die Interessenträger ist die Möglichkeit, als Frame-Sponsor einen Politikdesigner zuerst aus einer bestimmten Perspektive über einen Sachverhalt in Kenntnis zu setzen, wegen der allgemeinen Tendenz zur Vermeidung kognitiver Dissonanzen die Basis für erhöhte Erfolgschancen, wenn partikulare Interessen möglichst früh vermittelt werden.

Neben den Interessenträgern muss der Designer (3) die jeweiligen institutionellen Rahmenbedingungen berücksichtigen, um einen Designer-Frame auszubilden. Eine Voraussetzung dafür ist die Abwägung der Kompetenzkonkurrenz bei der Formulierung von Politikvorhaben auch innerhalb der Kommission. Denn neben den Beamten in der Kommission können auch die Abgeordneten des Europäischen Parlaments und die Delegierten der Mitgliedstaaten als politische Unternehmer tätig sein und aus eigenem Interesse Politik-Frames in den Diskurs einbringen. Das Beispiel der Radiofrequenzpolitik hat gezeigt, dass die Kommission durch die Berücksichtigung des europarechtlichen Kontexts die bestehenden Verpflichtungen der Mitgliedstaaten nutzen kann, um Politikvorhaben voranzutreiben und EU-Regulierungskompetenzen zu begründen. Dazu wurde die Frame-Hierarchie der Radiofrequenzpolitik sowohl mit spezifischen als auch mit horizontalen Politiken verknüpft, etwa dem EU-Wettbewerbsrecht, der Binnenmarktregelung, dem Verbraucher- und Gesundheitsschutz etc.

In diesem Frame-Kontext aus individuellen Wahrnehmungen und bestehenden rechtlichen Regelungen definiert der Designer (4) den Wert eines Politikvorhabens im politischen System. Anschließend kann er es mit zweckgerichteten Deutungsrahmen zur Diskussion stellen, um die Akzeptanz der relevanten Akteure zu erhalten und es damit letztlich durchsetzbar zu machen. In der EU nimmt die Kommission vor diesem Hintergrund eine zentrale Rolle als *Realitätsnotar* für europäische Politikvorhaben ein. Basierend auf ihrem Vorschlagsrecht setzt sie Themen auf die politische Tagesordnung, die dann in der Debatte behandelt werden und den Akteuren als Orientierung dienen. Als Realitätsnotar ist die Kommission ein absichtsvoll handelnder Akteur mit eigenen politischen Interessen, die in einem transnationalen Netzwerk von EU-Organen, Mitgliedstaaten, Interessenkoalitionen, Verbänden, Think-Tanks und anderen Interessenträgern definiert werden. Durch die Erwähnung von Themen in offiziellen Dokumenten bzw. im Rahmen von Verlautbarungen durch EU-Kommissare oder von Repräsentanten anderer Organe manifestieren sich die inhaltlichen Grenzen des politischen Diskurses auf europäischer Ebene. Daran zeigt sich, dass auch die Kommission als Realitätsnotar den Diskurs zwar maßgeblich dokumentieren, aber letztlich nicht kontrollieren kann.

Der Politikdesigner kann (5) den Politik-Frame als parallelen Deutungsrahmen positionieren, der sich auf die Bildung von Akteur-Frames auswirkt. Das Beispiel des Dividende-Frames hat gezeigt, dass die Politikdesigner in der Radiofrequenzpolitik unterschiedliche Möglichkeiten genutzt haben, diesen in den politischen Diskurs einzubringen und an die relevanten Interessenträger zu kommunizieren. Neben den formellen Mitteilungen der Europäischen Kommission an die Ko-Designer in den anderen Organen, deren politische Rückendeckung auf EU-Ebene genutzt wurde, um das Vorhaben voranzutreiben, wurden die Konzepte in den bereits erwähnten Diskussionsforen der Mitgliedstaaten und im Rahmen eines Konsultationsverfahrens verbreitet. Die Diskussion über die platzierten Frames wirkt immer auch als kognitiver Stimulus, durch den sich die jeweils relevante Akteurkonstellation identifizieren lässt. Denn wenn die Kommission Frames thematisiert, dann müssen sich auch andere Akteure, z.B. die Regierungen der Mitgliedstaaten, die Abgeordneten im Europäischen Parlament, Interessengruppen etc., damit auseinandersetzen, um ihre eigene Position zu bestimmen.

Indem der Designer (6) Anknüpfungspunkte für relevante Akteur-Frames schafft, kann er die Basis für die Unterstützung durch diese Akteure legen. Deswegen ist ein gemeinsames Verständnis eines Sachverhaltes Grundlage für die inter-institutionelle Zusammenarbeit zwischen den Organen. Insofern muss ein Politik-Frame kognitive Anknüpfungspunkte für die relevanten Akteur-Frames enthalten, um die Akzeptanz und erfolgreiche Begründung eines Politikvorhabens sicherzustellen. Die Formulierung von Politik-Frames basiert daher immer auch auf Ideen anderer Akteure und ihre Verbreitung beeinflusst deren Orientierung. Die Frames müssen daher flexibel gehalten werden, damit sie sich mit Blick auf die notwendige Akzeptanz anpassen lassen.

Entsprechend benötigt der Politikdesigner einen kommunikativen Stimulus, um (7) den kognitiven Kontext des Politikvorhabens, der im politischen Diskurs aus den relevanten Akteur-Frames besteht, überhaupt erkennen zu können. Denn als Reaktion auf z.B. ein Konsultationsdokument vermitteln Interessenträger ihre Perspektiven an den Designer.

Dieser kann dann (8) mit Hilfe der so erkennbaren Akteur-Frames einen zweckgerichteten Politik-Frame formulieren, der es ihm ermöglicht, die Akzeptanz des Vorhabens zu sichern. Sowohl die Vorbereitung des Dividende-Frames in der Diskussion mit den Experten der Mitgliedstaaten als auch die von der Kommission zum Thema RFID durchgeführten Expertenworkshops und die Etablierung der Sachverständigengruppe haben gezeigt, dass die Designer in der Europäischen Kommission auf den Dialog mit anderen Akteuren angewiesen sind, um die jeweiligen Politik-Frames zu entwickeln.

Um ein Vorhaben erfolgreich umsetzen zu können, muss der Designer (9) in der Lage sein, es flexibel zu gestalten. Am Beispiel der Digitalen Dividende ist deutlich geworden, dass die Kommission in dieser Hinsicht nicht nur auf die Mitarbeit der Mitgliedstaaten angewiesen ist, sondern dass sich darüber hinaus die Debattenbeiträge der Ko-Designer aus Parlament und Rat auf die Weiterentwicklung des Politik-Frames ausgewirkt haben. Dabei zeigt sich, dass alle Akteure ihre partikularen Perspektiven einbringen und sich deshalb zum Beispiel auf die Bewahrung der nationalen Kompetenzen gegenüber den europäischen Handlungsgelegenheiten oder den Frame-Konflikt zwischen Mobilfunk- und Rundfunkinteressen beziehen. Der Designer muss insofern die eigene Argumentation vor allem in Bezug auf die Anknüpfungspunkte für partikulare Sichtweisen flexibel gestalten, um die erfolgreiche Umsetzung eines Politikvorhabens absichern zu können.

Insofern kann auch (10) die Adaptionsfähigkeit des Politik-Frames genutzt werden, um Unterstützung zu generieren sowie das Meinungsklima positiv zu beeinflussen. Vor allem durch die Zusammenarbeit zwischen Politikdesignern und Interessenträgern und durch die Einbindung neuer Akteure und Interessen ist es möglich, neue Frames zu etablieren. Andererseits müssen Frames besonders in etablierten Politikfeldern aber auch an die bestehenden Vorstellungen angepasst werden, damit sie nicht von den etablierten Interessenkoalitionen, zu denen auch Politikdesigner gehören können, prinzipiell abgelehnt werden. Gerade die gezielte Einbeziehung „neuer" Akteure in den politischen Diskurs ist für den Politikdesigner deshalb eine Möglichkeit, die etablierten Interessen in einem olitikfeld im Sinne eines neuen Politik-Frames zu einem graduellen Wandel zu bewegen. Die i2010-Strategie ist ein Beispiel dafür, dass die Kommission als politischer Unternehmer die Handlungsgelegenheiten genutzt hat, die sich durch die Schlussfolgerungen des Europäischen Rates zur erneuerten Lissabon-Strategie ergeben haben. Dabei hat die zuständige Generaldirektion ihre Kompetenzen politisch abgesichert und die Frame-Hierarchie im Bereich der IKT-Politik fortgeschrieben, deren Anknüpfungspunkte sich dann für neue Initiativen oder die Fortschreibung bestehender Programme nutzen lassen. Die Aktualisierung einer Frame-Hierarchie im Sinn der politischen Prioritäten ist auch eine oraussetzung, um Unterstützungspotential für Politikvorhaben zu generieren.

Der Politikdesigner kann (11) Politikvorhaben in strategischen Kommunikationsforen zur Diskussion stellen und so auf die Entstehung von Akteur-Frames Einfluss nehmen. Vor allem weil sich andere Akteure auch an den kommunizierten Frames orientieren, sind die erwähnten Konsultationsverfahren ein wichtiger Stimulus für die Entwicklung und Anpassung von Akteur-Frames. Die Konsultationen verdeutlichen in besonderem Maß die Interdependenz der Akteure innerhalb des Kommunikationsprozesses Interessenvermittlung. Denn Konsultationen über geplante Politikvorhaben führen dazu, dass Akteur-Frames und damit auch partikulare Interessen entstehen.

Die Designer in der Kommission haben mit Hilfe von Konsultationsverfahren die Möglichkeit, gezielt Unterstützung für ihre Vorhaben zu generieren und die Beiträge bzw. vor allem die Ergebnisse in der weiteren Debatte, z.B. mit den anderen Organen, als zusätzliche Begründungszusammenhänge zu nutzen. Dabei bietet gerade die Einbeziehung anderer Akteure und Debattenbeiträge die Möglichkeit, Einfluss auf das Meinungsklima zu nehmen, etwa wenn – wie im Beispiel der RFID-Politik – aus einer Online-Konsultation auf die Verbrauchermeinung geschlossen wird, ohne dass die Teilnehmer Praxiserfahrungen mit der Technologie haben können. Die Berücksichtigung bestimmter Interessengruppen im politischen Diskurs kann von Seiten des Designers auch durch die gezielte Schaffung von Kommunikationsforen, die finanzielle Unterstützung solcher Gruppen oder die institutionalisierte Einbindung in Expertenkomitees und Beratungsgremien und die damit einhergehende Aufwertung unterstützt werden.

Vor allem wenn (12) ein Politik-Frame als Allgemeingut etabliert ist und von einer Interessenkoalition getragen wird, kann die damit verbundene Argumentation zum Zugangskriterium für den politischen Diskurs werden. Dieser Zusammenhang hat sich in der Fallstudie unter anderem daran bestätigt, dass mit dem Dividende-Frame die Notwendigkeit eines neuen flexiblen Frequenzregulierungsregimes etabliert wurde und sich sowohl die Ko-Designer als auch die relevanten Interessenträger in ihrer Interessenbildung darauf ausrichteten – etwa indem die Mitgliedstaaten die Erhaltung der nationalen Kompetenzen und das Europäische Parlament die europäische Dimension hervorhoben. Gerade der Vergleich zwischen relevanten Interessenträgern aus dem Mobilfunk- bzw. Rundfunksektor zeigt, dass der Dividende-Frame der argumentative Boden ist, auf dem die Begründungszusammenhänge für die jeweilige Position beruhen. Den Politikdesignern in der Kommission ist es also gelungen, einen Politik-Frame zu etablieren, an dem sich sowohl die Ko-Designer als auch die Interessenträger in ihren Diskursbeiträgen und Interessen orientierten. Dabei wird die kognitive Interdependenz aber auch daran deutlich, dass sich die Frames der konkurrierenden Akteur-Netzwerke in den Stellungnahmen der Ko-Designer widerspiegeln. Auch das Beispiel der RFID-Befürworter hat gezeigt, dass sich diese Akteure auf den RFID-Frame und damit auf die Debatte um die Selbstregulierung der Datenschutzrisiken eingelassen haben, obwohl diese Risiken aus dem Akteur-Frame nur bedingt nachvollziehbar waren.

Um einen Politik-Frame als Allgemeingut zu etablieren, müssen (13) durch dessen Verbreitung und Anpassung Interessen bei der Ausgestaltung des Politikvorhabens berücksichtigt werden. Aus Sicht der Kommission müssen vor allem andere Politikdesigner innerhalb der Mehrebenenstruktur motiviert werden. Die Mobilisierung von Interessengruppen für die Unterstützung von Politikvorhaben im politischen Diskurs ist vor allem dann wichtig, wenn EU-Frames verbreitet und zur Diskussion gestellt werden. Wir müssen aber auch festhalten, dass Diskurskoalitionen in der EU bis in die jeweiligen Organe hineinreichen. Die gezielte Verbreitung von Frames, um Politikvorhaben voranzutreiben, erfordert daher das strategische Vorgehen von politischen Unternehmern, die auch innerhalb von Organen wie der Kommission oder dem Parlament tätig sind. Die „Digitale Dividende“ ist ein Beispiel für die kollaborative Formulierung eines Politikvorhabens, bei dem durch die Einbindung der relevanten Interessenträger und Ko-Designer ein Politik-Frame bestätigt wurde, der die Kosten des Nichthandelns auf europäischer Ebene thematisiert hat.

Die Verbreitung neuer oder die Bewahrung existierender Deutungszusammenhänge muss insofern immer im Zusammenhang mit der Machtverteilung in einem Politikfeld gesehen werden – wobei sich die kohärente Einbindung eines Frames in eine Frame-Hierarchie gerade dann positiv auf die Rahmenbedingungen für die Politikdesigner in der EU auswirkt, wenn wichtige Interessenträger wie große Unternehmen oder einflussreiche NROs, die auch für die nationalen Regierungen relevant sind, die Ideen und Vorhaben unterstützen. Dies verbessert nicht nur die Umsetzungschancen für das jeweilige Politikvorhaben, sondern untermauert auch die Daseinsberechtigung der Politikdesigner in den jeweiligen Dienststellen der Kommission oder die politische Reputation der Abgeordneten. Die Positionierung der i2010-Strategie im Kontext der EU-Wachstumsziele der erneuerten Lissabon-Strategie ist ein Beispiel dafür, wie durch argumentative Verknüpfungen auch politikfeldspezifische Meta-Frames und die Relevanz der Politikdesigner untermauert werden können. Anhand des RFID-Frames lässt sich demgegenüber exemplarisch zeigen, dass die Kommission einen Frame-Konflikt aufgegriffen hat, um eine Regulierungsnotwendigkeit auf EU-Ebene zu begründen.

Insofern (14) die flexible Anpassung von Frames notwendig ist, um ein Politikvorhaben im politischen Diskurs auf EU-Ebene durchsetzen zu können, ist die

Erringung der Deutungshoheit in einem Politikfeld für die Politikdesigner in der EU-Kommission zwar ein grundsätzliches Ziel. Durch die interaktionsabhängigen Rahmenbedingungen, innerhalb derer die Kommission agiert, gleicht der Politikgestaltungsprozess allerdings einer schrittweisen Gewinnung von Deutungsspielräumen durch die argumentative Vorbereitung von Politikvorhaben mit Hilfe von Politik-Frames. Gerade die Konstruktion von Politik-Frames in der EU unterstreicht die doppelte Funktion der Konsultationsprozesse.

Neben der funktionellen Erhebung von Akteur-Frames, um die Akzeptierbarkeit der Deutungsrahmen zu steigern, lässt sich durch die Breite der Zustimmung bzw. Partizipation an den entsprechenden Konsultationsprozessen auch die Wirksamkeit des Politik-Frames verbessern, wenn sich dabei ein Konsens abzeichnet. Die Wirkung für die Durchsetzung von Politikvorhaben liegt in der Entwicklung von Akteur-Frames begründet, die wiederum durch die Institutionalisierung der Politik-Frames gefördert wird. Denn in dem Maß, in dem Frames und die damit transportierten Informationen zum geteilten Wissen in einem Politikfeld werden, wird eine intersubjektive Erwartungssicherheit erzeugt, die allen beteiligten Akteuren zugutekommt. Die so entstehende Erwartungssicherheit kann von den Designern in der EU gezielt genutzt werden, um Unterstützung für politische Vorhaben zu generieren. Ein Politik-Frame kann dazu auf EU-Ebene als Stimulus für einen politischen Konsens wirken, der dann Teil des Kontextes für die europapolitischen Interessen der Diskursteilnehmer wird.

Die (15) erfolgreiche Durchsetzung eines Vorhabens wirkt sich dann wiederum auf die zukünftigen Handlungsorientierungen des Politikdesigners aus, etwa weil dadurch neue Kompetenzen geschaffen werden. In jedem Fall wird die Frame-Hierarchie des Politikfelds um den jeweiligen Politik-Frame ergänzt, was auch den Begründungskontext zukünftiger Politikvorhaben verändert. Wir können daher aus der Perspektive der Politikdesigner zusammenfassen, dass die EU als eine Reihe thematischer Regimes verstanden werden kann, die normativ durch die konstitutionellen Grundlagen der EU miteinander verbunden sind und sich durch die neuen Politik-Frames weiterentwickeln.

Die Politikdesigner in der EU hängen dabei grundsätzlich von den Interessen der Mitgliedstaaten ab und verfolgen im Sinne der Kompetenzkonkurrenz im Mehrebenensystem auch eigene Interessen. Die Politikdesigner in der EU, in den Generaldirektionen der Kommission oder die Abgeordneten im Parlament agieren daher unter unterschiedlichen Rahmenbedingungen in ihren jeweiligen Politikfeldern als politische Unternehmer. Im Rahmen der etablierten EU-Meta-Frames wie dem „Binnenmarkt“ können mit Hilfe von Frames politische Vorhaben etabliert und durchgesetzt werden. Besonders die Europäische Kommission ist dabei kein monolithischer Akteur, sondern arbeitet auf der Basis ihres Initiativrechts innerhalb von Politikgemeinschaften daran, Politik-Frames als Akzeptanzgrundlage für Politikvorhaben auf EU-Ebene zu etablieren. Dabei ist die

Unterstützung durch relevante Akteurnetzwerke eine notwendige Voraussetzung, um den Mehrwert eines europäischen Vorhabens gegenüber nationalen Regelungen nachzuweisen.

Die Designer stehen daher vor der Herausforderung, sowohl Akteur-Frames berücksichtigen als auch argumentative Verbindungen zwischen den anerkannten Meta-Frames und dem Vorhaben herstellen zu müssen, um die Akzeptanz der relevanten Akteure zu ermöglichen. Das Fallbeispiel i2010 hat in dieser Hinsicht gezeigt, dass die Politikdesigner in der Kommission nicht nur bei der Begründung von IKT-Politikvorhaben, sondern auch in anderen Politikfeldern vom i2010-Meta-Frame Gebrauch gemacht haben, um Politikvorhaben voranzutreiben, wodurch der argumentative Zusammenhang zwischen dem Politikziel der IKT-Förderung und den Wachstums- und Beschäftigungszielen der EU untermauert wird. Wegen der Kompetenzkonkurrenz ist die Nennung der Kernbegriffe notwendig, um die politische Aufmerksamkeit der Entscheidungsträger auch dann zu erreichen, wenn eine politische Legitimationsgrundlage besteht. Hat sich der Gesetzgeber zu einem bestimmten Politikvorhaben mit inhaltlichen Vorgaben geäußert, ist der Meta-Frame allerdings nur eine komplementäre Begründungsoption für den Designer, mit der die Bedeutung des Politikfelds unterstrichen werden kann.

Durch die Anknüpfungspunkte des i2010-Meta-Frames können auch politische Interessen aus anderen Politikfeldern genutzt werden, um dessen Annahmen und den Mehrwert europäischer Regulierung rückwirkend zu untermauern bzw. zu begründen. Gerade wenn Politikdesigner aus anderen Politikfeldern diese komplementären Begründungszusammenhänge verwenden, kann ein Meta-Frame als Rahmenbedingung eines Politikfelds wirken, die nicht nachgewiesen werden muss, während mit der Ausweitung des i2010-Frames potenzielle neue Handlungsgelegenheiten für die IKT-Politikdesigner erschlossen werden. Die i2010-Strategie ist insofern ein Beispiel für einen Meta-Frame, der dem Politikdesigner nicht nur eine Frame-Hierarchie für die Begründung bestimmter Politikvorhaben bietet, sondern mit dem auch der argumentative Versuch gemacht wird, die Zuständigkeit für Informations- und Kommunikationstechnologien im Rahmen der Europäischen Union auf eine möglichst breite Basis zu stellen. Dadurch werden nicht nur die Bedeutung von IKT und deren Wichtigkeit zur Erreichung der übergreifenden Wachstumsziele der EU begründet, sondern es wird gleichzeitig die Relevanz der IKT-Politik als eigenständiges Politikfeld untermauert, wodurch die i2010-Strategie letztlich auch der Selbsterhaltung der Politikdesigner dient.

14. Fazit: Die Logik des interdependenten Interessenvermittlungsprozesses in der EU

Die Anwendung des Erklärungsrahmens zeigt, dass sich die Interdependenz der Akteure nur anhand von konkreten Politikvorhaben analysieren lässt. Der vorgeschlagene Framing-Ansatz bietet dafür allerdings ein tragfähiges heuristisches Konzept. Mit ihm kann der relative Einfluss gesellschaftlicher Interessenträger auf politische Entscheidungsprozesse auch über die EU hinaus in vergleichender Perspektive untersucht werden. Allerdings lässt sich die Bedeutung von Interessenvermittlungsprozessen in politischen Systemen komplexer Industriegesellschaften letztlich nur mit einem komplementären Erklärungsmodell für die kognitive Interdependenz im Kommunikationsprozess Interessenvermittlung bewerten. Ein solches Modell muss sowohl die subjektive Wahrnehmung konkreter Politikvorhaben als auch die kommunikativen Aktivitäten der beteiligten Akteure in die Analyse einbeziehen. Insofern können wir mit Hilfe des entwickelten Erklärungsrahmens und aufbauend auf den ermittelten Handlungsorientierungen der Interessenträger und Politikdesigner abschließend auch die eingangs gestellte Forschungsfrage nach der Wechselwirkung zwischen Begründung und Positionierung beantworten.

Denn mit Blick auf den Kommunikationsprozess Interessenvermittlung in der EU wird deutlich, dass die dortige Interessenpolitik geprägt ist durch eine grundlegende kognitive Interdependenz der beteiligten Akteure. Diese sind wechselseitig darauf angewiesen, dass Politikvorhaben als Handlungsgegenstand im politischen Diskurs so beschrieben werden, dass sie akzeptierbar sind. Die Einflusschancen von Interessengruppen hängen insofern von den Inhalten der Politikvorhaben ab. Denn Interessenträger müssen sich an den politischen Diskurs in der Europäischen Union anpassen, um ihre Anliegen erfolgreich zu thematisieren. Die jeweilige Positionierung des Akteurs in Bezug auf ein Vorhaben ist vor allem deshalb von Bedeutung, weil die EU-Politikdesigner Politik-Frames konstruieren, um damit die notwendige Akzeptanz für Politikvorhaben sicherzustellen. Durch die argumentative Einbettung eines Vorhabens in den kognitiv-interpretativen Kontext, der durch die Frame-Hierarchie eines EU-Politikfelds und die beteiligten Akteur-Frames gebildet wird, werden dessen Akzeptanzchancen und die grundsätzliche Legitimierung maximiert. Denn eine Argumentation, die sich in einem allgemein anerkannten Rahmen bewegt, reduziert kognitive Dissonanzen.

Für den Interessenträger ergibt sich daraus die Möglichkeit, seine Erfolgschancen zu erhöhen, indem er seine partikularen Interessen so vermittelt, dass sie dem Entscheidungsträger in seinem Bemühen zugutekommen, sein Vorhaben zu begründen. Durch die intentionale Einbettung der Argumentation in die anerkannte Frame-Hierarchie des Politikfeldes können partikulare Anliegen damit zu einem Handlungsrahmen für die Politikdesigner in der Kommission werden.

Insofern wirken sich die interdependenten Handlungsorientierungen der Akteure auch auf die Politikgestaltung in der EU aus. Denn um die notwendige Unterstützung zur Verabschiedung und Durchsetzung eines Vorhabens zu erhalten, können die Designer den Politik-Frame taktisch an partikulare Akteur-Frames anpassen. Der politische Diskurs dient daher zur Identifizierung relevanter Reaktionen und Stellungnahmen, um die Durchsetzungsfähigkeit von Politikvorhaben abschätzen und die Bildung kompatibler Akteur-Frames initiieren zu können. Angesichts konkurrierender partikularer Interessen spielen dabei allerdings Meta-Frames und EU-Politikstrategien eine entscheidende Rolle für die erfolgreiche Begründung von Politikvorhaben. Denn als *argumentative Richtschnur,* entlang derer Politikvorhaben auf der politischen Tagesordnung begründet werden müssen, strukturieren diese Frames den politischen Diskurs zwischen den Interessenträgern und den Politikdesignern in der Kommission oder im Parlament.

In Bezug auf einzelne Politikfelder bilden Meta-Frames wie der i2010-Frame die kognitive Grammatik des politischen Diskurses, die auch die Grenzen einer Debatte kennzeichnet. Die Meta-Frames im politischen System der EU wirken dabei sowohl auf die Inhalte von Politikvorhaben als auch auf die relative Machtverteilung zwischen den Akteuren. Im Mittelpunkt steht dabei die Notwendigkeit, die Handlungskompetenzen auf europäischer Ebene zu begründen. Dadurch entsteht in einem Politikfeld eine dynamische politische Handlungsgelegenheit zur argumentativen Vermittlung partikularer Interessen, die grundsätzlich jedem Akteur offen steht. Denn die entsprechenden Politik-Frames werden dann im diskursiven Rahmen des Politikgestaltungsprozesses in der Zusammenarbeit zwischen Kommission und Interessengruppen konkretisiert. Die maßgeblichen Ideen und Konzepte werden dabei von politischen Unternehmern thematisiert, von Diskurskoalitionen getragen und in offiziellen Dokumenten institutionalisiert.

Hinsichtlich der kognitiven Interdependenz zwischen politischen Entscheidungsträgern und gesellschaftlichen Interessenvermittlern können wir also festhalten, dass Meta-Frames als *argumentative Richtschnur,* auf die beide Seiten für die Thematisierung von Anliegen auf der Tagesordnung des politischen Diskurses angewiesen sind, die gemeinsamen institutionellen Rahmenbedingungen für den Kommunikationsprozess Interessenvermittlung bilden, in dem Politikvorhaben entworfen, verhandelt und durchgesetzt werden.

* *
*

Übersicht Interviews und Hintergrundgespräche

Datum	Thema	Gesprächspartner
12.12.2005	Hintergrundgespräch zur Praxis der Interessenvertretung in der EU	Referent in einem regionalen Verbindungsbüro
03.01.2006	Hintergrundgespräch zur Praxis der Interessenvertretung in der EU	Professioneller Interessenvermittler
05.01.2006	Hintergrundgespräch zur Praxis der Interessenvertretung in der EU	Referent in einem regionalen Verbindungsbüro
06.01.2006	Hintergrundgespräch zur Praxis der Interessenvertretung aus NRO-Sicht	Policy-Officer in einer Verbraucher-NRO
11.01.2006	Hintergrundgespräch zum Einfluss von Lobbyisten im Europäischen Parlament	Mitglied des Europäischen Parlaments
17.01.2006	Hintergrundgespräch zur Praxis der Interessenvertretung aus der Sicht eines Unternehmens	Interessenvertreter eines Energiekonzerns
18.01.2006	Hintergrundgespräch zum Einfluss von Lobbyisten in der EU	EU-Korrespondent einer führenden deutschen Tageszeitung
10.05.2007	Hintergrundgespräch zur i2010-Strategie	Beamter GD INFSO
05.06.2007	Hintergrundgespräch zur Geschichte der Radiofrequenzpolitik der EU	Beamter GD INFSO
06.06.2007	Hintergrundgespräch zur Geschichte der Radiofrequenzpolitik der EU	Beamter GD INFSO
07.06.2007	Hintergrundgespräch zur Geschichte der Radiofrequenzpolitik der EU	Beamter GD INFSO
08.06.2007	Hintergrundgespräch zur Geschichte der Radiofrequenzpolitik der EU	Beamter GD INFSO
12.06.2007	Hintergrundgespräch zur Geschichte der Radiofrequenzpolitik der EU	Beamter GD INFSO
14.06.2007	Hintergrundgespräch zur Geschichte der Radiofrequenzpolitik der EU	Beamter GD INFSO

Datum	Thema	Gesprächspartner
15.06.2007	Hintergrundgespräch zur Geschichte der Radiofrequenzpolitik der EU	Beamter GD INFSO
20.06.2007	Hintergrundgespräch zur Geschichte der Radiofrequenzpolitik der EU	Beamter GD INFSO
22.06.2007	Hintergrundgespräch zur i2010-Strategie	Beamter GD INFSO
26.06.2007	Leitfadeninterview zur i2010-Strategie	Beamter GD INFSO
28.06.2007	Leitfadeninterview zur i2010-Strategie	Beamter GD INFSO
04.07.2007	Hintergrundgespräch zur Geschichte der Radiofrequenzpolitik der EU	Beamter GD TREN (ehem. GD XIII)
10.07.2007	Leitfadeninterview zur i2010-Strategie	Beamter GD INFSO
11.07.2007	Hintergrundgespräch zur Geschichte der Radiofrequenzpolitik der EU	Beamter GD ENTR (ehem. GD XIII)
26.07.2007	Hintergrundgespräch zur Radiofrequenzpolitik der EU	Beamter GD INFSO
25.06.2010	Leitfadeninterview zur Interessenvermittlung bzgl. der EU-RFID-Politik aus der Sicht eines Anwenderunternehmens	Technischer Leiter RFID in einem Anwenderunternehmen
06.07.2010	Leitfadeninterview zur Interessenvermittlung bzgl. der EU-RFID-Politik aus der Sicht eines Anwenderunternehmens	Verantwortlicher Manager für die RFID-Einführung in einem Anwenderunternehmen
12.07.2010	Leitfadeninterview zur Interessenvermittlung bzgl. der EU-RFID-Politik aus der Sicht eines Branchenverbands	Verantwortlicher Public Policy Manager eines Branchenverbands

Übersicht vertrauliche[109] Quellen

Nr.	Dokument	Quelle
DOC1	Internes Positionspapier RFID (Stand Januar 2007)	RFID-Anwenderunternehmen
DOC2	Position paper on EU RFID Draft Recommendation (2009)	RFID-Branchenverband
DOC3	Position paper RFID Recommendation (Stand April 2008)	RFID-Anwenderunternehmen
DOC4	Positionspapier RFID - Vorzeitige und unverhältnismäßige de-facto Regulierung (Stand Mai 2008)	RFID-Anwenderunternehmen
DOC5	Response to EU RFID Online Consultation (Stand September 2006)	RFID-Branchenverband
DOC6	Antworten auf RFID Fragebogen Konsultation der EU Kommission (Stand September 2006)	RFID-Anwenderunternehmen
DOC7	Brief an Herrn Minister Glos (Februar 2008)	RFID-Anwenderunternehmen
DOC8	Letter to Commissioner Reding (Februar 2008)	RFID-Anwenderunternehmen

109 Die Dokumente unterliegen vertraglichen Vertraulichkeitsbestimmungen, an die der Autor auf Grund seiner Tätigkeit im Rahmen der teilnehmenden Beobachtung gebunden ist, und können daher hier nicht im Original wiedergegeben werden.

Literaturverzeichnis

Aday, Sean, 2006: The Framesetting Effects of News: an Experimental Test of Advocacy Versus Objectivist Frames. Journalism and Mass Communication Quarterly 83 (4): 767-784.

Albin, Cecilia, 1999: Can NGOs Enhance the Effectiveness of International Negotiation? International Negotiation 4 (3): 371-387.

Albrecht, Katherine und Liz McIntyre, 2005: Spychips. How major corporations and government plan to track your every move with RFID. Nashville, Tennessee: Nelson Current.

Alemann, Ulrich von und Florian Eckert, 2006: Lobbyismus als Schattenpolitik. Aus Politik und Zeitgeschichte (15-16): 3-10.

Andersen, Svein S. und Kjetll A. Eliassen, 1991: European Community lobbying. European Journal of Political Research 20 (2): 173-189.

Article 29 Data Protection Working Party (2005) "Working document on data protection issues related to RFID technology" (WP 105).

Ausschuss der Ständigen Vertreter (2007) "Mitteilung der Kommission an das Europäische Parlament, den Rat, den Europäischen Wirtschafts- und Sozialausschuss und den Ausschuss der Regionen zur Funkfrequenzkennzeichnung (RFID) in Europa: Schritte zu einem ordnungspolitischen Rahmen – Leitlinien für den Gedankenaustausch im Rat" (9903/07).

Banerjee, S., 1998: Narratives and Interaction: A Constitutive Theory of Interaction and the Case of the All-India Muslim League. European Journal of International Relations 4 (2): 178-203.

Bauer, Michael W., 2002: Limitations to agency control in European Union policy-making: The Commission and the poverty programmes. Journal of Common Market Studies 40 (3): 381-400.

Baumgartner, Frank R., 2007: EU Lobbying: a view from the US. Journal of European Public Policy 14 (3): 482-488.

Baumgartner, Frank R., Jeffrey M. Berry, et al., 2007: Washington: the Real No-Spin Zone. Annual Meeting of the American Political Science Association. Chicago.

Baumgartner, Frank R., Jeffrey M. Berry, et al., 2009: Lobbying and Policy Change. Who wins, who loses, and why. Chicago: The University of Chicago Press.

Baumgartner, Frank R. und Bryan D. Jones, 1993: Agendas and instability in American politics. Chicago: The University of Chicago Press.

Baumgartner, Frank R. und Christine Mahoney, 2008: The Two Faces of Framing. Individual-Level and Collective Issue Defintion in the European Union. European Union Politics 9 (3): 435-449.

Beetham, David, 1991: The legitimation of power. Atlantic Highlands, NJ: Humanities Press International.

Bellier, Irène, 1997: The Commission as an Actor: An Anthropologist's View. 91-115 in: *Wallace, Helen und Young, Alasdair R.* (Hg.), Participation and Policy-Making in the European Union. Oxford: Oxford University Press.

Benford, Robert D. und David A. Snow, 2000: Framing Processes and Social Movements: An Overview and Assessment. Annual Review of Sociology 26: 611-639.

Benz, Arthur, 2000: Two typs of Multi-level Governance: Intergovernmental Relations in German and EU Regional Policy. Regional and Federal Studies 10 (3): 21-44.

Benz, Arthur, 2003: Mehrebenenverflechtung in der Europäischen Union. 317-352 in: *Kohler-Koch, Beate und Jachtenfuchs, Markus* (Hg.), Europäische Integration. Opladen: UTB.

Berger, Peter L. und Thomas Luckmann, 1966: The social construction of reality; a treatise in the sociology of knowledge. Garden City, N.Y.: Doubleday.

Berleur, Jacques und Jean-Marc Galand, 2005: ICT Policies of the European Union: From an Information Society to eEurope. Trends and visions Perspectives and Policies on ICT in Society. IFIP International Federation for Information Processing (179): 37-66.

Beyers, Jan (Hg.), 2008: Policy Issues, Organisational Format and the Political Strategies of Interest Organisations. West European Politics, Routledge.

Beyers, Jan, Rainer Eising, et al. (Hg.), 2010: Interest Group Politics in Europe. Lessons from EU Studies and Comparative Politics. West European Politics Series. London, Routledge.

Beyers, Jan und Bart Kerremans, 2004: Bureaucrats, politicians, and societal interests: How is European policy making politicized? Comparative Political Studies 37 (10): 1119-1150.

Beyers, Jan und Bart Kerremans, 2005: Bürokraten, Politiker und gesellschaftliche Interessen: Ist die Europäische Union entpolitisiert? 123-150 in: *Kohler-Koch, Beate und Eising, Rainer* (Hg.), Interessenpolitik in Europa. Baden-Baden: Nomos.

Beyers, Jan und Bart Kerremans, 2007: Critical resource dependencies and the Europeanization of domestic interest groups. Journal of European Public Policy 14 (3): 460-481.

Bickerstaff, K., I. Lorenzoni, et al., 2008: Reframing nuclear power in the UK energy debate: nuclear power, climate change mitigation and radioactive waste. Public Understanding of Science 17 (2): 145-169.

Biedermann, Marc, 2005: Braucht die EU Lobbying-Gesetze? Annäherungen an eine schwierige Frage. Basel: Europainstitut der Universität Basel.

Binderkrantz, Anne, 2005: Interest Group Strategies: Navigating Between Privileged Access and Strategies of Pressure. Political Studies - Journal of the Political Studies Association UK 53 (4): 694-715.

Björkdahl, Annika, 2008: Norm advocacy: a small state strategy to influence the EU. Journal of European Public Policy 15 (1): 135-154.

Boin, Arjen, Paul t Hart, et al., 2009: Crisis exploitation: political and policy impacts of framing contests. Journal of European Public Policy 16 (1): 81-106.

Börzel, Tanja A., 1997: What's So Special About Policy Networks? - An Exploration of the Concept and its Usefulness in Studying European Governance. European Integration online Papers (EIoP) 1 (16).

Bouwen, Pieter, 2002a: A Comparative Study of Business Lobbying in the European Parliament, the European Commission and the Council of Ministers. MPIfG Discussion Paper (7).

Bouwen, Pieter, 2002b: Corporate lobbying in the European Union: the logic of access. Journal of European Public Policy 9 (3): 365-390.

Bouwen, Pieter, 2005: Zugangslogik in der Europäischen Union: Der Fall des Europäischen Parlaments. 95-122 in: *Kohler-Koch, Beate und Eising, Rainer* (Hg.), Interessenpolitik in Europa. Baden-Baden: Nomos.

Bouwen, Pieter, 2007: Competing for consultation: Civil society and conflict between the European Commission and the European Parliament. West European Politics 30 (2): 265-284.

Bouwen, Pieter, 2009: The European Commission. 19-38 in: *Coen, David und Richardson, Jeremy* (Hg.), Lobbying the European Union: Institutions, Actors, and Issues. Oxford: Oxford University Press.

Bouwen, Pieter und Margaret McCown, 2007: Lobbying versus litigation: political and legal strategies of interest representation in the European Union. Journal of European Public Policy 14 (3): 422-443.

Brewer, Paul R. und Kimberly Gross, 2005: Values, Framing, and Citizens' Thoughts about Policy Issues: Effects on Content and Quantity. Political Psychology 26 (6): 929-948.

Bridgman, Todd und David Barry, 2002: Regulation is evil: An application of narrative policy analysis to regulatory debate in New Zealand. Policy Sciences 35 (2): 141-161.

Broscheid, Andreas und David Coen, 2007: Lobbying activity and fora creation in the EU: empirically exploring the nature of the policy good. Journal of European Public Policy 14 (3): 346-365.

Buholzer, René P., 1998: Legislatives Lobbying in der Europäischen Union: Ein Konzept für Interessengruppen. Bern: Haupt Verlag/BRO.

Bullinger, Hans-Jörg und Michael ten Hompel (Hg.), 2007: Internet der Dinge. Berlin, Springer.

Burns, Charlotte, 2004: Codecision and the European Commission: a study of declining influence? Journal of European Public Policy 11 (1): 1-18.

Chatzimarkakis, Jorgo (2008) "SCHRIFTLICHE ANFRAGE von Jorgo Chatzimarkakis (ALDE) an die Kommission " (E-3245/08).

Checkel, Jeffrey T., 1997: Ideas and International Political Change: Soviet/Russian Behavior and the End of the Cold War. New Haven: Yale University Press.

Checkel, Jeffrey T., 1998: The constructivist turn in international relations theory. World Politics 50 (2): 324-348.

Christiansen, Thomas, 2001: Intra-institutional politics and inter-institutional relations in the EU: toward coherent governance? Journal of European Public Policy 8 (5): 747-769.

Cicourel, Aaron V., 1987: The Interpenetration of Communicative Contexts: Examples from Medical Encounters. Social Psychology Quarterly 50 (2): 217-226.

Cini, Michelle, 2001: The soft law approach: Commission rule-making in the EU's state aid regime. Journal of European Public Policy 8 (2): 192-207.

Coburn, Cynthia, E., 2006: Framing the Problem of Reading Instruction: Using Frame Analysis to Uncover the Microprocesses of Policy Implementation. American Educational Research Journal 43 (3): 343-379.

Coen, David, 1997: The evolution of the large firm as a political actor in the European Union. Journal of Public Policy 4 (1): 91-108.

Coen, David und Jeremy Richardson (Hg.), 2009: Lobbying the European Union: Institutions, Actors, and Issues. Oxford, Oxford University Press.

Coleman, William D. und Melissa Gabler, 2002: Agricultural biotechnology and regime formation: A constructivist assessment of the prospects. International Studies Quarterly 46 (4): 481-506.

Converse, Philippe E., 1964: The Nature of Belief Systems in Mass Publics. New York: Free Press.

Cowles, Maria G., 2003: Non-state actors and false dichotomies: reviewing IR/IPE approaches to European integration. Journal of European Public Policy 10: 102-120.

Cram, Laura, 1993: 'Calling the Tune Without Paying the Piper? Social Policy Regulation: The Role of the Commission in European Community Social Policy'. Policy and Politics 21 (1): 135-146.

Cram, Laura, 1994: The European Commission as a Multi-Organization: Social Policy and IT Policy in the EU. Journal of European Public Policy 1 (2): 195-217.

Cram, Laura, 1997: Policy-Making in the European Union: Conceptual Lenses and the Integration Process London: Routledge.

Cress, Daniel M. und David A. Snow, 2000: The Outcomes of Homeless Mobilization: The Influence of Organization, Disruption, Political Mediation, and Framing. The American Journal of Sociology 105 (4): 1063-1104.

Datenschutzbeauftragter, Europäischer (2008) "Stellungnahme des Europäischen Datenschutzbeauftragten zu der Mitteilung der Kommission an das Europäische Parlament, den Rat, den Europäischen Wirtschafts- und Sozialausschuss und den Ausschuss der Regionen zum Thema „Funkfrequenzkennzeichnung (RFID) in Europa: Schritte zu einem ordnungspolitischen Rahmen" (KOM(2007) 96)" (2008/C 101/01).

Daviter, Falk, 2007: Policy Framing in the European Union. Journal of European Public Policy 14 (4): 654-666.

Daviter, Falk, 2009: Schattschneider in Brussels: How Policy Conflict Reshaped the Biotechnology Agenda in the European Union. West European Politics 32 (6): 1118-1139.

de Vreese, Claes H., 2007: The EU as a public sphere. Living Reviews in European Governance 2 (3): [Online Article]: cited 12.01.08.

Druckman, James N., 2001a: On the Limits of Framing Effects: Who Can Frame? The Journal of Politics 63 (4): 1041-1066.

Druckman, James N., 2001b: Using credible advice to overcome framing effects. Journal of Law Economics & Organization 17 (1): 62-81.

Druckman, James N., 2001c: The Implications of Framing Effects for Citizen Competence. Political Behavior 23 (3): 225-256.

Druckman, James N. und Dennis Chong, 2007: Framing Public Opinion in Competitive Democracies. The American Political Science Review 101 (4): 637-656.

Druckman, James N. und Kjersten R. Nelson, 2003: Framing and Deliberation: How Citizens' Conversations Limit Elite Influence. American Journal of Political Science 47 (4): 729-745.

Dudley, Geoffrey und Jeremy Richardson, 1999: Competing Advocacy Coalitions and the Process of "Frame Reflection": a longitudinal analysis of EU Steel Policy. Journal of European Public Policy 6 (2): 225-248.

Dür, Andreas, 2008: Interest Groups in the European Union: How Powerful Are They? West European Politics 31 (6): 1212-1230.

Economist, The, 2007: The coming wireless revolution. When everything connects. Information technology has nothing to lose but its cables The Economist: 26.24.2007.

Edelman, Murray J., 1964: The symbolic uses of politics. Urbana: University of Illinois Press.

Egeberg, Morten, Günther F. Schaefer, et al., 2003: The many faces of EU committee governance. West European Politics 26 (3): 19-40.

Eichener, Volker, 2000: Das Entscheidungssystem der Europäischen Union. Opladen: Leske + Budrich.

Eising, Rainer, 2005: The access of business interests to European Union institutions: notes toward a theory. ARENA Working Paper No. 29, Oslo.

Eising, Rainer, 2007: The access of business interests to EU institutions: towards elite pluralism? Journal of European Public Policy 14 (3): 384-403.

Eising, Rainer, 2008a: Clientelism, Committees, Pluralism and Protests in the European Union: Matching Patterns? West European Politics 31 (6): 1166-1187.

Eising, Rainer, 2008b: Interest groups in EU policy-making. Living Reviews in European Governance 3 (4): [Online Article]: cited 28.04.11.

Europäische Kommission (1988) "Der Binnenmarkt für Energie (Arbeitsdokument der Kommission)" (KOM (1988) 238 endgültig).

Europäische Kommission (1993) "Mitteilung der Kommission an den Rat und das Europäische Parlament - Digitalfernsehen - Ein Orientierungsrahmen für die Gemeinschaftspolitik" (KOM (1993) 557 endgültig).

Europäische Kommission (1997) "Grünbuch zur Konvergenz der Branchen Telekommunikation, Medien und Informationstechnologie und ihren ordnungspolitischen Auswirkungen - Ein Schritt in Richtung Informationsgesellschaft" (KOM(1997) 623).

European Commission (1998) "Green Paper on Radio Spectrum Policy in the context of European Community policies such as telecommunications, broadcasting, transport, and R&D" (COM(1998)596 final).

European Commission (1999) "Communication from the Commission to the Council, the European Parliament, the Economic and Social Committee and the Committee of the Regions - Next steps in radio spectrum policy - Results of the public consultation on the Green Paper" (COM (1999) 538 final).

European Commission (2000a) "eEurope - An Information Society For All. Communication on a Commission Initiative for the Special European Council of Lisbon, 23 and 24 March 2000" (COM(1999) 687 final).

Europäische Kommission (2000b) "Mitteilung der Kommission an den Rat, das Europäische Parlament, den Wirtschafts- und Sozialausschuß und den Ausschuß der Regionen Europäische - Standpunkte für die Weltfunkkonferenz 2000 (WRC-2000)" (KOM (2000) 86 endgültig).

Europäische Kommission (2001) "Europäisches Regieren. Ein Weisbuch" (KOM(2001) 428 endgültig).

Europäische Kommission (2002a) "Mitteilung der Kommission an das Europäische Parlament, den Rat, den Wirtschafts- und Sozialausschuß und den Ausschuss der Regionen - eEurope 2005: Eine Informationsgesellschaft für alle - Aktionsplan zur Vorlage im Hinblick auf den Europäischen Rat von Sevilla am 21./22. Juni 2002" (KOM (2002) 263 endgültig).

Europäische Kommission (2002b) "Beschluss der Kommission vom 26. Juli 2002 zur Einrichtung einer Gruppe für Frequenzpolitik" (2002/622/EG).

Europäische Kommission (2002c) "Mitteilung der Kommission an den Rat und das Europäische Parlament - Internet der nächsten Generation - Vorrangige Maßnahmen beim Übergang zum neuen Internet-Protokoll IPv6" (KOM (2002) 96 endgültig).

European Commission (2003a) "Request by the European Commission to the Radio Spectrum Policy Group for an Opinion on Spectrum Implications of Switchover to Digital Broadcasting" (RSPG03-14).

Europäische Kommission (2003b) "Mitteilung der Kommission an den Rat, das Europäische Parlament, den Europäischen Wirtschafts- und Sozialausschuss und den Ausschuss der Regionen - Ergebnisse der Weltfunkkonferenz 2003 (WRC-03)" (KOM (2003) 707 endgültig).

Europäische Kommission (2003c) "Mitteilung der Kommission an den Rat, das Europäische Parlament, den Europäischen Wirtschafts- und Sozialausschuss und den Ausschuss der Regionen über den Übergang vom analogen zum digitalen Rundfunk (digitaler Übergang und Analogabschaltung)" (KOM (2003) 541 endgültig).

Europäische Kommission (2004a) "Mitteilung der Kommission an den Rat, das Europäische Parlament, den Europäischen wirtschafts- und Sozialausschuss und den Ausschuss der Regionen - Elektronische Gesundheitsdienste - eine bessere Gesundheitsfürsorge für Europas Bürger: Aktionsplan für einen europäischen Raum der elektronischen Gesundheitsdienste" (KOM(2004) 356 endgültig).

Europäische Kommission (2004b) "Mitteilung der Kommission an das Europäische Parlament und den Rat - Erster Jahresbericht über die Frequenzpolitik in der Europäischen Union - Stand der Durchführung und Ausblick" (KOM (2004) 507 endgültig).

Europäische Kommission (2005a) "Strategische Ziele 2005 – 2009 - Europa 2010: Eine Partnerschaft für die Erneuerung Europas Wohlstand, Solidarität und Sicherheit Mitteilung des Präsidenten in Absprache mit Vizepräsidentin Wallström" (KOM(2005) 12 endgültig).

Europäische Kommission (2005b) "Mitteilung für die Frühjahrstagung des Europäischen Rates - Zusammenarbeit für Wachstum und Arbeitsplätze - Ein Neubeginn für die Strategie von Lissabon - Mitteilung von Präsident Barroso im Einvernehmen mit Vizepräsident Verheugen" (KOM(2005) 24 endgültig).

Europäische Kommission (2005c) "Mitteilung der Kommission an den Rat, das Europäische Parlament, den Europäischen Wirtschafts- und Sozialausschuss und den Ausschuss der Regionen über die Beschleunigung des Übergangs vom analogen zum digitalen Rundfunk" (KOM(2005) 204 endgültig).

Europäische Kommission (2005d) "Mitteilung der Kommission an den Rat, das Europäische Parlament, den Europäischen Wirtschafts- und Sozialausschuss und den Ausschuss der Regionen - Frequenzpolitische Prioritäten der EU für die Digitalumstellung im Hinblick auf die bevorstehende regionale Funkkonferenz 2006 (RRC-06)" (KOM(2005) 461 endgültig).

Europäische Kommission (2005e) "Mitteilung der Kommission an den Rat, das Europäische Parlament, den Europäischen Wirtschafts- und Sozialausschuss und den Ausschuss der Regionen - „i2010 – Eine europäische Informationsgesellschaft für Wachstum und Beschäftigung“" (KOM(2005) 229 endgültig).

Europäische Kommission (2005f) "Entscheidung der Kommission vom 8. Juli 2004 zur Harmonisierung der Frequenznutzung im Bereich 79 GHz für Kfz-Kurzstreckenradargeräte in der Gemeinschaft" (2004/545/EG).

Europäische Kommission (2005g) "Mitteilung der Kommission an den Rat, das Europäische Parlament, den Europäischen Wirtschafts- und Sozialausschuss und den Ausschuss der Regionen - Ein marktorientierter Ansatz für die Frequenzverwaltung in der Europäischen Union" (KOM(2005) 400 endgültig).

Europäische Kommission (2005h) "Mitteilung der Kommission an den Rat und das Europäische Parlament - Eine Zukunftsgerichtete Frequenzpolitik in der Europäischen Union - Zweiter Jahresbericht" (KOM(2005) 411 endgültig).

Europäische Kommission (2006a) "Grünbuch Europäische Transparenzinitiative" (KOM(2006) 194 endgültig).

European Commission (2006b) "The RFID Revolution: Your voice on the Challenges, Opportunities and Threats. Online Questionaire".

Europäische Kommission (2006c) "Vorschlag für eine Verordnung des Europäischen Parlaments und des Rates über das Roaming in öffentlichen Mobilfunknetzen in der Gemeinschaft und zur Änderung der Richtlinie 2002/21/EG über einen gemeinsamen Rechtsrahmen für elektronische Kommunikationsnetze und -dienste" (KOM(2006) 382 endgültig).

Europäische Kommission (2006d) "Entscheidung der Kommission vom 23. November 2006 zur Harmonisierung der Frequenzbänder für Geräte zur Funkfrequenzkennzeichnung (RFID-Geräte) im Ultrahochfrequenzband (UHF)" (2006/804/EG).

Europäische Kommission (2006e) "Mitteilung der Kommission an den Rat, das Europäische Parlament, den Europäischen Wirtschafts- und Sozialausschuss und den Ausschuss der Regionen über die Überprüfung des EU-Rechtsrahmens für elektronische Kommunikationsnetze und –dienste" (KOM(2006) 334 endgültig).

European Commission (2006f) "Request by the European Commission to the Radio Spectrum Policy Group for an Opinion on 'EU Spectrum Policy Implications of the Digital Dividend'" (RSPG06-120 Rev.).

Europäische Kommission (2006g) "Mitteilung der Kommission an das Europäische Parlament, den Rat, den Europäischen Wirtschafts- und Sozialausschuss und den Ausschuss der Regionen - Überwindung der Breitbandkluft" (KOM(2006) 129 endgültig).

Europäische Kommission (2006h) "Entscheidung der Kommission vom 9. November 2006 zur Harmonisierung der Frequenznutzung durch Geräte mit geringer Reichweite" (2006/771/EG).

Europäische Kommission (2007a) "Folgemaßnahmen zu dem Grünbuch „Europäische Transparenzinitiative“" (KOM(2007) 127 endgültig).

Europäische Kommission (2007b) "Mitteilung der Kommission an das Europäische Parlament, den Rat, den Europäischen Wirtschafts- und Sozialausschuss und den Ausschuss der Regionen - Funkfrequenzkennzeichnung (RFID) in Europa: Schritte zu einem ordnungspolitischen Rahmen " (KOM(2007) 96 endgültig).

Europäische Kommission (2007c) "Mitteilung der Kommission an das Europäische Parlament, den Rat, den Europäischen Wirtschafts- und Sozialausschuss und den Ausschuss der Regionen - Ausschöpfung der digitalen Dividende in Europa: ein gemeinsames Konzept für die Nutzung der durch die Digitalumstellung frei werdenden Frequenzen" (KOM(2007) 700 endgültig).

European Commission (2007d) "Commission staff working document - Accompanying document to the Communication from the Commission to the European Parliament, the Council, the European Economic and Social Committee and the Committee of the Regions - Radio Frequency Identification (RFID) in Europe: steps towards a policy framework - Results of the public online consultation on future Radio Frequency Identification Technology Policy "The RFID Revolution: Your voice on the Challenges, Opportunities and Threats"" (SEC(2007) 312).

Europäische Kommission (2007e) "Beschluss der Kommission vom 28. Juni 2007 zur Einsetzung der Sachverständigengruppe für Funkfrequenzkennzeichnung (RFID)" (2007/467/EG).

Europäische Kommission (2007f) "Mitteilung der Kommission an das Europäische Parlament, den Rat, den Europäischen Wirtschafts- und Sozialausschuss und den Ausschuss der Regionen - Stärkung des Binnenmarkts für das Mobilfernsehen" (KOM(2007) 409 endgültig).

Europäische Kommission (2007g) "Mitteilung der Kommission an den Rat, das Europäische Parlament, den Europäischen Wirtschafts- und Sozialausschuss und den Ausschuss der Regionen - Zügiger Zugang zu Frequenzen für drahtlose elektronische Kommunikationsdienste durch mehr Flexibilität" (KOM(2007) 50 endgültig).

European Commission (2008a) "Draft Recommendation on the implementation of privacy, data protection and information security principles in applications supported by Radio Frequency Identification (RFID): your opinion matters! Online Questionaire".

Europäische Kommission (2008b) "Mitteilung der Kommission an das Europäische Parlament, den Rat, den Europäischen Wirtschafts- und Sozialausschuss und den Ausschuss der Regionen- Weiterentwicklung des Internets : Aktionsplan für die Einführung des neuen Internet-Protokolls IPv6 in Europa" (KOM(2008) 313 endgültig).

Europäische Kommission (2008c) "Empfehlung der Kommission vom 2. Juli 2008 zur grenzübergreifenden Interoperabilität elektronischer Patientendatensysteme" (2008/594/EG).

Europäische Kommission (2008d) "Vorschlag für eine Richtlinie des Europäischen Parlaments und des Rates zur Festlegung eines Rahmens für die Einführung intelligenter Verkehrssysteme im Straßenverkehr und für deren Schnittstellen zu anderen Verkehrsträgern" (KOM(2008) 887 endgültig).

Europäische Kommission (2009a) "Empfehlung der Kommission vom 28. Oktober 2009 zur leichteren Freisetzung der digitalen Dividende in der Europäischen Union" (2009/848/EG).

Europäische Kommission (2009b) "Mitteilung der Kommission an das Europäische Parlament, den Rat, den Europäischen Wirtschafts- und Sozialausschuss und den Ausschuss der Regionen - Bericht über die digitale Wettbewerbsfähigkeit Europas: Hauptergebnisse der i2010-Strategie 2005–2009" (KOM(2009) 390 endgültig).

European Commission (2009c) "Consultation document: Transforming the digital dividend opportunity into social benefits and economic growth in Europe".

Europäische Kommission (2009d) "Mitteilung der Kommission an das Europäische Parlament, den Rat, den Europäischen Wirtschafts- und Sozialausschuss und den Ausschuss der Regionen über die Mobilisierung der Informations- und Kommunikationstechnologien für die Erleichterung des Übergangs zu einer energieeffizienten, kohlenstoffarmen Wirtschaft" (KOM(2009) 111 endgültig).

Europäische Kommission (2009e) "Mitteilung der Kommission an das Europäische Parlament und den Rat – Besserer Zugang zur modernen Informations- und Kommunikationstechnologie (IKT) in ländlichen Gebieten" (KOM(2009) 103 endgültig).

Europäische Kommission (2009f) "Mitteilung der Kommission an das Europäische Parlament, den Rat, den Europäischen Wirtschafts- und Sozialausschuss und den Ausschuss der Regionen - Ummünzung der digitalen Dividende in sozialen Nutzen und wirtschaftliches Wachstum" (KOM(2009) 586 endgültig).

Europäische Kommission (2009g) "Empfehlung der Kommission vom 12. Mai 2009 zur Umsetzung der Grundsätze der Wahrung der Privatsphäre und des Datenschutzes in RFID-gestützten Anwendungen " (2009/387/EG).

Europäische Kommission (2010) "Vorschlag für einen Beschluss des Europäischen Parlaments und des Rates über das erste Programm für die Funkfrequenzpolitik" (KOM(2010) 471 endgültig).

Elgstrom, Ole, 2000: Norm negotiations. The construction of new norms regarding gender and development in EU foreign aid policy. Journal of European Public Policy 7 (3): 457-476.

Elster, Jon, 1998: Deliberative Democracy. Cambridge: Cambridge University Press.

Entman, Robert M., 1993: Framing: Toward clarification of a fractured paradigm. Journal of Communication 43 (4): 51-58.

Entman, Robert M., 2004: Projections of power: framing news, public opinion, and U.S. foreign policy. Chicago: University of Chicago Press.

Europäisches Parlament (2005) "Entschließung des Europäischen Parlaments zur Beschleunigung des Übergangs vom analogen zum digitalen Rundfunk" (P6_TA(2005)0431).

Europäisches Parlament (2006) "Entschließung des Europäischen Parlaments zum Übergang vom analogen zum digitalen Rundfunk: eine Chance für die audiovisuelle Politik in Europa und für die kulturelle Vielfalt" (P6_TA(2006)0154).

Europäisches Parlament (2007a) "Entschließung des Europäischen Parlaments zu dem Weg zu einer europäischen Frequenzpolitik" (P6_TA(2007)0041).

Europäisches Parlament (2007b) "Entschließung des Europäischen Parlaments vom 13. November 2007 zu der Interoperabilität digitaler interaktiver Fernsehdienste" (P6_TA (2007)0497).

Europäisches Parlament, Rat der Europäischen Union (1995) "Richtlinie 95/46/EG des Europäischen Parlaments und des Rates vom 24. Oktober 1995 zum Schutz natürlicher Personen bei der Verarbeitung personenbezogener Daten und zum freien Datenverkehr" (95/46/EG).

Europäisches Parlament, Rat der Europäischen Union (1999a) "Richtlinie 1999/5/EG des Europäischen Parlaments und des Rates vom 9. März 1999 über Funkanlagen und Telekommunikationsendeinrichtungen und die gegenseitige Anerkennung ihrer Konformität" (1999/5/EG).

Europäisches Parlament, Rat der Europäischen Union (1999b) "Entscheidung Nr. 128/1999/EG des Europäischen Parlaments und des Rates vom 14. Dezember 1998 über die koordinierte Einführung eines Drahtlos- und Mobilkommunikationssystems (UMTS) der dritten Generation in der Gemeinschaft" (128/1999/EG).

Europäisches Parlament, Rat der Europäischen Union (2002a) "Richtlinie 2002/58/EG des Europäischen Parlaments und des Rates vom 12. Juli 2002 über die Verarbeitung personenbezogener Daten und den Schutz der Privatsphäre in der elektronischen Kommunikation (Datenschutzrichtlinie für elektronische Kommunikation)" (2002/58/EG).

Europäisches Parlament, Rat der Europäischen Union (2002b) "Entscheidung Nr. 676/2002/EG des Europäischen Parlaments und des Rates vom 7. März 2002 über einen Rechtsrahmen für die Funkfrequenzpolitik in der Europäischen Gemeinschaft (Frequenzentscheidung)".

Europäisches Parlament, Rat der Europäischen Union (2005) "Richtlinie 2005/82/EG des Europäischen Parlaments und des Rates vom 14. Dezember 2005 zur Aufhebung der Richtlinie 90/544/EWG des Rates über die Frequenzbänder für die koordinierte Einführung eines europaweiten terrestrischen öffentlichen Funkrufsystems in der Gemeinschaft" (2005/82/EG).

Eriksson, Johan, Mikael Karlsson, et al., 2009: Technocracy, Politicization, and Noninvolvement: Politics of Expertise in the European Regulation of Chemicals. Review of Policy Research 27 (2): 167-185.

Europäische Gemeinschaft (1997) "Vertrag von Amsterdam zur Änderung des Vertrags über die Europäische Union, der Verträge zur Gründung der Europäischen Gemeinschaften sowie einiger damit zusammenhängender Rechtsakte".

Europäischer Rat (2005) "Tagung des Europäischen Rates (Brüssel) 22./23. März 2005. Schlussfolgerungen des Vorsitzes" (7619/1/05 REV 1 DE).

Europäischer Rat (2006a) "Tagung des Europäischen Rates (Brüssel) 23./24. März 2006. Schlussfolgerungen des Vorsitzes" (7775/06).

Europäischer Rat (2006b) "Tagung des Europäischen Rates (Brüssel) 14./15. Dezember 2006. Schlussfolgerungen des Vorsitzes" (16879/06).

Europäischer Wirtschafts- und Sozialausschuss (2007) "Stellungnahme des Europäischen Wirtschafts- und Sozialausschusses zum Thema „Funkfrequenzkennzeichung (RFID)“" (2007/C 256/13).

Falkner, Gerda, 2000: Policy networks in a multi-level system: Convergence towards moderate diversity? West European Politics 23 (4): 94.

Falkner, Gerda, 2005: Complying with Europe: EU harmonisation and soft law in the member states. Cambridge; New York: Cambridge University Press.

Farnel, Frank J., 1994: Am richtigen Hebel. Strategie und Taktik des Lobbying. Landsberg a. Lech.

Festinger, Leon, 1957: A theory of cognitive dissonance. Evanston, Ill.: Row.

Finnemore, Martha, 1999: National Interests in International Society. Ithaca: Cornell University Press.

Finnemore, Martha und Kathryn Sikkink, 1998: International Norm Dynamics and Political Change. International Organization 52 (4): 887-917.

Fiol, C. Marlene, 1994: Consensus, Diversity, and Learning in Organizations. Organization Science 5 (3): 403-420.

Fischer, Frank, 2003a: Beyond empiricism: policy analysis as deliberative practice. 209-227 in: *Wagenaar, Hendrik und Hajer, Maarten* (Hg.), Deliberative Policy Analysis – Understanding Governance in the Network Society. Cambridge: Cambridge University Press.

Fischer, Frank, 2003b: Reframing Public Policy. Discursive Politics and Deliberative Practices. Oxford: Oxford University Press.

Fischer, Frank und John Forester, 1993a: Introduction. 1-17 in: *Fischer, Frank und Forester, John* (Hg.), The Argumentative Turn in Policy Analysis and Planning. London: Duke University Press.

Fischer, Frank und John Forester (Hg.), 1993b: The Argumentative Turn in Policy Analysis and Planning. London, Duke University Press.

Fischer, Klemens H., 1997: Lobbying und Kommunikation in der Europäischen Union. Berlin: A. Spitz.

Fligstein, Neil, 1996: Markets as Politics: A Political-Cultural Approach to Market Institutions. American Sociological Review 61 (4): 656-673.

Fligstein, Neil, 2001: Institutional Entrepreneurs and Cultural Frames: The Case of the European Union's Single Market Program. European Societies 3 (3): 261-287.

Fligstein, Neil und Iona Mara-Drita, 1996: How to Make a Market: Reflections on the Attempt to create a Single Market in the European Union. American Journal of Sociology 102 (1): 1-33.

Floerkemeier, Christian, Marc Langheinrich, et al. (Hg.), 2008: The Internet of Things. Lecture Notes in Computer Science. Berlin, Springer.

Fouilleux, Eve, 2004: CAP Reforms and Multilateral Trade Negotiations: Another View on Discourse Efficiency. West European Politics 27: 235-255.

Geddes, Andrew, 2004: Britain, France, and EU anti-discrimination policy: The emergence of an EU policy paradigm. West European Politics 27 (2): 334-353.

Gerhards, Jürgen und Dieter Rucht, 1992: Mesomobilization: Organizing and Framing in Two Protest Campaigns in West Germany. The American Journal of Sociology 98 (3): 555-596.

Goldstein, Judith und Robert O. Keohane, 1993: Ideas and Foreign Policy: An Analytical Framework. Ithaca, NY: Cornell University Press.

Gottweis, Herbert, 1999: Regulating genetic engineering in the European Union: a post-structuralist perspective. 61-82 in: *Kohler-Koch, Beate und Eising, Rainer* (Hg.), The Transformation of Governance in the European Union London: Routledge.

Gottweis, Herbert, 2003: Theoretical strategies of poststructuralist policy analysis: towards an analytics of government. 247-265 in: *Wagenaar, Hendrik und Hajer, Maarten* (Hg.), Deliberative Policy Analysis - Understanding Governance in the Network Society. Cambridge: Cambridge University Press.

Greenwood, Justin, 2002: EU interest groups and their members: when is membership a "collective action problem"? 227-254 in: *Balme, Richard, Chabenet, Didier et al.* (Hg.), L'action collective en Europe / Collective action in Europe. Paris: Presses de Sciences Po.

Gross, Kimberly, 2008: Framing Persuasive Appeals: Episodic and Thematic Framing, Emotional Response, and Policy Opinion. Political Psychology 29 (2): 169-192.

Grundmann, Reiner, 2007: Climate change and knowledge politics. Environmental Politics 16 (3): 414-432.

Haider-Markel, Donald P. und Mark R. Joslyn, 2001: Gun Policy, Opinion, Tragedy, and Blame Attribution: The Conditional Influence of Issue Frames. The Journal of Politics 63 (2): 520-543.

Hajer, Maarten, 1995: The Politics of Environmental Discourse. Oxford: Oxford University Press.

Hajer, Maarten, 2002: Discourse analysis and the study of policy making. European Political Science (EPS) 2: 61-65.

Hajer, Maarten, 2003: A frame in the fields: policymaking and the reinvention of politics. 88-112 in: *Wagenaar, Hendrik und Hajer, Maarten* (Hg.), Deliberative Policy Analysis - Understanding Governance in the Network Society. Cambridge: Cambridge University Press.

Hall, Peter A., 1993: Policy Paradigms, Social Learning, and the State: The Case of Economic Policymaking in Britain. Comparative Politics 25 (3): 275-296.

Hay, C. und B. Rosamond, 2002: Globalization, European integration and the discursive construction of economic imperatives. Journal of European Public Policy 9: 147-167.

Hayes-Renshaw, Fiona und Helen Wallace (Hg.), 2006: The Council of Ministers. Basingstoke, Palgrave Macmillan.

Healey, Patsy, Claudio De Magalhaes, et al., 2003: Place, identity and local politics: analysing initiatives in deliberative governance. 60-89 in: *Wagenaar, Hendrik und Hajer, Maarten* (Hg.), Deliberative Policy Analysis - Understanding Governance in the Network Society. Cambridge: Cambridge University Press.

Heclo, Hugh, 1974: Modern social politics in Britain and Sweden; from relief to income maintenance. New Haven: Yale University Press.

Heclo, Hugh, 1978: Issue Networks and the Executive Establishment. 87-124 in: *King, Anthony* (Hg.), The New American Political System. Washington, DC: Amercian Enterprise Institute for Public Policy Research.

Heimovics, Richard D., Robert D. Herman, et al., 1993: Executive leadership and resource dependence in nonprofit organizations: A frame analysis. Public Administration Review 53 (5): 419-427.

Héritier, Adrienne, 1995: Die Koordination von Interessenvielfalt im europäischen Entscheidungsprozeß und deren Ergebnis: Regulative Politik als "Patchwork". MPIfG Discussion Paper (95/4).

Héritier, Adrienne, 1996: The Accommodation of Diversity in European Policy Making and its Outcomes: Regulatory Policy as Patchwork. EUI Working Papers RSCAS 96 (2).

Héritier, Adrienne, Christoph Knill, et al., 1996: Ringing the Changes in Europe - Regulatory Competition and the Transformation of the State: Britain, France and Germany. Berlin: DeGruyter.

Hey, Christian und Uwe Brendel, 1994: Umweltverbände und EG: Strategien, politische Kulturen und Organisationsformen. Opladen: Westdt. Verl.

Hilson, Chris, 2002: New social movements: the role of legal opportunity. Journal of European Public Policy 9 (2): 238-255.

Hodgkinson, Gerard P., Nicola J. Bown, et al., 1999: Breaking the Frame: An Analysis of Strategic Cognition and Decision Making under Uncertainty. Strategic Management Journal 20 (10): 977-985.

Hoppe, Robert, 2002: Cultures of Public Policy Problems. Journal of Comparative Policy Analysis: Research and Practice 4: 305-326.

Ikenberry, G. John, 1993: 'Creating Yesterday's New World Order: Keynesian "New Thinking" and the Anglo-American Postwar Settlement' 57-86 in: *Goldstein, J und Keohane, R.O.* (Hg.), Ideas and Foreign policy: Beliefs, Institutions and Political Change. Ithaca: Cornel University Press.

Informationsforum RFID e.V. (2009) "Wissen vermitteln – Vertrauen schaffen. Fünf Jahre Informationsforum RFID".

Innes, Judith E. und David E. Boother, 2003: Collaborative policymaking: governance through dialogue. 33-59 in: *Wagenaar, Hendrik und Hajer, Maarten* (Hg.), Deliberative Policy Analysis - Understanding Governance in the Network Society. Cambridge: Cambridge University Press.

International Labour Organization, 2006: Social and labour implications of the increased use of advanced retail technologies. Report for discussion at the Tripartite Meeting on the Social and Labour Implications of the Increased Use of Advanced Retail Technologies. Geneva.

Jacoby, William G., 2000: Issue Framing and Public Opinion on Government Spending. American Journal of Political Science 44 (4): 750-767.

Jewell, Christopher und Lisa Bero, 2007: Public Participation and Claimsmaking: Evidence Utilization and Divergent Policy Frames in California's Ergonomics Rulemaking. Journal of Public Administration Research and Theory 17 (4): 625-650.

Joos, Klemens, 1998: Interessenvertretung deutscher Unternehmen bei den Institutionen der Europäischen Union : mit Beispielen aus der Versicherungs-, Energie- und Verkehrssicherheitsbranche. Berlin: A. Spitz.

Kallas, Siim (2005) "Speech: The need for a European transparency initiative" (Nottingham, 3 March 2005).

King, Paula J. und Nancy C. Roberts, 1992: An Investigation into the Personality Profile of Policy Entrepreneurs. Public Productivity & Management Review 16 (2): 173-190.

Kingdon, John W., 1984: Agendas, alternatives, and public policies. Ann Arbor: Harper Collins.

Kleinfeld, Ralf, Annette Zimmer, et al. (Hg.), 2006: Lobbying. Strukturen, Akteure, Strategien. Wiesbaden.

Knill, Christoph und Andrea Lenschow, 1998: Coping with Europe: the impact of British and German administrations on the implementation of EU environmental policy. Journal of European Public Policy 5 (4): 595-614.

Koeppl, Peter, 2000: The acceptance, relevance and dominance of lobbying the EU Commission - A first-time survey of the EU Commission's civil servants. Journal of Public Affairs 1 (1): 69-80.

Kohler-Koch, Beate, 1997: Organized Interests in European integration: The Evolution of a new Type of Governance? 42-68 in: *Wallace, Helen und Young, Alasdair R.* (Hg.), Participation and Policy-Making in the European Union. Oxford: Oxford University Press.

Kohler-Koch, Beate, Thomas Conzelmann, et al., 2004: Europäische Integration - Europäisches Regieren. Wiesbaden: VS.

Kohler-Koch, Beate und Rainer Eising, 2005a: Interessenpolitik im europäischen Mehrebenensystem. 11-75 in: *Kohler-Koch, Beate und Eising, Rainer* (Hg.), Interessenpolitik in Europa. Baden-Baden: Nomos.

Kohler-Koch, Beate und Rainer Eising (Hg.), 2005b: Interessenpolitik in Europa. Regieren in Europa. Baden-Baden, Nomos.

Kohler, Wilhelm, 2006: The "Lisbon Goal" of the EU: Rhetoric or Substance? Journal of Industry, Competition and Trade 6 (2): 85-113.

Kollman, Kelly, 2007: European Institutions, Transnational Networks and National Same-sex Union Policy: When Soft Law Hits Harder. Contemporary Politics 15 (1): 37-53.

Kollman, Ken, 1998: Outside lobbying: public opinion and interest group strategies. Princeton, N.J.: Princeton University Press.

Kommission der Europäischen Gemeinschaften (1985) "Vollendung des Binnenmarktes: Weißbuch der Kommission an den Europäischen Rat (Mailand, 28-29, Juni 1985)" (KOM (85) 310, Juni 1985).

Köppl, Peter, 1995: Akzeptanz, Relevanz und Dominanz von Lobbyismus in der transnationalen politischen Entscheidungsfindung der Europäischen Union. Die funktionale Notwendigkeit der Integration von Lobbyismus im Rahmen informeller politischer Kommunikation als Beitrag zur Entscheidungsfindung. Wien: Universität Wien.

Kübler, Daniel, 2001: Understanding policy change with the advocacy coalition framework: an application to Swiss drug policy. Journal of European Public Policy 8 (4): 623-641.

Lahusen, Christian und Claudia Jauß, 2001: Lobbying als Beruf - Interessengruppen in der Europäischen Union. Baden-Baden: Nomos-Verl.-Ges.

Larsson, Torbjörn, 2003: Pre-cooking - The World of Expert Groups. Stockholm: Regeringskanssliet.

Lau, Richard R. und Mark Schlesinger, 2005: Policy Frames, Metaphorical Reasoning, and Support for Public Policies. Political Psychology 26 (1): 77-114.

Lebessis, Notis und John Paterson, 2000: Forward Studies Unit: Developing New Modes of Governance: European Commission.

Leif, Thomas und Rudolf Speth, 2003: Die stille Macht: Lobbyismus in Deutschland. Wiesbaden: Westdeutscher Verlag.

Leif, Thomas und Rudolf Speth (Hg.), 2006: Die fünfte Gewalt - Lobbyismus in Deutschland. Schriftenreihe. Bonn, Bundeszentrale für politische Bildung.

Levidow, Les, Susan Carr, et al., 1997: European Biotechnology Regulation: Framing the Risk Assessment of a Herbicide-Tolerant Crop. Science, Technology & Human Values 22 (4): 472-505.

Liberatore, Angela, 2007: Balancing Security and Democracy, and the Role of Expertise: Biometrics Politics in the European Union. European Journal on Criminal Policy and Research 13 (1-2): 109-137.

Liebert, Ulrike, 2001: Constructing Monetary Union: Euro-Scepticism, and the Emerging European Public Space. Jean-Monnet-Working Paper 2001/3 2001 (3): 1-21.

Liebert, Ulrike, 2003: Between Diversity and Equality: Analysing Europeanisation. 7-47 in: *Liebert, Ulrike* (Hg.), Gendering Europeanisation (Public Discourses on EC Equal Treatment and Equal Opportunity Norms in Six Member States). Brussels: Peter Lang.

Lin, Angela und Leiser Silva, 2005: The social and political construction of technological frames. European Journal of Information Systems 14 (1): 49-59.

Lopez-Santana, Mariely, 2006: The domestic implications of European soft law: framing and transmitting change in employment policy. Journal of European Public Policy 13: 481-499.

Lowery, David, 2007: Why Do Organized Interests Lobby? A Multi-Goal. Multi-Context Theory of Lobbying. Polity 39 (1): 29-54.

Lowery, David und Holly Brasher, 2004: Organized interests and American government. New York: McGraw-Hill.

Lowry, William 2006: Potential Focusing Projects and Policy Change. Policy Studies Journal 34 (3): 313-335.

Lynggaard, Kennet, 2007: The institutional construction of a policy field: a discursive institutional perspective on change within the common agricultural policy. Journal of European Public Policy 14 (2): 293-312.

Mahoney, Christine, 2004: The Power of Institutions: State and Interest-Group Activity in the European Union. European Union Politics 5 (4): 441-466.

Mahoney, Christine, 2008: Brussels versus the Beltway. Advocacy in the United States and the European Union. Washington, D.C. : Georgetown University Press.

Mahoney, Christine und Frank Baumgartner, 2008: Converging Perspectives on Interest Group Research in Europe and America. West European Politics 31 (6): 1253-1273.

Majone, Giandomenico, 1989: Evidence, argument, and persuasion in the Policy Process. New Haven: Yale University Press.

Majone, Giandomenico, 2002: Delegation of Regulatory Powers in a Mixed Polity. European Law Journal 8: 319-339.

Malmvig, Helle, 2006: Caught between cooperation and democratization: the Barcelona Process and the EU's double-discursive approach. Journal of International Relations and Development 9 (4): 343-370.

Marcussen, Martin, 1998: Central Bankers, the Ideational Life-Cycle and the Social Construction of EMU. European University Institute, Working Paper RSC No 98/33 33.

Marx Ferree, M., 2003: Resonance and radicalism: feminist framing in the abortion debates of the United States and Germany. American Sociological Review 109: 304-344.

Mayntz, Renate und Fritz W. Scharpf, 1995: Der Ansatz des akteurzentrierten Institutionalismus. 39-72 in: *Mayntz, Renate und Scharpf, Fritz W.* (Hg.), Gesellschaftliche Selbstregelung und politische Steuerung. Frankfurt a. M.: Campus.

Mazey, Sonia und Jeremy Richardson, 1997: Policy Framing: Interest Groups and the lead up to 1996 Inter-Governmental Conference. West European Politics 20 (3): 111-133.

McCammon, Holly J., Courtney Sanders Muse, et al., 2007: Movement Framing and Discursive Opportunity Structures: The Political Successes of the U.S. Women's Jury Movements. American Sociological Review 72 (5): 725-749.

McLaughlin, Andrew M. und Justin Greenwood, 1995: The Management of Interest Representation in the EU. Journal of Common Market Studies 33 (1): 143-156.

Michalowitz, Irina, 2004: EU Lobbying. Profis mit begrenzter Wirkung – Warum der Einfluss der Interessenvertreter in Brüssel überschätzt wird. DIPApers 1.

Michalowitz, Irina, 2007: What determines influence? Assessing conditions for decision-making influence of interest groups in the EU. Journal of European Public Policy 14 (1): 132-151.

Miller, Clark A., 2000: The Dynamics of Framing Environmental Values and Policy: Four Models of Societal Processes. Environmental Values 9: 211-233.

Mintz, Alex und Steven B. Redd, 2003: Framing Effects in International Relations. Synthese 135 (2): 193-213.

Mörth, Ulrika, 2000: Competing frames in the European Commission - the case of the defence industry and equipment issue. Journal of European Public Policy 7: 173-189.

Müller, Ulrich, Sven Giegold, et al. (Hg.), 2005: Gesteuerte Demokratie? Wie neoliberale Eliten Politik und Öffentlichkeit beeinflussen. Hamburg, VSA-Verlag.

Naurin, Daniel, 2007: Deliberation Behind Closed Doors - Transparency and Lobbying in the European Union. Colchester: ECPR Press.

Nedergaard, Peter, 2007: Blocking Minorities: Networks and Meaning in the Opposition Against the Proposal for a Directive on Temporary Work in the Council of Ministers of the European Union. Journal of Common Market Studies 45 (3): 695-717.

Nelson, Thomas E., 2004: Policy goals, public rhetoric, and political attitudes. The Journal of Politics 66 (2): 581-605.

Nelson, Thomas E., Rosalee A. Clawson, et al., 1997: Media Framing of a Civil Liberties Conflict and Its Effect on Tolerance. The American Political Science Review 91 (3): 567-583.

Nelson, Thomas E. und Donald R. Kinder, 1996: Issue Frames and Group-Centrism in American Public Opinion. The Journal of Politics 58 (4): 1055-1078.

Nelson, Thomas E. und Zoe M. Oxley, 1999: Issue Framing Effects on Belief Importance and Opinion. The Journal of Politics 61 (4): 1040-1067.

Nelson, Thomas E., Zoe M. Oxley, et al., 1997: Toward a Psychology of Framing Effects. Political Behavior 19 (3): 221-246.

Neyer, Jürgen, 2003: Discourse and order in the EU: A deliberative approach to multi-level governance. Journal of Common Market Studies 41 (4): 687-706.

Neyer, Jürgen, 2004: Explaining the unexpected: efficiency and effectiveness in European decision-making. Journal of European Public Policy 11 (1): 19-38.

Neyer, Jürgen, 2006: The deliberative turn in integration theory. Journal of European Public Policy 13 (5): 779-791.

Nugent, Neill, 2000: At the heart of the Union: studies of the European Commission. Houndmills, Basingstoke, Hampshire, New York: MacMillan Press.

Nugent, Neill, 2001: The European Commission. Basingstoke: Palgrave.

Nylander, Johan, 2000: The power of framing: a new-institutional approach to interest group participation in the European Union. Uppsala: Dept. of Sociology, Uppsala University.

Nylander, Johan, 2001: The Construction of a market - A frame analysis of the liberalization of the electricity market in the European Union. European Societies 3: 289-314.

Olson, Mancur, 1968: Die Logik des kollektiven Handelns. Kollektivgüter und die Theorie der Gruppen. Tübingen: Mohr.

Padgett, Stephen, 2003: Between synthesis and emulation: EU policy transfer in the power sector. Journal of European Public Policy 10 (2): 227-245.

Pellow, David N., 1999: Framing Emerging Environmental Movement Tactics: Mobilizing Consensus, Demobilizing Conflict. Sociological Forum 14 (4): 659-683.

Peters, Deike, 2003: Cohesion, Polycentricity, Missing Links and Bottlenecks: Conflicting Spatial Storylines for Pan-European Transport Investments. European Planning Studies 11 (3): 317-339.

Peterson, John, 2004: Policy Networks. 105-124 in: *Wiener, Antje und Diez, Thomas* (Hg.), European Integration Theory. Oxford: Oxford University Press.

Pierce, John C. und Nicolas P. Jr. Lovrich, 1980: Belief Systems concerning the Environment: The General Public, Attentive Publics and State Legislators. Political Behavior 2 (3): 259-286.

Pijnenburg, Bert, 1998: EU lobbying by ad hoc coalitions: an exploratory case study. Journal of European Public Policy 5 (2): 572-590.

Platzer, Hans-Wolfgang, 2004: Interessenverbände und europäischer Lobbyismus. 186-201 in: *Weidenfeld, Werner* (Hg.), Die Europäische Union - Politisches System und Politikbereiche. Bonn: Bundeszentrale für politische Bildung.

Pollack, Mark A., 1997a: Delegation, Agency, and Agenda Setting in the European Community. International Organization 51 (1): 99-134.

Pollack, Mark A., 1997b: Representing diffuse interests in the European Union. Journal of European Public Policy 4 (4): 572-590.

Potter, Clive und Mark Tilzey, 2005: Agricultural policy discourses in the European post-Fordist transition: neoliberalism, neomercantilism and multifunctionality. Progress in Human Geography 29 (5): 581-600.

Princen, Sebastiaan, 2007: Agenda-setting in the European Union: a theoretical exploration and agenda for research. Journal of European Public Policy 14 (1): 21-38.

Princen, Sebastiaan und Bart Kerremans, 2008: Opportunity Structures in the EU Multi-Level System. West European Politics 31 (6): 1129-1146.

Princen, Sebastiaan und Mark Rhinard, 2006: Crashing and creeping: agenda-setting dynamics in the European Union. Journal of European Public Policy 13 (7): 1119-1132.

Qualls, William J. und Christopher P. Puto, 1989: Organizational Climate and Decision Framing: An Integrated Approach to Analyzing Industrial Buying Decisions. Journal of Marketing Research 26 (2): 179-192.

Radaelli, Claudio M., 1995: Corporate direct taxation in the European Union: explaining the policy process. Journal of Public Policy 15: 43-71.

Radaelli, Claudio M., 1999: Harmful tax competition in the EU: Policy narratives and advocacy coalitions. Journal of Common Market Studies 37 (4): 661-682.

Radaelli, Claudio M., 2003: The code of conduct against harmful tax competition: Open method of coordination in disquise? Public Administration 81 (3): 513-531.

Radaelli, Claudio M., 2007: Whither better regulation for the Lisbon agenda? Journal of European Public Policy 14 (2): 190-207.

Rat der Europäischen Union (2000) "Richtlinie 2000/78/EG des Rates vom 27. November 2000 zur Festlegung eines allgemeinen Rahmens für die Verwirklichung der Gleichbehandlung in Beschäftigung und Beruf" (2000/78/EG).

Rat der Europäischen Union (2005) "i2020 - Eine europäische Informationsgesellschaft für Wachstum und Beschäftigung - Orientierungsaussprache und Schlussfolgerungen des Rates zur i2010-Strategie" (14225/05).

Rat der Europäischen Union (2008) "Mitteilung der Kommission an das Europäische Parlament, den Rat, den Europäischen Wirtschafts- und Sozialausschuss und den Ausschuss der Regionen zum Thema "Ausschöpfung der digitalen Dividende in Europa: ein gemeinsames Konzept für die Nutzung der durch die Digitalumstellung frei werdenden Frequenzen" – Schlussfolgerungen des Rates" (10820/08).

Rat der Europäischen Gemeinschaften (1987) "Richtlinie 87/372/EWG des Rates vom 25. Juni 1987 über die Frequenzbänder, die für die koordinierte Einführung eines europaweiten öffentlichen zellularen digitalen terrestrischen Mobilfunkdienstes in der Gemeinschaft bereitzustellen sind" (87/372/EWG).

Rat der Europäischen Gemeinschaften (1990) "Richtlinie 90/544/EWG des Rates vom 9. Oktober 1990 über die Frequenzbänder für die koordinierte Einführung eines europaweiten terrestrischen öffentlichen Funkrufsystems in der Gemeinschaft" (90/544/EWG).

Reding, Viviane (2006a) "Speech: The RFID Revolution: challenges and options for action" (Hannover, 9 March 2006).

Reding, Viviane (2006b) "Speech: RFID: Why we need a European policy " (Brussels, 16 October 2006).

Rein, Martin und David Laws, 2003: Reframing practice. 172-208 in: *Wagenaar, Hendrik und Hajer, Maarten* (Hg.), Deliberative Policy Analysis - Understanding Governance in the Network Society. Cambridge: Cambridge University Press.

Rein, Martin und Donald A. Schön, 1991: Frame-reflective policy discourse. 262-289 in: *Wagner, P.* (Hg.), Social Sciences and Modern States: National Experiences and Theoretical Crossroads. Cambridge: Cambridge University Press.

Rein, Martin und Donald A. Schön, 1994: Frame Reflection. Towards the Resolution of Intractable Policy Controversies. New York: Basic Books.

Rhinard, Mark, 2002: Ideas, Interests and Policy Change in the European Union: The Mobilization of Frames by Actors in the Agricultural and Biotechnology Policy Sectors. Queens' College. Cambridge: University of Cambridge.

Rhinard, Mark und Antoaneta Dimitrova, 2005: The power of norms in the transposition of EU directives. European Integration online Papers (EIoP) 9 (16).

Richardson, Jeremy J., 1996: Policy-making in the EU. Interests, ideas and garbage cans or primeval soup. 3-23 in: *Richardson, Jeremy J.* (Hg.), European Union : power and policy-making. London ; New York: Routledge.

Ringe, Nils, 2005: Policy preference formation in legislative politics: structures, actors, and focal points. American Journal of Political Science 49: 731-745.

Roberts, Nancy C. und Paula J. King, 1991: Policy Entrepreneurs: Their Activity Structure and Function in the Policy Process. Journal of Public Administration Research and Theory: J-PART 1 (2): 147-175.

Roe, Emery, 1994: Narrative Policy Analysis - Theory and Practice. London: Duke University Press.

Rolandsen Agustín, Lise 2008: Civil Society Participation in EU Gender Policy-Making: Framing Strategies and Institutional Constraints. Parliamentary Affairs 61 (3): 505.

Ronzani, Daniel, 2009: When Bits Learn to Walk don't Make Them Trip. Technology Innovation and the Role of Regulation by Law in Information Systems Research: the Case of radion Frequency Identification (RFID). LIMAC PhD School, Center for Applied Information and Communication Technology. Copenhagen: Copenhagen Business School. PhD.

Rosa, Humberto D. und Jorge Marques Da Silva, 2005: From Environmental Ethics to Nature Conservation Policy: Natura 2000 and the Burden of Proof. Journal of Agricultural and Environmental Ethics 18 (2): 107-130.

Radio Spectrum Policy Group (2004) "Opinion on Spectrum Implications of Switchover to Digital Broadcasting" (RSPG04-55 final).

Radio Spectrum Policy Group (2007) "Opinion on the EU Spectrum Policy Implications of the Digital Dividend" (RSPG07-161 final).

Radio Spectrum Policy Group (2009) "Opinion on the Digital Dividend" (RSPG09-291).

Sabatier, Paul A., 1988: An advocacy coalition framework of policy change and the role of policy-oriented learning therein. Policy Sciences 21 (2): 129-168.

Sabatier, Paul A., 1998: The advocacy coalition framework: revisions and relevance for Europe. Journal of European Public Policy 5 (1): 98-130.

Sabatier, Paul A., 1999: The need for better theories. 3-18 in: *Sabatier, Paul A.* (Hg.), Theories of the Policy Process. Boulder, CO: Westview Press.

Sabatier, Paul A. und Hank C. Jenkins-Smith, 1993: Policy change and learning: an advocacy coalition approach. Boulder, CO: Westview Press.

Sabatier, Paul A. und Hank C. Jenkins-Smith, 1999: The Advocacy Coalition Framework. An Assessment. 117-166 in: *Sabatier, Paul A.* (Hg.), Theories of the Policy Process. Boulder, CO: Westview Press.

Santucci, Gérald (2006) "Presentation: Europe's Perspective on Radio Frequency IDentification. Technical Press Briefing on RFID" (Brussels, 6th March 2006).

Saurugger, Sabine, 2008: Interest Groups and Democracy in the European Union. West European Politics 31 (6): 1274-1291.

Schäfer, Armin, 2006: Nach dem permissiven Konsens. Das Demokratiedefizit der Europäischen Union. Leviathan 34 (3): 350-376.

Scharpf, Fritz W., 1997: Games Real Actors Play. Boulder, CO: Westview Press.

Scharpf, Fritz W., 1999: Regieren in Europa: Effektiv und demokratisch? Frankfurt a. M.: Campus.

Schattschneider, E. E., 1960: The Semisovereign People: A Realist's View of Democracy in America. NJ: Prentice-Hall.

Schendelen, M. P. C. M. van, 2002: Machiavelli in Brussels: the Art of Lobbying the EU. Amsterdam: Amsterdam University Press.

Schendelen, Rinus van, 2005: Machiavelli in Brussels: The Art of Lobbying the EU (2. fully updated edition). Amsterdam: Amsterdam University Press.

Schendelen, Rinus van, 2006: Brüssel: Die Champions League des Lobbying. 132-162 in: *Leif, Thomas und Speth, Rudolf* (Hg.), Die Fünfte Gewalt. Lobbyismus in Deutschland. Bonn: Bundeszentrale für politische Bildung.

Schimank, Uwe, 2000: Handeln und Strukturen. Weinheim; München: Juventa.

Schlager, Edella, 1995: Policy Making and Collective Action: Defining Coalitions within the Advocacy Coalition Framework. Policy Sciences 28: 242-270.

Schmidt, Susanne K., 1998: Liberalisierung in Europa. Die Rolle der Europäischen Kommission. Frankfurt/Main: Campus Verlag.

Schneider, Volker, 2001: Die Transformation der Telekommunikation. Vom Staatsmonopol zum globalen Markt (1800–2000). Frankfurt a. M.: Campus Verlag.

Schneider, Volker und Raymund Werle, 1989: Die Eroberung eines Politikfeldes. Die Europäische Gemeinschaft in der Telekommunikationspolitik. 247–272 in: *Ellwein, Thomas, Hesse, Joachim Jens et al.* (Hg.), Jahrbuch zur Staats- und Verwaltungswissenschaft. Baden-Baden: Nomos.

Schön, Donald A., 1991: The reflective turn: case studies in and on educational practice. New York: Teachers College Press.

Schöne, Helmar, 2005: Die teilnehmende Beobachtung als Datenerhebungsmethode in der Politikwissenschaft. Methodologische Reflexion und Werkstattbericht. Historical Social Research / Historische Sozialforschung (HSR), Bd. 30 (2005), No. 1 30 (1): 168-199.

Schulz, Winfried, 1976: Die Konstruktion der Realität in den Nachrichtenmedien. Analyse der aktuellen Berichterstattung. Freiburg (Breisgau).

Schumpeter, Joseph A., 1950: Kapitalismus, Sozialismus und Demokratie. Tübingen: Francke Verlag.

Slothuus, Rune, 2008: More Than Weighting Cognitive Importance: A Dual-Process Model of Issue Framing Effects. Political Psychology 29 (1): 1-28.

Smismans, Stijn, 2008: New Modes of Governance and the Participatory Myth. West European Politics 31 (5): 874-895.

Smith, Mark A., 2000: American business and political power: public opinion, elections, and democracy. Chicago: University of Chicago Press.

Smith, Michael, 2003: The framing of European foreign and security policy: towards a post-modern policy framework? Journal of European Public Policy 10 (4): 556-575.

Snow, David A., E. Burke Jr. Rochford, et al., 1986: Frame Alignment Processes, Micromobilization, and Movement Participation. American Sociological Review 51 (4): 464-481.

Staab, Joachim Friedrich, 1990: Nachrichtenwert-Theorie: formale Struktur und empirischer Gehalt. Freiburg (Breisgau): Alber.

Steensland, Brian, 2008: Why do Policy Frames Change? Actor-Idea Coevolution in Debates over Welfare Reform. Social Forces 86 (3): 1027-1054.

Steinberg, Marc W., 1998: Tilting the Frame: Considerations on Collective Action Framing from a Discursive Turn. Theory and Society 27 (6): 845-872.

Stone, Deborah A., 1988: Policy paradox and political reason. Boston: Scott, Foresman/Little.

Streeck, Wolfgang und Philippe C. Schmitter, 1999: The Organization of Buisness Interests. Studying the Associative Action of Business in Advanced Industrial Societies. MPIfG Discussion Paper 99/1.

Strünck, Christoph, 2006: Die Macht des Risikos. Interessenvermittlung in der amerikanischen und europäischen Verbraucherpolitik. Baden-Baden: Nomos.

Surel, Yves, 2000: The role of cognitive and normative frames in policy-making. Journal of European Public Policy 7 (4): 495-512.

Sutherland, Ewan, 2008: The regulation of international mobile roaming. info 10: 13-24.

Sutherland, Ewan, 2010: The EU Roaming Regulation Upheld and Reviewed. Computer and Telecommunications Law Review 8: 212-213.

Tanasescu, Irina, 2009: The European Commission and Interst Groups. Towards a deliberative Interpretation of Stakeholder Involvement in EU policy-making. Brussels: VUBPRESS Brussels University Press.

Teuber, Jörg, 2001: Interessenverbände und Lobbying in der Europäischen Union. Frankfurt am Main; New York: P. Lang.

Triandafyllidou, Anna und Anastasios Fotiou, 1998: Sustainability and Modernity in the European Union: A Frame Theory Approach to Policy-Making. Sociological Research Online 3 (1).

Trondal, Jarle, 2005: EU Committee Governance and the Emerging Community Administration. European Union Studies Association (EUSA), 9th Biennial Conference, March 31-April 2. Austin, Texas: 1-35.

Trondal, Jarle und Frode Veggeland, 2003: Access, voice and loyalty: the representation of domestic civil servants in EU committees. Journal of European Public Policy 10 (1): 59-77.

Usui, Yoichiro, 2002: Norm Evolution in EC Environmental Law. Constitutionalism Web-Papers (ConWEB) (1): 1-67.

van't Hof, Christian; European Technology Assessment Group (2007) "RFID and Identity Management in Everyday Life. Striking the balance between convenience, choice and control" (IPOL/A/STOA/2006-22 PE 383.219).

Van Apeldoorn, Bastiaan, 2000: Transnational class agency and European governance: The case of the European round table of industrialists. New Political Economy 5 (2): 157-181.

van Damme, Eric, 2002: The European UMTS-auctions. European Economic Review 46 (4-5): 846-858.

Van de Voort, Maarten und Andreas Ligtvoet, 2006: Towards an RFID policy for Europe. Workshop report. Prepared for the EUROPEAN COMMISSON, DG Information Society and Media.

Vowe, Gerhard, 1993: Qualitative Inhaltsanalyse - Cognitive Mapping - Policy Arguer. Demonstration systematischer Vorgehensweisen zur Analyse politischer Kognition. Forschungsbericht zum Projekt "Handlungsorientierungen", Max-Planck-Institut für Gesellschaftsforschung, Köln. Köln.

Wagenaar, Hendrik und Maarten Hajer, 2003: Introduction. 1-32 in: *Wagenaar, Hendrik und Hajer, Maarten* (Hg.), Deliberative Policy Analysis - Understanding Governance in the Network Society. Cambridge: Cambridge University Press.

Weber, Norbert und Tim Christophersen, 2002: The influence of non-governmental organisations on the creation of Natura 2000 during the European Policy process. Forest Policy and Economics 4: 1-12.

Wendon, Bryan, 1998: The Commission as image-venue entrepreneur in EU social policy. Journal of European Public Policy 5 (2): 339-353.

Wessels, Wolfgang, 1997: The Growth and Differentiation of Multi-Level Networks: A Corporatist Mega-Bureaucracy or an Open City? 17-41 in: *Wallace, Helen und Young, Alasdair R.* (Hg.), Participation and Policy-Making in the European Union. Oxford: Oxford University Press.

Wolfram, Gerd, Birgit Gampl, et al. (Hg.), 2008: The RFID Roadmap: The Next Steps for Europe. Berlin, Springer.

Wonka, Arndt, 2008: Decision-making dynamics in the European Commission: partisan, national or sectoral? Journal of European Public Policy 15 (8): 1145 -1163.

Wood, Robert S., 2006: Tobacco's Tipping Point: The Master Settlement Agreement as a Focusing Event. Policy Studies Journal 34 (3): 419-437.

Xavier, Patrick und Dimitri Ypsilanti, 2006: Policy issues in spectrum trading. The Journal of Policy, Regulation and Strategy for Telecommunications, Information and Media 8 (2): 34-61.

Yanow, Dvora, 2003: Acessing local knowledge. 228-246 in: *Wagenaar, Hendrik und Hajer, Maarten* (Hg.), Deliberative Policy Analysis - Understanding Governance in the Network Society. Cambridge: Cambridge University Press.

Zahariadis, Nikolaos, 1999: Ambiguity, Time, and Multiple Streams. 73-93 in: *Sabatier, Paul A.* (Hg.), Theories of the Policy Process. Boulder, CO: Westview Press.

Zahariadis, Nikolaos, 2008: Ambiguity and choice in European public policy. Journal of European Public Policy 15 (4): 514-530.

Zgajewski, Tania und Kalila Hajjar, 2005: The Lisbon Strategy: Which failure? Whose failure? And why?. Egmont European Affairs Program Paper March 2006: 1-22.

Kolibri 360 GmbH
Ferdinand-Jühlke-Straße 7
99095 Erfurt, Deutschland
produktsicherheit@kolibri360.de